Y. 5339.
A. 1.

1498

Le Portrait de BOILEAU DESPREAUX est aporté sur le PARNASSE par la POÉSIE SATIRIQUE: APOLLON tend les bras pour le recevoir, Et les MUSES lui preparent des Couronnes de Laurier pour lui donner place entre les plus fameux Poëtes

OEUVRES
DE
NICOLAS BOILEAU
DESPRÉAUX.
AVEC DES
ÉCLAIRCISSEMENS
HISTORIQUES,
DONNEZ PAR LUI-MEME.

Nouvelle Edition revûë, corrigée & augmentée de diverses Remarques.

TOME PREMIER.

A AMSTERDAM,
Chez DAVID MORTIER.
MDCCXVIII.
AVEC PRIVILEGE.

A SON ALTESSE ROYALE
MADAME LA PRINCESSE
DE
GALLES.

ADAME,

    Comme cette Edition des Oeuvres du fameux Despréaux est la plus parfaite qui ait encore paru, j'ai cru que VOTRE ALTESSE ROYALE ne désapprouveroit pas la liberté que je prens de Vous l'offrir. Le Merite de cet Auteur est reconnu depuis long-temps partout où l'on a quelque goût pour les Ouvrages qui par

Tom. I.   a   des

EPITRE.

des peintures ingenieuses de ce qui fait le *Vrai* & le *Faux* dans l'*Esprit*, le *Juste* & l'*Injuste*, le *Louable* & le *Ridicule* dans les *Mœurs*, tendent à corriger & à perfectionner la Nature Humaine. Mais si cet Ecrivain vivoit encore, nul suffrage ne le flatteroit si agréablement que celui de VOTRE ALTESSE ROYALE qu'on sait être constamment déterminé par un Jugement sûr & délicat, accompagné d'une Pénétration à qui rien n'échappe, & d'une Equité qui se plaît à donner à tout son veritable prix. C'est à un Esprit comme le sien qu'il appartiendroit de peindre ces excellentes Qualitez, & de nous apprendre l'usage qu'en fait VOTRE ALTESSE ROYALE dans un sujet bien plus important que la découverte des beautez ou des imperfections d'un Livre, en nous faisant remarquer dans la conduite de VOTRE ALTESSE ROYALE ce Discernement fin & solide qui ne se méprend jamais sur le prix des hommes, & cette Equité généreuse qui sourde aux sollicitations interessées, à la flatterie, ou à l'importunité, ne Vous fait chercher le vrai Merite que pour l'honorer de quelque marque d'estime & de distinction. Que n'auroit-il point à dire sur cette douceur, cette affabilité qui charme tous ceux qui ont l'honneur d'approcher VOTRE ALTESSE ROYALE; & sur cette tendresse de Mere qui se déclare d'une manière si sensible par une application constante à cultiver de Jeunes Plantes qui sous le bon plaisir du Ciel, feront un jour la Gloire & la Félicité de plusieurs Peuples. Si je n'écoutois que les instincts de mon Zéle, je serois tenté d'entrer dans cette carriere. Mais trop convaincu qu'il ne me seroit ni possible ni bienseant d'y faire un seul pas, je me contenterai de remercier très-humblement VOTRE ALTESSE ROYALE de l'honneur qu'Elle me fait d'accepter l'Ouvrage que j'ose lui présenter. Je suis avec un profond respect,

MADAME,

DE VOTRE ALTESSE ROYALE,

Le très-humble & très-obéïssant
Serviteur
DAVID MORTIER.

AVIS
SUR CETTE NOUVELLE EDITION.

VOICI une Edition des Oeuvres de Mr. DESPRE'AUX qui fera, fans doute, très-bien reçûë du Public. La plus exacte de toutes les Editions précédentes, c'eft celle que publia à Geneve en 1716.[1] un célèbre Avocat de Lion, Ami de Mr. Defpréaux. Elle eft enrichie d'un ample Commentaire, qui contient outre les Remarques de l'Editeur, celles que Mr. Defpréaux avoit mifes dans les dernieres Editions de fes Ouvrages; & plufieurs Eclairciffemens qu'il avoit communiquez à cet Ami, tant en Converfation, que par Lettres. On trouve auffi dans cette Edition quelques petites Pièces de Mr. Defpréaux qui n'avoient point vû le jour; & même quelques Ouvrages, où il n'a eu aucune part.

La nouvelle Edition que l'on donne ici *in quarto* & *in folio*, a tous les avantages de celle de Geneve: elle contient les mêmes Remarques & les mêmes Pièces: & elle la furpaffe encore à bien des égards.

I. L'Impreffion en eft plus belle & plus correcte. Les Tailles-douces font deffinées & gravées par le fameux Picart. Il ne fe peut rien ajouter à la beauté de l'*in folio*. Les bordures; les ornemens des Figures; les Vignettes & les Culs-de-Lampes: tout eft digne de l'admiration des Connoiffeurs.

II. Cette Edition eft augmentée de plufieurs nouvelles Remarques, que l'Imprimeur a diftinguées des autres en les renfermant entre deux crochets, avec ces mots à la fin, *Addition de l'Edition d'Amfterdam.* En parcourant les Notes de l'Edition de Geneve on s'eft aperçu que le Commentateur n'avoit pas jugé à propos d'expliquer les endroits où Mr. Defpréaux défigne certains Dogmes de Morale, que Mr. Pafcal

---

[1] Elle fut réimprimée en 1717. à Amfterdam chez David Mortier, en 4 voll. in 12. & avec quelques Additions.

a reprochez aux Jésuites dans ses *Provinciales*. On a même trouvé qu'il deguisoit quelquefois la pensée de notre Poëte, lorsqu'il s'agit de ce qu'on apelle le *Janfénifme*. On l'a relevé sur ce dernier Article 2 : & dans les autres endroits, on a éclairci & commenté les expressions de Mr. Despréaux, qui étoient auparavant inintelligibles à la plûpart des Lecteurs 3. Ces Remarques sont purement historiques. On n'y épouse aucun parti : on se contente de fixer le véritable sens de Mr. Despréaux, & de marquer les passages citez par Mr. Pascal, qu'il avoit en vuë. On a fait d'autres Remarques historiques, qui servent à éclaircir divers endroits des Ouvrages de Mr. Despréaux 4.

On a aussi ajouté des Remarques critiques. Dans quelques-unes on releve Mr. Despréaux 5 : liberté que son Commentateur ne s'est pas toujours refusée. Dans d'autres on critique le Commentateur : soit qu'il paroisse avoir mal pris la pensée de Mr. Despréaux 6 : soit qu'il ne raporte pas certains faits avec assez d'exactitude 7. On a quelquefois indiqué les sources d'où il a tiré les particularitez qu'il raporte 8. On eût pû y ajouter les Remarques suivantes.

Dans une des Notes sur la IV. Epitre 9, le Commentateur dit que les Hollandois *avoient fait fraper une Medaille en 1668, dans laquelle ils prenoient les titres fastueux d'*ARBITRES DES ROIS, *de* REFORMATEURS DE LA RELIGION, *de* PROTECTEURS DES LOIX, &c. Pour le prouver, il ajoute qu'*au revers* de cette Medaille *on lit cette Inscription qui contient tous ces titres ambitieux :* ASSERTIS LEGIBUS; EMENDATIS SACRIS; ADJUTIS, DEFENSIS, CONCILIATIS REGIBUS, &c. Mais il ne faut qu'avoir une connoissance médiocre du Latin, pour voir que ces

---

2. Voyez les Remarques sur la Satire XI. vers 146. & Satire XII. vers 1, 328.

3 Satire XII. vers 269, 273, 280, 287, 289, 290, 291, 293, 294, 296, 298, 301, 312, 313, 314.

4 Satire XII. vers 148, 268, 343. Art poëtique Chant III. vers 86. Chant IV. vers 36. Lutrin Chant IV. vers 188. Epigrammes XXXI. XLIX.

5 Satire XII. vers 64, 150, 158. Epitre V. vers 28.

6 Art poëtique Chant III. vers 91. Lettre

SUR CETTE EDITION.

ces expreſſions veulent ſeulement dire que les Etats des Provinces-Unies avoient *aſſuré leurs Loix; reformé les Abus de leur Religion; aſſiſté, defendu & reconcilié des Rois*, &c.

Dans la Lettre à Mr. Perrault ſur la diſpute touchant les Anciens & les Modernes, Mr. Deſpréaux dit ¹⁰: *Je paſſerois condamnation ſur la Satire . . . . . . , quoi qu'il y ait des Satires de Regnier admirables.* Son Commentateur fait là-deſſus cette Remarque: *Mr. Deſpréaux ne parle point ici de ſes Satires; ce ſilence a bien de la grandeur.* Mais s'il avoit joint ici ſes Satires à celles de Regnier, & en avoit fait lui-même l'éloge, n'auroit-on pas eu raiſon de dire; *il y a là bien de la petiteſſe!*

Le Commentateur, dans une de ſes Notes ſur la premiere *Reflexion ſur Longin* ¹¹, remarque que *Mr. d'Orbay mourut en* 1689. Cependant Mr. Deſpréaux, dans l'endroit même auquel cette Note ſe raporte, parle de cet Architecte comme d'un homme plein de vie en 1693.

Dans une Remarque ſur la Preface de la Traduction de Longin ¹², le Commentateur de Mr. Deſpréaux dit 1. que Gerard Langbaine *a traduit en Latin le Traité du Sublime de Longin, avec des Notes fort eſtimées:* 2. que *cet Ouvrage fut imprimé à Oxford en* 1638: & 3. que *Langbaine mourut en* 1657. Mais 1. Langbaine n'a point *traduit* Longin: il a ſeulement fait réimprimer la Traduction de Gabriel de Petra. 2. Les Notes de Langbaine ſur Longin n'ont pas été *imprimées en* 1638. pour la premiere fois; comme il paroit que le Commentateur l'a crû, par la maniere dont il s'exprime. La premiere Edition eſt de 1636. 3. Langbaine ne mourut pas en 1657: mais en 1658. Pour être exact, il falloit dire, que Langbaine mourut le 10. de Février 1658. ſuivant notre maniere de compter; & 1657. ſelon la maniere de compter établie

en

à Mr. Arnauld, Note 2.
7 Préface de Mr. Deſpréaux, Note 1. Art poëtique, Chant III. vers 39. Lettre I. à Mr. de Vivonne, Note 6. Réponſe de Mr. de Maucroix à Mr. Deſpréaux, Note L.

8 Art poëtique Chant I. vers 1.
9 Epitre IV. vers 80.
10 Tome II. page 276.
11 Tome II. page 90. Note 9.
12 Ibid. page IV. Note 3.

en Angleterre, où l'année commence le 25. de Mars.

III. On trouvera dans cette Edition quelques Pièces qui ne sont pas dans celle de Geneve; quoi qu'elles ayent une liaison nécessaire avec les Ouvrages de Mr. Despréaux. On ne sauroit bien entendre sa Dissertation sur les *Jocondes* de Bouillon & de la Fontaine, sans avoir, pour ainsi dire, ces deux Pièces devant les yeux. Cependant la Joconde de Bouillon n'étoit connuë que d'un très-petit nombre de gens : on la cherchoit en vain chez les Libraires. On la trouvera ici avec celle de la Fontaine. L'une & l'autre auroient dû être placées avant la Dissertation de Mr. Despréaux, dont elles font le sujet : mais cette Dissertation étoit déja imprimée lorsque le Libraire a reçu la Joconde de Bouillon. On ajoutera ici, puisque l'occasion s'en presente, que le Commentateur n'a pas tout-à-fait bien raporté l'histoire de la Contestation qui arriva au sujet de la Joconde de Bouillon, & de celle de la Fontaine. Il dit [13] que Mr. l'Abbé le Vayer & Mr. de St. Gilles ayant fait une gageure considerable sur la préference de ces deux Pièces, *s'en raporterent à Moliere qui étoit leur Ami commun, & le prirent pour Juge : mais qu'il refusa de dire son sentiment.* Cependant il paroit, par la Dissertation même, que ces Messieurs avoient choisi trois personnes pour Juges. *Pense-t-il donc*, dit Mr. Despréaux parlant de Mr. de St. Gilles [14], *que trois des plus galans Hommes de France, aillent de gayeté de cœur se perdre d'estime dans l'esprit des habiles gens pour lui faire gagner cent pistoles? Et depuis Midas, d'impertinente memoire, s'est-il trouvé personne qui ait rendu un jugement aussi absurde que celui qu'il attend d'eux?*

On a encore ajouté ici la *Réponse* [15] de Mr. de la Motte à la XI. *Reflexion* de Mr. Despréaux sur Longin. Mr. de la Motte, dans son Discours sur l'Ode, avoit trouvé trop hyperbolique & trop affecté ce Vers de la Phedre de Racine, où

The-

---

13 Tome II. p. 353.
14 Tome II. p. 368.
15 On l'a inserée aussi dans l'Edition de

1717. citée ci-dessus Note 1. Tom. III. pag. 380.
16 Reflexions sur la Grammaire, la Rheto-
ri-

SUR CETTE EDITION. VII

Theramene parlant du Monstre qui a causé la mort d'Hippolyte, dit
Le flot qui l'apporta recule épouvanté.
Mr. Despréaux a défendu Racine, son Ami, dans la Reflexion qu'on vient de marquer; & Mr. de la Motte a répondu. Le Lecteur fera, sans doute, bien aise de pouvoir comparer cette Réponse avec la Reflexion de Mr. Despréaux sans être obligé de recourir au Livre même de Mr. de la Motte. Si Mr. Despréaux vivoit encore, & qu'il eût quelque peine à convenir de la force des raisons de son Adversaire; il y a apparence qu'il se rendroit à l'autorité de feu Mr. l'Archevêque de Cambrai.
„ Rien n'est moins naturel, dit cet illustre Ecrivain, que la
„ narration de la Mort d'Hippolyte à la fin de la Tragedie
„ de Phedre, qui a d'ailleurs de grandes beautez. Therame-
„ ne, qui vient pour apprendre à Thesée la mort funeste de
„ son fils, devroit ne dire que ces deux mots, & manquer
„ même de force pour les prononcer distinctement. *Hippo-*
„ *lyte est mort. Un Monstre envoyé du fond de la Mer par la*
„ *colere des Dieux l'a fait perir. Je l'ai vû.* Un tel homme
„ saisi, éperdu, sans haleine peut-il s'amuser à faire la des-
„ cription la plus pompeuse, & la plus fleurie de la figure du
„ Dragon?
„ *L'œil morne maintenant & la tête baissée*
„ *Sembloient se conformer à sa triste pensée, &c.*
„ *La terre s'en émeut, l'air en est infecté,*
„ *Le flot qui l'apporta recule épouvanté* ¹⁶.
On a fait entrer dans cette Edition quelques autres Pièces qui n'ont à la verité aucun rapport avec les Ecrits de Mr. Despréaux; mais qui sont necessairement liées avec d'autres Ouvrages qu'il a plû au Commentateur d'inserer dans l'Edition de Geneve. Ainsi on a joint à la *Lettre de Mr. Racine* contre Mr. Nicole, les deux *Réponses* [17] qui y furent faites. Et l'on remarque-

---

rique, la Poëtique & l'Histoire, page 100. de l'Ed. de Paris 1716. & pag. 51. de l'Ed. d'Amst. 1717.

17 Elles se trouvent aussi dans l'Edition in 12. en 1717. Tom. IV. p. 29. & suiv.

AVIS SUR CETTE EDITION.

quera en paffant que les Notes qui fe raportent à ces Réponfes, & cinq ou fix autres placées ailleurs [18], ne font pas de la même main que celles dont on vient de parler. On a auffi joint au *Sonnet* de Mr. de Nantes contre la Satire fur l'Equivoque, deux autres Pièces du même Auteur; & dans une Remarque on a fait l'hiftoire de ces trois Ouvrages. Le Commentateur n'a publié dans l'Edition de Geneve que la feconde Piece, qui eft contre Mr. Defpréaux : nous avons crû devoir l'accompagner de la premiere, qui contient fon éloge. C'eft dans le même efprit d'équité & de desintéreffement qu'on a mis à la fuite des Remarques fur l'Epigramme LI. un Extrait de la *Défenfe du Grand Corneille contre le Commentateur de Mr. Defpréaux*, par Meffieurs les Journaliftes de Trevoux.

 Le Commentateur a divifé les Notes en trois parties. La premiere contient les *Changemens* que Mr. Defpréaux a faits dans les differentes Editions de fes Ouvrages : la feconde les *Remarques* qui expliquent les faits dont la connoiffance eft néceffaire pour l'intelligence du Texte : & la troifième les *Imitations*, c'eft-à-dire, les paffages que notre Poëte a imitez des Anciens. On trouvera ici la même divifion. Mais au lieu que dans l'Edition de Geneve, on a fait des Articles feparés de chacune de ces parties, & par là interrompu très-fouvent la fuite naturelle des Notes; on a placé dans celle-ci [19] chaque Note fuivant l'ordre & la fuite des Vers : mettant au commencement en groffe lettre les termes diftinctifs de Changement, ou d'Imitation. Si cette diftinction ne fe trouve pas par tout où elle devroit être, c'eft parce qu'on a fuivi fcrupuleufement l'Edition de Geneve, où elle n'eft pas toujours obfervée. Le Commentateur s'eft éloigné ici de fes propres regles. Son plan l'obligeoit à comprendre fous le Titre de Changement, tous les Vers que Mr. Defpréaux a retranchez dans les Editions pofterieures de fes Ouvrages : il les produit néanmoins très-fouvent fous le titre de Remarques [20].

AVERTISSE-

---

18 Satire III. vf. 107. Satire VII. vf. 40. Satire X. vf. 428. &c.
19 On a obfervé la même chofe dans l'E-dition in 12. de 1717. citée ci-deffus.
20 Comparez Lutrin Chant II. vf. 8. 57 avec Chant IV. vf. 105. & Satire I. vf. 65. 94. 132. &c.

AVERTISSEMENT
DE L'EDITEUR
DE GENEVE.

EN publiant un Commentaire sur les Oeuvres de Monsieur Boileau-Despréaux, j'ai eu dessein de donner une édition du Texte, plus parfaite que toutes celles qui ont paru. Pour la rendre telle, j'ai rassemblé avec soin tout ce qui est sorti de la plume de cet illustre Ecrivain. Je donne des Pièces entieres qui n'avoient pas encore vû le jour; je conserve les endroits qu'il avoit retranchez de quelques éditions: enfin, jusqu'aux moindres fragmens, tout se trouve ici, revû plus exactement que jamais.

J'ajoûte des Eclaircissemens historiques au Texte de l'Auteur; & je n'impose point quand j'annonce dans mon titre, qu'ils m'ont été donnez par l'Auteur lui-même: car je n'avance presque rien qui ne soit tiré, ou des conversations que j'ai euës avec lui, ou des Lettres qu'il m'a écrites. La haute idée que j'avois de ses Ouvrages, m'aïant fait souhaiter de le connoître, je ne trouvai en lui ni cette fausse modestie, ni cette vaine ostentation, si ordinaires aux personnes qui ont acquis une réputation éclatante: &, bien different de ces Auteurs renommés qui perdent à être vûs de près, il me parut encore plus grand dans sa Conversation que dans ses Ecrits.

Cette premiere entrevûë donna naissance à un commerce intime qui a duré plus de douze années. La grande inégalité de son âge & du mien, ne l'empêcha point de prendre confiance en moi: il m'ouvrit entierement son cœur; & quand je donne ce Commentaire, je ne fais proprement que rendre au Public le dépôt que cet illustre Ami m'avoit confié.

S'il eut la complaisance de m'apprendre toutes les particularitez de ses Ouvrages, je puis dire que de mon côté je ne négligeai rien de ce qui pouvoit me donner d'ailleurs une connoissance exacte de certains faits, qu'il touche légerement, & dont il m'avouoit qu'il ne savoit pas trop bien le détail. Mes recherches ne lui déplaisoient pas; de sorte qu'un jour, comme je lui rendois compte de mes découvertes: *A l'air dont vous y allez*, me dit-il, *vous saurez mieux votre Boileau que moi-même.*

Tom. I.   b   Ce

AVERTISSEMENT

Ce n'eſt donc pas ici un tiſſu de conjectures, hazardées par un Commentateur qui devine : c'eſt le ſimple récit d'un Hiſtorien qui raconte fidellement, & ſouvent dans les mêmes termes, ce qu'il a apris de la bouche de l'Auteur original. En un mot, c'eſt l'Hiſtoire ſecrette des Ouvrages de Mr. Deſpréaux. Mais c'eſt auſſi, en quelque façon, l'Hiſtoire de ſon Siècle. Car comme il y a eu peu d'Ecrivains de ce tems-là qu'il n'ait nommez, en bien ou en mal ; peu d'événemens de quelque importance, qu'il n'ait indiquez ; mon Commentaire embraſſe le détail de ces diverſes matières. Ainſi, l'on y trouvera quantité d'anecdotes litteraires & hiſtoriques, peut-être aſſez curieuſes d'elles-mêmes pour attacher les Lecteurs, & pour ſupléer à ces graces intereſſantes que je ferois peu capable de répandre ſur mon Ouvrage.

Bien loin de m'abandonner à cette aveugle prévention tant reprochée aux Commentateurs, j'ai raporté aſſez exactement les Critiques qu'on a faites de mon Auteur, pour peu qu'elles m'aient paru ſenſées. J'ai crû, qu'à l'égard de mes Lecteurs, je devois moins me regarder comme l'Ami de ſa Perſonne, que comme l'Interprète & l'Hiſtorien de ſes Ecrits.

En parlant des perſonnes qui y ſont nommées, je me ſuis attaché particulierement à faire connoître celles qui ſont plus obſcures, & dont les noms ſeroient peut-être ignorez ſans les Satires de notre Auteur. Dans le tems auquel il les publia, telle Perſonne étoit fort connuë à la Cour ou à la Ville, qui ne l'eſt plus maintenant : comme l'*Angeli*, le *Savoïard*, & un tas de mauvais Ecrivains qui ſont nommez dans les Satires. Tel Evenement faiſoit alors l'entretien de tout Paris, qui peu de tems après fut entierement oublié : comme le Siège ſoûtenu par les Auguſtins, dont il eſt fait mention dans le premier Chant du Lutrin. Voilà principalement quels ſont les ſujets abandonnez à la prévoïance d'un Commentateur contemporain, dont la fonction eſt de fixer de bonne heure la connoiſſance des choſes qui vrai-ſemblablement ne paſſeroient pas juſqu'à la Poſterité.

Cette réflexion s'adreſſe ſur tout à ceux qui ſeroient tentez de rejetter quelques-unes de mes Remarques, parce qu'elles leur paroîtroient moins importantes que la plûpart de celles qui entrent dans ce Commentaire. J'ai eu deſſein d'écrire pour tout le monde ; pour les Etrangers auſſi bien que pour les François ; pour la Poſterité encore plus que pour notre Siècle. Dans cette vûë, ne devois-je pas expliquer ce qui regarde nos uſages, nos modes & nos coûtumes ? Un François, qui lira aujourd'hui mon Commentaire, ne ſentira pas le beſoin de cette explication ; mais nos Neveux ſans doute m'en ſauront gré : & les Notes qui peuvent maintenant paroître inutiles, ou

qui

DE L'EDITEUR DE GENEVE.

qui semblent n'avoir été écrites que pour la simple curiosité, deviendront toûjours plus nécessaires, à mesure que l'on s'éloignera du Païs & du Siècle où nous vivons.

Quelle satisfaction & quel avantage ne seroit-ce pas pour nous, si les Anciens avoient laissé des Eclaircissemens de cette sorte, sur Horace, sur Perse, sur Juvenal! S'ils nous avoient instruits sur une infinité de faits, d'usages, de portraits, d'allusions, que nous ignorons aujourd'hui, que l'on ignorera toûjours, & dont néanmoins l'explication donneroit un grand jour à ces Auteurs! Au défaut de ces connoissances, les Commentateurs qui sont venus après, ont été obligez de se renfermer dans la critique des mots, critique sèche, rebutante, peu utile; & quand ils ont tenté d'éclaircir les endroits obscurs, à peine ont-ils pû s'élever au dessus des doutes & des conjectures.

L'obscurité que l'éloignement des tems ne manque jamais de jetter sur les ouvrages de mœurs & de caractères, ressemble à la poussière qui s'attache aux tableaux, & qui en ternit les couleurs, sans les détruire entierement. Un œil habile peut quelquefois percer à travers ce voile, & découvrir les beautez cachées de la Peinture: il en voit l'ordonnance & le dessein, quoique le coloris en paroisse presque effacé. Un Commentateur tâche, pour ainsi dire, d'enlever la poussiere qui couvroit son Auteur, & de faire revivre les couleurs du tableau. Mais celui qui prépare un Commentaire sous les yeux de l'Auteur même, & de concert avec lui, prévient toute obscurité & conserve jusques aux moindres traits, ces traits délicats & presque imperceptibles qui s'effacent si aisément, & qu'il est impossible de rapeller une fois ils sont effacez.

J'ai donc quelque sujet d'espérer que ce Commentaire sera utile & agréable au Public: On peut dire de ce genre d'Ouvrage, ce qu'un Ancien a dit de l'Histoire, qu'*elle plait, de quelque maniere qu'elle soit écrite**. La peinture qu'elle fait des vertus & des vices, des guerres, des changemens d'Etats, des révolutions mémorables, lui donne ce privilège. On ne verra ici que très-peu de ces faits éclatans, mais on y trouvera des particularitez secrettes, souvent plus interessantes par leur singularité & par leur nouveauté. C'est double satisfaction, quand, à la connoissance générale des faits, on ajoute celle des motifs & des causes qui les ont produits. Un Lecteur s'applaudit de devenir, en quelque manière, le Confident d'un Ecrivain célèbre, & d'être admis dans le secret de ses pensées. Il entre dans cette espèce de confidence, un air de mystère qui flatte également la curiosité & l'amour propre.

* *Historia quoquomodo scripta delectat.* Plin. L. 5. Ep. 8.

AVERTISSEMENT

Mes Notes font diſtinguées par les titres de *Changemens*, *Remarques*, & *Imitations*.

Dans le premier ordre de Notes, j'ai raporté les *Changemens* que l'Auteur a faits dans les diverſes éditions de ſes Ouvrages, & quand je l'ai crû néceſſaire, j'ai expliqué les raiſons qui l'ont obligé à faire ces Changemens. Il ne ſe contentoit pas de dire bien : il vouloit que l'on ne pût pas dire mieux. Souvent il a changé des endroits qui auroient paſſé pour achevez, s'il n'en avoit pas fait apercevoir les défauts, ou la foibleſſe, par ſes corrections. Rien peut-être ne pouvoit mieux faire connoître ſon génie, que de rapprocher ainſi ſes differentes manières de penſer & de s'exprimer ſur un même ſujet, quoique moins heureuſes les unes que les autres. C'eſt, ſi j'oſe uſer de ce terme, la ſucceſſion généalogique de ſes penſées. On y voit, par des exemples fréquens & bien marquez, les accroiſſemens de l'Eſprit humain, & les progrès d'une Critique auſſi ſévère qu'éclairée. Qu'y a-t-il d'ailleurs de plus propre à former le gout, que la comparaiſon qui ſe peut faire à tout moment, des endroits changez de mal en bien, ou de bien en mieux ?

Les *Remarques* ſuivent les Changemens, & font l'eſſentiel de mon Commentaire. Elles contiennent l'explication de tous les faits qui ont raport aux Ouvrages de l'Auteur, & dont la connoiſſance eſt néceſſaire pour la parfaite intelligence du Texte. Une matière ſi abondante & ſi riche n'avoit pas beſoin d'ornemens étrangers. Auſſi n'ai-je rien tant recherché qu'un ſtile ſimple, tourné uniquement au profit des Lecteurs, & débarraſſé de toutes ces vaines ſuperfluitez qui, au lieu d'éclaircir le Texte, ne font que dégouter de la Critique.

Enfin, après les Remarques viennent les *Imitations*, c'eſt-à-dire, les paſſages que Mr. Deſpréaux a imitez des Anciens. Bien loin qu'il eût honte d'avouer ces ingénieux larcins, il les propoſoit, par forme de défi, à ſes Adverſaires qui s'aviſoient de les lui reprocher : & c'eſt lui qui m'a indiqué, dans la lecture ſuivie de tous ſes Ouvrages, les ſources les plus détournées où il avoit puiſé. Auſſi n'imitoit-il pas d'une manière ſervile. Les Poëtes médiocres ne font que raporter des paſſages, ſans y rien mettre du leur que la ſimple Traduction, n'aïant ni aſſez d'adreſſe ni aſſez de feu pour fondre la matière, ſelon la penſée d'un de nos meilleurs Ecrivains[*], ils ſe contentent de la ſouder groſſierement, & la ſoudure paroît. On diſtingue l'Or des Anciens, du Cuivre des Modernes. Mr. Deſpréaux au contraire s'aproprioit les penſées des bons Auteurs, il s'en rendoit, pour ainſi dire, le maître, & ne manquoit jamais de les embellir en
les

---

[*] *D'Ablancourt*, Lett. I. à *Patru*.

DE L'EDITEUR DE GENEVE.

les emploïant. On ne doit pas cependant mettre sur son compte tous les passages que j'ai raportez: car il y en a plusieurs qu'il n'a jamais vûs, ou qu'il n'a vûs qu'après-coup. Mais je ne laisse pas de les citer, parce qu'il est toûjours agréable de voir comment deux esprits se rencontrent, & les differens tours qu'ils donnent à la même pensée.

C'est l'envie d'être clair, qui m'a assujetti à l'ordre que je viens d'expliquer touchant le partage de mes Notes; & il m'a paru qu'en prenant sur moi le soin de faire cette distribution, j'épargnois de la fatigue à mes Lecteurs. Car les uns peut-être ne s'embarrasseront pas des Imitations, d'autres mépriseront les Changemens, la plûpart s'en tiendront aux Remarques historiques. * Si j'avois tout confondu, il auroit fallu lire tout, pour trouver ce qu'on cherchoit: au lieu que de la manière dont les choses sont disposées, chacun peut en un coup d'œil choisir ce qui est de son goût, & laisser le reste.

Je finis par une réflexion importante, & peut-être la plus nécessaire de toutes, puis qu'elle contient l'Apologie de mon Commentaire. Quoi-que j'y fasse mention d'une infinité de personnes, on ne doit pas craindre d'y trouver de ces veritez offensantes, ni de ces faits purement injurieux, qui ne servent qu'à flater la malignité, & qui deshonorent encore plus celui qui les publie, que ceux contre qui ils sont publiez. Il est de la prudence d'un Ecrivain qui met au jour des faits cachez & des personalitez, de distinguer ce que le Public doit savoir, d'avec ce qu'il est bon qu'il ignore. Suivant cette règle, je n'ai pas dit toutes les veritez; mais tout ce que j'ai dit est veritable, ou du moins je l'ai reçû comme tel. Enfin, je me suis défendu séverement tout ce qui n'auroit pû m'acquerir la gloire de Commentateur exact, qu'aux dépens de la probité & de la religion.

---

* On n'a pas suivi cette distinction dans cette Edition, non plus que dans celle de 1717, en 4. voll. in 12. On en verra les raisons dans *l'Avis sur cette Nouvelle Edition*, pag. VIII.

PRÉFACE
DE L'AUTEUR.

COMME c'est ici vraisemblablement la derniere Edition de mes Ouvrages que je reverrai, & qu'il n'y a pas d'apparence, qu'âgé comme je suis, [1] de plus de soixante & trois ans, & accablé de beaucoup d'infirmitez, ma course puisse être encore fort longue, le Public trouvera bon que je prenne congé de lui dans les formes, & que je le remercie de la bonté qu'il a euë d'acheter tant de fois des Ouvrages si peu dignes de son admiration. Je ne saurois attribuer un si heureux succès qu'au soin que j'ai pris de me conformer toûjours à ses sentimens, & d'attraper, autant qu'il m'a été possible, son goût en toutes choses. C'est effectivement à quoi il me semble que les Ecrivains ne sauroient trop s'étudier. Un Ouvrage a beau être aprouvé d'un petit nombre de Connoisseurs, s'il n'est plein d'un certain agrément & d'un certain sel, propre à piquer le goût general des Hommes, il ne passera jamais pour un bon Ouvrage; & il faudra à la fin que les Connoisseurs eux-mêmes avouent qu'ils se sont trompez en lui donnant leur approbation. Que si on me demande ce que c'est que cet agrément & ce sel, je répondrai que c'est un je ne sai quoi qu'on peut beaucoup mieux sentir que dire. A mon avis néanmoins, il consiste principalement à ne jamais présenter au Lecteur que des pensées vraies & des expressions justes. L'Esprit de l'Homme est naturellement plein d'un nombre infini d'idées confuses du Vrai, que souvent il n'entrevoit qu'à demi; & rien ne lui est plus agréable que lors qu'on lui offre quelcune de ces idées bien éclaircie, & mise dans un beau jour.

Qu'est-

REMARQUES.

1 *De plus de soixante & trois ans.*] C'est-à-dire, *de plus de soixante & quatre ans:* car Mr. Despréaux étant né le 1. de Novembre, 1636. il couroit sa 65. année en 1701. quand il composa cette Préface. Le Roi lui aïant demandé un jour, en quel tems il étoit né, Mr. Despréaux lui répondit, que le tems de sa naissance étoit la circonstance la plus glorieuse de sa vie; *Je suis venu au monde,* dit-il, *une année avant Votre Majesté, pour annoncer les merveilles de son Règne.* Le Roi fut touché de cette réponse, & les Courtisans ne manquerent pas d'y applaudir. Mr. Despréaux, qui ne fit peut-être pas alors réflexion sur l'année de sa naissance, s'est crû depuis engagé d'honneur à soûtenir un mot qu'il avoit dit en présence de toute la Cour, & qui avoit si bien réüssi. C'est ce qui l'a obligé, toutes les fois qu'il a eu occasion de parler de sa naissance, de la mettre en 1637.

&

PREFACE DE L'AUTEUR.

Qu'eſt-ce qu'une penſée neuve, brillante, extraordinaire? Ce n'eſt point, comme ſe le perſuadent les Ignorans, une penſée que perſonne n'a jamais euë, ni dû avoir. C'eſt au contraire une penſée qui a dû venir à tout le monde, & que quelcun s'aviſe le premier d'exprimer. Un bon mot n'eſt bon mot qu'en ce qu'il dit une choſe que chacun penſoit, & qu'il la dit d'une maniere vive, fine & nouvelle. Conſiderons, par exemple, cette replique ſi fameuſe de Loüis Douzième à ceux de ſes Miniſtres qui lui conſeillerent de faire punir pluſieurs perſonnes, qui, ſous le regne précedent, & lors qu'il n'étoit encore que Duc d'Orleans, avoient pris à tâche de le deſſervir. *Un Roi de France*, leur répondit-il, *ne vange point les injures d'un Duc d'Orleans.* D'où vient que ce mot frappe d'abord? N'eſt-il pas aiſé de voir que c'eſt parce qu'il préſente aux yeux une vérité que tout le monde ſent, & qu'il dit mieux que tous les plus beaux diſcours de Morale, *Qu'un grand Prince, lors qu'il eſt une fois ſur le Trône, ne doit plus agir par des mouvemens particuliers, ni avoir d'autre vûë que la gloire & le bien général de ſon Etat?* Veut-on voir au contraire combien une penſée fauſſe eſt froide & puerile? Je ne ſaurois raporter un exemple qui le faſſe mieux ſentir, que deux Vers du Poëte Théophile, dans ſa Tragedie intitulée, *Pyrame & Thisbé*; lorsque cette malheureuſe Amante aïant ramaſſé le poignard encore tout ſanglant dont Pyrame s'étoit tué, elle querelle ainſi ce poignard,

> *Ah! voici le poignard, qui du ſang de ſon Maître*
> *S'eſt ſoüillé lâchement. Il en rougit, le Traître.*

Toutes les glaces du Nord enſemble ne ſont pas, à mon ſens, plus froides que cette penſée. Quelle extravagance, bon Dieu! de vouloir que la rougeur du ſang, dont eſt teint le poignard d'un Homme qui vient de s'en tuer lui-même, ſoit un effet de la honte qu'a ce poignard de l'avoir tué? Voici encore une penſée qui n'eſt pas moins fauſſe, ni par conſéquent moins froide. Elle eſt de Benſerade, dans ſes Métamorphoſes en Rondeaux, où parlant du Déluge envoié par les

REMARQUES.

& c'eſt ce qui a cauſé l'erreur ſur les dattes de tous ſes Ouvrages, dans la liſte qu'on en avoit donnée au commencement de l'Edition poſtume de 1713. après la Préface. Voïez ci-après la Remarque ſur l'Epigramme 55. [Le Commentateur avance un peu trop legerement que la Réponſe qu'il attribuë à Mr. Deſpréaux, *l'a obligé toutes les fois qu'il a eu occaſion de parler de ſa naiſſance, de la mettre* en 1637. Car pour ne donner qu'un exemple du contraire, dans l'Epître X. compoſée en 1695. vers 98. notre Poëte dit qu'il perdit ſon Pere à l'âge de *ſeize ans.* Or le Commentateur remarque ſur ce même vers (& ailleurs) que le Pere de Mr. Deſpréaux mourut en 1657. Mr. Deſpréaux met donc ici ſa naiſſance en 1640. ou 1641. Add. de l'Ed. d'Amſt.]

les Dieux, pour châtier l'infolence de l'Homme, il s'exprime ainfi:
Dieu lava bien la tête à fon Image.

Peut-on, à propos d'une auffi grande chofe que le Déluge, dire rien de plus petit, ni de plus ridicule que ce quolibet, dont la penfée eft d'autant plus fauffe en toutes manieres, que le Dieu dont il s'agit en cet endroit, c'eft Jupiter, qui n'a jamais paffé chez les Païens pour avoir fait l'Homme à fon image : l'Homme dans la Fable étant, comme tout le monde fait, l'ouvrage de Prométhée.

Puis qu'une penfée n'eft belle qu'en ce qu'elle eft vraie; & que l'effet infaillible du Vrai, quand il eft bien énoncé, c'eft de fraper les Hommes; il s'enfuit que ce qui ne frape point les Hommes, n'eft ni beau ni vrai, ou qu'il eft mal énoncé: & que par conféquent un Ouvrage qui n'eft point goûté du Public, eft un très-méchant Ouvrage. Le gros des Hommes peut bien, durant quelque tems, prendre le faux pour le vrai, & admirer de méchantes chofes : mais il n'eft pas poffible qu'à la longue une bonne chofe ne lui plaife; & je défie tous les Auteurs les plus mécontens du Public, de me citer un bon Livre que le Public ait jamais rebuté : à moins qu'ils ne mettent en ce rang leurs Ecrits, de la bonté desquels eux feuls font perfuadez. J'avoué néanmoins, & on ne le fauroit nier, que quelquefois, lors que d'excellens Ouvrages viennent à paroître, la Cabale & l'Envie trouvent moïen de les rabaiffer, [2] & d'en rendre en apparence le fuccès douteux : mais cela ne dure guères; & il en arrive de ces Ouvrages comme d'un morceau de bois qu'on enfonce dans l'eau avec la main : il demeure au fond tant qu'on l'y retient, mais bien-tôt la main venant à fe laffer, il fe relève & gagne le deffus. Je pourrois dire un nombre infini de pareilles chofes fur ce fujet, & ce feroit la matiere d'un gros Livre : mais en voilà affez, ce me femble, pour marquer au Public ma reconnoiffance, & la bonne idée que j'ai de fon goût & de fes jugemens.

Parlons maintenant [3] de mon Edition nouvelle. C'eft la plus correcte qui ait encore paru; & non feulement je l'ai revuë avec beaucoup de foin, mais j'y ai retouché de nouveau plufieurs endroits de mes Ouvrages. Car je ne fuis point de ces Auteurs fuians la peine, qui ne fe croient plus obligez de rien raccommoder à leurs Ecrits, dès qu'ils les ont une fois donnez au Public. Ils alleguent pour ex-

REMARQUES.

2 *Et d'en rendre .... le fuccès douteux.*] Mr. Defpréaux citoit pour exemples, *l'Ecole des Femmes* de Moliere, & la *Phèdre* de Mr. Racine.

3 *De mon Edition nouvelle.*] Celle de 1701. pour laquelle cette Préface fut faite.

DE L'AUTEUR.

cuſer leur pareſſe, qu'ils auroient peur, en les trop remaniant, de les affoiblir, & de leur ôter cet air libre & facile, qui fait, diſent-ils, un des plus grands charmes du diſcours: mais leur excuſe, à mon avis, eſt très-mauvaiſe. Ce ſont les Ouvrages faits à la hâte, &, comme on dit, au courant de la plume, qui ſont ordinairement ſecs, durs, & forcez. Un Ouvrage ne doit point paroître trop travaillé, mais il ne ſauroit être trop travaillé; & c'eſt ſouvent le travail même, qui en le poliſſant lui donne cette facilité tant vantée qui charme le Lecteur. Il y a bien de la différence entre des Vers faciles, & des Vers facilement faits. Les Ecrits de Virgile, quoi qu'extraordinairement travaillez, ſont bien plus naturels que ceux de Lucain, qui écrivoit, dit-on, avec une rapidité prodigieuſe. C'eſt ordinairement la peine que s'eſt donnée un Auteur à limer & à perfectionner ſes Ecrits, qui fait que le Lecteur n'a point de peine en les liſant. Voiture, qui paroit ſi aiſé, travailloit extrêmement ſes Ouvrages. On ne voit que des gens qui font aiſément des choſes médiocres; mais des gens qui en faſſent, même difficilement, de fort bonnes, on en trouve très-peu.

Je n'ai donc point de regret d'avoir encore emploïé quelques-unes de mes veilles à rectifier mes Ecrits dans cette nouvelle Edition, qui eſt, pour ainſi dire, mon Edition favorite. Auſſi y ai-je mis mon nom, que je m'étois abſtenu de mettre à toutes les autres. J'en avois ainſi uſé par pure modeſtie: mais aujourd'hui que mes Ouvrages ſont entre les mains de tout le monde, il m'a paru que cette modeſtie pourroit avoir quelque choſe d'affecté. D'ailleurs, j'ai été bien aiſe, en le mettant à la tête de mon Livre, de faire voir par là quels ſont préciſément les Ouvrages que j'avouë, & d'arrêter, s'il eſt poſſible, le cours d'un nombre infini de méchantes Pièces, qu'on répand par tout ſous mon nom, & principalement dans les Provinces & dans les Païs étrangers. J'ai même, pour mieux prévenir cet inconvénient, fait mettre au commencement de ce volume, †une liſte éxacte & détaillée de tous mes Ecrits; & on la trouvera immédiatement après cette Préface. Voilà de quoi il eſt bon que le Lecteur ſoit inſtruit.

Il ne reſte plus préſentement qu'à lui dire quels ſont les Ouvrages dont j'ai augmenté ce volume. Le plus conſidérable eſt une onzième Satire, que j'ai tout récemment compoſée, & qu'on trouvera à la ſuite des dix précédentes. Elle eſt adreſſée à Monſieur de Valincour, mon illuſtre Aſſocié à l'Hiſtoire. J'y traite du vrai & du faux Honneur, & je l'ai compoſée avec le même ſoin que tous mes autres Ecrits.

REMARQUES.

4 *Une liſte. . . . de tous mes Ecrits.*] Elle étoit différente de celle qui depuis a été miſe dans l'Edition de 1713. & dont on a parlé dans la Remarque I. ſur cette Préface.

Tom. I.   c

PRÉFACE

crits. Je ne saurois pourtant dire si elle est bonne ou mauvaise: car je ne l'ai encore communiquée qu'à deux ou trois de mes plus intimes Amis, à qui même je n'ai fait que la réciter fort vîte, dans la peur qu'il ne lui arrivât ce qui est arrivé à quelques autres de mes Pièces, que j'ai vû devenir publiques avant même que je les eusse mises sur le papier: plusieurs personnes, à qui je les avois dites plus d'une fois, les aiant retenuës par cœur, & en aiant donné des copies. C'est donc au Public à m'apprendre ce que je dois penser de cet Ouvrage, ainsi que de plusieurs autres petites Pièces de Poësie qu'on trouvera dans cette nouvelle Edition, & qu'on y a mêlées parmi les Epigrammes qui y étoient déja. Ce sont toutes bagatelles, que j'ai la plûpart composées dans ma plus tendre jeunesse; mais que j'ai un peu rajustées, pour les rendre plus supportables au Lecteur. J'y ai fait aussi ajoûter deux nouvelles Lettres, l'une que j'écris à Monsieur Perrault, & où je badine avec lui sur notre démêlé Poëtique, presque aussi-tôt éteint qu'allumé. L'autre est un Remercîment à Mr. le Comte d'Ericeyra, au sujet de la Traduction de mon Art Poëtique faite par lui en Vers Portugais, qu'il a eu la bonté de m'envoïer de Lisbone, avec une Lettre & des Vers François de sa composition, où il me donne des louanges très-délicates, & ausquelles il ne manque que d'être appliquées à un meilleur sujet. J'aurois bien voulu pouvoir m'acquitter de la parole que je lui donne à la fin de ce Remercîment, de faire imprimer cette excellente Traduction à la suite de mes Poësies; mais malheureusement un de mes Amis, à qui je l'avois prêtée, m'en a égaré le premier Chant; & j'ai eu la mauvaise honte de n'oser récrire à Lisbone pour en avoir une autre copie. Ce sont-là à peu près tous les Ouvrages de ma façon, bons ou méchans, dont on trouvera ici mon Livre augmenté. Mais une chose qui sera sûrement agréable au Public, c'est le présent que je lui fais dans ce même Livre, de la Lettre que le célèbre Monsieur Arnauld a écrite à Monsieur Perrault à propos de ma dixième Satire, & où, comme je l'ai dit dans l'Epître à mes Vers, il fait en quelque sorte mon apologie. Je ne doute point que beaucoup de gens ne m'accusent de témérité, d'avoir osé associer à mes Ecrits les Ouvrages d'un si excellent Homme; & j'avouë que leur accusation est bien fondée. Mais le moïen de résister à la tentation de montrer à toute la Terre, comme je le montre en effet par l'impression de cette Lettre, que ce grand Personnage me faisoit l'honneur de m'estimer, & avoit la bonté *meas esse aliquid putare nugas?*

Au reste, comme malgré une apologie si authentique, & malgré les bonnes raisons que j'ai vingt fois alleguées en Vers & en Prose, il y a en-

REMARQUES.

5 *Un de mes Amis.*] Mr. l'Abbé Regnier-Desmarais, Secretaire de l'Académie Françoise.

DE L'AUTEUR.

encore des gens qui traitent de médisances les railleries que j'ai faites de quantité d'Auteurs modernes, & qui publient qu'en attaquant les défauts de ces Auteurs, je n'ai pas rendu justice à leurs bonnes qualitez, je veux bien, pour les convaincre du contraire, repeter encore ici les mêmes paroles que j'ai dites sur cela dans la Préface⁶ de mes deux Editions précedentes. Les voici. Il est bon que le Lecteur soit averti d'une chose ; c'est qu'en attaquant dans mes Ouvrages les défauts de plusieurs Ecrivains de notre siecle, je n'ai pas prétendu pour cela ôter à ces Ecrivains le mérite & les bonnes qualitez qu'ils peuvent avoir d'ailleurs. Je n'ai pas prétendu, dis-je, nier que Chapelain, par exemple, quoique Poëte fort dur, n'ait fait autrefois, je ne sai comment, une assez belle Ode ; & qu'il n'y ait beaucoup d'esprit dans les Ouvrages de Monsieur Quinaut, quoique si éloigné de la perfection de Virgile. J'ajoûterai même sur ce dernier, que dans le tems où j'écrivis contre lui, nous étions tous deux fort jeunes, & qu'il n'avoit pas fait alors beaucoup d'Ouvrages, qui lui ont dans la suite acquis une juste réputation. Je veux bien aussi avouer qu'il y a du génie dans les Ecrits de Saint Amand, de Brébeuf, de Scuderi, de Cotin même, & de plusieurs autres que j'ai critiquez. En un mot, avec la même sincerité que j'ai raillé de ce qu'ils ont de blâmable ; je suis prêt à convenir de ce qu'ils peuvent avoir d'excellent. Voilà, ce me semble, leur rendre justice, & faire bien voir que ce n'est point un esprit d'envie & de médisance qui m'a fait écrire contre eux.

Après cela, si on m'accuse encore de médisance, je ne sai point de Lecteur qui n'en doive aussi être accusé ; puisqu'il n'y en a point qui ne dise librement son avis des Ecrits qu'on fait imprimer, & qui ne se croie en plein droit de le faire, du consentement même de ceux qui les mettent au jour. En effet, qu'est-ce que mettre un Ouvrage au jour ? N'est-ce pas en quelque sorte dire au Public, Jugez-moi ? Pourquoi donc trouver mauvais qu'on nous juge ? Mais j'ai mis tout ce raisonnement en rimes dans ma neuvième Satire, & il suffit d'y renvoier mes Censeurs.

REMARQUES.

6 *De mes deux Editions précedentes.*] De 1683. & 1694.

ELOGE
DE
Mʀ. DESPRÉAUX,

Tiré du Discours que Monsieur DE VALINCOUR, *Secretaire du Cabinet du Roi, Chancelier de l'Academie, prononça à la reception de Monsieur l'Abbé* D'ESTREES, *à present Archevêque de Cambray*, &c.*

JE ne crains point ici, MESSIEURS, que l'amitié me rende suspect sur le sujet de Monsieur Despréaux. Elle me fourniroit plûtôt des larmes hors de saison, que des louanges exagerées. Ami dès mon enfance, & ami intime de deux des plus grands Personnages, qui jamais aient été parmi vous, je les ai perdus tous deux † dans un petit nombre d'années. Vos suffrages m'ont élevé à la place du premier, que j'aurois voulu ne voir jamais vacante. Par quelle fatalité faut-il que je sois encore destiné à recevoir aujourd'hui en votre nom l'Homme illustre qui va remplir la place de l'autre ; & que dans deux occasions, où ma douleur ne demandoit que le silence & la solitude, pour pleurer des Amis d'un si rare mérite, je me sois trouvé engagé à paroître devant vous pour faire leur éloge !

Mais quel éloge puis-je faire ici de Monsieur Despréaux, que vous n'aïez déja prévenu ? J'ose attester, MESSIEURS, le jugement que tant de fois vous en avez porté vous-mêmes. J'atteste celui de tous les Peuples de l'Europe, qui font de ses Vers l'objet de leur admiration. Ils les savent par cœur ; ils les traduisent en leur Langue ; ils apprennent la nôtre pour les mieux goûter, & pour en mieux sentir toutes les beautez. Approbation universelle, qui est le plus grand éloge que les hommes puissent donner à un Ecrivain ; & en même tems la marque la plus certaine de la perfection d'un Ouvrage.

Par quel heureux secret peut-on acquerir cette approbation si généralement recherchée, & si rarement obtenuë ? Monsieur Despréaux nous l'a appris lui-même ; c'est par l'amour du Vrai.

En effet, ce n'est que dans le Vrai seulement que tous les hommes se réünissent. Differens d'ailleurs dans leurs mœurs, dans leurs préjugez, dans leur manière de penser, d'écrire, & de juger de ceux qui écrivent, dès que le Vrai paroît clairement à leurs yeux, il enleve toûjours leur consentement & leur admiration.

Comme il ne se trouve que dans la Nature, ou pour mieux dire, comme il n'est

---

* *Mr. l'Abbé d'Estrées mourut le 3 Mars 1718. dans sa 52. année.* ADD. de l'Ed. d'Amst.
† *Mr. Racine, mort en 1699. Mr. Despréaux, mort en 1711.*

ELOGE DE Mr. DESPRE'AUX.

n'eſt autre choſe que la Nature même, Monſieur Deſpréaux en avoit fait ſa principale étude. Il avoit puiſé dans ſon ſein ces graces qu'elle ſeule peut donner, que l'Art emploïe toûjours avec ſuccès, & que jamais il ne ſauroit contrefaire. Il y avoit contemplé à loiſir ces grands modèles de beauté & de perfection, qu'on ne peut voir qu'en elle, mais qu'elle ne laiſſe voir qu'à ſes Favoris. Il l'admiroit ſur tout dans les Ouvrages d'Homere, où elle s'eſt conſervée avec toute la ſimplicité, & pour ainſi dire, avec toute l'innocence des premiers tems; & où elle eſt d'autant plus belle, qu'elle affecte moins de le paroître.

Il ne s'agit point ici de renouveller la fameuſe guerre des Anciens & des Modernes, où Monſieur Deſpréaux combattit avec tant de ſuccès en faveur de ce grand Poëte.

Il faut eſperer que ceux qui ſe ſont fait une fauſſe gloire de reſiſter aux traits du défenſeur d'Homere, ſe feront honneur de ceder aux graces d'une nouvelle Traduction*, qui le faiſant connoître à ceux même à qui ſa Langue eſt inconnuë, fait mieux ſon éloge que tout ce qu'on pourroit écrire pour ſa défenſe. Chef-d'œuvre véritablement digne d'être loué dans le Sanctuaire des Muſes, & honoré de l'aprobation de ceux qui y ſont aſſis.

Mais c'eſt en vain qu'un Auteur choiſit le Vrai pour modèle. Il eſt toûjours ſujet à s'égarer, s'il ne prend auſſi la Raiſon pour guide.

Monſieur Deſpréaux ne la perdit jamais de vûë: & lors que pour la venger de tant de mauvais Livres, où elle étoit cruellement maltraitée, il entreprit de faire des Satires, elle lui apprit à éviter les excès de ceux qui en avoient fait avant lui.

Juvenal, & quelquefois Horace même, (avouons-le de bonne-foi) avoient attaqué les vices de leur tems avec des armes qui faiſoient rougir la Vertu.

Regnier, peut-être en cela ſeul, fidèle Diſciple de ces dangereux Maîtres, devoit à cette honteuſe licence une partie de ſa réputation; & il ſembloit alors que l'obſcenité fût un ſel abſolument neceſſaire à la Satire; comme on s'eſt imaginé depuis, que l'amour devoit être le fondement, & pour ainſi dire, l'ame de toutes les Pièces de Théatre.

Monſieur Deſpréaux ſut mépriſer de ſi mauvais exemples dans les mêmes Ouvrages qu'il admiroit d'ailleurs. Il oſa le premier faire voir aux hommes une Satire ſage & modeſte. Il ne l'orna que de ces graces auſtères, qui ſont celles de la Vertu même; travaillant ſans ceſſe à rendre ſa vie encore plus pure que ſes Ecrits, il fit voir que l'amour du Vrai, conduit par la Raiſon, ne fait pas moins l'Homme de bien que l'excellent Poëte.

Incapable de déguiſement dans ſes mœurs, comme d'affectation dans ſes Ouvrages, il s'eſt toûjours montré tel qu'il étoit, aimant mieux, diſoit-il, laiſſer voir de véritables défauts, que de les couvrir par de fauſſes vertus.

Tout ce qui choquoit la Raiſon ou la Vérité, excitoit en lui un chagrin, dont il n'étoit pas maître, & auquel peut-être ſommes-nous redevables de ſes plus ingenieuſes compoſitions. Mais en attaquant les défauts des Ecrivains, il a toûjours épargné leurs perſonnes.

Il croïoit qu'il eſt permis à tout homme, qui ſait parler ou écrire, de cenſurer publiquement un mauvais Livre, que ſon Auteur n'a pas craint de rendre public; mais il ne regardoit qu'avec horreur ces dangereux ennemis du Genre hu-

---

* *Traduction de Madame Dacier.*

humain, qui sans respect ni pour l'amitié, ni pour la Vérité même, déchirent indifféremment tout ce qui s'offre à l'imagination de ces sortes de gens, & qui du fond des ténèbres, qui les derobent à la rigueur des Loix, se font un jeu cruel de publier les fautes les plus cachées, & de noircir les actions les plus innocentes.

Ces sentimens de probité & d'humanité n'étoient pas dans Monsieur Despréaux des vertus purement civiles. Ils avoient leur principe dans un amour sincère pour la Religion, qui paroissoit dans toutes ses actions, & dans toutes ses paroles ; mais qui prenoit encore de nouvelles forces, comme il arrive à tous les hommes, dans les occasions où ils se trouvoient conformes à son humeur & à son genie.

C'est ce qui l'animoit si vivement contre un certain Genre de Poësie, où la Religion lui paroissoit particulierement offensée.

Quoi, disoit-il à ses Amis, des maximes, qui feroient horreur dans le langage ordinaire, se produisent impunément dès qu'elles sont mises en Vers ! Elles montent sur le Theatre à la faveur de la Musique, & y parlent plus haut que nos Loix. C'est peu d'y étaler ces Exemples qui instruisent à pecher, & qui ont été détestez par les Païens même. On en fait aujourd'hui des conseils, & même des préceptes ; & loin de songer à rendre utiles les divertissemens publics, on affecte de les rendre criminels. Voilà dequoi il étoit continuellement occupé, & dont il eût voulu pouvoir faire l'unique objet de toutes ses Satires.

Heureux d'avoir pû d'une même main imprimer un opprobre éternel à des Ouvrages si contraires aux bonnes mœurs : & donner à la Vertu, en la personne de notre auguste Monarque, des louanges qui ne périront jamais.

TABLE

TABLE DES PIECES

CONTENUES DANS CE PREMIER TOME.

Les Pièces ajoutées à l'Edition de 1717. en 4. voll. in 12. font défignées par une Etoile *, & celles qui ont été ajoutées à cette Edition font marquées par deux **.

DISCOURS AU ROI. Pag. 1
SATIRE I. Sur la retraite & les plaintes d'un Poëte, qui ne pouvant plus vivre à Paris va chercher ailleurs une deſtinée plus heureuse. 9
SATIRE II. à Mr. de Moliere, ſur la difficulté de trouver la Rime & de la faire accorder avec la Raiſon. 20
SATIRE III. Deſcription d'un Feſtin ridicule. 26
SATIRE IV. à Mr. l'Abbé Le Vayer, où l'on prouve que tous les hommes ſont fous, quoi que chacun croye être ſage tout ſeul. 43
SATIRE V. à Mr. le Marquis de Dangeau, où l'on fait voir que la veritable Nobleſſe conſiſte dans la Vertu. 51
SATIRE VI. Deſcription des Embarras de Paris. 59
SATIRE VII. Sur les inconveniens qu'il y a de compoſer des Satires. 65
SATIRE VIII. à Mr. Morel. De l'Homme. 71
SATIRE IX. A ſon Eſprit, pour répondre à ſes adverſaires & pour faire en même tems ſon Apologie. 87
PREFACE ſur la Satire X. 104
SATIRE X. Contre les Femmes. 105
SATIRE XI. à Mr. de Valincour: Du vrai & du faux Honneur. 137
DISCOURS de l'Auteur pour ſervir d'Apologie à la Satire XII. 147
SATIRE XII. Sur l'Equivoque. 151
EPÎTRE I. Au Roi: Où l'on fait voir qu'un Roi n'eſt ni moins grand ni moins glorieux dans la Paix que dans la Guerre. 171
EPÎTRE II. à Mr. l'Abbé des Roches, contre l'ardeur de plaider. 182
EPÎTRE III. à Mr. Arnauld, ſur la mauvaiſe Honte. 185
EPÎTRE IV. Au Roi; ſur le paſſage du Rhin. 199
EPÎTRE V. à Mr. de Guilleragues, ſur la Connoiſſance de ſoi-même. 202
EPÎTRE VI. à Mr. de Lamoignon, Avocat General, ſur les douceurs dont il jouit à la Campagne & les Chagrins qui l'attendent à la Ville. 210
EPÎTRE VII. à Mr. Racine, ſur l'utilité qu'on peut retirer de la jalouſie de ſes ennemis, & en particulier des bonnes & des mauvaiſes Critiques. 219
EPÎTRE VIII. Au Roi, pour le remercier de ſes bienfaits. 227
EPÎTRE IX. à Mr. le Marquis de Seignelai, ſur l'Amour de la Verité. 232
PREFACE ſur les trois Epîtres ſuivantes. 240
EPÎTRE X. à ſes Vers. Pour répondre à ſes Cenſeurs. 243
EPÎTRE XI. à ſon Jardinier, ſur l'utilité du Travail pour être heureux. 250
EPÎTRE XII. à Mr. l'Abbé Renaudot, ſur l'Amour de Dieu. 256

L'ART POETIQUE.

AVERTISSEMENT de l'Auteur des Remarques ſur l'Art Poëtique. 267
CHANT I. 269
CHANT II. 282
CHANT III. 292
CHANT IV. 314

LE LUTRIN, POEME HEROÏ-COMIQUE.

AVIS au Lecteur. 329
CHANT I. 331
CHANT II. 343
CHANT III. 350
CHANT IV. 356
CHANT V. 366
CHANT VI. 377

ODES, EPIGRAMMES, & AUTRES POESIES.

DISCOURS ſur l'Ode. 385
ODE ſur la priſe de Namur. 387
ODE contre les Anglois. 394
STANCES à Mr. Moliere. 396
SONNET ſur la mort d'une Parente. 397
AUTRE SONNET ſur le même ſujet. 398

EPIGRAMMES.

EPIGR. I. A un Medecin. 399
EPIGR. II. A Mr. Racine. ibid.
EPIGR. III. Contre S. Sorlain. 401

TABLE DES PIECES.

EPIGR. IV. *A Messieurs Pradon & Bonecorse.* 402
EPIGR. V. *Contre l'Abbé Cotin.* ibid.
EPIGR. VI. *Contre le même.* 403
EPIGR. VII. *Contre un Athée.* ibid.
EPIGR. VIII. *Vers en stile de Chapelain.* 404
* EPIGR. IX. *Epitaphe.* ibid.
EPIGR. X. *A Climene.* ibid.
EPIGR. XI. *Imitation de Martial.* 405
EPIGR. XII. *Sur une Harangue d'un Magistrat dans laquelle les Procureurs étoient fort maltraitez.* ibid.
EPIGR. XIII. *Sur l'Agesilas de Mr. Corneille.* ibid.
EPIGR. XIV. *Sur l'Attila du même Auteur.* 406
EPIGR. XV. *Sur la maniere de reciter du Poëte Santeul.* ibid.
EPIGR. XVI. *A la Fontaine de Bourbon.* 407
EPIGR. XVII. *L'Amateur d'Horloges.* ibid.
EPIGR. XVIII. *Sur ce qu'on avoit lû à l'Academie des Vers contre Homère & contre Virgile.* 408
EPIGR. XIX. *Sur le même sujet.* ibid.
EPIGR. XX. *Sur le même sujet.* 409
EPIGR. XXI. *A Mr. Perrault sur le même sujet.* ibid.
EPIGR. XXII. *Sur le même sujet.* 410
EPIGR. XXIII. *Au même.* ibid.
EPIGR. XXIV. *Au même.* ibid.
EPIGR. XXV. *Parodie Burlesque de la premiére Ode de Mr. Pindare, à la louange de Mr. Perrault.* 411
EPIGR. XXVI. *Sur la reconciliation de l'Auteur & de M. Perrault.* 412
EPIGR. XXVII. *Aux RR. PP. Jesuites, Auteurs du Journal de Trevoux.* ibid.
*EPIGR. XXVIII. *Réponse à Mr. Despréaux.* 413
EPIGR. XXIX. *Replique de M. Despréaux aux mêmes.* 414
EPIGR. XXX. *Aux mêmes, sur le Livre des Flagellans.* ibid.
EPIGR. XXXI. *Fable d'Esope. Le Bucheron & la Mort.* 415
EPIGR. XXXII. *Le Debiteur reconnoissant.* ibid.
EPIGR. XXXIII. *Enigme.* 416
EPIGR. XXXIV. *Vers pour mettre au devant d'un Roman Allegorique, où l'on expliquoit toute la Morale des Stoïciens.* ibid.
EPIGR. XXXV. *Sur un Portrait de Rocinante, Cheval de Don Quichotte.* 417
EPIGR. XXXVI. *Vers à mettre en chant.* ibid.
EPIGR. XXXVII. *Chanson à boire.* 418
EPIGR. XXXVIII. *Chanson faite à Baville.* 419
EPIGR. XXXIX. *Sur Homere.* 420
*EPIGR. XL. *Vers pour mettre sous le Buste du Roi.* 421

EPIGR. XLI. *Vers pour mettre au bas du Portrait du Duc du Maine.* ibid.
EPIGR. XLII. *Vers pour mettre au bas du Portrait de Mlle. de Lamoignon.* 422
EPIGR. XLIII. *A Madame la Presidente de Lamoignon, sur le Portrait du P. Bourdaloüe, qu'elle m'avoit envoïé.* ibid.
EPIGR. XLIV. *Vers pour mettre au bas du Portrait de Tavernier.* 423
EPIGR. XLV. *Vers pour mettre au bas du Portrait de mon Pere.* ibid.
EPIGR. XLVI. *Epitaphe de la Mere de l'Auteur.* 424
*EPIGR. XLVII. *Sur un Frere aîné que j'avois & avec qui j'étois brouillé.* ibid.
EPIGR. XLVIII. *Vers pour mettre sur le Portrait de la Bruïere.* 425
EPIGR. XLIX. *Epitaphe de Mr. Arnauld.* ibid.
EPIGR. L. *Vers pour mettre au bas du Portrait de Mr. Hamon.* 426
EPIGR. LI. *Vers pour mettre au bas du Portrait de Mr. Racine.* 427
EPIGR. LII. *Vers pour mettre au bas de mon Portrait.* 428
EPIGR. LIII. *Réponse aux Vers du Portrait.* ibid.
*EPIGR. LIV. *Pour un autre Portrait du même.* 429
*EPIGR. LV. *Vers pour mettre au bas d'une mechante gravûre qu'on a faite de moi.* 430
EPIGR. LVI. *Sur mon Buste de Marbre, fait par M. Girardon.* ibid.
AVERTISSEMENT *sur le Prologue d'un Opera.* 431
PROLOGUE *d'Opera.* 433

POESIES LATINES.

EPIGRAMMA *in novum Causidicum Rustici Lictoris Filium.* 435
EPIGR. *alterum, in Marullum.* ibid.
* SATIRA. 436

POESIES AUSQUELLES L'AUTEUR A EU PART.

CHAPELAIN DECOIFFE', *ou Parodie de quelques Scenes du Cid, sur Chapelain, Cassaigne & la Serre.* 437
* LA METAMORPHOSE *de la Perruque de Chapelain en Comete.* 450

OUVRAGES FAITS A L'OCCASION DE CEUX DE L'AUTEUR.

** SONNET *de Mr. de* NANTES, *contenant l'éloge de Mr. Despréaux.* 452
* SONNET *du même, contre la Satire sur l'Equivoque.* 453
** VERS *du même, sur les deux Sonnets précédens.* 454

PRIVILEGE

PRIVILEGIE.

DE Staten van Holland ende Weft-Vriesland, doen te weten, Alzoo Ons vertoont is by *David Mortier*, Burger en Boeck-verkooper binnen Amfterdam, dat hy Suppliant, op den 19. Juny 1714. van *Sufanna Pelt*, Weduwe van *Hendrick Schelte*, hadde gekogt alle de Exemplaaren en Copie, Regt, ende Privilegie van feecker Boeck, genaemt *Les Oeuvres de Nicolas Boileau Defpréaux , avec des Eclairciffements Hiftoriques donnez par lui-même*, blyckende by de verklaring aan Ons geëxhibeert, en hy Supplt: van voornemens was, het felve te herdrucken, 't welck fware onkoften vereyfchten, dog alzoo de voornoemde Privilegie van dato den 12. April, 1713. waer van de Copie meede aan Ons geexhibeert, de boete maar tot drie hondert guldens was geftelt, tegens de nadruckers &c. en den Supplt: kenniffe hadde bekomen dat het voorn: werck van *Les Oeuvres de Nicolas Boileau Defpréaux , avec des Eclairciffements Hiftoriques donnez par lui-même* buyten 's Lands wierd gedruckt, 't welck hier dan ingevoert werdende hem Supplt: groote fchade foude toebrengen, Reedenen waaromme den Supplt: hem was keerende tot Ons, onderdaeniglyck verfoeckende, dat wy geliefden te verleenen Ons Octroy op het voorn: Werck in foodaanigen formaat als hy Supplt: foude goetvinden, voor den tyd van vyftien eerft agter een volgende Jaaren, op een poena van drie duyfent Guldens tot meerder affchrick teegens de nadruckers &c. SOO IS 'T: dat Wy de fake, ende 't verfoeck voorfz. overgemerckt hebbende, ende geneegen wefende ter bede van den Supplt: uyt Onfe regte wetenfchap, Souveraine Magt, ende Authoriteyt, den felven Supplt: Geconfenteert, Geaccordeert, ende Geoctroyeert hebben, Confenteeren, Accordeeren en Octroyeren hem mits defen, dat hy geduurende den tyd van vyftien eerft agter een volgende Jaaren, het voorfz. Boeck genaemt *Les Oeuvres de Nicolas Boileau Defpréaux , avec des Eclairciffements Hiftoriques donnez par lui-même*, binnen den voorfz. Onfen Lande alleen fal mogen drucken, doen drucken, uytgeven ende verkoopen, verbiedende daarom allen ende een ygelyken, het felve Boeck in 't geheel ofte ten deelen te drukken, of doen naardrucken, ofte verhandelen, ende verkoopen, ofte elders naar gedruckt binnen den felven Onfen Lande te brengen, uyt te geven ofte verhandelen ende verkopen, op verbeurte van alle de naar-gedruckte, ingebragte, verhandelde, ofte verkogte Exemplaren, ende een Boete van drie duyfend guldens, daar en boven te verbeuren, te appliceeren een derde part voor den Officier die de Calangie doen fal, een derde part voor den Armen der Plaatfe, daar het Cafus voorvallen fal, ende het refteerende derde part voor den Supplt: ende dit 't elckens foo meenigmael als

Tom. I.   d

PRIVILEGIE.

als defelve fullen werden achterhaelt, alles in dien verftande, dat Wy den Supplt: met defen Onfen Octroye alleen willende gratificeren tot verhoedinge van fijne fchade door het naardrucken van het voorfz. Boek, daar door in geenigen deele verftaan den inhouden van dien te authorifeeren, ofte te advouëren, ende veel min defelve onder Onfe protectie ende befcherminge eenig meerder credit, aanfien ofte reputatie te geven, neen maar den Supplt: in cas daar inne yets onbehoorlyks foude influëren, alle het felve tot fijnen laften fal gehouden wefen te verantwoorden, tot dien eynde wel expreffelyk begerende, dat by aldien hy defen Onfen Octroye voor het felve Boek, fal willen ftellen, daar van geen geabrevieerde ofte gecontraheerde mentie fal mogen maken, neen maar gehouden wefen het felve Octroy in 't geheel, ende fonder eenige Omiffie daar voor te drucken, ofte te doen drucken, en dat hy gehouden fal fijn een Exemplaar van het voorfz. Boeck, gebonden en wel geconditioneert te brengen in de Bibliotheecq van Onfe Univerfiteyt tot Leyden, ende daar van behoorlyk te doen blyken, alles op poene van het effect van dien te verliefen. Ende ten eynde den Supplt: defen onfen Confente ende Octroye moge genieten, als naar behooren, laften Wy allen ende een ygelyken die 't aangaan mag, dat fy den Supplt: van den inhoude van defen doen, laten, ende gedoogen, ruftelyk, vredelyk, ende volkomentlyk genieten ende gebruyken, cefleerende alle belet ende wederfeggen ter contrarie. Gedaan in den Hage onder Onfen grooten Zegele hier onder aan doen hangen, den feventienden Mey in 't Jaar onfes Heeren en Zaligmakers Seventien hondert feftien.

Vt.

A. HEINSIUS.

Ter Ordonnantie van de Staten,

SIMON van BEAUMONT.

DISCOURS

pas eu un seul dont le nom ait merité qu'on s'en souvînt: les Plautes, les Cécilius & les Terences étant morts dans le siècle précedent. Je montrerois que si pour l'Ode nous n'avons point d'Auteurs si parfaits qu'Horace, qui est leur seul Poëte Lyrique, nous en avons néanmoins un assez grand nombre, qui ne lui sont guères inferieurs en délicatesse de Langue & en justesse d'expression, & dont tous les Ouvrages, mis ensemble, ne feroient peut-être pas dans la balance un poids de merite moins considérable, que les cinq Livres d'Odes qui nous restent de ce grand Poëte. Je montrerois qu'il y a des genres de Poësie, où non seulement les Latins ne nous ont point surpassé; mais qu'ils n'ont pas même connus: comme, par exemple, ces Poëmes en prose que nous appelons *Romans*, & dont nous avons chez nous des modèles, qu'on ne sauroit trop estimer, à la Morale près qui y est fort vicieuse, & qui en rend la lecture dangereuse aux jeunes personnes. Je soûtiendrois hardiment qu'à prendre le Siècle d'Auguste dans sa plus grande étenduë, c'est-à-dire, depuis Ciceron jusqu'à Corneille Tacite, [6] on ne sauroit pas trouver parmi les Latins un seul Philosophe, qu'on puisse mettre pour la Physique en parallèle avec Descartes, ni même avec Gassendi. Je prouverois que pour le grand savoir & la multiplicité de connoissances, leurs Varrons & leurs Plines, qui sont leurs plus doctes Ecrivains, paroîtroient de médiocres Savans devant nos Bignons, nos Scaligers, nos Saumaises, nos Peres Sirmonds, & nos Peres Pétaux. Je triompherois avec vous du peu d'étenduë de leurs lumieres sur l'Astronomie, sur la Géographie, & sur la Navigation. Je les défierois de me citer, à l'exception du seul Vitruve, qui est même plûtot un bon Docteur d'Architecture, qu'un excellent Architecte, je les défierois, dis-je, de me nommer un seul habile Architecte, un seul habile Sculpteur, un seul habile Peintre Latin : Ceux qui ont fait du bruit à Rome dans tous ces Arts, étant des Grecs d'Europe & d'Asie, qui venoient pratiquer chez les Latins, des Arts que les Latins, pour ainsi dire, ne connoissoient point: au lieu que toute la Terre aujourd'hui est pleine de la réputation & des ouvrages de nos Poussins, de nos le Bruns, de nos Girardons & de nos Mansards. Je pourrois ajoûter encore à cela beaucoup d'autres choses: mais ce que j'ai dit est suffisant, je croi, pour vous faire entendre, comment je me tirerois d'affaire à l'égard du Siècle d'Auguste. Que si de la comparaison des Gens de Lettres & des illustres Artisans, il falloit passer à celle des Heros & des grands Princes, peut-être en sortirois-je avec encore plus de succès. Je suis bien sûr au moins que je ne serois pas fort embarrassé

REMARQUES.

6. *On ne sauroit pas trouver.*] Il faudroit dire, suivant l'usage & les Grammairiens : *on ne sauroit trouver.*

raſſé à montrer, que l'Auguſte des Latins ne l'emporte pas ſur l'Auguſte des François. Par tout ce que je viens de dire, vous voïez, Monsieur, qu'à proprement parler, nous ne ſommes point d'avis different ſur l'eſtime qu'on doit faire de notre Nation & de notre Siècle: mais que nous ſommes differemment de même avis. Auſſi n'eſt-ce point votre ſentiment que j'ai attaqué dans vos Parallèles; mais la maniere hautaine & mépriſante, dont votre Abbé & votre Chevalier y traitent des Ecrivains, pour qui, même en les blâmant, on ne ſauroit, à mon avis, marquer trop d'eſtime, de reſpect, & d'admiration. Il ne reſte donc plus maintenant, pour aſſurer notre accord, & pour étouffer entre nous toute ſemence de diſpute, que de nous guérir l'un & l'autre; Vous, d'un penchant un peu trop fort à rabaiſſer les bons Ecrivains de l'Antiquité, & Moi d'une inclination un peu trop violente à blâmer les méchans, & même les médiocres Auteurs de notre Siècle. C'eſt à quoi nous devons ſerieuſement nous appliquer. Mais quand nous n'en pourrions venir à bout, je vous répons que de mon côté cela ne troublera point notre réconciliation; & que pourvû que vous ne me forciez point à lire le Clovis ni la Pucelle, je vous laiſſerai tout à votre aiſe critiquer l'Iliade & l'Eneïde, me contentant de les admirer, ſans vous demander pour elles cette eſpèce de culte tendant à l'adoration, que vous vous plaignez 7 en quelqu'un de vos Poëmes, qu'on veut exiger de vous, & que Stace ſemble en effet avoir eû pour l'Eneïde, quand il ſe dit à lui-même:

nec tu divinam Æneïda tenta:
Sed longè ſequere, & veſtigia ſemper adora.

Voila, Monsieur, ce que je ſuis bien aiſe que le Public ſache: & c'eſt pour l'en inſtruire à fond, que je me donne l'honneur de vous écrire aujourd'hui cette Lettre, que j'aurai ſoin de faire imprimer dans la nouvelle Edition, qu'on fait en grand & en petit de mes Ouvrages. J'aurois bien voulu pouvoir adoucir en cette nouvelle Edition quelques railleries un peu fortes, qui me ſont échapées dans mes Réflexions ſur Longin; mais il m'a paru que cela ſeroit inutile, à cauſe des deux Editions qui l'ont précédée, auxquelles on ne manqueroit pas de recourir, auſſi bien qu'aux fauſſes Editions qu'on en pourra faire dans les Païs étrangers, où il y a de l'apparence qu'on prendra ſoin de mettre les choſes en l'état qu'elles étoient d'abord. J'ai crû donc, que le meilleur

REMARQUES.

7. *En quelqu'un de vos Poëmes.*] Au commencement du Poëme intitulé, *Le Siècle de Louis le Grand.*

8. *Gliſſé.*] Le Verbe *Gliſſer* eſt mis là dans le ſens actif, dequoi on trouve peu d'exemples.

DISCOURS AU ROI.

EUNE & vaillant Heros, dont la haute sagesse
N'est point le fruit tardif d'une lente vieillesse,
Et qui seul, sans Ministre, à l'exemple des Dieux,
Soutiens tout par Toi-même, & vois tout par tes yeux,

REMARQUES.

QUoique cette Piéce soit placée avant toutes les autres, elle n'a pourtant pas été faite la première. L'Auteur la composa au commencement de l'année 1665. & il avoit déja fait cinq Satires. La même année ce *Discours* fut inseré dans un Recueil de Poësies, avant que l'Auteur eût eu le tems de le corriger. Il le fit imprimer lui-même, l'année suivante, 1666. avec les sept premières Satires.

Regnier a mis à la tête des siennes, une Epître en vers adressée à Henri IV. sous le même titre de *Discours au Roi*.

Vers 3. *Et qui seul, sans Ministre*, &c.] Après la mort du Cardinal Mazarin, arrivée en 1661. le Roi, âgé seulement de vingt-deux ans & demi, ne voulut plus avoir de Premier Ministre, & commença à gouverner par lui-même.

IMITATIONS. Vers 4. *Soutiens tout par Toi-même*, &c.] Horace, L. 2. Ep. 1.

Cùm tot sustineas & tanta negotia solus.

On peut observer ici, & dans la plûpart des endroits que notre Auteur a imitez des Anciens, qu'il enchérit sur l'Original, soit en rectifiant la pensée, soit en la plaçant plus à propos qu'elle n'étoit; tantôt en lui donnant plus de force par des expressions plus vives & plus énergiques, tantôt en y ajoûtant des images nouvelles qui l'embellissent. Il disoit quelquefois, en parlant de ces sortes d'imitations: *Cela ne s'appèle pas imiter; c'est joûter contre on Original.*

DISCOURS AU ROI.

5 GRAND ROI, si jusqu'ici, par un trait de prudence,
  J'ai demeuré pour Toi dans un humble silence,
  Ce n'est pas que mon cœur vainement suspendu
  Balance pour t'offrir un encens qui t'est dû.
  Mais je sai peu louër, & ma Muse tremblante
10 Fuit d'un si grand fardeau la charge trop pesante,
  Et dans ce haut éclat où Tu te viens offrir,
  Touchant à tes lauriers, craindroit de les flétrir.
   Ainsi, sans m'aveugler d'une vaine manie,
  Je mesure mon vol à mon foible génie :
15 Plus sage en mon respect, que ces hardis Mortels
  Qui d'un indigne encens profanent tes autels ;
  Qui dans ce champ d'honneur, où le gain les ameine,
  Osent chanter ton nom sans force & sans haleine ;
  Et qui vont tous les jours, d'une importune voix,
20 T'ennuyer du récit de tes propres exploits.
   L'Un en stile pompeux habillant une Eglogue,
  De ses rares vertus Te fait un long prologue,
  Et mêle, en se vantant soi-même à tout propos,
  Les loüanges d'un Fat à celles d'un Heros.
25 L'Autre en vain se lassant à polir une rime,
  Et reprenant vingt fois le rabot & la lime,
  Grand & nouvel effort d'un esprit sans pareil !
  Dans la fin d'un Sonnet Te compare au Soleil.
   Sur le haut Hélicon leur veine méprisée,

REMARQUES.

Vers 6. *J'ai demeuré pour Toi dans un humble silence.*] Ce vers fait connoître que l'Auteur avoit composé d'autres Ouvrages avant celui-ci.

Vers 10. *Fuit d'un si grand fardeau la charge trop pesante.*] Quelques Critiques ont condamné ce vers, prétendant que l'on ne peut pas dire, *la charge d'un fardeau*. Cependant, on dit fort bien, *le poids d'un fardeau* ; *ce fardeau est d'un poids trop grand*. Ces expressions n'ont rien d'irrégulier ; & Malherbe en a employé une toute semblable à celle de notre Auteur.

Mais si la pesanteur d'une charge si grande
Résiste à mon audace.
Sonnet à la Princesse de Conti.

CHANGEMENT. Vers 11. *Et dans ce haut éclat &c.*] Ce vers & le suivant étoient de cette manière dans les premières éditions :

Et ma plume mal propre à peindre des Guerriers,
Craindroit, en les touchant, de flétrir tes lauriers.

L'Auteur les changea ainsi dans l'édition de 1674.

Et de si hauts exploits mal-propre à discourir,
Touchant à Tes lauriers craindroit de les flétrir.

Enfin

DISCOURS AU ROI.

30 Fut toûjours des neuf Sœurs la fable & la risée,
Calliope jamais ne daigna leur parler,
Et Pégase pour eux refusé de voler.
Cependant à les voir enflez de tant d'audace,
Te promettre en leur nom les faveurs du Parnasse,
35 On diroit, qu'ils ont seuls l'oreille d'Apollon,
Qu'ils disposent de tout dans le sacré Vallon.
C'est à leurs doctes mains, si l'on veut les en croire,
Que Phébus a commis tout le soin de ta gloire :
Et ton nom, du Midi jusqu'à l'Ourse vanté,
40 Ne devra qu'à leurs vers son immortalité.
Mais plûtôt sans ce nom, dont la vive lumiere
Donne un lustre éclatant à leur veine grossiere,
Ils verroient leurs écrits, honte de l'Univers,
Pourrir dans la poussière à la merci des vers.
45 A l'ombre de ton nom ils trouvent leur asile ;
Comme on voit dans les champs un arbrisseau débile,
Qui, sans l'heureux appui qui le tient attaché,
Languiroit tristement sur la terre couché.
Ce n'est pas que ma plume injuste & téméraire,
50 Veuille blâmer en eux le dessein de Te plaire :
Et parmi tant d'Auteurs, je veux bien l'avouër,
Apollon en connoit qui Te peuvent loüer.
Oui, je sai qu'entre ceux qui t'adressent leurs veilles,
Parmi les Pelletiers on compte des Corneilles.

REMARQUES.

Enfin dans les éditions suivantes, il corrigea encore le premier de ces deux vers, comme il est ici:
Et dans ce haut éclat où Tu te viens offrir, &c.
CHANGEMENT. Vers 13. *Ainsi, sans m'aveugler.*] Dans les premières éditions il y avoit : *Ainsi, sans me flater.*
Vers 21. *L'Un en stile pompeux habillant une Eglogue.*] Charpentier avoit publié en 1663. un Dialogue en vers fort pompeux, intitulé : *Louis, Eglogue Roiale.* Cette Pièce étoit un composé ridicule des louanges du Roi, & de celles de l'Auteur.
Vers 25. *L'Autre en vain se lassant.*] C'est Chapelain, qui avoit fait un Sonnet, à la fin duquel il comparoit le Roi au Soleil.
Vers 54. *Parmi les Pelletiers*] Pierre *Du Pelletier*, Parisien, étoit un misérable Rimeur, dont la principale occupation étoit de composer des Sonnets à la loüange de toutes sortes de gens. Dès qu'il savoit qu'on imprimoit un Livre, il ne manquoit pas d'aller porter un Sonnet à l'Auteur, pour avoir un exemplaire de l'ouvrage. Il gagnoit sa vie à aller en ville enseigner la Langue Françoise aux Etrangers.
Ibid. ——— *On compte des Corneilles.*] Pierre *Corneille*, un de nos plus grands Poëtes,

DISCOURS AU ROI.

55 Mais je ne puis souffrir, qu'un Esprit de travers,
Qui pour rimer des mots pense faire des vers,
Se donne en Te loüant une gêne inutile.
Pour chanter un Auguste, il faut être un Virgile.
Et j'approuve les soins du Monarque guerrier,
60 Qui ne pouvoit souffrir qu'un Artisan grossier
Entreprît de tracer, d'une main criminelle,
Un portrait réservé pour le pinceau d'Apelle.
Moi donc, qui connois peu Phébus & ses douceurs,
Qui suis nouveau sevré sur le mont des neuf Sœurs:
65 Attendant que pour Toi l'âge ait mûri ma Muse,
Sur de moindres sujets je l'éxerce & l'amuse:
Et tandis que ton bras, des peuples redouté,
Va, la foudre à la main, rétablir l'équité,
Et retient les Méchans par la peur des supplices:
70 Moi, la plume à la main, je gourmande les vices;
Et gardant pour moi-même une juste rigueur,
Je confie au papier les secrets de mon cœur.
Ainsi, dès qu'une fois ma verve se réveille,
Comme on voit au printems la diligente abeille,
75 Qui du butin des fleurs va composer son miel,
Des sottises du tems je compose mon fiel.
Je vais de toutes parts où me guide ma veine,
Sans tenir en marchant une route certaine,

REMARQUES.

tes, est mis en opposition avec *Pelletier*. Quoique le grand Corneille doive principalement sa réputation aux excellentes Tragédies qu'il a faites, il est connu aussi par de très-beaux Poëmes qu'il a composés à la loüange du Roi: c'est à quoi on fait allusion en cet endroit.

Vers 59. *Et j'approuve les soins du Monarque guerrier.*] Aléxandre le Grand n'avoit permis qu'à *Apelle* de le peindre, à Lysippe de faire son image en bronze, & à Pyrgotèle de la graver sur des pierres précieuses: il étoit défendu à tout autre de faire le portrait ou l'effigie d'Aléxandre. *Plin.* 37. *nat. hist.* 1. L'Empereur Auguste fit avertir les Magistrats de ne pas souffrir que son nom fût avili, en le faisant servir de matière aux disputes pour les prix de prose & de vers. *Suet. c.* 89.

IMITATIONS. Vers 60. *Qui ne pouvoit souffrir &c.*] Horace 2. Ep. 1. vr. 239.

Edicto vetuit, ne quis se, præter Apellem,
Pingeret; aut alius Lysippo duceret æra
Fortis Alexandri vultum simulantia.

Vers 67. *Et tandis que ton bras . . . . Va la foudre à la main.*] Le Bras est employé ici pour la Personne même: la P... pour le Tout. Ainsi, c'est mal-à-propos que l'on a condamné cette expression. *Mais il faut être Poëte*, disoit l'Auteur, *& sentir les beautés de la Poësie, pour justifier cette faute, qui n'en est*

DISCOURS AU ROI.

Et, sans gêner ma plume en ce libre métier,
80 Je la laisse au hazard courir sur le papier.
 Le mal est, qu'en rimant, ma Muse un peu légère
Nomme tout par son nom, & ne sauroit rien taire.
C'est là ce qui fait peur aux Esprits de ce tems,
Qui tout blancs au dehors, sont tout noirs au dedans.
85 Ils tremblent qu'un Censeur, que sa verve encourage,
Ne vienne en ses écrits démasquer leur visage,
Et fouillant dans leurs mœurs en toute liberté,
N'aille du fond du Puits tirer la Vérité.
Tous ces gens éperdus au seul nom de Satire,
90 Font d'abord le procès à quiconque ose rire.
Ce sont eux que l'on voit, d'un discours insensé,
Publier dans Paris que tout est renversé,
Au moindre bruit qui court, qu'un Auteur les menace
De jouër des Bigots la trompeuse grimace.
95 Pour eux un tel ouvrage est un monstre odieux;
C'est offenser les Loix, c'est s'attaquer aux Cieux.
Mais bien que d'un faux zele ils masquent leur foiblesse,
Chacun voit qu'en effet la Vérité les blesse.
En vain d'un lâche orgueil leur esprit revêtu
100 Se couvre du manteau d'une austere vertu:
Leur cœur qui se connoit, & qui fuit la lumiere,
S'il se moque de Dieu, craint Tartuffe & Moliere.

REMARQUES.

est pas une. Il la justifioit par ce beau vers de M. Racine, dans la dernière Scène de Mithridate:
Et mes derniers regards ont vû fuir les Romains.
Mes regards ont vû, est la même chose que, *le bras qui va la foudre à la main.*

IMITATIONS. Vers 72. *Je confie au papier &c.*] Horace, parlant du Poëte Lucilius:
Ille, velut fidis arcana sodalibus, olim Credebat libris. L. 2. Sat. 1. vs. 30.

CHANGEMENT. Vers 75. *Qui du butin des fleurs va composer son miel.*] C'est ainsi que l'Auteur a corrigé dans l'édition de 1674. Dans les précedentes éditions on lisoit:

Qui des fleurs qu'elle pille en compose son miel.
Vers 82. *Nomme tout par son nom.*] L'Auteur fait allusion à cet endroit de la Satire I.
Je ne puis rien nommer si ce n'est par son nom.

Vers 88. *N'aille du fond du Puits tirer la Vérité.*] Démocrite disoit que la Vérité étoit au fond d'un Puits, & que personne ne l'en avoit encore pû tirer.

Vers 93. ———— *Qu'un Auteur les menace, &c.*] En 1664. Moliere composa son Tartufe; mais la Cabale des faux Dévots porta le Roi à défendre la représentation de cette Comédie: & cette défense subsista jusqu'en l'année 1669.

Mais pourquoi sur ce point sans raison m'écarter?
GRAND ROI, c'est mon défaut, je ne saurois flatter.
105 Je ne sai point au Ciel placer un Ridicule,
D'un Nain faire un Atlas, ou d'un Lâche un Hercule,
Et sans cesse en esclave à la suite des Grands,
A des Dieux sans vertu prodiguer mon encens.
On ne me verra point d'une veine forcée,
110 Même pour Te loüer, déguiser ma pensée :
Et quelque grand que soit ton pouvoir souverain,
Si mon cœur en ces vers ne parloit par ma main,
Il n'est espoir de biens, ni raison, ni maxime,
Qui pût en ta faveur m'arracher une rime.
115 Mais lorsque je Te voi, d'une si noble ardeur,
T'appliquer sans relâche aux soins de ta grandeur,
Faire honte à ces Rois que le travail étonne,
Et qui sont accablés du faix de leur Couronne.
Quand je voi ta sagesse, en ses justes projets,
120 D'une heureuse abondance enrichir tes sujets;
Fouler aux pieds l'orgueil & du Tage & du Tibre;
Nous faire de la mer une campagne libre;
Et tes braves Guerriers secondant ton grand cœur,
Rendre à l'Aigle éperdu sa première vigueur :
125 La France sous tes loix maîtriser la Fortune;
Et nos vaisseaux domtant l'un & l'autre Neptune,

REMARQUES.

Vers 121. *Fouler aux pieds l'orgueil & du Tage & du Tibre.*] Le Roi se fit faire satisfaction des deux insultes faites à ses Ambassadeurs: à Londres, par l'Ambassadeur d'Espagne, en 1661. & à Rome, par des Corses de la Garde du Pape, en 1662.

Vers 122. *Nous faire de la mer une campagne libre.*] La mer fut purgée de Pirates par la victoire remportée en 1665. sur les Corsaires de Thunis & d'Alger, aux Côtes d'Afrique.

Vers 124. *Rendre à l'Aigle éperdu* &c.] En 1664. les Troupes que le Roi envoya au secours de l'Empereur, défirent les Turcs sur les bords du Raab.

Vers 128. *Aux lieux où le Soleil se forme en se levant.*] En l'année 1665. le Roi établit la Compagnie des Indes Orientales, à laquelle Sa Majesté accorda de grands privilèges, fournit des sommes considérables, & prêta des vaisseaux pour le premier embarquement.

Où le Soleil se forme &c.] Dans l'édition de 1674. on avoit mis: *Où le Soleil se forme en se levant.* Cette faute d'impression est remarquable.

DISCOURS AU ROI.

Nous aller chercher l'or, malgré l'onde & le vent,
Aux lieux où le Soleil le forme en se levant.
Alors, sans consulter si Phébus l'en avouë,
130 Ma Muse toute en feu me prévient & Te louë.
Mais bien-tôt la Raison arrivant au secours,
Vient d'un si beau projet interrompre le cours,
Et me fait concevoir, quelque ardeur qui m'emporte,
Que je n'ai ni le ton, ni la voix assez forte.
135 Aussi-tôt je m'effraye, & mon esprit troublé
Laisse là le fardeau dont il est accablé:
Et sans passer plus loin, finissant mon ouvrage,
Comme un Pilote en mer, qu'épouvante l'orage,
Dès que le bord paroît ; sans songer où je suis,
140 Je me sauve à la nage, & j'aborde où je puis.

REMARQUES.

IMITATIONS. Vers 138. *Comme un Pilote en mer*, &c.] Le Bembe a dit dans une Lettre à Hercule Strozzi: *Equidem in his concludendis Elegis, feci idem quod Nautæ solent, qui tempestate coacti, non eum portum capiunt quem petunt, sed ad illum qui proximus est, deferuntur.* P. Bembus, *Epist. L.* 3.

SATIRES.

SATIRES.

SATIRE I.

AMON ce grand Auteur, dont la Muse fertile
Amusa si long-tems & la Cour & la Ville :
Mais qui n'étant vêtu que de simple bureau,
Passe l'été sans linge, & l'hiver sans manteau:

REMARQUES.

Cette Satire a été commencée vers l'année 1660., & c'est le premier ouvrage considérable que notre Auteur ait composé. Il y décrit la retraite & les plaintes d'un Poëte, qui ne pouvant plus vivre à Paris, va chercher ailleurs une destinée plus heureuse.

C'est une imitation de la troisième Satire de Juvénal, dans laquelle est aussi décrite la retraite d'un Philosophe qui abandonne le séjour de Rome, à cause des vices affreux qui y regnoient. Juvénal y décrit encore les embarras de la même ville; &, à son exemple, Mr. Despréaux, dans cette premiere Satire, avoit fait la description des embarras de Paris; mais il s'aperçut que cette description étoit comme hors d'œuvre, & qu'elle faisoit un double sujet. C'est ce qui l'obligea à l'en détacher, & il en fit une Satire particuliere, qui est la sixième.

Il ne faisoit pas grand cas de cette Pièce. A peine avoit-il pû se résoudre à la lire à quelques amis particuliers; lors qu'un jour l'Abbé Furetiere, qui avoit été reçu depuis peu à l'Académie Françoise, rendit une visite au Frere * de Mr. Despréaux, qui étoit son Ami, & son Confrère. Comme Mr. Boileau l'Académicien étoit sorti, Furetiere s'arrêta avec Mr. Despréaux, & lût cette Satire. Il en fut fort content; & quoi qu'elle fût assez éloignée de la perfection à laquelle l'Auteur l'a portée depuis, il convint de bonne foi qu'elle valoit beaucoup mieux que toutes celles qu'il avoit faites lui-même †. Il encouragea ce jeune Poëte à continuer; & lui demanda même une copie de la nouvelle Satire, qui devint bientôt publique par les autres copies qu'on en fit. Cette Satire étoit alors dans un état bien different de celui auquel l'Auteur la mit avant que de la faire imprimer: car, de 212. vers qu'elle contenoit, il n'en a conservé qu'environ soixante. Tout le reste a été ou supprimé ou changé.

Vers 1. *Damon, ce grand Auteur, &c.*] *Damon:* François Cassandre, Auteur celebre de ce tems-là. Il étoit savant en Grec & en Latin, & faisoit assez bien des vers François; mais son humeur bourruë & farouche, qui le rendoit incapable de toute société, lui fit perdre tous les avantages que la fortune pût lui présenter: de sorte qu'il vécut d'une manière très-obscure & très-miserable. ,, Il mou-
,, rut tel qu'il avoit vécu; c'est-à-dire, très-
,, misanthrope, & non seulement haïssant les
,, hommes, mais aiant même assez de peine
,, à se réconcilier avec Dieu, à qui, disoit-il
,, en mourant, il n'avoit aucune obligation *. Le Confesseur qui l'assistoit à la mort, voulant l'exciter à l'amour de Dieu, par le souvenir des graces que Dieu lui avoit faites: *Ah! oui,* dit Cassandre, d'un ton chagrin & ironique, *je lui ai de grandes obligations; il m'a fait jouer ici bas un joli personnage.* Et comme son Confesseur insistoit à lui faire reconnoître les graces du Seigneur: *Vous savez,* dit-il, en redoublant l'amertume de ses reproches, & montrant le grabat sur lequel il étoit couché: *Vous savez comme il m'a fait vivre; voyez comme il me fait mourir.*

Cassandre a traduit en François les derniers volumes de l'Histoire de Mr. de Thou, que Du Ryer avoit laissez à traduire. Il a fait aussi *les Parallèles historiques,* & sa *Traduction de la Rhetorique d'Aristote.* Cette Traduction est fort estimée; & Mr. Despréaux, pour engager le Libraire à faire quelque gratification à l'Auteur, en parla très-avantageusement à la fin de la Préface sur le Sublime de Longin, dans l'édition de 1675.

Vers 4. *Passe l'été sans linge, & l'hiver sans manteau.*] Quoique Cassandre, sous le nom

---

* Gilles Boileau.
† Il y a 5. Satires de Furetiere imprimées.

* Lettre de Mr. Despréaux, dont l'Original est entre les mains de l'Auteur de ces Notes.

SATIRE I.

5 Et de qui le corps sec, & la mine affamée,
N'en sont pas mieux refaits pour tant de renommée:
Las de perdre en rimant & sa peine & son bien,
D'emprunter en tous lieux, & de ne gagner rien,
Sans habits, sans argent, ne sachant plus que faire,
10 Vient de s'enfuir chargé de sa seule misere;
Et bien loin des Sergens, des Clercs, & du Palais,
Va chercher un repos qu'il ne trouva jamais:
Sans attendre qu'ici la Justice ennemie
L'enferme en un cachot le reste de sa vie;
15 Ou que d'un bonnet vert le salutaire affront
Flétrisse les lauriers qui lui couvrent le front.
  Mais le jour qu'il partit, plus défait & plus blême
Que n'est un Pénitent sur la fin d'un Carême,
La colere dans l'ame, & le feu dans les yeux,
20 Il distila sa rage en ces tristes adieux:
  Puisqu'en ce lieu, jadis aux Muses si commode,
Le Merite & l'Esprit ne sont plus à la mode,
Qu'un Poëte, dit-il, s'y voit maudit de Dieu,
Et qu'ici la Vertu n'a plus ni feu ni lieu;
25 Allons du moins chercher quelque antre ou quelque roche,

REMARQUES.

nom de *Damon*, soit le heros de cette Satire, l'Auteur n'a pas laissé de charger ce caractère de plusieurs traits qu'il a empruntez d'autres Originaux. Ainsi c'est Tristan-l'Hermite qu'il avoit en vûë dans ce vers, & non pas Cassandre; car celui-ci portoit un manteau en tout tems, & l'autre n'en avoit point du tout: témoin cette Epigramme de Mr. De Montmor, Maître des Requêtes:
 Elie, ainsi qu'il est écrit,
De son Manteau comme de son Esprit
Récompensa son Serviteur fidèle.
Tristan eût suivi ce modèle;
Mais Tristan, qu'on mit au tombeau
Plus pauvre que n'est un Prophete,
En laissant à Quinaut son esprit de Poëte,
Ne put lui laisser un Manteau.
CHANGEMENT. Vers 10. *Vient de s'enfuir.*] Dans les premières éditions il y avoit: *S'en est enfui.*

Vers 15. *Ou que d'un bonnet vert le salutaire affront.*] Ce vers exprime figurément la *Cession de biens*; c'est-à-dire, l'abandonnement que fait un débiteur, de tous ses biens à ses créanciers, pour éviter la prison, ou pour en sortir. Le bénéfice de la Cession avoit été introduit chez les Romains par une Loi particulière *, pour tempérer la rigueur de la Loi des douze Tables, qui rendoit les créanciers maîtres de la liberté, & de la vie même de leurs débiteurs. Les Cessions de biens devinrent si fréquentes, que l'on crût devoir en arrêter la trop grande facilité par la crainte de la honte publique; & l'on s'avisa en quelques endroits d'Italie d'obliger tout Cessionnaire de biens de porter un bonnet ou chapeau orangé; & à Rome, un bonnet vert: pour marquer, dit Pasquier †, que ce-
lui-

* *La Loi Julia.* † *Recherches, liv. 4. c. 10.*

SATIRE I.

D'où jamais ni l'Huissier, ni le Sergent n'aproche;
Et sans lasser le Ciel par des vœux impuissans,
Mettons-nous à l'abri des injures du tems;
Tandis que libre encor, malgré les destinées,
30 Mon corps n'est point courbé sous le faix des années;
Qu'on ne voit point mes pas sous l'âge chanceler,
Et qu'il reste à la Parque encor dequoi filer.
C'est-là dans mon malheur le seul conseil à suivre.
Que George vive ici, puisque George y sait vivre,
35 Qu'un million comptant, par ses fourbes aquis,
De Clerc, jadis Laquais, a fait Comte & Marquis.
Que Jaquin vive ici, dont l'adresse funeste
A plus causé de maux que la guerre & la peste,
Qui de ses revenus écrits par alphabet,
40 Peut fournir aisément un Calépin complet.
Qu'il regne dans ces lieux; il a droit de s'y plaire.
Mais moi, vivre à Paris! Eh, qu'y voudrois-je faire?
Je ne sai ni tromper, ni feindre, ni mentir,
Et quand je le pourrois je n'y puis consentir.
45 Je ne sai point en lâche essuïer les outrages
D'un Faquin orgueilleux qui vous tient à ses gages,

REMARQUES.

lui qui fait Cession de biens est devenu pauvre par sa folie. Cette peine ne s'est introduite en France que depuis la fin du seizième Siècle, suivant les Arrêts raportez par nos Jurisconsultes; mais elle est comme abolie depuis quelque tems parmi nous.

IMITATIONS. Vers 21. *Puisqu'en ce lieu, jadis aux Muses si commode.*] C'est ici particuliérement que commence l'imitation de Juvénal, Sat. 3. v. 21.

———— *quando artibus, inquit, honestis*
Nullus in Urbe locus, nulla emolumenta laborum; &c.

IMITATIONS. Vers 29. *Tandis que libre encor* &c.] Juvénal au même endroit:
Dùm nova canities, dùm prima & recta senectus,
Dùm superest Lachesi quod torqueat, & pedibus me
Porto meis; nullo dextram subeunte bacillo.

Vers 34. *Que George vive ici*, &c.] Vers 37. *Que Jaquin* &c.] Sous ces noms-là l'Auteur désigne les Partisans en général.

IMITATIONS. Ibid. *Que George vive ici.*] Juvénal au même endroit:
———— *Vivant Arturius illic*,
Et Catulus: maneant qui nigrum in cauda vertunt.

Vers 40. ———— *Un Calépin complet.*] Le Dictionaire de Calépin est en deux gros volumes.

IMITATIONS. Vers 42. *Mais moi, vivre à Paris!* &c.] Juvénal, là-même, v. 41.
Quid Romæ faciam? mentiri nescio.

IMITATIONS. Vers 45. *Je ne sai point en lâche* &c.] Térence dans l'Eunuque.
At ego infelix, neque ridiculus esse, neque plagas pati
Possum. Act. 2. sc. 3. v. 14.

Vers 47.

SATIRE I.

De mes Sonnets flateurs laſſer tout l'Univers,
Et vendre au plus offrant mon encens & mes vers.
Pour un ſi bas emploi ma Muſe eſt trop altiere.
50 Je ſuis ruſtique & fier, & j'ai l'ame groſſiere.
Je ne puis rien nommer, ſi ce n'eſt par ſon nom.
J'appelle un chat un chat, & Rolet un fripon.
De ſervir un Amant, je n'en ai pas l'adreſſe.
J'ignore ce grand art qui gagne une maîtreſſe,
55 Et je ſuis à Paris, triſte, pauvre & reclus,
Ainſi qu'un corps ſans ame, ou devenu perclus.

REMARQUES.

Vers 47. *De mes Sonnets flateurs.*] Alluſion aux Sonnets que Pelletier faiſoit à la louange de toutes ſortes de gens. *Voyez* la Remarque ſur le vers 54. du *Diſcours au Roi.*

Vers 50. *Je ſuis ruſtique & fier,* &c.] Caractère du Sieur Caſſandre, qui étoit farouche & groſſier juſqu'à la ruſticité.

Vers 51. *Je ne puis rien nommer, ſi ce n'eſt par ſon nom.*] L'Auteur fait alluſion à la belle réponſe que Philippe Roi de Macedoine fit à Laſthène Olynthien, qui s'étoit retiré à la Cour de ce Prince après lui avoir vendu par trahiſon la ville d'Olynthe ſa patrie. Laſthène alla ſe plaindre à Philippe, de quelques Courtiſans Macédoniens qui l'avoient apelé *Traître*; & demanda Juſtice de cette injure. Ce Roi lui répondit froidement: *Les Macédoniens ſont ſi groſſiers, qu'ils ne ſavent nommer les choſes que par leur nom.* Plut. dans les Apopht. des Rois & des Capitaines.

Vers 52. *J'appelle un chat un chat*; &c.] Ce vers a paſſé en proverbe parmi nous, à cauſe de ſa ſimplicité, & du ſens naïf qu'il renferme. Les Grecs avoient auſſi un proverbe, dont le ſens répond à celui-ci: Τὰ σῦκα σῦκα, τὴν σκάφην σκάφην λέγων. Il npelle les figues des figues, & un bateau il l'apelle un bateau. Eraſme, dans ſes Adages, Chil. 2. Cent. 3. n. 5. Rabelais a eû ce proverbe en vûë quand il a dit: *Nous ſommes ſimples gens, puiſqu'il plait à Dieu, & appelons les figues figues* &c. L. IV. 54.

Ibid. ———*Et Rolet un fripon.*] Charles Rolet, Procureur au Parlement, étoit fort décrié, & on l'appeloit communément au Palais, *l'ame damnée*. Mr. le Premier Préſident de Lamoignon emploïoit le nom de *Rolet*, pour ſignifier un Fripon inſigne: *C'eſt un Rolet,* diſoit-il ordinairement. On peut voir le caractère de ce Procureur, ſous le nom de *Vollichon*, dans le Roman Bourgeois de Furetiére pages 24. & 27. Ed. d'Amſt. 1714. Il avoit été ſouvent noté en juſtice; mais enfin ayant été convaincu d'avoir fait revivre une obligation de cinq cens livres, dont il avoit déja reçu le payement; il fut condamné par Arrêt, au banniſſement pour neuf ans, en 4000. livres de réparation civile, en diverſes amendes, & aux dépens. La minute & la groſſe de cette obligation furent déclarées nulles, & il fut ordonné qu'elles ſeroient lacérées par le Greffier en la préſence de Rolet. Cet Arrêt eſt du 12. Août 1681. Rolet fut enſuite déchargé de la peine du banniſſement & obtint une place de Garde au Château de Vincennes, où il mourut. Dans la ſeconde Edition des Satires, l'Auteur mit cette note à côté du nom de Rolet: *Hôtelier du Païs Blaiſois*; afin de dépaïſer les Lecteurs: mais par malheur il ſe trouva en ce païs-là un Hôtelier de même nom, qui lui en fit faire de grandes plaintes. Dans une première Edition qui fut faite en 1665. à Rouen, ſans la participation de l'Auteur, on avoit mis un autre nom que celui de Rolet.

IMITATIONS. Vers 56. *Ainſi qu'un corps ſans ame, ou devenu perclus.*] Juvénal, dans la même Satire troiſième, v. 46.

———————————*Tamquam*
Mancus, & exſtinctæ corpus non utile dextræ.

IMITATIONS. Vers 63. *Et que le Sort burleſque* &c.] Juvénal Sat. VII. v. 197.
Si Fortuna volet, fies de Rhetore Conſul:
Si volet hæc eadem, fies de Conſule Rhetor.
Pline le Jeune a dit à peu près la même cho-

SATIRE I.

Mais, pourquoi, dira-t-on, cette Vertu sauvage,
Qui court à l'hôpital, & n'est plus en usage?
La Richesse permet une juste fierté.
60 Mais il faut être souple avec la Pauvreté.
C'est par-là qu'un Auteur, que presse l'indigence,
Peut des Astres malins corriger l'influence,
Et que le Sort burlesque, en ce siècle de fer,
D'un Pédant, quand il veut, fait faire un Duc & Pair.
65 Ainsi de la Vertu, la Fortune se jouë.
Tel aujourd'hui triomphe au plus haut de sa rouë,

REMARQUES.

chose: *Quos tibi, Fortuna, ludos facis? facis enim ex Professoribus Senatores, ex Senatoribus Professores.*

Ibid. ———— *En ce siècle de fer.*] M. le Duc de Montauzier condamnoit hautement les Satires de nôtre Auteur, & sur tout ces deux vers, qu'il disoit être extrémement injurieux à la personne du Roi à cause de ces mots: *En ce siècle de fer*. Mais cette accusation ne rendit point le Poëte coupable aux yeux de Sa Majesté.

Vers 64. *D'un Pédant . . . . . fait faire un Duc & Pair.*] En 1655. l'Abbé de la Rivière, Louïs Barbier, fut fait Evêque de Langres, Duc & Pair de France. Il avoit été Régent au Collège du Plessis, & ensuite Aumônier de M. Habert, Evêque de Cahors, Premier Aumônier de Gaston Duc d'Orleans, qui le mit auprès de ce Prince. L'Abbé de la Rivière entra si habilement dans toutes les inclinations de son Maître, qu'il devint lui-même le maître absolu de son coeur & de son esprit; mais il ne se servit de la confiance du Prince, que pour le trahir, en découvrant tous ses secrets au Cardinal Mazarin. Pour récompense il obtint successivement plusieurs Abbaïes, & enfin l'Evêché de Langres. Il mourut à Paris, en 1670. Il avoit été nommé au Cardinalat.

Vers 65. *Ainsi de la Vertu.*] Avant ce vers il y en avoit vingt-quatre autres, que l'Auteur retrancha dans l'édition de 1674. ne les trouvant pas dignes du reste. Les voici:

Je sai bien que souvent, un coeur lâche & servile
A trouvé chez les Grands un esclavage utile:
Et qu'un Riche pourroit, dans la suite du tems,

D'un flateur affamé payer les soins ardents.
Mais avant que pour vous il parle, ou qu'il agisse,
Il faut de ses forfaits devenir le Complice;
Et sachant de sa vie & l'horreur, & le cours,
Le tenir en état de vous craindre toûjours:
De trembler qu'à toute heure, un remors légitime
Ne vous force à le perdre, en découvrant son crime.
Car n'en attendez rien, si son esprit discret
Ne vous a confié qu'un honnête secret.
Pour de si hauts projets je me sens trop timide:
L'inceste me fait peur, & je hais l'homicide:
L'adultere & le vol allarment mes esprits.
Je ne veux point d'un bien qu'on achete à ce prix.
Non, non, c'est vainement qu'au mépris du Parnasse,
J'irois de porte en porte étaler ma disgrace.
Il n'est plus d'honnête homme, & Diogène en vain,
Iroit, pour en chercher, la Lanterne à la main.
Le chemin aujourd'hui par où chacun s'élève,
Fut le chemin jadis qui menoit à la Grève:
Et Monléron ne doit qu'à ses crimes divers,
Ses superbes lambris, ses Jardins toûjours verts.

Ainsi de la Vertu &c.

Monléron, dans le penultième vers, est un fameux Partisan, dont le nom étoit tout au long dans la première composition de cette Satire. Il avoit fait bâtir dans la Ruë St. Augustin, près de la porte de Richelieu, une belle maison, qui est à présent l'hôtel de Gramont.

SATIRE I.

Qu'on verroit, de couleurs bizarrement orné,
Conduire le carroſſe où l'on le voit traîné,
Si dans les droits du Roi ſa funeſte ſcience
70 Par deux ou trois avis n'eût ravagé la France.
Je ſai qu'un juſte effroi l'éloignant de ces lieux,
L'a fait pour quelques mois diſparoître à nos yeux :
Mais en vain pour un tems une taxe l'exile :
On le verra bien-tôt pompeux en cette Ville,
75 Marcher encor chargé des dépouilles d'autrui,
Et jouïr du Ciel même irrité contre lui.
Tandis que Colletet, crotté juſqu'à l'échine,
S'en va chercher ſon pain de cuiſine en cuiſine :
Savant en ce métier ſi cher aux beaux Eſprits,
80 Dont Monmaur autrefois fit leçon dans Paris.

REMARQUES.

IMITATIONS. Vers 76. *Et jouïr du Ciel même irrité contre lui.*] Juvénal, Sat. I. v. 47.

    — *Damnatus inani*
Judicio (quid enim ſalvis infamia nummis ?)
Exſul ab octavâ Marius bibit, & fruitur Dis Iratis.

Dans Sénèque, *Herc. Fur.* Act. I. Sc. I. v. 33. Junon parle ainſi d'Hercule :

   — — *Superat & creſcit malis,*
Iraque noſtrâ fruitur.

Vers 77. *Tandis que Colletet.*] Il y avoit ainſi dans la première édition ; mais depuis, à la priere de Mr. Ogier, ami de Colletet, on mit *Pelletier* pour *Colletet*. *Jamais perſonne ne fut moins Paraſite,* dit Richelet*, *que le bon homme du Pelletier : hors qu'il alloit montrer en ville, c'étoit un véritable Recluſ.* C'eſt pourquoi l'Auteur ingenieux † *de la guerre des Auteurs,* a fait parler ainſi *du Pelletier,* dans un Sonnet :

 On me traite de Paraſite,
 Moi, qui plus reclus qu'un Hermite,
 Ne mangeai jamais chez autrui.
 O fatalité ſans ſeconde !
 Faut-il qu'on déchire aujourd'hui,
 Celui qui loua tout le monde ?

Ce n'eſt que dans les dernières éditions des Satires, que Mr. Deſpréaux a remis le nom de *Colletet* ; & c'eſt François Colletet, fils de Guillaume, qu'il a voulu déſigner. Ils ont été Poëtes tous les deux. Guillaume Colletet étoit mort dès l'année 1659. & ſa place à l'Académie Françoiſe avoit été remplie par Gilles Boileau, frere de notre Auteur.

Vers 80. *Dont Monmaur autrefois fit leçon dans Paris.*] *Monmaur* étoit un Profeſſeur en Grec, fameux Paraſite, qui alloit chercher ſa vie de table en table ; & qui, après avoir bien bû, & bien mangé, ſe mettoit à médire des Savans, tant vivans que morts. Tous les beaux Eſprits de ſon tems ſe déchainérent contre lui, à l'envi les uns des autres : & c'eſt l'Abbé Ménage qui fut l'Auteur de cette célèbre conſpiration. En 1636. il écrivit en Latin la vie de *Monmaur,* ſous le nom de *Gargilius Mamurra* : à la fin de cette Pièce Satirique, il exhorta tous les Savans à prendre les armes contre cet Ennemi commun ; & l'on peut dire que *Monmaur* fut accablé des traits de leurs Satires. Dans la même Pièce, Ménage lui donne le ſurnom de Paraſite-Pédant, *Paraſito-pædagogus* : Il feint même que *Monmaur* donnoit des leçons ſur le métier de Paraſite, & lui attribuë pluſieurs écrits imaginaires ſur ce ſujet. C'eſt à quoi Mr. Deſpréaux fait alluſion : *Savant en ce métier . . . . Dont Monmaur autrefois fit leçon dans Paris.*

Pierre Monmaur logeoit au Collége des Cho-

* *Traité de la verſification Françoiſe,* pag. 146.
† *Gueret, Avocat, qui a fait auſſi le Parnaſſe réformé.*

SATIRE I.

Il est vrai que du Roi la bonté secourable
Jette enfin sur la Muse un regard favorable,
Et réparant du Sort l'aveuglement fatal,
Va tirer desormais Phébus de l'hôpital.
85 On doit tout espérer d'un Monarque si juste.
Mais sans un Mécénas, à quoi sert un Auguste?
Et fait comme je suis, au siècle d'aujourd'hui,
Qui voudra s'abbaisser à me servir d'appui?
Et puis, comment percer cette foule effroyable
90 De Rimeurs affamez dont le nombre l'accable,
Qui, dès que sa main s'ouvre, y courent les premiers,
Et ravissent un bien qu'on devoit aux derniers?
Comme on voit les Frêlons, troupe lâche & stérile,
Aller piller le miel que l'Abeille distile.

REMARQUES.

Cholets, sur la Montagne de Ste. Geneviève. Il étoit né dans la Province de la Marche, & avoit été Avocat: Ensuite il eut une Chaire de Professeur Royal en Langue Grecque au Collège de Cambrai; C'est pourquoi on le surnommoit *Monmaur le Grec*. Il apliquoit tout son esprit à faire des allusions ou jeux-de-mots sur les noms propres: ces allusions étoient toûjours tirées du Grec ou du Latin; & on les appela des *Monmaurismes*, du nom de leur Inventeur. [Mr. de Sallengre a publié en 1716. à la Haye, *l'Histoire de Pierre de Montmaur* en 2 voll. in 8. où il a rassemblé toutes les Pièces composées pour tourner en ridicule ce fameux Parasite. ADD. *de l'Ed. d'Amst.*]

Vers 81. ———— *Du Roi la bonté secourable.*] En ce tems-là le Roi, à la sollicitation de Mr. Colbert, donna plusieurs pensions aux Gens de Lettres dans le Royaume, & dans les Païs étrangers. Ces gratifications commencerent en 1663.

Vers 94. *Aller piller le miel que l'Abeille distile.*] Après ce vers, il y en avoit huit qui sont remarquables: cependant l'Auteur les a suprimez dans l'édition de 1674. & dans toutes celles qui ont été faites depuis.

Enfin je ne saurois, pour faire un juste gain,
Aller bas & rampant fléchir sous Chapelain.
Cependant, pour flater ce Rimeur tutélaire,
Le frere, en un besoin, va renier son frere;

Et Phébus en personne, y faisant la leçon,
Gagneroit moins ici, qu'au métier de maçon;
Ou pour être couché sur la liste nouvelle,
S'en iroit chez Bilaine admirer la Pucelle.
Cessons donc d'aspirer &c.

Quand le Roi eut résolu de faire des gratifications aux Gens de Lettres, Mr. Colbert chargea Chapelain, de faire la liste de ceux que leur mérite rendoit dignes des bienfaits de Sa Majesté. Cette commission fit beaucoup d'honneur à Chapelain, & lui attira les respects interessez d'une infinité d'Auteurs de toute espèce, qui briguoient sa faveur, en donnant des louanges à son Poëme de la Pucelle d'Orleans: C'est pourquoi il est ici appelé, *Rimeur tutélaire*.

Mr. Despreaux étoit brouillé avec son aîné Gilles Boileau, l'Académicien; La cause de cette brouillerie est expliquée dans cette Epigramme de Liniere:

Vous demandez pour quelle affaire
Boileau le Rentier aujourd'hui,
En veut à Despréaux son frere,
C'est qu'il fait des vers mieux que lui.

Gilles Boileau faisoit sa Cour à Chapelain aux dépens de son Cadet, & c'est à quoi se raporte le quatrième vers: *Le frere en un besoin va renier son frere*. Dans la suite notre Auteur voulut effacer jusqu'aux moindres vestiges de ce démêlé: & c'est la principale raison pour laquelle il a retranché ces huit vers.

95 Cessons donc d'aspirer à ce prix tant vanté,
Que donne la faveur à l'importunité.
Saint-Amand n'eut du Ciel que sa veine en partage :
L'habit, qu'il eut sur lui, fut son seul héritage :
Un lit & deux placets composoient tout son bien ;
100 Ou, pour en mieux parler, Saint-Amand n'avoit rien.
Mais quoi, las de traîner une vie importune,
Il engagea ce rien pour chercher la Fortune,
Et tout chargé de vers qu'il devoit mettre au jour,
Conduit d'un vain espoir, il parut à la Cour.
105 Qu'arriva-t-il enfin de sa Muse abusée ?
Il en revint couvert de honte & de risée ;
Et la Fièvre au retour terminant son destin,
Fit par avance en lui ce qu'auroit fait la Faim.
Un Poëte à la Cour fut jadis à la mode :
110 Mais des Fous aujourd'hui c'est le plus incommode :
Et l'Esprit le plus beau, l'Auteur le plus poli,

REMARQUES.

* Dans la première édition, l'Auteur n'avoit désigné Chapelain que par la première lettre de son nom à la fin du second vers. Dans les éditions suivantes il mit, *Pucelain*.

Vers 97. *Saint-Amand n'eut du Ciel &c.*] Marc Antoine Gerard de Saint-Amand, né à Rouen, fils d'un Gentilhomme Verrier. Il étoit de l'Académie Françoise, & mourut en 1660. ou 1661. On a plusieurs Ouvrages de lui, où il y a beaucoup de génie. Il ne savoit pas le Latin, & étoit fort pauvre.

IMITATIONS. Ibid. *Saint-Amand n'eut du Ciel.*] Juvénal, Sat. 3. v. 208.

Nul habuit Codrus, quis enim negat ? & tamen illud
Perdidit infelix totum nihil.

Vers 103. *Et tout chargé de vers.*] Il avoit fait entre autres, un Poëme *de la Lune*, dans lequel il louoit le Roi, surtout de savoir bien nager ; car le Roi, dans sa jeunesse, étant à Saint Germain, s'exerçoit quelquefois à nager dans la Seine. Le Roi ne put souffrir la lecture du Poëme de Saint-Amand ; & l'Auteur ne survêcut pas long-tems à cet affront.

Vers 112. *N'y parviendra jamais au sort de l'Angeli.*] L'Angeli étoit un fou, qui avoit suivi en Flandres Mr. le Prince de Condé, en qualité de valet d'écurie. Ce Prince l'ayant ramené en France, le donna au Roi. L'Angeli, quoique fou, avoit de l'esprit. Il trouva le secret de plaire aux uns, & de se faire craindre des autres, & tous lui donnoient de l'argent ; de sorte qu'il amassa environ vint-cinq mille écus. Mais ses railleries piquantes le firent enfin chasser de la Cour. On raconte que Marigni étant un jour au dîner du Roi, dit à quelcun, en voïant l'Angeli, qui faisoit rire le Roi par ses folies : *De tous nous autres fous qui avons suivi M. le Prince, il n'y a que l'Angeli qui ait fait fortune.*

Vers 114. *Dois-je, las d'Apollon, recourir à Bartole ?*] C'est-à-dire, dois-je quitter la Poësie pour la Jurisprudence ? Bartole étoit un célèbre Jurisconsulte d'Italie, qui a fait d'amples Commentaires sur le Droit. Notre Auteur se désigne ici lui-même. Il avoit été reçû Avocat au Parlement, le 4. de Decembre 1656. étant âgé de 20. ans, & il suivit le Barreau pendant quelque tems ; mais il préfera les douceurs de la Poësie, au tumulte des affaires ; & les occupations que sa réputation naissante lui donna, acheverent de l'arracher à la Jurisprudence.

SATIRE I.

N'y parviendra jamais au sort de l'Angeli.
    Faut-il donc desormais jouer un nouveau rôle ?
Dois-je, las d'Apollon, recourir à Bartole,
115 Et feuilletant Louet allongé par Brodeau,
D'une robbe à longs plis balayer le Barreau ?
Mais à ce seul penser, je sens que je m'égare.
Moi ? que j'aille crier dans ce païs barbare,
Où l'on voit tous les jours l'Innocence aux abois
120 Errer dans les détours d'un Dédale de Lois,
Et dans l'amas confus des chicanes énormes,
Ce qui fut blanc au fond rendu noir par les formes ;
Où Patru gagne moins qu'Huot & le Mazier,
Et dont les Cicerons se font chez Pé-Fournier ?
125 Avant qu'un tel dessein m'entre dans la pensée,
On pourra voir la Seine à la Saint Jean glacée,
Arnauld à Charenton devenir Huguenot,

REMARQUES.

Vers 115. *Et feuilletant Louet allongé par Brodeau.*] George Louet, Conseiller au Parlement de Paris, a fait un recueil d'Arrêts, qui est fort estimé, & Julien Brodeau Avocat au même Parlement, y a ajoûté un savant Commentaire.

IMITATIONS. Vers 122. *Ce qui fut blanc au fond, rendu noir par les formes.*] C'est une manière de proverbe.
Candida de nigris, & de candentibus atra.
Ovid. Metam. 11. v. 316., & Juvénal, Sat. III. 30. en ces mots que notre Auteur a eus en vûë :
    ——— *Maneant qui nigrum in candida vertunt.*

Vers 123. *Où Patru gagne moins qu'Huot & le Mazier.*] Olivier Patru, Avocat au Parlement, & l'un des Quarante de l'Académie Françoise, étoit de Paris, fils d'un Procureur de la Cour. Il nâquit en 1604. L'amour qu'il avoit pour les Belles Lettres, ruïna sa fortune, comme il en convenoit lui-même*, & fut cause qu'il ne s'attacha pas assez à sa profession, quoi qu'il fût très-habile Avocat. Ses Plaidoïez imprimés sont des preuves immortelles de son esprit, & de son éloquence. Nous aurons occasion de parler de lui dans la suite.

* *Lettre à Mr. de Montauzier.*

Huot, & le Mazier : Ces deux Avocats étoient d'un mérite fort médiocre ; mais ils ne laissoient pas d'être fort emploïez ; parce qu'ils se chargeoient de toutes sortes de causes, bonnes & mauvaises, & les défendoient avec beaucoup de bruit.

Vers 124. *Et dont les Cicerons se font chez Pé-Fournier ?*] Pierre Fournier, Procureur au Parlement, signoit *P. Fournier,* pour se distinguer de quelques-uns de ses confreres qui portoient aussi le nom de *Fournier* : C'est pourquoi on l'appeloit ordinairement Pé-Fournier. Tous les Procureurs, qui ont des confreres de même nom qu'eux, se distinguent ainsi par la première lettre de leur nom de Batême. Dans la Comédie Italienne d'*Arlequin Procureur*, Arlequin, pour imiter ce vers, se nommoit *Pé-Arlequin.*

CHANGEMENT. Vers 127. *Arnauld à Charenton* &c.] Au lieu de ce Vers & de celui qui suit, il y avoit dans la première composition, avant l'Impression :
  Le Pape devenir un zelé Huguenot,
  Sainte Beuve Jésuite, & Saint Pavin dévot.
Mr. de Sainte Beuve étoit un célèbre Docteur de Sorbonne.

Ibid. *Arnauld à Charenton devenir Huguenot.*] Messire Antoine Arnauld, Docteur de Sorbonne. Les Ouvrages que ce savant Doc-

Saint-Sorlin Janséniste, & Saint-Pavin bigot.
Quittons donc pour jamais une Ville importune,
130 Où l'Honneur a toûjours guerre avec la Fortune :
Où le Vice orgueilleux s'érige en Souverain,
Et va la mitre en tête & la crosse à la main :
Où la Science triste, affreuse, délaissée,
Est par tout des bons lieux comme infame chassée ;
135 Où le seul Art en vogue est l'Art de bien voler :
Où tout me choque : enfin, où... Je n'ose parler.
Et quel Homme si froid ne seroit plein de bile,
A l'aspect odieux des mœurs de cette Ville ?
Qui pourroit les souffrir ? & qui, pour les blâmer,
140 Malgré Muse & Phébus, n'apprendroit à rimer ?
Non, non, sur ce sujet pour écrire avec grace,
Il ne faut point monter au sommet du Parnasse,
Et sans aller rêver dans le double Vallon,
La colère suffit, & vaut un Apollon.
145 Tout beau, dira quelqu'un, vous entrez en furie,
A quoi bon ces grands mots ? Doucement, je vous prie :

REMARQUES.

teur a publiez contre les Calvinistes, prouvent assez combien il étoit éloigné d'embrasser leurs sentimens.

Vers 128. *Saint-Sorlin Janséniste.*] Jean Desmarets de Saint-Sorlin, après avoir cessé d'écrire pour le théatre, publia un écrit en 1665. contre les Religieuses de Port Royal, qui étoient accusées de Jansénisme.

Ibid. ―― *Et Saint Pavin bigot.*] Sanguin de St. Pavin, étoit un fameux Libertin, disciple de Théophile, aussi bien que Des-Barreaux, Bardouville, & quelques autres. Saint Pavin a fait lui-même la peinture de ses sentimens, & de ses mœurs, dans les vers suivans : *

Je n'ai l'esprit embarrassé
De l'avenir ni du passé.
Ce qu'on dit de moi peu me choque.
De force choses je me moque.
Et sans contraindre mes desirs,
Je me donne entier aux plaisirs,
Le jeu, l'amour, la bonne chère, &c.

Cependant, St. Pavin ne pût souffrir que l'on eût mis sa conversion au rang des impossibilitez morales. On verra ci-après, dans les Remarques sur les Epigrammes, ce qu'il fit pour s'en vanger, & ce que lui repliqua notre Auteur. Adrien de Valois s'est trompé † en disant que St. Pavin s'étoit converti, à cause d'une voix terrible qu'il ouït au moment de la mort de Théophile, qui mourut en 1626.

Gui Patin nous aprend la mort de St. Pavin, dans une Lettre du 11. d'Avril 1670. & il ajoute, que le Curé de St. Nicolas l'obligea d'employer en legs pieux le bien qui lui restoit.

Vers 132. *Et va la mitre en tête & la crosse à la main.*] Après ce vers il y en avoit quatre autres que l'Auteur a supprimés depuis l'édition de 1674.

Où l'argent seul tient lieu d'esprit & de noblesse :
Où la Vertu se pèse au poids de la Richesse :
Où l'on emporte à peine, à suivre les neuf Sœurs,
Un laurier chimérique, & de maigres honneurs.

* *Portrait de S. Pavin, fait par lui-même.* ‡ *Valesiana p. 32.*

SATIRE I.

Ou bien montez en Chaire, & là, comme un Docteur,
Allez de vos Sermons endormir l'Auditeur.
C'eſt-là que bien ou mal on a droit de tout dire.
150 Ainſi parle un Eſprit qu'irrite la Satire,
Qui contre ſes défauts croit être en ſûreté,
En raillant d'un Cenſeur la triſte auſterité :
Qui fait l'homme intrépide, & tremblant de foibleſſe,
Attend pour croire en Dieu que la fièvre le preſſe ;
155 Et toûjours dans l'orage au Ciel levant les mains,
Dès que l'air eſt calmé, rit des foibles Humains.
Car de penſer alors qu'un Dieu tourne le Monde,
Et règle les reſſorts de la Machine ronde,
Ou qu'il eſt une vie au delà du trépas,
160 C'eſt-là, tout haut du moins, ce qu'il n'avoûra pas.
   Pour moi qu'en ſanté même un autre Monde étonne,
Qui crois l'ame immortelle, & que c'eſt Dieu qui tonne,
Il vaut mieux pour jamais me bannir de ce Lieu.
Je me retire donc. Adieu, Paris, Adieu.

REMARQUES.

IMITATIONS. Vers 133. *Où la Science triſte*, &c.] Ces deux vers ſont imitez de Regnier, Satire III.
Si la Science pauvre, affreuſe, & mépriſée,
Sert au Peuple de fable, aux plus grands de riſée.

Vers 136. *Où tout me choque: Enfin, où.... Je n'oſe parler.*] Dans les premières éditions, la ponctuation du dernier hémiſtiche étoit ainſi: *Enfin, où je n'oſe parler.* M. Racine conſeilla à l'Auteur de marquer une ſuſpenſion après la particule *où....* ce qui rend le ſens bien plus fort, & l'expreſſion plus vive.

IMITATIONS. Vers 144. *La colère ſuffit, & vaut un Apollon.*] Juvénal en ce vers célèbre, Sat. I. v. 79.
Si natura negat, facit indignatio verſum.
Regnier l'avoit ainſi traduit, Satire II.
Puis ſouvent la colère engendre de bons vers.
Mais on voit combien l'expreſſion de Mr. Deſpréaux eſt plus noble & plus animée.

CHANGEMENT. Vers 145. *Tout beau, dira quelqu'un.*] Dans les premières éditions il y avoit: *Mais quoi, dira quelqu'un.*

Vers 154. *Attend pour croire en Dieu, que la fièvre le preſſe.*] Ce vers déſigne particulierement le fameux *Des-Barreaux*, qui, ſelon le langage de Bourſaut dans ſes Lettres, *ne croyoit en Dieu que quand il étoit malade*. Pendant une maladie qu'il eut, il fit un Sonnet de piété, qui eſt connu de tout le monde, & qui eſt très-beau; mais quand ſa ſanté fut revenuë, il deſavoua fortement ce Sonnet. Il commence par ce vers: *Grand Dieu, tes jugemens ſont remplis d'équité*, &c. Voïez la remarque ſur le vers 660. de la Satire X.

Vers 155. *Et toûjours dans l'orage &c.*] Au lieu de ce vers, & du ſuivant, il y avoit ceux-ci dans les premières éditions:
Et riant hors de-là du ſentiment commun,
Prêche que Trois ſont Trois, & ne font jamais Un.
Mais ces vers parurent trop hardis, & même un peu libertins; auſſi bien que ceux-ci qui venoient un peu après:
C'eſt-là ce qu'il faut croire, & ce qu'il ne croit pas;
Pour moi, qui ſuis plus ſimple, & que l'Enfer étonne.
Mr. Arnauld les fit changer. *Otez tout cela*, lui dit-il, *vous aurez trois ou quatre Libertins à qui cela plaira, & vous perdrez je ne ſai combien d'honnêtes-gens, qui liroient vos Ouvrages.*

CHANGEMENT. Vers 157. *Car de penſer alors.*] Dans les premières éditions, il y avoit: *Car enfin, de penſer.*

SATIRE II.

A M. DE MOLIERE.

RARE & fameux Esprit, dont la fertile veine
Ignore en écrivant le travail & la peine;
Pour qui tient Apollon tous ses trésors ouverts,
Et qui sais à quel coin se marquent les bons vers;
5 Dans les combats d'esprit savant Maître d'escrime,
Enseigne-moi, Moliere, où tu trouves la rime.
On diroit, quand tu veux, qu'elle te vient chercher.
Jamais au bout du vers on ne te voit broncher;
Et sans qu'un long détour t'arrête, ou t'embarrasse,
10 A peine as-tu parlé, qu'elle-même s'y place.
Mais moi, qu'un vain caprice, une bizarre humeur,
Pour mes péchez, je croi, fit devenir Rimeur:
Dans ce rude métier, où mon esprit se tuë,
En vain, pour la trouver, je travaille & je suë.
15 Souvent j'ai beau rêver du matin jusqu'au soir:
Quand je veux dire *blanc*, la quinteuse dit *noir*.

REMARQUES.

LE sujet de cette Satire est, *la difficulté de trouver la Rime, & de la faire accorder avec la Raison*. Mais l'Auteur s'est appliqué à les concilier toutes deux, en n'employant dans cette Pièce, que des Rimes extrêmement exactes.

Cette Satire n'a été composée qu'après la septième: ainsi elle est la quatrième dans l'ordre du tems. Elle fut faite en 1664.

La même année, l'Auteur étant chez Mr. Du Broussin, avec Mr. le Duc de Vitri, & Moliere; ce dernier y devoit lire une Traduction de Lucrèce en vers François, qu'il avoit faite dans sa jeunesse. En attendant le dîner, on pria Mr. Despréaux de réciter la Satire adressée à Moliere; mais après ce récit, Moliere ne voulut plus lire sa Traduction, craignant qu'elle ne fût pas assez belle pour soutenir les louanges qu'il venoit de recevoir. Il se contenta de lire le premier Acte du Misanthrope, auquel il travailloit en ce tems-là: disant, qu'on ne devoit pas s'attendre à des vers aussi parfaits & aussi achevez que ceux de Mr. Despréaux; parce qu'il lui faudroit un tems infini, s'il vouloit travailler ses Ouvrages comme lui.

Vers 17. *Si je veux d'un Galant &c.*] Ces deux vers étoient ainsi:
Si je pense parler d'un Galant de notre âge,
Ma plume pour rimer rencontrera Ménage.

Mais heureusement pour l'Abbé Ménage, l'Abbé de Pure fit en ce tems-là des Vers contre notre Auteur. C'étoit une Parodie de la Scène de Corneille, dans laquelle Auguste confond Cinna après la découverte de sa conjuration; & dans cette Parodie, Mr. Colbert convainquoit Mr. Despréaux d'être l'Auteur de quelques Libelles qui paroissoient alors. Mr. Despréaux n'étoit pas assûré que de Pure eût fait cette Parodie maligne; mais il savoit bien que cet Abbé la distribuoit. Pour toute vengeance d'une si noire calomnie, notre Au-

SATIRE II.

Si je veux d'un Galant dépeindre la figure,
Ma plume pour rimer trouve l'Abbé de Pure:
Si je pense exprimer un Auteur sans defaut,
20 La Raison dit Virgile, & la Rime Quinaut.
Enfin quoique je fasse, ou que je veuille faire,
La bizarre toûjours vient m'offrir le contraire.
De rage quelquefois, ne pouvant la trouver,
Triste, las, & confus, je cesse d'y rêver:
25 Et maudissant vingt fois le Démon qui m'inspire,
Je fais mille sermens de ne jamais écrire,
Mais quand j'ai bien maudit & Muses & Phébus,
Je la voi qui paroît, quand je n'y pense plus.
Auffi-tôt, malgré moi, tout mon feu se rallume:
30 Je reprens sur le champ le papier & la plume,
Et de mes vains sermens perdant le souvenir,
J'attens de vers en vers qu'elle daigne venir.
Encor si pour rimer, dans sa verve indiscrete,
Ma Muse au moins souffroit une froide épithete:
35 Je ferois comme un autre, & sans chercher si loin,
J'aurois toûjours des mots pour les coudre au besoin.

REMARQUES.

teur se contenta de mettre le nom de l'Abbé de Pure dans cette Satire, où il le traite ironiquement de Galant, parce que cet Abbé affectoit un air de propreté & de galanterie, quoi qu'il ne fût ni propre ni galant.

Michel de Pure étoit de Lyon, où son Pere avoit été Prevôt des Marchands, en 1634. & son Aïeul, Echevin en 1596. Il avoit publié en 1663. une fort mauvaise Traduction de Quintilien. Dans la suite il traduisit encore l'histoire des Indes, écrite en Latin par le P. Maffée; & l'histoire Africaine, écrite en Italien par J. B. Birago. Il a aussi traduit la Vie de Leon X. du Latin de Paul Jove; & de plus il a fait un Roman, qui a pour titre, *Les Précieuses*; la Vie du Maréchal de Gassion, &c.

Vers 20. *La Raison dit Virgile, & la Rime Quinaut.*] Philippe Quinaut, Auteur de plusieurs Tragédies, imprimées en deux volumes, mais qui sont absolument tombées dans l'oubli. Il a depuis composé des Opéra. Il fut reçû à l'Académie Françoise, en l'année 1670. & mourut en 1688.

Vers 35. *Je ferois comme un autre.*] Gilles Ménage, dont les Poësies sont remplies d'expressions semblables à celles que notre Auteur reprend dans les vers suivans: ce qui marque un génie froid & stérile, tel qu'étoit celui de l'Abbé Ménage, qui n'avoit *point de naturel à la Poësie*, & qui *ne faisoit des vers qu'en dépit des Muses*; comme il l'a dit lui-même, dans la *Préface de ses Observations sur Malherbe.*

Gilles Boileau, frere de notre Auteur, avoit déja repris l'Abbé Ménage de son affectation à emploïer ces sortes de Phrases Poëtiques: *En charmes si féconde, A nulle autre pareille, A nulle autre seconde: Ce chef-d'œuvre des Cieux, Ce miracle d'amour,* &c. on peut voir *l'Avis à Mr. Ménage*, sur son Eglogue intitulée *Christine.* p. 16.

SATIRE II.

Si je louois Philis, *En miracles féconde*;
Je trouverois bien-tôt, *A nulle autre seconde.*
Si je voulois vanter un objet *Nompareil*;
40 Je mettrois à l'instant, *Plus beau que le Soleil.*
Enfin parlant toûjours d'*Astres* & de *Merveilles*,
De *Chef-d'œuvres des Cieux*, de *Beautez sans pareilles*;
Avec tous ces beaux mots souvent mis au hazard,
Je pourrois aisément, sans génie & sans art,
45 Et transposant cent fois & le nom & le verbe,
Dans mes vers recousus mettre en pieces Malherbe.
Mais mon Esprit, tremblant sur le choix de ses mots,
N'en dira jamais un, s'il ne tombe à propos,
Et ne sauroit souffrir, qu'une phrase insipide
50 Vienne à la fin d'un vers remplir la place vuide.
Ainsi recommençant un ouvrage vingt fois,
Si j'écris quatre mots, j'en effacerai trois.
  Maudit soit le premier, dont la verve insensée
Dans les bornes d'un vers renferma sa pensée,
55 Et donnant à ses mots une étroite prison,
Voulut avec la Rime enchainer la Raison.

REMARQUES.

Vers 46. *Dans mes Vers recousus mettre en pieces Malherbe.*] Il étoit difficile de faire un vers qui rimât avec celui-ci. Cela parut même impossible à la Fontaine, à Moliere, & à tous les amis que notre Poëte consulta. Cependant il trouva le vers qu'il cherchoit. [*Et transposant cent fois & le nom & le verbe.*]

Quand il le dit à La Fontaine: *Ah! le voilà*, s'écria celui-ci, en l'interrompant: *Vous êtes bien-heureux. Je donnerois le plus beau de mes Contes pour avoir trouvé cela.*

Mr. Despréaux faisoit ordinairement le second vers avant le premier. C'est un des plus grands secrets de la Poësie, pour donner aux vers beaucoup de sens & de force. Il conseilla à Mr. Racine de suivre cette méthode; & il disoit à ce propos: *Je lui ai apris à rimer difficilement.*

Vers 53. *Maudit soit le premier, dont la verve insensée,* &c.] Mr. Arnaud d'Andilly entendant réciter cette Satire, fut extrême- ment touché de ces quatre vers; il en admira la beauté, & les compara à ceux-ci de Brébeuf, qui sont si fameux: *Pharf. L. 3.*

C'est de lui que nous vient cet Art ingénieux
De peindre la parole & de parler aux yeux;
Et par les traits divers des figures tracées
Donner de la couleur & du corps aux pensées.

Mr. D'Andilly se fit réciter cette Satire trois fois de suite, par l'Auteur.

Vers 57. *Sans ce métier fatal au repos de ma vie*, &c.] Première maniere:
Sans ce métier, helas! si contraire à ma joie,
Mes jours auroient été filez d'or & de soie.
L'Auteur corrigea ces deux vers, parce que Mr. D'Andilly lui fit remarquer qu'il tomboit dans le défaut qu'il attaquoit: *Vous blamez*, lui dit Mr. D'Andilly, *ceux qui dans leurs vers mettent en pieces Malherbe; & voilà une expression qui est de ce Poëte.* En effet, Malherbe a emploïé trois fois cette expression.

I. Dans

SATIRE II.

Sans ce métier, fatal au repos de ma vie,
Mes jours pleins de loisir couleroient sans envie,
Je n'aurois qu'à chanter, rire, boire d'autant;
60 Et comme un gras Chanoine, à mon aise, & content,
Passer tranquillement, sans souci, sans affaire,
La nuit à bien dormir, & le jour à rien faire.
Mon cœur exemt de soins, libre de passion,
Sait donner une borne à son ambition;
65 Et fuïant des grandeurs la présence importune,
Je ne vais point au Louvre adorer la Fortune.
Et je serois heureux, si, pour me consumer,
Un Destin envieux ne m'avoit fait rimer.
Mais depuis le moment que cette frénésie
70 De ses noires vapeurs troubla ma fantaisie,
Et qu'un Démon, jaloux de mon contentement,
M'inspira le dessein d'écrire poliment:
Tous les jours malgré moi, cloué sur un ouvrage,
Retouchant un endroit, effaçant une page,
75 Enfin passant ma vie en ce triste métier,
J'envie en écrivant le sort de Pelletier.

REMARQUES.

I. Dans l'Ode à la Reine Marie de Medicis, 1600.
 Les Parques d'une même soie
 Ne devident pas tous nos jours.
II. Dans l'Ode au Duc de Bellegarde, 1608.
 Ainsi de tant d'or & de soie
 Ton âge devide son cours, &c.
III. Et dans un fragment au Cardinal de Richelieu:
 Nos jours filez de toutes soies
 Ont des ennuis comme des joies, &c.

Vers 62. *La nuit à bien dormir, & le jour à rien faire.*] Il auroit bien pû mettre la négative, en disant; *La nuit à bien dormir, le jour à ne rien faire*; comme La Fontaine l'a mis depuis dans son Epitaphe:

 Jean s'en alla, comme il étoit venu,
 Mangea le fonds avec le revenu,
 Tint les trésors chose peu nécessaire.
 Quant à son tems, bien le sût dispenser:
 Deux parts en fit, dont il souloit passer
 L'une à dormir, & l'autre à ne rien faire.

Mr. Despréaux demanda à l'Académie, laquelle de ces deux manieres valoit mieux, la sienne, ou celle de La Fontaine. Il passa tout d'une voix, que la sienne étoit la meilleure, parce qu'en ôtant la négative, *Rien faire* devenoit une espèce d'occupation.

Vers 76. *J'envie en écrivant, le sort de Pelletier.*] Poëte du dernier ordre, qui faisoit tous les jours un Sonnet. *Pelletier* prit ce vers pour une louange; & dans cette pensée, il fit imprimer cette Satire dans un Recueil de Poësies, où il y avoit quelques-uns de ses vers. Mr. Despréaux s'étant plaint au Libraire de ce qu'il avoit imprimé cette Satire sans son aveu, le Libraire lui répondit, que c'étoit Pelletier qui l'avoit donnée à imprimer, parce qu'elle étoit à sa loüange.

Richelet s'est trompé, quand il a dit que Pelletier mourut en 1660. *Lett. Choisies Tom. I.* On a parlé de ce Poëte, sur le vers 54.

SATIRE II.

Bienheureux Scuderi, dont la fertile plume
Peut tous les mois sans peine enfanter un volume.
Tes Ecrits, il est vrai, sans art & languissans,
80 Semblent être formez en dépit du bon sens:
Mais ils trouvent pourtant, quoi qu'on en puisse dire,
Un Marchand pour les vendre, & des Sots pour les lire.
Et quand la Rime enfin se trouve au bout des vers,
Qu'importe que le reste y soit mis de travers?
85 Malheureux mille fois celui dont la manie
Veut aux règles de l'art asservir son génie!
Un Sot en écrivant fait tout avec plaisir:
Il n'a point en ses vers l'embarras de choisir,
Et toûjours amoureux de ce qu'il vient d'écrire,
90 Ravi d'étonnement en soi-même il s'admire.

REMARQUES.

du Discours au Roi, & sur le vers 47. de la Satire I.

Vers 77. *Bienheureux Scuderi*, &c.] George de Scuderi de l'Académie Françoise, a composé plusieurs Romans: *L'Illustre Bassa, le Calandre fidelle*, &c. outre le Poëme d'*Alaric*, & un grand nombre de Pièces de théatre. Quoique le Roman de *Cyrus*, & celui de *Clélie*, aient été imprimez sous son nom, ils sont néanmoins de l'illustre Magdeleine de Scuderi sa Sœur.

Balzac avoit fait le même jugement de la facilité à écrire de cet Auteur. *O bienheureux Ecrivains*, s'écrie-t-il, *Mr. De Saumaise en Latin, & Mr. De Scuderi en François! J'admire votre facilité, & j'admire votre abondance. Vous pouvez écrire plus de Calepins, que moi d'Almanachs.* Il dit encore: *Bienheureux sont ces Ecrivains qui se contentent si facilement; qui ne travaillent que de la mémoire & des doigts; qui, sans choisir, écrivent tout ce qu'ils savent.* Lett. 12. Liv. 23.

CHANGEMENT. Vers 79. ―― *Sans art & languissans:*] Dans les premières éditions il y avoit: *Sans force & languissans*.

Vers 87. *Un Sot en écrivant fait tout avec plaisir:*] Un Théologien François donne une assez plaisante raison de la sotte complaisance avec laquelle les Auteurs médiocres regardent leurs propres Ouvrages. ,, Selon la ,, justice, dit-il, tout travail honnête doit ,, être recompensé de louange ou de satis,, faction. Quand les bons Esprits font un ,, Ouvrage excellent, ils sont justement ré,, compensez par les applaudissemens du Pu,, blic; Quand un pauvre Esprit travaille ,, beaucoup pour faire un mauvais Ouvrage, ,, il n'est pas juste ni raisonnable qu'il atten,, de des louanges publiques; car elles ne lui ,, sont pas dûes: Mais afin que ses travaux ,, ne demeurent pas sans récompense, Dieu ,, lui donne une satisfaction personnelle, que ,, personne ne lui peut envier sans une in,, justice plus que barbare. Tout ainsi que ,, Dieu qui est juste, donne de la satisfaction ,, aux Grenouilles, de leur chant: autre,, ment, le blâme public, joint à leur mé,, contentement, seroit suffisant pour les ré,, duire au desespoir. *Le P. François Garasse, Somme Théolog. L. 2. p. 419.*

IMITATIONS. Ibid. *Un Sot en écrivant,* &c.] Horace, L. II. Ep. II. 106. & seqq. 125.

*Ridentur, mala qui componunt Carmina: verùm
Gaudent scribentes, & se venerantur; & ultro
Si taceas, laudant; quidquid scripsere beati.* &c.

*Prætulerim scriptor delirus, inersque videri,
Dum mea delectent mala me, vel denique fallant:
Quàm sapere, & ringi.*

Vers

SATIRE II.

Mais un Esprit sublime en vain veut s'élever
A ce degré parfait qu'il tâche de trouver:
Et toûjours mécontent de ce qu'il vient de faire,
Il plaît à tout le monde, & ne sauroit se plaire.
95 Et Tel, dont en tous lieux chacun vante l'esprit,
Voudroit pour son repos n'avoir jamais écrit.
 Toi donc, qui vois les maux où ma Muse s'abîme,
De grace, enseigne-moi l'art de trouver la Rime:
Ou, puisqu'enfin tes soins y seroient superflus,
100 Moliere, enseigne-moi l'art de ne rimer plus.

REMARQUES.

Vers 94. *Il plaît à tout le monde, & ne sauroit se plaire.*] En cet endroit, Moliere dit à notre Auteur, en lui serrant la main: *Voilà la plus belle vérité que vous ayez jamais dite. Je ne suis pas du nombre de ces Esprits sublimes, dont vous parlez; mais tel que je suis, je n'ai rien fait en ma vie, dont je sois véritablement content.*

Le célèbre Santeul pensoit bien autrement de ses Poësies; il l'avoüa même un jour chez Thierri, à Mr. Despréaux, qui lui dit; *Vous êtes donc le seul Homme extraordinaire qui ait jamais été parfaitement content de ses Ouvrages.* Alors Santeul, flaté par le titre d'*Homme extraordinaire*, & voulant faire voir qu'il ne se croïoit pas indigne de cet Eloge, revint au sentiment de Mr. Despréaux, & convint qu'il n'avoit jamais été pleinement satisfait des Ouvrages qu'il avoit composés.

Mr. Despréaux citoit un jour à ce propos, ces Réfléxions de l'Auteur des Caractères: *La même justesse d'esprit qui nous fait écrire de bonnes choses, nous fait apréhender qu'elles ne le soient pas assez pour mériter d'être luës. Un Esprit médiocre croit écrire divinement: Un bon Esprit croit écrire raisonnablement.* La Bruiere, ch. des Ouvrages de l'esprit.

SATIRE III.

A. **Q**UEL sujet inconnu vous trouble & vous altère?
D'où vous vient aujourd'hui cet air sombre & sévère,
Et ce visage enfin plus pâle qu'un Rentier,
A l'aspect d'un Arrêt qui retranche un quartier?
5 Qu'est devenu ce teint, dont la couleur fleurie
Sembloit d'ortolans seuls, & de bisques nourrie,
Où la joie en son lustre attiroit les regards,
Et le vin en rubis brilloit de toutes parts?
Qui vous a pû plonger dans cette humeur chagrine?
10 A-t-on par quelque Edit réformé la cuisine?
Ou quelque longue pluïe, inondant vos vallons,
A-t-elle fait couler vos vins & vos melons?

REMARQUES.

Cette Satire a été faite en l'année 1665. Elle contient le recit d'un Festin, donné par un Homme d'un goût faux & extravagant, qui se pique néanmoins de rafiner sur la bonne chère. Ce caractère est semblable à celui qu'Horace donne à Nasidiénus, dans la Satire VIII. du Livre II. où ce Poëte a fait le récit d'un repas ridicule. Un de nos plus célèbres Ecrivains, savant Traducteur & Commentateur d'Horace, ne paroit pas être bien entré dans le sens de son Auteur, quand il a dit, qu'Horace *avoit peint le caractère d'un Homme fort avare, qui fait une sotte ostentation de ses richesses.* Il semble au contraire, que c'est plutôt le caractère d'un Homme qui ne manque pas de générosité, mais qui manque de goût: d'un Sot magnifique. C'étoit la pensée de Mr. Despréaux. Regnier a fait aussi la description d'un Soupé ridicule, auquel il fut retenu malgré lui: C'est dans sa dixième Satire.

Bien des gens ont crû faussement, que Mr. Despréaux, dans cette Satire, avoit voulu se dépeindre sous le personnage de celui qui fait le recit: & sur cela, ils l'ont regardé comme un Homme d'une délicatesse excessive en fait de bonne chère. Mais ils n'ont pas pris garde que, bien loin de se représenter ici lui-même, il se moque d'un Homme qui ne peut s'accommoder que des repas exquis; & que la raillerie ne tombe pas moins sur la délicatesse outrée de celui qui fait le récit du Festin, que sur le Festin même. Il a voulu représenter Mr. Du Broussin, qui, selon le langage de notre Auteur, *traitoit sérieusement les repas.* Quand il sut que Mr. Despréaux travailloit sur cette matière, il tâcha de l'en détourner: disant que ce n'étoit pas là un sujet sur lequel il falût plaisanter: *Choisissez plûtôt les Hypocrites,* lui disoit-il sérieusement, *vous aurez pour vous tous les honnêtes gens; mais pour la bonne chère, croyez-moi, ne badinez point là-dessus.* Il se reconnut bien dans cette peinture; mais il n'en fut aucun mauvais gré à l'Auteur.

Au reste, il y a sept Personnes que l'on fait parler dans cette Satire: l'Auditeur, ou celui qui interroge au commencement; & six Convives, qui sont, le Personnage qui fait le récit du Repas, l'Hôte, deux Nobles Campagnards, celui qui est désigné par le Hableur, & enfin un Poëte.

Vers 1. *A.*] Cette lettre, qui est au commencement du premier vers, signifie l'Auditeur, ou celui qui interroge; & à la lettre P. qui est devant le quatorzième vers dénote le Poëte. L'Auteur avoit dessein d'y mettre un B. pour marquer le *Broussin:* mais il craignit que son intention ne fut trop marquée.

IMITATIONS. Ibid. *Quel sujet inconnu &c.*] Juvénal commence ainsi sa neuvième Satire:

Scire,

SATIRE III.

Répondez donc enfin, ou bien je me retire.
P. Ah ! de grace, un moment, souffrez que je respire.
15 Je sors de chez un Fat, qui, pour m'empoisonner,
Je pense, exprès chez lui m'a forcé de dîner.
Je l'avois bien prévû. Depuis près d'une année,
J'éludois tous les jours sa poursuite obstinée.
Mais hier il m'aborde, & me serrant la main :
20 Ah ! Monsieur, m'a-t-il dit, je vous attens demain.
N'y manquez pas au moins. J'ai quatorze bouteilles
D'un vin vieux... Boucingo n'en a point de pareilles :
Et je gagerois bien que chez le Commandeur,
Villandri priseroit sa sève, & sa verdeur.
25 Moliere avec Tartuffe y doit joüer son rôle :
Et Lambert, qui plus est, m'a donné sa parole.

REMARQUES.

Scire velim, quare toties mihi, Nævole, tristis Occurras, fronte obductâ? — — — unde repente Tot rugæ?
Vers 4. *A l'aspect d'un Arrêt qui retranche un quartier?*] En 1664. le Roi suprima un quartier des rentes constituées sur l'Hôtel de Ville : Le Chevalier de Cailli fit alors cette Epigramme, dont Mr. Despréaux faisoit cas :
De nos Rentes, pour nos péchez,
Si les quartiers sont retranchez,
Pourquoi s'en émouvoir la bile ?
Nous n'aurons qu'à changer de lieu :
Nous allions à l'Hôtel-de-Ville,
Et nous irons à l'Hôtel-Dieu.
Vers 6. ——— *Et de bisques nourrie.*] En ce tems-là, les Bisques étoient un mets fort estimé.
Vers 10. *A-t-on par quelque Edit reformé la cuisine ?*] On publia alors divers Edits de reformation.
CHANGEMENT. Vers 12. *Vos vins & vos melons.*] Dans la première Edition il y avoit *Vos vins ou vos melons.*
CHANGEMENT. Vers 13. *Répondez donc enfin.*] Il y avoit ici : *Répondez donc du moins.*
Vers 15. *Je sors de chez un Fat.*] C'est celui qui avoit donné le dîner ; mais c'est un Personnage feint.
CHANGEMENT. Vers 19. *Mais hier.*]

Il y avoit dans les premières Editions : *Quand hier.*
Vers 22. ——— *Boucingo n'en a point de pareilles.*] Boucingo, fameux Marchand de vin.
Vers 23. ——— *Chez le Commandeur.*] Jaques de Souvré, Commandeur de St. Jean de Latran, & ensuite Grand Prieur de France. Il aimoit la bonne chère, & tenoit ordinairement une table somptueuse, à laquelle assistoient souvent Mr. du Broussin, & Mr. de Villandri, qui est nommé dans le vers suivant. Les Repas du *Commandeur* étoient renommez en ce tems-là, & Saint-Evremond en fait mention dans ses Ecrits *. Le Commandeur de Souvré étoit fils du Maréchal de Souvré, Gouverneur de Louis XIII. & Oncle de Madame de Louvois.
Vers 24. *Villandri priseroit.*] Mr. de Villandri étoit fils de Baltazar le Breton, Seigneur de Villandri, Conseiller d'Etat. Gentilhomme de la Chambre du Roi.
Vers 25. *Moliere avec Tartuffe.*] La Comédie du Tartuffe avoit été defenduë en ce tems-là, & tout le monde vouloit avoir Moliere pour la lui entendre reciter.
Vers 26. *Et Lambert, qui plus est, &c.*] Michel Lambert, fameux Musicien, étoit souhaité par tout. C'étoit un fort bon homme,

* *Convers. du Duc de Candale, avec Mr. de St. Evremond.*

SATIRE III.

C'est tout dire en un mot, & vous le connoissez.
Quoi Lambert? Oui, Lambert. A demain. C'est assez.
Ce matin donc, séduit par sa vaine promesse,
30 J'y cours, midi sonnant, au sortir de la Messe.
A peine étois-je entré, que ravi de me voir,
Mon Homme, en m'embrassant, m'est venu recevoir,
Et montrant à mes yeux une allégresse entiere,
Nous n'avons, m'a-t-il dit, ni Lambert ni Moliere:
35 Mais puisque je vous voi, je me tiens trop content.
Vous êtes un brave homme: Entrez. On vous attend.
A ces mots, mais trop tard, reconnoissant ma faute,
Je le suis en tremblant dans une chambre haute,
Où malgré les volets le Soleil irrité
40 Formoit un poësle ardent au milieu de l'Eté.
Le couvert étoit mis dans ce Lieu de plaisance;
Où j'ai trouvé d'abord, pour toute connoissance,
Deux nobles Campagnards, grands lecteurs de Romans,

REMARQUES.

me, qui promettoit à tout le monde, & manquoit presque toûjours de parole. Cela est bien marqué dans ce vers & dans les deux suivans. C'étoit l'homme de France qui chantoit le mieux, & on le regardoit comme l'inventeur du beau chant. Il mourut à Paris, au mois de Juin 1696. âgé de 87. ans. Son corps a été mis dans le tombeau de Jean Baptiste Lulli son Gendre.

Vers 28. *Quoi Lambert? Oui, Lambert. A demain. C'est assez.*] Ce vers est en Dialogue. *Quoi Lambert?* c'est le Convié qui dit ceci. L'Hôte repond: *Oui, Lambert. A demain.* Et le Convié promet d'y aller, en disant; *C'est assez.*

Vers 43. *Deux nobles Campagnards &c.*] De ces deux Campagnards il n'y en a qu'un qui soit un personnage réel. Voïez la Remarque sur le vers 173. de cette Satire.

Vers 44. *Qui m'ont dit tout Cyrus dans leurs longs complimens.*] *Artamene ou le Grand Cyrus*, Roman de Mademoiselle de Scuderi, en dix volumes. Il est rempli de longues conversations, & sur tout de grans Complimens fort ennuïeux. C'est pourquoi Furetiere a dit, dans *l'Histoire des troubles arrivés au Royaume d'Eloquence*, Que *les Bourgeois de cette Place* (le Roman de Cyrus) *affectoient sur tout d'être fort civils, & de fort bon entretien*. La plûpart des gens de Province, qui s'imaginoient que le stile de ces Romans étoit le stile de la Cour, & un modèle de politesse; formoient leur langage & leurs complimens sur le *Cyrus* & sur la *Clélie*, dont ils retenoient les façons de parler. Ces Romans, dont le goût s'étoit répandu dans toute la France, avoient aussi produit les Précieuses: caractère que Moliere a si bien joüé. Les premiers Volumes du Roman de *Cyrus* commencèrent à paroître en 1649.

Vers 45. *Cépendant on apporte un potage &c.*] Mr. Fourcroi, célèbre Avocat, s'avisa un jour, de donner un repas semblable en tout à celui qui est décrit dans cette Satire; à M. de Lamoignon, Avocat General; à M. de Menars, Maître des Requêtes, ensuite Président à Mortier; à Mr. Despréaux; & à quelques autres. Mais sa plaisanterie ne plût point aux Conviez; & l'on dit alors, que ces sortes de repas sont bons à décrire & non pas à donner.

Vers 58. *Moi qui ne compte rien ni le vin*

SATIRE III.

Qui m'ont dit tout Cyrus dans leurs longs complimens.
45 J'enrageois. Cependant on apporte un potage.
Un coq y paroissoit en pompeux équipage,
Qui changeant sur ce plat & d'état & de nom,
Par tous les Conviez s'est appelé chapon.
Deux assiettes suivoient, dont l'une étoit ornée
50 D'une langue en ragoût de persil couronnée:
L'autre d'un godiveau tout brûlé par dehors,
Dont un beurre gluant inondoit tous les bords.
On s'assied : mais d'abord, notre Troupe serrée
Tenoit à peine autour d'une table quarrée:
55 Où chacun malgré soi, l'un sur l'autre porté,
Faisoit un tour à gauche, & mangeoit de côté.
Jugez en cet état si je pouvois me plaire,
Moi qui ne compte rien ni le vin, ni la chère,
Si l'on n'est plus au large assis en un festin,
60 Qu'aux Sermons de Cassagne, ou de l'Abbé Cotin.

REMARQUES.

ni la chère.] Il auroit pû mettre : *Moi qui compte pour rien & le vin & la chère.* Mais il a crû l'autre maniere plus conforme à l'usage. L'un & l'autre se peuvent dire. Cependant il semble que l'usage y ait mis cette difference, qu'après *Ne compter pour rien*, il faut une négation; & après, *Compter pour rien*, il faut une affirmation:

Je ne compte pour rien ni le vin ni la chère.
Moi qui compte pour rien & le vin & la chère.

Vers 60. *Qu'aux Sermons de Cassagne, ou de l'Abbé Cotin.*] Ce fut l'Abbé Furetiere qui indiqua à notre Auteur, les deux mauvais Prédicateurs qui sont ici nommés : l'Abbé *Cassagne* & l'Abbé *Cotin*, tous deux de l'Académie Françoise. Jaques Cassagne, de la Ville de Nismes, étoit Docteur en Théologie, & Prieur de S. Etienne. Il fut reçu à l'Academie Françoise en l'année 1661. à la place de St. Amant, & mourut au mois de Mai 1679. Il a fait la Préface des Oeuvres de Balzac, qui est estimée : il a encore traduit Saluste, &c. Il eut assez de bon sens pour ne témoigner aucun ressentiment contre l'Auteur des Satires. Mais l'Abbé Cotin ne fit pas de même. Fier & présomptueux comme il étoit, il ne put souffrir que son talent pour la Chaire lui fut contesté. Pour s'en venger il fit une mauvaise Satire contre Mr. Despréaux, dans laquelle il lui reprochoit, comme un grand crime, d'avoir imité Horace, & Juvénal. Cotin ne s'en tint pas là: il publia un Libelle en prose, intitulé : *La Critique desinteressée sur les Satires du tems*; dans lequel il chargeoit notre Auteur des injures les plus grossieres, & lui imputoit des crimes imaginaires. Il s'avisa encore malheureusement pour lui, de faire entrer Moliere dans cette dispute, & ne l'épargna pas plus que Mr. Despréaux. Celui-ci ne s'en vengea que par de nouvelles railleries, comme on le verra dans les Satires suivantes; mais Moliere acheva de le ruiner de reputation, en l'immolant sur le Théatre à la risée publique, dans la Comédie des *Femmes savantes*, sous le nom de *Tricotin*; qu'il changea dans la suite en celui de *Trissotin*. Charles Cotin, Parisien, fut reçu à l'Académie Françoise en 1656. & mourut au mois de Janvier 1682. Il a fait plusieurs Ouvrages tant en vers qu'en prose.

SATIRE III.

Notre Hôte, cependant, s'adreſſant à la Troupe:
Que vous ſemble, a-t-il dit, du goût de cette ſoupe?
Sentez-vous le citron, dont on a mis le jus,
Avec des jaunes d'œufs mêlez dans du verjus?
65 Ma foi, vive Mignot, & tout ce qu'il apprête!
Les cheveux cependant me dreſſoient à la tête:
Car Mignot, c'eſt tout dire, & dans le Monde entier,
Jamais empoiſonneur ne ſut mieux ſon métier.
J'approuvois tout pourtant de la mine & du geſte,
70 Penſant qu'au moins le vin dût reparer le reſte.
Pour m'en éclaircir donc, j'en demande. Et d'abord,
Un laquais effronté m'apporte un rouge-bord,
D'un Auvernat fumeux, qui mêlé de Lignage,
Se vendoit chez Crenet, pour vin de l'Hermitage;
75 Et qui rouge & vermeil, mais fade & doucereux,
N'avoit rien qu'un goût plat, & qu'un déboire affreux.

REMARQUES.

Vers 63. *Sentez-vous le citron, dont on a mis le jus* &c.] Ces ſortes de ſoupes étoient alors à la mode, & on les appeloit, des *Soupes de l'écu d'argent.* C'étoit l'Enſeigne d'un Traiteur qui demeuroit dans le quartier de l'Univerſité & qui avoit inventé la manière de les faire.

Vers 65. *Ma foi, vive Mignot*, &c.] Jaques Mignot, Patiſſier-Traiteur, demeuroit dans la Ruë de la Harpe, vis-à-vis la Ruë percée. Il avoit la charge de Maître Queux de la Maiſon du Roi, & celle d'Ecuïer de la bouche de la Reine: ainſi il crut qu'il étoit de ſon honneur de ne pas ſouffrir qu'on traitât d'Empoiſonneur, un Officier comme lui. Il donna ſa plainte à M. Deſſita, Lieutenant Criminel, contre l'Auteur des Satires; mais ni ce Magiſtrat, ni M. de Riants, Procureur du Roi, ne voulurent recevoir la plainte de *Mignot*: ils le renvoïerent, en diſant que l'injure dont il ſe plaignoit, n'étoit qu'une plaiſanterie dont il devoit rire tout le premier. Cette raiſon, bien loin de l'appaiſer, ne fit qu'irriter ſa colère: & voïant qu'il ne pouvoit eſperer de ſatisfaction par la voie de la Juſtice, il réſolut de ſe faire juſtice lui-même. Pour cet effet, il s'aviſa d'un expedient tout nouveau. Mignot avoit la reputation de faire d'excellens Biſcuits, & tout Paris en envoïoit querir chez lui. Il ſut que l'Abbé Cotin avoit fait une Satire contre M. Deſpréaux leur Ennemi commun. Mignot la fit imprimer à ſes dépens; & quand on venoit acheter des biſcuits, il les enveloppoit dans la feuille qui contenoit la Satire imprimée, afin de la répandre dans le Public: aſſociant ainſi ſes talens à ceux de l'Abbé Cotin. Quand Mr. Deſpréaux vouloit ſe réjouïr avec ſes amis, il envoïoit acheter des biſcuits chez Mignot, pour avoir la Satire de Cotin. Cependant la colère de Mignot s'appaiſa, quand il vit que la Satire de Mr. Deſpréaux, bien loin de le décrier, comme il le craignoit, l'avoit rendu extrêmement célèbre. En effet, depuis ce tems-là tout le monde vouloit aller chez lui. Mignot a gagné du bien dans ſa profeſſion, & il fait gloire d'avouër qu'il doit ſa fortune à Mr. Deſpréaux.

Vers 73. *D'un Auvernat fumeux, qui mêlé de Lignage.*] L'*Auvernat*, ou *Auvernas*, eſt un vin fort rouge & fumeux, qui n'eſt bon à boire que dans l'arrière-ſaiſon. Ce vin croît aux environs d'Orléans. Il eſt fait de raiſins noirs qu'on appèle du même nom, parce que le plant en eſt venu d'Auvergne.

Le *Lignage* eſt un vin moins fort en couleur, qui eſt fait avec toutes ſortes de raiſins. Les Cabaretiers mêlent ces deux ſortes de vins

SATIRE III.

A peine ai-je senti cette liqueur traîtresse,
Que de ces vins mêlez j'ai reconnu l'adresse.
Toutefois avec l'eau que j'y mets à foison,
80 J'esperois adoucir la force du poison.
Mais qui l'auroit pensé ? pour comble de disgrace,
Par le chaud qu'il faisoit nous n'avions point de glace,
Point de glace, bon Dieu! dans le fort de l'Eté!
Au mois de Juin! Pour moi, j'étois si transporté,
85 Que donnant de fureur tout le festin au Diable,
Je me suis vû vingt fois prêt à quitter la table,
Et dût-on m'appeller & fantasque & bouru,
J'allois sortir enfin, quand le Rôt a paru.
   Sur un lièvre flanqué de six poulets étiques,
90 S'élevoient trois lapins, animaux domestiques,
Qui dès leur tendre enfance élevez dans Paris,
Sentoient encor le chou dont ils furent nourris.

REMARQUES.

vins pour faire leurs vins clairets & rosez de plusieurs couleurs.

Vers 74. *Se vendoit chez Crenet.*] Fameux Marchand de vin, qui tenoit le Cabaret de la Pomme du Pin, vis-à-vis l'Eglise de la Magdelaine, près du pont Notre-Dame. Ce Cabaret étoit déja renommé du tems de Reguier qui en parle ainsi dans sa dixième Satire.

Où maints Rubis balays tout rougissans de vin,
Montroient un hâc itur *à la Pomme de Pin.*

Et même du tems de Rabelais, qui dit : *Puis cauponisons ès Tabernes méritoires de la Pomme de Pin, du Castel, de la Magdelaine, & de la Mule.* Pantagr. l. 2. ch. 6.
Crenet ne fit pas comme Mignot, car il ne fit que rire du mêlange de vins qu'on lui reprochoit dans cette Satire. Et ce reproche n'étoit pas aussi sans fondement, car M. du Broussin avoit fait acheter à M. d'Herbaut, chez *Crenet*, un muid de vin de l'Hermitage, qu'on reconnut ensuite être de ce vin coupé & mêlangé : ce qui mit le Broussin dans une furieuse colère contre *Crenet*, qu'il ne menaçoit pas de moins que de le perdre. C'est à cette avanture que l'Auteur fait allusion.

Ibid. ——— *Pour vin de l'Hermitage.*] Il croît sur un côteau situé dans le Dauphiné, proche la ville de Thain, sur le rivage du Rhône, vis-à-vis de Tournon. Sur ce côteau il y a un Hermitage qui a donné son nom au territoire, & au vin qui y vient.

CHANGEMENT. Vers 75. *Et qui rouge & vermeil.*] Il y avoit : *Et qui rouge en couleur*, dans les premières éditions.

Vers 83. *Point de glace, bon Dieu!*] Dans le tems que cette Satire fut faite, l'usage de la glace n'étoit pas si commun en France qu'il l'est à présent. Il n'y avoit que ceux qui se piquoient de délicatesse & de rafinement, qui bussent à la glace. Ainsi la plainte que fait ici le Personnage qui parle, marque bien son caractère. En France on n'a commencé à boire à la glace que vers la fin du dix-septième Siécle; mais cet usage étoit connu des anciens Romains qui en faisoient leurs délices.

Vers 88. ——— *Quand le Rôt a paru.*] Quand l'Auteur travailloit à cette Satire, il demanda à Mr. du Broussin, s'il faloit dire *le Rôt,* ou le *Roti.* Il répondit qu'on pouvoit dire l'un & l'autre, mais que *Rôt* étoit plus noble. *Servir le Rôt.*

Vers 92. *Sentoient encor le chou.*] Une petite avanture domestique a fourni à l'Auteur l'idée de ce vers & des deux précedens. Un
soir

SATIRE III.

Autour de cet amas de viandes entassées,
Regnoit un long cordon d'alouetes pressées,
95 Et sur les bords du plat, six pigeons étalez
Présentoient pour renfort leurs squelètes brûlez.
A côté de ce plat paroissoient deux salades,
L'une de pourpier jaune, & l'autre d'herbes fades,
Dont l'huile de fort loin saisissoit l'odorat,
100 Et nageoit dans des flots de vinaigre rosat.

REMARQUES.

foir il y avoit du monde à souper chez Mr. Boileau son pere. En entrant dans la Salle à manger, on sentit une odeur semblable à celle de la soupe aux choux, dont tout le monde fut frapé. Mr. Boileau demanda à la Cuisiniere, si elle étoit folle de vouloir leur donner une soupe aux choux, à souper? La Cuisiniere répondit que ce n'étoit pas son dessein; cependant on sentoit toûjours la même odeur: mais à peine eut-on servi le Rôt, que l'on découvrit au fond du bassin un Lapin nourri aux choux, qui étoit caché sous le reste de la viande: car on le servoit alors en Pyramide. Dès que l'on vit le Lapin, on ne chercha plus d'où venoit cette odeur. On le fit d'abord emporter; mais il avoit répandu par tout une odeur de chou qui dura tout le reste du repas.

Vers 94. *Regnoit un long cordon d'alouettes pressées.*] Comme ce Repas se donnoit en Eté, au mois de Juin, les Critiques ont prétendu qu'en ce tems-là on ne mangeoit pas d'Alouetes. C'est Boursaut qui a fait cette objection dans une petite Piéce de Théatre, intitulée *la Satire des Satires*, imprimée en 1669.

Notre Auteur répondoit, qu'il a eu raison de faire servir des Alouetes dans ce repas, parce que c'est un repas donné par un homme d'un goût bizarre & extravagant, qui cherche des mets extraordinaires. Qu'ainsi, l'on peut présumer qu'il a donné des Alouetes quoi que mauvaises, dans une saison où il n'est pas impossible d'en avoir, puis qu'il y en a en tout tems: les Alouetes n'étant pas des oiseaux de passage. D'ailleurs, cette faute tombe sur Mignot qui avoit préparé le repas, & non pas sur le Poëte qui en fait la description. Mais au fond, l'Auteur auroit peut-être changé cet endroit, si ses ennemis ne s'étoient pas si fort applaudis de cette critique.

IMITATIONS. Ibid. *Un cordon d'Alouetes.*] Les Latins disoient dans le même sens, *Une couronne d'Alouetes, de Grives,* &c.
Texta Rosis fortasse tibi, vel divite Nardo!
At mihi de Turdis facta Corona placet.
Martial. XIII. 51.

IMITATIONS. Vers 96. *Leurs squeletes brûlez.*] Horace, dans son récit d'un festin ridicule, applique aux Merles, ce que notre Auteur dit ici des Pigeons:
——————— *Tum pectore adusto*
Vidimus & Merulas poni. L. II. Sat. VIII. 90.

Vers 105. *Sur tout certain Hableur.*] Celui dont le caractére est si vivement exprimé dans ces dix vers, s'appeloit B. D. L. Cousin issu de Germain de notre Auteur. Il étoit neveu de M. de L. . . . . Grand Audiancier de France, qui lui avoit acheté une charge de Président à la Cour des Monoies; mais il dissipa tout son bien; & son Oncle l'aïant abandonné, il fut réduit à vivre chez ses amis. Il alloit souvent chez Mr. Boileau le Greffier, frére aîné de Mr. Despréaux. Ce fut là que se passa entre ce même Mr. D. L. . . . . & la Comtesse de Crissé, cette Scène plaisante & vive qui a été décrite par Mr. Racine dans ses Plaideurs, sous les noms de Chicaneau & la Comtesse de Pimbêche. La Comtesse de Crissé étoit une Plaideuse de profession, qui a passé toute sa vie dans les procès, & qui a dissipé de grans biens dans cette occupation ruineuse. Le Parlement fatigué de son obstination à plaider, lui defendit d'intenter aucun procès, sans l'avis par écrit de deux Avocats que la Cour lui nomma. Cette interdiction de plaider la mit dans une fureur inconcevable. Après avoir fatigué de son desespoir, les Juges, les Avocats, & son Procureur, elle alla encore, porter ses plaintes à Mr. Boileau le Greffier; chez qui se trouva par hazard Mr. de L. . . . . dont il s'agit. Cet Homme qui vouloit se ren-

SATIRE III.

Tous mes Sots à l'inſtant changeant de contenance,
Ont loüé du feſtin la ſuperbe ordonnance,
Tandis que mon Faquin, qui ſe voïoit priſer,
Avec un ris moqueur les prioit d'excuſer.
105 Sur tout certain Hableur, à la gueule affamée,
Qui vint à ce feſtin conduit par la fumée,
Et qui s'eſt dit Profès, dans l'ordre des Côteaux,
A fait, en bien mangeant, l'éloge des morceaux.

REMARQUES.

rendre neceſſaire par tout, s'aviſa de donner des conſeils à cette Plaideuſe. Elle les écouta d'abord avec avidité; mais par un mal-entendu qui ſurvint entre eux, elle crut qu'il vouloit l'inſulter, & l'accabla d'injures. Mr. Deſpréaux, qui étoit preſent à cette Scène, en fit le récit à Mr. Racine qui l'accommoda au Théatre, & l'inſera dans la Comédie des Plaideurs. Il n'a preſque fait que la rimer. La première fois que l'on joüa cette Comédie, on donna à l'Actrice qui repreſentoit la Comteſſe de Pimbêche, un habit de couleur de Roſe-ſeche, & un maſque ſur l'oreille; qui étoit l'ajuſtement ordinaire de la Comteſſe de Criſſé.

Vers 107. *Dans l'ordre des Côteaux.*] *Les Côteaux*: ce nom fut donné à trois grans Seigneurs tenant table, qui étoient partagez ſur l'eſtime qu'on devoit faire des vins des Côteaux qui ſont aux environs de Rheims. Ils avoient chacun leurs partiſans: *Je ne puis m'ôter de l'eſprit* [dit le P. Bouhours] *qu'on n'entendra pas un jour l'Auteur des Satires, dans la deſcription de ſon Feſtin:*

Sur tout certain Hableur, &c.

„ Je me ſuis même mis en tête (continuë le
„ P. Bouhours) que les Commentateurs ſe
„ tourmenteront fort pour expliquer ce *Profès dans l'ordre des Côteaux*, & qu'on pourra bien le corriger en liſant, *Profès dans l'Ordre de Ciſteaux*, par la raiſon que l'Ordre des Côteaux ne ſe trouvera point dans l'Hiſtoire Eccleſiaſtique, & que les gens de ce tems-là ne ſauront pas que cet Ordre n'étoit qu'une Société de fins Débauchez, qui vouloient que le vin qu'ils bûvoient, fût d'un certain côteau; & qu'on les appeloit pour cela *les Côteaux*.

Les plus fameux Côteaux qui produiſent le vin de Champagne, ſont Rheims, Pérignon, Silleri, Haut-Villiers, Aï, Taiſſy, Verzenai, S. Thierri. Notre Auteur diſoit,

que ces trois Seigneurs qu'on nommoit *les Côteaux*, étoient le Commandeur de Souvré, le Duc de Mortemar, & le Marquis de Silleri.

Menage donne une autre origine à ce nom-là. „ Ce fut, dit-il, feu Mr. de Lavardin,
„ Evêque du Mans, qui ſe plaignant de ces
„ Meſſieurs qui diſoient que ſon vin n'étoit
„ pas bon, dit que c'étoient des délicats qui
„ ne vouloient du vin que d'un certain Côteau, & là-deſſus on les appella *les Côteaux*.
„ Ces Meſſieurs étoient le Marquis de Bois-
„ Daufin, du nom de Laval; Le Comte
„ d'Olonne, du nom de la Trimouille;
„ L'Abbé de Villarceaux, du nom de Mornai; & le Comte du Brouſſin, du nom de
„ Brulart. *Dict. étymol.*

[*Fragment d'une Lettre de Mr. Des Maizeaux à *** ſur ce ſujet.*

„ Lorſque je priai Mr. de St. Evremond
„ de m'aprendre l'origine du nom de CÔTEAUX, je lui fis voir ce que Ménage a écrit là-deſſus dans ſon Dictionaire étymologique, où il dit, que Mr. de Lavardin Evêque du Mans *ſe plaignant de quelques grands Seigneurs qui diſoient que ſon Vin n'étoit pas bon* &c. Mr. de St.
„ Evremond m'aſſûra que cet Auteur ſe
„ trompoit: car 1. ceux à qui on donna le
„ nom de Côteaux n'étoient pas *de grands Seigneurs*. 2. Ils ne *diſoient* point que *le Vin* de l'Evêque du Mans *n'étoit pas bon*.
„ 3. Ce Prelat ne *ſe plaignoit* point d'eux.
„ 4. Il ne parloit pas *d'un certain Côteau*.
„ L'Abbé *de Villarceaux* n'en étoit pas, lui
„ qui ne s'entendoit nullement en délicateſſe: ni *du Brouſſin*, qui n'eſt venu que
„ dix ans après. Mr. de St. Evremond ajoûta qu'il étoit lui-même à la table de l'Evêque du Mans, lorſque ce Prelat donna,
„ pour ainſi dire, naiſſance au fameux nom
„ de CÔTEAUX. Il m'aprit enſuite la veritable

SATIRE III.

Je riois de le voir, avec sa mine étique,
110 Son rabat jadis blanc, & sa perruque antique,
En lapins de garenne ériger nos clapiers,
Et nos pigeons Cauchois en superbes Ramiers;
Et pour flater notre Hôte, observant son visage,
Composer sur ses yeux son geste & son langage.
115 Quand notre Hôte charmé, m'avisant sur ce point,
Qu'avez-vous donc, dit-il, que vous ne mangez point?
Je vous trouve aujourd'hui l'ame toute inquiette,
Et les morceaux entiers restent sur votre assiette.
Aimez-vous la muscade? On en a mis par tout.
120 Ah! Monsieur, ces poulets sont d'un merveilleux goût.

REMARQUES.

„ ritable origine de ce nom là, que j'ai rap-
„ portée dans la VIE de Mr. de St. Evre-
„ mond.
Voici l'endroit de la *Vie de St. Evremond,*
où Mr. Des Maizeaux parle des *Côteaux.*
„ La bonne chère dont on se piquoit à la
„ Cour, dit-il, se distinguoit moins par la
„ somptuosité & la magnificence, que par la
„ délicatesse & la propreté. Tels étoient les
„ repas du Commandeur de Souvré, du
„ Comte d'Olonne, & de quelques autres
„ Seigneurs qui tenoient table. Il y avoit
„ entr'eux une espèce d'émulation, à qui
„ feroit paroître un goût plus fin, & plus dé-
„ licat. Mr. de Lavardin, Evêque du Mans
„ & Cordon-bleu, s'étoit aussi mis sur les
„ rangs. Un jour que Mr. de St. Evre-
„ mond mangeoit chez lui, cet Evêque se
„ prit à le railler sur sa Délicatesse, & sur
„ celle du Comte d'Olonne, & du Marquis
„ de Bois-Dauphin. *Ces Messieurs,* dit ce
„ Prélat, *outrent tout à force de vouloir raffi-*
„ *ner sur tout. Ils ne sauroient manger que du*
„ *Veau de riviere: il faut que leurs Perdrix*
„ *viennent d'Auvergne: que leurs Lapins*
„ *soient de la Roche-Guyon ou de Versine. Ils*
„ *ne sont pas moins difficiles sur le Fruit: &*
„ *pour le Vin, ils n'en sauroient boire que des*
„ *trois Côteaux, d'Aï, d'Haut-Villiers, &*
„ *d'Avenay.* Mr. de St. Evremond ne man-
„ qua pas de faire part à ses Amis de cette
„ conversation; & ils repeterent si souvent
„ ce qu'il avoit dit des *Côteaux,* & en plai-
„ santerent en tant d'occasions, qu'on les
„ apella LES TROIS CÔTEAUX.

Mr. Des Maizeaux remarque dans le même endroit, que le Pere Bouhours, Mr.
Ménage & Mr. Despréaux se sont trompez
sur l'Origine du nom de *Côteaux;* & il ren-
voye à ce qu'on a dit là-dessus dans les *Nou-*
velles de la Republique des Lettres, Août
1704. pag. 165. & suiv. ADD. *de l'Edit.*
d'Amst.]

On croit que le Vin de Champagne doit sa
première reputation à Messieurs Colbert &
le Tellier, Ministres d'Etat, qui possedoient
de grans Vignobles dans la Province de
Champagne. On fait néanmoins remonter
beaucoup plus loin le tems de la reputation
de ce vin; car on assûre,[*] que le Pape Leon
X. Charles-Quint, François I. & Henri
VIII. Roi d'Angleterre, voulurent toûjours
user du Vin d'Aï, comme le plus excellent,
& le plus épuré de toute senteur de terroir.
Ils avoient tous leur propre Maison dans Aï,
ou proche d'Aï, pour y faire plus curieusement leurs provisions. Voilà sans doute d'illustres Confrères dans *l'Ordre des Côteaux.*

Vers 111. *En lapins de Garenne ériger nos*
clapiers.] On appèle ordinairement *Clapiers,*
les Lapins domestiques; & l'on n'en voit jamais sur les tables bien servies. Dans les Plaideurs de Mr. Racine, Chicaneau dit à son
valet:

Prens moi dans ce Clapier trois Lapins de
Garenne,
Et chez mon Procureur porte-les ce matin.

Vers 112. *Et nos pigeons Cauchois en su-*
perbes

[*] *St. Evremond, Lettre à Mr. le Comte d'Olonne, Tom. 3.*

SATIRE III.

Ces pigeons font dodus, mangez fur ma parole.
J'aime à voir aux lapins cette chair blanche & molle.
Ma foi, tout est passable, il le faut confesser,
Et Mignot aujourd'hui s'est voulu surpasser.
125 Quand on parle de sauce il faut qu'on y raffine.
Pour moi j'aime sur tout que le poivre y domine.
J'en suis fourni, Dieu sait, & j'ai tout Pelletier
Roulé dans mon office en cornets de papier.
A tous ces beaux discours, j'étois comme une pierre,
130 Ou comme la Statuë est au Festin de Pierre;
Et sans dire un seul mot, j'avalois au hazard
Quelque aîle de poulet dont j'arrachois le lard.

REMARQUES.

perbes Ramiers.] *Pigeons Cauchois* sont de gros Pigeons : & ce mot de Cauchois est venu de Normandie, à cause que les Pigeons de Caux sont plus gros que les autres. *Cauchois*, qui est né au Païs de Caux. *Ménage, Dict. Etymol.*
Ramier: Sorte de Pigeon sauvage qui perche sur les branches des arbres : ce que les Pigeons domestiques ne font pas.
Vers 119. *Aimez-vous la muscade ? On en a mis par tout.*] Il demande si l'on aime la Muscade ; & il y en a par tout. Cela renferme un ridicule bien sensible, & assez ordinaire. D'ailleurs, c'étoit un goût hors de mode, & depuis long-tems on ne vouloit plus que la muscade se fit sentir dans les ragoûts.
Vers 122. *J'aime à voir aux lapins cette chair blanche & molle.*] Ce Personnage donne encore ici une preuve de son mauvais goût : car les Lapins, pour être bons, doivent avoir la chair ferme & de couleur un peu bize. Il n'y a que les Clapiers qui aïent la chair blanche & molle.
Vers 126. *J'aime sur tout que le poivre y domine.*] Le Commandeur de Souvré avoit le goût usé par la bonne chère, & aimoit beaucoup le poivre, la muscade & les épices les plus fortes.
Vers 127. *J'ai tout Pelletier &c.*] Cette raillerie est extrêmement fine & délicate, parce qu'elle est indirecte. On a parlé de *Pelletier* dans les Remarques sur le vers 54. du Discours au Roi, & sur le vers 77. de la Satire précédente.
Vers 130. *Ou comme la Statuë est au Festin*

de Pierre.] Le *Festin de Pierre* est une Pièce de Théatre dont le sujet nous a été apporté en France par les Comédiens Italiens, qui l'ont imitée des Espagnols. Tirso de Molina, Auteur Espagnol, est le premier qui l'a traitée. Il l'a intitulée, *El Combidado de piedra*: ce qui a été mal rendu en notre Langue par, *le Festin de Pierre* : car ces paroles signifient précisément , *le convié de pierre*: c'est-à-dire, *la Statuë de marbre ou de pierre, conviée à un repas.* Cependant l'usage a prévalu. Ce qui peut y avoir donné lieu, c'est que la Statuë qui se rend au souper auquel elle a été invitée, est la Statuë d'un Commandeur nommé *Dom Pedro*. De là est venu sans doute le nom du *Festin de Pierre*. Toutes les Troupes de Comédiens ont accommodé cette Pièce à leur Théatre. De Villiers, Comédien, l'a traitée pour le Théatre de l'Hôtel de Bourgogne. Moliere la fit paroître en 1665. sur le Théatre du Palais Roïal, avec beaucoup plus de régularité & d'agrémens. Elle n'avoit encore été jouée à Paris que par les Italiens, dans le tems que Mr. Despréaux composa cette Satire. Dorimond fit ensuite le Festin de Pierre, & le mit en vers. Rosimond en fit encore un autre, qui fut representé sur le Théatre du Marais, en 1670. Enfin, Corneille le Jeune a tourné en vers la Pièce de Moliere, en y faisant quelques legers changemens dans la disposition. Elle commença à paroître au Mois de Janvier, 1677. & c'est cette derniere qu'on joue présentement en France.

SATIRE III.

Cependant mon Hableur, avec une voix haute,
Porte à mes Campagnards la santé de notre Hôte:
135 Qui tous deux pleins de joie, en jettant un grand cri,
Avec un rouge-bord acceptent son defsi.
Un si galant exploit reveillant tout le monde,
On a porté par tout des verres à la ronde,
Où les doigts des Laquais, dans la crasse tracez,
140 Témoignoient par écrit qu'on les avoit rincez.
Quand un des conviez, d'un ton mélancholique,
Lamentant tristement une chanson bachique;
Tous mes Sots à la fois, ravis de l'écouter,
Détonnant de concert, se mettent à chanter.
145 La Musique sans doute étoit rare & charmante:
L'un traîne en longs fredons une voix glapifsante,
Et l'autre l'appuïant de son aigre faufset,
Semble un violon faux qui jure fous l'archet.
Sur ce point un jambon, d'afsez maigre apparence,
150 Arrive fous le nom de jambon de Maïence.
Un Valet le portoit, marchant à pas comptez,
Comme un Recteur fuivi des quatre Facultez:

REMARQUES.

Vers 141. *Quand un des conviez, d'un ton mélancholique*, &c.] Mr. de la C.... Neveu de notre Auteur, avoit la voix afsez belle; mais il chantoit toutes fortes d'airs, même les plus gais, d'un ton si triste & si mélancholique, qu'on eût dit qu'il lamentoit, au lieu de chanter.

Vers 142. —— *Une chanson bachique.*] Bernier le Voïageur appelloit les chansons à boire, des *Chansons bachiques*, felon l'ancien langage. *Avant que j'allafse au Mogol*, difoit-il, *je favois grand nombre de Chansons bachiques*. L'Auteur a emploïé cette exprefsion furannée en parlant d'un Noble Campagnard. Il y a des *Chansons bachiques* dans le Recueil des Airs du Savoïard, fameux Chantre du Pont-neuf.

Vers 150. —— *Sous le nom de jambon de Maïence.*] Les jambons de Maïence font préparés d'une façon particulière. Ils viennent de Weftphalie, & on les appèle jambons de Maïence, parce qu'autrefois il y avoit une foire de ces jambons à Maïence: cette foire fe tient maintenant à Francfort sur le Mein.

IMITATIONS. Vers 151. *Un valet le portoit, marchant à pas comptez*, &c.] Horace s'est aufsi moqué de la gravité avec laquelle un Valet aportoit des bouteilles de vin fur fa tête: difant que ce Valet s'avance à pas plus mefurez qu'une jeune Athénienne qui porte les vases dont on se fert dans les Sacrifices de Cérès.

—— —— —— *Ut Attica Virgo*
Cum facris Cereris, procedit fufcus Hydafpes
Cæcuba vina ferens. L. II. Sat. VIII. 13.

Vers 152. *Comme un Recteur* &c.] L'Auteur tire fa comparaifon des Procefsions de l'Univerfité de Paris, à la tête defquelles marche le Recteur, précedé de fes Bedeaux, & fuivi des quatre Facultez, qui font les Arts, la Medecine, la Jurifprudence, & la Théologie. Le Recteur eft le premier Officier

SATIRE III.

    Deux Marmitons crasseux, revêtus de serviettes,
    Lui servoient de Massiers, & portoient deux assiettes,
155 L'une de champignons, avec des ris de veau,
    Et l'autre de pois verds, qui se noïoient dans l'eau.
    Un spectacle si beau surprenant l'assemblée,
    Chez tous les Conviez la joie est redoublée :
    Et la troupe à l'instant, cessant de fredonner,
160 D'un ton gravement fou s'est mise à raisonner.
    Le vin au plus muet fournissant des paroles,
    Chacun a débité ses maximes frivoles,
    Règlé les intérêts de chaque Potentat,
    Corrigé la Police, & réformé l'Etat;
165 Puis de-là s'embarquant dans la nouvelle guerre,
    A vaincu la Hollande, ou battu l'Angleterre.
    Enfin, laissant en paix tous ces Peuples divers,
    De propos en propos on a parlé de Vers.
    Là, tous mes Sots, enflez d'une nouvelle audace,
170 Ont jugé des Auteurs en maîtres du Parnasse,
    Mais notre Hôte sur tout, pour la justesse & l'art,
    Elevoit jusqu'au ciel Théophile & Ronsard.

REMARQUES.

cier électif de l'Université ; & la Procession du Recteur se fait quatre fois l'année.
Vers 154. *Lui servoient de Massiers.*] Quand le Recteur va en procession, il est toûjours accompagné de deux *Massiers*; c'est-à-dire, deux Bedeaux qui portent devant lui des Masses, ou Bâtons à tête, garnis d'argent, tels qu'on en porte par honneur devant le Roi, & devant Mr. le Chancelier.
IMITATIONS. Vers 161. *Le vin au plus muet fournissant des paroles.*] Horace L. I. Ep. V. 19.
   Fœcundi calices quem non fecere disertum?
Vers 166. *A vaincu la Hollande, ou battu l'Angleterre.*] L'Angleterre & la Hollande étoient alors en guerre. Les Hollandois perdirent en 1665. une grande bataille sur mer contre les Anglois. Le Roi se déclara ensuite contre l'Angleterre, en faveur des Hollandois; & cette guerre fut terminée par le Traité de Breda, au mois de Janvier 1667.
IMITATIONS. Vers 170. *Ont jugé des Auteurs &c.*] Perse, Satire I. 30.
   —— *Ecce inter pocula quærunt*
   Romulidæ saturi quid dia poëmata narrent.
Vers 171. —— *Pour la justesse & l'art, . . . Théophile & Ronsard.*] Le Poëte *Théophile* avoit l'imagination vive & brillante; mais pour la régularité & la justesse, ce n'est pas dans ses vers qu'il la faut chercher. *Ronsard* avoit le génie élevé, & de grands talens pour la Poësie; mais il semble que l'art n'ait servi qu'à corrompre en lui la nature, au lieu de la perfectionner. En effet, ses vers sont pleins de licences outrées ; & l'affectation qu'il eut de les charger d'une érudition satigante & mal ménagée, les a rendu peu intelligibles. C'est ce qui fit bien-tôt déchoir ce Poëte, de la haute réputation qu'il s'étoit acquise dans son siècle : & depuis long-tems on ne lit plus ses Poësies. Voïez la Remarque sur le vers 126. du premier Chant de l'Art Poëtique.

SATIRE III.

Quand un des Campagnards relevant sa moustache,
Et son feutre à grans poils ombragé d'un panache,
175 Impose à tous silence, & d'un ton de Docteur,
Morbleu! dit-il, la Serre est un charmant Auteur!
Ses vers sont d'un beau stile, & sa prose est coulante.
La Pucelle est encore une Oeuvre bien galante,
Et je ne sai pourquoi je bâille en la lisant.
180 Le Païs, sans mentir, est un bouffon plaisant:

REMARQUES.

Vers 173. *Quand un des Campagnards &c.*] Mr. De B***. Gentilhomme de Châlons, Cousin de notre Poëte. Il portoit effectivement une grande moustache, qu'il relevoit ordinairement avant que de parler; & son chapeau semblable à un feutre, étoit un chapeau à grands poils, couvert d'un panache ou gros bouquet de plumes. Il vint à Paris quelque tems après la reception de Gilles Boileau à l'Académie: *Ah, Ah, Cousin,* lui dit-il, *vous êtes donc parmi ces Messieurs de l'Académie Françoise! Combien cela vaut-il de revenu par année?*

Vers 174. *Et son feutre à grans poils;*] Anciennement on disoit, *un chapeau de feautre;* témoin Villon, dans une double Ballade:

*Abusé m'a, & fait entendre
Toûjours de ung, que c'est ung autre:
De farine, que ce fust cendre;
D'ung mortier, ung chapeau de feautre.*

Et dans le *Cymbalum Mundi*, de Bonaventure des Perriers, Dial. 3. *Mais au Diable l'une qui die: Tien, Mercure, voilà pour avoir un feutre de chapeau.* Pag. 106. 107. Ed. d'Amst. 1711.

Vers 176. ⸻ *La Serre est un charmant Auteur!*] Puget de la Serre, miserable Ecrivain, qui a publié quantité d'Ouvrages en prose & en vers. Ils ne laissoient pas d'être débitez à mesure qu'ils paroissoient; mais l'Auteur les aïant fait imprimer en un corps, personne ne voulut plus les acheter. Il convenoit lui-même que ses Ecrits étoient un Galimathias continuel, & il se glorifioit de cela même, disant qu'il avoit trouvé un secret inconnu aux autres Auteurs: *C'est,* disoit-il, *d'avoir sû tirer de l'argent de mes Ouvrages tout mauvais qu'ils sont, tandis que les autres meurent de faim avec de bons Ouvrages.* Un jour il eut la curiosité d'aller entendre les Conférences que *Richesource* faisoit sur l'Eloquence, dans une maison de la Place Dauphine. Après que celui-ci eut débité toutes ses extravagances, La Serre, en manteau long & en rabat, se leva de sa place, & allant embrasser Richesource: *Ah! Monsieur,* lui dit-il, *je vous avoue que depuis vingt ans j'ai bien débité du Galimathias; mais vous venez d'en dire plus en une heure, que je n'en ai écrit en toute ma vie.*

Vers 178. *La Pucelle est encore une Oeuvre bien galante.*] La Pucelle, ou la France délivrée, Poëme héroïque de Jean Chapelain de l'Académie Françoise. Il demeura trente ans à composer ou à promettre cet Ouvrage, qui parut enfin en 1655. Toute la France l'attendoit avec beaucoup d'impatience, sur la réputation que Chapelain s'étoit faite par son Ode au Cardinal de Richelieu; mais l'impression en fut l'écueil. Il seroit difficile de trouver rien de plus ennuïeux que la lecture de *la Pucelle,* dont les vers sont extrèmement durs, forcez, & pleins de transpositions monstrueuses.

Vers 179. *Je ne sai pourquoi je bâille en la lisant.*] Un jour Chapelain lisoit son Poëme chez Mr. le Prince. On y applaudissoit, & chacun s'efforçoit de le trouver beau. Mais Madame de Longueville, à qui un des Admirateurs demanda si elle n'étoit pas touchée de la beauté de cet Ouvrage, répondit: *Oui, cela est parfaitement beau, mais il est bien ennuyeux.* Cette pensée est l'original de celle de Mr. Despréaux.

Vers 180. *Le Païs, sans mentir, est un bouffon plaisant:*] René Le Païs, étoit de la ville de Nantes en Bretagne. Il s'apliqua aux affaires qui regardent les droits du Roi, & comme il les entendoit fort bien, on lui donna la Direction générale des Gabelles de Dauphiné & de Provence. Il avoit l'esprit aisé, vif & agréable, & il composoit en vers & en prose, avec facilité. En 1664. il publia

SATIRE III.

Mais je ne trouve rien de beau dans ce Voiture.
Ma foi, le jugement sert bien dans la lecture.
A mon gré, le Corneille est joli quelquefois.
En verité pour moi, j'aime le beau François.
185 Je ne sai pas pourquoi l'on vante l'Aléxandre.
Ce n'est qu'un glorieux, qui ne dit rien de tendre.
Les Heros chez Quinaut parlent bien autrement,
Et jusqu'à *Je vous hais*, tout s'y dit tendrement.

REMARQUES.

des Lettres & des Poësies, sous le titre d'*Amitiez*, *Amours*, *& Amourettes*. Les Railleurs l'appelèrent *le Singe de Voiture*; parce que *Le Païs* se flatoit d'imiter l'enjouëment & la délicatesse de cet Auteur. C'est ce que Mr. Despréaux insinuë en cet endroit, par la contre-verité qu'il met dans la bouche de son Campagnard, qui préfere *Le Païs* à *Voiture*. Le Païs prit cette raillerie en galant homme; & il écrivit de Grenoble, où il étoit alors, une Lettre badine sur ce sujet à un de ses amis qui étoit à Paris. On la peut voir dans ses *nouvelles Oeuvres*, qui sont la suite du premier volume. Il fit plus: étant lui-même à Paris, il alla voir Mr. Despréaux, & soutint toûjours son caractère enjoué. Mr. Despréaux fut d'abord embarassé de la visite d'un homme qu'il avoit mis en droit de se plaindre; mais il dit pour toute excuse à Mr. Le Païs, qu'il ne l'avoit nommé dans la Satire, que parce qu'il avoit vû des gens qui le préferoient à Voiture. Mr. Le Païs passa facilement condamnation sur cette préference, & ils se séparèrent bons amis. Notre Auteur estimoit plus la Prose de *Le Païs* que ses vers. René Le Païs, Sieur du Plessis-Villeneuve, mourut à Paris dans la Ruë du Bouloi, le dernier jour d'Avril 1690., & fut enterré à St. Eustache, où le célèbre Vincent Voiture avoit été aussi enterré.

Vers 181. *Mais je ne trouve rien de beau dans ce Voiture.*] Mr. de La Fontaine avoit mené Mrs. Despréaux & Racine à Châteauthierri, qui étoit le lieu de sa naissance. Un des principaux Officiers de cette Ville invita un jour à diner Mr. Despréaux tout seul, & laissa ses deux Amis qui étoient occupez ailleurs. Pendant le repas, la conversation roula particulierement sur les belles Lettres. L'Officier de Robe jugea de tout en maître: Il dit qu'il n'aimoit point *ce Voiture*; qu'à la verité, *le Corneille* lui faisoit plaisir quelquefois, mais que sur tout il étoit passionné pour le beau langage. Et puis il disoit, en s'aplaudissant de son bon goût: *Avouez, Monsieur, que le jugement sert bien dans la lecture*. Regnier a fait dire quelque chose de semblable à un Pédant qu'il introduit dans sa dixième Satire:

*Que Pline est inégal, Térence un peu joli;
Mais sur tout il estime un langage poli.*

Vers 183. ———— *Le Corneille est joli quelquefois.*] L'épithete de *joli* convient aussi peu au grand Corneille, qu'elle convenoit à Mr. de Turenne, quand un jeune Homme de la Cour s'avisa de dire, que Mr. de Turenne étoit un *joli* Homme. C'est en ce sens que l'on dit de ce qui a un caractère de grandeur: *Cela passe le joli*. Mais notre Auteur fait parler ainsi un Campagnard, pour le rendre ridicule.

Vers 185. *Je ne sai pas pourquoi l'on vante l'Aléxandre.*] Aléxandre le Grand, Tragédie de Mr. Racine, qui la donna au public en 1665. Quand il l'eut faite, l'Abbé de Bernay, chez qui il demeuroit, souhaita qu'elle fut représentée par les Comédiens de l'Hôtel de Bourgogne, & Mr. Racine vouloit que ce fût par la Troupe de Moliere. Comme ils étoient en grande contestation là-dessus, Mr. Despréaux intervint, & décida par une plaisanterie, disant, qu'il n'y avoit plus de bons *Acteurs* à l'Hôtel de Bourgogne: qu'à la verité il y avoit encore le plus habile *Moucheur de chandelles* qui fût au monde, *& que cela pourroit bien contribuer au succès d'une Pièce*. Cette plaisanterie seule fit revenir l'Abbé de Bernay, qui étoit d'ailleurs très-obstiné; & la Pièce fut donnée à la Troupe de Moliere.

Vers 188. *Et jusqu'à* Je vous hais, *tout s'y dit tendrement.*] Dans les Tragédies de Quinaut, tous les sentimens sont tournez à la tendresse, jusques dans les endroits où l'on ne devroit exprimer que de la haine ou de la douleur;

SATIRE III.

On dit qu'on l'a drapé dans certaine Satire,
190 Qu'un jeune Homme... Ah! je sai ce que vous voulez dire,
A répondu notre Hôte. *Un Auteur sans défaut,*
La Raison dit Virgile, & la Rime Quinaut.
Justement. A mon gré, la pièce est assez plate.
Et puis blâmer Quinaut.... Avez-vous vû l'Astrate?
195 C'est-là ce qu'on appèle un ouvrage achevé.
Sur tout l'*Anneau Roïal* me semble bien trouvé.
Son sujet est conduit d'une belle manière,
Et chaque Acte en sa Pièce est une Pièce entière:
Je ne puis plus souffrir ce que les autres font.
200 Il est vrai que Quinaut est un Esprit profond,
A repris certain Fat, qu'à sa mine discrete
Et son maintien jaloux j'ai reconnu Poëte:
Mais il en est pourtant qui le pourroient valoir.
Ma foi, ce n'est pas vous qui nous le ferez voir,
205 A dit mon Campagnard avec une voix claire,
Et déja tout bouillant de vin & de colère.
Peut-être, a dit l'Auteur pâlissant de courroux:
Mais vous, pour en parler, vous y connoissez-vous?

REMARQUES.

leur: C'est pourquoi on l'avoit surnommé, *le doucereux Quinaut.* Mr. Despréaux avoit vû joüer *Stratonice,* Tragédie de ce Poëte, où Floridor faisoit le rôle d'Antiochus, qui est l'Amant; & la Barone faisoit celui de Stratonice, qui est la Maîtresse. Antiochus disoit bien tendrement à Stratonice: *Vous me haïssez donc?* A quoi Stratonice répondoit aussi d'un air fort passionné: *J'y mets toute ma gloire.* Enfin, après avoir tourné en plusieurs façons les mots de *haine* & de *haïr,* la Scène finissoit par ces deux vers:

Adieu, croiez toûjours que ma haine est extrème,
Prince, & si je vous hais, haïssez-moi de même.

C'est particulièrement cet endroit que Mr. Despréaux a eu en vuë. *Act. II. Scène 6. & 7.*

Vers 189. *On dit qu'on l'a drapé dans certaine Satire.*] Dans la Satire précedente, adressée à Moliere; & c'est cette raison qui a déterminé l'Auteur à placer ces deux Satires dans son Livre, immédiatement l'une après l'autre, quoiqu'elles n'aïent pas été composées dans le même ordre. Après la seconde Satire, l'Auteur avoit fait la quatrième, & le Discours au Roi, avant la Satire troisième.

Vers 193. *Justement. A mon gré.*] C'est le Noble Campagnard qui reprend ici le discours.

Vers 194. ——— *Avez-vous vû l'Astrate?*

Vers 196. *Sur tout l'Anneau Roïal &c.*] Astrate, Roi de Tyr, Tragédie de Quinaut, fut représentée au commencement de l'année 1665. L'Auteur du Journal des Savans, faisant l'éloge de l'*Astrate**, dit que cette Pièce a de la tendresse par tout, & de cette tendresse délicate qui est toute particulière à Mr. Quinaut. L'*Anneau Roïal* fait le sujet de la Scène 3. & 4. de l'Acte troisième. *Elise,* héritière du Roïaume de Tyr, donne à *Agénor* son parent, un Anneau qui étoit la marque

* *Journal du 23. de Mars 1665.*

SATIRE III.

<pre>
      Mieux que vous mille fois, dit le Noble en furie.
210   Vous? Mon Dieu, mêlez-vous de boire, je vous prie,
      A l'Auteur fur le champ aigrement reparti.
      Je fuis donc un Sot? Moi? vous en avez menti:
      Reprend le Campagnard, & fans plus de langage,
      Lui jette, pour defli, fon affiette au vifage.
215   L'autre efquive le coup, & l'affiette volant
      S'en va frapper le mur, & revient en roulant.
      A cet affront, l'Auteur fe levant de la table,
      Lance à mon Campagnard un regard effroïable:
      Et chacun vainement fe ruant entre-deux,
220   Nos Braves s'accrochant fe prennent aux cheveux,
      Auffi-tôt fous leurs piez les tables renverfées
      Font voir un long débris de bouteilles caffées:
      En vain à lever tout les Valets font fort promts,
      Et les ruiffeaux de vin coulent aux environs.
225   Enfin, pour arrêter cette lutte barbare;
      De nouveau l'on s'efforce, on crie, on les fépare;
      Et leur premiere ardeur paffant en un moment,
      On a parlé de paix & d'accommodement.
</pre>

REMARQUES.

que de la dignité Roïale; pour le remettre à *Aftrate*, qui eft aimé de la Reine, & qu'elle veut faire Roi en l'époufant. Mais Agénor, qui avoit été nommé par le pere de la Reine pour être fon époux, ne veut point fe deffaifir de *l'Anneau Roial* : & comme il veut fe fervir de l'autorité fouveraine que lui donne ce précieux Anneau, pour faire arrêter fon Rival, il eft lui-même mis en prifon par ordre de la Reine.

Vers 198. *Et chaque Acte en fa Pièce eft une Pièce entiere.*] Une des premières règles du Théâtre, eft qu'il ne faut qu'une Action pour le fujet d'une Pièce Dramatique; & cette Action doit être non-feulement complette, mais continuée jufqu'à la fin, fans aucune interruption. Or, notre Auteur prétend que dans *l'Aftrate*, l'Action théatrale eft interrompuë à la fin de chaque Acte: ce qui fait autant d'Actions, qu'il y a d'Actes dans la Pièce. Cette critique eft très-fine. „ J'ai relû l'Aftrate, m'a dit Mr. Defpréaux.

„ J'ai été étonné que je n'en aie pas dit davantage dans ma Satire; car il n'y a rien „ de plus ridicule, & il femble que tout y „ ait été fait exprès en dépit du bon fens. A „ la fin, on dit à Aftrate, que fa Maîtreffe „ eft empoifonnée: cela fe dit devant elle, „ & il répond pour toute chofe, *Madame*. „ Cela n'eft-il pas bien touchant? Nous difions autrefois, qu'il valoit bien mieux mettre, *Tredame*.

Vers 201. *A repris certain Fat.*] Cet endroit ne défigne perfonne en particulier.

Vers 216. *S'en va fraper le mur, & revient en roulant.*] L'Auteur a cherché à imiter, par le fon des mots, le bruit que fait une affiette en roulant. Il y a d'ailleurs beaucoup de grace dans cette imitation de la Poëfie héroïque, abaiffée à un fujet plaifant. La beauté de la Poëfie confifte principalement dans les images, & dans les peintures fenfibles: & c'eft en quoi Homère a furpaffé tous les autres Poëtes.

SATIRE III.

Mais, tandis qu'à l'envi tout le monde y conspire,
230 J'ai gagné doucement la porte sans rien dire,
Avec un bon serment, que si pour l'avenir,
En pareille cohue on me peut retenir,
Je consens de bon cœur, pour punir ma folie,
Que tous les vins pour moi deviennent vins de Brie,
235 Qu'à Paris le gibier manque tous les hivers,
Et qu'à peine au mois d'Août l'on mange des pois verts.

REMARQUES.

CHANGEMENT. Vers 233. *Je consens de bon cœur.*] Il y avoit, *d'un bon cœur*, dans les éditions de 1674. & de 1675. mais c'étoit une faute. L'Auteur a toûjours mis, *de bon cœur*, dans les autres éditions.

Vers 234. *Deviennent vins de Brie.*] Les vins de la Province de Brie sont si mauvais qu'ils ont passé en proverbe: Aussi a-t-on dit en chanson:

Mais tout vin est vin de Brie,
Quand on boit avec un Fat.

SATIRE IV.

A M. L'ABBÉ LE VAYER.

D'Où vient, cher le Vayer, que l'Homme le moins sage
Croit toûjours seul avoir la Sagesse en partage:
Et qu'il n'est point de Fou, qui par belles raisons
Ne loge son voisin aux Petites-Maisons?
5   Un Pédant enivré de sa vaine science,
Tout hérissé de Grec, tout bouffi d'arrogance,
Et qui de mille Auteurs retenus mot pour mot,
Dans sa tête entassez, n'a souvent fait qu'un Sot,
Croit qu'un Livre fait tout, & que sans Aristote
10 La Raison ne voit goute, & le Bon Sens radote.

REMARQUES.

LA Satire IV. a été faite en l'année 1664. immédiatement après la seconde Satire, & avant le Discours au Roi.

Mr. l'Abbé le Vayer, à qui elle est adressée, étoit fils unique de Mr. de la Mothe le Vayer, Conseiller d'Etat, Précepteur de Monsieur Philippe de France, Frere unique du Roi. En 1656. l'Abbé le Vayer publia une Traduction Françoise de Florus, qu'il dit avoir été faite par ce jeune Prince, & il accompagna cette Version d'un Commentaire savant & curieux. On croit qu'il a aussi composé le Roman de Tarsis & Zelie qui est fort bien écrit.

Cet Abbé avoit un attachement singulier pour Moliere, dont il étoit le Partisan & l'admirateur. Il mourut âgé d'environ 35. ans, au mois de Septembre 1664. peu de tems après que cette Satire eut été composée. Mr. Despréaux en conçut l'idée dans une conversation qu'il eut avec l'Abbé le Vayer & Moliere, dans laquelle on prouva par divers exemples que *tous les hommes sont fous, & que chacun croit néanmoins être sage tout seul.* Cette proposition fait le sujet de cette Satire. Moliere avoit résolu de faire une Comédie sur le même sujet. Il trouvoit que Desmarais n'avoit pas bien rempli ce dessein dans la Comédie des Visionnaires.

Vers 4. ――― *Aux Petites-Maisons.*] Hôpital de Paris, où l'on enferme les Fous dans de petites chambres. Autrefois on l'appeloit l'Hôpital de Saint Germain des Prés, parce qu'il dépendoit de l'Abbaïe de St. Germain; & c'étoit une *Maladerte* destinée à retirer les Ladres qui y alloient coucher. Mais en 1544. cet Hôpital n'aïant point de revenus, la Cour de Parlement le fit démolir, & le Cardinal de Tournon, Abbé de Saint Germain, en vendit la place en 1557. aux Echevins de Paris, qui y firent bâtir l'Hôpital des Petites-Maisons.

Vers 5. *Un Pédant enivré.*] L'Auteur fait ici les caractères d'un Pédant, d'un Galant, d'un faux Dévot, & d'un Libertin. Ce sont des caractères generaux qui n'ont point d'objet particulier. Pradon a voulu insinuer que le portrait du Pédant étoit fait sur Mr. Charpentier de l'Académie Françoise; mais sa conjecture étoit sans fondement. *Pradon, Préf. des nouvelles Rem. sur les Ouvrages de Mr. Despréaux.*

Vers 10. *La Raison ne voit goute.*] L'Auteur auroit pû mettre. *La Raison est aveugle*; & ce changement ne lui déplaisoit pas.

D'autre part un Galant, de qui tout le métier
Est de courir le jour de quartier en quartier,
Et d'aller, à l'abri d'une perruque blonde,
De ses froides douceurs fatiguer tout le monde,
15 Condamne la Science, & blâmant tout Ecrit,
Croit qu'en lui l'Ignorance est un titre d'esprit :
Que c'est des gens de Cour le plus beau privilège,
Et renvoie un Savant dans le fond d'un Collège.

Un Bigot orgueilleux, qui dans sa vanité
20 Croit duper jusqu'à Dieu par son zèle affecté,
Couvrant tous ses défauts d'une sainte apparence,
Damne tous les Humains, de sa pleine puissance.

Un Libertin d'ailleurs, qui sans ame & sans foi,
Se fait de son plaisir une suprême loi,
25 Tient que ces vieux propos, de Démons & de flammes,
Sont bons pour étonner des enfans & des femmes;
Que c'est s'embarrasser de soucis superflus,
Et qu'enfin tout Dévot a le cerveau perclus.

En un mot, qui voudroit épuiser ces matières,
30 Peignant de tant d'esprits les diverses manières,
Il compteroit plûtôt, combien, dans un Printems,
Guenaud & l'antimoine ont fait mourir de gens,
Et combien la Neveu, devant son mariage,

REMARQUES.

Vers 22. *Damne tous les Humains, de sa pleine puissance.*] Moliere a imité cette pensée, dans son *Festin de Pierre*, Acte V. Scène 2. où il fait dire à Don-Juan : *Je saurai déchaîner contre mes ennemis, des zèlez indiscrets, qui sans connoissance de cause crieront contre eux, qui les accableront d'injures, & les damneront hautement de leur autorité privée.* Moliere composa le Festin de Pierre à la fin de 1664. peu de tems après que cette Satire eut été faite.

IMITATIONS. Vers 31. *Il compteroit plûtôt*, &c.] Ces deux vers sont imités de Juvénal, Satire X. vers 220.

Promtius expediam, quot amaverit Hippia mœchos,

Quot Themison ægros autumno occiderit uno.

Vers 32. *Guenaud & l'antimoine.*] Dans le tems que cette Satire fut composée, la dispute des Medecins au sujet de l'antimoine étoit dans sa plus vive chaleur. Guenaud, Medecin de la Reine, étoit à la tête de ceux qui en approuvoient l'usage : & le célèbre Gui Patin étoit un des plus grans ennemis de ce minéral. Voyez le 23. *Journal des Savans* 1666.

Guenaud mourut le 16. de Mai 1667. Pendant sa vie on déguisa son nom dans les premières éditions, sous celui de Desnaud, Apoticaire.

Vers 33. *Et combien la Neveu devant son mariage.*] La Neveu fameuse Courtisane, extrê-

A de fois au public vendu son P***.
35 Mais, sans errer en vain dans ces vagues propos,
Et pour rimer ici ma pensée en deux mots;
N'en déplaise à ces Fous nommez Sages de Grece;
En ce monde il n'est point de parfaite Sagesse:
Tous les hommes sont fous, & malgré tous leurs soins,
40 Ne different entre eux que du plus ou du moins.
Comme on voit qu'en un bois, que cent routes séparent,
Les voïageurs sans guide assez souvent s'égarent,
L'un à droit, l'autre à gauche, & courant vainement,
La même erreur les fait errer diversement:
45 Chacun suit dans le monde une route incertaine,
Selon que son erreur le joue & le promène;
Et tel y fait l'habile & nous traite de fous,
Qui sous le nom de sage est le plus fou de tous.
Mais quoi que sur ce point la Satire publie,
50 Chacun veut en sagesse ériger sa folie,
Et se laissant regler à son esprit tortu,
De ses propres défauts se fait une vertu.
Ainsi, cela soit dit pour qui veut se connoître,
Le plus sage est celui qui ne pense point l'être;
55 Qui toûjours pour un autre enclin vers la douceur,
Se regarde soi-même en sévere Censeur,

REMARQUES.

trémement décriée par les débauches éclatantes & scandaleuses que quelques-uns des principaux Seigneurs de la Cour faisoient chez elle. Elle étoit morte avant la composition de cette Satire.

Devant son mariage.] *Devant* & *Avant*, sont deux Prépositions que l'on emploïoit autrefois indifferemment: mais l'usage en a déterminé plus particuliérement le sens: *Devant*, sert à marquer le lieu: & *Avant*, désigne le tems. Ainsi il auroit été plus regulier de mettre ici: *Avant son mariage*; & l'Auteur l'auroit fait, si le mot précedent n'avoit pas fini par une voïelle. Il pouvoit aisément mettre quelque autre nom, que celui de la Neveu, sans rompre la mesure du Vers: & ce n'est pas la disette des noms qui l'a empêché de faire ce changement.

CHANGEMENT. Vers 41. *Comme on voit qu'en un bois* &c.] Première maniére, avant l'impression;

Comme lors qu'en un bois tout rempli de traverses,
Souvent chacun s'égare en ses routes diverses, &c.

IMITATIONS. Ibid. *Comme on voit qu'en un bois* &c.] Horace, L. II. Sat. III. v. 48.

———— *Velut Sylvis, ubi passim*
Palantes error certo de tramite pellit.
Ille sinistrorsum, hic dextrorsum abit: unus utrique
Error, sed variis illudit partibus.

SATIRE IV.

Rend à tous ses défauts une exacte justice,
Et fait, sans se flatter, le procès à son vice.
Mais chacun pour soi-même est toûjours indulgent.
60 Un Avare idolâtre, & fou de son argent,
Rencontrant la disette au sein de l'Abondance,
Appèle sa folie une rare prudence,
Et met toute sa gloire, & son souverain bien,
A grossir un trésor qui ne lui sert de rien.
65 Plus il le voit accrû, moins il en sait l'usage.
Sans mentir, l'Avarice est une étrange rage,
Dira cet autre Fou, non moins privé de sens,
Qui jette, furieux, son bien à tous venans,
Et dont l'ame inquiette, à soi-même importune,
70 Se fait un embarras de sa bonne fortune.
Qui des deux en effet est le plus aveuglé?
L'un & l'autre à mon sens ont le cerveau troublé,
Répondra chez Fredoc, ce Marquis sage & prude,

REMARQUES.

IMITATIONS. Vers 60. *Un Avare idolâtre.*] Les six vers qui expriment ici le caractère de l'Avare, sont imités d'Horace, Lib. II. Sat. III. 108.

——— ——— *qui discrepat istis,*
Qui nummos aurumque recondit, nescius uti
Compositis; metuensque velut contingere Sa-
crum:

Nimirum insanus paucis videatur.

CHANGEMENT. Vers 61. *Rencontrant la disette au sein de l'Abondance.*] Dans les premières éditions il y avoit ainsi:

Au milieu de ses biens rencontrant l'indigence.

Vers 64. *A grossir un trésor qui ne lui sert de rien.*] Après ce vers il y en avoit treize autres que l'Auteur a retranchez dans les dernières éditions.

Dites-moi, pauvre esprit, ame basse & vénale,
Ne vous souvient-il point du tourment de Tantale,
Qui dans le triste état où le Ciel l'a réduit,
Meurt de soif au milieu d'un fleuve qui le fuit?
Vous riez: savez-vous que c'est votre peinture,
Et que c'est vous par là que la fable figure?
Chargé d'or & d'argent, loin de vous en servir,
Vous brûlez d'une soif qu'on ne peut assouvir.
Vous nagez dans les biens, mais votre ame alterée
Se fait de sa richesse une chose sacrée;
Et tous ces vains trésors que vous allez cacher,
Sont pour vous un dépôt que vous n'osez toucher.
Quoi donc? de votre argent ignorez-vous l'usage?

Ces vers sont la traduction de ceux-ci d'Horace, Liv. I. Sat. I. 68. & suiv.

Tantalus à labris sitiens fugientia captat
Flumina. Quid rides? mutato nomine, de te
Fabula narratur. Congestis undique saccis
Indormis inhians, & tanquam parcere sacris
Cogeris, aut pictis tanquam gaudere tabellis.
Nescis quid valeat nummus, quem præbeat usum?

L'Au-

SATIRE IV.

Et qui sans cesse au jeu, dont il fait son étude,
75 Attendant son destin, d'un quatorze ou d'un sept,
Voit sa vie ou sa mort sortir de son cornet.
Que si d'un sort fâcheux la maligne inconstance
Vient par un coup fatal faire tourner la chance :
Vous le verrez bien-tôt, les cheveux herissez,
80 Et les yeux vers le Ciel de fureur élancez,
Ainsi qu'un Possedé que le Prêtre exorcise,
Fêter dans ses sermens tous les Saints de l'Eglise.
Qu'on le lie ; ou je crains, à son air furieux,
Que ce nouveau Titan n'escalade les Cieux.
85 Mais laissons-le plûtôt en proie à son caprice.
Sa folie, aussi bien, lui tient lui de supplice.
Il est d'autres erreurs, dont l'aimable poison
D'un charme bien plus doux enivre la Raison :
L'esprit dans ce nectar heureusement s'oublie.
90 Chapelain veut rimer, & c'est là sa folie.

REMARQUES.

L'Auteur ne trouva pas que sa traduction fût assez serrée, ni qu'elle fut digne de son Original.

Vers 67. *Dira cet autre Fou.*] L'Abbé de B.... H.... Conseiller Clerc au Parlement : Il avoit eu quarante mille livres de rente, tant en Bénéfices, qu'en biens de Patrimoine. Mais il dissipa tout son patrimoine, & fut réduit au revenu de ses Bénéfices, qui étoit encore très-considerable. Il avoit une table somptueuse, où il recevoit toutes sortes de gens, & on y faisoit une dissipation outrée. C'est ce que signifie ce vers :

Qui jette, furieux, son bien à tous venans.

Il avoit l'esprit inquiet, chagrin, inégal, ne pouvant quelquefois se souffrir lui-même : jusque-là qu'on l'a vû souvent souhaiter, en se couchant, d'être trouvé mort le lendemain dans son lit. *Et dont l'ame inquiete à foi-même importune.*

Il étoit aussi embarrassé de ses richesses, disant qu'il étoit mal-heureux d'avoir tant de bien : & qu'il auroit vêcu beaucoup plus content si sa fortune avoit été bornée à un revenu mediocre : *Se fait un embarras de sa bonne fortune.*

CHANGEMENT. Ibid. ――― *Non moins privé de sens*, &c.] Dans les premières éditions il y avoit,

*Qui prodigue du sien
A trois fois en dix ans devoré tout son bien.*

Vers 73. *Répondra chez Fredoc.*] Fredoc tenoit une Académie de jeu très-fréquentée en ce tems-là. Il logeoit dans la place du Palais Roïal. Il en est fait mention dans la Fille Capitaine de Montfleuri. Acte I.

Ibid. ――― *Ce Marquis sage & prude.*] Il y avoit *ce Greffier sage & prude* ; & c'étoit Jérôme Boileau, Greffier au Parlement, frere aîné de notre Auteur. Il étoit fort emporté dans le jeu, mais par tout ailleurs c'étoit un homme très-affable.

Vers 90. *Chapelain veut rimer.*] Jean Chapelain de l'Académie Françoise. Cet Auteur, avant que son Poëme de la Pucelle fût imprimé, passoit pour le premier Poëte du Siècle. L'impression gâta tout. Il mourut en 1674. Il y avoit *Ariste*, au lieu de *Chapelain*, dans les éditions faites pendant sa vie.

Vers

Mais bien que ſes durs vers, d'épithètes enflez,
Soient des moindres Grimauds chez Ménage ſiflez:
Lui-même il s'applaudit, & d'un eſprit tranquile,
Prend le pas au Parnaſſe au deſſus de Virgile.
95 Que feroit-il, helas! ſi quelque Audacieux
Alloit pour ſon malheur lui deſſiller les yeux,
Lui faiſant voir ſes vers, & ſans force & ſans graces,
Montez ſur deux grans mots, comme ſur deux échaſſes;
Ses termes ſans raiſon l'un de l'autre écartez,
100 Et ſes froids ornemens à la ligne plantez?

REMARQUES.

Vers 91. *Mais bien que ſes durs vers.*] Notre Auteur donne l'exemple avec le précepte: car il a affecté d'exprimer dans cet hémiſtiche qui eſt fort rude, la dureté qu'on trouve dans les vers de Chapelain. Cette dureté de vers étoit pour Mr. Deſpréaux un fond inépuiſable de plaiſanteries. Il fit les vers ſuivans à l'imitation de Chapelain:

Droits & roides rochers, dont peu tendre eſt la Cime,
De mon flamboyant Cœur l'âpre état vous ſavez.
Savez auſſi, durs bois, par les hivers lavez,
Qu'holocauſte eſt mon Cœur pour un front magnanime.

Ils ſont extraits de divers endroits du Poëme de la Pucelle.

Notre Auteur, pour faire mieux ſentir la dureté de ces vers, les chantoit ſur l'air d'une chanſon fort tendre, du Ballet de la naiſſance de Venus:

Rochers, vous êtes ſourds, vous n'avez rien de tendre, &c.

Mr. de Puimorin, frere de Mr. Deſpréaux, ſe moquoit auſſi du Poëme de la Pucelle. Chapelain ne pouvant ſouffrir les railleries qu'il en faiſoit; *C'eſt bien à vous à en juger*, lui dit-il en colère, *vous, qui n'êtes qu'un ignorant & qui ne ſavez pas même lire.* Mr. de Puimorin répondit; qu'il n'avoit que trop ſû lire, depuis que Chapelain s'étoit aviſé de faire imprimer. Sa repartie aïant été trouvée plaiſante & vive, il eût envie de la tourner en Epigramme, & fit ainſi les deux derniers vers:

Helas! pour mes péchez, je n'ai ſû que trop lire,
Depuis que tu fais imprimer.

Mais comme Mr. de Puimorin n'étoit pas Poëte, il ne put jamais faire le commencement de l'Epigramme. Quelque tems après il ſe trouva avec Mr. Deſpréaux, Mr. Racine, & Moliere, qui tous enſemble firent les deux ſuivans.

Froid, ſec, dur, rude Auteur, digne objet de Satire,
De ne ſavoir pas lire oſes-tu me blâmer?
Helas! pour mes péchez, &c.

Mr. Racine vouloit que l'on mît au ſecond vers: *De mon peu de lecture* & non pas, *De ne ſavoir pas lire*; parce que ce dernier mot fait une rime vicieuſe dans l'hémiſtiche, avec la fin du vers précedent: mais Moliere voulut qu'on laiſſât: *De ne ſavoir pas lire*; preferant la juſteſſe de l'expreſſion, à la régularité ſcrupuleuſe du vers. Il dit alors fort judicieuſement, qu'il faloit quelquefois s'affranchir de la contrainte des règles, quand elles nous reſſerroient trop; *La Raiſon & l'Art même*, ajoute-t-il, *demandent & autoriſent ces ſortes de libertés.* C'eſt un précepte que Mr. Deſpréaux a inſeré dans ſon Art Poëtique, Chant 4.

Ibid. ——— *D'épithètes enflez.*] Dans tout le long Poëme de la Pucelle il n'y a preſque aucun vers dans lequel on ne trouve deux ou trois épithètes, qui, le plus ſouvent, ne ſont employées que pour remplir la meſure du vers.

Vers 92. *Soient des moindres Grimauds chez Ménage ſiflez.*] Tous les Mécredis, l'Abbé Ménage tenoit chez lui une aſſemblée, où alloient beaucoup de petits eſprits. Il appeloit ces aſſemblées, *Mercuriales*; mais il ne trouva pas bon que notre Auteur les eût ainſi décriées: „Il eſt très-faux (dit-il dans ſon Dic-

SATIRE IV.

Qu'il maudiroit le jour, où son ame insensée
Perdit l'heureuse erreur qui charmoit sa pensée!
    Jadis certain Bigot, d'ailleurs homme sensé,
D'un mal assez bizarre eut le cerveau blessé:
105 S'imaginant sans cesse, en sa douce manie,
Des Esprits bien-heureux entendre l'harmonie.
Enfin un Médecin, fort expert en son Art,
Le guérit par adresse, ou plûtôt par hazard.
Mais voulant de ses soins éxiger le salaire,
110 Moi? vous païer? lui dit le Bigot en colère,

REMARQUES.

„ Dictionaire Etymologique, au mot *Gri-*
„ *maud*) que les assemblées, qui se font
„ chez moi, soient remplies de Grimauds.
„ Elles sont remplies de gens de grand meri-
„ te dans les Lettres, de personnes de naiss-
„ sance, & de personnes constituées en
„ dignité; & ces vers n'ont pas dû être écrits
„ par Mr. Despréaux.
  Vers 94. *Prend le pas au Parnasse au dessus
de Virgile.*] Ceux qui vouloient flater Chapelain, avoient l'impudence de lui dire, que son Poëme étoit au dessus de l'Eneïde: & Chapelain ne s'en défendoit que très-foiblement.
  Vers 98. *Montez sur deux grans mots, comme sur deux échasses.*] Dans le Poëme de Chapelain on trouve plusieurs vers composez de deux grands mots, dont chacun remplit la moitié du vers. Notre Auteur pour se moquer de ces mots gigantesques, citoit ordinairement ce vers de Chapelain:
  De ce sourcilleux Roc l'inébranlable cime.
Et il disposoit ce vers, comme il est ici à côté. Dans cette disposition il semble que le mot de *Roc* soit monté sur deux échasses, qui sont, *sourcilleux*, & *inébranlable*.
Il y a dans ce Poëme plusieurs autres vers pareils.
  D'insuportables maux *une suite enchaînée.*
Liv. I.
  Des sourcilleuses tours *sapper le fondement.*
Liv. II. &c.
  Vers 99. *Ses termes sans raison l'un de l'autre écartez.*] Les transpositions de mots.
  Vers 100. *Et ses froids ornemens à la ligne*

plantez.] Ce sont les Comparaisons fréquentes que Chapelain a employées, & qui ne manquent jamais de venir régulièrement après un certain nombre de vers. Elles commencent par ces mots: *Ainsi*, *quand*; &c. *Ainsi*, *lorsque* &c. & elles sont toûjours enfermées en quatre ou huit vers.
  Le Poëte Lucile allégué par Ciceron, *l. 3. de Orat.* compare ces ornemens affectez, à un Echiquier, & à des Pavez en compartiment:
  Quàm lepide lexeis composta, ut tesserulæ omnes,
  Arte pavimento, atque emblemate vermiculato!
  IMITATIONS. Vers 103. *Jadis certain Bigot.*] Horace décrit la folie d'un Citoïen d'Argos, lequel étant seul assis sur le théatre, où il ne paroissoit. ni Acteurs ni Spectateurs, s'imaginoit entendre les plus belles Tragédies du monde.
  ——— *Fuit haud ignobilis Argis,*
  Qui se credebat miros audire Tragœdos.
  In vacuo lætus sessor plausorque theatro. &c.
Horat. L. II. Ep. II. 129. & seqq.
  Aristote raconte la même chose d'un homme d'Abyde *l. 6. de reb. mir.* Elien, dans ses Histoires diverses, rapporte un genre de folie presque semblable. Un Athénien, nommé Thrasylle, s'en alloit au port de Pirée, où s'imaginant que tous les Vaisseaux qui étoient dans ce port lui appartenoient; il en tenoit un compte exact; il donnoit ses ordres pour leur départ, & se réjouïssoit de leur retour, comme si effectivement ces vaisseaux eussent été à lui. *Ælian. l. 4 ch. 25.*
  Galien dit qu'un Médecin, nommé Théophile, étant malade, s'imaginoit voir dans

De ce sourcilleux Roc *l'inébranlable cime.*

Vous, dont l'Art infernal, par des secrets maudits,
En me tirant d'erreur, m'ôte du Paradis?
   J'approuve son courroux. Car, puisqu'il faut le dire,
Souvent de tous nos maux la Raison est le pire.
115 C'est Elle qui farouche, au milieu des plaisirs,
D'un remords importun vient brider nos desirs.
La Fâcheuse a pour nous des rigueurs sans pareilles;
C'est un Pédant qu'on a sans cesse à ses oreilles,
Qui toûjours nous gourmande, & loin de nous toucher,
120 Souvent, comme Joli, perd son tems à prêcher.
En vain certains Rêveurs nous l'habillent en Reine,
Veulent sur tous nos Sens la rendre Souveraine,
Et s'en formant en terre une Divinité,
Pensent aller par Elle à la Félicité.
125 C'est Elle, disent-ils, qui nous montre à bien vivre.
Ces discours, il est vrai, sont fort beaux dans un Livre:
Je les estime fort: mais je trouve en effet,
Que le plus fou souvent est le plus satisfait.

REMARQUES.

un coin de sa Chambre, des Musiciens, & des Joueurs d'instrumens, dont il entendoit la voix & l'harmonie. *Galien. lib. de Symptomatum differentiis. c. 3.*

IMITATIONS. Vers 117. *La Fâcheuse a pour nous des rigueurs sans pareilles.*] Notre Auteur applique à la Raison ce que Malherbe a dit de la Mort:
  La Mort a des rigueurs à nulle autre pareilles;
    On a beau la prier:
  La Cruelle qu'elle est se bouche les oreilles,
    Et nous laisse crier.

Vers 120. *Souvent, comme Joli.*] Prédicateur fameux, qui étoit extrèmement touchant & pathétique. Les Libertins, qui avoient intérêt de le décrier, comparoient les talens de Mr. Joli avec ceux de Moliere; mais ils disoient que Moliere étoit meilleur Prédicateur, & que Mr. Joli étoit plus grand Comédien. Il étoit alors Curé de S. Nicolas des Champs. Il fut ensuite nommé à l'Evêché de S. Pol de Léon en Bretagne, & peu de tems après il obtint l'Evêché d'Agen. On a imprimé plusieurs fois ses Prônes, qui sont estimez. Il étoit né en 1610. à Buzi sur l'Orne, dans le Diocèse de Verdun en Lorraine, & il mourut en 1678.

SATIRE

SATIRE V.

A M. LE MARQUIS DE DANGEAU.

LA Noblesse, Dangeau, n'est pas une chimère ;
Quand sous l'étroite loi d'une vertu sévère,
Un homme issu d'un sang fécond en Demi-Dieux,
Suit, comme toi, la trace où marchoient ses Aïeux.
5   Mais je ne puis souffrir qu'un Fat, dont la mollesse
N'a rien pour s'appuïer qu'une vaine Noblesse,
Se pare insolemment du mérite d'autrui,
Et me vante un honneur qui ne vient pas de lui.
Je veux que la valeur de ses Aïeux antiques
10 Ait fourni de matière aux plus vieilles Chroniques,
Et que l'un des Capets, pour honorer leur nom,
Ait de trois fleurs de lis doté leur écusson.
Que sert ce vain amas d'une inutile gloire ?
Si de tant de Heros célèbres dans l'Histoire,

REMARQUES.

CEtte Satire a été faite en l'année 1665. L'Auteur y fait voir que la veritable Noblesse consiste dans la Vertu, indépendamment de la Naissance. Juvénal a traité la même matière dans sa Satire VIII. & Séneque dans la quarante-quatrième de ses Epitres.
  IMITATIONS. Vers 8. *Et me vante un honneur qui ne vient pas de lui.*]
——————— *Qui genus jactat suum,*
Aliena laudat. Senec. Hercul. Fur. Act. II. Sc. II. 340.
  Vers 11. *Et que l'un des Capets ...... Ait de trois fleurs de lis* &c.] L'Illustre Maison d'Estaing porte les armes de France, par concession du Roi Philippe Auguste, qui étoit un des Descendans de *Hugues Capet*, Chef de la troisième Race de nos Rois. Philippe Auguste aïant été renversé de dessus son Cheval à la Bataille de Bovines, *Deodat*, ou *Dieu-donné* d'Estaing, l'un des vingt-quatre Chevaliers commis à la garde de la Personne Roïale, aida à tirer ce Prince du peril où il étoit, & sauva aussi l'Ecu du Roi, sur lequel étoient peintes ses Armes. En récompense d'un service si important, le Roi lui permit de porter les Armes de France, avec un Chef d'or pour brisure.
  Dans le tems que l'Auteur composa cette Satire, Joachim Comte d'Estaing travailloit à rechercher les Antiquités de sa Maison, dont il a dressé des Mémoires. Cette recherche, qu'il faisoit avec beaucoup d'affection, l'engageoit à parler souvent de la concession des Fleurs de lis : & l'on trouva qu'il en parloit avec un peu trop de complaisance. C'est ce que notre Poëte a voulu marquer en cet endroit.
  Vers 12. ——— *Doté leur écusson.*] Dans quelques éditions, on lit *Doré leur écusson*; mais c'est une faute.

SATIRE V.

15 Il ne peut rien offrir aux yeux de l'Univers,
    Que de vieux parchemins qu'ont épargnez les vers :
    Si tout forti qu'il est d'une source divine,
    Son cœur dément en lui sa superbe origine,
    Et n'aïant rien de grand qu'une sotte fierté,
20 S'endort dans une lâche & molle oisiveté ?
    Cependant, à le voir avec tant d'arrogance
    Vanter le faux éclat de sa haute naissance ;
    On diroit que le Ciel est soûmis à sa loi,
    Et que Dieu l'a pâtri d'autre limon que moi.
25 Enivré de lui-même, il croit dans sa folie,
    Qu'il faut que devant lui d'abord tout s'humilie.
    Aujourd'hui toutefois, sans trop le ménager,
    Sur ce ton un peu haut je vais l'interroger.
    Dites-moi, grand Heros, Esprit rare & sublime,
30 Entre tant d'Animaux, qui sont ceux qu'on estime ?

REMARQUES.

Vers 29. *Dites-moi, grand Heros,* &c.] Les quatre vers qui précédent celui-ci ont été ajoûtés par l'Auteur dans l'édition de 1713. commencée à la fin de sa vie. Il les ajoûta, pour empêcher que l'on ne crût que l'Apostrophe contenuë dans ce vers, s'adresse à Mr. de Dangeau lui-même. Bien des gens y avoient été trompés. Mais, comme cette erreur est visible, il auroit pû se dispenser d'ajoûter ici ces quatre vers, qui ne répondent point à la beauté de la Pièce.

IMITATIONS. Ibid. *Dites-moi, grand Heros,* &c.] Ce vers & les neuf suivans, sont une imitation de ceux-ci de Juvénal, Satire VIII. 56. & seqq.

Dic mihi, Teucrorum proles; animalia muta
Quis generosa putet, nisi fortia? nempe vo-
    lucrem
Sic laudamus Equum, facili cui plurima
    palma.
Fervet, & exsultat rauco victoria Circo.
Nobilis hic, quocumque venit de gramine,
    cujus.
Clara fuga ante alios, & primus in æquore
    pulvis.
Sed venale pecus, Corythæ posteritas, &
    Hirpini, si rara jugo victoria sedit,

Nil ibi Majorum respectus, gratia nulla
Umbrarum, dominos pretiis mutare jubentur
Exiguis, tritoque trahunt epirhedia collo
Segnipedes, dignique molam versare Nepotis.

Vers 35. *Mais la postérité d'Alfane & de Bayard.*] Alfane & Bayard, suivant notre Auteur, sont les noms de deux Chevaux, très-renommés dans nos vieux Romanciers. *Alfane* étoit la monture du Géant Gradasse, qui vint du fond de la Séricane, pour conquerir l'épée de Renaud de Montauban. Voïez le Poëme de Roland amoureux, du Boiardo. L'Ariofte, dans le 2. Chant de son *Orlando Furioso*, dit :

Gradasso avea una Alfana la più bella,
E la miglior, che mai portasse sella.

Surquoi l'on a observé, qu'*Alfana* est un nom générique de Cavale, & non pas le nom propre d'une Cavale : ainsi l'on prétend que notre Auteur s'est trompé, & qu'on ne peut non plus dire, *la postérité d'Alfane* que *la posterité de Barbe,* ou *de Genêt.*

Bayard est le nom du Cheval de Renaud de Montauban, qui étoit l'aîné, & le plus vaillant des quatre Fils Aimon. Le Roman dit, que ce Cheval n'eut onques son pareil

SATIRE V.

On fait cas d'un Courſier, qui fier & plein de cœur
Fait paroître en courant ſa bouillante vigueur:
Qui jamais ne ſe laſſe, & qui dans la carriere
S'eſt couvert mille fois d'une noble pouſſiere:
35 Mais la poſterité d'Alfane & de Bayard,
Quand ce n'eſt qu'une roſſe, eſt venduë au hazard,
Sans reſpect des Aïeux dont elle eſt deſcenduë,
Et va porter la malle, ou tirer la charuë.
Pourquoi donc voulez-vous que par un ſot abus
40 Chacun reſpecte en vous un honneur qui n'eſt plus?
On ne m'éblouït point d'une apparence vaine.
La Vertu, d'un cœur noble eſt la marque certaine.
Si vous êtes ſorti de ces Heros fameux,
Montrez-nous cette ardeur qu'on vit briller en eux,
45 Ce zèle pour l'honneur, cette horreur pour le vice.
Reſpectez-vous les Loix? Fuïez-vous l'injuſtice?

REMARQUES.

car pour avoir couru dix lieuës, il n'étoit point las. Il rendit de grans ſervices à ſon Maître en pluſieurs rencontres perilleuſes: ſur tout quand les quatre Fils Aimon furent aſſiégez dans Montauban par Charlemagne. Auſſi Renaud aima mieux ſouffrir une faim extrême pendant ce Siège, avec *Dame Claire* ſa femme, ſes enfans, & ſes freres, que de permettre qu'on tuât ſon tant valeureux Cheval, pour leur ſervir de nourriture. Ceux qui ſont dans le goût des *anciens Romans* ne feront pas fâchez de ſavoir quelle fut la deſtinée de ce fameux Cheval. Charlemagne aïant fait la paix avec Renaud de Montauban, Renaud lui envoïa ſon Cheval Bayard, & s'en alla outre-mer, c'eſt-à-dire dans la Terre-Sainte. „Quand le Roi fut ſur le Pont „de Meuſe, dit le Roman*, il commanda „qu'on lui amenaſt Bayard le bon Cheval „de Renaud. Quand il le vit, il lui dit: „*Ah! Bayard*, tu m'as maintefois courrou- „cé; mais je ſuis venu à point pour m'en van- „ger. Lors lui fit lier une grande pierre au „Col, & le fit jetter du pont à bas dedans „la Riviere de Meuſe, & Bayard alla au „fond. Quand le Roi vit ce, il eut grand' „joie, & dit: *Ah! Bayard*, aurai-je ce que „je demande. Vous eſtes mort ſi vous ne pou- „vez toute la riviere boire. Bayard frapa tant „des pieds ſur ladite pierre, qu'il la froiſſa „toute, & revint deſſus. Et quand il fut „ſur l'eau, il paſſa à nage de l'autre part de- „la riviere. Et quand il fut ſur la rive, il ſe „mit à hinner hautement, & puis ſe mit à „courir ſi roidement, qu'il ſembloit que la „foudre le chaſſaſt; & entra dedans Arden- „ne la grande Foreſt. Charlemagne voyant „que Bayard s'eſtoit échappé, il en eut grand „deuil, mais tous les Barons en furent bien „joyeux. Les gens diſent en celui pays, que „Bayard eſt encores en vie dedans le bois „d'Ardenne; mais quand il void homme „ou femme, il fuit, ſi que nul ne le peut „approcher." Bayard a été ainſi nommé à cauſe de la couleur *Baye* qui eſt un rouge-brun, ou couleur de Chataigne.

IMITATIONS. Vers 42. *La Vertu d'un cœur noble eſt la marque certaine.*] Ce vers explique le ſujet de cette Satire. Juvenal a dit:

Nobilitas, ſola eſt atque unica Virtus. Sat. VIII. 20.
La vertu ſeule eſt la Nobleſſe.

* *Les quatre fils Aimon*, chap. 30.

Savez-vous pour la gloire oublier le repos,
Et dormir en plein champ le harnois sur le dos?
Je vous connois pour Noble à ces illustres marques.
50 Alors soïez issu des plus fameux Monarques;
Venez de mille Aïeux; & si ce n'est assez,
Feuilletez à loisir tous les siècles passez,
Voïez de quel Guerrier il vous plaît de descendre;
Choisissez de César, d'Achille, ou d'Alexandre.
55 En vain un faux Censeur voudroit vous démentir,
Et si vous n'en sortez, vous en devez sortir.
Mais fussiez-vous issu d'Hercule en droite ligne,
Si vous ne faites voir qu'une bassesse indigne,
Ce long amas d'Aïeux, que vous diffamez tous,
60 Sont autant de témoins qui parlent contre vous;
Et tout ce grand éclat de leur gloire ternie
Ne sert plus que de jour à votre ignominie.
En vain tout fier d'un sang que vous deshonorez,
Vous dormez à l'abri de ces noms reverez.
65 En vain vous vous couvrez des vertus de vos Peres:
Ce ne sont à mes yeux que de vaines chimeres.
Je ne voi rien en vous qu'un lâche, un imposteur,
Un traître, un scelerat, un perfide, un menteur,
Un Fou, dont les accès vont jusqu'à la furie,
70 Et d'un tronc fort illustre une branche pourrie.
Je m'emporte peut-être, & ma Muse en fureur
Verse dans ses discours trop de fiel & d'aigreur.

REMARQUES.

CHANGEMENT. Vers 47. *Savez-vous pour la gloire oublier le repos?*] Ce vers étoit ainsi : *Savez-vous sur un mur repousser des assauts?* Mais l'Auteur le changea dans l'édition de 1701. qui est la dernière qu'il ait donnée. Il trouvoit que *Assauts* & *dos* ne rimoient pas aux yeux ; & le vers qu'il a substitué contient un sens plus beau.

IMITATIONS. Vers 50. *Alors soyez issu des plus fameux Monarques*, &c.] Juvénal dans la même Satire VIII. 131. & suiv.

Tunc licet à Pico numeres genus, altaque si te
Nomina delectant, omnem Titanida pugnam,
Inter majores, ipsumque Promethea ponas :
De quocumque voles proavum tibi sumito libro.

IMITATIONS. Vers 60. *Sont autant de témoins*, &c.] Juvénal au même endroit, vers 138. & suiv.

Incipit ipsorum contra te stare parentum
Nobilitas, claramque facem præferre pudendis.

IMI-

Il faut avec les Grands un peu de retenuë.
Hé bien, je m'adoucis. Votre race est connuë.
75 Depuis quand? Répondez. Depuis mille ans entiers;
Et vous pouvez fournir deux fois seize quartiers.
C'est beaucoup. Mais enfin les preuves en sont claires;
Tous les Livres sont pleins des titres de vos Peres:
Leurs noms sont échappez du naufrage des tems.
80 Mais qui m'assurera, qu'en ce long cercle d'ans,
A leurs fameux Epoux vos Aïeules fidelles,
Aux douceurs des Galans furent toûjours rebelles?
Et comment savez-vous, si quelque Audacieux
N'a point interrompu le cours de vos Aïeux;
85 Et si leur sang tout pur, ainsi que leur noblesse,
Est passé jusqu'à vous de Lucrèce en Lucrèce?
Que maudit soit le jour, où cette vanité
Vint ici de nos mœurs souiller la pureté!
Dans les tems bienheureux du Monde en son enfance,
90 Chacun mettoit sa gloire en sa seule innocence.
Chacun vivoit content, & sous d'égales loix.
Le Mérite y faisoit la Noblesse & les Rois;
Et sans chercher l'appui d'une naissance illustre,
Un Heros de soi-même empruntoit tout son lustre.
95 Mais enfin par le tems le Mérite avili
Vit l'Honneur en roture, & le Vice annobli
Et l'Orgueil, d'un faux titre appuïant sa foiblesse,
Maîtrisa les Humains sous le nom de Noblesse.

REMARQUES.

IMITATIONS. Vers 75. ―― *Depuis mille ans entiers.*] Perse, Sat. III. v. 28.
Stemmate quod Tusco ramum millesime ducis.

CHANGEMENT. Vers 76. ―― *Deux fois seize quartiers.*] Première manière : *Du moins trente quartiers.* L'Auteur corrigea ainsi : *Plus de trente quartiers.* Mais il s'apperçut que l'une & l'autre de ces expressions étoient peu éxactes ; parce que les preuves de Noblesse se comptent par quartiers, en progression géométrique : quatre, huit, seize, trente-deux quartiers, &c. La plus haute preuve que l'on fasse ordinairement est de 32. quartiers.

Vers 86. ―― *De Lucrèce en Lucrèce.*] La Chasteté de Lucrèce, Dame Romaine, est si célèbre qu'elle a passé en proverbe. L'Auteur m'a dit qu'un homme, qui pourtant se piquoit d'esprit, s'imaginoit bonnement qu'il parloit du Poëte Lucrèce.

Vers

De là vinrent en foule & Marquis & Barons,
100 Chacun pour ses vertus n'offrit plus que des noms.
Aussi-tôt maint Esprit, fécond en rêveries,
Inventa le blason avec les armoiries;
De ses termes obscurs fit un langage à part,
Composa tous ces mots de *Cimier*, & d'*Ecart*,
105 De *Pal*, de *Contrepal*, de *Lambel*, & de *Face*,
Et tout ce que Segoing dans son Mercure entasse.
Une vaine folie enivrant la Raison,
L'Honneur triste & honteux ne fut plus de saison.
Alors, pour soûtenir son rang & sa naissance,
110 Il fallut étaler le luxe & la dépense;
Il fallut habiter un superbe palais,
Faire par les couleurs distinguer ses valets:
Et traînant en tous lieux de pompeux équipages,
Le Duc & le Marquis se reconnut aux Pages.
115 Bien-tôt pour subsister, la Noblesse sans bien
Trouva l'art d'emprunter, & de ne rendre rien;
Et bravant des Sergens la timide cohorte,
Laissa le Créancier se morfondre à sa porte.
Mais pour comble, à la fin le Marquis en prison
120 Sous le faix des procès vit tomber sa maison.

REMARQUES.

Vers 106. *Et tout ce que Segoing dans son Mercure entasse.*] Dans les premières éditions l'Auteur avoit mis *Vulson*, au lieu de *Segoing*; parce qu'il avoit confondu ces deux Auteurs, dont le premier qui est Vulson de la Colombière, a composé *la Science héroique*, traitant *de la Noblesse*, & *de l'origine des armes*, *de leurs Blasons & symboles*, &c. en 1644. L'autre a fait le *Mercure Armorial*, qui est le Livre désigné par notre Poëte. Cependant au lieu de *Segoing*, il mit *Segond*, dans l'Edition de 1674. & cette faute a été répetée dans toutes les éditions Dans celle de 1713. on a mis *Segoind*. L'Auteur du *Trésor Héraldique*, ou *Mercure Armorial*, imprimé en 1657. à Paris, se nommoit Charles Segoing, Avocat, &c.

Vers 114. *Le Duc & le Marquis se reconnut aux Pages.*] En ce tems là tous les Gentils-hommes avoient des Pages.

CHANGEMENT. Vers 122. ——— *Rechercha l'alliance.*] L'Auteur avoit d'abord mis: *Emprunta l'alliance.*

Vers 123. *Avec lui trafiquant.*] Avant l'édition de 1701. il y avoit: *Et trafiquant d'un nom jadis si précieux.*

Vers 125. *Et corrigeant ainsi la fortune ennemie*, &c.] Le Poëte aïant besoin de deux vers féminins, fit ceux-ci par nécessité. Le sens étoit fini au vers précédent: *Par un lâche contract vendit tous ses Aïeux*. Il étoit bien difficile de trouver une pensée qui renchérît sur ce qui précédoit, & plus difficile encore de renfermer cette pensée en deux vers: c'est pourtant ce qu'il a fait heureusement.

Vers

SATIRE V.

Alors le Noble altier, pressé de l'indigence,
Humblement du Faquin rechercha l'alliance,
Avec lui trafiquant d'un nom si précieux,
Par un lâche contract vendit tous ses Aïeux;
125 Et corrigeant ainsi la fortune ennemie,
Rétablit son honneur à force d'infamie.
    Car si l'éclat de l'or ne relève le sang,
En vain l'on fait briller la splendeur de son rang,
L'amour de vos Aïeux passe en vous pour manie,
130 Et chacun pour parent vous fuit & vous renie.
    Mais quand un homme est riche il vaut toûjours son prix:
Et l'eut-on vû porter la mandille à Paris,
N'eût-il de son vrai nom ni titre ni mémoire,
D'Hozier lui trouvera cent Aïeux dans l'Histoire.
135   Toi donc, qui de mérite & d'honneurs revêtu,
Des écueils de la Cour as sauvé ta vertu,
Dangeau, qui dans le rang où notre Roi t'appelle,
Le vois toûjours orné d'une gloire nouvelle,
Et plus brillant par soi que par l'éclat des lis,
140 Dédaigner tous ces Rois dans la pourpre amollis;
Fuir d'un honteux loisir la douceur importune;
A ses sages conseils asservir la Fortune;

REMARQUES.

Vers 132. ——— *La mandille à Paris.*] Mandille, est une espèce de casaque ou de manteau que les Laquais portoient autrefois, & même encore dans le tems que cette Satire fut composée. La Mandille étoit particulière aux Laquais, & les faisoit distinguer des autres Valets. Elle étoit composée de trois pièces, dont l'une leur pendoit sur le dos, & les deux autres sur les épaules. *Furetiere.*

Vers 134. *D'Hozier lui trouvera* &c.] Pierre D'Hozier, Généalogiste de la Maison du Roi, Juge général des Armes & Blazons de France. Il a laissé Charles d'Hozier son fils, qui a les mêmes titres. L'Abbé de Boisrobert parlant de la faveur dont le Cardinal de Richelieu l'honoroit, a dit dans une Epître :
On m'adoroit, & les plus apparens

Payoient d'Hozier pour être mes parens.
L'Auteur avoit fini sa Pièce à ce vers : mais Mr. de Dangeau à qui elle est adressée, lui conseilla d'y mettre quelques vers à la louange du Roi, afin que la Pièce fut mieux reçuë à la Cour; & il ajoûta les quatorze vers suivans: *Toi donc, qui de mérite* &c. Avant que cette Satire fut imprimée, Mr. de Dangeau la lut à quelques Seigneurs, dans une Salle où le Roi étoit à joüer. Le Roi qui le remarqua, voulut savoir ce que c'étoit, & quitta le jeu pour se la faire lire. C'est la première Pièce de l'Auteur qui ait paru devant sa Majesté : quelque tems après on lui lut le *Discours au Roi*, qui étoit déja composé.

CHANGEMENT. Vers 137. *Dangeau, qui dans le rang où notre Roi t'appelle.*]

Et de tout son bonheur ne devant rien qu'à soi,
Montrer à l'Univers ce que c'est qu'être Roi :
145 Si tu veux te couvrir d'un éclat légitime,
Va par mille beaux faits mériter son estime :
Sers un si noble Maître; & fais voir qu'aujourd'hui
Ton Prince a des Sujets qui sont dignes de lui.

REMARQUES.

Vers 148. *Ton Prince a des sujets qui sont dignes de lui.*] Dans les premières éditions le vers 137. finissoit ainsi : *Où ton Prince t'appelle*; & dans le dernier vers il y avoit : *La France a des sujets.* Cette dernière expression manquoit de justesse, & l'Auteur la corrigea en mettant : *Ton Prince a des sujets.* En même tems il changea ces mots, *Ton Prince,* qui étoient dans le vers 137.

SATIRE VI.

QUI frappe l'air, bon Dieu! de ces lugubres cris?
Est-ce donc pour veiller qu'on se couche à Paris?
Et quel fâcheux Démon, durant les nuits entières
Rassemble ici les chats de toutes les goutieres?
5 J'ai beau sauter du lit plein de trouble & d'effroi;
Je pense qu'avec eux tout l'Enfer est chez moi.
L'un miaule en grondant comme un tigre en furie:
L'autre roule sa voix comme un enfant qui crie.
Ce n'est pas tout encor. Les souris & les rats
10 Semblent, pour m'éveiller, s'entendre avec les chats,
Plus importuns pour moi, durant la nuit obscure,
Que jamais, en plein jour, ne fut l'Abbé de Pure.
Tout conspire à la fois à troubler mon repos:
Et je me plains ici du moindre de mes maux.
15 Car à peine les coqs, commençant leur ramage,
Auront de cris aigus frappé le voisinage:
Qu'un affreux Serrurier, laborieux Vulcain,
Qu'éveillera bientôt l'ardente soif du gain,
Avec un fer maudit, qu'à grand bruit il apprête,
20 De cent coups de marteau me va fendre la tête.

REMARQUES.

CEtte Satire contient la description des embarras de Paris. Elle a été composée dans le même tems que la Satire I. dont elle faisoit partie, comme on l'a expliqué ci-devant. C'est une imitation de la Satire III. de Juvénal, qui décrit les incommodités de la ville de Rome, depuis le vers 232. jusqu'à la fin. Martial a fait une Epigramme sur le même sujet. L. XII. 57.
IMITATIONS. Vers 2. *Est-ce donc pour veiller qu'on se couche à Paris.*] Juvénal III. 232.
Plurimus hic æger moritur vigilando.
Vers 12. ——— *L'Abbé de Pure*] Ennuïeux célèbre. Voïez la remarque sur le vers 18. de la Satire II.
IMITATIONS. Vers 15. *Car à peine les* Coqs &c.] Martial L. IX. Ep. LXIX.
Nondum cristati rupere silentia galli;
  Murmure jam sævo verberibusque tonas.
Tam grave percussis incudibus æra resultant, &c.
CHANGEMENT. Vers 17. *Qu'un affreux Serrurier,* &c.] Dans toutes les éditions qui ont paru pendant la vie de l'Auteur, il y avoit:
Qu'un affreux Serrurier, que le Ciel en courroux
A fait pour mes pechez trop voisin de chez nous.
Il changea ces deux vers dans l'édition qui fut commencée avant sa mort, & qui parut en 1713.

SATIRE VI.

J'entens déja par tout les charrettes courir,
Les maçons travailler, les boutiques s'ouvrir:
Tandis que dans les airs mille cloches émûës,
D'un funèbre concert font retentir les nuës,
25 Et se mêlant au bruit de la grêle & des vents,
Pour honorer les morts, font mourir les vivans.
    Encor je benirois la bonté souveraine,
Si le Ciel à ces maux avoit borné ma peine.
Mais si seul en mon lit je peste avec raison,
30 C'est encor pis vingt fois en quittant la maison.
En quelque endroit que j'aille, il faut fendre la presse
D'un peuple d'importuns qui fourmillent sans cesse.
L'un me heurte d'un ais, dont je suis tout froissé.
Je vois d'un autre coup mon chapeau renversé.
35 Là d'un enterrement la funèbre ordonnance
D'un pas lugubre & lent vers l'Eglise s'avance:
Et plus loin des Laquais, l'un l'autre s'agaçans,
Font aboïer les chiens, & jurer les passans.
Des Paveurs en ce lieu me bouchent le passage.
40 Là je trouve une croix de funeste présage:
Et des Couvreurs, grimpez au toit d'une maison,
En font pleuvoir l'ardoise & la tuile à foison.
Là sur une charrette une poutre branlante
Vient menaçant de loin la foule qu'elle augmente.

REMARQUES.

IMITATIONS Vers 31. *En quelque endroit que j'aille*, &c.] Ce vers & les trois suivans sont imitez de Juvénal, III. 243.
    —— —— *Nobis properantibus obstat*
Unde prior, magno populus premit agmine limbos
Qui sequitur: ferit hic cubito, ferit assere duro
Alter: at hic tignum capiti incutit, ille metretam.
    IMITATIONS. Vers 35. *Là d'un enterrement* &c.] Horace, Liv. II. Ep. II. v. 74.
Tristia robustis luctantur funera plaustris.
    Vers 40. —— *Une croix de funeste présage.*] C'est une de ces croix, composées de deux lattes attachées au bout d'une corde, que les Maçons & les Couvreurs sont obligez de suspendre devant les maisons sur lesquelles ils travaillent; afin d'avertir les passans de n'en pas approcher. Ce signe ou cette croix s'apèle *Avertissement* ou *Défense*. Il y a des Villes où les Couvreurs ne suspendent qu'un simple bâton, ou une tuile, pour servir d'*Avertissement*: Ce vers aïant besoin d'être éclairci, j'en écrivis à l'Auteur, qui me répondit ainsi par sa Lettre du 5. de Mai 1709.
„ Je ne sai pas pourquoi vous êtes en peine
„ du sens de ce vers: *Là je trouve une croix*
„ &c. puisque c'est une chose que dans tout
„ Paris *& pueri sciunt*, que les Couvreurs,
„ quand ils sont sur le toit d'une maison,
„ laissent pendre du haut de cette maison une
„ croix de latte pour avertir les passans de
„ pren-

SATIRE VI.

45 Six chevaux, attelez à ce fardeau pesant,
Ont peine à l'émouvoir sur le pavé glissant.
D'un carosse en tournant il accroche une roüe;
Et du choc le renverse en un grand tas de boüe:
Quand un autre à l'instant, s'efforçant de passer,
50 Dans le même embarras se vient embarrasser.
Vingt carrosses bien-tôt arrivant à la file,
Y sont en moins de rien suivis de plus de mille:
Et pour surcroît de maux, un sort malencontreux
Conduit en cet endroit un grand troupeau de bœufs.
55 Chacun prétend passer: l'un mugit, l'autre jure.
Des mulets en sonnant augmentent le murmure.
Aussi-tôt cent chevaux dans la foule appellez,
De l'embarras qui croît ferment les défilez,
Et par tout des Passans enchaînant les brigades,
60 Au milieu de la paix font voir les barricades.
On n'entend que des cris poussez confusément.
Dieu, pour s'y faire ouïr, tonneroit vainement.
Moi donc, qui dois souvent en certain lieu me rendre,
Le jour déja baissant, & qui suis las d'attendre,
65 Ne sachant plus tantôt à quel Saint me voüer,
Je me mets au hazard de me faire roüer.
Je saute vingt ruisseaux, j'esquive, je me pousse:
Guenaud sur son cheval en passant m'éclabousse.

REMARQUES.

„ prendre garde à eux, & de passer vite;
„ Qu'il y en a quelquefois des cinq ou six
„ dans une même ruë; & que cela n'empê-
„ che pas qu'il n'y ait souvent des gens
„ blessez: C'est pourquoi j'ai dit: *Une croix*
„ *de funeste présage.* . . . .
IMITATIONS. Vers 43. *Là sur une charrette* &c.] Juvenal, Satire III. v. 254.
─────── *Modo longa coruscat,*
Sarraco veniente, abies, atque altera pinum
Plaustra vehunt, nutant altè, populóque
minantur.
Et Horace, parlant des mêmes embarras,
L. II. Ep. II. 73.
Torquet nunc lapidem, nunc ingens machina tignum, &c.

Vers 54. ─── *Un grand troupeau de bœufs.*] L'usage vicieux de quelques Provinces, où l'on prononce *Bœufs* au pluriel, comme on le prononce au singulier, m'oblige d'avertir que ce mot se prononce, *Beus*; ainsi il rime avec *Malencontreux*, qui est dans le vers précédent. On prononce aussi des *Oeus*, quoi qu'on écrive, *Oeufs*.

Vers 57. *Aussi-tôt cent chevaux* &c.] Ce vers & les trois suivans n'étoient pas dans la première édition, faite en 1666.

Vers 60. ─── *Font voir les barricades.*] L'Auteur désigne ici celles qui se firent à Paris, au mois d'Août, 1648. pendant la guerre de la Fronde.

Vers 68. *Guenaud sur son cheval* &c.] *Guenaud,*

SATIRE VI.

Et n'ofant plus paroître en l'état où je fuis,
70 Sans fonger où je vais, je me fauve où je puis.
Tandis que dans un coin en grondant je m'effuie,
Souvent, pour m'achever, il furvient une pluie.
On diroit que le Ciel, qui fe fond tout en eau,
Veuille inonder ces lieux d'un déluge nouveau.
75 Pour traverfer la ruë, au milieu de l'orage,
Un ais fur deux pavez forme un étroit paffage.
Le plus hardi Laquais n'y marche qu'en tremblant.
Il faut pourtant paffer fur ce pont chancelant.
Et les nombreux torrens qui tombent des goutieres,
80 Groffiffant les ruiffeaux, en ont fait des rivieres.
J'y paffe en trébuchant; mais malgré l'embarras,
La fraieur de la nuit précipite mes pas.
Car fi-tôt que du foir les ombres pacifiques
D'un double cadenas font fermer les boutiques,
85 Que retiré chez lui, le paifible Marchand
Va revoir fes billets, & compter fon argent;
Que dans le Marché-neuf tout eft calme & tranquille,
Les Voleurs à l'inftant s'emparent de la Ville.
Le bois le plus funefte, & le moins fréquenté,
90 Eft, au prix de Paris, un lieu de fûreté.
Malheur donc à celui qu'une affaire imprévûe
Engage un peu trop tard au détour d'une rue.

REMARQUES.

naud, fameux Medecin, dont il a été parlé dans la Satire IV. vers 32. On le voïoit fouvent à cheval, fur le pavé de Paris, & l'on difoit ordinairement: *Guenaud & fon cheval*.

Vers 70. *Sans fonger où je vais, je me fauve où je puis.*] Ce vers a de la conformité avec celui-ci, qui eft le dernier du *Difcours au Roi*.

Je me fauve à la nage, & j'aborde où je puis.

Vers 73. *On diroit que le Ciel . . . . . Veuille inonder &c.*] *Veuille:* bien des gens préferent, *Veut.*

IMITATIONS. Vers 83. *Car fi-tôt que du foir les ombres pacifiques*, &c.] Juvénal, Satire III. vers 302.

———— *Nam qui fpoliet te*

Non deerit: claufis domibus, poftquam omnis ubique
Fixa catenatæ filuit compago tabernæ.
Interdùm & ferro fubitus graffator agit rem, &c.

Vers. 87. *Que dans le Marché-neuf &c.*] Place de Paris deftinée à tenir le Marché, entre le pont St. Michel, & le petit pont de l'Hôtel-Dieu.

Vers 88. *Les Voleurs à l'inftant s'emparent de la ville.*] Les defordres que les Voleurs commettoient dans Paris, & le danger qu'il y avoit de fe trouver dans les ruës pendant la nuit, font ici décrits fort naïvement. En 1667. le Roi pourvut à la fûreté publique, par l'établiffement des Lanternes, par le redou-

SATIRE VI.

Bien-tôt quatre Bandits, lui ferrant les côtez:
La bourſe: il faut ſe rendre; ou bien non, réſiſtez;
95 Afin que votre mort, de tragique mémoire,
Des maſſacres fameux aille groſſir l'Hiſtoire.
Pour moi, fermant ma porte, & cedant au ſommeil,
Tous les jours je me couche avecque le Soleil.
Mais en ma chambre à peine ai-je éteint la lumiere,
100 Qu'il ne m'eſt plus permis de fermer la paupiere.
Des Filous effrontez, d'un coup de piſtolet,
Ebranlent ma fenêtre, & percent mon volet.
J'entens crier par tout, au meurtre, on m'aſſaſſine;
Ou, le feu vient de prendre à la maiſon voiſine.
105 Tremblant, & demi mort, je me leve à ce bruit,
Et ſouvent ſans pourpoint je cours toute la nuit.
Car le feu, dont la flâme en ondes ſe déploie,
Fait de notre quartier une ſeconde Troie;
Où maint Grec affamé, maint avide Argien,
110 Au travers des charbons va piller le Troien.
Enfin ſous mille crocs la maiſon abîmée
Entraîne auſſi le feu qui ſe perd en fumée.
Je me retire donc, encor pâle d'effroi:
Mais le jour eſt venu quand je rentre chez moi.
115 Je fais pour repoſer un effort inutile:
Ce n'eſt qu'à prix d'argent qu'on dort en cette Ville.

REMARQUES.

doublement du Guet, & de la Garde: par un règlement ſur le port d'armes, & contre les gens ſans aveu; & par pluſieurs autres ſages Ordonnances, dont l'éxécution fut confiée à Mr. de la Reynie, Lieutenant General de Police. En peu de tems la ſûreté fut rétablie dans Paris.

Vers 96. *Des maſſacres fameux aille groſſir l'Hiſtoire.*] Il y a un Livre intitulé, *l'Hiſtoire des Larrons*; où ſont décrits pluſieurs meurtres & aſſaſſinats.

Vers 106. *Et ſouvent ſans pourpoint &c.*] Tout le monde en ce tems-là portoit des pourpoints.

IMITATIONS. Vers 116. *Ce n'eſt qu'à prix d'argent qu'on dort en cette Ville.*] Juvénal, Satire III. vers 235.

—— *Magnis opibus dormitur in Urbe.*

Notre Poëte a ſurpaſſé le Poëte Latin. S'il avoit voulu ſimplement le traduire, il auroit dit: *Et ce n'eſt qu'à grans frais qu'on dort en cette Ville.* Mais, *à prix d'argent*, a bien plus de force & d'énergie: C'eſt comme ſi l'on diſoit, que l'on dort mieux à proportion de ce que l'on donne pour acheter ſon repos: plus il en coûte, & mieux on dort.

Martial, Livre XII. Epigr. 57.

Nec cogitandi ſpatium, nec quieſcendi
In Urbe locus eſt pauperi.

Martial a fait pluſieurs Epigrammes contre les Perturbateurs du ſommeil: Liv. IX. Ep. 69. Liv. X. Ep. 74. Liv. XII. Ep. 57. & 69.

Vers

Il faudroit, dans l'enclos d'un vaste logement,
Avoir loin de la ruë un autre appartement.
Paris est pour un Riche un païs de Cocagne :
120 Sans sortir de la ville, il trouve la campagne :
Il peut dans son jardin, tout peuplé d'arbres verds,
Receler le printems au milieu des hivers,
Et foulant le parfum de ses plantes fleuries,
Aller entretenir ses douces rêveries.
125 Mais moi, grace au Destin, qui n'ai ni feu ni lieu,
Je me loge où je puis, & comme il plaît à Dieu.

REMARQUES.

Vers 119. ―――― *Un Païs de Cocagne.*] Païs imaginaire, où les habitans vivent dans une heureuse abondance, sans rien faire. On est incertain sur l'origine de ce nom. Furetiere dit que dans le Haut-Languedoc on apèle *Cocagne* un petit pain de Pastel : & que comme le Pastel est une herbe qui ne croît que dans des terres extrèmement fertiles, on a nommé ce païs-là, un *Païs de Cocagne.*
En Italie, sur la route de Rome à Lorette, il y a, dit-on, une petite contrée, qu'on nomme *Cucagná*, dont la situation est très-agréable, & le terroir très-fertile ; mais sur tout les denrées y sont excellentes & à bon marché. Ne seroit-ce point le *Païs de Cocagne ?*
Mr. de la Monnoye, de l'Académie Françoise, qui a pris la peine de revoir ces Remarques, est persuadé que cette façon de parler vient du fameux *Merlin Cocaie*, qui, tout au commencement de sa première *Macaronée*, après avoir invoqué *Togna, Pedrala, Mafelina*, & autres Muses Burlesques, décrit les Montagnes où elles habitent, comme un séjour de saussee, de potages, de broüets, de ragouts, de restaurans ; où l'on voit couler des Fleuves de vin, & des ruisseaux de lait. Il y a bien de l'apparence, qu'un tel païs a tiré son nom de celui de son Inventeur, & que de *Cocaio*, on en aura fait *Cocagna.* Cette façon de parler n'est pas ancienne dans notre Langue : on ne la trouve ni dans Rabelais, ni dans Marot, ni même dans Regnier. Elle s'est établie un peu tard en France, parce que Merlin Cocaie, dont le Jargon n'est pas fort aisé à entendre, y a trouvé peu de Lecteurs ; & que la traduction qu'on en a faite en prose Françoise, n'a été imprimée qu'en 1606. Enfin, le savant Mr. Huet, ancien Evêque d'Avranches, a bien voulu enrichir cette Remarque de ses conjectures. Il croit que *Cocagne* vient de *Gogaille : Païs de Gogaille*, & par corruption *Païs de Cocaigne.* Selon lui, *Gogaille*, vient de *Gogue*, qui est une espèce de Saupiquet, ou de Farce. Quoi qu'il en soit, cette diversité d'opinions sur le mot de *Cocagne* sert du moins à faire voir que l'on n'en sait pas la veritable origine. Ménage n'en a rien dit.

Vers 125. *Mais moi, ... qui n'ai ni feu ni lieu.*] Quand l'Auteur composa cette Satire, il étoit logé dans la Cour du Palais, chez son Frere aîné, Jérôme Boileau. Sa chambre étoit au dessus du grenier, dans une espèce de Guérite, au cinquième étage. Gilles Boileau, leur frere, logeoit aussi dans la même maison, & quand il en sortit, on donna sa chambre à notre Auteur. Cette chambre étoit pratiquée à côté d'un grenier au quatrième étage ; & Mr. Despréaux s'applaudissant de son logement nouveau, disoit plaisamment : *Je suis descendu au grenier.*
Au reste, l'Auteur vouloit mettre au nombre des incommoditez de Paris, la grande affluence de Peuple, qui fait que l'on y est toûjours extrèmement serré, & il auroit terminé sa description par ce vers :

Cherchons une autre Ville où nous puissions tenir.

ou bien :

Et cherchons une Ville où l'on puisse tenir.

mais il ne voulut pas employer ce vers, à cause de l'équivoque qui s'y rencontre : *tenir dans une Ville*, signifiant aussi se défendre contre les ennemis qui l'assiégent.

SATIRE VII.

MUSE, changeons de stile, & quittons la Satire
C'est un méchant métier que celui de médire.
A l'Auteur qui l'embrasse il est toûjours fatal.
Le mal, qu'on dit d'autrui, ne produit que du mal.
5   Maint Poëte, aveuglé d'une telle manie,
En courant à l'honneur, trouve l'ignominie,
Et tel mot, pour avoir réjoui le Lecteur,
A coûté bien souvent des larmes à l'Auteur.
    Un éloge ennuïeux, un froid panégyrique,
10 Peut pourrir à son aise au fond d'une boutique,
Ne craint point du Public les jugemens divers,
Et n'a pour ennemis que la poudre & les vers.
Mais un Auteur malin, qui rit, & qui fait rire,
Qu'on blâme en le lisant, & pourtant qu'on veut lire,
15 Dans ses plaisans accès qui se croit tout permis,
De ses propres Rieurs se fait des ennemis.
Un discours trop sincère aisément nous outrage.
Chacun dans ce miroir pense voir son visage;
Et tel, en vous lisant, admire chaque trait,
20 Qui dans le fond de l'ame & vous craint & vous hait.
Muse, c'est donc en vain que la main vous demange.
S'il faut rimer ici, rimons quelque louange,
Et cherchons un Heros, parmi cet Univers,
Digne de notre encens, & digne de nos vers.
25 Mais à ce grand effort en vain je vous anime:

REMARQUES.

CEtte Satire a été faite immédiatement après la Satire première & la sixième, à la fin de l'année 1663. L'Auteur délibère avec sa Muse, s'il doit continuer à composer des Satires. Il envisage d'abord tous les inconvéniens qu'il y a de s'appliquer à ce genre d'écrire; mais comme son génie l'entraîne de ce côté-là, il se détermine enfin à suivre son inclination. Horace lui a fourni cette idée, dans la Satire I. du Livre II.

IMITATIONS. Vers 1. *Muse, changeons de stile*, &c.] Martial, Livre II. Epigr. XXII.

Quid mihi vobiscum est, ô Phœbe, novemque Sorores?
Ecce nocet Vati Musa jocosa suo.

SATIRE VII.

Je ne puis pour louer rencontrer une rime.
Dès que j'y veux rêver, ma veine est aux abois.
J'ai beau frotter mon front, j'ai beau mordre mes doigts;
Je ne puis arracher du creux de ma cervelle,
30 Que des vers plus forcez que ceux de la Pucelle.
Je pense être à la gêne, & pour un tel dessein,
La plume & le papier résistent à ma main.
Mais quand il faut railler, j'ai ce que je souhaite.
Alors, certes alors je me connois Poëte:
35 Phébus, dès que je parle, est prêt à m'exaucer.

REMARQUES.

Vers 30. *Que des vers plus forcez que ceux de la Pucelle.*] Poëme héroïque de Chapelain, dont tous les vers semblent faits en dépit de Minerve. Voiez les Remarques sur le vers 173. de la Satire III., & sur le vers 99. de la Satire IV.

Vers 40. ——— *D'abord trouve Sofal.*] C'est *Sauvalle*, Auteur d'une Histoire manuscrite des Antiquitez de Paris. Il avoit travaillé sur d'assez bons mémoires, mais il gâta tout par son stile, chargé d'expressions empoulées & de figures extravagantes. Il avoit mis dans cette Histoire, un Chapitre des lieux de débauche qui étoient autrefois dans Paris. Mr. Despréaux se souvenoit d'un passage de ce Chapitre, qui peut servir à juger du stile de *Sauvalle*. *Ces sales Impudiques, ces infames Débauchées, allèrent chercher un azile dans la ruë Brise-miche; & de là elles contemplèrent en sureté les tempêtes & les orages qui s'élevoient continuellement dans la ruë Chapon.* Tout le reste étoit à peu près du même stile. „ Cependant *l'Ouvrage, tel „ qu'il étoit, auroit vû le jour, si Mr. Col-„ bert avoit voulu faire donner à l'Auteur „ une pension de mille écus, & je ne sai „ quelle charge honoraire seulement dans la „ Maison de Ville. . . . Comme il étoit „ d'un naturel chagrin, il ne put supporter „ ce refus; & ce qui augmentoit son cha-„ grin, c'est qu'il prétendoit avoir rendu „ à Mr. Colbert un grand service, dont il „ croioit n'avoir pas été bien recompensé.

* Ce qui suit est tiré des Lettres choisies de Mr. Richard Simon, imprimées à *Rotterdam, chez Reinier Leers, Tome 3. lettre derniere de l'année 1698. [* Ces Lettres n'ont jamais été imprimées à Rotterdam quoi que le titre le porte. Elles ont été imprimées à Trevoux & à Rouen. La derniere Edition est de 1704. & 1705. ADD. de l'Ed. d'Amst.]

„ Les Moines de Saint Germain des-Prez „ demandoient au Roi de grosses sommes „ d'argent pour de certaines places qui é-„ toient à eux. Mr. Colbert leur avoit fait „ offrir une somme considerable qu'ils refu-„ sèrent d'accepter. *Sauvalle*, qui avoit vû „ dans le Trésor des Chartres une Pièce en „ très-bonne forme, qui contenoit le paie-„ ment qu'on avoit fait pour cela aux Moi-„ nes; alla lui-même en donner avis à Mr. „ Colbert. . . . . Il se plaignoit que Mr. „ Colbert ne lui avoit envoié pour un avis „ de cette importance, que cent Louïs, qu'il „ n'avoit point voulu recevoir. . . . Vous „ voiez par tout ce que je vous ai raporté, „ qu'un homme moins chagrin, & moins „ interessé que Mr. *Sauvalle*, auroit donné „ au Public cet Ouvrage qui faisoit honneur „ à l'Auteur. Il en auroit néanmoins fallu „ retrancher le Traité *des Bordels*, qui mé-„ ritoit d'être enfouï sous le sable, afin qu'on „ n'en entendit jamais parler.

Vers 44. *Je rencontre à la fois Perrin & Pelletier.*] L'Abbé *Perrin* avoit été Introducteur des Ambassadeurs de Gaston de France, Duc d'Orléans. Il a traduit en vers François l'Eneïde de Virgile, & il a fait plusieurs autres Poëfies qui furent imprimées en 1661. Cet Abbé fut le premier qui obtint en 1669. le privilège d'établir en France des Opera à l'imitation de Venise; mais en 1672. il fut obligé de le ceder au célèbre Lulli. Pierre Perrin étoit né à Lyon.

Pelletier: Voïez les Remarques sur le vers 54. du *Discours au Roi.*

Vers 45. *Bonnecorse, Pradon, Colletet, Titreville.*] Au lieu des deux premiers noms, il y avoit ceux de *Bardou, Maunoy, Bour-saut*, dans les premieres éditions. Mais *Mau-*

roy

SATIRE VII.

Mes mots viennent sans peine, & courent se placer.
Faut-il peindre un fripon, fameux dans cette Ville?
Ma main, sans que j'y rêve, écrira Raumaville.
Faut-il d'un Sot parfait montrer l'original?
40 Ma plume au bout du vers d'abord trouve Sofal.
Je sens que mon esprit travaille de génie.
Faut-il d'un froid Rimeur dépeindre la manie?
Mes vers, comme un torrent, coulent sur le papier;
Je rencontre à la fois Perrin, & Pelletier,
45 Bonnecorse, Pradon, Colletet, Titreville,

REMARQUES.

roy & *Boursaut* devinrent amis de notre Poëte, & en même tems *Bonnecorse* & *Pradon* firent paroître contre lui des Ouvrages remplis d'injures. Cela fut cause qu'il ôta les noms des premiers, pour faire place à ceux-ci; & c'est à propos de ce changement de noms qu'il fit l'Epigramme suivante:

Venez, Pradon & Bonnecorse,
Grans Ecrivains de même force,
De vos vers recevoir le prix;
Venez prendre dans mes écrits
La place que vos noms demandent.
Liniere, & Perrin vous attendent.

La cause de ces démêlés avec Pradon, sera expliquée sur le dernier vers de l'Epitre VII., & à l'égard de Bonnecorse, sur le vers 64. de l'Epitre IX.

Bardou: mauvais Poëte de ce tems-là, qui avoit fait inserer quelques petits Ouvrages dans les Recueils de Poësies qu'on imprimoit alors.

Mauroy: Jean Testu de Mauroi, dont les Ouvrages paroissoient aussi dans les Recueils de Poësies. Il a été ensuite de l'Académie Françoise. Il étoit Abbé de Fontaine-Jean, & de S. Chéron de Chartres, Prieur de S. Jean de Dampmartin, & Aumonier de Madame la Duchesse d'Orleans. Il mourut le 10. d'Avril, 1706. âgé de 80. ans. Notre Auteur avoit aussi fait les deux vers suivans qu'il n'a jamais fait imprimer:

Qui ne hait point tes vers, ridicule Mauroy,
Pourroit bien pour sa peine aimer ceux de
Fourcroy.

C'est une traduction du fameux vers de Virgile, Eglogue III.
Qui Bavium non odit, amet tua carmina, Mævi.

Boursaut: Dans le tems que notre Poëte composa cette Satire, Boursaut avoit un démêlé avec Moliere, contre qui il fit une petite Comédie, intitulée, *Le Portrait du Peintre, ou la Contre-critique de l'Ecole des Femmes*; qui fut représentée au mois de Novembre 1667. par les Comédiens de l'Hôtel de Bourgogne. Moliere ne regarda pas Boursaut comme un ennemi digne de son ressentiment; mais notre Auteur le plaça dans cette Satire pour faire plaisir à Moliere. Boursaut s'en vengea par une autre Comédie qu'il fit contre Mr. Despréaux, intitulée, *La Satire des Satires*; & cette Pièce devoit être jouée par les mêmes Comédiens, mais Mr. Despréaux obtint un Arrêt du Parlement qui leur défendit de la représenter. Boursaut ne voulant pas perdre le fruit de sa vengeance, fit imprimer sa Comédie. Elle fit néanmoins si peu de bruit que notre Auteur assûroit qu'il ne l'avoit vuë que trois ou quatre ans après qu'elle eut été imprimée. La querelle n'alla pas plus loin, entre deux ennemis qui ne se connoissoient même pas l'un l'autre. Mais Mr. Despréaux étant allé aux Eaux de Bourbon en 1687., Boursaut, qui étoit alors Receveur des Gabelles à Montluçon, l'alla voir, lui offrit sa bourse & ses services; & voulut même le régaler. Depuis cette réconciliation ils furent fort bons amis; & notre Auteur ôta de ses Satires le nom de *Boursaut*. Edme Boursault étoit de Bar-sur-Seine, & mourut à Paris en 1701. Quoiqu'il ne sût pas le Latin, il n'a pas laissé de faire des Ouvrages en vers & en prose, qui sont estimez.

Colletet: Voïez la note sur le vers 77. de la Satire I.

Titreville: Poëte très-obscur, dont il y a quelques vers dans les Recueils de Poësies.

SATIRE VII.

Et pour un que je veux, j'en trouve plus de mille.
Aussi-tôt je triomphe, & ma Muse en secret
S'estime & s'applaudit du beau coup qu'elle a fait.
C'est en vain qu'au milieu de ma fureur extrême,
50 Je me fais quelquefois des leçons à moi-même.
En vain je veux au moins faire grace à quelcun,
Ma plume auroit regret d'en épargner aucun;
Et si-tôt qu'une fois la verve me domine,
Tout ce qui s'offre à moi passe par l'étamine.
55 Le Merite pourtant m'est toûjours précieux:
Mais tout Fat me déplaît, & me blesse les yeux.
Je le poursuis par tout, comme un chien fait sa proie,
Et ne le sens jamais, qu'aussi-tôt je n'aboie.
Enfin, sans perdre tems en de si vains propos,
60 Je sai coudre une rime au bout de quelques mots.
Souvent j'habille en vers une maligne prose.
C'est par là que je vaux, si je vaux quelque chose.
Ainsi, soit que bien-tôt, par une dure loi,
La Mort d'un vol affreux vienne fondre sur moi:
65 Soit que le Ciel me garde un cours long & tranquille,

REMARQUES.

IMITATIONS. Vers 60. *Je sai coudre une rime* &c.] Horace L. I. Sat. IV. 41. & seqq.

— *Neque enim concludere versum*
Dixeris esse satis: neque, si quis scribat,
uti nos,
Sermoni propiora, putes hunc esse Poëtam.

Vers 63. *Ainsi, soit que bien-tôt, par une dure Loi,* &c.] Ce vers, & les dix-sept suivans sont imitez d'Horace, Liv. II. Sat. I. 57. & suiv.

Ne longum faciam: seu me tranquilla Senectus
Exspectat, seu mors atris circumvolat alis;
Dives, inops, Romæ, seu fors ita jusserit, exul;
Quisquis erit vitæ, scribam, color.

CHANGEMENT. Vers 68. *Riche, gueux, triste ou gai, je veux faire des vers.*] Il y avoit dans les premières éditions:

Riche, gueux, ou content, &c.

Mr. Desmarêts, dans la critique qu'il fit en 1674. des Satires de notre Poëte, condamna cet endroit, parce que *content* demandoit un mot qui lui fût opposé, comme *triste*: & il lui proposa de mettre ainsi:

Riche ou gueux, triste ou gai, je veux faire des vers.

Notre Auteur a sagement profité de cette correction: C'est-pourquoi il a dit ailleurs, en parlant de ses Ennemis, Epître VII. 65.

Je sai sur leurs avis corriger mes erreurs.

IMITATIONS. Vers 69. *Pauvre Esprit, dira-t-on,* &c] Horace au même endroit:

— — *O Puer, ut sis*
Vitalis metuo; & majorum ne quis amicus
Frigore te feriat.

Vers 73. *Hé quoi! lors qu'autrefois, Horace*

SATIRE VII.

A Rome ou dans Paris, aux champs ou dans la ville,
Dût ma Muse par là choquer tout l'Univers,
Riche, gueux, triste ou gai, je veux faire des vers.
Pauvre Esprit, dira-t-on, que je plains ta folie!
70 Modère ces bouillons de ta mélancholie;
Et garde qu'un de ceux que tu penses blâmer
N'éteigne dans ton sang cette ardeur de rimer.
Hé quoi! lors qu'autrefois Horace, après Lucile,
Exhaloit en bons mots les vapeurs de sa bile,
75 Et vangeant la Vertu par des traits éclatans,
Alloit ôter le masque aux Vices de son tems:
Ou bien quand Juvénal, de sa mordante plume
Faisant couler des flots de fiel & d'amertume,
Gourmandoit en courroux tout le Peuple Latin,
80 L'un ou l'autre fit-il une tragique fin?
Et que craindre, après tout, d'une fureur si vaine?
Personne ne connoit ni mon nom ni ma veine.
On ne voit point mes vers, à l'envi de Montreuil,
Grossir impunément les feuillets d'un Recueil.

REMARQUES.

race après Lucile, &c.] Horace au même endroit:

— — *Quid, cùm est Lucilius ausus*
Primus in hunc operis componere carmina morem,
Detrahere & pellem, nitidus qua quisque per ora
Cederet, introrsum turpis; num Lælius, aut qui
Duxit ab oppressâ meritum Carthagine nomen,
Ingenio offensi, aut læso doluere Metello?

Vers 82. *Personne ne connoit ni mon nom ni ma veine.*] Ce vers fait connoître que cette Satire est un des premiers Ouvrages de l'Auteur; car il n'auroit pas pû dire, que personne ne connoissoit ni son nom ni sa veine, après avoir adressé ses autres Satires à diverses personnes.

Vers 83 —— *A l'envi de Montreuil.*] Matthieu de Montreuil, fils d'un Avocat de Paris, naquit en 1620. Il a toûjours porté l'habit Ecclésiastique sans être lié aux Or-

dres. Il avoit de l'esprit, & ses Poësies lui donnèrent de la réputation, mais il affecta un peu trop de faire mettre ses vers dans les Recueils de Poësies choisies, que les Libraires faisoient imprimer: c'est à quoi notre Auteur fait allusion. Montreuil ne se fâcha point de cette petite raillerie; au contraire, il a toûjours été des amis de Mr. Despréaux, qui avoit soin de lui envoïer un éxemplaire de ses Oeuvres toutes les fois qu'on les imprimoit. L'Abbé de Montreuil mourut à Valence, au mois de Juillet, 1692 étant logé chez Mr. de Cosnac, son ami, alors Evêque de Valence, & ensuite Archevêque d'Aix. En 1671. Montreuil fit imprimer à Paris toutes ses Oeuvres, qui consistent en des vers, & en des Lettres.

IMITATIONS. Ibid. *On ne voit point mes vers*, &c.] Horace, Liv. I. Satire IV. 71.

Nulla taberna meos habeat, neque pila libellos,
Queis manus insudet vulgi, Hermogenisque Tigelli.

A peine quelquefois je me force à les lire, 85
Pour plaire à quelque Ami, que charme la Satire,
Qui me flatte peut-être, & d'un air imposteur,
Rit tout haut de l'Ouvrage, & tout bas de l'Auteur.
Enfin c'est mon plaisir: je me veux satisfaire;
Je ne puis bien parler, & ne saurois me taire; 90
Et dès qu'un mot plaisant vient luire à mon esprit,
Je n'ai point de repos qu'il ne soit en écrit:
Je ne résiste point au torrent qui m'entraîne.
Mais c'est assez parlé. Prenons un peu d'haleine.
Ma main, pour cette fois, commence à se lasser. 95
Finissons. Mais demain, Muse, à recommencer.

REMARQUES.

IMITATIONS. Vers 85. *A peine quelquefois je me force à les lire*, &c.] Horace au même endroit:
Non recito cuiquam, nisi amicis, idque coactus:
Non ubivis, coramve quibuslibet.
Vers 88. *Rit tout haut de l'Ouvrage, & tout bas de l'Auteur.*] Quand Mr. Despréaux lut sa première Satire à l'Abbé Furetiere, comme on l'a dit ci-devant, il s'aperçut qu'à chaque trait cet Abbé sourioit amèrement, & laissoit entrevoir une joie maligne, prévoiant que l'Auteur alloit s'attirer bien des Ennemis: *Voilà qui est bon*, disoit-il d'un air railleur: *Mais cela fera du bruit*. Ce trait n'échapa pas à notre Poëte, & c'est à quoi il fait allusion dans ce vers, & dans les trois précedens.

SATIRE

SATIRE VIII.

A M. M***. DOCTEUR DE SORBONE.

DE tous les Animaux qui s'élèvent dans l'air,
Qui marchent sur la terre, ou nagent dans la mer,
De Paris au Perou, du Japon jusqu'à Rome,
Le plus sot animal, à mon avis, c'est l'Homme.
5 Quoi? dira-t-on d'abord, un ver, une fourmi,
Un insecte rampant qui ne vit qu'à demi,
Un taureau qui rumine, une chevre qui broute,
Ont l'esprit mieux tourné que n'a l'Homme? Oui sans doute.
Ce discours te surprend, Docteur, je l'apperçoi.
10 L'Homme de la Nature est le Chef & le Roi.

REMARQUES.

LEs sept Satires précedentes aïant été publiées en 1666. la plûpart de ceux qui y avoient été maltraitez, se déchainèrent contre l'Auteur. Il ne daigna pas répondre, du moins sur le ton serieux, à leurs Libelles ni à leurs injures, mais il composa la Satire adressée à son Esprit, qui est la neuviéme, & dans laquelle, sous prétexte de se faire lui-même son procès, il se justifie de tous les crimes que ses Ennemis lui avoient imputés. Le Poëte après avoir fait son Apologie dans cette Satire, entreprit de traiter un sujet plus général, & qui fut au goût de tout le monde. Dans cette vûë il fit la Satire *de l'Homme**. Ces deux Piéces, qui avoient été composées en l'année 1667. furent publiées séparément en 1668. La Satire de l'Homme parut la première, & on en fit en même tems plusieurs editions, qui furent débitées avec une rapidité prodigieuse. C'est de tous ses Ouvrages, celui qui a eu le plus de cours en particulier. Cette Satire est tout-à-fait dans le goût de Perse, & marque un Philosophe chagrin qui ne peut souffrir les vices des Hommes. Elle est adressée à Mr. Morel Docteur de Sorbone. Ce Docteur étoit surnommé *la Machoire d'Âne*, parce qu'il avoit la machoire fort grande & fort avancée : c'est pour cette raison que notre Poëte lui adressa cette Satire, à la fin de laquelle il met l'Homme au dessous de l'Âne même ; & ce fut Mr. Boileau, Docteur de Sorbone, frere du Poëte, qui lui conseilla de dedier sa Satire à Mr. Morel. Il étoit grand ennemi des Jansenistes, contre lesquels il a composé divers Ouvrages, mais tous assez mauvais. Cependant le Poëte Santeul fit des vers Latins, dans lesquels il affecta de loüer ce Docteur ; de ce que par ses discours & par ses écrits il avoit confondu les Disciples de Jansénius : comme Samson défit les Philistins armé d'une machoire d'Âne. Claude Morel étoit de Châlons en Champagne d'une bonne famille de Robe. — Il mourut à Paris le 30. d'Avril 1679. étant Doïen de la Faculté de Théologie & Chanoine Théologal de Paris. Il avoit refusé l'Evêché de Lombez.

IMITATIONS. Vers 1. *De tous les Animaux &c.*] Homère, Iliade L. XVII. a exageré la misère de l'Homme par une semblable comparaison : *De tous les animaux qui respirent, & qui rampent sur la terre, il n'y en a point de plus malheureux que l'Homme.* Vers

* C'est ainsi que l'Auteur la nommoit, & non pas la Satire contre l'Homme.

SATIRE VIII.

Bois, prez, champs, animaux, tout est pour son usage,
Et lui seul a, dis-tu, la Raison en partage.
Il est vrai, de tout tems la Raison fut son lot:
Mais de là je conclus que l'Homme est le plus sot.
15 Ces propos, diras-tu, sont bons dans la satire,
Pour égaier d'abord un Lecteur qui veut rire:
Mais il faut les prouver. En forme. J'y consens.
Répons-moi donc, Docteur, & mets-toi sur les bancs.
  Qu'est-ce que la Sagesse ? Une égalité d'ame,
20 Que rien ne peut troubler, qu'aucun desir n'enflame;
Qui marche en ses conseils à pas plus mesurez,
Qu'un Doïen au Palais ne monte les degrez.
Or cette égalité, dont se forme le Sage,
Qui jamais moins que l'Homme en a connu l'usage ?
25 La Fourmi tous les ans traversant les guérèts,
Grossit ses magasins des trésors de Cérès ;
Et dès que l'Aquilon, ramenant la froidure,
Vient de ses noirs frimats attrister la Nature,

REMARQUES.

Vers 13. *Il est vrai.*] C'est le Poëte qui reprend ici le Discours. Comme cette Satire est en Dialogue entre le Poëte & le Docteur, il faut prendre garde aux discours de l'un & de l'autre.

Vers 17. *Mais il faut les prouver. En forme. J'y consens.*] Ces derniers mots, *J'y consens*, sont du Poëte. Le reste est du Docteur. *En forme*: ce mot, détaché de ce qui précede, est un trait qui caractérise bien le personnage & marque mieux le Dialogue, que si l'Auteur avoit mis tout de suite: *Mais il faut les prouver en forme.* Cela seroit froid.

IMITATIONS. Vers 25. *La Fourmi tous les ans traversant les guérèts* &c.] Hor. L. I. Sat. I. 33. & seqq.

Parvula (nam exemplo est) magni Formica laboris
Ore trahit quodcumque potest, atque addit acervo
Quem struit, haud ignara, ac non incauta futuri.
Quæ, simul inversum contristat Aquarius annum,
Non usquam prorepit, & illis utitur ante

Quæsitis sapiens.

Vers 34. ———— *Au retour du Bélier.*] C'est-à-dire, au retour du Printems, car le Printems commence quand le Soleil entre dans le signe du Bélier.

IMITATIONS. Vers 35. *Mais l'Homme sans arrêt*, &c.] Horace, Liv. I. Epitre I. 97. & suiv.

———— *Quid mea cùm pugnat sententia secum?*
Quod petiit, spernit : repetit, quod nuper omisit ;
Æstuat, & vitæ disconvenit ordine toto.

Vers 39. *Ce qu'un jour il abhorre, en l'autre il le souhaite.*] L'Auteur auroit pu mettre. *Ce qu'un jour il abhorre, un autre il le souhaite.*

Vers 42. ———— *Des Saints qu'a célébrez Bussi.*] Le Comte de Bussi-Rabutin avoit fait un petit Livre, relié proprement en manière d'Heures, où, au lieu des Images que l'on met dans les Livres de prières, étoient les portraits en mignature de quelques Hommes de la Cour, dont les Femmes étoient soupçonnées de galanterie. Et, ce que dans la suite il a lui-même condamné tout le premier

SATIRE VIII.

Cet animal, tapi dans son obscurité,
30 Jouït l'hiver des biens conquis durant l'été.
Mais on ne la voit point d'une humeur inconstante,
Paresseuse au printems, en hiver diligente,
Affronter en plein champ les fureurs de Janvier,
Ou demeurer oisive au retour du Bélier.
35 Mais l'Homme sans arrêt dans sa course insensée,
Voltige incessamment de pensée en pensée :
Son cœur, toûjours flottant entre mille embarras,
Ne sait ni ce qu'il veut, ni ce qu'il ne veut pas.
Ce qu'un jour il abhorre, en l'autre il le souhaitte.
40 Moi ? j'irois épouser une Femme coquette ?
J'irois, par ma constance aux affronts endurci,
Me mettre au rang des Saints qu'a célébrez Bussi ?
Assez de Sots sans moi feront parler la Ville,
Disoit, le mois passé, ce Marquis indocile,
45 Qui depuis quinze jours dans le piège arrêté,
Entre les bons Maris pour éxemple cité,

REMARQUES.

mier ; il avoit mis au bas de chaque portrait, un petit discours en forme d'Oraison ou de Prière, accommodée au sujet. Il avoit aussi composé *l'Histoire amoureuse des Gaules*, où il décrivoit d'une manière très-Satirique, les galanteries des principales personnes de la Cour. Ce Livre fut la cause de sa disgrace. Les Lettres suivantes servent encore à l'explication de ce vers.

Lett. de Madame de Scuderi à Mr. le Comte de Bussi, du 4. Août, 1674.
„ Aimez-vous, Monsieur, que Despréaux
„ ait nommé votre nom dans une de ses Sa-
„ tires ? J'ai ouï dire que le Roi avoit de-
„ mandé ce que c'étoit qu'il vouloit dire, à
„ l'endroit où il parle de vous ; & qu'on
„ lui répondit d'une manière qui vous auroit
„ fâché, si vous la saviez. . . . .

Réponse du Comte de Bussi, du 8. Août. . . . .
„ L'endroit où Despréaux m'a nommé dans
„ ses Satires, fait plus contre lui que contre
„ moi. Il a dit, *les Saints qu'a célébrez Bussi*,
„ pour dire, *les Cocus*. La Métaphore est
„ ridicule. Pour moi je ne voi pas que cela
„ m'ait fait ni bien ni mal, ni que la répon-
„ se qu'on auroit pu faire au Roi, ait dû me
„ déplaire. D'ailleurs Despréaux est un
„ Garçon d'esprit & de mérite que j'aime
„ fort.

Lettre de Madame de Scuderi, du 19. Août. . . .
„ Pour Despréaux, je ne trouve pas qu'un
„ homme comme vous, quoique vous en
„ puissiez dire, doive être cité si légèrement
„ que vous l'avez été. Le Roi, à ce qu'on
„ m'a dit, demanda ce que c'étoit que *les*
„ *Saints que vous aviez célébrez* ? & l'on lui
„ répondit, que c'étoit une badinerie un peu
„ impie que vous aviez faite. Je ne trouve
„ pas cela plaisant.

Cette Dame étoit la veuve du fameux Gouverneur de Notre-Dame de la Garde, Messire George de Scuderi, peu ménagé en divers endroits des Oeuvres de notre Satirique, contre lequel, pour venger la mémoire de son Epoux, elle auroit bien voulu animer Mr. le Comte de Bussi. Elle mourut à Paris au commencement de l'année 1711. Les Lettres dont on vient de rapporter les fragmens, n'ont pas été imprimées.

SATIRE VIII.

Croit que Dieu, tout exprès, d'une côte nouvelle
A tiré pour lui seul une Femme fidelle.
Voilà l'Homme en effet. Il va du blanc au noir.
50 Il condamne au matin ses sentimens du soir.
Importun à tout autre, à soi-même incommode,
Il change à tous momens d'esprit comme de mode:
Il tourne au moindre vent, il tombe au moindre choc:
Aujourd'hui dans un casque, & demain dans un froc.
55   Cependant à le voir plein de vapeurs légères,
Soi-même se bercer de ses propres chimères,
Lui seul de la Nature est la baze & l'appui,
Et le dixième Ciel ne tourne que pour lui.
De tous les Animaux il est, dit-il, le Maître.
60 Qui pourroit le nier? poursuis-tu. Moi peut-être.
Mais sans examiner, si vers les Antres sourds
L'Ours a peur du Passant, ou le Passant de l'Ours:
Et si, sur un Edit des Pastres de Nubie,
Les Lions de Barca vuideroient la Libye:
65 Ce Maître prétendu, qui leur donne des lois,
Ce Roi des animaux, combien a-t-il de Rois?
L'Ambition, l'Amour, l'Avarice, la Haine,

REMARQUES.

Vers 47. *Croit que Dieu, tout exprès, d'une côte nouvelle.*] Voïez la Remarque sur le vers 103. de la Satire X.

Vers 53. *Il tourne au moindre vent, il tombe au moindre choc: &c.*] L'Auteur faisoit cas de ce vers & du suivant, tant pour leur beauté, que pour la singularité de la rime.

Vers 61. *Mais sans examiner, si vers les Antres sourds.*] Un Critique habile * croit que *les Antres sourds*, donnent une idée trop vague, & ne sont là que pour la rime: Il voudroit que le Poëte eût mis:

Mais sans examiner par un trop long discours,
Si l'Ours craint le Passant; si le Passant craint l'Ours.

Vers 63. *Et si, sur un Edit des Pastres de Nubie,* &c.] La Nubie est un grand Païs de l'Afrique, situé au Midi du Roïaume de Barca. Il y a beaucoup de Lions dans les deserts de Barca.

IMITATIONS. Vers 69. *Le sommeil sur ses yeux commence* &c.]. Perse, Satire V. vers 132. & suiv.

Mane piger stertis: surge, inquit Avaritia; eia,
Surge. Negas; instat: Surge, inquit. Non queo. Surge.
En, quid agam? Rogitas? Saperdas advehe Ponto,
Castoreum, stuppas, ebenum, thus, lubrica Coa;
Tolle recens primus piper è sitiente Camelo.
Verte aliquid, jura.

Vers 76. *Rapporter de Goa.*] Capitale des Etats que les Portugais possedent dans les Indes Orientales. Cette ville est célèbre par

* *Mr. De la Monnoye.*

SATIRE VIII.

Tiennent comme un Forçat son Esprit à la chaîne.
Le sommeil sur ses yeux commence à s'épancher.
70 Debout, dit l'Avarice, il est tems de marcher.
Hé laissez-moi. Debout. Un moment. Tu repliques?
A peine le Soleil fait ouvrir les boutiques.
N'importe, leve-toi. Pourquoi faire après tout?
Pour courir l'Ocean de l'un à l'autre bout,
75 Chercher jusqu'au Japon la porcelaine & l'ambre,
Raporter de Goa le poivre & le gingembre.
Mais j'ai des biens en foule, & je puis m'en passer.
On n'en peut trop avoir; & pour en amasser,
Il ne faut épargner ni crime ni parjure:
80 Il faut souffrir la faim, & coucher sur la dure:
Eût-on plus de trésors que n'en perdit Galet,
N'avoir en sa maison ni meubles ni valet:
Parmi les tas de blé vivre de seigle & d'orge,
De peur de perdre un liard, souffrir qu'on vous égorge.
85 Et pourquoi cette épargne enfin? L'ignores-tu?
Afin qu'un Héritier bien nourri, bien vêtu,
Profitant d'un trésor en tes mains inutile,
De son train quelque jour embarrasse la Ville.

REMARQUES.

son Port de mer, & par le grand commerce qui s'y fait.

Vers 81. *Eût-on plus de trésors que n'en perdit Galet.*] Fameux Joüeur qui avoit gagné au jeu des sommes immenses, qu'il reperdit dans la suite. Il avoit fait bâtir à Paris l'Hôtel de Sulli, dans la ruë St. Antoine; mais il le joua en un coup de dez. Après avoir perdu tout son bien, il alloit encore joüer, dit-on, avec les Laquais dans les ruës, & même sur les degrez de la maison qui lui avoit apartenu. Regnier a fait mention de ce Joüeur dans sa quatorzième Satire.

Gallet a sa raison; & qui croira son dire,
Le hazard pour le moins lui promet un Empire,
Toutefois au contraire étant léger & net,
N'ayant que l'esperance & trois dez au cornet,

Comme sur un bon fond de rente & de receptes,
Dessus sept ou quatorze il assigne ses debtes.

Il n'y a pas long-tems, dit Ménage, qu'il y avoit à Chinon une famille du nom de Galet: Galet le joüeur étoit de cette famille, & Ulrich ou Hurli Galet, Maître des Requêtes de *Grandgousier*, en étoit aussi [*]. Menage l'avoit ouï dire à Galet le joüeur. *Dict. Etymol. au mot Galet.*

Vers 84. *De peur de perdre un liard, souffrir qu'on vous égorge.*] Ce vers & les six précedens font allusion à l'avarice outrée du Lieutenant Criminel Tardieu, & de sa femme, qui avoient été assassinez dans leur maison, sur le Quai des Orfévres. Leur avanture est décrite dans la Satire X. *Voiez les Remarques au même endroit.*

[*] *Rabelais, l. 30.*

SATIRE VIII.

Que faire ? il faut partir. Les Matelots sont prêts.
90 Ou, si pour l'entraîner l'argent manque d'attraits,
Bien-tôt l'Ambition, & toute son escorte,
Dans le sein du Repos, vient le prendre à main forte,
L'envoie en furieux au milieu des hazards,
Se faire estropier sur les pas des Césars,
95 Et cherchant sur la brèche une mort indiscrète,
De sa folle valeur embellir la Gazette.
Tout-beau, dira quelqu'un, raillez plus à propos ;
Ce vice fut toûjours la vertu des Heros.
Quoi donc ? à votre avis, fut-ce un fou qu'Alexandre ?
100 Qui ? cet écervelé, qui mit l'Asie en cendre ?
Ce fougueux l'Angéli, qui de sang alteré,
Maître du Monde entier, s'y trouvoit trop serré ?
L'enragé qu'il étoit, né Roi d'une province,
Qu'il pouvoit gouverner en bon & sage Prince,
105 S'en alla follement, & pensant être Dieu,
Courir comme un Bandit qui n'a ni feu ni lieu ;
Et traînant avec soi les horreurs de la guerre,
De sa vaste folie emplir toute la Terre.

REMARQUES.

CHANGEMENT. Vers 91. *Bien-tôt l'Ambition, & toute son escorte.*] Dans les premières éditions il y avoit : *Avec meilleure escorte.*
Vers 101. *Ce fougueux l'Angéli.*] Le Pere Bouhours, dans son quatrième Dialogue de *la Manière de bien penser*, parlant de certains faits historiques qui deviennent obscurs par le tems : ,, J'en dis autant du Nom que porte ,, Alexandre dans la Satire contre l'Homme. ,, Ce Fougueux l'Angéli, &c. Cela est clair ,, maintenant, parce que nous savons que ,, l'Angéli étoit un Fou de la Cour, que le ,, Prince de Condé avoit amené de Flandres. ,, Et si cela devient obscur avec le tems, il ,, ne faut pas s'en prendre à l'Auteur. "
Voïez le vers 112. de la Satire I. & la Remarque sur ce même vers, où il est parlé de l'*Angéli*.
IMITATIONS. Vers 102. *Maître du Monde entier, s'y trouvoit trop serré ?*] Juvénal Sat. X. vers 168.

Unus Pellæo Juveni non sufficit Orbis :
Æstuat infelix angusto limite mundi.
On peut voir Sénèque, *de Benef.* L. I c. 13.
Vers 110. *La Macédoine eût eu des Petites-Maisons.*] Les *Petites-maisons* sont un Hôpital de Paris, où l'on enferme les Fous. Voïez la Remarque sur le vers 4. de la Satire IV.
Vers 114. *Traiter, comme Senaut, toutes les passions.*] Le P. Jean François Senaut, Général de la Congrégation de l'Oratoire, a fait un Traité *de l'usage des Passions.*
Vers 117. *Laissons-en discourir la Chambre, ou Coëffeteau.*] Marin Cureau *de la Chambre*, Médecin ordinaire du Roi, a fait le *Caractère des Passions*, outre plusieurs autres Ouvrages. Il étoit de l'Académie Françoise, & mourut à Paris au mois de Novembre 1669. âgé de 76. ans. Nicolas *Coëffeteau*, Religieux de l'Ordre de St. Dominique, nommé à l'Evêché de Marseille, a compo-

SATIRE VIII.

  Heureux! si de son tems, pour cent bonnes raisons,
110 La Macédoine eût eu des Petites-Maisons,
  Et qu'un sage Tuteur l'eût, en cette demeure,
  Par avis de Parens, enfermé de bonne heure.
  Mais sans nous égarer dans ces digressions;
  Traiter, comme Senaut, toutes les passions;
115 Et les distribuant par classes & par titres,
  Dogmatizer en vers, & rimer par chapitres:
  Laissons-en discourir la Chambre, & Coëffeteau:
  Et voïons l'Homme enfin par l'endroit le plus beau.
  Lui seul vivant, dit-on, dans l'enceinte des Villes,
120 Fait voir d'honnêtes mœurs, des coûtumes civiles,
  Se fait des Gouverneurs, des Magistrats, des Rois,
  Observe une police, obéït à des lois.
  Il est vrai. Mais pourtant, sans lois & sans police,
  Sans craindre Archers, Prevôt, ni Suppôt de Justice,
125 Voit-on les Loups brigans, comme nous inhumains,
  Pour détrousser les Loups, courir les grans chemins?
  Jamais pour s'agrandir, vit-on dans sa manie
  Un Tigre en factions partager l'Hyrcanie?

REMARQUES.

sé le *Tableau des Passions humaines, leurs causes, & leurs effets*.
Vers 119. *Lui seul vivant, dit-on, dans l'enceinte des Villes*, &c. Ce vers, & les trois suivans, sont d'une facilité, & d'une douceur admirables: Cependant l'Auteur disoit, que de tous les vers qu'il avoit faits, c'étoient ceux-ci qu'il avoit le plus travaillez, & qui lui avoient coûté le plus de tems & de peine.
IMITATIONS. Vers 125. *Voit-on les Loups brigans*, &c.] Horace, Epode VII. 11, 12.
Neque hic lupis mos, nec fuit leonibus
 Umquam, nisi in dispar, feris.
Juvénal a étendu la même pensée, dans sa XV. Satire, vers 159.
Sed jam serpentum major concordia, parcit
Cognatis maculis similis fera. quando leoni
Fortior eripuit vitam leo? quo nemore um-
 quam
Exspiravit aper majoris dentibus apri?

Indica tigris agit rabida cum tigride pacem
Perpetuam: sævis inter se convenit ursis.
Ast homini &c.
Notre Auteur a parfaitement bien traduit le Latin de ces deux Poëtes, & y a joint d'autres éxemples. Il a aussi visé à ce passage de Pline le Naturaliste: *Denique, cetera animantia in suo genere probè degunt: congregari videmus & stare contra dissimilia. Leonum feritas inter se non dimicat: Serpentum morsus non petit serpentes: ne maris quidem belluæ ac pisces, nisi in diversa genera, sæviunt. At, Hercules! Homini plurima ex homine sunt mala.* Plin. L. VII. *in princ.*. On peut voir les réflexions que Mr. Bayle a faites sur cet endroit de notre Poëte, dans son Dictionaire historique & critique, au mot, *Barbe*, Remarque C.
Vers 128. —— *Partager l'Hyrcanie?*]
Province de la Perse au Midi de la Mer Caspienne.

SATIRE VIII.

    L'Ours a-t-il dans les bois la guerre avec les Ours?
130 Le Vautour dans les airs fond-il sur les Vautours?
    A-t-on vû quelquefois dans les plaines d'Afrique,
    Déchirant à l'envi leur propre République,
    Lions contre Lions, Parens contre Parens,
    Combattre follement pour le choix des Tyrans?
135 L'animal le plus fier qu'enfante la Nature,
    Dans un autre animal respecte sa figure,
    De sa rage avec lui modère les accès,
    Vit sans bruit, sans débats, sans noise, sans procès.
    Un Aigle, sur un champ prétendant droit d'Aubaine,
140 Ne fait point appeler un Aigle à la huitaine.
    Jamais contre un Renard chicanant un poulet,
    Un Renard de son sac n'alla charger Rolet.
    Jamais la Biche en rut n'a pour fait d'impuissance
    Traîné du fond des bois un Cerf à l'Audiance,
145 Et jamais Juge, entr'eux ordonnant le Congrès,
    De ce burlesque mot n'a sali ses arrêts.
    On ne connoit chez eux ni Placets, ni Requêtes,
    Ni haut ni bas Conseil, ni Chambre des Enquêtes,

REMARQUES.

CHANGEMENT. Vers 129. *L'Ours a-t-il dans les bois la guerre avec les Ours?*] Ce vers étoit autrement dans les premières éditions.

    L'Ours fait-il dans les bois la guerre avec les Ours?

Tous les amis de l'Auteur, particulièrement Mr. de Brienne*, La Fontaine, & Racine, remarquèrent que l'on ne disoit pas: *Faire la guerre avec quelqu'un*, mais *à quelqu'un*; & qu'ainsi il faloit dire: *L'Ours fait-il la guerre aux Ours?* Chacun s'efforça de corriger ce vers, mais personne n'y put réüssir, & il fut imprimé avec cette négligence. Il avoit même essuïé plusieurs éditions, lors qu'enfin l'Auteur trouva le moïen de le rectifier, par le changement d'un seul mot: *L'Ours a-t-il dans les bois la guerre avec les Ours?* Ce changement fut fait dans l'édition de 1674. on fut étonné qu'une correction si facile eût été si difficile à trouver par de si habiles gens.

IMITATIONS. Vers 133. *Lions contre Lions, &c.*] Ces deux vers sont parodiez de Cinna, Tragédie de Corneille: Acte I. Scène 3.

    Romains contre Romains, Parens contre Parens,
    Combattoient seulement pour le choix des Tyrans.

Vers 139. *Un Aigle sur un champ prétendant droit d'Aubaine.*] Le droit d'*Aubaine* est le droit de prendre la succession d'un Etranger qui meurt en France. Ce Droit appartient au Roi seul, dans son Roïaume. Ainsi, ce n'est pas au hazard que le Poëte attribuë à l'Aigle le droit d'Aubaine, qui est un Droit Roïal: car l'Aigle est le Roi des Oiseaux.

* *Secretaire d'Etat qui entra dans la Congregation de l'Oratoire l'an 1664.*

-Vers

SATIRE VIII.

Chacun l'un avec l'autre en toute sûreté
150 Vit fous les pures lois de la fimple Equité.
L'Homme feul, l'Homme feul, en fa fureur extrême,
Met un brutal honneur à s'égorger foi-même.
C'étoit peu que fa main, conduite par l'Enfer,
Eût paîtri le falpètre, eût aiguifé le fer.
155 Il falloit que fa rage, à l'Univers funefte,
Allât encor de lois embrouiller un Digefte;
Cherchât pour l'obfcurcir des glofes, des Docteurs,
Accablât l'Equité fous des monceaux d'Auteurs,
Et pour comble de maux apportât dans la France
160 Des harangueurs du tems l'ennuïeufe éloquence.
Doucement, diras-tu. Que fert de s'emporter?
L'Homme a fes paffions; on n'en fauroit douter;
Il a comme la mer fes flots & fes caprices.
Mais fes moindres vertus balancent tous fes vices.
165 N'eft-ce pas l'Homme enfin, dont l'art audacieux
Dans le tour d'un compas a mefuré les Cieux?
Dont la vafte fcience, embraffant toutes chofes,
A fouillé la Nature, en a percé les caufes?

REMARQUES.

Vers 142. *Un Renard de fon fac n'alla charger. Rolet.*] Procureur au Parlement, dont il a été parlé dans la Satire I. vers 2. L'éxemple du Renard eft d'autant plus jufte, que Rolet avoit la phyfionomie & les inclinations d'un Renard.

Vers 145. *Et jamais Juge entr'eux ordonnant le Congrès*, &c.] Le Congrès eft une preuve honteufe qui fe faifoit en préfence de Chirurgiens & de Matrones, par ordonnance des Juges Ecclefiaftiques, quand une femme demandoit la diffolution du mariage à caufe de l'impuiffance du mari. Ces deux vers qui fraperent Mr. le Premier Préfident de Lamoignon, ne contribuèrent pas peu à faire abolir l'ufage du *Congrès*. En effet, depuis la publication de cette Satire, toutes les fois qu'il fe préfenta au Parlement quelque conteftation au fujet du *Congrès*, ce fage Magiftrat fe déclara contre cette épreuve. Mr. de Lamoignon fon fils, Avocat Général, portant la parole en 1674. dans une caufe de cette efpèce, témoigna la jufte horreur que l'on devoit avoir de cet ufage odieux, qui offenfe, dit-il, les bonnes mœurs, la Religion, la Juftice, & la Nature même. Enfin, en 1677. Mr. le P. Préfident de Lamoignon, prononça un Arrêt en forme de Règlement, qui abolit pour toûjours la preuve inutile & infame du Congrès. *Journal du Palais, Tom. III. p. 466. & Tom. V. p. 1.*

IMITATIONS. Vers 153. *C'étoit peu que fa main* &c.] Juvénal Satire XV. 165.
Aft homini ferrum lethale incude nefandâ
Produxiffe parum eft.

IMITATIONS. Vers 166. *Dans le tour d'un compas a mefuré les Cieux.*] Virgile, Eglog. III. v. 41.
Defcripfit radio totum qui Gentibus Orbem.
Et Horace, Liv. I. Ode XXVIII. 5.
Aërias tentaffe domos, animoque rotundum
Percurriffe polum.

IMI-

SATIRE VIII.

Les Animaux ont-ils des Univerſitez ?
170 Voit-on fleurir chez eux des quatre Facultez ?
Y voit-on des Savans en Droit, en Médecine,
Endoſſer l'écarlate, & ſe fourrer d'hermine ?
Non ſans doute, & jamais chez eux un Médecin
N'empoiſonna les bois de ſon art aſſaſſin.
175 Jamais Docteur, armé d'un argument frivole,
Ne s'enroua chez eux ſur les bancs d'une Ecole.
Mais ſans chercher au fond, ſi notre Eſprit deçû
Sait rien de ce qu'il ſait, s'il a jamais rien ſû,
Toi-même, répons-moi. Dans le ſiècle où nous ſommes,
180 Eſt-ce au pié du ſavoir qu'on meſure les hommes ?
Veux-tu voir tous les Grans à ta porte courir ?
Dit un Pere à ſon Fils, dont le poil va fleurir ;
Pren-moi le bon parti. Laiſſe-là tous les livres.
Cent francs au denier cinq combien font-ils ? Vingt livres.
185 C'eſt bien dit. Va, tu ſais tout ce qu'il faut ſavoir.
Que de biens, que d'honneurs ſur toi s'en vont pleuvoir !
Exerce-toi, mon Fils, dans ces hautes Sciences ;
Prens, au lieu d'un Platon, le Guidon des Finances :
Sache quelle Province enrichit les Traitans :

REMARQUES.

IMITATIONS. Vers 181. *Veux-tu voir tous les Graus à ta porte courir ?*] Horace, Art Poëtique, vers 325.
Romani pueri longis rationibus aſſem
Diſcunt in partes centum diducere : dicat
Filius Albini, ſi de quincunce remota eſt
Uncia, quid ſuperat ? poteras dixiſſe, Triens.
Heus,
Rem poteris ſervare tuam. Redit uncia ; quid fit ?
Semis, &c.

Vers 184. *Cent francs au denier cinq, combien font-ils ? Vingt Livres.*] C'eſt un Uſurier qui parle, & qui, au lieu d'interroger ſon fils ſur le pié du denier vingt, qui eſt l'intérêt légitime, l'interroge ſur le pié du denier cinq, qui eſt ſon intérêt ordinaire.

Vers 188. ———— *Le Guidon des Finances.*] Livre qui traite des droits & revenus du Roi, & de tout ce qui concerne les Finances. Il étoit d'un grand uſage autrefois, mais l'habileté de nos Financiers l'a rendu fort inutile.

Vers 195. *Et trompant de Colbert* &c.] Miniſtre & Secretaire d'Etat, Controlleur Général des Finances. &c.

Vers 200. *De tes titres pompeux enfler leurs dédicaces.*] Il a voulu parler du grand Corneille, qui reçut une ſomme conſidérable, pour dédier ſon Cinna à Montoron, riche Partiſan. Depuis ce tems-là on a appelé les Epitres dédicatoires de cette eſpèce-là, *des Epitres à la Montoron.*
Ce n'eſt que Maroquin perdu
Que les Livres que l'on dédie,
Depuis que Montoron mandie, &c. *Scarron.*

IMITATIONS. Vers 203. *Quiconque eſt Riche eſt tout,* &c.] Horace, L. I. Ep. VI. v. 36.
Scilicet uxorem cum dote, fidemque & amicos,
Et

SATIRE VIII.   81

190 Combien le sel au Roi peut fournir tous les ans.
Endurci-toi le cœur. Sois Arabe, Corsaire,
Injuste, violent, sans foi, double, faussaire.
Ne va point sottement faire le génereux.
Engraisse-toi, mon Fils, du suc des malheureux,
195 Et trompant de Colbert la prudence importune,
Va par tes cruautez mériter la fortune.
Aussi-tôt tu verras Poëtes, Orateurs,
Rhéteurs, Grammairiens, Astronomes, Docteurs,
Dégrader les Heros pour te mettre en leurs places,
200 De tes titres pompeux enfler leurs dédicaces,
Te prouver à toi-même en Grec, Hebreu, Latin,
Que tu sais de leur Art & le fort & le fin.
Quiconque est riche est tout. Sans sagesse il est sage.
Il a, sans rien savoir, la science en partage.
205 Il a l'esprit, le cœur, le mérite, le rang,
La vertu, la valeur, la dignité, le sang.
Il est aimé des Grans, il est cheri des Belles.
Jamais Sur-Intendant ne trouva de Cruelles.
L'or même à la Laideur donne un teint de beauté :
210 Mais tout devient affreux avec la pauvreté.

REMARQUES.

Et genus, & formam Regina pecunia donat, Ac bene nummatum decorat Suadela, Venusque.

Vers 208. *Jamais Sur-Intendant ne trouva de Cruelles.*] Mr. Nicolas Fouquet Procureur Général au Parlement de Paris, a été le dernier Sur-Intendant des Finances.

Vers 209. *L'or même à la Laideur.*] Ce vers étoit de cette manière :

L'or même à Pélisson donne un teint de beauté.

Mr. Pélisson étoit d'une laideur si étonnante, qu'une Dame lui dit un jour, qu'il abusoit de la permission que les hommes ont d'être laids. Son nom venoit là d'autant plus à propos, qu'il avoit été Premier Commis de Mr. Fouquet, désigné dans le vers précedent. Mais dans l'Impression l'Auteur supprima le nom de Mr. Pélisson, ne voulant pas lui reprocher un défaut corporel dont il n'étoit point coupable. Cependant, cet adoucissement ne contenta point Mr. Pélisson, qui conserva toûjours du ressentiment contre notre Poëte. Dans le Voïage de Bachaumont & la Chapelle, on fait dire à des gens du peuple, qu'ils croïoient Mr. de Scuderi :

Un homme de fort bonne mine,
Vaillant, riche & toûjours bien mis ;
Sa sœur une beauté divine,
Et Pélisson un Adonis.

C'est de lui que la Bruyere a dit, qu'*un homme qui a beaucoup de mérite & d'esprit, & qui est connu pour tel, n'est pas laid, même avec des traits qui sont difformes ; ou s'il a de la laideur, elle ne fait pas son impression.* La Bruyere, Chap. *des Jugemens,* p. 426. Ed. de Bruxelles 1697.

Paul Pélisson Fontanier, natif de Castres en Languedoc, étoit Maître des Requêtes. Il avoit été reçu à l'Académie Françoise en 1652. en consideration de ce qu'il avoit écrit l'Histoire de l'Académie, il mourut à Paris en 1692.

IMITATIONS. Ibid. *L'or même à la Laideur*

C'est ainsi qu'à son fils un Usurier habile
Trace vers la Richesse une route facile :
Et souvent tel y vient, qui sait pour tout secret,
Cinq & quatre font neuf, ôtez deux, reste sept.
215 Après cela, Docteur, va pâlir sur la Bible ;
Va marquer les écueils de cette mer terrible :
Perce la sainte horreur de ce Livre divin :
Confons dans un ouvrage & Luther & Calvin :
Débrouille des vieux tems les querelles célèbres :
220 Eclairci des Rabins les savantes ténèbres :
Afin qu'en ta vieillesse, un livre en maroquin
Aille offrir ton travail à quelque heureux Faquin,
Qui, pour digne loïer de la Bible éclaircie,
Te paie en l'acceptant d'un, *Je vous remercie*.
225 Ou, si ton cœur aspire à des honneurs plus grans,
Quitte-là le bonnet, la Sorbone & les bancs ;
Et prenant desormais un emploi salutaire,
Mets-toi chez un Banquier, ou bien chez un Notaire :
Laisse-là saint Thomas s'accorder avec Scot :
230 Et conclus avec moi, qu'un Docteur n'est qu'un sot.
Un Docteur, diras-tu ? Parlez de vous, Poëte.
C'est pousser un peu loin votre Muse indiscrete.
Mais sans perdre en discours le tems hors de saison,

REMARQUES.

deur donne un teint de beauté.] Corneille dans la Comédie de Mélite, Acte I. Sc. 1.

L'argent dans le ménage a certaine splendeur,
Qui donne un teint d'éclat à la même Laideur.

Vers 214. *Cinq & quatre font neuf, ôtez deux, reste sept.*] Ce vers est fort serré : il contient les deux premières règles de l'Arithmétique ; l'*Addition*, & la *Soustraction*. Dans les premières éditions il y avoit : *Cinq & quatre font neuf*; Et dans un autre vers qui a été retranché de la Satire I. *Prêche que trois font trois*. Mais il faut toûjours dire ; *Cinq*

*& quatre font neuf. Dix & cinq font quin-
ze.* &c.

IMITATIONS. Vers 215. *Après cela Docteur, va pâlir sur la Bible*, &c.] Ce vers est imité de Regnier, Satire IV.

Or, va, romps-toi la tête, & de jour & de
nuit
Pastis dessus un livre, à l'appétit d'un
bruit,
Qui nous honore après que nous sommes sou[s]
terre.

Vers 229. *Laisse-là Saint Thomas s'accorde avec Scot.*] Les Disputes des Thomistes & de[s] Scotistes sont fameuses dans les Ecoles. Jea[n]
Du[n]

SATIRE VIII.

L'Homme, venez au fait, n'a-t-il pas la Raison?
235　N'est-ce pas son flambeau, son pilote fidèle?
Oui: Mais dequoi lui sert que sa voix le rappèle,
Si sur la foi des vents tout prêt à s'embarquer,
Il ne voit point d'écueil qu'il ne l'aille choquer?
Et que sert à Cotin la Raison qui lui crie,
240　N'écri plus, guéri-toi d'une vaine furie;
Si tous ces vains conseils, loin de la reprimer,
Ne font qu'accroître en lui la fureur de rimer?
Tous les jours de ses vers, qu'à grand bruit il recite,
Il met chez lui Voisins, Parens, Amis en fuite.
245　Car lors que son Démon commence à l'agiter,
Tout, jusqu'à sa Servante, est prêt à deserter.
Un Ane, pour le moins instruit par la Nature,
A l'instinct qui le guide obéit sans murmure:
Ne va point follement de sa bizarre voix
250　Défier aux chansons les oiseaux dans les bois.
Sans avoir la Raison, il marche sur sa route.
L'Homme seul, qu'elle éclaire, en plein jour ne voit goute;
Reglé par ses avis, fait tout à contre-tems,
Et dans tout ce qu'il fait, n'a ni raison ni sens.
255　Tout lui plaît & déplaît, tout le choque & l'oblige:
Sans raison il est gai, sans raison il s'afflige.

REMARQUES.

Duns vulgairement appelé *Scot*, parce qu'il étoit Ecossois, fut surnommé le Docteur Subtil, ses opinions sont souvent oposées à celles de St. Thomas.

Vers 238. *Il ne voit point d'écueil qu'il ne l'aille choquer.*] Après ce vers, le Poëte avoit dessein de rimer cette pensée. *Que dirois-tu, Docteur, d'un homme qui seroit au milieu d'un bois pendant l'obscurité de la nuit; & qui ayant un flambeau pour s'éclairer, ne laisseroit pas de s'écarter du chemin, pour s'aller jetter dans des précipices? il est à plaindre, dirois-tu:*
Il a perdu l'esprit, & demain dès l'aurore,
Il prendra, s'il m'en croit, douze grains d'Ellébore.
C'est bien dit: le Conseil est sagement donné,
Et Guenaud chez Cotin n'eût pas mieux ordonné.

L'Auteur ne voulut point employer ces vers, & se contenta de mettre ce qui suit. *Et que sert à Cotin* &c. Voïez les Remarques sur le vers 60. de la Sat. III.

IMITATIONS. Vers 244. *Il met chez lui Voisins, Parens, Amis en fuite.*] Horace, Art Poëtique, vers 474.

Indoctum, doctumque fugat recitator acerbus.

Vers 246. *Tout, jusqu'à sa Servante, est prêt à deserter.*] L'Abbé Cotin avoit effectivement une Servante, & n'avoit point de Valet.

SATIRE VIII.

Son esprit au hazard aime, évite, poursuit,
Défait, refait, augmente, ôte, éleve, détruit.
Et voit-on, comme lui, les Ours ni les Panthères,
260 S'effraïer sottement de leurs propres Chimères,
Plus de douze attroupés craindre le nombre impair,
Ou croire qu'un Corbeau les menace dans l'air?
Jamais l'Homme, dis-moi, vit-il la Bête folle
Sacrifier à l'Homme, adorer son idole,
265 Lui venir, comme au Dieu des saisons & des vents,
Demander à genoux la pluie, ou le beau tems?
Non. Mais cent fois la Bête a vû l'Homme hypochondre
Adorer le métal que lui-même il fit fondre:
A vû dans un païs les timides Mortels
270 Trembler aux piés d'un Singe assis sur leurs Autels;
Et sur les bords du Nil les peuples imbéciles,
L'encensoir à la main, chercher les Crocodiles.
 Mais pourquoi, diras-tu, cet exemple odieux?
Que peut servir ici l'Egypte & ses faux Dieux?
275 Quoi? me prouverez-vous par ce discours profane,
Que l'Homme, qu'un Docteur est au dessous d'un Ane?
Un Ane, le joüet de tous les animaux,
Un stupide animal, sujet à mille maux;
Dont le nom seul en soi comprend une satire?

REMARQUES.

CHANGEMENT. Vers 258. *Défait, refait, augmente,* &c.] Première manière:
Fait, défait & refait; ôte, augmente & détruit.
IMITATIONS. Ibid. *Défait, refait, augmente,* &c.] Horace, l. Epitre I. vers 100.
Diruit, ædificat, mutat quadrata rotundis, &c.
CHANGEMENT. Vers 261. *Plus de douze attroupés craindre le nombre impair,*
Ou croire qu'un Corbeau les menace dans l'air.] Il y avoit dans les premières éditions:
De Fantômes en l'air combatre leurs desirs,
Et de vains argumens chicaner leurs plaisirs.

Le sens de ces deux vers étoit un peu libertin; & Mr. Arnaud Docteur de Sorbone, conseilla à l'Auteur de les changer. Il substitua ceux-ci qui ne tombent que sur des superstitions frivoles & populaires. En effet, bien des gens croient que lors que l'on se trouve treize à table, il y a toûjours dans l'année un des treize qui meurt; & qu'un Corbeau aperçu dans l'air, présage quelque chose de sinistre.
 Vers 267. ——— *L'Homme hypochondre.*
Quelques Critiques.* ont prétendu qu'il falloit dire *Hypochondriaque*; mais on ne se sert de

* *Pradon, dans ses Remarques.*

SATIRE VIII.

280 Oui d'un Ane: & qu'a-t-il qui nous excite à rire?
Nous nous moquons de lui; mais s'il pouvoit un jour,
Docteur, fur nos défauts s'exprimer à fon tour:
Si, pour nous réformer, le Ciel prudent & fage,
De la parole enfin lui permettoit l'ufage:
285 Qu'il pût dire tout haut ce qu'il fe dit tout bas,
Ah! Docteur, entre nous, que ne diroit-il pas?
Et que peut-il penfer, lorfque dans une ruë
Au milieu de Paris il promène fa vûë:
Qu'il voit de toutes parts les Hommes bigarrez,
290 Les uns gris, les uns noirs, les autres chamarrez?
Que dit-il quand il voit, avec la Mort en trouffe,
Courir chez un Malade un Affaffin en houffe:
Qu'il trouve de Pédans un efcadron fouré,
Suivi par un Recteur de Bedeaux entouré:
295 Ou qu'il voit la Juftice, en groffe compagnie,
Mener tuer un homme avec cérémonie?
Que penfe-t-il de nous, lors que fur le Midi
Un hazard au Palais le conduit un Jeudi;
Lors qu'il entend de loin, d'une gueule infernale,
300 La Chicane en fureur mugir dans la Grand' Sale?
Que dit-il quand il voit les Juges, les Huiffiers,
Les Clercs, les Procureurs, les Sergens, les Greffiers?

REMARQUES.

de ce mot, qu'au fens propre, pour fignifier une perfonne malade des hypochondres, & c'eft un terme de Médecine. *Hypochondre*, au fens figuré, fignifie un Fou mélancholique, un Atrabilaire: & nos meilleurs Ecrivains l'emploient en ce fens. La Fontaine L. II. Fable XVIII. *Son hypochondre de mari.* La Bruyere dans fes *Caractères*, &c.

IMITATIONS. Vers 270. *Trembler aux piés d'un Singe* &c.] Juvénal commence ainfi la XV. Satire.

Quis nefcit, Volufi Bithynice, qualia demens
Ægyptus portenta colat? Crocodilon adorat
Pars hæc, illa pavet faturam Serpentibus
Ibin.

Effigies Sacri nitet aurea Cercopitheci, &c.

Vers 276. —— *Qu'un Docteur eft au deffous d'un Ane?*] Dans la Table des Oeuvres de l'Auteur, édition de 1694. on avoit mis au mot, *Docteur*, Voïez *Ane*. Le Garçon de Thierri le Libraire fit cette plaifanterie.

Vers 294. *Suivi par un Recteur* &c.] L'Univerfité de Paris fait fes Proceffions quatre fois l'année. Le Recteur y affifte avec fes Supôts. Les quatre Facultés, de Théologie, de Droit, de Médecine, & des Arts, marchent auffi à leur rang, & avec les habits qui leur font propres.

SATIRE VIII.

O! que si l'Ane alors, à bon droit misanthrope,
Pouvoit trouver la voix qu'il eut au tems d'Esope!
305 De tous côtez, Docteur, voïant les Hommes fous,
Qu'il diroit de bon cœur, sans en être jaloux,
Content de ses chardons, & secoüant la tête;
Ma foi, non plus que nous, l'Homme n'est qu'une bête!

REMARQUES.

Vers 304. *Pouvoit trouver la voix qu'il eut au tems d'Esope.*] Dans le *Cymbalum mundi*, Mercure donne à un Cheval l'usage de la parole, & ce Cheval adresse ce discours à son Maître: *Il a esté un temps que les bestes parloient, mais si le parler ne nous eust point esté osté, non plus qu'à vous, vous ne nous trouveriez pas si bestes que vous faites.*

IMITATIONS. Vers 307. *Content de ses chardons*, &c.] Regnier finit sa Satire neuvième par ces vers:
*Si Virgile, le Tasse, & Ronsard sont des Anes,
Sans perdre en ces discours le tems que nous perdons,
Allons comme eux aux champs, & mangeons des Chardons.*

SATIRE IX.

C'EST à vous, mon Esprit, à qui je veux parler.
Vous avez des défauts que je ne puis celer.
Assez & trop long-tems ma lâche complaisance,
De vos jeux criminels a nourri l'insolence.
5 Mais puisque vous poussez ma patience à bout,
Une fois en ma vie il faut vous dire tout.
   On croiroit à vous voir, dans vos libres caprices,
Discourir en Caton des vertus & des vices,

REMARQUES.

L'Auteur adresse cette Satire *à son Esprit*. Après la publication des sept premières Satires, il fut assailli par une foule d'Auteurs, dont il avoit parlé peut-être avec trop de franchise. Ce fut pour leur répondre, & pour faire en même tems son Apologie, qu'il conçut l'idée de cette Pièce. Mais son embarras fut de savoir comment il éxecuteroit ce dessein: car il vouloit éviter l'écueil dans lequel ses Ennemis avoient donné; c'est-à-dire, la chaleur, l'emportement, & par conséquent les injures grossieres. Il jugea donc qu'il n'avoit pas d'autre ton à prendre que celui de la plaisanterie, pour tourner ses Ennemis en ridicule, sans leur donner aucune prise sur lui. C'est ce qu'il exécuta d'une manière inimitable dans cette Satire, qui est entierement dans le goût d'Horace. Là, sous prétexte de censurer ses propres défauts, ou ceux *de son Esprit*, il se justifie des crimes que ses Adversaires lui imputoient, & les couvre eux-mêmes d'une nouvelle confusion. Il se fait son procès à soi-même, pour le faire à tous les autres.

Cette Satire est sans contredit la plus belle de toutes, & celle où il y a le plus d'art, d'invention, & de finesse. En un mot, on peut hardiment l'opposer, & peut-être même la préferer à tout ce que l'Antiquité nous a fourni de plus parfait en ce genre.

M. Despréaux la composa en 1667. mais il ne la fit imprimer que l'année suivante, après avoir composé & publié la Satire de l'Homme. Cette derniere Satire, qui est la huitième, eut un succès extraordinaire. Le Roi lui-même, à qui on en fit la lecture, en parla plusieurs fois avec de grans éloges. Le Sr. de Saint-Mauris *, Chevau-léger de la Garde du Roi, qui en fut témoin, lui dit que Boileau avoit fait une autre Satire qui étoit encore plus belle que celle-là, & dans laquelle il parloit de Sa Majesté. Le Roi lui dit fièrement, mais avec quelque surprise: Il y parle de moi, dites-vous? *Oui, Sire*, répondit St. Mauris; *mais il en parle avec tout le respect qui est dû à Votre Majesté*. Alors le Roi témoigna de la curiosité pour la voir; & St. Mauris lui promit de la demander à l'Auteur, qui étoit de ses amis. Mr. Despréaux lui remit en effet une copie de la Satire *à son Esprit*, en lui faisant promettre qu'il ne la montreroit qu'au Roi. Le Roi l'aïant luë la fit voir à quelques personnes de sa Cour. Madame la Maréchale de la Mothe, Gouvernante de Monseigneur, en fit faire une copie qui en produisit bien-tôt quantité d'autres. Ainsi, c'est en quelque façon, de la main du Roi même que cette Pièce a passé dans les mains du Public.

L'Auteur craignant qu'on ne l'imprimât sur quelque copie défectueuse, se détermina à la faire imprimer lui-même; & l'accompagna d'un petit Discours en prose, où il justifie, par l'autorité des Poëtes anciens & modernes, la liberté qu'il s'est donnée dans les Satires, de nommer les Auteurs.

Vers 7. *On croiroit à vous voir*, &c.] Ce vers & les trois suivans, qui désignent les Satires précedentes, particulierement la huitième, furent ajoûtés par l'Auteur à la Satire neuvième, quand il voulut la faire imprimer;

* *Il avoit l'honneur d'aprocher de la personne du Roi, parce qu'il lui montroit à tirer en volant.*

Décider du mérite & du prix des Auteurs,
10 Et faire impunément la leçon aux Docteurs,
Qu'étant seul à couvert des traits de la Satire,
Vous avez tout pouvoir de parler & d'écrire.
Mais moi, qui dans le fond sais bien ce que j'en crois,
Qui compte tous les jours vos défauts par mes doigts;
15 Je ris, quand je vous vois, si foible & si stérile,
Prendre sur vous le soin de réformer la Ville,
Dans vos discours chagrins plus aigre, & plus mordant,
Qu'une Femme en furie, ou Gautier en plaidant.
Mais répondez un peu. Quelle verve indiscrete,
20 Sans l'aveu des neuf Sœurs, vous a rendu Poëte?
Sentiez-vous, dites-moi, ces violens transports,
Qui d'un esprit divin font mouvoir les ressorts?
Qui vous a pû souffler une si folle audace?
Phébus a-t-il pour vous applani le Parnasse?
25 Et ne savez-vous pas, que sur ce Mont sacré,
Qui ne vôle au sommet tombe au plus bas degré:
Et qu'à moins d'être au rang d'Horace, ou de Voiture,
On rampe dans la fange avec l'Abbé de Pure?
Que si tous mes efforts ne peuvent réprimer
30 Cet ascendant malin, qui vous force à rimer;
Sans perdre en vains discours tout le fruit de vos veilles;
Osez chanter du Roi les augustes merveilles,

REMARQUES.

mer; car elle avoit été faite avant la huitiè-me. Il y avoit auparavant: *Vous croiez, qu'à couvert des traits de la Satire,* &c.

Vers 14. *Qui compte tous les jours vos défauts par mes doigts.*] Cette expression proverbiale, *compter par ses doigts*, étoit déja en usage parmi les Latins: *Supputare articulis.*

Vers 18. ——— *Ou Gautier en plaidant.*] Claude *Gautier,* Avocat fameux, & très-mordant: C'est pourquoi on le surnomma, *Gautier la Gueule.* Quand un Plaideur vouloit intimider sa partie, il la menaçoit *de lui lâcher Gautier.* Son éloquence n'étoit point réglée; C'étoient des saillies & des impétuo-sitez fort inégales. Son feu s'éteignoit même dans le repos, & il avoit besoin d'être animé par l'action: de là vient que ses Plaidoïez imprimez, sur lesquels il avoit réfléchi, ne sont que de foibles copies de ses originaux. Il logeoit dans la Cour du Palais, & mourut le 16. de Septembre 1666. âgé de 76. ans.

Vers 21. *Sentiez-vous.*] Dans les dernières éditions de l'an 1701. faites *in quarto,* & *in douze,* l'Imprimeur a mis: *Sentez-vous;* mais c'est une faute.

IMITATIONS. Vers 26. *Qui ne vôle au sommet tombe au plus bas degré.*] Horace, Art Poëtique, vers 378.
Si paulùm à summo discessit, vergit ad imum.
Vers

SATIRE IX.

Là, mettant à profit vos caprices divers,
Vous verriez tous les ans fructifier vos vers;
35 Et par l'espoir du gain votre Muse animée,
Vendroit au poids de l'or une once de fumée.
Mais en vain, direz-vous, je pense vous tenter
Par l'éclat d'un fardeau trop pesant à porter.
Tout Chantre ne peut pas, sur le ton d'un Orphée,
40 Entonner en grans vers, *la Discorde étouffée*,
Peindre *Bellone en feu tonnant de toutes parts*,
Et le Belge effraïé fuiant sur ses ramparts.
Sur un ton si hardi, sans être téméraire,
Racan pourroit chanter au défaut d'un Homère,
45 Mais pour Cotin & moi, qui rimons au hazard,
Que l'amour de blâmer fit Poëtes par art;
Quoi qu'un tas de Grimauds vante notre éloquence,
Le plus sûr est pour nous de garder le silence.
Un Poëme insipide, & sottement flatteur,
50 Deshonore à la fois le Heros & l'Auteur.
Enfin de tels projets passent notre foiblesse.
Ainsi parle un Esprit languissant de mollesse,
Qui, sous l'humble dehors d'un respect affecté,
Cache le noir venin de sa malignité.
55 Mais dûssiez-vous en l'air voir vos aîles fonduës,
Ne valoit-il pas mieux vous perdre dans les nuës;

REMARQUES.

Vers 28. *On rampe dans la fange avec l'Abbé de Pure.*] Voïez la Remarque sur le vers 17. de la Satire II.
IMITATIONS. Vers 30. *Cet ascendant malin*, &c.] Horace, Liv. II. Sat. I. 10. & suiv.
Aut si tantus amor scribendi te rapit, aude
Cæsaris invicti res dicere; multa laborum
Præmia laturus. Cupidum, Pater optime, vires
Deficiunt: neque enim quivis horrentia pilis
Agmina, nec fractâ pereuntes cuspide Gallos,
Aut labentis equo describat vulnera Parthi.
Vers 42. *Et le Belge effraïé* &c.] Cette Satire a été faite dans le tems que le Roi prit Lille, au mois d'Août, 1667. Dans la même Campagne il se rendit maître de plusieurs autres villes de Flandres.
Vers 44. *Racan pourroit chanter*, &c.] Honorat de Beuil, Marquis de Racan, Poëte estimé. Il étoit de l'Académie Françoise, & mourut en 1670.
Vers 45. *Mais pour Cotin & moi*, &c.] Allusion aux Satires que l'Abbé Cotin avoit faites contre notre Auteur, & dont on a parlé sur le vers 60. de la Satire III.
IMITATIONS. Ibid. *Mais pour Cotin & moi*, &c.] Juvénal, Sat. I. 79.
Si natura negat, facit indignatio versum,
Qualemcumque potest, quales ego, vel Cluvienus.

Tom. I.

SATIRE IX.

Que d'aller sans raison, d'un stile peu Chrétien,
Faire insulte en rimant à qui ne vous dit rien,
Et du bruit dangereux d'un Livre temeraire,
60 A vos propres perils, enrichir le Libraire?
  Vous vous flattez peut-être en votre vanité,
D'aller comme un Horace à l'Immortalité:
Et déja vous croïez dans vos rimes obscures,
Aux Saumaises futurs préparer des tortures.
65 Mais combien d'Ecrivains, d'abord si bien reçus,
Sont de ce fol espoir honteusement deçus;
Combien, pour quelques mois, ont vû fleurir leur Livre,
Dont les vers en paquet se vendent à la livre?
Vous pourrez voir un tems vos Ecrits estimez,
70 Courir de main en main par la Ville semez:
Puis de là tout poudreux, ignorez sur la terre,
Suivre chez l'Epicier Neuf-Germain & la Serre;
Ou de trente feuillets reduits peut-être à neuf,
Parer demi-rongez les rebords du Pont-neuf.
75 Le bel honneur pour vous, en voïant vos Ouvrages
Occuper le loisir des Laquais & des Pages,
Et souvent dans un coin renvoïez à l'écart,

REMARQUES.

Vers 64. *Aux Saumaises futurs préparer des tortures.*] Claude Saumaise, savant Critique & Commentateur, a éclairci une infinité d'endroits obscurs & difficiles, des Auteurs anciens. Il mourut en 1653. C'est ce vers qui m'a inspiré la première pensée de faire un Commentaire historique sur les Oeuvres de Mr. Despréaux, afin de donner une entiere connoissance des endroits sur lesquels l'éloignement des tems ne manqueroit pas de jetter de l'obscurité.

Vers 69. *Vous pourrez voir un tems vos Ecrits estimez*, &c.] Nous avons parlé ci-devant* de la jalousie que Gilles Boileau l'Académicien avoit contre son frere, à cause du grand succès des nouvelles Satires: *On les lira pendant quelque tems*, disoit-il d'un air méprisant, *mais à la fin elles tomberont dans l'oubli, comme font la plûpart de ces petits Ouvrages: & le tems leur ôtera les charmes que la nouveauté leur a donnez.* Notre Poëte se servit à propos des mêmes termes contre son frere lui-même, en les appliquant à deux petits Ouvrages que ce frere avoit publiez, l'un contre Costar, & l'autre contre l'Abbé Ménage. Il avoit mis en cet endroit:

Vous pourrez voir un tems vos Ecrits estimez
Courir de main en main par la Ville semez:
Puis suivre avec ..... ce rebut de notre âge,
Et la Lettre à Costar, & l'Avis à Ménage.

Mais quand il donna au Public cette Satire, il changea ces deux derniers vers, & mit ainsi:

Puis de là tout poudreux, ignorez sur la terre,
Suivre chez l'Epicier Neuf-Germain & la Serre.

Louis de Neuf-Germain, étoit un Poëte ridicule & extravagant, qui vivoit sous le Règne

* *Satire I.*

SATIRE IX.

Servir de second tome aux airs du Savoïard!
   Mais je veux que le Sort, par un heureux caprice,
80 Fasse de vos Ecrits prosperer la malice,
Et qu'enfin votre Livre aille, au gré de vos vœux,
Faire siffler Cotin chez nos derniers Neveux.
Que vous sert-il qu'un jour l'Avenir vous estime,
Si vos vers aujourd'hui vous tiennent lieu de crime,
85 Et ne produisent rien pour fruit de leurs bons mots,
Que l'effroi du Public, & la haine des Sots?
Quel Démon vous irrite, & vous porte à médire?
Un Livre vous déplaît. Qui vous force à le lire?
Laissez mourir un Fat dans son obscurité.
90 Un Auteur ne peut-il pourrir en sureté?
Le Jonas inconnu seche dans la poussiere.
Le David imprimé n'a point vû la lumiere.
Le Moïse commence à moisir par les bords.
Quel mal cela fait-il? Ceux qui sont morts sont morts.
95 Le tombeau contre vous ne peut-il les défendre?
Et qu'ont fait tant d'Auteurs pour remuer leur cendre?
Que vous ont fait Perrin, Bardin, Pradon, Hainaut,
Colletet, Pelletier, Titreville, Quinaut,

REMARQUES.

Règne de Louïs XIII. Il étoit le Joüet de la Cour, & des beaux Esprits de ce tems-là. Sa méthode favorite étoit de faire des vers qui finissoient par les syllabes du nom de ceux qu'il vouloit loüer. On en peut voir des exemples dans ses Oeuvres imprimées à Paris en 1637. & des Imitations Satiriques en quelques-uns de nos Poëtes. On a parlé de *La Serre*, sur le vers 176. de la Satire III.

Vers 74. —— *Les rebords du Pont-neuf.*] Où d'ordinaire on étale les livres de rebut.

Vers 78. *Servir de second tome aux airs du Savoïard.*] Fameux Chantre du Pont-neuf, dont on vante encore les Chansons. Elles sont imprimées en un petit volume, sous ce titre: *Recueil nouveau des Chansons du Savoïard, par lui seul chantées à Paris.* Il les chantoit sur le Pont-neuf, aidé de quelques jeunes Garçons qu'il avoit instruits à chanter avec lui; & il accompagnoit ses Chansons de plusieurs bouffonneries qui attiroient le peuple. Il se nommoit *Philippot*, autrement *le Savoïard.* Son Pere avoit fait le même métier que lui, & chantoit en son tems les Chansons de Guédron, & du vieux Boisset.

Vers 91. *Le Jonas inconnu* &c. *Le David imprimé* &c. *Le Moïse* &c.] Poëmes héroïques, qui n'ont pas réüssi. Le Poëme de *Jonas, ou Ninive pénitente*, parut en 1663. Jaques de Coras en étoit l'Auteur; Il en avoit fait un autre intitulé, *David, ou la Vertu couronnée*, qu'il publia en 1665. Mais ce n'est pas celui-ci que notre Satirique a eu en vûë: c'est un autre Poëme de *David*, composé par le Sieur *Les-Fargues*, Touloûsain. *Moïse sauvé*, Idylle héroïque, divisée en douze parties, par le Sieur de St. Amand.

Vers 97. *Que vous ont fait Perrin*, &c.] Ce vers & le suivant font allusion aux 44. & 45.

Dont les noms en cent lieux, placez comme en leurs niches,
100 Vont de vos vers malins remplir les hémistiches?
Ce qu'ils font vous ennuïe. O le plaisant détour!
Ils ont bien ennuïé le Roi, toute la Cour;
Sans que le moindre Edit ait, pour punir leur crime,
Retranché les Auteurs, ou supprimé la rime.
105 Ecrive qui voudra. Chacun à ce mêtier
Peut perdre impunément de l'encre & du papier.
Un Roman, sans blesser les loix ni la coûtume,
Peut conduire un Heros au dixième volume.
De là vient que Paris voit chez lui de tout tems
110 Les Auteurs à grans flots déborder tous les ans:
Et n'a point de portail, où jusques aux corniches,
Tous les piliers ne soient enveloppez d'affiches.
Vous seul plus dégoûté, sans pouvoir, & sans nom,
Viendrez règler les droits & l'Etat d'Apollon.
115 Mais vous, qui raffinez sur les Ecrits des autres,
De quel œil pensez-vous qu'on regarde les vôtres?
Il n'est rien en ce tems à couvert de vos coups;

REMARQUES.

45. de la Satire VII. où la plupart des mêmes noms sont placez. Dans les premières éditions il y avoit: *Que vous ont fait Perrin, Bardin, Mauroy, Bourfaut*? A la place de ces deux derniers, l'Auteur a mis *Pradon & Hainaut*. Nous parlerons de Pradon ci-après sur le dernier vers de l'Epitre VII. A l'égard du second, c'est *Hénaut*, Poëte de ce tems-là, connu par le fameux Sonnet de l'Avorton, dont il étoit l'Auteur; & par quelques autres Pièces tant en vers qu'en prose, qui furent imprimées à Paris en 1670. Il mourut en l'année 1682. Mr. Despréaux le trouvoit assez bon Poëte, & disoit que sa meilleure pièce, non pas pour le sujet, mais pour la composition, étoit un Sonnet contre Mr. Colbert, qui commençoit par ce vers: *Ministre avare & lâche, Esclave malheureux*. Mr. Colbert fit là-dessus une action pleine de grandeur. On lui parla de ce Sonnet: Il demanda s'il n'y avoit rien contre le Roi; on lui dit que non. *Cela étant*, répondit-il, *je n'en veux point de mal à l'Auteur*.

Vers 103. *Sans que le moindre Edit* &c.] En ce tems-là on avoit publié des Edits de réformation & de suppression.

CHANGEMENT. Vers 108. ——— *Au dixième volume.*] Dans les premières éditions il y avoit: *Au douzième volume*. Notre Auteur ne se souvenoit pas, que les Romans de Cyrus, de Clélie, de Pharamond, & de Cléopatre, sont chacun de dix volumes, & non pas de douze.

IMITATIONS. Vers 119. *Gardez-vous . . . . de cet Esprit critique.*] Horace, Liv. I. Sat. IV. v. 33.

Omnes hi metuunt versus, odere Poëtas.
Fœnum habet in cornu, longè fuge: dummodo risum
Excutiat sibi, non hic cuiquam parcet amico.

Cet endroit d'Horace avoit aussi été imité par Regnier, Sat. XII

——— *Fuyez ce Médisant:*
Fâcheuse est son humeur, son parler est cuisant.

Quoi,

SATIRE IX.

Mais savez-vous aussi comme on parle de vous?
Gardez-vous, dira l'Un, de cet Esprit critique:
120 On ne fait bien souvent quelle mouche le pique.
Mais c'est un jeune Fou, qui se croit tout permis,
Et qui pour un bon mot va perdre vingt Amis.
Il ne pardonne pas aux vers de la Pucelle,
Et croit régler le Monde au gré de sa cervelle.
125 Jamais dans le Barreau trouva-t-il rien de bon?
Peut-on si bien prêcher qu'il ne dorme au Sermon?
Mais lui, qui fait ici le Régent du Parnasse,
N'est qu'un gueux revêtu des dépouilles d'Horace.
Avant lui Juvénal avoit dit en Latin,
130 *Qu'on est assis à l'aise aux Sermons de Cotin.*
L'Un & l'Autre avant lui s'étoient plaints de la rime,
Et c'est aussi sur eux qu'il rejette son crime.
Il cherche à se couvrir de ces noms glorieux.
J'ai peu lû ces Auteurs: mais tout n'iroit que mieux,
135 Quand de ces Médisans l'Engeance toute entière
Iroit la tête en bas rimer dans la rivière.

REMARQUES.

Quoi, Monsieur, n'est-ce pas cet Homme à la Satire,
Qui perdroit son Ami plûtôt qu'un mot pour rire?
Quintil. L. VI. c. 3. *Lædere numquam velimus, longéque absit propositum illud: Potius amicum quam dictum perdidi.*

Vers 125. *Jamais dans le Barreau &c.*] Notre Auteur possedoit dans un grand degré de perfection le talent de contrefaire toutes sortes de gens. Il savoit si bien prendre le ton de voix, l'air, le geste, & toutes les manières des personnes qu'il vouloit copier, qu'on s'imaginoit les voir & les entendre. Etant jeune Avocat, il n'alloit au Palais que pour observer les manières de plaider des autres Avocats, & pour les contrefaire quand il étoit avec ses amis. Il en faisoit autant à l'égard des Prédicateurs, & des Comédiens.

Vers 128. *N'est qu'un gueux revêtu des dépouilles d'Horace. &c.*] Saint Pavin, dans un Sonnet qu'il avoit fait contre l'Auteur, lui reprochoit qu'il n'étoit riche que des dépouilles d'Horace, de Juvénal, & de Regnier *. L'Abbé Cotin appuïoit fortement ce reproche, soit dans *la Satire* qu'il fit contre Mr. Despréaux †, soit dans sa *Critique désinteressée sur les Satires du tems*. Mais notre Auteur le rend doublement ridicule, en lui faisant dire, que *Juvénal avoit dit en Latin, Qu'on est assis à l'aise aux Sermons de Cotin*. Il se fait faire une objection impertinente, qui retombe sur celui qui la fait. Ce tour est très-ingenieux.

Vers 136. *Iroit la tête en bas rimer dans la rivière.*] L'auftère vertu dont M. le Duc de Montauzier faisoit profession, lui fit regarder les précedentes Satires de l'Auteur, comme des médisances affreuses qu'on ne devoit pas autoriser. De-sorte qu'un jour il dit dans un mouvement de colère, qu'il faudroit envoïer Boileau & tous les Satiriques rimer dans la rivière. Cependant on sait que ce

* *Voïez la Nôte sur le vers 128. de la Sat. I.*
† *Voïez la Remarque sur le vers 60. de la Satire III.*

SATIRE IX.

Voilà comme on vous traite : & le Monde effraïé
Vous regarde déja comme un homme noïé.
En vain quelque Rieur, prenant votre défenſe,
140 Veut faire au moins de grace adoucir la ſentence.
Rien n'appaiſe un Lecteur toûjours tremblant d'effroi,
Qui voit peindre en autrui ce qu'il remarque en ſoi.
Vous ferez-vous toûjours des affaires nouvelles?
Et faudra-t-il ſans ceſſe eſſuïer des querelles?
145 N'entendrai-je qu'Auteurs ſe plaindre & murmurer?
Juſqu'à quand vos fureurs doivent-elles durer?
Répondez, mon Eſprit, ce n'eſt plus raillerie:
Dites...... Mais, direz-vous, pourquoi cette furie?
Quoi? pour un maigre Auteur que je gloze en paſſant,
150 Eſt-ce un crime, après tout, & ſi noir & ſi grand?
Et qui voïant un Fat s'applaudir d'un Ouvrage,
Où la droite Raiſon trébuche à chaque page,
Ne s'écrie auſſi-tôt: *L'impertinent Auteur!*
L'ennuïeux Ecrivain! le maudit Traducteur!
155 *A quoi bon mettre au jour tous ces diſcours frivoles,*
Et ces Riens enfermez dans de grandes paroles?

REMARQUES.

ce Duc, qui s'étoit mêlé de Poëſie dans ſa Jeuneſſe, avoit lui-même compoſé des Satires, qui paſſoient pour vives & piquantes*. Marot a dit dans ſon Epître à François I.

Et de ce ſaut m'envoïer à l'envers
Rimer ſous terre, & y faire des vers.

IMITATIONS. Vers 159. *Si l'on vient à chercher pour quel ſecret myſtère,* &c.] Horace, Liv. I. Sat. IV. 93. & ſuiv.

—————— *Mentio ſi qua*
De Capitolini furtis injecta Petilli
Te coram fuerit; defendas, ut tuus eſt mos,
Me Capitolinus convictore uſus amico-
que à puero eſt &c.

Vers 160. *Alidor à ſes frais bâtit un Monaſtère.*] Ce vers & les quatre ſuivans déſignent deux Perſonnes. La première eſt un riche Partiſan qui ſe retira à Rome pour ſe mettre à couvert des recherches que le Roi fit faire contre les gens-d'affaires par la Chambre de Juſtice, établie à Paris en. 1661. L'Abbé Furetiere avoit fait une Epigramme contre ce Partiſan ſous le même nom d'Alidor.

Tandis qu'Alidor fut Laquais,
Il fut ſoumis, humble & docile;
Mais quand il eut fait force acquets,
Il fut rogue, altier, difficile.
On l'eût pris pour un Roitelet,
Tant l'orgueil le fit méconnoître.
Je vois bien que d'un bon Valet
On ne ſauroit faire un bon Maître.

Nicolas Raulin, Chancelier de Bourgogne, décrié par ſes concuſſions, avoit fondé un Hôpital: ſurquoi Louïs XI. dit ce bon mot; Que *Raulin ayant fait une infinité de pauvres, il étoit bien juſte qu'il les logeât.*

Ce n'étoit pas à celui-là que notre Auteur en vouloit: il avoit des exemples plus modernes.

* *Teſtes vivida illa atque acres Satira qua nobile & generoſum illud tuum quedam modo præ ſe ferunt . . . . Teſtes miræ rotunditatis Epigrammata,* &c. Ménage, dans l'Epître dédicatoire de ſes Poëſies.

SATIRE IX.

Eſt-ce donc là médire, ou parler franchement?
Non, non, la Mediſance y va plus doucement.
Si l'on vient à chercher, pour quel ſecret myſtère
160 Alidor à ſes frais bâtit un monaſtère:
Alidor, dit un Fourbe, *il eſt de mes Amis.*
Je l'ai connu Laquais avant qu'il fût Commis.
C'eſt un Homme d'honneur, de pieté profonde,
Et qui veut rendre à Dieu ce qu'il a pris au monde.
165 Voilà jouer d'adreſſe, & médire avec art;
Et c'eſt avec reſpect enfoncer le poignard.
Un Eſprit né ſans fard, ſans baſſe complaiſance,
Fuit ce ton radouci que prend la Médiſance.
Mais de blâmer des vers ou durs, ou languiſſans;
170 De choquer un Auteur, qui choque le bon ſens:
De railler d'un Plaiſant, qui ne ſait pas nous plaire;
C'eſt ce que tout Lecteur eut toûjours droit de faire.
Tous les jours à la Cour un Sot de qualité
Peut juger de travers avec impunité:
175 A Malherbe, à Racan, préferer Théophile,
Et le clinquant du Taſſe, à tout l'or de Virgile.

REMARQUES.

Vers 165. ——— *Et médire avec art.*] Il y a auſſi un art à médire, & la médiſance même a ſes règles. *Eſt ars etiam maledicendi.* Scaligerana 2. p. 10.

Vers 173. ——— *Un Sot de qualité*, &c.] Un homme de qualité fit un jour ce beau jugement en préſence de notre Poëte; & ſoûtint ſon avis avec beaucoup de hauteur. Mr. Deſpréaux ne voulant pas lui répondre d'une manière qui pût l'offenſer: *Vous ſavez bien que j'ai raiſon*, lui dit-il; *Or, dites-vous à vous-même ce que vous me diriez ſi vous étiez à ma place.*

Vers 176. *Et le clinquant du Taſſe.*] Poëte Italien très-célèbre qui a vécu dans le XVI. ſiècle. Pluſieurs Auteurs, & particulierement des Italiens, n'ont point fait de difficulté de mettre *le Taſſe* en parallèle avec *Virgile.* Balzac même a dit que la *Jéruſalem délivrée* eſt l'Ouvrage le plus riche & le plus achevé que l'on eût encore vû depuis le ſiècle d'Auguſte; & qu'en ce genre d'écrire, *Virgile* eſt cauſe que *le Taſſe* n'eſt pas le premier: & *le Taſſe*, que *Virgile* n'eſt pas le ſeul. On avoit déja donné le même éloge à Ciceron, comparé à Demoſthène *.

Un Auteur Italien † qui a entrepris la défenſe du *Taſſe*, & des autres Ecrivains de ſon païs, contre les reproches qui leur ont été faits par le P. Bouhours, dans ſa *Manière de bien penſer*; eſſaïe auſſi de juſtifier le Taſſe du Jugement que Mr. Deſpréaux en a fait, en oppoſant ſon clinquant à l'or de Virgile. *Ed appunto non è un ſerio giudizio*, dit-il, *ma una ſcherzevole licenza poetica fu quella ch' egli uſò contra il Taſſo.* ,, Ce n'eſt pas un Ju- ,, gement ſérieux, mais une plaiſanterie, & ,, une licence poétique.

Ce-

* *Demoſthenes tibi præripuit ne eſſes primus Orator; tu illi, ne ſolus.* D. Hieron. Epiſt. ad Nepotian. de vita Cleric.
† Le Marquis Orſi: *Conſiderazioni ſopra un famoſo Libro Franceſe, intitolato,* la Maniere &c. *Cioè,* la Maniera di ben penſare ne' componimenti. Imprimé à Bologne 1703.

96 SATIRE IX.

Un Clerc, pour quinze sous, sans craindre le hola,
Peut aller au Parterre attaquer Attila;
Et si le Roi des Huns ne lui charme l'oreille,
180 Traiter de Visigots tous les vers de Corneille.
    Il n'est Valet d'Auteur, ni Copiste à Paris,
Qui, la balance en main, ne pèse les Ecrits.
Dès que l'impression fait éclorre un Poëte,
Il est esclave né de quiconque l'achete:
185 Il se soûmet lui-même aux caprices d'autrui,
Et ses Ecrits tous seuls doivent parler pour lui.
    Un Auteur à genoux, dans une humble Préface,
Au Lecteur, qu'il ennuïe, a beau demander grace;
Il ne gagnera rien sur ce Juge irrité,
190 Qui lui fait son procès de pleine autorité.
    Et je serai le seul qui ne pourrai rien dire?
On sera ridicule, & je n'oserai rire?
Et qu'ont produit mes vers de si pernicieux,
Pour armer contre moi tant d'Auteurs furieux?
195 Loin de les décrier, je les ai fait paroître;
Et souvent, sans ces vers qui les ont fait connoître,

REMARQUES.

Ce même Auteur ajoûte* que cette plaisanterie de Mr. Despréaux contre *le Tasse*, n'a été dite qu'après un Auteur Italien†, à qui il est échappé, dit-il, d'écrire que *la Jérusalem délivrée* n'est précisément que du clinquant ou de l'oripeau, en comparaison d'un autre Poëme Italien qu'il nomme: *Che la Gerusalemme liberata pareagli appunio un' orpello allato all' Oro dell' Avarchide.* Ce Poëme est de Luigi Alamanni.

Vers 177. *Un Clerc, pour quinze sous, sans craindre le hola*, &c.] Mr. Despréaux étant, en 1666. à la première représentation d'*Agésilas*, qui est une des dernières Tragédies du grand Corneille, sentit que cette Pièce étoit bien au dessous de celles qui l'avoient précedée, & que l'Auteur commençoit à baisser. Sur cela il fit l'Epigramme suivante, qui est peut-être la plus courte des Epigrammes Françoises.

* *Dial. VI. pag. 506.*
† *Le Cavalier Salviati: Infarinato secondo. pag. 385.*

J'ai vû l'*Agésilas*,
    Helas!
L'année suivante Corneille donna la Tragédie d'*Attila*, où la décadence de son génie se faisoit encore mieux sentir. Mr. Despréaux doubla ainsi la même Epigramme.
Après l'*Agésilas*,
    Helas!
Mais après l'*Attila*,
    Hola.
C'est à cela que notre Auteur a fait allusion dans ces vers, que Mr. Corneille prenoit pour un éloge, quoi qu'ils puissent être interpretez d'une manière bien differente; mais l'Auteur y avoit mis à dessein un peu d'ambiguité.

IMITATIONS. Vers 185. *Il se soûmet lui-même aux caprices d'autrui*.] *Qui scribit, multos sumit Judices: alius in alterius livet ac grassatur ingenium.* D. Hieron. Epist. 29. ad Præsidium Diaconum.

Vers 187. *Un Auteur à genoux, dans une hum-*

SATIRE IX.

Leur talent dans l'oubli demeureroit caché.
Et qui sauroit sans moi que Cotin a prêché ?
La Satire ne sert qu'à rendre un Fat illustre.
200 C'est une ombre au tableau, qui lui donne du lustre.
En les blâmant enfin, j'ai dit ce que j'en croi,
Et tel, qui m'en reprend, en pense autant que moi.
Il a tort, dira l'Un, *Pourquoi faut-il qu'il nomme ?*
Attaquer Chapelain ! ah ! c'est un si bon Homme.
205 *Balzac en fait l'éloge en cent endroits divers.*
Il est vrai, s'il m'eût crû, qu'il n'eût point fait de vers.
Il se tuë à rimer. Que n'écrit-il en prose ?
Voilà ce que l'on dit. Et que dis-je autre chose ?
En blâmant ses Ecrits, ai-je d'un stile affreux
210 Distilé sur sa vie un venin dangereux ?
Ma Muse en l'attaquant, charitable & discrète,
Sait de l'Homme d'honneur distinguer le Poëte.
Qu'on vante en lui la foi, l'honneur, la probité ;
Qu'on prise sa candeur & sa civilité :
215 Qu'il soit doux, complaisant, officieux, sincère :
On le veut, j'y souscris, & suis prêt de me taire.

REMARQUES.

humble Préface.] Ces quatre vers sont remarquables par leur beauté. Ils ont été causé qu'une Dame extrèmement spirituelle ne vouloit lire aucune Préface, de peur de se laisser prévenir. Elle vouloit juger des Ouvrages par ses seules lumières, & elle en jugeoit bien.

IMITATIONS. Ibid. *Un Auteur à genoux*, &c.] Cervantes dans la Préface de son Don Quichotte. *No quiero Yrme con la corriente del uso, ni supplicarte casi con las lagrimas en los ojos, como otros hazen, Letor mio, que perdones ò dissimules las faltas que en este mi hijo vieres.*

Vers 198. *Et qui sauroit sans moi que Cotin a prêché ?*] Allusion à ce vers de la Satire III. *Qu'aux Sermons de Cassagne, ou de l'Abbé Cotin.* Quelque tems après la publication de la troisième Satire, l'Abbé Cassagne prêcha dans l'Eglise de S. Benoit. La curiosité attira à son Sermon beaucoup plus de monde qu'il n'en avoit ordinairement ; ce que notre Auteur aïant appris : *Il m'est redevable de cet honneur*, dit-il, *parce que je l'ai fait connoitre. Sans moi l'on ne sauroit pas que l'Abbé Cassagne eût prêché.* Il appliqua ensuite à l'Abbé Cotin, ce qu'il avoit dit de l'Abbé Cassagne.

Vers 203. *Il a tort, dira l'un, Pourquoi faut-il qu'il nomme ?*] Un jour l'Abbé de la Victoire disoit à l'Auteur : *Chapelain est de mes amis ; & je suis fâché que vous l'ayez nommé dans vos Satires. Il est vrai, que s'il m'en avoit crû, il n'auroit jamais fait de vers. La Prose lui convenoit mieux. Voilà ce que l'on dit*, s'écrie ici notre Poëte, *& que dis-je autre chose ?* Il ajoûtoit encore, *Que peut-on me reprocher, si ce n'est d'avoir dit en vers, ce que tout le monde dit en prose ? Je suis le Secrétaire du public.*

Vers 205. *Balzac en fait l'éloge.*] Voïez les Lettres de Balzac à Chapelain : il y en a six Livres entiers, depuis le 17. jusqu'au 22. inclusivement.

Mais que pour un modèle on montre ses Ecrits,
Qu'il soit le mieux renté de tous les beaux Esprits:
Comme Roi des Auteurs, qu'on l'élève à l'Empire;
220 Ma bile alors s'échauffe, & je brûle d'écrire:
Et s'il ne m'est permis de le dire au papier;
J'irai creuser la terre, & comme ce Barbier,
Faire dire aux roseaux par un nouvel organe,
Midas, le Roi Midas a des oreilles d'Ane.
225 Quel tort lui fais-je enfin? ai-je par un écrit
Pétrifié sa veine, & glacé son esprit?
Quand un Livre au Palais se vend & se débite,
Que chacun par ses yeux juge de son mérite:
Que Billaine l'étale au deuxième Pilier:
230 Le dégoût d'un Censeur peut-il le décrier?
En vain contre le Cid un Ministre se ligue.
Tout Paris pour Chimène a les yeux de Rodrigue:
L'Académie en corps a beau le censurer:
Le Public revolté s'obstine à l'admirer.

REMARQUES.

Vers 218. *Qu'il soit le mieux renté de tous les beaux Esprits.*] Le Roi donnoit une pension de mille écus à Chapelain. Mr. le Duc de Longueville lui en donnoit une de 4000. francs à cause du Poëme de *la Pucelle d'Orleans.*

Vers 222. *J'irai creuser la terre, & comme ce Barbier*, &c.] Midas, Roi de Phrygie, possedoit de grans trésors: ce qui avoit donné lieu aux Poëtes de feindre que ce Prince changeoit en or, tout ce qu'il touchoit. Mais il avoit très-peu d'esprit. Apollon & Pan s'étant défiés à chanter, prirent Midas pour juge. Celui-ci ajugea la preférence à Pan; & Apollon, pour s'en venger, donna à Midas des oreilles d'Ane. Ce Prince cachoit sa disgrace avec soin; mais comme il ne put empêcher que son Barbier ne s'en aperçût, il lui défendit sur peine de la vie d'en parler. Le Barbier ne pouvant se taire, fit dans la terre un creux, où il dit tout bas: *Midas a des oreilles d'Ane.* Il crut avoir enterré son secret; mais la terre produisit des Roseaux qui étant agités par le vent, redisoient tout haut: *Midas a des oreilles d'Ane.*

IMITATIONS. Ibid. *J'irai creuser la terre,* &c.] Perse, Satire I. v. 119.
P. *Men' mutire nefas, nec clam, nec cum scrobe? A. Nusquam*
P. *Hic tamen infodiam, vidi, vidi ipse, libelle:*
Auriculas asini Mida Rex habet?

Vers 229. *Que Billaine l'étale.*] Louis Billaine, fameux Libraire, dont la boutique étoit contre le deuxième Pilier de la grand' Salle du Palais. Il mourut en 1681. C'est lui qui vendoit le Poëme de la Pucelle.

Vers 231. *En vain contre le Cid un Ministre se ligue.*] Avec l'Académie. Mr. Corneille aïant fait représenter sa fameuse Pièce du Cid, la gloire qu'il en reçut lui attira bien des Envieux. Leur parti se trouva même fortifié par le grand Cardinal de Richelieu, qui voulut bien honorer ce Poëte de sa Jalousie. Il obligea l'Académie Françoise de faire la Critique du Cid: & cette Critique fut imprimée en 1637. sous le titre de *Sentimens de l'Académie Françoise sur le Cid.* Voïez l'Histoire de l'Académie, Part. III.

Vers 236. ———— *Lui devient un Linière.*]
Au-

SATIRE IX.

235 Mais lors-que Chapelain met une œuvre en lumière,
Chaque Lecteur d'abord lui devient un Linière.
En vain il a reçû l'encens de mille Auteurs:
Son Livre en paroiſſant dément tous ſes Flateurs.
Ainſi, ſans m'accuſer, quand tout Paris le jouë,
240 Qu'il s'en prenne à ſes vers que Phébus deſavouë,
Qu'il s'en prenne à ſa Muſe Allemande en François.
Mais laiſſons Chapelain pour la dernière fois.
La Satire, dit-on, eſt un métier funeſte,
Qui plaît à quelques gens, & choque tout le reſte.
245 La ſuite en eſt à craindre. En ce hardi métier
La peur plus d'une fois fit repentir Regnier.
Quittez ces vains plaiſirs, dont l'appas vous abuſe:
A de plus doux emplois occupez votre Muſe:
Et laiſſez à Feuillet reformer l'Univers.
250 Et ſur quoi donc faut-il que s'exercent mes vers?
Irai-je dans une Ode, en phraſes de Malherbe,
Troubler dans ſes roſeaux le Danube ſuperbe:

REMARQUES.

Auteur qui a écrit contre le Poëme de la Pucelle de Chapelain. Cette Epigramme eſt de lui.

Nous attendons de Chapelain,
Ce rare & fameux Ecrivain,
Une merveilleuſe Pucelle.
La Cabale en dit force bien:
Depuis vingt ans on parle d'Elle,
Dans ſix mois on n'en dira rien.

Nous parlerons encore de *Linière* ſur le vers 8. de l'Epitre II. & ſur le vers 194. du deuxième Chant de l'Art Poëtique.

Vers 246. *La peur plus d'une fois fit repentir Regnier.*] *Et moi auſſi:* diſoit quelquefois l'Auteur. Mathurin Regnier, natif de Chartres, Poëte ſatirique, & le premier qui ait fait des Satires en France. Il étoit Neveu de l'Abbé Des Portes. La tradition à Chartres eſt que Regnier, dès ſa première Jeuneſſe, aïant fait paroître beaucoup de penchant pour la Satire, les vers qu'il faiſoit contre diverſes perſonnes lui attirèrent bien des Ennemis, & obligèrent ſon Père à l'en châtier plus d'une fois. Il lui recommandoit, ou d'imiter ſon Oncle, & de fuir la médiſance, ou de ne point écrire. Regnier nâquit à Chartres, le 21. de Décembre 1573. & mourut à Rouen, le 22. d'Octobre, 1613.

Vers 249. *Et laiſſez à Feuillet reformer l'Univers.*] Nicolas Feuillet, Chanoine de St. Cloud, étoit un Prédicateur fort outré dans ſes Sermons, & d'une Morale extrêmement ſevère. Il s'étoit, pour ainſi dire, acquis le droit de parler avec une entière liberté aux premières Perſonnes de la Cour & de les reprendre de leurs déréglemens. C'eſt pourquoi on lui a fait l'application de ce verſet du Pſeaume CXVIII. *Loquebar de teſtimoniis tuis in conſpectu Regum, & non confundebar.* Il mourut à Paris le 7. de Septembre, 1693. âgé de 71. ans. Son Portrait a été gravé par Edelinck.

Vers 251. *Irai-je dans une Ode, en phraſes de Malherbe,* &c.] Charles du Périer, Poëte qui vivoit alors, faiſoit des Odes Françoiſes, dans leſquelles il affectoit d'imiter Malherbe, & même d'en copier les expreſſions. Il avoit abandonné la Poëſie Latine dans laquelle il réuſſiſſoit fort bien.

Délivrer de Sion le Peuple gémissant:
Faire trembler Memphis, ou pâlir le Croissant:
255 *Et passant du Jourdain les ondes alarmées,*
Cueillir, mal-à-propos, *les palmes Idumées?*
Viendrai-je, en une Eglogue, entouré de troupeaux,
Au milieu de Paris enfler mes chalumeaux,
Et dans mon cabinet assis au pied des hêtres,
260 Faire dire aux Echos des sottises champêtres?
Faudra-t-il de sens froid, & sans être amoureux,
Pour quelque Iris en l'air, faire le langoureux;
Lui prodiguer les noms de Soleil & d'Aurore,
Et toûjours bien mangeant mourir par métaphore?
265 Je laisse aux Doucereux ce langage affeté,
Où s'endort un esprit de mollesse hébeté.
La Satire, en leçons, en nouveautez fertile,
Sait seule assaisonner le Plaisant & l'Utile,
Et d'un vers, qu'elle épure aux raïons du Bon Sens,
270 Détromper les Esprits des erreurs de leur tems.
Elle seule, bravant l'Orgueil & l'Injustice,
Va jusques sous le dais faire pâlir le Vice;
Et souvent sans rien craindre, à l'aide d'un bon mot,
Va venger la Raison des attentats d'un Sot.

REMARQUES.

Vers 256. ——— *Les Palmes Idumées.*] L'Idumée est une Province voisine de la Judée, abondante en Palmiers.

Vers 262. *Pour quelque Iris en l'air faire le langoureux.*] Charles Perrault, de l'Académie Françoise, & Pierre Perrault son frere, étoient du nombre de ceux qui blâmoient notre Auteur. Les principaux Ouvrages ausquels s'occupoient alors ces deux Poëtes étoient des Stances amoureuses, des Eglogues tendres, des Elégies à Iris, &c.

CHANGEMENS. Vers 270. *Détromper les Esprits.*] On lit, *Détrompe,* dans toutes les éditions qui ont été faites avant l'Edition postume de 1713.

Vers 255. *C'est ainsi que Lucile appuïé de Lélie* &c.] Lucilius étoit un Poëte Satirique de Rome, & le premier qui ait écrit des Satires. Il étoit fort aimé de Scipion, & de *Lélius*, deux Illustres Romains.

IMITATIONS. Ibid. *C'est ainsi que Lucile,* &c.] Perse, Sat. I. vers 114. & suiv.

——— *Secuit Lucilius Urbem,*
Te Lupe, te Muti, & genuinum fregit in
illis.
Omne vafer vitium ridenti Flaccus amico
Tangit, & admissus, circùm præcordia,
ludit.

IMIT. Vers 284. *Toutefois, s'il le faut, je veux bien m'en dédire:* &c.] Perse, Satire I. 110. & suiv.

——— *Per me equidem sint omnia protinus alba:*

Nil

SATIRE IX.

275 C'est ainsi que Lucile, appuïé de Lélie,
Fit justice en son tems des Cotins d'Italie,
Et qu'Horace, jettant le sel à pleines mains,
Se jouoit aux dépens des Pelletiers Romains.
C'est elle, qui m'ouvrant le chemin qu'il faut suivre,
280 M'inspira dès quinze ans la haine d'un sot Livre,
Et sur ce Mont fameux, où j'osai la chercher,
Fortifia mes pas, & m'apprit à marcher.
C'est pour elle, en un mot, que j'ai fait vœu d'écrire.
Toutefois, s'il le faut, je veux bien m'en dedire:
285 Et pour calmer enfin tous ces flots d'Ennemis,
Réparer en mes vers les maux qu'ils ont commis.
Puisque vous le voulez, je vais changer de stile.
Je le déclare donc. Quinaut est un Virgile.
Pradon comme un Soleil en nos ans a paru.
290 Pelletier écrit mieux qu'Ablancourt ni Patru.
Cotin, à ses Sermons traînant toute la Terre,
Fend les flots d'Auditeurs pour aller à sa chaire.
Saufal est le Phénix des Esprits relevez.
Perrin..... Bon, mon Esprit, courage, poursuivez.
295 Mais ne voïez-vous pas, que leur troupe en furie
Va prendre encor ces vers pour une raillerie?

REMARQUES.

Nil moror: Euge. Omnes, omnes bene miræ eritis res.
Huc juvat?
Vers 286. *Reparer en mes vers les maux qu'ils ont commis.*] Dans la dernière édition que Mr. Despréaux fit faire en 1701. Il y a, *les maux que j'ai commis*; mais c'est une faute d'impression, dont l'Auteur m'a fait apercevoir, & qui n'a point été corrigée dans l'édition postume de 1713.
Vers 288. ——— *Quinaut est un Virgile.*] Allusion au vers 20. de la Satire II. *La Raison dit Virgile, & la Rime Quinaut.*
Vers 289. *Pradon comme un Soleil* &c.] Il y avoit, *Bourfaut* dans les premières éditions; mais il l'ôta après leur reconciliation.
Vers 290. *Pelletier écrit mieux qu'Ablancourt ni Patru.*] *Pelletier*: voïez le vers 54. du Discours au Roi. *Ablancourt*: Nicolas Perrot d'Ablancourt, célèbre par les Traductions qu'il a données. Il étoit de l'Académie Françoise, & mourut en 1664. *Patru*: Olivier Patru, de l'Académie Françoise, est un des plus célèbres Avocats du Parlement de Paris. Notre Poëte a joint ici ces deux Illustres Ecrivains, Ablancourt & Patru; parce qu'ils étoient unis d'une étroite amitié.
Vers 291. *Cotin à ses Sermons* &c.] Voïez le vers 60. de la Satire III.
Vers 293. *Saufal est le Phénix* &c.] C'est Sauvalle. Voïez le vers 40. de la Satire VII.
Vers 294. *Perrin*...... &c.] Voïez le vers 44. de la Satire VII.

Et Dieu fait, auſſi-tôt, que d'Auteurs en courroux,
Que de Rimeurs bleſſez s'en vont fondre ſur vous!
Vous les verrez bien-tôt, féconds en impoſtures,
300 Amaſſer contre vous des volumes d'injures,
Traiter en vos Ecrits chaque vers d'attentat,
Et d'un mot innocent faire un crime d'Etat.
Vous aurez beau vanter le Roi dans vos Ouvrages,
Et de ce nom ſacré ſanctifier vos pages.
305 Qui mépriſe Cotin, n'eſtime point ſon Roi,
Et n'a, ſelon Cotin, ni Dieu, ni foi, ni loi.
Mais quoi? répondrez-vous: Cotin nous peut-il nuire?
Et par ſes cris enfin que ſauroit-il produire?
Interdire à mes vers, dont peut-être il fait cas,
310 L'entrée aux penſions, où je ne prétens pas?
Non, pour louer un Roi, que tout l'Univers louë,
Ma langue n'attend point que l'argent la dénouë;
Et ſans eſperer rien de mes foibles Ecrits,
L'honneur de le louer m'eſt un trop digne prix.
315 On me verra toûjours, ſage dans mes caprices,
De ce même pinceau, dont j'ai noirci les Vices,
Et peint, du nom d'Auteur tant de Sots revêtus,
Lui marquer mon reſpect, & tracer ſes vertus.

REMARQUES.

Vers 302. *Et d'un mot innocent faire un crime d'Etat.*] Mr. le Duc de Montauzier avoit voulu faire un crime d'Etat à notre Satirique, de ce qu'il avoit traité ce Siècle, de *Siècle de fer*, dans la Satire I. Mr. Peliſſon, piqué contre l'Auteur, vouloit inſinuer que, dans le vers 224. de cette Satire neuvième, *Midas, le Roi Midas* &c. Mr. Deſpréaux avoit eu à l'égard du Roi, le même deſſein, que Perſe avoit eu contre Neron dans ce vers: *Auriculas aſini Mida Rex habet:* deſſein extrêmement éloigné de la penſée de notre Auteur.

Vers 306. *Et n'a, ſelon Cotin, ni Dieu, ni foi, ni loi.*] Ce ſont les mêmes injures que Cotin avoit publiées contre notre Auteur, dans ſa *Critique déſintereſſée ſur les Satires du tems*, où il l'accuſoit d'être criminel de lèze-Majeſté Divine & Humaine.

Vers 307. ―― *Cotin nous peut-il nuire?*] Voici la neuvième fois que le mot de *Cotin* ſe préſente dans cette Satire. Les Amis de notre Auteur craignirent que le fréquent retour du même nom, ne parût affecté, & ne déplût aux Lecteurs. *Il faut voir*, dit-il: *Je conſens d'ôter tout ce qui ſera de trop.* On s'aſſembla, on lut la Satire entière; mais on trouva par tout le nom de Cotin ſi bien placé, qu'on ne crut pas qu'il y eût aucun de ces endroits qui dût être retranché.

Vers 310. *L'entrée aux penſions où je ne prétens pas.*] Le Roi donnoit des Penſions aux gens de Lettres; & Cotin étoit un des Penſionnaires.

Vers

Je vous croi, mais pourtant, on crie, on vous menace.
320 Je crains peu, direz-vous, les Braves du Parnasse.
Hé, mon Dieu, craignez tout d'un Auteur en courroux,
Qui peut.... Quoi? je m'entens. Mais encor? Taisez-vous.

REMARQUES.

Vers 322. *Qui peut..... Quoi? Je m'entens. Mais encor? Taisez-vous.*] Il faut distinguer le Dialogue dans ce dernier vers.

IMITATIONS. Ibid. *Qui peut.... Quoi?* &c.] Ce Dialogue est semblable à celui que fait Merlin Cocaïe* avec son Esprit, ou avec foi-même, au commencement de la septième Macaronique.

Siste labrum. Quare? Cupies tacuisse. Tacendum est
Quod nocet. Imo nocet Vatem nimis esse loquacem.

* Son véritable nom est Theophile Folengio de Mantoue mort en 1543.

AU LECTEUR.

VOICI enfin la Satire qu'on me demande depuis si long-tems. Si j'ai tant tardé à la mettre au jour, c'est que j'ai été bien aise qu'elle ne parût qu'avec la nouvelle Edition qu'on faisoit de mon Livre*, où je voulois qu'elle fut inserée. Plusieurs de mes Amis, à qui je l'ai luë, en ont parlé dans le monde avec de grans éloges, & ont publié que c'étoit la meilleure de mes Satires. Ils ne m'ont pas en cela fait plaisir. Je connois le Public. Je sai que naturellement il se revolte contre ces louanges outrées, qu'on donne aux Ouvrages avant qu'ils aïent paru; & que la plûpart des Lecteurs ne lisent ce qu'on leur a elevé si haut, qu'avec un dessein formé de le rabaisser.

Je déclare donc que je ne veux point profiter de ces discours avantageux: & non seulement je laisse au Public son jugement libre, mais je donne plein pouvoir à tous ceux qui ont tant critiqué mon Ode sur Namur, d'exercer aussi contre ma Satire toute la rigueur de leur Critique. J'espère qu'ils le feront avec le même succès: & je puis les assurer que tous leurs discours ne m'obligeront point à rompre l'espèce de vœu que j'ai fait de ne jamais défendre mes Ouvrages, quand on n'en attaquera que les mots & les syllabes. Je saurai fort bien soûtenir contre ces Censeurs, Homère, Horace, Virgile, & tous ces autres grans Personnages dont j'admire les Ecrits: mais pour mes Ecrits que je n'admire point, c'est à ceux qui les approuveront à trouver des raisons pour les défendre. C'est tout l'avis que j'ai à donner ici au Lecteur.

La bienséance néanmoins voudroit, ce me semble, que je fisse quelque excuse au Beau Sexe, de la liberté que je me suis donnée de peindre ses vices. Mais au fond, toutes les peintures que je fais dans ma Satire sont si générales, que bien loin d'appréhender que les Femmes s'en offensent, c'est sur leur approbation & sur leur curiosité que je fonde la plus grande esperance du succès de mon Ouvrage. Une chose au moins, dont je suis certain qu'elles me loueront; c'est d'avoir trouvé moïen, dans une matière aussi délicate qu'est celle que j'y traite, de ne pas laisser échaper un seul mot qui pût le moins du monde blesser la pudeur. J'espère donc que j'obtiendrai aisément ma grace, & qu'elles ne seront pas plus choquées des prédications que je fais contre leurs défauts dans cette Satire, que des Satires que les Prédicateurs font tous les jours en chaire contre ces mêmes défauts.

* En 1694.

SATIRE

SATIRE X.

ENFIN bornant le cours de tes galanteries,
Alcippe, il est donc vrai, dans peu tu te maries.
Sur l'argent, c'est tout dire, on est déja d'accord.
Ton Beaupere futur vuide son coffre fort:
5 Et déja le Notaire a, d'un stile énergique,
Griffonné de ton joug l'Instrument authentique.
C'est bien fait. Il est tems de fixer tes desirs.
Ainsi que ses chagrins l'Hymen a ses plaisirs.
Quelle joie en effet, quelle douceur extrême!
10 De se voir caressé d'une Epouse qu'on aime:
De s'entendre appèler *petit Cœur*, ou *mon Bon*;
De voir autour de soi croître dans sa maison,
Sous les paisibles loix d'une agréable Mere,
De petits Citoïens dont on croit être Pere!

REMARQUES.

L'Auteur avoit formé le dessein de faire une Satire *contre les Femmes*, long-tems avant que de l'éxécuter. Ses occupations Poëtiques avoient été interrompuës par le glorieux emploi d'Historiographe du Roi. Il se rengagea dans la Poësie, pour venger l'honneur des Anciens, que Mr. Perrault avoit outragez dans un petit Poëme, intitulé, *Le Siécle de Louis le Grand*, & dans ses Dialogues sur le *Parallèle des Anciens & des Modernes*.

Notre Auteur fit d'abord une Ode à la manière de Pindare, pour justifier ce Poëte du faux jugement que Mr. Perrault avoit porté contre lui en particulier*. Mr. Despréaux lui-même fut maltraité dans la suite des mêmes Dialogues; mais il ne voulut pas répondre à son Adversaire par un Ouvrage exprès: étant convaincu, disoit-il, que les Ecrits qui ne roulent que sur des disputes particulières ou personnelles, ne sont pas de longue durée; & qu'autant qu'on le peut, il faut choisir des sujets généraux pour plaire au Public, & sur tout pour aller à la Posterité.

Ce fut à cette occasion qu'il reprit son premier dessein, & qu'il composa cette Satire dixième, dans laquelle il se contenta de toucher, en passant, les Dialogues de Mr. Perrault contre les Anciens, comme on le verra dans la suite. Elle fut achevée en 1693. & publiée l'année suivante.

Vers 1. *Enfin, bornant le cours de tes galanteries*, &c.] Mr. Racine n'étoit pas content de ces deux vers: la construction ne lui en paroissoit pas assez nette. Il le manda à Mr. de Maucroix, Chanoine de Rheims, leur Ami commun, & Mr. de Maucroix les tourna de cette manière:

Alcippe, il est donc vrai qu'enfin l'on te marie,
Et que tu prens congé de la galanterie.

Mais Mr. Despréaux ne s'en accommoda point, les aïant trouvez foibles & prosaïques. Alcippe est un Personnage inventé.

Vers 6. ——— *L'Instrument authentique.*] *Instrument*, en stile de Pratique, signifie un Contract, un Acte public.

Vers 11. ——— *Petit Cœur*, ou *mon Bon.*] Madame Colbert appeloit ainsi son Mari.

* *Parallèle des Anciens & des Modernes.* Dial. I. p. 27. & suiv.

SATIRE X.

15 Quel charme, au moindre mal qui nous vient menacer,
De la voir aussi-tôt accourir, s'empresser,
S'effraïer d'un péril qui n'a point d'apparence,
Et souvent de douleur se pâmer par avance!
Car tu ne seras point de ces Jaloux affreux,
20 Habiles à se rendre inquiets, malheureux,
Qui tandis qu'une Epouse à leurs yeux se désole,
Pensent toûjours qu'un Autre en secret la console.
Mais quoi, je voi déja que ce discours t'aigrit?
Charmé de Juvénal, & plein de son esprit
25 Venez-vous, diras-tu, dans une pièce outrée,
Comme lui nous chanter: *Que dès le tems de Rhée,*
La Chasteté déja, la rougeur sur le front,
Avoit chez les Humains reçû plus d'un affront:
Qu'on vit avec le fer naître les Injustices,
30 *L'Impieté, l'Orgueil, & tous les autres Vices,*
Mais que la Bonne Foi dans l'amour conjugal
N'alla point jusqu'au tems du troisième Métal?
Ces mots ont dans sa bouche une emphaze admirable:
Mais je vous dirai, moi, sans alléguer la fable,
35 Que si sous Adam même, & loin avant Noé,
Le Vice audacieux, des Hommes avoué,
A la triste Innocence en tous lieux fit la guerre.

REMARQUES.

VERS 18. *Et souvent de douleur se pâmer par avance.*] Ce caractère convient à la plûpart des femmes. Cependant le Poëte a eu particulièrement en vûë Madame B. . . . . qui témoignoit des fraïeurs excessives au moindre mal dont son mari étoit menacé: elle se pâmoit: il lui faloit jetter de l'eau sur le visage.

VERS 24. *Charmé de Juvénal*, &c.] Juvénal a fait une Satire contre les femmes, qui est son plus bel Ouvrage. Cette Note est de l'Auteur même, qui l'avoit mise à la marge de cette Satire dixième.

VERS 26. —— *Que dès le tems de Rhée*, &c.] A côté de ce vers & des six suivans, l'Auteur avoit mis cette Note: *Paroles du commencement de la Satire de Juvénal.* Cependant Juvénal s'exprime d'une manière un peu différente: *Oui, je veux croire*, dit-il, *que la Pudicité, sous le règne de Saturne, a habité sur la terre, & qu'on l'y a vûë même assez long-tems*: C'est-à-dire, pendant l'âge d'or, qui étoit du tems de Saturne & de Rhée.

Credo Pudicitiam Saturno rege moratam
In terris, visamque diù.

VERS 39. —— *En Phrynés, en Lais.*] *Phryné & Lais*, étoient deux fameuses Courtisanes de la Grèce.

VERS 44. *Il en est jusqu'à Trois*, &c.] A la rigueur on en trouveroit peut-être davantage, disoit l'Auteur en plaisantant.

Vers

SATIRE X.

Il demeura pourtant de l'honneur sur la Terre:
Qu'aux tems les plus féconds en Phrynés, en Laïs,
40 Plus d'une Pénélope honora son païs;
Et que même aujourd'hui, sur ce fameux modèle,
On peut trouver encor quelque Femme fidèle.
  Sans doute; & dans Paris, si je sai bien compter,
Il en est jusqu'à Trois, que je pourrois citer.
45 Ton Epouse dans peu sera la quatrième.
Je le veux croire ainsi. Mais la Chasteté même,
Sous ce beau nom d'Epouse, entrât-elle chez toi;
De retour d'un voïage en arrivant, croi-moi,
Fais toûjours du logis avertir la Maîtresse.
50 Tel partit tout baigné des pleurs de sa Lucrèce;
Qui, faute d'avoir pris ce soin judicieux,
Trouva. Tu sais… Je sais que d'un conte odieux
Vous avez comme moi sali votre mémoire.
Mais laissons-là, dis-tu, Joconde & son Histoire.
55 Du projet d'un Hymen déja fort avancé,
Devant vous aujourd'hui criminel dénoncé,
Et mis sur la sellette aux piés de la Critique,
Je voi bien tout de bon qu'il faut que je m'explique.
  Jeune autrefois par vous dans le monde conduit,
60 J'ai trop bien profité, pour n'être pas instruit

REMARQUES.

Vers 52. *Trouva. Tu sais….*] Tout le monde sait l'Histoire de *Joconde* mise en vers par le célèbre La Fontaine ; mais tout le monde ne sait pas que la *Dissertation sur Joconde*, imprimée parmi les Contes de cet Auteur, est de Mr. Despréaux. Bouillon, *méchant Poëte, avoit aussi mis en vers François la même Avanture de Joconde, tirée de l'Arioste. Il y eût une gageure considerable sur la préference de ces deux Ouvrages, entre l'Abbé *Le Vayer*, & un nommé St. Gilles, Homme d'un caractère fort particulier. Ils s'en raportèrent à Moliere, qui ne voulut pas dire son sentiment de peur de faire

* *Il mourut en 1662. & ses Poësies furent imprimées en 1663.*

perdre la gageure à St. Gilles ; mais Mr. Despréaux décida le differend par cette Dissertation. Il étoit fort jeune alors ; & dans la suite il témoignoit à ses Amis un grand regret d'avoir emploïé sa plume à défendre un Ouvrage du caractère de Joconde.

Vers 59. *Jeune autrefois par vous* &c.] Ce vers & le suivant n'étoient pas ainsi. Mr. le Prince de Conti, à qui l'Auteur récita cette Satire, n'aprouvoit pas que l'un des deux Interlocuteurs de ce Dialogue tutoïât l'autre. Cette objection obligea notre Poëte de faire dire à celui qui se va marier, *qu'il a été autrefois sous la conduite de l'autre* : ce qui autorise ce dernier à le traiter plus familièrement.

A quels discours malins le Mariage expose.
Je sai, que c'est un texte où chacun fait sa glose.
Que de Maris trompez tout rit dans l'Univers,
Epigrammes, Chansons, Rondeaux, Fables en vers,
65 Satire, Comédie: & sur cette matiere,
J'ai vû tout ce qu'ont fait La Fontaine & Moliere:
J'ai lû tout ce qu'ont dit Villon & Saint Gelais,
Arioste, Marot, Bocace, Rabelais,
Et tous ces vieux Recueils de Satires naïves,
70 Des malices du Sexe immortelles archives.
Mais tout bien balancé, j'ai pourtant reconnu,
Que de ces contes vains le Monde entretenu
N'en a pas de l'Hymen moins vû fleurir l'usage;
Que sous ce joug moqué, tout à la fin s'engage:
75 Qu'à ce commun filet les Railleurs mêmes pris,
Ont été très-souvent de commodes Maris;
Et que pour être heureux sous ce joug salutaire,
Tout dépend, en un mot, du bon choix qu'on sait faire.
Enfin, il faut ici parler de bonne foi,
80 Je vieillis, & ne puis regarder sans effroi,
Ces Neveux affamez, dont l'importun visage
De mon bien à mes yeux fait déja le partage.
Je croi déja les voir, au moment annoncé
Qu'à la fin, sans retour, leur cher Oncle est passé,
85 Sur quelques pleurs forcez, qu'ils auront soin qu'on voie,
Se faire consoler du sujet de leur joie.
Je me fais un plaisir, à ne vous rien celer,
De pouvoir, moi vivant, dans peu les désoler;

REMARQUES.

Vers 69. *Et tous ces vieux Recueils de Satires naïves.*] Les Contes de la Reine de Navarre: &c.

Vers 75. *Qu'à ce commun filet les Railleurs mêmes pris.*] La Fontaine, après avoir plaisanté en mille endroits de ses Poësies, sur la galanterie, & l'infidélité des femmes, ne laissa pas de se marier.

Vers 97. *Ces Histoires de morts*, &c.] Blandin & De Rosset ont composé *les Histoires tragiques de notre tems*, où sont contenuës les morts funestes & lamentables de plusieurs personnes, &c.

Vers 103. *Et si, durant un jour, notre premier Aïeul,*
Plus riche d'une côte, avoit vêcu tout seul.] L'Au-

SATIRE X.

Et trompant un espoir pour eux si plein de charmes,
90 Arracher de leurs yeux de veritables larmes.
 Vous dirai-je encor plus? Soit foiblesse, ou raison,
Je suis las de me voir le soir en ma maison
Seul avec des Valets, souvent voleurs & traîtres,
Et toûjours, à coup sûr, ennemis de leurs Maîtres,
95 Je ne me couche point, qu'aussi-tôt dans mon lit
Un souvenir fâcheux n'apporte à mon esprit
Ces Histoires de morts lamentables, tragiques,
Dont Paris tous les ans peut grossir ses Chroniques.
Dépouillons-nous ici d'une vaine fierté.
100 Nous naissons, nous vivons pour la Société.
A nous-mêmes livrez dans une solitude,
Notre bonheur bien-tôt fait notre inquiétude;
Et si, durant un jour, notre premier Aïeul
Plus riche d'une côte, avoit vêcu tout seul,
105 Je doute, en sa demeure alors si fortunée,
S'il n'eût point prié Dieu d'abréger la journée.
N'allons donc point ici réformer l'Univers,
Ni par de vains discours, & de frivoles vers,
Etalant au Public notre misanthropie,
110 Censurer le lien le plus doux de la vie.
Laissons-là, croïez-moi, le monde tel qu'il est.
L'Hymenée est un joug, & c'est ce qui m'en plaît.
L'Homme en ses passions toûjours errant sans guide,
A besoin qu'on lui mette & le mords & la bride.
115 Son pouvoir malheureux ne sert qu'à le gêner,
Et pour le rendre libre, il le faut enchaîner.

REMARQUES.

L'Auteur comparoit ces deux vers avec ceux-ci de la Satire VIII.
 Croit que Dieu tout exprès d'une côte nouvelle,
 A tiré pour lui seul une femme fidelle,
& il donnoit la préférence à ceux de la Satire X.

IMITATIONS. Vers 116. *Et pour le rendre libre, il le faut enchaîner.*] Horace I. Epist. II. v. 62.

 ——— *Animum rege, qui nisi paret,*
 Imperat, hunc frænis, hunc tu compesce catenâ.

Sur ces deux vers Mr. Despréaux disoit qu'Horace étoit Janséniste.

SATIRE X.

C'est ainsi que souvent la main de Dieu l'assiste.
Ha bon! voilà parler en docte Janséniste,
Alcippe, & sur ce point si savamment touché,
120 Desmâres, dans Saint Roch, n'auroit pas mieux prêché.
Mais c'est trop t'insulter, quittons la raillerie,
Parlons sans hyperbole & sans plaisanterie.
Tu viens de mettre ici l'Hymen en son beau jour.
Enten donc: & permets que je prêche à mon tour.
125   L'Epouse que tu prens, sans tache en sa conduite,
Aux vertus, m'a-t-on dit, dans Port-Roïal instruite,
Aux loix de son devoir règle tous ses desirs.
Mais qui peut t'assûrer, qu'invincible aux plaisirs
Chez toi, dans une vie ouverte à la licence,
130 Elle conservera sa première innocence?
Par toi-même bien-tôt conduite à l'Opera,
De quel air penses-tu que ta Sainte verra
D'un spectacle enchanteur la pompe harmonieuse,
Ces danses, ces Heros à voix luxurieuse;
135 Entendra ces discours sur l'Amour seul roulans,
Ces doucereux Renauds, ces insensez Rolands;
Saura d'eux qu'à l'Amour, comme au seul Dieu suprême,
On doit immoler tout, jusqu'à la Vertu même.

REMARQUES.

Vers 120. *Desmâres, dans Saint Roch,*] Le Pere Toussaint *Desmâres*, Prêtre de l'Oratoire, fameux Prédicateur. Il fut député à Rome, en 1653. avec quelques Docteurs de Sorbone, au sujet des fameuses disputes sur le Livre de Jansenius; & il prononça devant le Pape un Discours Latin sur cette matiere. Voïez le Journal de S. Amour, Part. VI. ch. 15. & 22. Après la Paix de l'Eglise Gallicane, faite en 1668. le P. Desmâres prêcha un Carême dans l'Eglise Paroissiale de S. Roch à Paris avec succès, mais il étoit effacé par le P. Bourdaloue qui prêchoit en même tems dans une autre Eglise. Le P. Desmâres quitta la Prédication à cause d'un Polype qui lui vint dans le nez, & qui l'empêchoit de prononcer avec grace. Il a été Curé de Liancour, & n'a jamais voulu quitter ce Bénéfice pour un meilleur qu'on lui offroit.

Vers 126. ——— *Dans Port-Roïal instruite.*] *Port-Roïal*, Monastère de Religieuses, avec le titre d'Abbaïe, où la plupart des Filles de Condition étoient élevées; mais ces Religieuses aïant été accusées de Jansénisme, on leur défendit de recevoir des Pensionnaires & des Novices.

Vers 137. *Saura d'eux qu'à l'Amour,* &c.] Maximes fort ordinaires dans les Opera de Quinaut. Notre Auteur citoit encore cette belle maxime de l'Opera d'Atis:

Il faut souvent pour devenir heureux,
Qu'il en coûte un peu d'innocence.

Il raportoit plusieurs autres traits de la Morale des Opera, contre laquelle il se récrioit toûjours vivement.

SATIRE X.

Qu'on ne sauroit trop tôt se laisser enflamer:
140 Qu'on n'a reçû du Ciel un cœur que pour aimer;
Et tous ces Lieux communs de Morale lubrique,
Que Lulli réchauffa des sons de sa Musique?
Mais de quels mouvemens, dans son cœur excitez,
Sentira-t-elle alors tous ses sens agitez?
145 Je ne te répons pas, qu'au retour, moins timide,
Digne Ecoliere enfin d'Angélique & d'Armide,
Elle n'aille à l'instant, pleine de ces doux sons,
Avec quelque Médor pratiquer ces leçons.
    Supposons toutefois, qu'encor fidèle & pure,
150 Sa vertu de ce choc revienne sans blessure.
Bien-tôt dans ce grand Monde, où tu vas l'entraîner,
Au milieu des écueils qui vont l'environner,
Crois-tu que toûjours ferme aux bords du précipice,
Elle pourra marcher sans que le pié lui glisse?
155 Que toûjours insensible aux discours enchanteurs
D'un idolatre amas de jeunes Séducteurs,
Sa sagesse jamais ne deviendra folie?
D'abord tu la verras, ainsi que dans Clélie,
Recevant ses Amans sous le doux nom d'Amis,
160 S'en tenir avec eux aux petits soins permis:

REMARQUES.

IMITATIONS. Vers 138. *On doit immoler tout, jusqu'à la Vertu même.*] Racine, Phèdre, Acte III. Scene 3.
Il faut immoler tout, & même la Vertu.
    Vers 142. *Que Lulli réchauffa &c.*] Jean Baptiste de Lulli, célèbre Musicien, qui a fait nos plus beaux Opera.
    Vers 146. ―― *d'Angélique & d'Armide.*] Voïez les Opera de Quinaut, intitulez, *Roland*, & *Armide*.
    Vers 159. *Recevant ses Amans sous le doux nom d'Amis.*] Dans le Roman de Clélie, Part. I. Liv. I. page 389. Célère raconte que Clélie, ,, cette admirable Fille, vivoit de fa-
,, çon qu'elle n'avoit pas un Amant qui
,, ne fût obligé de se cacher sous le nom
,, d'Ami, & d'appeler son amour, amitié;
,, car autrement, dit-il, ils eussent été chaf-
,, sez de chez elle''. On fait faire ensuite à Clélie elle-même cette jolie distinction des divers genres d'Amis. ,, Il ne faut pas con-
,, clure de là, dit-elle, que tous ceux que
,, j'appèle mes Amis, soient de mes tendres
,, Amis; car j'en ai de toutes les façons dont
,, on en peut avoir. En effet, j'ai de ces de-
,, mi-Amis, s'il est permis de parler ainsi,
,, qu'on appèle d'agréables connoissances.
,, J'en ai qui sont un peu plus avancez, que
,, je nomme mes nouveaux Amis: J'en ai
,, d'autres que je nomme simplement mes
,, Amis: J'en ai aussi que je puis appeler des
,, Amis d'habitude: J'en ai quelques-uns
,, que je nomme de solides Amis, & quel-
,, ques autres que j'appèle mes Amis parti-
,, culiers. Mais pour ceux que je mets au
,, rang de mes tendres Amis, ils sont en
           ,, fort

Puis, bien-tôt en grande eau fur le fleuve de Tendre
Naviger à fouhait, tout dire, & tout entendre.
Et ne préfume pas que Vénus, ou Satan,
Souffre qu'elle en demeure aux termes du Roman.
165 Dans le crime il fuffit qu'une fois on débute.
Une chûte toûjours attire une autre chûte.
L'Honneur eft comme une Ifle efcarpée & fans bords.
On n'y peut plus rentrer dès qu'on en eft dehors.
Peut-être, avant deux ans ardente à te déplaire,
170 Eprife d'un Cadet, ivre d'un Moufquetaire,
Nous la verrons hanter les plus honteux brelans,
Donner chez la Cornu rendez-vous aux Galans;
De Phèdre dédaignant la pudeur enfantine,
Suivre à front découvert Z... & Meffaline;
175 Compter pour grans exploits vingt Hommes ruïnez,
Bleffez, battus pour Elle, & quatre affaffinez;
Trop heureux! fi toujours Femme défordonnée,
Sans mefure & fans règle au vice abandonnée,
Par cent traits d'impudence aifés à ramaffer,
180 Elle t'acquiert au moins un droit pour la chaffer.
Mais que deviendras-tu? fi, folle en fon caprice,
N'aimant que le fcandale & l'éclat dans le vice,

REMARQUES.

„ fort petit nombre, & ils font fi avant dans
„ mon cœur, qu'on ne peut jamais faire
„ plus de progrès. Cependant, ajoûte Clé-
„ lie, je diftingue fi bien toutes ces fortes
„ d'amitiez que je ne les confonds point du
„ tout.

Vers 161. ——— *Sur le fleuve de Tendre*,
&c.] Dans la première partie du Roman de
Clélie, on a figuré la Carte du Païs de *Tendre*, dont le deffein eft allégorique, pour
marquer les divers genres de Tendreffe. On
peut avoir de la tendreffe par trois caufes differentes: L'Eftime, la Reconnoiffance, &
l'Inclination; c'eft pourquoi cette Carte re-
préfente trois Rivieres qui portent ces trois
noms, & fur lefquelles font fituées trois Villes nommées *Tendre*: favoir *Tendre* fur Inclination, *Tendre* fur Eftime, & *Tendre* fur

Reconnoiffance. *Petits-foins* eft un des Villa-
ges repréfentez fur cette Carte: C'eft à quoi
fait allufion le vers précédent.

Vers 170. *Eprife d'un Cadet, ivre d'un
Moufquetaire.*] *Cadet*, fignifie ici un jeune-
Homme, un jeune Officier de guerre. En
l'année 1682. le Roi établit en plufieurs Places de fon Roiaume, des Compagnies de jeu-
nes-Gens, à qui l'on donna le nom de *Ca-
dets*: ils étoient inftruits dans tous les exercices militaires; & quand on les trouvoit capables de commander, on les mettoit dans
les Troupes.

Moufquetaire. Les Moufquetaires du Roi,
font deux Compaguies de gens à cheval,
compofées de jeunes Gens de qualité, ou
de bonne Maifon.

Vers 172. *Donner chez la Cornu* &c.] U-
ne

SATIRE X.

Bien moins pour son plaisir, que pour t'inquieter,
Au fond peu vicieuse, elle aime à coqueter?
185 Entre nous, verras-tu d'un esprit bien tranquille,
Chez ta Femme aborder & la Cour & la Ville?
Tout, hormis toi, chez toi rencontre un doux accueil.
L'un est païé d'un mot, & l'autre d'un coup d'œil.
Ce n'est que pour toi seul qu'elle est fière & chagrine,
190 Aux autres elle est douce, agréable, badine:
C'est pour eux qu'elle étale & l'or & le brocard;
Que chez toi se prodigue & le rouge & le fard,
Et qu'une main savante, avec tant d'artifice,
Bâtit de ses cheveux le galant édifice.
195 Dans sa chambre, croi-moi, n'entre point tout le jour,
Si tu veux posseder ta Lucrèce à ton tour;
Atten, discret Mari, que la Belle en cornette
Le soir ait étalé son teint sur la toilette;
Et dans quatre mouchoirs, de sa beauté salis,
200 Envoie au Blanchisseur ses roses & ses lis.
Alors tu peux entrer: mais sage en sa présence,
Ne va pas murmurer de sa folle dépense.
D'abord, l'argent en main, païe & vîte & comptant.
Mais non, fais mine un peu d'en être mécontent,

REMARQUES.

ne infame, dont le nom étoit alors connu de tout le monde.

Vers 173. *De Phèdre dédaignant la pudeur enfantine.*] C'est cette pudeur si rare aujourdhui, que nos Coquettes traitent d'enfantine. Le caractère de Phèdre a été heureusement exprimé par Mr. Racine dans ces Vers:

— *Je ne suis point de ces femmes hardies,*
Qui goûtant dans le crime une tranquile paix,
Ont sû se faire un front qui ne rougit jamais.
PHEDRE, Act. III. Sc. 3.
IMITATIONS. Ibid. —— *La pudeur enfantine.*] C'est une traduction de l'*Infans namque pudor*, d'Horace, Liv. I. Sat. VI. v. 57.

Vers 174. *Suivre à front découvert Z. . . & Messaline.*] Cette lettre initiale Z. n'est

mise ici que pour dépaïser les Lecteurs. Cependant malgré cette précaution, on ne laissa pas dans les Provinces d'en faire l'application à deux ou trois femmes dont par malheur les noms commençoient par cette lettre. *Messaline*, Femme de l'Empereur Claude, fameuse par ses débordemens.

Vers 175. *Compter pour grans exploits* &c.] Dans le vers précédent notre Poëte a exprimé le caractère d'une femme qui n'est simplement que debauchée dans ses plaisirs. Ici il ajoûte à ce caractère, celui de ces femmes hardies & dangereuses, qui n'aiment leurs débauches que par l'éclat & le bruit qu'elles font; Telle étoit une autre Femme de la Cour, que Moliere a représentée dans son *Misanthrope*, sous le nom de *Célimene*.

205 Pour la voir auſſi-tôt, de douleur oppreſſée,
Déplorer ſa vertu ſi mal récompenſée.
Un Mari ne veut pas fournir à ſes beſoins!
Jamais Femme, après tout, a-t-elle coûté moins?
A cinq cens Loüis d'or, tout au plus, chaque année,
210 Sa dépenſe en habits n'eſt-elle pas bornée?
Que répondre? Je voi, qu'à de ſi juſtes cris,
Toi-même convaincu déja tu t'attendris,
Tout prêt à la laiſſer, pourvû qu'elle s'appaiſe,
Dans ton coffre à pleins ſacs puiſer tout à ſon aiſe.
215 A quoi bon en effet t'allarmer de ſi peu?
Hé que ſeroit-ce donc, ſi le Démon du jeu,
Verſant dans ſon eſprit ſa ruïneuſe rage,
Tous les jours mis par elle à deux doigts du naufrage,
Tu voyois tous tes biens au ſort abandonnez
220 Devenir le butin d'un Pique ou d'un Sonnez!
Le doux charme pour toi! de voir chaque journée,
De nobles Champions ta Femme environnée,
Sur une table longue, & façonnée exprès,
D'un Tournoi de Baſſette ordonner les apprêts:
225 Ou, ſi par un Arrêt la groſſière Police
D'un jeu ſi néceſſaire interdit l'exercice,
Ouvrir ſur cette table un champ au Lanſquenet,
Ou promener trois dez chaſſez de ſon cornet:
Puis ſur une autre table, avec un air plus ſombre,

REMARQUES.

CHANGEMENT. Vers 205. *Pour la voir auſſi-tôt, de douleur oppreſſée.*] Avant l'édition poſtume de 1713. on liſoit: *Pour la voir auſſi-tôt ſur ſes deux pieds hauſſée.*

CHANGEMENT. Vers 214. *Dans ton coffre à pleins ſacs.*] Il y avoit: *En pleins ſacs*; dans les éditions qui ont été faites avant celle de 1713.

Vers 216. ―――― *Si le Démon du jeu*, &c.] Le caractère de la Joüeuſe a été fait ſur Mad. . . . Sa paſſion pour le jeu étoit ſi grande, qu'elle regardoit comme perdu tout le tems qu'elle paſſoit hors du jeu. Elle donnoit à joüer chez elle; & parmi les Joüeurs qui y alloient, M. B . . . . . étoit un des plus aſſidus. Elle avoit ordonné que ceux qui s'émanciperoient en paroles, païeroient un écu chaque fois que cela leur arriveroit. M. B . . . . . ſe trouvant trop gêné par cette Loi, aima mieux, un jour qu'il étoit en colère, acheter la liberté de jurer tout à ſon aiſe, par une groſſe poignée d'écus qu'il jetta d'avance.

Vers 220. ―――― *D'un Pique ou d'un Sonnez,*] *Pique*, terme du jeu de Piquet. *Sonnez*, terme du jeu de Tric-trac.

Vers

SATIRE X.

230 S'en aller méditer une vole au jeu d'Hombre;
S'écrier sur un As mal à propos jetté;
Se plaindre d'un Gâno qu'on n'a point écouté;
Ou, querellant tout bas le Ciel qu'elle regarde,
A la Bête gémir d'un Roi venu sans garde.
235 Chez elle en ces emplois l'Aube du lendemain
Souvent la trouve encor les cartes à la main.
Alors, pour se coucher, les quittant, non sans peine,
Elle plaint le malheur de la Nature humaine,
Qui veut qu'en un sommeil, où tout s'ensevelit,
240 Tant d'heures, sans joüer, se consument au lit.
Toutefois en partant la Troupe la console,
Et d'un prochain retour chacun donne parole.
C'est ainsi qu'une femme en doux amusemens
Sait du tems qui s'envole emploïer les momens;
245 C'est ainsi que souvent par une Forcenée
Une triste Famille à l'hôpital traînée,
Voit ses biens en decret sur tous les murs écrits,
De sa déroute illustre effraïer tout Paris.
Mais que plûtôt son jeu mille fois te ruïne;
250 Que si la famélique & honteuse Lézine,
Venant mal à propos la saisir au collet,
Elle te réduisoit à vivre sans valet,
Comme ce Magistrat de hideuse mémoire,
Dont je veux bien ici te craïonner l'histoire.

REMARQUES.

Vers 232. *Se plaindre d'un Gâno* &c.] Terme du jeu d'Hombre.

Vers 244. *Sait du tems qui s'envole emploïer les momens.*] Une Dévote se confessoit du trop grand attachement qu'elle avoit pour le jeu. Son Confesseur lui remontra, qu'elle devoit en premier lieu considerer la perte du tems...... *Hélas! oui mon Pere*, dit la Pénitente, en l'interrompant: *On perd tant de tems à mêler les cartes!*

Vers 245. *C'est ainsi que souvent par une Forcenée*, &c.] Parmi le grand nombre de gens que la passion du jeu a précipitez dans les malheurs qui sont ici décrits, le Poëte a regardé une Parente de l'Illustre & pieuse Madame de Miramion, qui a fondé la Communauté des Filles de Ste. Geneviève. Cette Joüeuse aïant dissipé des biens considerables, fut obligée de se retirer en Angleterre. Elle portoit aussi le nom de Miramion.

Vers 253. *Comme ce Magistrat de hideuse mémoire*, &c.] Jaques Tardieu, Lieutenant Criminel de Paris, & Marie Ferrier sa femme, aussi fameux par leur sordide avarice, que par leur mort funeste. Notre Auteur les connoissoit particulierement tous les deux,

255   Dans la Robe on vantoit son illustre Maison.
Il étoit plein d'esprit, de sens, & de raison.
Seulement pour l'argent un peu trop de foiblesse.
De ces vertus en lui ravaloit la noblesse.
Sa table toutefois, sans superfluité,
260 N'avoit rien que d'honnête en sa frugalité.
Chez lui deux bons Chevaux, de pareille encolure,
Trouvoient dans l'Ecurie une pleine pâture,
Et du foin que leur bouche au ratelier laissoit,
De surcroît une mule encor se nourrissoit.
265 Mais cette soif de l'or, qui le brûloit dans l'ame,
Le fit enfin songer à choisir une Femme;
Et l'honneur dans ce choix ne fut point regardé.
Vers son triste penchant son naturel guidé,
Le fit dans une avare & sordide famille
270 Chercher un monstre affreux sous l'habit d'une fille;
Et sans trop s'enquerir d'où la Laide venoit,
Il fut, ce fut assez, l'argent qu'on lui donnoit.
Rien ne le rebuta; ni sa vûë éraillée,
Ni sa masse de chair bizarrement taillée;
275 Et trois cens mille francs, avec elle obtenus,
La firent à ses yeux plus belle que Vénus.
Il l'épouse; & bien-tôt son Hôtesse nouvelle,
Le prêchant, lui fit voir qu'il étoit, au prix d'elle,
Un vrai dissipateur, un parfait débauché.

REMARQUES.

tant parce qu'ils logeoient * dans son voisinage, que parce que Mr. Tardieu avoit tenu sur les fonts Mr. Jaques Boileau, Docteur de Sorbone, & Chanoine de la Ste. Chapelle, frere du Poëte.

Vers 255. *Dans la Robe on vantoit son illustre Maison.*] Mr. Tardieu étoit d'une bonne Famille de la Robe, & neveu de Jaques Gillot, Conseiller-clerc au Parlement, & Chanoine de la Sainte Chapelle. Mr. Gillot

étoit un des principaux Auteurs de la Satire Ménippée, connuë sous le nom du Catholicon d'Espagne, & c'étoit dans la maison de ce Chanoine * que cette ingénieuse Satire avoit été composée. Il mourut l'an 1619.

Vers 264. *De surcroît une mule.*] Le Lieutenant Criminel est obligé de suivre les criminels condamnés à la mort; & il est monté sur une Mule, qui étoit l'ancienne monture

* *Dans la maison qui fait le coin du Quai des Orfèvres, & de la ruë de Harlai, Mr. Despréaux demeuroit dans la Cour du Palais.*

* *Il logeoit dans la petite ruë, qui vient du Quai des Orfèvres à l'Hôtel du P. Président. Mr. Despréaux, & Mr. l'Abbé Boileau son frere, sont nez dans la même Chambre où la Satire du Catholicon avoit été faite.*

SATIRE X.

280 Lui-même le sentit, reconnut son péché,
Se confessa prodigue, & plein de repentance,
Offrit sur ses avis de règler sa dépense.
Aussi-tôt de chez eux tout rôti disparut.
Le pain bis renfermé d'une moitié décrut.
285 Les deux chevaux, la mule, au marché s'envolèrent.
Deux grans Laquais, à jeun, sur le soir s'en allèrent.
De ces Coquins déja l'on se trouvoit lassé,
Et pour n'en plus revoir le reste fut chassé.
Deux servantes déja, largement souffletées,
290 Avoient à coups de pié descendu les montées,
Et se voïant enfin hors de ce triste lieu,
Dans la ruë en avoient rendu graces à Dieu.
Un vieux Valet restoit, seul chéri de son Maître,
Que toûjours il servit, & qu'il avoit vû naître,
295 Et qui de quelque somme, amassée au bon tems,
Vivoit encor chez eux, partie à ses dépens.
Sa vuë embarrassoit; il falut s'en défaire;
Il fut de la maison chassé comme un Corsaire.
Voilà nos deux Epoux sans valets, sans enfans,
300 Tous seuls dans leur logis libres & triomphans.
Alors on ne mit plus de borne à la lézine.
On condamna la cave, on ferma la cuisine.
Pour ne s'en point servir aux plus rigoureux mois,
Dans le fond d'un grenier on sequestra le bois.

REMARQUES.

ture des Magistrats, avant l'usage des Carrosses.

Vers 266. *Le fit enfin songer à chercher une Femme.*] Elle étoit fille de Jérémie Ferrier, qui avoit été Ministre à Nismes, & qui abjura ensuite le Calvinisme.

Vers 270. *Chercher un monstre affreux sous l'habit d'une fille*] Elle étoit extrêmement laide & malfaite. On dit pourtant qu'elle avoit été belle dans sa jeunesse, mais la petite verole l'avoit ainsi défigurée.

Vers 280. *Lui-même le sentit*, &c.] Dans ce vers & les deux suivans l'Auteur a exprimé toutes les parties de la Confession.

Vers 285. ——— *Au marché s'envolèrent.*] Comme ce couple avare n'avoit ni valets ni servantes, les Plaideurs qui venoient solliciter, étoient obligez de panser les chevaux, & de les mener à l'abbreuvoir; mais cela ne dura pas long-tems. On vendit premièrement les Chevaux, & puis la Mule, & quand le Lieutenant Criminel en avoit besoin, il en empruntoit une.

Vers 293. *Un vieux Valet restoit.*] Il se nommoit Desbordes, & portoit ordinairement une méchante casaque rouge.

118 SATIRE X.

305 L'un & l'autre dès lors vécut à l'aventure
Des préſens, qu'à l'abri de la Magiſtrature,
Le Mari quelquefois des Plaideurs extorquoit,
Ou de ce que la Femme aux voiſins excroquoit.
Mais, pour bien mettre ici leur craſſe en tout ſon luſtre,
310 Il faut voir du Logis ſortir ce Couple illuſtre:
Il faut voir le Mari tout poudreux, tout ſouillé,
Couvert d'un vieux chapeau de cordon dépouillé,
Et de ſa robe, en vain de pièces rajeunie,
A pié dans les ruiſſeaux traînant l'ignominie.
315 Mais qui pourroit compter le nombre de haillons,
De pièces, de lambeaux, de ſales guenillons,
De chiffons ramaſſés dans la plus noire ordure,
Dont la Femme aux bons jours compoſoit ſa parure?
Décrirai-je ſes bas en trente endroits percez,
320 Ses ſouliers grimaſſans vingt fois rapetaſſez,
Ses coëffes, d'où pendoit au bout d'une ficelle
Un vieux maſque pelé, preſque auſſi hideux qu'Elle?
Peindrai-je ſon juppon bigarré de Latin,
Qu'enſemble compoſoient trois Thèſes de ſatin,
325 Préſent qu'en un procès ſur certain privilège
Firent à ſon Mari les Régens d'un Collège;
Et qui ſur cette juppe à maint Rieur encor

REMARQUES.

Vers 308. *Ou de ce que la Femme aux Voiſins excroquoit.*] Elle n'entroit jamais dans une maiſon, qu'elle n'excroquât quelque choſe, & quand elle n'y pouvoit rien prendre, elle empruntoit ſans rendre jamais rien. C'eſt d'Elle que Mr. Racine a dit dans ſes Plaideurs, Acte I. Scène IV.

Elle eût du Bûvetier emporté les ſerviettes,
Plûtôt que de rentrer au logis les mains nettes.

Elle avoit effectivement pris quelques ſerviettes chez le Bûvetier du Palais.
Dans une maiſon voiſine de la leur, il y avoit un lieu de débauche où elle alloit tous les jours pour y attraper ſon dîner, & elle ne manquoit jamais d'envoier à ſon mari une partie de ce qu'il y avoit ſur la table. En é-

change il accordoit ſa protection à ce lieu d'honneur; mais Mr. le Premier Préſident le fit dénicher de ſon voiſinage. Dans le même quartier il y avoit un Pâtiſſier, où la Lieutenante Criminelle alloit ſouvent prendre des Biſcuits ſans païer. Le Pâtiſſier las de cette pratique, fit des biſcuits purgatifs, & les lui donna.

Vers 309. *Mais pour bien mettre ici leur craſſe* &c.] Mr. Racine obligea l'Auteur de retrancher ces vingt vers, parce qu'ils contiennent un détail qui ne lui plaiſoit pas tout-à-fait. Ils ne parurent point en effet dans la première édition de cette Satire; mais l'Auteur voulut les rétablir dans les éditions ſuivantes.

Vers 322. *Un vieux maſque pelé.*] La plûpart

SATIRE X.

Derrière elle faisoit dire, *Argumentabor* ?
Mais peut-être j'invente une fable frivole.
330 Déments donc tout Paris, qui prenant la parole,
Sur ce sujet encor de bons témoins pourvû,
Tout prêt à le prouver, te dira : Je l'ai vû.
Vingt ans j'ai vû ce Couple uni d'un même vice,
A tous mes habitans montrer que l'Avarice
335 Peut faire dans les biens trouver la Pauvreté,
Et nous réduire à pis que la mendicité.
Des Voleurs qui chez eux pleins d'espérance entrèrent,
De cette triste vie enfin les délivrèrent.
Digne & funeste fruit du nœud le plus affreux,
340 Dont l'Hymen ait jamais uni deux Malheureux!
Ce recit passe un peu l'ordinaire mesure;
Mais un exemple enfin, si digne de censure,
Peut-il dans la Satire occuper moins de mots?
Chacun fait son métier; suivons notre propos.
345 Nouveau Prédicateur aujourd'hui, je l'avouë,
Ecolier, ou plûtôt singe de Bourdaloue,
Je me plais à remplir mes sermons de portraits.
En voilà déja trois, peints d'assez heureux traits,
La Femme sans honneur, la Coquette, & l'Avare.
350 Il faut y joindre encor la revêche Bizarre,

REMARQUES.

part des femmes portoient alors un masque de velours noir, quand elles sortoient.

Vers 337. *Des Voleurs qui chez eux*, &c.] Le Lieutenant Criminel & sa femme furent assassinez dans leur maison sur le Quai des Orfèvres, le jour de St. Barthelemi, 24. d'Août 1665. sur les dix heures du matin, par René & François Touchet, Freres, natifs de Niasle près de Cran en Anjou. Ces deux Voleurs n'aïant pû ouvrir la porte pour sortir, parce qu'il y avoit un secret à la serrure, furent pris dans la maison même; & trois jours après, condamnez à être rompus vifs sur un échafaut, à la pointe de l'Isle du Palais, devant le Cheval de Bronze : ce qui fut éxécuté le 27. du même mois. Quelques jours avant cet assassinat, le Roi avoit or-donné à Mr. le Premier Président de Lamoignon de faire informer contre le Lieutenant Criminel, à cause de ses malversations.

Vers 346. ―― *Singe de Bourdaloue*.] Le Pere Louïs Bourdaloue, Jésuite, a été le plus grand Prédicateur qui ait paru en France pendant le XVII. Siècle. Il a été aussi le premier qui ait mis des portraits ou des caractères dans ses Sermons. Il étoit d'une famille considerable de Bourges, où il nâquit le 20. d'Août 1632. Il mourut à Paris dans la maison Professe des Jésuites le 13 de Mai, 1704. après avoir éxercé le Ministère de la Prédication à la Cour & dans Paris, avec un succès merveilleux, pendant plus de 35. ans.

Vers 350. ―― *La revêche Bizarre*]

SATIRE X.

Qui sans cesse d'un ton par la colère aigri,
Gronde, choque, dément, contredit un Mari.
Il n'est point de repos ni de paix avec elle.
Son mariage n'est qu'une longue querelle.
355 Laisse-t-elle un moment respirer son Epoux ?
Ses valets sont d'abord l'objet de son courroux,
Et sur le ton grondeur, lorsqu'elle les harangue,
Il faut voir de quels mots elle enrichit la Langue.
Ma plume ici, traçant ces mots par alphabet,
360 Pourroit d'un nouveau tome augmenter Richelet.
Tu crains peu d'essuïer cette étrange furie :
En trop bon lieu, dis-tu, ton Epouse nourrie
Jamais de tels discours ne te rendra martyr.
Mais eût-elle sucé la Raison dans Saint Cyr,
365 Crois-tu que d'une fille humble, honnête, charmante,
L'Hymen n'ait jamais fait de Femme extravagante ?
Combien n'a-t-on point vû de Belles aux doux yeux,
Avant le mariage, Anges si gracieux,
Tout à coup se changeant en Bourgeoises sauvages,
370 Vrais Demons, apporter l'Enfer dans leurs ménages,

REMARQUES.

La Belle-Sœur de l'Auteur, Femme de Jérôme Boileau, son Frere aîné.

Vers 358. *Il faut voir de quels mots elle enrichit la Langue.*] Cette femme avoit un talent tout particulier pour inventer des noms ridicules, & des injures populaires : comme un grand *Frelampier* ; un *Epetier*, pour un *Homme d'Epée* ; une grande *Bacoule* ; une *Pimbesche*, une grande *Orbesche* ; &c. Il faut remarquer que ces deux derniers noms sont les Originaux des qualitez de *la Comtesse des Plaideurs* de Racine : *Comtesse de Pimbesche, Orbesche, & cetera*. Notre Poëte, qui entendoit tous ces termes-là vingt-fois par jour, les redisoit à ses Amis. Il en faisoit aussi rire quelquefois Mr. le Premier Président de Lamoignon ; & ce grand Magistrat ne dédaignoit pas de s'en servir lui-même pour se divertir. *Il n'apartient pas à des Bacoules comme vous*, &c. C'étoit le commencement d'une Lettre qu'il écrivoit à Madame la Comtesse de Broglio sa Fille.

Vers 360. —— *Augmenter Richelet.*] Le Dictionaire François de *Richelet*. Pierre César *Richelet*, Avocat au Parlement de Paris, mourut en 1698. Il étoit Petit-fils de Nicolas Richelet, célèbre parmi les Auteurs de son tems, & qui avoit commenté les Oeuvres de Ronsard.

Vers 364. —— *Dans Saint Cyr.*] En l'année 1686. le Roi fit bâtir à St. Cyr, près de Versailles, une magnifique Maison, à laquelle il a attaché de très-grans revenus pour l'entretien, ou pour l'établissement de deux cens cinquante jeunes Demoiselles, qui n'ont pas un bien proportionné à leur naissance. Elles sont instruites & formées jusqu'à l'âge de vingt ans, aux exercices d'une véritable & solide piété. On leur enseigne aussi tout ce qui peut convenir à leur qualité & à leur sexe ; afin qu'en sortant de cette Maison, ou pour s'établir dans le monde, ou pour embrasser la vie Religieuse, elles portent dans tout le Roïaume, des exemples de modestie
&

SATIRE X.

Et découvrant l'orgueil de leurs rudes esprits,
Sous leur fontange altière asservir leurs Maris?
Et puis, quelque douceur dont brille ton Epouse,
Penses-tu, si jamais elle devient jalouse,
375 Que son ame livrée à ses tristes soupçons,
De la Raison encor écoute les leçons?
Alors, Alcippe, alors tu verras de ses œuvres.
Résou-toi, pauvre Epoux, à vivre de couleuvres:
A la voir tous les jours, dans ses fougueux accès,
380 A ton geste, à ton rire intenter un procès:
Souvent de ta maison gardant les avenues,
Les cheveux hérissez, t'attendre au coin des ruës:
Te trouver en des lieux de vingt portes fermez,
Et par tout où tu vas, dans ses yeux enflamez,
385 T'offrir, non pas d'Isis la tranquille Euménide,
Mais la vraie Alecto peinte dans l'Enéïde,
Un tison à la main chez le Roi Latinus,
Souflant sa rage au sein d'Amate & de Turnus.
Mais quoi? je chausse ici le cothurne Tragique.
390 Reprenons au plûtôt le brodequin Comique,

REMARQUES.

& de vertu. Cet établissement est dû aux soins, & à la pieté de Madame de Maintenon.

Vers 372. *Sous leur Fontange altière.*] Fontange, nœud de ruban que les Dames portent sur le devant de la tête, pour attacher leur coëffure. Ce nom est venu de Madame la Duchesse de Fontange, très-belle personne, qui porta la première un ruban ainsi noué.

Vers 374. ―― *Si jamais elle devient jalouse.*] Ce portrait de la femme jalouse, est ici un caractère général.

Vers 378. *A vivre de Couleuvres.*] Avaler des Couleuvres, est une expression proverbiale, qui signifie, souffrir bien des choses fâcheuses que l'on nous dit, ou que l'on nous fait; sans que nous en osions témoigner notre déplaisir. Et, *Vivre de Couleuvres*, c'est être exposé tous les jours à ces sortes de chagrins.

Vers 385. ―― *d'Isis la tranquille Euménide.*] Furie dans l'Opera d'Isis, qui demeure presque toûjours sans action. Mr. Despréaux étant à une représentation de cet Opera, remarqua que l'Acteur, qui faisoit le rôle de la Furie, s'ennuïant d'être long-tems sans rien faire sur le Théatre, bâilloit de tems en tems; qu'à chaque bâillement il faisoit de grans signes de croix sur sa bouche, comme font les bonnes gens. Mr. Despréaux dit à ceux avec qui il étoit: *Voiez, voiez la Furie, qui fait des signes de Croix.*

Tranquille Euménide: L'union de ces deux mots est heureuse en cet endroit; car *Eumé-nidès* est un mot grec qui, dans son sens primitif, signifie *Tranquille*: & c'est par Antiphrase que l'on y a attaché un sens contraire, en donnant ce nom-là aux Furies, à cause de leur cruauté.

Vers 386. *Mais la vraie Alecto* &c.] Une des Furies. Voïez le Livre VII. de l'Enéïde de Virgile.

SATIRE X.

Et d'objets moins affreux fongeons à te parler.
Di-moi donc, laiffant-là cette Folle heurler,
T'accommodes-tu mieux de ces douces Ménades,
Qui, dans leurs vains chagrins, fans mal toûjours malades,
395 Se font des mois entiers fur un lit effronté
Traiter d'une vifible & parfaite fanté ;
Et douze fois par jour, dans leur molle indolence,
Aux yeux de leurs Maris tombent en défaillance ?
Quel fujet, dira l'un, peut donc fi fréquemment
400 Mettre ainfi cette Belle aux bords du monument?
La Parque, raviffant ou fon fils ou fa fille,
A-t-elle moiffonné l'efpoir de fa famille ?
Non : il eft queftion de réduire un Mari
A chaffer un Valet dans la maifon chéri,
405 Et qui, parce qu'il plaît, a trop fu lui déplaire ;
Ou de rompre un voïage utile & néceffaire ;
Mais qui la priveroit huit jours de fes plaifirs,
Et qui loin d'un Galant, objet de fes defirs....
O ! que pour la punir de cette Comédie,
410 Ne lui voi-je une vraie & trifte maladie !
Mais ne nous fâchons point. Peut-être avant deux jours,

REMARQUES.

Vers 393. ——— *De ces douces Ménades.*] Bacchantes : c'étoient des Femmes qui célébroient les Orgies de Bacchus, en courant comme des Furies & des infenfées.

Vers 394. ——— *Sans mal toûjours malades.*] L'Auteur a encore copié ce caractère d'après fa Belle-Sœur, dont on a parlé fur le vers 350. & 358. Quand fon mari ne vouloit pas lui donner tout ce qu'elle avoit envie d'avoir, elle contrefaifoit la malade, & fe mettoit au lit, jufqu'à-ce que fa fantaifie fût paffée, ou qu'elle eût obtenu ce qu'on lui refufoit. Mr. Perrault qui étoit fon Médecin, la trouvoit effectivement malade. Un jour Mr. Boileau en fit appeler un autre : c'étoit Mr. Rainfant ; mais il gâta tout, car quelques façons qu'elle fit pour paroître malade, jamais ce Médecin ne put trouver qu'elle la fût.

Vers 412. *Courtois & Deniau.*] Deux Médecins de la Faculté de Paris.

Vers 414. *Cette fanté d'Athlète.*] Allufion à l'Aphorifme troifième d'Hippocrate. Les Athlètes fe nourriffoient d'une manière particulière, pour acquerir beaucoup de force & de vigueur, mais cette même nourriture devenoit enfin nuifible à leur fanté.

Vers 417. *Et fuiant de Fagon.*] Gui Crefcent *Fagon*, Premier Médecin du Roi, nommé en 1693. dans le tems que notre Poëte compofa cette Satire.

Vers 426. *Qu'eftime Roberval, & que Sauveur fréquente.*] *Roberval*: Gille Perfonne, Sr. *de Roberval*, Géomètre & Profeffeur Roïal en Mathématiques. Il étoit de l'Académie des Sciences, & mourut en 1675. *Sauveur*: autre Savant Mathématicien, Profeffeur au Collège Roïal, & de l'Académie Roïale des Sciences. Il a eu l'honneur d'enfeigner les Mathématiques au Roi d'Efpagne

SATIRE X.

Courtois & Deniau, mandez à fon fecours,
Digne ouvrage de l'Art dont Hippocrate traite,
Lui fauront bien ôter cette fanté d'Athlète :
415 Pour confumer l'humeur qui fait fon embonpoint,
Lui donner fagement le mal qu'elle n'a point;
Et fuyant de Fagon les maximes énormes.
Au tombeau merité la mettre dans les formes.
Dieu veuille avoir fon ame, & nous délivre d'eux.
420 Pour moi, grand ennemi de leur Art hazardeux,
Je ne puis cette fois que je ne les excufe.
Mais à quels vains difcours eft-ce que je m'amufe ?
Il faut fur des fujets plus grans, plus curieux,
Attacher de ce pas ton efprit & tes yeux.
425 Qui s'offrira d'abord ? Bon, c'eft cette Savante,
Qu'eftime Roberval, & que Sauveur fréquente.
D'où vient qu'elle a l'œil trouble, & le teint fi terni ?
C'eft que fur le calcul, dit-on, de Caffini,
Un Aftrolabe en main, elle a dans fa goutière
430 A fuivre Jupiter paffé la nuit entière.
Gardons de la troubler. Sa Science, je croi,
Aura pour s'occuper ce jour plus d'un emploi.

REMARQUES.

gne Philippe V. & aux deux Princes fes Freres.

Vers 428. *C'eft que fur le Calcul. . . . de Caffini.*] Jean Dominique *Caffini*, célèbre Aftronome, de l'Académie Roïale des Sciences. Il étoit né dans la ville de Gènes; & avant qu'il eût été appelé en France, il étoit premier Profeffeur d'Aftronomie dans l'Univerfité de Bologne. Il étoit encore Maître des Fortifications du Grand Duc de Florence; & Arbitre des differens entre les Princes d'Italie, au fujet des limites de leurs Etats. [Il mourut le 14. Septembre 1712. âgé de 87. ans. Voïez fon éloge dans l'Hiftoire de l'Academie R. des Sciences de l'Ann. 1712. p. 107. & fuiv. Ed. d'Amft. ADD. *de l'Ed. d'Amft.*]

Vers 429. *Un Aftrolabe en main.*] L'Aftrolabe eft un inftrument de Mathématique en forme de Planifphère, qui fert à prendre les hauteurs des Aftres, & à faire quelques autres obfervations d'Aftronomie. Madame de L. S. avoit repris notre Poëte d'avoir dit dans fon Epitre V,

Que l'Aftrolabe en main un autre aille chercher
Si le Soleil eft fixe ou tourne fur fon axe :
Si Saturne à nos yeux peut faire un parallaxe.

Cette Dame difoit, que l'Aftrolabe n'étoit pas un inftrument propre à faire ces fortes d'obfervations; & les Ennemis de notre Auteur firent bien valoir cette critique. C'eft pour s'en vanger qu'il a dépeint ici Madame de L. S. comme une Savante ridicule ; & qu'il lui a mis *un Aftrolabe en main*, pour aller faire des obfervations fur la Planète de Jupiter.

D'un nouveau microscope on doit en sa présence
Tantôt chez Dalencé faire l'expérience;
435 Puis d'une femme morte avec son embryon,
Il faut chez Du Verney voir la dissection.
Rien n'échape aux regards de notre Curieuse.
Mais qui vient sur ses pas? C'est une Précieuse,
Reste de ces Esprits jadis si renommez,
440 Que d'un coup de son Art Moliere a diffamez.
De tous leurs sentimens cette noble héritière
Maintient encore ici leur secte façonnière.
C'est chez elle toûjours que les fades Auteurs
S'en vont se consoler du mépris des Lecteurs.
445 Elle y reçoit leur plainte, & sa docte demeure
Aux Perrins, aux Coras est ouverte à toute heure.
Là du faux bel esprit se tiennent les bureaux.
Là tous les Vers sont bons, pourvû qu'ils soient nouveaux,
Au mauvais goût public la Belle y fait la guerre:
450 Plaint Pradon opprimé des sifflets du Parterre:
Rit des vains amateurs du Grec & du Latin;
Dans la balance met Aristote & Cotin;

REMARQUES.

Vers 434. *Tantôt chez Dalencé.*] Il étoit fils d'un des plus habiles Chirurgiens de Paris, qui avoit gagné des biens considerables, mais son fils s'étoit ruiné à faire des expériences de Physique; & il se retira en Flandres.

Vers 436. *Il faut chez Du Verney.*] Joseph Du Verney, Médecin du Roi, & savant Anatomiste. Il a un Cabinet rempli de curiositez, particulièrement de plusieurs squelettes d'animaux, dont il a fait la dissection. Il est de l'Académie Roïale des Sciences, son Pere étoit un Médecin de la petite ville de Feurs en Forez, qui s'attachoit principalement à la connoissance des Plantes.

Vers 440. *Que d'un coup de son Art Moliere a diffamez.*] Voïez la Comédie des Précieuses ridicules.

Vers 450. *Plaint Pradon opprimé des sifflets du Parterre.*] Pradon mauvais Auteur de Tragédies.

Vers 452. *Dans la balance met Aristote &* *Cotin, &c.*] Dans ce vers & les huit suivans, il ne s'agit plus de Madame D. L'Auteur désigne Perrault dans son *Parallèle des Anciens & des Modernes*, Tom. III. où il fait à peu près les mêmes jugemens que l'on lui fait faire ici.

IMITATIONS. Vers 454. *Pése sans passion Chapelain & Virgile.*] Juvénal, Sat. VI. 435. & seqq.

Laudat Virgilium, periturae ignoscit Elisae,
Committit Vates, & comparat inde Maronem,
Atque alia parte in trutina suspendit Homerum.

Vers 458. *Autre defaut, sinon, qu'on ne le sauroit lire.*] Dans la première édition, après ce vers, il y avoit les quatorze suivans que l'Auteur a retranchez: ils contiennent la suite des paroles de Perrault dans ses mêmes Dialogues, au sujet de Chapelain, Tom. III. pag. 255.

Et

SATIRE X.

Puis d'une main encor plus fine & plus habile,
Pèse sans passion Chapelain & Virgile;
455 Remarque en ce dernier beaucoup de pauvretez;
Mais pourtant confessant qu'il a quelques beautez,
Ne trouve en Chapelain, quoi qu'ait dit la Satire,
Autre défaut, sinon, qu'on ne le sauroit lire;
Et pour faire goûter son Livre à l'Univers,
460 Croit qu'il faudroit en prose y mettre tous les Vers.
    A quoi bon m'étaler cette bizarre Ecole,
Du mauvais sens, dis-tu, prêché par une Folle?
De Livres & d'Ecrits bourgeois Admirateur
Vai-je épouser ici quelque aprentive Auteur?
465 Savez-vous que l'Epouse avec qui je me lie
Compte entre ses parens des Princes d'Italie?
Sort d'Aïeux dont les noms.... Je t'entens, & je voi
D'où vient que tu t'ès fait Secretaire du Roi.
Il falloit de ce titre appuïer ta naissance.
470 Cependant, t'avoûrai-je ici mon insolence?
Si quelque objet pareil chez moi, deçà les Monts,
Pour m'épouser entroit avec tous ces grans noms,

REMARQUES.

Et croit qu'on pourra même enfin le lire un jour,
Quand la Langue vieillie aiant changé de tour,
On ne sentira plus la barbare structure
De ses expressions mises à la torture;
S'étonne cependant d'où vient que chez Coignard,
Le Saint Paulin* écrit avec un si grand art,
Et d'une plume douce, aisée & naturelle,
Pourrit, vingt-fois encor moins lû que la Pucelle.
Elle en accuse alors notre siècle infecté
Du pédantesque goût qu'ont pour l'Antiquité
Magistrats, Princes, Ducs, & même Fils de France†,
Qui lisent sans rougir & Virgile & Terence;

* Poëme de Perrault imprimé chez Coignard.
† Monseigneur le Duc de Chartres, ensuite Duc d'Orléans, neveu de Louïs XIV. & Regent du Roïaume depuis la mort de ce Roi.

Et toûjours pour Perrault pleins d'un dégoût malin,
Ne savent pas s'il est au monde un Saint Paulin.

Mr. Perrault doit la suppression de ces vers à sa réconciliation avec Mr. Despréaux. Au lieu de ces quatorze vers il a mis ces deux-ci:
Et pour faire goûter son Livre, &c.

CHANGEMENT, Vers 464. ——— Quelque Aprentive Auteur.] Dans toutes les éditions qui ont précedé celle de 1713. il y avoit Aprentie, au lieu d'Aprentive.

Vers 468. D'où vient que tu t'ès fait Secretaire du Roi.] M. G. D. s'étant enrichi dans la Recepte Générale des Aides de Paris, épousa une Demoiselle de condition; & pour s'ennoblir il acheta une Charge de Secretaire du Roi. On croit qu'il est dans les Caractères de la Bruyère, sous le nom de Sylvain, Chap. des biens de fortune.

Le sourcil rehaussé d'orgueilleuses chimeres,
Je lui dirois bien-tôt: Je connois tous vos Peres:
475 Je sai qu'ils ont brillé dans ce fameux combat
Où sous l'un des Valois Enguien sauva l'Etat.
D'Hozier n'en convient pas: mais, quoi qu'il en puisse être,
Je ne suis point si sot que d'épouser mon maître.
Ainsi donc au plûtôt délogeant de ces lieux,
480 Allez, Princesse, allez avec tous vos Aïeux,
Sur le pompeux débris des lances Espagnoles,
Coucher, si vous voulez, aux champs de Cerizoles.
Ma maison, ni mon lit ne sont point faits pour vous.
J'admire, poursuis-tu, votre noble courroux.
485 Souvenez-vous pourtant que ma famille illustre
De l'assistance au Sceau ne tire point son lustre:
Et que né dans Paris de Magistrats connus,
Je ne suis point ici de ces nouveaux venus,
De ces Nobles sans nom, que par plus d'une voie,
490 La Province souvent en guêtres nous envoie.
Mais eussai-je comme eux des Meûniers pour parens,
Mon Epouse vînt-elle encor d'Aïeux plus grans,
On ne la verroit point, vantant son origine,
A son triste Mari reprocher la farine.
495 Son cœur toûjours nourri dans la dévotion,
De trop bonne heure apprit l'humiliation:
Et pour vous détromper de la pensée étrange,

REMARQUES.

IMITATIONS. Vers 473. *Le sourcil rehaussé d'orgueilleuses chimeres.*] Juvénal, Satire VI. 167. & suiv.

*Malo Venusinam, quàm te Cornelia, Mater
Gracchorum, si cum magnis virtutibus adfers
Grande supercilium, & numeras in dote triumphos.
Tolle tuum, precor, Hannibalem*, &c.

Vers 475. *Je sai qu'ils ont brillé dans ce fameux combat.*] Le Combat de Cerizoles gagné par le Duc d'Enguien, en Italie, le 14. d'Avril, 1544. sous le règne de François I.

Vers 477. *D'Hozier n'en convient pas.*] De cette Généalogie. L'Auteur avoit mis dans les deux éditions de 1694. *Varillas n'en dit rien*; Mais cela faisoit une équivoque, car il sembloit que Mr. Despréaux eût voulu taxer Varillas de n'avoir rien dit de cette Bataille de Cerizoles, quoi qu'il en ait parlé fort au long dans son Histoire de François I. Varillas lui-même y fut trompé, & s'en plaignit; mais notre Auteur pour lever toute équivoque a mis, *D'Hozier n'en convient pas*;

SATIRE X.

Que l'Hymen aujourd'hui la corrompe & la change,
Sachez qu'en notre accord elle a, pour premier point,
500 Exigé, qu'un Epoux ne la contraindroit point
A traîner après elle un pompeux équipage,
Ni sur tout de souffrir, par un profane usage,
Qu'à l'Eglise jamais devant le Dieu jaloux,
Un fastueux carreau soit vû sous ses genoux.
505 Telle est l'humble vertu qui dans son ame emprainte.
Je le voi bien, tu vas épouser une Sainte:
Et dans tout ce grand zèle il n'est rien d'affecté.
Sais-tu bien cependant sous cette humilité,
L'orgueil que quelquefois nous cache une Bigote,
510 Alcippe, & connois-tu la nation devote?
Il te faut de ce pas en tracer quelques traits,
Et par ce grand portrait finir tous mes portraits.
 A Paris, à la Cour on trouve, je l'avouë,
Des Femmes dont le zèle est digne qu'on le louë,
515 Qui s'occupent du bien en tout tems, en tout lieu.
J'en sais Une, cherie & du Monde & de Dieu,
Humble dans les grandeurs, sage dans la fortune;
Qui gémit, comme Esther, de sa gloire importune:
Que le Vice lui-même est contraint d'estimer,
520 Et que sur ce tableau d'abord tu vas nommer.
Mais pour quelques vertus si pures, si sincères,
Combien y trouve-t-on d'impudentes Faussaires,

REMARQUES.

pas; parce que d'Hozier est connu de tout le monde pour un fameux Généalogiste, qui n'a jamais écrit d'histoire.
 IMITATIONS. Vers 478. *Je ne suis point si sot que d'épouser mon maitre.*] Imitation de Martial, Livre VIII. Epigramme 12.

 Uxorem quare Locupletem ducere nolim,
 Quæritis? Uxori nubere nolo meæ.

L'Auteur a eu dessein de rendre ici la même beauté de Langue, en traduisant par ces mots: *Epouser mon maitre*, ceux-ci de Martial: *Uxori nubere nolo meæ.* Car la phrase

Latine est *Nubere marito*, pour les femmes; & *Ducere uxorem*, pour les hommes: & c'est en quoi consiste toute la finesse du bon mot de Martial.
 Vers 486. *De l'assistance au Sceau* &c.] Une des principales fonctions des Secretaires du Roi, est d'assister au Sceau, dans les Chancéleries. *Edit. de Louis XI. Novemb.* 1482.
 Vers 520. *Et que sur ce tableau d'abord tu vas nommer.*] Madame de Maintenon, Françoise D'Aubigné.

Vers

Qui sous un vain dehors d'austère pieté,
De leurs crimes secrets cherchent l'impunité,
525 Et couvrent de Dieu même empraint sur leur visage
De leurs honteux plaisirs l'affreux libertinage?
N'atten pas qu'à tes yeux j'aille ici l'étaler.
Il vaut mieux le souffrir que de le dévoiler.
De leurs galans exploits les Bussis, les Brantômes
530 Pourroient avec plaisir te compiler des tômes:
Mais pour moi dont le front trop aisément rougit,
Ma bouche a déja peur de t'en avoir trop dit.
Rien n'égale en fureur, en monstrueux caprices,
Une fausse Vertu qui s'abandonne aux vices.
535 De ces Femmes pourtant l'hypocrite noirceur
Au moins pour un Mari garde quelque douceur.
Je les aime encor mieux qu'une Bigotte altière,
Qui dans son fol orgueil, aveugle, & sans lumière,
A peine sur le seuil de la devotion,
540 Pense atteindre au sommet de la perfection:
Qui du soin qu'elle prend de me gêner sans cesse,
Va quatre fois par mois se vanter à confesse;
Et les yeux vers le Ciel pour se le faire ouvrir,
Offre à Dieu les tourmens qu'elle me fait souffrir.
545 Sur cent pieux devoirs aux Saints elle est égale.
Elle lit Rodriguez, fait l'oraison mentale,
Va pour les malheureux quêter dans les maisons,
Hante les hôpitaux, visite les prisons,
Tous les jours à l'Eglise entend jusqu'à six Messes.
550 Mais de combattre en elle, & dompter ses foiblesses,

REMARQUES.

Vers 529. —— *Les Bussis, les Brantômes.*] Le Comte de *Bussi* Rabutin, Auteur de l'Histoire amoureuse des Gaules. *Brantôme* a fait les Vies des Dames Galantes de son tems. Mémoires de Brantome; &c.

Vers 531. *Mais pour moi, dont le front trop aisément rougit.*] On le surnommoit, Le chaste Despréaux : La pureté de ses mœurs & de ses écrits, lui a valu cet éloge.

Vers 546. *Elle lit Rodriguez.*] Le P. Alphonse Rodriguez, Jésuite, a fait un excellent Traité de la Perfection Chrétienne.

Vers 558. —— *Je le voi qui s'avance.*] De tous les caractères qui sont dans cete Satire, c'est à celui du Directeur que notre Poëte

SATIRE X.

Sur le fard, sur le jeu vaincre sa passion,
Mettre un frein à son luxe, à son ambition,
Et soûmettre l'orgueil de son esprit rebelle :
C'est ce qu'en vain le Ciel voudroit éxiger d'elle.
555 Et peut-il, dira-t-elle, en effet l'exiger?
Elle a son Directeur, c'est à lui d'en juger.
Il faut, sans differer, savoir ce qu'il en pense.
Bon! vers nous à propos je le voi qui s'avance.
Qu'il paroit bien nourri! Quel vermillon, quel teint?
560 Le Printems dans sa fleur sur son visage est peint.
Cependant, à l'entendre, il se soûtient à peine.
Il eut encore hier la fièvre & la migraine :
Et sans les promts secours qu'on prit soin d'apporter,
Il seroit sur son lit peut-être à tremblotter.
565 Mais de tous les Mortels, grace aux devotes Ames,
Nul n'est si bien soigné qu'un Directeur de Femmes.
Quelque léger dégoût vient-il le travailler?
Une froide vapeur le fait-elle bâiller?
Un Escadron coëffé d'abord court à son aide.
570 L'une chauffe un bouillon, l'autre apprête un remède,
Chez lui syrops exquis, ratafias vantez,
Confitures sur tout volent de tous côtez :
Car de tous mets sucrez, secs, en pâte, ou liquides,
Les estomachs dévots toujours furent avides :
575 Le premier masse-pain pour eux, je croi, se fit,
Et le premier citron à Rouen fut confit.
  Notre Docteur bien-tôt va lever tous ses doutes,
Du Paradis pour elle il applanit les routes;

REMARQUES.

Poëte donnoit la préference. Quoi que ce portrait soit assez général, l'Auteur n'a pas laissé d'avoir un objet particulier. C'étoit M. H..... grand Directeur de femmes. Il étoit tel qu'on le représente ici; frais, vermeil, plein de santé : cependant il se plaignoit toûjours de quelque indisposition. Il alloit souvent chez Madame B..... sa Pénitente, qui logeoit près du Palais dans le voisinage de notre Poëte. Cette Dame devote & sa fille, recevoient leur cher Directeur avec un respect infini, & lui rendoient les soins les plus empressez.

Vers 576. *Et le premier citron* &c.] Les plus exquis citrons confits, se font à Rouen.

Et loin fur fes défauts de la mortifier,
580 Lui-même prend le foin de la juftifier.
Pourquoi vous alarmer d'une vaine cenfure ?
Du rouge qu'on vous voit on s'étonne, on murmure,
Mais a-t-on, dira-t-il, fujet de s'étonner ?
Eft-ce qu'à faire peur on veut vous condamner ?
585 Aux ufages reçus il faut qu'on s'accommode.
Une femme fur tout doit tribut à la Mode.
L'orgueil brille, dit-on, fur vos pompeux habits.
L'œil à peine foutient l'éclat de vos rubis.
Dieu veut-il qu'on étale un luxe fi profâne ?
590 Oui, lorsqu'à l'étaler notre rang nous condâne.
Mais ce grand jeu chez vous comment l'autorifer ?
Le jeu fut de tout tems permis pour s'amufer.
On ne peut pas toûjours travailler, prier, lire :
Il vaut mieux s'occuper à jouer qu'à médire.
595 Le plus grand jeu joué dans cette intention,
Peut même devenir une bonne action.
Tout eft fanctifié par une ame pieufe.
Vous êtes, pourfuit-on, avide, ambitieufe,
Sans ceffe vous brûlez de voir tous vos parens
600 Engloutir à la Cour Charges, Dignités, Rangs.
Votre bon naturel en cela pour eux brille.
Dieu ne nous défend point d'aimer notre famille.
D'ailleurs tous vos parens font fages, vertueux.
Il eft bon d'empêcher ces Emplois faftueux
605 D'être donnez peut-être à des Ames mondaines,
Eprifes du néant des vanitez humaines.
Laiffez-là, croïez-moi, gronder les Indévots,

REMARQUES.

Vers 594. *Il vaut mieux s'occuper à jouer qu'à médire.*] Les deux Dévotes dont on vient de parler, aimoient beaucoup le jeu. Notre Poëte y trouvoit à redire; & Mademoifelle B.... lui difoit, pour fe vanger de fes railleries, *qu'il valoit mieux jouer que médire.*

Vers 622. ——— *Au vrai Molinozifme.*] Le Quiétifme fut introduit à Rome, par Michel Molinos, Prêtre Efpagnol, & célèbre Directeur qui avoit acquis la réputation d'un homme dévot. Il enfeignoit une métho-

Et fur votre falut demeurez en repos.
Sur tous ces points douteux c'eft ainfi qu'il prononce.
610 Alors croyant d'un Ange entendre la réponfe,
Sa Dévote s'incline, & calmant fon efprit,
A cet ordre d'enhaut fans replique foufcrit.
Ainfi pleine d'erreurs, qu'elle croit légitimes,
Sa tranquille vertu conferve tous fes crimes:
615 Dans un cœur tous les jours nourri du Sacrement,
Maintient la vanité, l'orgueil, l'entêtement,
Et croit que devant Dieu fes fréquens facrilèges
Sont pour entrer au Ciel d'affurez privilèges.
Voilà le digne fruit des foins de fon Docteur.
620 Encore eft-ce beaucoup, fi ce Guide impofteur,
Par les chemins fleuris d'un charmant Quiétifme
Tout à coup l'amenant au vrai Molinozifme,
Il ne lui fait bien-tôt, aidé de Lucifer,
Goûter en Paradis les plaifirs de l'Enfer.
625 Mais dans ce doux état molle, délicieufe,
La hais-tu plus, di-moi, que cette Bilieufe,
Qui follement outrée en fa févérité,
Bâtizant fon chagrin du nom de piété,
Dans fa charité fauffe, où l'amour propre abonde,
630 Croit que c'eft aimer Dieu que haïr tout le monde?
Il n'eft rien où d'abord fon foupçon attaché
Ne préfume du crime, & ne trouve un péché.
Pour une Fille honnête & pleine d'innocence,
Croit-elle en fes valets voir quelque complaifance?
635 Réputés criminels les voilà tous chaffez,
Et chez elle à l'inftant par d'autres remplacez.

REMARQUES.

de pour élever l'ame à la contemplation par l'oraifon de Quiétude, & cette Oraifon confiftoit felon lui à fe mettre en la préfence de Dieu par un acte de foi, qui nous faffe concevoir Dieu préfent en nous-mêmes; après quoi il difoit qu'il faut bannir toutes fortes de penfées, d'affections, & attendre le refte de Dieu. Ce faux Directeur âgé de 60. ans fut déferé à l'Inquifition, & fit abjuration de fa doctrine à Rome, en 1687. & l'Inquifition le condamna à une prifon perpétuelle, dans laquelle il mourut quelques années après.

Son Mari, qu'une affaire appelle dans la Ville,
Et qui chez lui, fortant, a tout laiſſé tranquille,
Se trouve aſſez ſurpris, rentrant dans la maiſon,
640 De voir que le Portier lui demande ſon nom:
Et que parmi ſes Gens changez en ſon abſence,
Il cherche vainement quelqu'un de connoiſſance.

  Fort bien: Le trait eſt bon. Dans les Femmes, dis-tu,
Enfin vous n'approuvez ni vice, ni vertu.
645 Voilà le Sexe peint d'une noble manière!
Et Théophraſte même aidé de la Bruyere,
Ne m'en pourroit pas faire un plus riche tableau.
C'eſt aſſez: Il eſt tems de quitter le pinceau.
Vous avez déſormais épuiſé la Satire.
650 Epuiſé, cher Alcippe! Ah! tu me ferois rire!
Sur ce vaſte ſujet ſi j'allois tout tracer,
Tu verrois ſous ma main des tomes s'amaſſer.
Dans le Sexe j'ai peint la pieté cauſtique.
Et que ſeroit-ce donc, ſi Cenſeur plus tragique,
655 J'allois t'y faire voir l'Athéïſme établi,
Et non moins que l'Honneur, le Ciel mis en oubli?

REMARQUES.

Vers 637. *Son mari qu'une affaire appèle* &c.] L'Auteur déſigne encore ici ſa belle-ſœur. Elle changeoit ſouvent de Domeſtiques. Un jour ſon mari fut fort ſurpris de voir, en rentrant chez lui, des gens qui ne le connoiſſoient pas, & qui lui demandoient ſon nom. Regnier, Satire XI. à la fin, dit:

Je cours à mon Logis, je heurte, je tempeſte;
Et croiez à frapper que je n'eſtois perclus.
On m'ouvre, & mon valet ne me reconnoît plus.
Monſieur n'eſt pas ici: que Diable! à ſi bonne heure!
Vous frapez comme un ſourd. Quelque tems je demeure, &c.

CHANGEMENT. Vers 641. *Et que parmi ſes Gens changez en ſon abſence*.] Dans les deux premières éditions il y avoit:

Et que dans ſon logis fait neuf en ſon abſence.

Mais on lui fit remarquer, que, quoi que l'on diſe, *Faire maiſon neuve*, ou *ménage nouveau*, pour ſignifier, *Chaſſer tous ſes Domeſtiques*; on ne diſoit pas, *Faire un logis neuf*, au même ſens.

Vers 646. *Et Théophraſte même aidé de la Bruyere*.] La Bruyere a traduit du Grec les Caractères de Théophraſte; & a donné dans le même volume, les Caractères, ou les mœurs de ce Siècle.. Jean de la Bruyere, Gentilhomme de Mr. le Prince, étoit de l'Academie Françoiſe, & mourut le 20. de Mai, 1696. âgé de 57. ans.

Vers 657. *Si j'allois t'y montrer plus d'une Capanée.*] C'eſt-à-dire, une Athée: car Capanée étoit un Capitaine Grec, fameux par ſes Impietez, qui étant allé au ſiége de Thebes avec Polinice, fut foudroïé par Jupiter, parce qu'il mépriſoit les Dieux.

Vers 660. ——— *Du ton de Des-Barreaux.*] Jaques de Vallée, Seigneur des Barreaux, nâquit à Paris en 1602. & fut reçu
Con-

Si j'allois t'y montrer plus d'une Capanée;
Pour souveraine Loi mettant la Destinée,
Du tonnerre dans l'air bravant les vains carreaux,
660 Et nous parlant de Dieu du ton de Des-Barreaux?
 Mais sans aller chercher cette Femme infernale,
T'ai-je encor peint, di-moi, la Fantasque inégale,
Qui m'aimant le matin, souvent me hait le soir?
T'ai-je peint la Maligne aux yeux faux, au cœur noir?
665 T'ai-je encore exprimé la Brusque impertinente?
T'ai-je tracé la Vieille à morgue dominante,
Qui veut vingt ans encore après le Sacrement,
Exiger d'un Mari les respects d'un Amant?
T'ai-je fait voir de joie une Belle animée,
670 Qui souvent d'un repas sortant toute enfumée,
Fait même à ses Amans trop foibles d'estomac,
Redouter ses baisers pleins d'ail & de tabac?
T'ai-je encore décrit la Dame Brelandière,
Qui des Joüeurs chez soi se fait Cabaretière,
675 Et souffre des affronts que ne souffriroit pas
L'Hôtesse d'une Auberge à dix sous par repas?

REMARQUES.

Conseiller au Parlement en 1625. mais il se défit bien-tôt de sa Charge, parce que son penchant invincible pour les plaisirs le rendoit incapable des Devoirs de la Magistrature. Il a fait de fort jolies Chansons, & quantité de vers François & Latins qui n'ont pas été imprimés. Le fameux Sonnet de pieté qui commence par ce vers : *Grand Dieu, tes Jugemens sont remplis d'équité*; a toûjours passé pour être l'ouvrage de Des-Barreaux. Cependant il se fâchoit tout de bon quand on lui en parloit: il fit même d'assez mauvais vers François pour le desavoüer, quoi que d'ailleurs ce Sonnet soit fort beau. Quelques années avant sa mort qui arriva en 1674. il s'étoit retiré à Châlons sur Saône, où il mourut d'une manière plus édifiante qu'il n'avoit vécu. C'est à Mr. de Maupeou, Evêque de Châlons, qu'il fut redevable de sa conversion; & il disoit ordinairement que ce Prélat *l'avoit empêché d'être vacillant*.

Vers 668. *Exiger d'un Mari les respects d'un Amant.*] Madame de T. . . . . Madame De la F. . . . . Madame de Freg. . . . & tant d'autres.

Vers 672. *Redouter ses baisers pleins d'ail, & de tabac.*] Quelques femmes de la Cour, dans ces derniers tems, ont porté les excès de la table aussi loin que les Hommes les plus débauchez auroient pu faire.

Vers 673. —— *La Dame Brelandière.*] C'est encore Mad. . . . . . . Après avoir fait de sa Maison une Académie de jeu, elle en faisoit encore un Cabaret pour les joüeurs qui païoient leur écot en entrant, & qui après cela se faisoient servir avec la même liberté, & les mêmes hauteurs que l'on prend dans les moindres Cabarets. Il y a des femmes qui donnent à souper aux Joüeurs, de peur de ne les plus revoir, s'ils sortoient de leur maison.

Ai-je offert à tes yeux ces tristes Tisiphones,
Ces monstres pleins d'un fiel, que n'ont point les Liones,
Qui prenant en dégoût les fruits nez de leur flanc,
680 S'irritent sans raison contre leur propre sang;
Toûjours en des fureurs que les plaintes aigrissent,
Battent dans leurs enfans l'Epoux qu'elles haïssent,
Et font de leur maison digne de Phalaris,
Un séjour de douleurs, de larmes & de cris?
685 Enfin t'ai-je dépeint la Superstitieuse,
La Pédante au ton fier, la Bourgeoise ennuïeuse;
Celle qui de son chat fait son seul entretien,
Celle qui toûjours parle, & ne dit jamais rien?
Il en est des milliers: mais ma bouche enfin lasse,
690 Des trois quarts, pour le moins, veut bien te faire grace.
J'entens. C'est pousser loin la moderation.
Ah! finissez, dis-tu, la déclamation.
Pensez-vous qu'ébloüi de vos vaines paroles,
J'ignore qu'en effet tous ces discours frivoles
695 Ne sont qu'un badinage, un simple jeu d'esprit
D'un Censeur, dans le fond, qui folâtre & qui rit,
Plein du même projet qui vous vint dans la tête,
Quand vous plaçates l'Homme au dessous de la Bête?
Mais enfin vous & moi c'est assez badiner.

REMARQUES.

Vers 677. ―― *Ces tristes Tisiphones* &c.] La première femme de Mr. Boileau, Pere de notre Poëte, avoit pris en aversion une de ses Filles, & ne cessoit point de la maltraiter. Elle ne voulut jamais permettre qu'on la mît en pension dans un Couvent, pour avoir le plaisir de la battre. Elle s'en aquitta si bien, qu'à la fin cette jeune fille en mourut, & la mere elle-même mourut de regret.

Vers 682. *Battent dans leurs Enfans l'Epoux qu'elles haïssent.*] Il faut remarquer la noblesse avec laquelle le châtiment le plus ordinaire des Enfans, est exprimé dans ce vers.

Vers 683. ―― *Digne de Phalaris.*] Tyran de Sicile, très-cruel.

Vers 687. *Celle qui de son chat fait son seul entretien.*] C'est une sœur de l'Auteur, laquelle se reconnut d'abord dans cette peinture, & s'en fâcha bien sérieusement.

Vers 695. *Ne sont qu'un badinage, un simple jeu d'esprit* &c.] L'Auteur a mis ceci pour faire comprendre qu'il ne faut pas expliquer à la rigueur tout ce qu'il a dit contre les Femmes dans cette Satire, ni ce qu'il a dit contre les Hommes dans la Satire huitième. Il m'écrivit ainsi dans une Lettre du 5. Juillet 1706. ,,Quoi que j'aie composé *animi gratiâ*
,, une Satire contre les méchantes Femmes,
,, je suis pourtant du sentiment d'Alcippe,
,, & je tiens comme lui, *Que pour être heu-*
,, *reux sous ce joug salutaire, Tout dépend,*
,, *en un mot, du bon choix qu'on sait faire.*
,, Il

SATIRE X.

700 Il est tems de conclurre; & pour tout terminer,
Je ne dirai qu'un mot. La Fille qui m'enchante,
Noble, sage, modeste, humble, honnête, touchante,
N'a pas un des défauts que vous m'avez fait voir.
Si par un sort pourtant qu'on ne peut concevoir,
705 La Belle tout à coup renduë insociable,
D'Ange, ce sont vos mots, se transformoit en Diable:
Vous me verriez bien-tôt, sans me désespérer,
Lui dire: Hé bien, Madame, il faut nous séparer.
Nous ne sommes pas faits, je le voi, l'un pour l'autre.
710 Mon bien se monte à tant: Tenez, voilà le vôtre.
Partez: Délivrons-nous d'un mutuel souci.
  Alcippe, tu crois donc qu'on se sépare ainsi?
Pour sortir de chez toi, sur cette offre offensante,
As-tu donc oublié qu'il faut qu'elle y consente?
715 Et crois-tu qu'aisément elle puisse quitter
Le savoureux plaisir de t'y persécuter?
Bien-tôt son Procureur, pour elle usant sa plume,
De ses prétentions va t'offrir un volume.
Car, grace au Droit reçu chez les Parisiens,
720 Gens de douce nature, & Maris bons Chrétiens,
Dans ses prétensions une Femme est sans borne.
  Alcippe, à ce discours je te trouve un peu morne.

REMARQUES.

„ Il ne faut point prendre les Poëtes à la
„ lettre: Aujourd'hui c'est chez eux la fête
„ du Célibat; Demain c'est la fête du Ma-
„ riage: Aujourd'hui l'Homme est le plus
„ sot de tous les Animaux; Demain c'est le
„ seul Animal capable de justice, & en cela
„ semblable à Dieu.
  Vers 708. ——— *Il faut nous séparer* &c.]
Ce vers & les suivans contiennent la formule
du Libelle de Divorce, qui étoit en usage
anciennement. *Res tuas tibi habeto: Tuas res
tibi agito*, &c. Loi 2. §. 1. au Digeste *de di-
vortiis & repudiis*.
  Vers 719. ——— *Chez les Parisiens*,
&c.] Ce n'est pas la première fois que ce
reproche leur a été fait: Corneille, dans la
suite du Menteur, Acte II. Sc. I.

*Il est Riche, & de plus il demeure à Paris,
Où des Dames, dit-on, est le vrai Paradis:
Et ce qui vaut bien mieux que toutes ces
    richesses,
Les Maris y sont bons, & les Femmes maî-
    tresses.*

  Vers 721. *Dans ses prétentions une femme
est sans borne*.] La Coûtume de Paris est extrèmement favorable aux Femmes. „ Parmi
„ nous, dit Patru, Plaid. 9. les Femmes
„ ont des Douaires & des précipits; elles
„ partagent la communauté, où pourtant
„ elles n'aportent presque rien que le bon-
„ heur de leur sexe, & la faveur de nos
„ Coûtumes. Enfin à bien parler, elles sont
„ les principales héritières de leurs Maris.

Vers

Des Arbitres, dis-tu, pourront nous accorder.
Des Arbitres.... Tu crois l'empêcher de plaider?
725 Sur ton chagrin déja contente d'elle-même,
Ce n'est point tous ses droits, c'est le procès qu'elle aime,
Pour elle un bout d'arpent, qu'il faudra disputer,
Vaut mieux qu'un Fief entier acquis sans contester.
Avec elle il n'est point de droit qui s'éclaircisse,
730 Point de procès si vieux qui ne se rajeunisse;
Et sur l'art de former un nouvel embarras,
Devant elle Rolet mettroit pavillon bas.
Croi-moi, pour la fléchir trouve enfin quelque voie:
Ou je ne répons pas dans peu qu'on ne te voie
735 Sous le faix des procès abbatu, consterné,
Triste, à pié, sans Laquais, maigre, sec, ruiné,
Vingt fois dans ton malheur résolu de te pendre,
Et, pour comble de maux, réduit à la reprendre.

REMARQUES.

Vers 726. ——— *C'est le Procès qu'elle aime.*] Ce portrait de la Femme plaideuse, a été formé sur la Comtesse de Crissé, dont on a parlé ci-devant sur le vers 105. de la Satire troisième. L'Antiquité a aussi produit des Monstres de cette espèce-là: témoin la fameuse *Afrania*, Femme d'un Sénateur Romain. Elle fut la plus grande Chicaneuse que l'on vit jamais: on n'entendoit qu'elle dans tous les Tribunaux, & par son impudence elle merita que toutes les Femmes plaideuses fussent appellées de son nom. *Valer. Max. l. 8. c. 3. n. 2.*

Vers dernier. *Et pour comble de maux, réduit à la reprendre.*] L'Auteur s'applaudissoit beaucoup d'avoir sû finir par un trait de plaisanterie, comme il avoit commencé.

Il y a une remarque importante à faire sur le total de l'Ouvrage: C'est la varieté & la finesse des transitions, qui sont ménagées avec beaucoup d'art. C'est ce que l'Auteur regardoit comme le Chef-d'œuvre de l'Art d'écrire, & qui lui a fait dire au sujet des Caractères de la Bruyère, Ouvrage qu'il estimoit d'ailleurs infiniment; que cet Ecrivain *s'étoit liberé des transitions, qui étoient ce qu'il y avoit de plus difficile dans les Ouvrages d'esprit.* Au reste, on trouvera l'Apologie de cette Satire, & de son Auteur, dans une Lettre écrite par Mr. Arnaud, Docteur de Sorbone, imprimée dans le II. Volume de cette Edition des Ouvrages de notre Poëte.

SATIRE XI.
A M. DE VALINCOUR,
CONSEILLER DU ROI EN SES CONSEILS,

Secretaire Général de la Marine, & des Commandemens de Monseigneur le Comte de Toulouze.

OUI, l'Honneur, VALINCOUR, est chéri dans le Monde:
Chacun pour l'éxalter en paroles abonde;
A s'en voir revêtu chacun met son bonheur;
Et tout crie ici bas, l'Honneur! vive l'Honneur!
5 Entendons discourir sur les bancs des Galères,
Ce Forçat abhorré même de ses Confrères;
Il plaint, par un Arrêt injustement donné,
L'Honneur en sa personne à ramer condamné.
En un mot, parcourons & la Mer & la Terre:
10 Interrogeons Marchands, Financiers, Gens de guerre,

REMARQUES.

LE sujet de cette Satire est le vrai & le faux Honneur. Elle fut composée à l'occasion d'un Procès que le Commis à la recherche des Usurpateurs du titre de Noblesse, avoit intenté à Mr. Gilles Boileau, Païeur des rentes de l'Hôtel de Ville de Paris, en exécution de la Déclaration du Roi du 4. de Septembre 1696. Mr. l'Abbé Boileau Docteur de Sorbone, Chanoine de la Sainte Chapelle, & Mr. Boileau Despréaux son Frere, intervinrent dans ce Procès, auquel ils avoient le même interêt que Mr. Gilles Boileau leur Cousin. Ils produisirent des titres incontestables, par lesquels ils prouvèrent leur Noblesse depuis Jean Boileau Secretaire du Roi, anobli avec Jean son fils, en l'année 1371. & ils furent maintenus en la qualité de Nobles & d'Ecuïers par Arrêt du 10. d'Avril 1699.

Ce Procès excita la mauvaise humeur de Mr. Despréaux, qui ne pouvoit souffrir l'injustice ni les vexations des Partisans. Il en vouloit sur-tout à B.... fameux Traitant, qui étoit un des principaux Interessez à la recherche des faux-Nobles: & ce fut presque uniquement pour se vanger de lui que

Mr. Despréaux entreprit cette Satire. Il commença à la composer au mois de Novembre 1698. dans la chaleur des poursuites de ce Procès: & il avoit dessein de peindre l'Auteur de cette injuste recherche avec de terribles couleurs. Mais quand il eut obtenu un Arrêt favorable, content de sa victoire, il oublia sa vengeance, & crût même ne devoir pas relever la noblesse de son origine, après en avoir parlé si modestement en d'autres endroits de ses Ouvrages. *

Vers 5. Entendons discourir sur les bancs des Galères, &c.] Allusion à une action mémorable du Duc d'Ossone, Viceroi de Sicile & de Naples. Ce Seigneur étant un jour à Naples, & visitant les Galères du Port, eut la curiosité d'interroger les Forçats; mais ils se trouvèrent tous innocens, à l'exception d'un seul, qui avoüa de bonne foi que si on lui avoit fait justice, il auroit été pendu. *Qu'on m'ôte d'ici ce coquin-là*, dit le Duc, en lui donnant la liberté; *il gâteroit tous ces honnêtes-gens.*

Vers

* Dans l'Epitre V, v. 112, & dans la X, v. 96.

Tom. I. S

SATIRE XI.

    Courtisans, Magistrats; chez Eux, si je les croi,
L'Interêt ne peut rien, l'Honneur seul fait la loi.
    Cependant, lors qu'aux yeux leur portant la lanterne,
J'examine au grand jour l'esprit qui les gouverne,
15 Je n'apperçoi par tout que folle Ambition,
Foiblesse, Iniquité, Fourbe, Corruption;
Que ridicule Orgueil de soi-même idolâtre.
Le Monde, à mon avis, est comme un grand Theâtre,
Où chacun en public l'un par l'autre abusé,
20 Souvent à ce qu'il est, joué un rôle opposé.
Tous les jours on y voit, orné d'un faux visage,
Impudemment le Fou représenter le Sage;
L'Ignorant s'ériger en Savant fastueux,
Et le plus vil Faquin trancher du Vertueux.
25 Mais, quelque fol espoir dont leur orgueil les berce,
Bien-tôt on les connoît, & la Verité perce.
On a beau se farder aux yeux de l'Univers;
A la fin sur quelcun de nos vices couverts
Le Public malin jette un œil inévitable;
30 Et bien-tôt la Censure, au regard formidable,
Sait, le craïon en main, marquer nos endroits faux,
Et nous déveloper avec tous nos défauts.
Du Mensonge toûjours le Vrai demeure maître.
Pour paroître honnête Homme, en un mot, il faut l'être:
35 Et jamais, quoi qu'il fasse, un Mortel ici-bas
Ne peut aux yeux du Monde être ce qu'il n'est pas.
En vain ce Misanthrope, aux yeux tristes & sombres,
Veut par un air riant en éclaircir les ombres:
Le Ris sur son visage est en mauvaise humeur;

REMARQUES.

Vers 13. ——— *Lors qu'aux yeux leur portant la lanterne.*] Diogène le Cynique portoit une lanterne en plein jour, & disoit qu'il cherchoit un Homme.

Changement. Vers 30. ——— *La Censure, au regard formidable.*] Première manière : *La Censure, Espagnoule admi-* rable. Seconde manière : *Au regard admirable.*

Vers 37. *En vain ce Misanthrope*, &c.] L'Auteur, en récitant, disoit toûjours : *En vain ce faux Caton.*

Imitations. Vers 43. *Le Naturel toûjours fort*, &c.] Horace, I. Ep. X. v. 24.
Natu-

SATIRE XI.

40   L'agrément fuit ses traits, ses caresses font peur;
Ses mots les plus flateurs paroissent des rudesses,
Et la Vanité brille en toutes ses bassesses.
Le Naturel toûjours sort, & sait se montrer.
Vainement on l'arrête, où le force à rentrer,
45   Il rompt tout, perce tout, & trouve enfin passage.
   Mais loin de mon projet je sens que je m'engage.
Revenons de ce pas à mon texte égaré.
L'Honneur par tout, disois-je, est du Monde admiré.
Mais l'Honneur en effet qu'il faut que l'on admire,
50   Quel est-il, VALINCOUR, pourras-tu me le dire?
L'Ambitieux le met souvent à tout brûler;
L'Avare à voir chez lui le Pactole rouler;
Un faux Brave à vanter sa proüesse frivole;
Un vrai Fourbe à jamais ne garder sa parole;
55   Ce Poëte à noircir d'insipides papiers;
Ce Marquis à savoir frauder ses créanciers;
Un Libertin à rompre & Jeûnes & Carême;
Un Fou perdu d'honneur à braver l'Honneur même.
L'un d'Eux a-t-il raison? Qui pourroit le penser?
60   Qu'est-ce donc que l'Honneur que tout doit embrasser?
Est-ce de voir, dis-moi, vanter notre éloquence;
D'exceller en courage, en adresse, en prudence,
De voir à notre aspect tout trembler sous les Cieux;
De posseder enfin mille dons précieux?
65   Mais avec tous ces dons de l'esprit & de l'ame,
Un Roi même souvent peut n'être qu'un infame,
Qu'un Herode, un Tibere effroïable à nommer.
Où donc est cet Honneur qui seul doit nous charmer?

REMARQUES.

Naturam expellas furcâ; tamen usque recurret,
Et mala perrumpet furtim fastidia victrix.
Le célèbre La Fontaine a paraphrasé ces vers dans la Fable 18. Liv. 2.
Vers 52. *L'Avare à voir chez lui le Pactole rouler.*] Le *Pactole* est une Riviere fameuse qui roule de l'or parmi son gravier. Elle est dans l'Asie mineure.
CHANGEMENT. Vers 55. *Ce Poëte à noircir d'insipides papiers.*] Notre Auteur disoit quelquefois en recitant: *Liniere, à barbouiller d'insipides papiers.*

SATIRE XI.

Quoi qu'en ſes beaux diſcours Saint-Evremond nous prône,
70 Aujourd'hui j'en croirai Sénèque avant Petrône.
   Dans le Monde il n'eſt rien de beau que l'Equité.
   Sans elle la Valeur, la Force, la Bonté,
   Et toutes les Vertus, dont s'éblouït la Terre,
   Ne ſont que faux brillans, & que morceaux de verre.
75 Un injuſte Guerrier, terreur de l'Univers,
   Qui ſans ſujet courant chez cent Peuples divers,
   S'en va tout ravager juſqu'aux rives du Gange,
   N'eſt qu'un plus grand Voleur que Du Terte & Saint Ange.
   Du premier des Céſars on vante les exploits;
80 Mais dans quel Tribunal, jugé ſuivant les Loix,
   Eût-il pû diſculper ſon injuſte manie?
   Qu'on livre ſon pareil en France à La Reynie,
   Dans trois jours nous verrons le Phénix des Guerriers.

REMARQUES.

Vers 70. *Aujourd'hui j'en croirai Sénèque avant Petrône.*] L'Auteur oppoſe la Morale auſtère de Sénèque à la Morale licencieuſe de Petrône, pour condamner un ſentiment déraiſonnable de St. Evremond, dans ſon *Jugement ſur Sénèque, Plutarque & Petrône*, où il débute ainſi: *Je commencerai*, dit-il, *par Sénèque, & vous dirai avec la dernière impudence, que j'eſtime beaucoup plus ſa Perſonne que ſes Ouvrages. J'eſtime le Précepteur de Néron, l'Amant d'Agrippine, un Ambitieux qui prétendoit à l'Empire: du Philoſophe & de l'Ecrivain, je n'en fais pas grand cas.* Au contraire les loüanges que St. Evremond donne aux ſentimens délicats, au luxe poli, & aux voluptez étudiées de Petrône, qu'il apèle *un des plus honnêtes hommes du monde*, font bien juger que St. Evremond a regardé ce fameux Epicurien comme ſon Héros en fait de Morale. Voïez ſes Réfl. ſur la doctr. d'Epicure. Notre Auteur regardoit Mr. de St. Evremond comme un homme qui avoit toûjours fait profeſſion d'une Philoſophie profane & voluptueuſe, dont les maximes ne ſeroient autoriſées qu'à peine dans la licence du Paganiſme. Sa Morale étoit une Morale de Cour, d'autant plus dangereuſe qu'il avoit l'art de la faire paſſer pour une ingénieuſe délicateſſe.

IMITATIONS. Vers 74. *Ne ſont que faux brillans, & que morceaux de verre.*] *Fortuna vitrea eſt, tum cùm ſplendet, frangitur.* Publ: Syrus.

Vers 75. *Un injuſte Guerrier, &c.*] Alexandre le Grand, après avoir ſoumis une partie de l'Aſie, voulut aſſujettir le reſte de l'Orient, & porter ſes conquêtes au delà du Gange; mais ſes ſoldats refuſèrent de le ſuivre. Plutarque raporte ainſi le fait, ſuivant la traduction d'Amiot: *Ils dédirent fort & ferme Alexandre, quand il les cuida à toute force faire encor paſſer la Rivière de Ganges, entendant dire aux gens du païs qu'elle avoit deux lieües de large, & cent braſſes de profond, & que la rive de delà étoit toute couverte d'armes, de chevaux, & d'éléphans, &c.*

Vers 78. *N'eſt qu'un plus grand Voleur &c.*] Ce vers & les trois précédens contiennent le ſens de la réponſe que fit un Pirate au même Alexandre, qui lui reprochoit ſa condition: *Je ſuis un Pirate*, dit-il, *parce que je n'ai qu'un vaiſſeau; ſi j'avois une armée navale je ſerois un Conquérant*. Apophth. des Anciens. Sénèque apèle ces ſortes de Conquerans injuſtes, *magnos & furioſos latrones*; & St. Auguſtin dit encore avec plus d'énergie: *quid enim ſunt regna, remotâ juſtitiâ, niſi magna latrocinia?*

Ibid. —— *Que Du Terte & Saint Ange.*] Deux fameux Voleurs de grand chemin. Du Terte étoit un Joüeur de profeſſion, qui étoit

SATIRE XI. 141

Laisser sur l'échaffaut sa tête & ses lauriers.
85 C'est d'un Roi que l'on tient cette maxime auguste,
Que jamais on n'est grand qu'autant que l'on est juste.
Rassemblez à la fois Mithridate & Sylla.
Joignez-y Tamerlan, Genseric, Attila;
Tous ces fiers Conquerans, Rois, Princes, Capitaines,
90 Sont moins grans à mes yeux que ce Bourgeois d'Athènes,
Qui fut, pour tous exploits, doux, moderé, frugal,
Toûjours vers la Justice aller d'un pas égal.
Oui, la Justice en nous est la Vertu qui brille.
Il faut de ses couleurs qu'ici-bas tout s'habille.
95 Dans un Mortel chéri, tout injuste qu'il est,
C'est quelque air d'équité qui seduit & qui plaît.
A cet unique appas l'ame est vraiment sensible;
Même aux yeux de l'Injuste, un Injuste est horrible;

REMARQUES.

étoit reçu dans la plûpart des maisons distinguées de Paris. Il fit un vol au milieu du Cours-la-Reine: on le prit, & il fut condamné au dernier suplice ordonné contre les Voleurs de grand-chemin. Ce qui rendit son suplice remarquable, c'est que son corps demeura exposé sur la roûë pendant plus d'un mois à la porte du Cours. *Saint Ange*, autre Voleur, eut la même destinée. Il étoit, dit-on, fils d'un Maître-d'armes qui avoit eû l'honneur de montrer au Roi; & il avoit été Capitaine dans le Régiment de Languedoc des Troupes de Gaston de France, Duc d'Orleans. Notre Auteur avoit connu *Saint Ange*.

CHANGEMENT. Vers 82. *Qu'on livre son pareil* &c.] Dans l'édition postume de 1713. on lit: *Qu'on trouve son pareil.*

Ibid. ——— *A la Reynie.*] Gabriel Nicolas de la Reynie, Conseiller d'Etat ordinaire, & Lieutenant General de Police, étoit né à Limoges, en 1625. Il fut pourvû de la Charge de Maître des Requêtes en 1661. Mais le Roi voulant établir un bon ordre dans la Ville de Paris, sépara la Police de la Charge de Lieutenant Civil, & créa une Charge de Lieutenant de Police, dont Mr. de la Reynie fut pourvû le premier jour de l'année 1667. Il l'a exercée avec une fermeté & une vigilance qu'on ne peut assez loüer. En l'année 1680. Sa Majesté l'honora d'un Brevet de Conseiller d'Etat. Il mourut le 14. de Juin, 1709. âgé de 84. ans. Il avoit été un des Commissaires de la Chambre ardente, établie à l'Arsenal pour la recherche des personnes accusées de Sortilège, ou de Poison.

Vers 84. ——— *Sa tête & ses lauriers.*] Jules César étoit chauve, & il cachoit ce défaut autant qu'il pouvoit. C'est pourquoi, parmi les honneurs que le Sénat & le Peuple lui déférèrent, il reçut & conserva plus volontiers le privilège de porter toûjours une Couronne de Lauriers. C'est à quoi ce vers fait allusion.

Vers 85. *C'est d'un Roi* &c.] Agésilas Roi de Sparte, selon Plutarque, traduit par Amiot, *avoit toûjours accoûtumé de dire en ses privez devis, que Justice étoit la première de toutes les Vertus; pour autant*, disoit-il, *que la Proüesse ne vaut rien, si elle n'est conjointe avec la Justice, & que si tous les hommes étoient justes, alors on n'auroit que faire de la Proüesse.* Et à ceux qui disoient: le Grand Roi* le veut ainsi; *Et en quoi*, disoit-il, *est-il plus grand que moi, s'il n'est plus juste?* Le même Agésilas étant pressé de tenir une promesse injuste: *si la chose n'est pas juste*, dit-il, *je ne l'ai pas promise.*

Vers 90. ——— *Ce Bourgeois d'Athènes.*] Socrate.

* *Le Roi de Perse.*

SATIRE XI.

Et tel qui n'admet point la Probité chez lui,
100 Souvent à la rigueur l'éxige chez autrui.
Difons plus : Il n'eft point d'ame livrée au vice,
Où l'on ne trouve encor des traces de juftice.
Chacun de l'Equité ne fait pas fon flambeau.
Tout n'eft pas Caumartin, Bignon, ni Dagueffeau;
105 Mais jufqu'en ces Païs, où tout vit de pillage,
Chez l'Arabe & le Scythe Elle eft de quelque ufage;
Et du butin acquis en violant les loix,
C'eft elle entre eux qui fait le partage & le choix.
  Mais allons voir le Vrai jufqu'en fa fource même.
110 Un Dévot aux yeux creux, & d'abftinence blême,
S'il n'a point le cœur jufte, eft affreux devant Dieu.
L'Evangile au Chrétien ne dit en aucun lieu,
Sois dévot: Elle dit, Sois doux, fimple, équitable.
Car d'un Dévot fouvent au Chrétien véritable
115 La diftance eft deux fois plus longue, à mon avis,
Que du Pôle Antarctique au Détroit de Davis.
Encor par ce Dévot ne croi pas que j'entende
Tartuffe, ou Molinos, & fa myftique Bande.
J'entens un faux Chrétien mal inftruit, mal guidé,
120 Et qui de l'Evangile en vain perfuadé,
N'en a jamais conçû l'efprit ni la juftice;

REMARQUES.

Vers 104. *Tout n'eft pas Caumartin, Bignon, ni Dagueffeau.*] L'Auteur loue ici l'équité de trois Perfonnes illuftres, dont les vertus méritent bien d'être données pour éxemple.
  Mr. De Caumartin: Urbain Loüis le Févre De Caumartin, Confeiller d'Etat, Intendant des Finances.
  Mr. l'Abbé Bignon: Jean Paul Bignon, Abbé de St. Quentin, Doïen de l'Eglife Collégiale de St. Germain l'Auxerrois; Confeiller d'Etat ordinaire, l'un des Quarante de l'Académie Françoife, & Ancien Préfident des deux Académies Roïales des Sciences & des Infcriptions.
  Mr. Dagueffeau: Henri François Dagueffeau, Avocat General au Parlement de Paris, & enfuite Procureur General. [Il a été fait Chancelier de France le 2. de Février 1717.

ADD.]
  IMITATIONS. Ibid. *Tout n'eft pas Caumartin, Bignon, &c.*] Teofilo Folengio, dans fon Orlandino, cap. 6. fol. 57.

  Non tutti Sannazzari & Ariofti,
  Non tutti fon' Boiardi, & altri eletti.

  IMITATIONS. Vers 108. *C'eft elle entre eux qui fait le partage & le choix.*] Ciceron dans fon admirable Traité des Offices, livre 2. ch. 11. *Juftitiæ tanta vis eft, ut nec illi quidem, qui maleficio & fcelere pafcuntur, poffint fine ulla particula juftitiæ vivere. Nam qui eorum cuipiam, qui unà latrocinantur, furatur aliquid, aut eripit; is fibi ne in latrocinio quidem relinquit locum: ille autem qui Archipirata dicitur, nifi æquabiliter prædam difpertiat, aut occidetur à fociis, aut relinquetur. Quinetiam leges latronum effe dicuntur, qui-*
bus

SATIRE XI.

Un Chrétien qui s'en sert pour disculper le vice;
Qui toujours près des Grans, qu'il prend soin d'abuser,
Sur leurs foibles honteux fait les autoriser,
125 Et croit pouvoir au Ciel, par ses folles maximes,
Avec le Sacrement faire entrer tous les crimes.
Des faux Dévots pour moi voilà le vrai Heros.
Mais, pour borner enfin tout ce vague propos,
Concluons qu'ici-bas le seul Honneur solide,
130 C'est de prendre toujours la Vérité pour guide;
De regarder en tout la Raison & la Loi;
D'être doux pour tout autre, & rigoureux pour soi:
D'accomplir tout le bien que le Ciel nous inspire,
Et d'être juste enfin: Ce mot seul veut tout dire.
135 Je doute que le flot des vulgaires Humains
A ce discours pourtant donne aisément les mains,
Et pour t'en dire ici la raison historique,
Souffre que je l'habille en Fable allégorique.
    Sous le bon Roi Saturne, ami de la douceur,
140 L'Honneur, cher VALINCOUR, & l'Equité sa Sœur,
De leurs sages conseils éclairant tout le Monde,
Regnoient, chéris du Ciel, dans une paix profonde.
Tout vivoit en commun sous ce Couple adoré.
Aucun n'avoit d'enclos, ni de champ séparé.

REMARQUES.

bus pareant, quas observent. &c.
Saint Jean Chrysostome, sur le ch. 4. de l'Epître aux Ephésiens : Πῶς ἐν λύςαὶ &c. *Latrones, si in dividendis rebus, præscripta Justitiæ non servent, neque partitionem ex æquo faciant, videbis & ipsos inter se bellis ac præliis implicari.*
  Mr. Pascal, dans ses Pensées diverses, ch. 31. ,,C'est une plaisante chose à considérer, ,,dit-il, de ce qu'il y a des gens dans le mon-,,de qui aïant renoncé à toutes les Loix de ,,Dieu & de la Nature, s'en sont fait eux-mê-,,mes, ausquelles ils obéïssent éxactement : ,,comme par éxemple, les Voleurs, &c.
  Vers 113. ——— *Elle dit*, &c.] L'Auteur fait ici le mot *Evangile*, du genre feminin, quoi que ce mot soit ordinairement de l'autre genre; il lui auroit été facile de changer cet endroit en mettant : *Sois dévot: Il nous dit*; au lieu de *Elle dit.*
  Vers 116. *Que du Pôle Antarctique au Détroit de Davis.*] C'est-à-dire, d'un Pôle à l'autre, ou d'une éxtrémité de la Terre à l'autre; car le Détroit de Davis est presque sous le Pôle Arctique, près de la nouvelle Zemble, dans cette partie de la Groenlande qui fut découverte en 1585. par *Jean Davis*, Anglois.
  Vers 118. *Tartuffe, ou Molinos, & sa mystique Bande.*] Les Hypocrites, désignez par *Tartuffe*; & les Quiétistes, désignez par *Michel Molinos* leur Chef. Voïez la Remarque sur le vers 622. de la Satire X.
  Vers 134. ——— *Ce mot seul veut tout dire.*] Dans l'édition *in douze* faite en 1701. il y a ici : *Ce seul mot veut tout dire.* C'est une faute.

Vers

145　La Vertu n'étoit point sujette à l'Ostracisme,
　　Ni ne s'appeloit point alors un * * * *
　　L'Honneur beau par soi-même, & sans vains ornemens,
　　N'étaloit point aux yeux l'or ni les diamans,
　　Et jamais ne sortant de ses devoirs austères,
150　Maintenoit de sa Sœur les règles salutaires.
　　Mais une fois au Ciel par les Dieux appelé,
　　Il demeura long-tems au Séjour étoilé.
　　Un Fourbe cependant, assez haut de corsage,
　　Et qui lui ressembloit de geste & de visage,
155　Prend son tems, & par tout ce hardi Suborneur
　　S'en va chez les Humains crier, qu'il est l'Honneur:
　　Qu'il arrive du Ciel, & que voulant lui-même
　　Seul porter desormais le faix du Diadême,
　　De lui seul il prétend qu'on reçoive la loi.
160　A ces discours trompeurs le Monde ajoûte foi.
　　L'innocente Equité honteusement bannie
　　Trouve à peine un desert où fuir l'ignominie.
　　Aussi-tôt sur un Trône éclatant de rubis,
　　L'Imposteur monte orné de superbes habits.

REMARQUES.

Vers 145. *La Vertu n'étoit point sujette à l'Ostracisme.*] Loi chez les Athéniens, qui permettoit de bannir les Personnes dont la trop grande autorité étoit suspecte au Peuple, & faisoit craindre qu'elle ne dégénerât en tyrannie. Ce bannissement n'étoit pas infamant, parce qu'il n'étoit pas ordonné pour la punition d'un crime. L'Ostracisme duroit ordinairement dix ans, & cependant le Banni jouïssoit de ses biens.

IMITATIONS. Ibid. *La vertu n'étoit point sujette à l'Ostracisme.*] Sénèque, dans ses Controverses: *Sunt quædam tempora inimica virtutibus.*

Vers 146. *Ni ne s'apeloit point alors un ****]* Jansénisme. Les personnes peu instruites confondent ordinairement avec les véritables Jansénistes, ceux qui font profession d'une vertu austère, & d'une régularité au dessus du commun. On voit dans une Lettre écrite au Roi par Mr. Godeau Evêque de Vence, pendant les grans troubles du Jansénisme, que ce Prélat se plaignoit à Sa Majesté, des maux que le Jansénisme faisoit à l'Eglise, en ce que les Ecclésiastiques les plus savans & les plus vertueux étant exposez à être soupçonnez de Jansénisme, se trouvoient par là éloignez des Emplois où ils auroient fait beaucoup de fruit. Un Evêque reprenant un Abbé de condition de ce que sa conduite n'étoit pas assez réglée: *Que voulez-vous que l'on fasse*, répondit l'Abbé? *Si nous étions plus règlez, on nous prendroit pour des Jansénistes.* [Cette Remarque n'est qu'un tissu d'équivoques & de déguisemens. M. Despréaux censure ici les Jésuites, qui ont fait proscrire & exiler des personnages d'une grande Vertu, sous prétexte qu'ils étoient Jansénistes. Les Jansénistes se sont toûjours distinguez par l'austérité de leurs mœurs & par la regularité de leur conduite: de sorte que les Jésuites ne pouvant pas leur ôter ce mérite, ont tâché de rendre leur Vertu odieuse, en lui donnant le nom de *Jansénisme*, & trai-

SATIRE XI.

165 La Hauteur, le Dédain, l'Audace l'environnent,
Et le Luxe & l'Orgueil de leurs mains le couronnent.
Tout fier il montre alors un front plus fourcilleux,
Et le Mien & le Tien, deux Freres pointilleux,
Par son ordre amenant les Procès & la Guerre,
170 En tous lieux de ce pas vont partager la Terre;
En tous lieux sous les noms de Bon Droit & de Tort,
Vont chez elle établir le seul droit du plus Fort.
Le nouveau Roi triomphe, & sur ce Droit inique
Bâtit de vaines loix un Code fantastique:
175 Avant tout aux Mortels prescrit de se vanger;
L'un l'autre au moindre affront les force à s'égorger,
Et dans leur ame en vain de remords combattuë,
Trace en lettres de sang ces deux mots, *Meurs, ou Tuë.*
Alors, ce fut alors, sous ce vrai Jupiter,
180 Qu'on vit naître ici-bas le noir Siècle de Fer.
Le Frere au même instant s'arma contre le Frere:
Le Fils trempa ses mains dans le sang de son Pere:
La soif de commander enfanta les Tyrans,
Du Tanaïs au Nil porta les Conquerans:

REMARQUES.

traitant de *Jansénistes*, ceux qui n'étant pas devouez à la Société se piquoient d'une morale rigide & severe. ADD.]

Vers 147. *L'Honneur beau par soi-même,* &c.] Les Romains représentoient *l'Honneur* sous la figure d'un jeune Homme qui portoit d'une main la *Haste* de la Divinité; & dans l'autre la Corne d'Abondance: Ce qui prouve qu'alors, comme aujourd'hui, l'on faisoit entrer l'Abondance dans l'idée de l'Honneur, & que les Richesses ont toûjours attiré le respect. On voit des Médailles sur lesquelles l'Honneur est ainsi représenté.

Vers 178. ———— *Ces deux mots: Meurs, ou Tuë.*] Ils sont tirez de la Scène cinquième du premier Acte du Cid, où Don Diègue dit à Rodrigue son fils, pour l'animer à la vengeance:

Va contre un Arrogant éprouver ton courage.
Ce n'est que dans le sang qu'on lave un tel
 outrage.
Meurs, ou Tuë.

Tom. I.

IMITATIONS. Vers 180. *Qu'on vit naitre ici bas le noir Siècle de Fer.*] Ovide, Metamorph. Lib. I. v. 128.

Protinus irrupit venæ pejoris in ævum
Omne nefas: fugere pudor, verumque,
 fidesque;
In quorum subière locum fraudesque, doli-
 que,
Insidiæque, & vis, & amor sceleratus ha-
 bendi. &c.

—— *Fratrum quoque gratia rara est......*
Filius ante diem patrios inquirit in annos.

Vers 184. *Du Tanaïs au Nil porta les Conquerans.*] Justin raporte que les premiers Conquerans sortirent de la Scythie, arrosée par le Tanaïs, & chassèrent Véxoris, ou Sésostris, Roi d'Egypte, qui les vouloit soûmettre à sa domination. *Justin, L. 2. c. 3.* Cambyse, fils de Cyrus, avoit déja conquis l'Egypte. *Id. L. 1. c. 9.*

T

SATIRE XI.

185 L'Ambition paſſa pour la Vertu ſublime:
Le Crime heureux fut juſte, & ceſſa d'être Crime.
On ne vit plus que haine & que diviſion,
Qu'envie, effroi, tumulte, horreur, confuſion.
Le véritable Honneur ſur la voute céleſte
190 Eſt enfin averti de ce trouble funeſte.
Il part ſans différer, & deſcendu des Cieux
Va par tout ſe montrer dans les terreſtres lieux:
Mais il n'y fait plus voir qu'un viſage incommode.
On n'y peut plus ſouffrir ſes Vertus hors de mode,
195 Et lui-même traité de Fourbe & d'Impoſteur
Eſt contraint de ramper aux piés du Séducteur.
Enfin las d'eſſuïer outrage ſur outrage,
Il livre les Humains à leur triſte eſclavage,
S'en va trouver ſa Sœur, & dès ce même jour
200 Avec elle s'envole au céleſte Séjour.
Depuis, toujours ici, riche de leur ruïne,
Sur les triſtes Mortels le faux Honneur domine,
Gouverne tout, fait tout dans ce bas Univers,
Et peut-être eſt-ce lui qui m'a dicté ces vers.
205 Mais en fût-il l'Auteur, je conclus de ſa Fable,
Que ce n'eſt qu'en Dieu ſeul qu'eſt l'Honneur véritable.

REMARQUES.

IMITATIONS. Vers 204. *Et peut-être eſt-ce lui qui m'a dicté ces vers.*] Regnier a fait une Satire contre *l'Honneur*: c'eſt la Satire VI. où il dit à la fin;

Mais, mon Dieu, que ce Traitre eſt d'une étrange ſorte!
Tandis qu'à le blâmer la Raiſon me tranſporte,
Que de lui je médis, il me flatte, & me dit,
Que je veux par ces vers acquérir ſon crédit.

C'eſt tout ce que Mr. Deſpréaux a imité de cette Satire de Regnier.

Mr. Paſcal a dit auſſi dans ſes Penſées, ch. 24. *Ceux qui écrivent contre la gloire, veulent avoir la gloire d'avoir bien écrit; & ceux qui le liſent, veulent avoir la gloire de l'avoir lû: & moi qui écris ceci, j'ai peut-être cette envie, & peut-être que ceux qui le liront, l'auront auſſi.*

Cicéron le premier s'eſt moqué de ceux qui mettoient leurs noms à des Traitez, où ils condamnoient le déſir des loüanges: *Ipſi illi Philoſophi, etiam in illis libellis quos de contemnendâ gloriâ ſcribunt, nomen ſuum inſcribunt, in eo ipſo in quo prædicationem, nobilitatemque deſpiciunt, prædicari de ſe, ac nominari volunt.* Cic. pro Archia Poëta. Voiez les Tuſculanes, L. 1. & Valère Maxime L. 8. c. 14. n. 3.

DISCOURS.

DISCOURS DE L'AUTEUR,

Pour servir d'Apologie à la Satire suivante.

Quelque heureux succès qu'aient eu mes Ouvrages, j'avois résolu [1] depuis leur dernière Edition de ne plus rien donner au Public; & quoi qu'à mes heures perduës, [2] il y a environ cinq ans, j'eusse encore fait contre l'Equivoque une Satire que tous ceux à qui je l'ai communiquée, ne jugeoient pas inférieure à mes autres Ecrits; bien loin de la publier, je la tenois soigneusement cachée, & je ne croïois pas que, moi vivant, elle dût jamais voir le jour. Ainsi donc aussi soigneux désormais de me faire oublier, que j'avois été autrefois curieux de faire parler de moi, je jouïssois, à mes infirmitez près, d'une assez grande tranquilité, lorsque tout d'un coup j'ai apris qu'on débitoit dans le monde sous mon nom quantité de méchans Ecrits, [3] & entr'autres une pièce en vers contre les Jésuites, également odieuse & insipide, & où l'on me faisoit en mon propre nom dire à toute leur Société les injures les plus atroces & les plus grossières. J'avouë que cela m'a donné un très-grand chagrin. Car bien que tous les gens sensez aient connu sans peine que la Pièce n'étoit point de moi, & qu'il n'y ait eu que de très-petits esprits qui aient présumé que j'en pouvois être l'Auteur, la vérité est pourtant que je n'ai pas regardé comme un médiocre afront, de me voir soupçonné, même par des ridicules, d'avoir fait un Ouvrage si ridicule.

J'ai donc cherché les moïens les plus propres pour me laver de cette infamie: & tout bien consideré, je n'ai point trouvé de meilleur expédient, que de faire imprimer ma Satire contre l'EQUIVOQUE;

REMARQUES.

1 *Depuis leur dernière édition.*] En 1701.

2 *Il y a environ cinq ans.*] Ce Discours fut composé en 1710.

3 *Et entr'autres une Pièce en vers.*] L'Ouvrage dont il s'agit ici, étoit une Epître d'environ soixante vers. Mr. Despréaux fut très-mortifié d'apprendre qu'on l'en croïoit l'Auteur. Voici dans quels termes il en marqua sa pensée à un Jésuite du Collège de Louis le Grand. *Je déclare qu'il ne s'est jamais rien fait de plus mauvais, ni de plus sottement injurieux que cette grossière boutade de quelque Cuistre de Collège de l'Université; & que si je l'avois faite, je me mettrois moi-même bien au dessous des Coras, des Pelletiers, & des Cotins.* Il ajoûtoit dans une autre Lettre au même: *Je ne perdrai jamais la mémoire du service considérable que vous m'avez rendu en contribuant si bien à détromper les hommes de l'horrible affront que l'on me vouloit faire, en m'attribuant le plus plat, & le plus monstrueux libelle qui ait jamais été fait.* Ces Lettres sont entre les mains de l'Auteur de ces Remarques.

parce qu'en la lisant, les moins éclairez même de ces petits esprits ouvriroient peut-être les yeux, & verroient manifestement le peu de raport qu'il y a de mon stile, même en l'âge où je suis, au stile bas & rampant de l'Auteur de ce pitoïable Ecrit. Ajoûtez à cela, que je pouvois mettre à la tête de ma Satire, en la donnant au Public, un Avertissement en manière de Préface, où je me justifierois pleinement, & tirerois tout le monde d'erreur. C'est ce que je fais aujourd'hui: & j'espère que le peu que je viens de dire, produira l'éfet que je me suis proposé. Il ne me reste donc plus maintenant qu'à parler de la Satire pour laquelle est fait ce Discours.

Je l'ai composée par le caprice du monde le plus bisarre, & par une espèce de dépit & de colère poëtique, s'il faut ainsi dire, qui me saisit à l'occasion de ce que je vais raconter. Je me promenois dans mon jardin à Auteuil, & rêvois en marchant à un Poëme que je voulois faire contre les mauvais Critiques de notre siècle. J'en avois même déja composé quelques vers, dont j'étois assez content. Mais voulant continuër je m'aperçus qu'il y avoit dans ces vers une équivoque de langue; & m'étant sur le champ mis en devoir de la corriger, je n'en pus jamais venir à bout. Cela m'irrita de telle manière, qu'au lieu de m'apliquer davantage à réformer cette équivoque, & de poursuivre mon Poëme contre les faux Critiques, la folle pensée me vint de faire contre l'Equivoque même, une Satire, qui pût me venger de tous les chagrins qu'elle m'a causez depuis que je me mêle d'écrire. Je vis bien que je ne rencontrerois pas de médiocres difficultez à mettre en vers un sujet si sec. Et même il s'en présenta d'abord une qui m'arrêta tout court. Ce fut de savoir duquel des deux genres, masculin ou feminin, je ferois le mot d'Equivoque, beaucoup d'habiles Ecrivains, ainsi que le remarque Vaugelas, le faisant masculin. Je me déterminai pourtant assez vite au feminin, comme au plus usité des deux. Et bien loin que cela empêchât l'exécution de mon projet, je crus que ce ne seroit pas une méchante plaisanterie de commencer ma Satire par cette difficulté même. C'est ainsi que je m'engageai dans la composition de cet Ouvrage. Je croïois d'abord faire tout au plus cinquante ou soixante vers; mais ensuite les pensées me venant en foule, & les choses que j'avois à reprocher à l'Equivoque, se multipliant à mes yeux, j'ai poussé ces vers jusqu'à près de trois cens cinquante.

C'est au Public maintenant à voir si j'ai bien ou mal réüssi. Je n'emploïerai point ici, non plus que dans les Préfaces de mes autres Ecrits, mon adresse & ma rhétorique à le prévenir en ma faveur. Tout ce que je lui puis dire, c'est que j'ai travaillé cette Pièce avec le même soin que toutes mes autres Poësies. Une chose pourtant dont il est bon que les Jesuïtes soient avertis, c'est qu'en attaquant l'Equivoque, je n'ai pas

pris.

SUR LA XII. SATIRE.

pris ce mot dans toute l'étroite rigueur de sa signification grammaticale; le mot d'Equivoque en ce sens-là, ne voulant dire qu'une ambiguité de paroles, mais que je l'ai pris, comme le prend ordinairement le commun des hommes, pour toutes sortes d'ambiguitez de sens, de pensées, d'expressions, & enfin pour tous ces abus & toutes ces méprises de l'esprit humain qui font qu'il prend souvent une chose pour une autre. Et c'est dans ce sens que j'ai dit, que l'Idolatrie avoit pris naissance de l'Equivoque; les hommes, à mon avis, ne pouvant pas s'équivoquer plus lourdement, que de prendre des pierres, de l'or & du cuivre, pour Dieu. J'ajoûterai à cela, que la Providence divine, ainsi que je l'établis clairement dans ma Satire, n'aïant permis chez eux cet horrible aveuglement, qu'en punition de ce que leur premier Pere avoit prêté l'oreille aux promesses du Démon, j'ai pû conclurre infailliblement que l'Idolatrie est un fruit, ou pour mieux dire, un véritable enfant de l'Equivoque. Je ne voi donc pas qu'on me puisse faire sur cela aucune bonne critique; sur tout ma Satire étant un pur jeu d'esprit, où il seroit ridicule d'éxiger une précision géometrique de pensées & de paroles.

Mais il y a une autre objection plus importante & plus considérable, qu'on me fera peut-être au sujet des Propositions de Morale relâchée, que j'attaque dans la dernière partie de mon Ouvrage. Car ces Propositions aïant été, à ce qu'on prétend, avancées par quantité de Théologiens, même célèbres, la moquerie que j'en fais peut, dira-t-on, diffamer en quelque sorte ces Théologiens, & causer ainsi une espèce de scandale dans l'Eglise. A cela je répons premièrement, Qu'il n'y a aucune des Propositions que j'attaque, qui n'ait été plus d'une fois condamnée par toute l'Eglise, & tout recemment encore par deux des plus grans Papes qui aïent depuis long-tems rempli le S. Siège. Je dis en second lieu, qu'à l'exemple de ces célèbres Vicaires de JESUS-CHRIST, je n'ai point nommé les Auteurs de ces Propositions, ni aucun de ces Théologiens dont on dit que je puis causer la diffamation, & contre lesquels même j'avouë que je ne puis rien décider, puisque je n'ai point lû, ni ne suis d'humeur à lire leurs Ecrits: ce qui seroit pourtant absolument nécessaire pour prononcer sur les accusations que l'on forme contr'eux, leurs accusateurs pouvant les avoir mal entendus, & s'être trompez dans l'intelligence des passages où ils prétendent que sont ces erreurs dont ils les accusent. Je soûtiens en troisième lieu, qu'il est contre la droite Raison de penser que je puisse exciter quelque scandale dans l'Eglise, en traitant de ridicules des Propositions rejettées de toute l'Eglise, & plus dignes encore, par leur absurdité, d'être sifflées de tous les fidèles, que réfutées sérieusement. C'est ce que je me croi obligé de dire pour me justifier. Que si après cela il se trouve encore quelques Théologiens qui

DISCOURS DE L'AUTEUR.

ſe figurent qu'en décriant ces Propoſitions, j'ai eu en vûe de les décrier eux-mêmes, je déclare que cette fauſſe idée qu'ils ont de moi, ne ſauroit venir que des mauvais artifices de l'Equivoque, qui pour ſe vanger des injures que je lui dis dans ma Pièce, s'éforce d'intéreſſer dans ſa cauſe ces Théologiens, en me faiſant penſer ce que je n'ai pas penſé, & dire ce que je n'ai point dit.

Voilà, ce me ſemble, bien des paroles, & peut-être trop de paroles emploïées pour juſtifier un auſſi peu conſidérable Ouvrage qu'eſt la Satire qu'on va voir. Avant néanmoins que de finir je ne croi pas me pouvoir diſpenſer d'aprendre aux Lecteurs, qu'en attaquant, comme je fais dans ma Satire, ces erreurs, je ne me ſuis point fié à mes ſeules lumières ; mais qu'ainſi que je l'ai pratiqué, il y a environ dix ans, à l'égard de mon Epître De l'Amour de Dieu, j'ai non ſeulement conſulté ſur mon Ouvrage tout ce que je connois de plus habiles Docteurs, mais que je l'ai donné à éxaminer au Prélat de l'Egliſe qui, par l'étenduë de ſes connoiſſances & par l'Eminence de ſa dignité, eſt le plus capable & le plus en droit de me preſcrire ce que je dois penſer ſur ces matières. Je veux dire à M. le Cardinal de Noailles, mon Archevêque. J'ajoûterai, que ce pieux & ſavant Cardinal a eu trois ſemaines ma Satire entre les mains, & qu'à mes inſtantes prières, après l'avoir lûë & relûë plus d'une fois, il me l'a enfin renduë, en me comblant d'éloges, & m'a aſſuré qu'il n'y avoit trouvé à redire qu'un ſeul mot, que j'ai corrigé ſur le champ, & ſur lequel je lui ai donné une entière ſatisfaction. Je me flate donc qu'avec une aprobation ſi authentique, ſi ſûre, & ſi glorieuſe, je puis marcher la tête levée, & dire hardiment des Critiques qu'on pourra faire deſormais contre la doctrine de mon Ouvrage, que ce ne ſauroient être que de vaines ſubtilitez d'un tas de miſérables Sophiſtes formez dans l'Ecole du Menſonge, & auſſi afidez amis de l'Equivoque, qu'opiniâtres ennemis de Dieu, du Bon Sens & de la Vérité.

SATIRE

SATIRE XII.
SUR
L'EQUIVOQUE.

DU langage François bizarre Hermaphrodite,
De quel genre te faire, Equivoque maudite,
Ou maudit? car sans peine aux Rimeurs hazardeux
L'usage encor, je croi, laisse le choix des deux.
5 Tu ne me répons rien? Sors d'ici, Fourbe insigne,
Mâle aussi dangereux que femelle maligne,

REMARQUES.

CEtte Satire a été composée en l'Année 1705. l'Auteur étant âgé de 69. ans. Il emploïa onze mois à la faire, & trois ans à la corriger. Pendant ce long intervale ses amis l'engageoient souvent à en réciter des lambeaux; & sur les raports peu fidèles qu'ils en faisoient dans le monde, on s'imagina que sa principale vûë étoit d'offenser les Jésuites par cet Ouvrage. Mais outre qu'attaquer les Jésuites, & attaquer l'Equivoque, sont deux choses très-différentes, la fameuse opinion de l'Equivoque n'étant pas enseignée par tous les Jésuites, & se trouvant en beaucoup d'Auteurs qui ne sont pas Jésuites; on peut dire en quelque façon que cette Satire n'attaque pas même les Casuistes en général. [Quoi qu'en dise le Commentateur, on ne sauroit douter que la *principale vûe* de Mr. Despréaux n'ait été d'*offenser les Jésuites par cet Ouvrage*, c'est-à-dire, de satiriser leur Morale, & d'*attaquer leurs Casuistes en général*. La preuve en est claire. M. Despréaux n'a fait que répeter dans cette *Satire* les accusations que M. Pascal a faites contre les Jésuites *en général* dans ses *Lettres Provinciales*; comme on le fera voir dans les Remarques sur le vers 265. & sur les suivans. ADD.]
L'Equivoque se prend ici par Mr. Despréaux, *pour tous les abus & toutes les meprises de l'Esprit humain, qui nous font prendre souvent une chose pour une autre*. C'est ainsi qu'il s'exprime dans le Discours précédent. Au lieu que les Casuistes, suivant le P. Daniel, appèlent EQUIVOQUE, *toute proposition qui a plusieurs sens, & que l'on fait en prévoïant que la personne qui nous écoute, la prendra dans un sens différent de celui que nous y donnons dans notre esprit*.
Cette Satire ne regarde donc nullement l'Equivoque dont il s'agit dans les Ecoles. Mr. Despréaux dit lui-même que *c'est un pur Jeu d'Esprit*. Ainsi ce seroit une erreur de croire qu'il ait prétendu dogmatiser; soit dans cet Ouvrage, soit dans son Epître *de l'Amour de Dieu*; Il n'épousoit sérieusement nul parti, à l'égard des matières qui ne sont point encore décidées. On en peut juger par cet endroit d'une Lettre qu'il m'écrivit le 7. de Decembre 1703. & où il s'agit de la plus grande contestation des Théologiens de ce Siècle. ,,Pour ce qui regarde le démêlé sur ,, la Grace, c'est surquoi je n'ai point pris ,, parti, étant tantôt d'un sentiment, & tan- ,, tôt d'un autre: de sorte que m'étant quel- ,, quefois couché Janséniste tirant au Calvi- ,, niste, je suis tout étonné que je me ré- ,, veille Moliniste approchant du Pélagien. ,, Ainsi, sans condamner ni les uns ni les ,, autres, je m'écrie avec St. Paul : ô Al- ,, titudo Sapientiæ ! Mais après avoir quel- ,, quefois en moi-même traduit ces paroles ,, par : *O que Dieu est sage!* j'ajoûte aussi en ,, même tems : *O que les hommes sont fous!* ,, Je m'imagine que vous entendez bien ,, pourquoi cette dernière exclamation, & ,, que vous n'y comprenez pas un petit nom- ,, bre de volumes.

Vers

SATIRE XII.

Qui crois rendre innocens les discours imposteurs;
Tourment des Ecrivains, juste effroi des Lecteurs;
Par qui de mots confus sans cesse embarassée
10 Ma plume, en écrivant, cherche en vain ma pensée.
Laisse-moi, va charmer de tes vains agrémens,
Les yeux faux & gâtez de tes louches amans,
Et ne viens point ici de ton ombre grossière
Enveloper mon stile ami de la lumière.
15 Tu sais bien que jamais chez toi, dans mes discours,
Je n'ai d'un faux brillant emprunté le secours.
Fui donc. Mais non, demeure; un Démon qui m'inspire
Veut qu'encore une utile & dernière Satire,
De ce pas en mon Livre, exprimant tes noirceurs,
20 Se vienne, en nombre pair, joindre à ses Onze Sœurs,
Et je sens que ta vûë échauffe mon audace.
Viens, aproche: Voyons, malgré l'âge & sa glace,
Si ma Muse aujourd'hui sortant de sa langueur,
Pourra trouver encore un reste de vigueur.
25 Mais où tend, dira-t-on, ce projet fantastique?
Ne vaudroit-il pas mieux dans mes vers, moins caustique,
Répandre de tes jeux le sel divertissant,
Que d'aller contre toi sur ce ton menaçant
Pousser jusqu'à l'excès ma critique boutade?
30 Je ferois mieux, j'entens, d'imiter Benserade.
C'est par lui qu'autrefois, mise en ton plus beau jour,
Tu sus, trompant les yeux du Peuple & de la Cour,
Leur faire à la faveur de tes bluettes folles,
Goûter comme bons mots tes quolibets frivoles.

REMARQUES.

Vers 20. *Se vienue en nombre pair, joindre à ses Onze Sœurs.*] Cette expression est heureuse, pour marquer le nombre de douze. La plûpart des Amis de l'Auteur lui avoient demandé une douzième Satire, pour figurer avec ses douze Epîtres. En récitant ce vers, il mettoit l'aspiration au mot, *onze*, ne l'unissant pas avec l's qui est à la fin du mot précédent.

Vers 27. *Répandre de tes jeux le sel divertissant.*] Il disoit tantôt *le sel divertissant*, & tantôt *le sel réjouissant*: Il auroit même préféré ce dernier, s'il ne l'avoit pas emploïé dans l'Epître X. à ses Vers.

Vers 30. *Je ferois mieux. . . . . d'imiter Benserade.*] Furetiere dans son second Factum contre l'Académie Françoise, dit que „ Benserade s'étoit érigé en Galand dans la
„ vieil-

SATIRE XII.

35 Mais ce n'eſt plus le tems. Le Public détrompé,
D'un pareil enjoûment ne ſe ſent plus frappé.
Tes bons mots, autrefois délices des ruelles,
Aprouvez chez les Grans, applaudis chez les Belles,
Hors de mode aujourd'hui chez nos plus froids badins,
40 Sont des collets-montez & des vertugadins.
Le Lecteur ne ſait plus admirer dans Voiture
De ton froid jeu de mots l'inſipide figure.
C'eſt à regret qu'on voit cet Auteur ſi charmant,
Et pour mille beaux traits vanté ſi juſtement,
45 Chez toi toûjours cherchant quelque fineſſe aiguë,
Préſenter au Lecteur ſa penſée ambiguë,
Et ſouvent du faux ſens d'un proverbe afecté,
Faire de ſon diſcours la piquante beauté.
  Mais laiſſons-là le tort qu'à ces brillans Ouvrages
50 Fit le plat agrément de tes vains badinages.
Parlons des maux ſans fin que ton ſens de travers,
Source de toute erreur, ſema dans l'Univers:
Et pour les contempler juſques dans leur naiſſance,
Dès le tems nouveau-né, quand la Toute-Puiſſance
55 D'un mot forma le Ciel, l'Air, la Terre & les Flots,
N'eſt-ce pas toi, voïant le Monde à peine éclos,
Qui, par l'éclat trompeur d'une funeſte pomme,
Et tes mots ambigus, fis croire au premier homme,
Qu'il alloit, en goûtant de ce morceau fatal,
60 Comblé de tout ſavoir, à Dieu ſe rendre égal?
Il en fit ſur le champ la folle experience.
Mais tout ce qu'il aquit de nouvelle ſcience,

REMARQUES.

„ vieille Cour, par des Chanſonnettes, & „ des vers de Ballet, qui lui avoient acquis „ quelque réputation pendant le règne du „ mauvais Goût, *des Equivoques & des Pointes* qui ſubſiſte encor chez lui." Furetiere répète encor la même raillerie dans ſon troiſième Factum.

Vers 40. *Sont des Collets-montez, & des Vertugadins.*] Les Collets-montez & les Ver-tugadins étoient anciennement des pièces de l'habillement des femmes.

Vers 49. *Mais laiſſons-là le tort*, &c.] Première manière:

Mais laiſſons-là le mal qu'à de tels diſcours jointe,
Tu fis en mille endroits ſous le beau nom de Pointe.

Fut que triste & honteux de voir sa nudité,
Il sut qu'il n'étoit plus, grace à sa vanité,
65 Qu'un chétif animal pêtri d'un peu de terre,
A qui la faim, la soif, par-tout faisoient la guerre,
Et qui courant toûjours de malheur en malheur,
A la mort arrivoit enfin par la douleur.
Oui, de tes noirs complots & de ta triste rage
70 Le Genre humain perdu fut le premier ouvrage.
Et bien que l'Homme alors parût si rabaissé,
Par toi contre le Ciel un orgueil insensé,
Armant de ses neveux la gigantesque engeance,
Dieu résolut enfin, terrible en sa vengeance,
75 D'abîmer sous les eaux tous ces audacieux :
Mais avant qu'il lâchât les écluses des Cieux,
Par un fils de Noé fatalement sauvée,
Tu fus, comme serpent, dans l'Arche conservée;
Et d'abord poursuivant tes projets suspendus
80 Chez les Mortels restans, encor tout éperdus,
De nouveau tu semas tes captieux mensonges,
Et remplis leurs esprits de fables & de songes.
Tes voiles offusquant leurs yeux de toutes parts,
Dieu disparut lui-même à leurs troubles regards.
85   Alors tout ne fut plus que stupide ignorance,
Qu'impieté sans borne en son extravagance.
Puis de cent dogmes faux la Superstition,
Répandant l'idolâtre & folle illusion,
Sur la terre en tout lieu disposée à les suivre,

REMARQUES.

Vers 64. ——— *Grace à sa Vanité.*] L'Auteur convenoit qu'il avoit été un mois à trouver ce demi-vers. [Remarquez cette cacophonie, *Gra-ca-sa-va.* ADD.]

Vers 80. *Chez les Mortels restans, encor tout éperdus.*] Au lieu de *Mortels,* il y avoit *Hommes.* Après *restans,* qui fait la Césure, l'Auteur, en récitant ce vers, faisoit un long repos, pour bien faire sentir que *restans* ne doit pas se joindre avec ce qui suit : *encor tout éperdus.*

Vers 85. *Alors, tout ne fut plus.*] C'est ainsi qu'il faut lire, & non pas, *Ce ne fut plus,* comme on l'a mis dans toutes les copies tant imprimées que manuscrites.

Vers 89. *Sur la terre, en tout lieu.*] Il faut ainsi, & non pas, *en tous lieux.*

Vers 97. *Aux Chiens, aux Chats, aux Boucs.*] Dans la plûpart des Copies on lit : *aux Chiens, aux Chats, aux Rats.* C'est une faute grossière, qui doit être si peu sur le compte de l'Auteur, que toutes les fois qu'il

SATIRE XII.

90 L'Art se tailla des Dieux d'or, d'argent & de cuivre,
    Et l'Artisan lui-même humblement prosterné
    Aux pieds du vain métal par sa main façonné,
    Lui demanda les biens, la santé, la sagesse:
    Le Monde fut rempli de Dieux de toute espèce.
95 On vit le Peuple fou, qui du Nil boit les eaux,
    Adorer les Serpens, les Poissons, les Oiseaux,
    Aux Chiens, aux Chats, aux Boucs, offrir des sacrifices,
    Conjurer l'Ail, l'Oignon, d'être à ses vœux propices,
    Et croire follement maîtres de ses destins
100 Ces Dieux nez du fumier porté dans ses jardins.
    Bien-tôt te signalant par mille faux miracles,
    Ce fut toi qui par tout fis parler les Oracles.
    C'est par ton double sens, dans leurs discours jetté,
    Qu'ils surent en mentant dire la vérité.
105 Et sans crainte rendant leurs réponses Normandes
    Des Peuples & des Rois engloutir les offrandes.
    Ainsi loin du vrai jour, par toi toûjours conduit,
    L'Homme ne sortit plus de son épaisse nuit.
    Pour mieux tromper ses yeux, ton adroit artifice
110 Fit à chaque Vertu prendre le nom d'un Vice:
    Et par toi de splendeur faussement revêtu
    Chaque Vice emprunta le nom d'une Vertu.
    Par toi l'humilité devint une bassesse;
    La candeur se nomma grossièreté, rudesse.
115 Au contraire, l'aveugle & folle ambition
    S'appela des grans cœurs la belle passion:

REMARQUES.

qu'il récitoit cette Satire, il appuïoit extrèmement sur le mot de *Boucs*, pour en faire sentir la force & l'énergie. Dans la Satire VIII il a encore décrit l'idolatrie grossière des Egyptiens. Il disoit à ce propos, *J'ai dit deux fois la même chose & ne me suis point copié.*

Vers 105. ——— *Leurs réponses Normandes.*] Les Normans sont accusez de peu de sincérité; &, *Répondre en Normand*, est une expression qui est devenuë proverbiale, pour dire, que *l'on répond d'une manière équivoque. Parler en Normand.* Voïez le vers 120. de l'Epître 9.

Vers 110. *Fit à chaque Vertu prendre le nom d'un Vice.*] Gombaut avoit dit, en parlant de la Cour; L. I. Epigr. 53.
Les Vertus passent pour des Vices,
Et les Vices pour des Vertus.

SATIRE XII.

Du nom de fierté noble on orna l'impudence,
Et la fourbe paſſa pour exquiſe prudence :
L'audace brilla ſeule aux yeux de l'Univers ;
120 Et pour vraiment heros, chez les hommes pervers,
On ne reconnut plus qu'uſurpateurs iniques,
Que tyranniques Rois cenſez grans Politiques,
Qu'infames ſcélérats à la gloire aſpirans,
Et voleurs revêtus du nom de Conquerans.
125 Mais à quoi s'attacha ta ſavante malice ?
Ce fut ſur-tout à faire ignorer la Juſtice.
Dans les plus claires Loix ton ambiguité
Répandant ſon adroite & fine obſcurité,
Aux yeux embarraſſez des Juges les plus ſages,
130 Tout ſens devint douteux, tout mot eut deux viſages;
Plus on crut pénetrer, moins on fut éclairci ;
Le texte fut ſouvent par la gloſe obſcurci :
Et pour comble de maux, à tes raiſons frivoles
L'Eloquence prêtant l'ornement des paroles,
135 Tous les jours accablé ſous leur commun effort,
Le Vrai paſſa pour faux, & le bon Droit eut tort.
Voilà comment déchu de ſa grandeur première,
Concluons, l'Homme enfin perdit toute lumière,

REMARQUES.

Vers 135. *Tous les jours accablé.*] Il avoit mis : *Chaque jour accablez* ; & ce dernier mot ſe rapportoit au *Vrai* & au *bon Droit*, qui ſont dans le vers ſuivant.

Vers 141. *De la Raiſon pourtant.*] Dans la première compoſition l'Auteur avoit mis : *De l'Equité pourtant.* Mais il changea ce mot ; parce qu'il s'agit ici de la Raiſon, & non pas de l'Equité.

Vers 148. *Qu'un Mortel par lui-même au ſeul mal entraîné.*] Au lieu de ce vers l'Auteur avoit mis celui-ci : *Qu'un Mortel, comme un autre, au mal déterminé.* Et c'eſt ce vers que Mr. le Cardinal de Noailles lui fit changer. [Ce changement eſt fondé ſur l'hypothèſe que ſans une Grace particulière & efficace par elle-même l'Homme ne peut pas ne point pécher. ADD.]

Vers 150. *Très-équivoque ami du jeune Alcibiade.*] Il eſt clair que Mr. Deſpréaux ſe borne ici au ſimple ſoupçon ; & il faut convenir que la vertu de Socrate n'a pas été à couvert de la calomnie. Les mœurs des Grecs étoient ſi corrompués en ce tems-là, qu'ils ne purent voir l'amitié de Socrate pour Alcibiade, ſans y attacher un ſoupçon de Crime. Mais Platon ſon diſciple le juſtifie pleinement dans quelques-uns de ſes Dialogues, ſur tout dans celui qui eſt intitulé le *Banquet*, où Alcibiade lui-même prend les Dieux à témoin que l'amour de Socrate pour lui n'avoit jamais rien eu de criminel. [Puis que Platon a *juſtifié pleinement* Socrate, il s'enſuit que M. Deſpréaux a rendu très-injuſtement ſa vertu ſuſpecte & douteuſe : & c'eſt ce que ſon Commentateur devoit

SATIRE XII.

Et par tes yeux trompeurs se figurant tout voir,
140 Ne vit, ne sut plus rien, ne put plus rien savoir.
De la Raison pourtant, par le vrai Dieu guidée,
Il resta quelque trace encor dans la Judée.
Chez les hommes ailleurs sous ton joug gémissans,
Vainement on chercha la Vertu, le droit sens:
145 Car qu'est-ce loin de Dieu que l'humaine Sagesse?
Et Socrate, l'honneur de la profane Grèce,
Qu'étoit-il en effet, de près examiné,
Qu'un Mortel, par lui-même au seul mal entraîné;
Et malgré la vertu dont il faisoit parade,
150 Très-équivoque ami du jeune Alcibiade?
Oui, j'ose hardiment l'affirmer contre toi,
Dans le Monde idolâtre, asservi sous ta Loi,
Par l'humaine Raison de clarté dépourvûë,
L'humble & vraie Equité fut à peine entrevuë;
155 Et par un Sage altier, au seul faste attaché,
Le Bien même accompli souvent fut un péché.
Pour tirer l'Homme enfin de ce desordre extrême,
Il falut qu'ici-bas Dieu, fait homme lui-même,
Vînt du sein lumineux de l'éternel séjour,
160 De tes dogmes trompeurs dissiper le faux jour.

REMARQUES.

voit remarquer. ADD.]
Vers 155. *Et par un Sage altier, au seul faste attaché*, &c.] Ce vers & le suivant,
Le Bien même accompli souvent fut un peché;
avoient été faits de deux autres manières, dont la première étoit:
Et faite avec un cœur au seul faste attaché,
La bonne action même au fond fut un péché.
La seconde manière:
Et fait avec un cœur au seul faste attaché,
Le Bien même, le Bien au fond fut un peché.
Vers 158. *Il falut qu'ici-bas Dieu, fait homme lui-même.*] Le Dessein de l'Auteur est de faire voir, qu'il n'y a de véritable vertu que dans la véritable Religion. Et la principale preuve qu'il en donne, est l'exemple de Socrate, le plus sage des Humains, suivant le témoignage de l'Oracle. Car Socrate n'a pas laissé d'être soupçonné de crime, & ce soupçon a terni l'éclat de sa vertu. Mr. Despréaux disoit à ce propos, qu'il ne pouvoit trouver dans le Paganisme de plus grande Victime à immoler à JESUS-CHRIST, que Socrate. [On prétend ici que le soupçon qu'on a eu que Socrate étoit criminel *a terni l'éclat de sa vertu:* cette prétension est injuste. La vertu d'une personne ne dépend point des faux jugemens qu'on en fait, mais de ce qu'elle est veritablement en elle-même. Les soupçons & les calomnies des Juifs contre la Vierge *Marie* & contre JESUS-CHRIST même, ne diminuent rien de leur sainteté ni de l'*éclat* de leur vertu. ADD.]

A l'aspect de ce Dieu les Démons disparurent,
Dans Delphe, dans Delos, les Oracles se tûrent:
Tout marqua, tout sentit sa venuë en ces lieux,
L'estropié marcha, l'aveugle ouvrit les yeux.
165 Mais bien-tôt contre lui ton audace rebelle,
Chez la Nation même à son culte fidèle,
De tous côtez arma tes nombreux sectateurs,
Prêtres, Pharisiens, Rois, Pontifes, Docteurs,
C'est par eux que l'on vit la Vérité suprême
170 De mensonge & d'erreur accusée elle-même;
Au Tribunal humain le Dieu du Ciel traîné,
Et l'Auteur de la Vie à mourir condamné.
Ta fureur toutefois à ce coup fut deçûë,
Et pour toi ton audace eut une triste issuë.
175 Dans la nuit du tombeau ce Dieu précipité
Se releva soudain tout brillant de clarté.
Et par tout sa doctrine en peu de tems portée
Fut du Gange & du Nil & du Tage écoutée,
Des superbes Autels, à leur gloire dressez,
180 Tes ridicules Dieux tombèrent renversez.
On vit en mille endroits leurs honteuses statuës
Pour le plus bas usage utilement fonduës,
Et gémir vainement, Mars, Jupiter, Venus,
Urnes, Vases, Trépiés, vils meubles devenus.

REMARQUES.

Vers 164. *L'estropié marcha.*] Le mot d'*estropié*, est un terme générique qui convient également à ceux qui n'ont pas l'usage de leurs bras, ou de leurs mains, & à ceux qui sont perclus des Jambes. On en fit apercevoir notre Poëte, & il s'efforça de corriger cet endroit: Il mit *Le foible devint fort*. Il mit aussi: *Le muët discourut*: mais ces changemens ne l'aïant pas contenté, il s'en tint à la première expression.

Vers 168. *Prêtres, Pharisiens, Rois, Pontifes, Docteurs.*] Il y avoit d'abord *Scribes*, au lieu de *Prêtres*. On fit remarquer à Mr. Despréaux que *Scribes* & *Docteurs* n'étoient que la même chose.

Vers 178. *Fut du Gange, & du Nil, & du Tage écoutée.*] Ces trois Fleuves sont les plus fameux des trois Parties du Monde, l'Asie, l'Afrique, & l'Europe: car l'Amerique n'étoit pas encore connuë alors.

Vers 182. *Pour le plus bas usage.* . . . . .

Vers 184. *Urnes, Vases, Trépiés, vils meubles devenus.*] L'Auteur avoit mis au premier vers: *Pour le plus vil usage*; & au second: *vains meubles devenus*. Mais ce mot *vains* n'avoit presque pas de sens, & il emprunta de l'autre vers le mot de *vils*, auquel il substitua celui de *bas*.

Vers 188. ———— *Brouiller de nouveaux fils.*] Expression proverbiale, pour dire: *Causer*

185 Sans succomber pourtant tu soûtins cet orage;
Et sur l'idolatrie enfin perdant courage,
Pour embarasser l'homme en des nœuds plus subtils,
Tu courus chez Satan brouiller de nouveaux fils.
   Alors, pour seconder ta triste frénésie,
190 Arriva de l'Enfer ta fille l'Hérésie,
Ce Monstre, dès l'enfance à ton école instruit,
De tes leçons bien-tôt te fit goûter le fruit.
Par lui l'Erreur, toujours finement apprêtée,
Sortant pleine d'attraits de sa bouche empestée,
195 De son mortel poison tout courut s'abreuver,
Et l'Eglise elle-même eut peine à s'en sauver.
Elle-même deux fois presque toute Arienne,
Sentit chez soi trembler la Vérité Chrétienne;
Lors qu'attaquant le Verbe & sa Divinité,
200 D'une syllabe impie un saint mot augmenté
Remplit tous les esprits d'aigreurs si meurtrières,
Et fit de sang Chrétien couler tant de rivières.
Le fidèle au milieu de ces troubles confus,
Quelque tems égaré, ne se reconnut plus;
205 Et dans plus d'un aveugle & ténébreux Concile
Le Mensonge parut vainqueur de l'Evangile.
   Mais à quoi bon ici du profond des Enfers,
Nouvel Historien de tant de maux soufferts,

REMARQUES.

ser de nouveaux troubles.
Vers 199. *Lors qu'attaquant le Verbe & sa Divinité, D'une syllabe impie* &c. & les deux suivans.] Le second vers étoit ainsi:
D'une adroite syllabe un saint mot augmenté.
Mais l'Auteur avoit premièrement fait ces quatre vers de cette manière:
*Lorsque chez ses Sujets l'un contre l'autre armez,
Et sur un Dieu fait homme au combat animez,
Tu fis dans une guerre & si triste & si longue,
Périr tant de Chrétiens, Martyrs d'une diphthongue.*
Les Ariens nioient la Consubstantialité du

Verbe, & rejettoient le mot ὁμοούσιος qui signifie *consubstantiel*. Ils disoient que le Fils étoit ὁμοιούσιος τῷ πατρί; c'est-à-dire, *de substance semblable à celle du Pere*; mais non pas ὁμούσιος, ou plûtôt, ὁμοούσιος c'est-à-dire *de même substance que le Pere*. Ainsi l'hérésie des Ariens consistoit en une diphthongue, ajoûtée au mot ὁμοούσιος, auquel ils substituoient le mot ὁμοιούσιος. Cette Diphthongue est la Diphthongue οι, que les Orthodoxes rejettoient, aimant mieux souffrir le martyre que d'admettre cette addition, qui toute légere qu'elle est, détruit la Divinité du Verbe.

Vers

Rappeller Arius, Valentin & Pélage,
210 Et tous ces fiers Démons que toujours d'âge en âge,
Dieu, pour faire éclaircir à fond ses veritez,
A permis qu'aux Chrétiens l'Enfer ait suscitez?
Laissons heurler là-bas tous ces damnez antiques,
Et bornons nos regards aux troubles fanatiques,
215 Que ton horrible fille ici fut émouvoir,
Quand Luther & Calvin remplis de ton savoir,
Et soi disans choisis pour réformer l'Eglise,
Vinrent du célibat affranchir la Prêtrise;
Et des vœux les plus saints blâmant l'austerité,
220 Aux Moines las du joug, rendre la liberté.
Alors, n'admettant plus d'autorité visible,
Chacun fut de la Foi censé Juge infaillible,
Et sans être aprouvé par le Clergé Romain,
Tout Protestant fut Pape une Bible à la main.
225 De cette erreur dans peu nâquirent plus de Sectes
Qu'en Automne on ne voit de bourdonnans insectes
Fondre sur les raisins nouvellement meuris;
Ou qu'en toutes saisons sur les murs à Paris,
On ne voit affichez de Recueils d'amourettes,
230 De Vers, de Contes-bleus, de frivoles sornettes,
Souvent peu recherchez du Public nonchalant,
Mais vantez à coup sûr du Mercure Galant.
Ce ne fut plus par-tout que fous Anabaptistes,
Qu'orgueilleux Puritains, qu'éxécrables Déïstes,
235 Le plus vil Artisan eut ses dogmes à soi,
Et chaque Chrétien fut de differente loi,
La Discorde, au milieu de ces Sectes altières,

REMARQUES.

Vers 228. *Sur les murs à Paris.*] Quelqu'un proposa à l'Auteur de mettre *sur les murs de Paris.* Si je mettois *sur les murs de Paris*, dit-il, cela signifieroit *les murailles de la Ville.*

Vers 249. *Au signal tout à coup donné pour le carnage.*] Le massacre des Huguenots fait en France, en 1572. le jour de saint Barthelemi.

Vers 256. *Une injuste fureur qu'arme la Piété.*] On a entendu quelquefois réciter à l'Auteur: *Une injuste fureur qui se croit pieté.*

Cette

SATIRE XII.

En tous lieux cependant déploïa ses bannières;
Et ta fille, au secours des vains raisonnemens
240 Appelant le ravage & les embrasemens,
Fit en plus d'un païs, aux Villes désolées,
Sous l'herbe en vain chercher leurs Eglises brûlées.
L'Europe fut un champ de massacre & d'horreur :
Et l'Orthodoxe même, aveugle en sa fureur,
245 De tes dogmes trompeurs nourrissant son idée,
Oublia la douceur aux Chrétiens commandée ;
Et crut, pour vanger Dieu de ses fiers ennemis,
Tout ce que Dieu défend, légitime & permis.
Au signal tout à coup donné pour le carnage,
250 Dans les Villes, par-tout, théatres de leur rage,
Cent mille faux zélez le fer en main courans,
Allèrent attaquer leurs amis, leurs parens,
Et, sans distinction, dans tout sein hérétique,
Pleins de joie, enfoncer un poignard catholique.
255 Car quel Lion, quel Tigre, égale en cruauté
Une injuste fureur qu'arme la Pieté ?
  Ces fureurs, jusqu'ici du vain peuple admirées,
Etoient pourtant toujours de l'Eglise abhorrées ;
Et dans ton grand crédit pour te bien conserver,
260 Il falloit que le Ciel parût les aprouver.
Ce chef-d'œuvre devoit couronner ton adresse.
Pour y parvenir donc, ton active souplesse,
Dans l'Ecole abusant tes grossiers Ecrivains,
Fit croire à leurs esprits ridiculement vains,
265 Qu'un sentiment impie, injuste, abominable,

REMARQUES.

Cette expression étoit plus hardie.
Vers 257. *Ces fureurs jusqu'ici du vain peuple admirées.*] Il avoit eu dessein de mettre *adorées*, mais il a préféré le mot qu'il a mis, quoi que l'autre rimât plus richement.
[Vers 265. *Qu'un sentiment impie* &c.]

M. Despréaux censure dans ce vers & dans les suivans le Dogme de la PROBABILITÉ soûtenu par les Jesuites, & qui est comme le fondement de toute leur Morale. Voïez M. Pascal, *Lettres Provinciales*, Lett. V. p. m. 59. & suiv. ADD.]

Tom. I.   X   [Vers

Par deux ou trois d'entr'eux réputé soûtenable,
Prenoit chez eux un sceau de probabilité,
Qui même contre Dieu lui donnoit sûreté;
Et qu'un Chrétien pouvoit, rempli de confiance,
270   Même en le condamnant, le suivre en conscience.
    C'est sur ce beau principe, admis si follement,
Qu'aussi-tôt tu posas l'énorme fondement
De la plus dangereuse & terrible Morale,
Que Lucifer, assis dans la Chaire infernale,
275 Vomissant contre Dieu les monstrueux Sermons,
Ait jamais enseigné aux Novices Démons.
    Soudain, au grand honneur de l'Ecole Païenne,
On entendit prêcher dans l'Eglise Chrétienne,
Que sous le joug du Vice un pécheur abbatu
280 Pouvoit, sans aimer Dieu, ni même la Vertu,

REMARQUES.

[Vers 266. 267. *Par deux ou trois d'entr'eux réputé soûtenable, Prenoit chez eux un sceau de probabilité,*] Il n'est pas besoin de deux ou trois Docteurs pour rendre une Opinion probable. *Un seul* suffit pour lui donner cette qualité. *Vous demanderez peut-être,* dit Sanchez, *si l'autorité d'un seul Docteur bon & savant rend une Opinion probable. A quoi je répondis, qu'oui. Et c'est ce qu'assurent* Angelus, Sylv. Navarre, Emmanuel Sâ, &c. *Et voici comme on le prouve. Une opinion probable est celle qui a un fondement considerable. Or l'autorité d'un homme savant & pieux n'est pas de petite considération. Car, si le témoignage d'un tel homme est de grand poids pour nous assurer qu'une chose se soit passée, par exemple, à* Rome: *pourquoi ne sera-t-il pas de même dans un doute de Morale? Et la restriction,* ajoute-t-il, *qu'y apportent certains Auteurs ne me plait pas, que l'autorité d'un tel Docteur est suffisante dans les choses de Droit humain, mais non pas dans celles de Droit divin. Car elle est de grand poids dans les unes & les autres.* Pascal, *Lett. V.* p. 59. & suiv. ADD.]

[Vers 269. 270. *Et qu'un Chrétien pouvoit, rempli de confiance, Même en le condamnant, le suivre en conscience.*] Filiutius dit qu'il est permis de suivre l'opinion la moins probable, *quoi que la moins sûre.* Le P. Bauni soutient que *quand le Penitent suit une Opinion probable, le Confesseur le doit absoudre, quoi que son Opinion soit contraire à celle du Penitent: & que refuser l'absolution à un Penitent qui agit selon une Opinion probable est un péché qui de sa nature est mortel.* Et il cite pour confirmer ce sentiment, trois des plus fameux Jésuites, *Suarez, Vasquez, & Sanchez.* Pascal, *Lett.V.* p. 61. 62. ADD.]

[Vers 273. *De la plus dangereuse & terrible Morale que Lucifer &c.*] La Morale qu'on a tant reprochée aux Jésuites, & dont M. Despréaux va rapporter les principaux traits. ADD.]

[Vers 280. *Pouvoit, sans aimer Dieu* &c.] Dans ce Vers & dans les cinq qui suivent M. Despréaux en veut aux Jésuites, qui ont dit qu'on *n'étoit pas obligé d'aimer Dieu* pour être sauvé, & que l'*Attrition* conçue par la seule crainte des peines de l'Enfer suffisoit avec le Sacrement. Voyez les preuves qu'en donne M. Pascal dans ses *Provinciales, Lettre X.* p. 143. & suiv. C'est pour combatre ce Dogme horrible que M. Despréaux a composé sa XII. Satire. ADD.]

[Vers 287. *Dirigeant bien en eux l'intention*] Filiutius dit que c'est l'intention qui règle la qualité de l'action. Pascal, *Lett. IX.* p. 127. Voyez aussi la *Lettre VII.* où cette matiere est traitée à fond. ADD.]

[Vers

SATIRE XII.

Par la seule fraïeur au Sacrement unie,
Admis au Ciel jouïr de la gloire infinie;
Et que les clefs en main, sur ce seul passeport,
Saint Pierre à tous venans devoit ouvrir d'abord.
285   Ainsi pour éviter l'éternelle misère,
Le vrai zèle au Chrétien n'étant plus nécessaire,
Tu sus, dirigeant bien en eux l'intention,
De tout crime laver la coupable action.
Bientôt se parjurer cessa d'être un parjure.
290   L'argent à tout denier se prêta sans usure.
Sans simonie, on put contre un bien temporel
Hardiment échanger un bien spirituel.
Du soin d'aider le pauvre on dispensa l'avare;
Et même chez les Rois le superflu fut rare.
295   C'est alors qu'on trouva, pour sortir d'embaras,

REMARQUES.

[Vers 289. *Se parjurer cessa d'être un parjure.*] *On peut jurer*, dit Sanchez, *qu'on n'a pas fait une chose, quoi qu'on l'ait faite effectivement, en entendant en soi-même, qu'on ne l'a pas faite un certain jour, ou avant qu'on fût né, ou en sous-entendant quelque autre circonstance pareille, sans que les paroles dont on se sert, ayent aucun sens qui le puisse faire connoître. Et cela*, ajoute ce fameux Casuïste, *est fort commode en beaucoup de rencontres, & est toûjours juste, quand cela est nécessaire ou utile pour la santé, l'honneur, ou le bien.* Pasc. Lett. IX. p. 126. 127. ADD.]

[Vers 290. *L'argent à tout denier se prêta sans usure.*] Les Peres Bauni & Sanchez ont donné des expediens pour rendre l'Usure permise. Voyez Mr. Pascal, *Lettre VIII.* p. 102. & suiv. ADD.]

[Vers 291. 292. *Sans simonie, on put contre un bien temporel Hardiment échanger un bien spirituel.*] Le Pere Valentia dit que *si l'on donne un bien temporel pour un bien spirituel: c'est-à-dire de l'argent pour un Benefice: & qu'on donne l'argent comme le prix du Benefice, c'est une simonie visible. Mais que si on le donne comme le motif qui porte la volonté du Collateur à le conferer, ce n'est point simonie, encore que celui qui le confere, considere, & attende l'argent comme la fin principale.* Le Pere Tannerus aussi Jésuite dit la même chose. Pascal *Lettre VI.* p. 73. 74. & suiv. & *Lettre XII.* p. 179. & suiv. Voyez aussi la *Défense* de la XII. Lettre. ADD.]

[Vers 293. *Du soin d'aider le pauvre on dispensa l'avare.*] *Je sai que les riches*, dit Escobar, *ne péchent point mortellement, quand ils ne donnent point l'aumône de leur superflu dans les grandes nécessitez des pauvres.* Pascal *Lettre IX.* p. 123. *Lettre XII.* p. 173. & suiv. & la *Défense* de la XII. Lettre. ADD.]

[Vers 294. *Et même chez les Rois le superflu fut rare.*] Vasquez dit que *ce que les personnes du monde gardent pour relever leur condition & celle de leurs parens, n'est pas apellé superflu. Et c'est pourquoi*, ajoute-t-il, *à peine trouvera-t-on qu'il y ait jamais de superflu dans les gens du monde, & non pas même dans les Rois.* Diana, intime ami des Jésuites & grand Partisan de leurs Opinions, après avoir rapporté ces paroles de Vasquez, en conclut, *Que dans la question: Si les riches sont obligez de donner l'aumône de leur superflu; encore que l'affirmative fut véritable, il n'arrivera jamais, ou presque jamais, qu'elle oblige dans la pratique.* Pascal, *Lettre VI.* p. 67. *Lettre XII.* p. 171. & suiv. & la *Défense* de la XII. Lettre. ADD.]

[Vers 295. 296. *C'est alors qu'on trouva . . . L'Art de mentir tout haut en disant*

SATIRE XII.

L'Art de mentir tout haut en difant vrai tout bas.
C'eſt alors qu'on apprit qu'avec un peu d'adreſſe,
Sans crime un Prêtre peut vendre trois fois ſa Meſſe;
Pourvû que, laiſſant-là ſon ſalut à l'écart,
300 Lui-même en la diſant n'y prenne aucune part,
C'eſt alors que l'on ſût qu'on peut pour une pomme,
Sans bleſſer la Juſtice, aſſaſſiner un homme:
Aſſaſſiner! Ah non, je parle improprement;
Mais que prêt à la perdre, on peut innocemment,

REMARQUES.

vrai tout bas.] Filiutius donne ce moyen d'éviter le menſonge. "C'eſt qu'après avoir „ dit tout haut, *Je jure que je n'ai point fait* „ *cela*, on ajoute tout bas *aujourd'hui*: ou „ qu'après avoir dit tout haut, *je jure*, „ on diſe tout bas, *que je dis*, & que l'on „ continue enſuite tout haut, *que je n'ai* „ *point fait cela*." Paſcal, *Lettre IX. p.* 127. Voyez auſſi la Remarque ſur le vers 289. de cette Satire. ADD.]

[Vers 298. *Sans crime un Prêtre peut vendre trois fois ſa Meſſe.*] Un Prêtre qui a reçu de l'argent pour dire une Meſſe, peut-il recevoir de nouvel argent ſur la même Meſſe? C'eſt une queſtion propoſée par les Jéſuites, & voici la réponſe qu'ils y font. Oui, dit Filiutius, *en apliquant la partie du ſacrifice qui lui apartient comme Prêtre, à celui qui le paye de nouveau, pourvû qu'il n'en reçoive pas autant que pour une Meſſe entiere; mais ſeulement pour une partie, comme pour un tiers de Meſſe.* Voyez Mr. Paſcal, *Lettre V.* p. 74. ADD.]

[Vers 301. & ſuiv. *C'eſt alors que l'on ſût qu'on peut pour une pomme, Sans bleſſer la Juſtice, aſſaſſiner un homme* &c.] L'Exode, dit Leſſius, *défend de tuer les voleurs de jour qui ne ſe défendent pas avec des Armes; & on punit en juſtice ceux qui tueroient de cette ſorte. Mais néanmoins,* pourſuit-il, *on n'en ſeroit pas coupable en conſcience, lorſqu'on n'eſt pas certain de pouvoir recouvrer ce qu'on nous dérobe, & qu'on eſt en doute, comme dit Sotus; parce qu'on n'eſt pas obligé de s'expoſer au péril de perdre quelque choſe pour ſauver un voleur. Et tout cela eſt encore permis aux Eccléſiaſtiques mêmes. Il n'eſt pas permis,* dit encore Leſſius, *de tuer pour conſerver une choſe de petite valeur, comme pour un Ecu, ou pour une Pomme, ſi ce n'eſt qu'il nous fut honteux, de la perdre. Car alors on peut la reprendre, & même tuer, s'il eſt néceſſaire, pour la ravoir; parce que ce n'eſt pas tant défendre ſon bien que ſon honneur.* Paſcal, *Lett. XIV.* p. 227. & 232. ADD.]

Vers 309. *Veux-je d'un Pape illuſtre* &c.] Ceci regarde les Propoſitions condamnées par le Pape Innocent XI. Et ce que je vais ajoûter fera voir qu'il n'en veut point aux Jéſuites en particulier. Voici dans quels termes il m'écrivit le 2. Août 1707. „ J'ai „ mis ma Satire contre l'Equivoque, adreſ- „ ſée à l'Equivoque même, en état de pa- „ roître aux yeux même des Jéſuites, ſans „ qu'ils s'en puiſſent le moins du monde of- „ fenſer. Et pour vous en donner par avan- „ ce une preuve; Je vous dirai, qu'après y „ avoir attaqué aſſez fortement les plus af- „ freuſes propoſitions des mauvais Caſuïſtes, „ & celles ſur tout qui ſont condamnées par „ le Pape Innocent XI. Voici comme je me reprens.

Enfin, ce fut alors que, ſans ſe corriger,
Tout Pécheur......Mais où vais-je aujourd'hui m'engager?
Veux-je ici, raſſemblant un corps de tes maximes,
Donner Soto, Bannez, Diana mis en rimes;
Exprimer tes détours burleſquement pieux,
Pour diſculper l'Impur, le Gourmand, l'Envieux;
Tes ſubtils faux-fuïans pour ſauver la molleſſe,
Le Larcin, le Duel, le Luxe, la Pareſſe;
En un mot, faire voir à fond développez
Tous ces Dogmes affreux d'Anathême frapez,
Qu'en chaire tous les jours combattant ton audace,

Blâ-

SATIRE XII.

305 Sur-tout ne la pouvant fauver d'une autre forte,
　　　Maffacrer le voleur, qui fuit & qui l'emporte.
　　　Enfin ce fut alors que, fans fe corriger,
　　　Tout pécheur.... Mais où vais-je aujourd'hui m'engager ?
　　　Veux-je d'un Pape illuftre, armé contre tes crimes,
310 A tes yeux mettre ici toute la Bulle en rimes ;
　　　Exprimer tes détours burlefquement pieux,
　　　Pour difculper l'impur, le gourmand, l'envieux;

REMARQUES.

Blâment plus haut que moi les vrais enfans d'Ignace &c.
Voici une partie de ce que je lui répondis fur cet article-là, „En repaffant fur vos derniers „vers, j'ai remarqué ceux-ci:
Veux-je ici raffemblant un corps de tes maximes,
Donner Soto, Bannez, Diana, mis en rimes ?
„Permettez-moi de vous demander fi l'on „peut dire: *Donner un Auteur mis en rimes* ; „ou bien, par exemple: *Je veux donner ici* „*la Bible mife en rimes* ? Ce n'eft qu'avec „une extrême timidité que je vous propofe „ce fcrupule ; mais fuppofé qu'il ne vous „paroiffe pas déraifonable, voïez, Mon„fieur, fi l'expreffion fuivante conviendroit „à votre penfée,
Veux-je donc, raffemblant un corps de tes maximes,
Mettre ici Diana, Soto, Bannez en rimes ?
Mr. Defpréaux n'eut point d'égard à ces deux vers, mais il changea les fiens, en mettant ceux-ci à la place.
Veux-je d'un Pape illuftre, armé contre tes crimes,
A tes yeux mettre ici toute la Bulle en rimes ?
Il changea auffi les deux derniers,
Qu'en chaire tous les jours combattant ton audace,
Blâment plus haut que moi les vrais enfans d'Ignace.
En ceux-ci, où il ne loue point les Jéfuites, mais où il défigne clairement qu'il ne s'adreffe point à eux.
Que tous les jours, rempli de tes vifions folles,
Plus d'un Moine à long froc prêche dans tes Ecoles.
Mais il les changea encore de cette manière:
Que fans peur débitant tes diftinctions folles,
L'Erreur encor pourtant maintient dans tes Ecoles.

[Ces changemens font voir que Mr. Defpréaux *en vouloit* effectivement *aux Jéfuites*, & qu'il fe faifoit de la peine de prévariquer dans une chofe auffi claire que celle-là. ADD.]

[Vers 312. *Pour difculper l'impur.*] Le Pere Bauni déclare que les filles ont le droit de difpofer de leur virginité fans leurs parens. *Quand cela fe fait*, dit-il, *du confentement de la fille, quoique le Pere ait fujet de s'en plaindre, ce n'eft pas néanmoins fait ladite fille, ou celui à qui elle s'eft proftituée, lui ayent fait aucun tort, ou violé pour fon égard la juftice: car la fille eft en poffeffion de fa virginité, auffi bien que de fon corps; elle en peut faire ce que bon lui femble, à l'exclufion de la mort ou du retranchement de fes membres.* Efcobar affure qu'*une méchante intention, comme de regarder des femmes avec un defir impur, jointe à celle d'ouïr la Meffe comme il faut, n'empêche pas qu'on n'y fatisfaffe.* Pafcal, *Lettre IX.* p. 129. & 131. Le Pere Bauni demande *ce qu'on doit faire entre les Maitres & les Servantes, Coufines & Coufins qui demeurent enfemble, & qui fe portent mutuellement à pécher par cette occafion ?* Il répond qu'il faut les feparer *fi les rechutes font frequentes: mais que s'ils n'offenfent que rarement par enfemble, comme feroit une ou deux fois le mois, & qu'ils ne puiffent fe feparer fans grande incommodité & dommage on pourra les abfoudre* &c. Le même Jéfuite affure qu'*il eft permis à toutes fortes de perfonnes d'entrer dans des lieux de débauche pour y convertir des femmes perduës, quoi qu'il foit bien vraifemblable qu'on y péchera: comme fi on a déja éprouvé fouvent qu'on s'eft laiffé aller au péché par la vûe & les cajolleries de ces femmes* &c. Pafcal, *Lettre X.* p. 142. 143. ADD.]

[*Le gourmand.*] Eft-il permis, demandent les Jéfuites, *de boire & manger tout fon faoul*

SATIRE XII.

Tes subtils faux-fuïans, pour sauver la mollesse,
Le larcin, le duel, le luxe, la paresse;
315 En un mot, faire voir à fond dévelopez
Tous ces dogmes affreux d'anathème frappez,
Que sans peur débitant tes distinctions folles,
L'Erreur encor pourtant maintient dans tes Ecoles.
Mais sur ce seul projet soudain puis-je ignorer
320 A quels nombreux combats il faut me préparer?

REMARQUES.

sans nécessité & pour la seule volupté? Oui certainement selon Sanchez, répondent-ils, *pourvû que cela ne nuise point à la santé, parce qu'il est permis à l'appetit naturel de joüir des actions qui lui sont propres.* Pascal, *Lett. IX. p. 125.* ADD.]

[*L'envieux.*] Le Pere Bauni dit que *l'envie du bien spirituel du prochain est mortelle, mais que l'envie du bien temporel n'est que venielle: car*, ajoute-t-il, *le bien qui se trouve és choses temporelles est si mince, & de si peu de consequence pour le Ciel, qu'il est de nulle consideration devant Dieu & ses Saints.* Pascal, *Lettre IX. p. 124.* ADD.]

[*Vers 313. Tes subtils faux-fuïans, pour sauver la mollesse.*] *Celui qui fait banqueroute*, demande Escobar, *peut-il en sûreté de conscience retenir de ses biens autant qu'il est necessaire pour faire subsister sa famille avec honneur? Je soutiens qu'oui, avec Lessius,* repond-il, *& même encore qu'il les eut gagnez par des injustices, & des crimes connus de tout le monde: quoi qu'en ce cas il n'en puisse pas retenir une aussi grande quantité qu'autrement.* Pascal, *Lettre VIII. p. 106.* Voyez aussi la Remarque sur le vers 294. ADD.]

[*Vers 314. Le larcin.*] Lessius assure qu'*il est permis de dérober non seulement dans une extrême necessité, mais encore dans une necessité grave, quoi que non pas extrême.* Pascal, *Lettre VIII. p. 108.* Vasquez dit que *quand on voit un voleur resolu & prêt à voler une personne pauvre, on peut pour l'en detourner lui assigner quelque personne riche en particulier, pour le voler au lieu de l'autre.* Ibid. p. 106. *Les Valets, qui se plaignent de leurs gages*, demande le Pere Bauni, *peuvent-ils d'eux-mêmes les croitre en se garnissant les mains d'autant de bien apartenant à leurs Maîtres, comme ils s'imaginent en être necessaire pour égaler lesdits gages à leur peine? Ils le peuvent en quelques rencontres,* répond-il, *comme lorsqu'ils sont si pauvres en cherchant condition, qu'ils ont été obligez d'accepter l'offre qu'on leur a faite, & que les autres Valets de leur sorte gagnent davantage ailleurs.* Lettre VI. p. 78. ADD.]

[*Le duel.*] *Si un Soldat à l'armée*, dit le Pere Layman, *ou un Gentilhomme à la Cour, se trouve en état de perdre son honneur, ou sa fortune, s'il n'accepte un duel, je ne vois pas que l'on puisse condamner celui qui le reçoit pour se défendre.* Hurtado déclare qu'*on peut se battre en duel pour défendre même son bien, s'il n'y a que ce moyen de le conserver; parce que chacun a le droit de défendre son bien, même par la mort de ses ennemis.* Pascal, *Lettre VII. p. 88.* ADD.]

[*Le luxe.*] *Si on se pare*, dit Escobar, *sans mauvaise intention; mais seulement pour satisfaire l'inclination naturelle, qu'on a à la vanité: ou ce n'est qu'un péché veniel, ou ce n'est point péché du tout.* Le Pere Bauni déclare *que bien que la femme eût connoissance du mauvais effet que sa diligence à se parer opereroit & au corps & en l'ame de ceux qui la contempleroient ornée de riches & precieux habits, qu'elle ne pécheroit néanmoins en s'en servant.* Escobar assure qu'*une femme peut joüer, & prendre pour cela de l'argent à son mari.* Pascal, *Lettre IX. p. 129. 130.* ADD.]

[*La paresse.*] *La paresse*, dit Escobar, *est une tristesse de ce que les choses spirituelles sont spirituelles, comme seroit de s'affliger de ce que les Sacremens sont la source de la grace. Et c'est*, continue-t-il, *un péché mortel.* Mais comme personne ne s'est aparemment jamais avisé d'être paresseux de cette maniere: ce Pere *avoüe qu'il est bien rare que personne tombe jamais dans le péché de paresse.* Pascal, *Lettre IX. p. 125.* ADD.]

[*Vers 323. 324. M'appèler scélérat, traître, fourbe, imposteur, froid plaisant, faux boufon, vrai calomniateur.*] Mr. Pascal dans sa
dou-

SATIRE XII.

J'entens déja d'ici tes Docteurs frénétiques
Hautement me compter au rang des hérétiques;
M'appèler scélérat, traître, fourbe, imposteur,
Froid plaisant, faux boufon, vrai calomniateur;
325 De Pascal, de Wendrock, copiste miserable,
Et, pour tout dire enfin, Janséniste éxécrable.
J'aurai beau condamner, en tous sens expliquez,
Les cinq dogmes fameux par ta main fabriquez;

REMARQUES.

douzième Lettre, aux Reverends Peres Jésuites, se plaint à ces Peres de ce qu'ils l'a-
voient apellé Impie, Boufon, Ignorant, Far-
ceur, Imposteur, Calomniateur, Fourbe, Hérétique, Calviniste déguisé, Disciple de Du
Moulin, Possedé d'une legion de Diables. Lettre XII. p. 170. ADD.]

[Vers 325. De Pascal, de Wendrock, copiste miserable.] Mr. Despréaux a en effet
copié ici les accusations que Mr. Pascal a
faites contre les Jésuites dans ses Lettres Provinciales, comme on vient de le voir. Mr.
Nicole, sous le nom supposé de Wendrock,
a traduit ces Lettres en Latin, & les a ac-
compagnées d'un Commentaire qui en justifie
les citations. On a traité la même matiere
d'une maniere plus étenduë & plus methodi-
que dans l'Ouvrage intitulé, la Morale des
Jésuites extraite fidélement de leurs Livres
imprimez avec la permission & l'aprobation
des Superieurs de leur Compagnie: par un
Docteur de Sorbonne. Cet Ouvrage parut en
1667. in 4. On l'a depuis réimprimé plus
d'une fois en 3. Volumes in 12. Il a été traduit & publié en Anglois in folio. ADD.]

Vers 328. Les cinq dogmes fameux par ta
main fabriquez.] On s'est imaginé en lisant
ce vers, que Mr. Despréaux regardoit les
cinq Propositions de Jansénius comme des
Propositions équivoques, qui peuvent se
prendre dans un bon, ou dans un mauvais
sens. Mais il est clair que ce n'est point là sa
pensée. Il veut dire que les cinq dogmes fameux ont été fabriquez par l'Equivoque,
comme il dit plus haut que l'Arianisme, le
Lutheranisme, & les autres héréfies viennent
de l'Equivoque. Ainsi, bien loin que ce vers
rende sa religion suspecte à l'égard du Jansénisme, c'est une preuve évidente qu'il
croîoit le Jansénisme une hérésie aussi véritable que l'Arianisme, & toutes les autres,
puis qu'il en parle dans les mêmes termes.

[Le Commentateur ne représente pas fidélement la pensée de Mr. Despréaux. Pour s'en
former une juste idée, il faut se souvenir
qu'environ l'an 1652. quelques Docteurs de
Sorbonne poussez & soutenus par les Jésuites dresserent cinq Propositions qu'ils pré-
tendirent être hérétiques & tirées d'un Ouvrage de Jansénius Evêque d'Ipres, intitulé
Augustinus, parce que cet Evêque y expliquoit la Doctrine de St. Augustin sur la Grace. Les Partisans de Jansénius, que l'on
nomma Jansénistes, se plaignirent que ces
Propositions avoient été fabriquées à plaisir,
& composées de termes ambigus & équivoques,
qui les rendoient en même tems susceptibles
du sens de Calvin, condamné par le Concile
de Trente comme hérétique; & du sens de
la Grace efficace par elle-mêine, enseigné
par St. Augustin, par St. Thomas & par Jansénius. Et le but des Jésuites étant, en effet,
d'établir la Grace suffisante de Molina sur les
ruïnes de la Grace efficace de St. Augustin,
ils ne cherchoient qu'à envelopper dans la condamnation du sens de Calvin, la Doctrine
de St. Augustin expliquée par Jansénius. Ces
Propositions ont été condamnées par les
Papes; & les Jansénistes après plusieurs con-
testations sur la question si elles étoient ou
n'étoient pas heretiques & par conséquent
condamnées dans le sens de Jansénius, ont
enfin déclaré qu'ils les condamnoient dans
tous les sens que les Papes les avoient condamnées, & qu'ils n'avoient sur la Grace
efficace d'autre sentiment que celui de St.
Augustin & de St. Thomas. Cette déclaration n'a pas empêché que les Jésuites n'ayent
continué à les traiter d'hérétiques, & de Jansénistes; & à soutenir que le Jansénisme est
une Secte opposée à l'Eglise, une nouvelle
Hérésie, un Calvinisme horrible. Mr. Despréaux, qui regardoit ces accusations comme
fausses & calomnieuses, les censure ici, &
craint

SATIRE XII.

Blâmer de tes Docteurs la Morale rifible:
330 C'eſt, ſelon eux, prêcher un Calviniſme horrible;
C'eſt nier qu'ici bas, par l'amour appelé,
Dieu pour tous les humains voulut être immolé.
Prévenons tout ce bruit, trop tard dans le naufrage,
Confus on ſe repent d'avoir bravé l'orage.
335 Alte-là donc, ma Plume. Et toi, ſors de ces lieux,
Monſtre, à qui, par un trait des plus capricieux,
Aujourd'hui terminant ma courſe ſatirique,
J'ai prêté dans mes vers une ame allégorique.
Fui, va chercher ailleurs tes patrons bien-aimez,
340 Dans ce païs par toi rendus ſi renommez,
Où l'Orne épand ſes eaux, & que la Sarthe arroſe:
Ou, ſi plus ſûrement tu veux gagner ta cauſe,
Porte-la dans Trevoux, à ce beau Tribunal,

REMARQUES.

craint qu'on ne le traite avec la même injuſtice que l'on a traité les Janſéniſtes. Comment le Commentateur a-t-il donc oſé lui faire dire qu'*il croyoit le Janſéniſme une héréſie auſſi veritable que l'Arianiſme* &c.? N'a-t-il pas redouté le Public & les Amis de Mr. Deſpréaux? ADD.]

Vers 330. *C'eſt, ſelon eux, prêcher un Calviniſme horrible.*] Quelques copies portent *un Janſéniſme :* & c'eſt ainſi que l'Auteur avoit mis d'abord.

Vers 332. *Dieu pour tous les humains voulut être immolé.*] A côté de ce vers il y avoit écrit : *Propoſition de St. Paul.* Elle eſt dans la ſeconde Epître aux Corinthiens, chap. V. verſ. 14.15. *Pro omnibus mortuus eſt Chriſtus.* [Mr. Deſpréaux dit qu'il *aura beau* condamner les cinq Propoſitions dans tous les ſens hérétiques qu'on y pourra découvrir, *& blâmer la Morale* relâchée des Jéſuites dont il vient de parler; qu'on ne laiſſera pas de le traiter d'hérétique, & de prétendre qu'il croit avec Calvin que JESUS-CHRIST n'eſt pas mort pour tous les Hommes &c. ADD.]

Vers 341. *Où l'Orne épand ſes eaux, & que la Sarthe arroſe.*] L'*Orne* eſt une Rivière de la baſſe Normandie. La *Sarthe* eſt une Rivière du Mans. Les Bas-Normans ſont grans amis de l'Equivoque; mais on dit en Proverbe, qu'*un Manceau vaut un Normand & demi.* La Fontaine ſemble avoir encheri ſur cela dans un de ſes Contes.

Auprès du Mans, païs de Sapience,
Gens peſant l'air, fine fleur de Normand &c.

Vers 343. *Porte-la daus Trevoux* &c.] Perſonne n'ignore que ce qui aigrit Mr. Deſpréaux contre les Journaliſtes de Trevoux, ce fut un Extrait peu favorable qu'ils inſérèrent dans leurs Mémoires du mois de Septembre 1703. à l'occaſion de l'Edition de ſes Ouvrages qui avoit paru à Amſterdam en 1701. Ce démêlé ſe termina par quelques Epigrammes de part & d'autre. Nous en parlerons ailleurs. Mais c'eſt ici l'endroit de rapporter ce qu'il m'écrivit à ce ſujet le 12. de Mars, 1706. Après m'avoir dit que dans cette dernière Satire il n'en veut point aux Jéſuites en général: „La verité eſt, ajoûte-t-il, qu'à la
„ fin de ma Satire j'attaque directement les
„ Journaliſtes de Trevoux, qui depuis notre
„ accommodement, m'ont encore inſulté
„ dans trois ou quatre endroits de leur Jour-
„ nal. Mais ce que je leur dis, ne regarde
„ ni les Propoſitions ni la Religion; & d'ail-
„ leurs je prétens, au lieu de leur nom, ne
„ mettre dans l'impreſſion que des étoiles,
„ quoi qu'ils n'aient pas eu la même cir-
„ conſpection à mon égard.

[Vers 343.&c. *Porte-la dans Trevoux ....*
Où de nouveaux Midas un Sénat Monachal,
Tous

SATIRE XII.

Où de nouveaux Midas un Sénat monachal,
345 Tous les mois, apuïé de ta sœur l'Ignorance,
Pour juger Apollon tient, dit-on, sa séance.

REMARQUES.

Tous les mois, appuyé de ta sœur l'Ignorance, Pour juger Apollon &c.] Les Jésuites de Paris publient tous les Mois à Trevoux, petite ville de la Souveraineté de Dombes, un Journal intitulé *Memoires pour l'Histoire des Sciences & des beaux Arts.* Mr. Despréaux marque que ces Journalistes s'érigent en Dictateurs de la République des Lettres, & condamnent ou maltraitent tous les Auteurs qui se distinguent par leur savoir & par leur merite. ADD.]

CHANGEMENT. Vers 345. *Tous les mois apputé de ta sœur l'Ignorance.*] Il y avoit:
Tous les mois sous l'appui.

FIN DES SATIRES.

EPITRES.

EPITRE I.

AU ROI.

GRAND ROI, c'est vainement qu'abjurant la Satire,
Pour Toi seul desormais j'avois fait vœu d'écrire.
Dès que je prens la plume, Apollon éperdu
Semble me dire : Arrête, insensé, que fais-tu ?
5 Sais-tu dans quels périls aujourd'hui tu t'engages ?
Cette mer où tu cours est célèbre en naufrages.
Ce n'est pas qu'aisément, comme un autre, *à Ton char*
Je ne pûsse attacher *Aléxandre & César* ;
Qu'aisément je ne pûsse en quelque Ode insipide,
10 T'éxalter aux dépens & *de Mars & d'Alcide* :
Te livrer *le Bosphore*, & d'un vers incivil
Proposer au *Sultan* de Te ceder le *Nil*.
Mais pour Te bien louer, une raison sévère
Me dit qu'il faut sortir de la route vulgaire :

REMARQUES.

APrès le Traité d'Aix-la-Chapelle, conclu au mois de Mai, 1668. la France jouïssoit d'une heureuse paix. Mais la précedente guerre n'aïant duré qu'un peu plus d'une année, la valeur de la Nation n'étoit point satisfaite ; & la plûpart des François ne respiroient que la guerre. Mr. Colbert seul en détournoit le Roi : disant que la Paix étoit l'unique moïen de faire fleurir les Arts & les Sciences, & de maintenir l'abondance dans le Roïaume. Ce fut pour seconder les intentions de ce grand Ministre, que notre Auteur composa cette Pièce, dans laquelle il entreprit de loüer le Roi comme un Heros paisible, en faisant voir qu'un Roi n'est ni moins grand, ni moins glorieux dans la paix, que dans la guerre.
Cette Epitre fut faite en 1669. & ce fut Madame de Thiange qui la présenta au Roi.
IMITATIONS. Vers 3. *Dès que je prens la plume, Apollon éperdu*, &c.] Virgil. Eclog. VI. 3.
Cum canerem reges & prælia, Cynthius aurem

Vellit, & admonuit.
CHANGEMENT. Vers 5. *Sais-tu dans quels périls aujourd'hui tu t'engages ?*] Dans toutes les éditions qui ont précedé celle de 1701. il y avoit :
Où vas-tu t'embarquer ? regagne les rivages.
L'Auteur avoit même mis dans la première composition :
——— *Regagne le rivage.*
Cette mer où tu cours est célèbre en naufrage.
Mais ses Amis lui conseillèrent de mettre au pluriel, *célèbre en naufrages*, & *regagne les rivages*. Cependant, comme cette dernière expression n'est pas tout-à-fait juste, il l'a corrigée en changeant le vers entier.
CHANGEMENT. Vers 7. *Ce n'est pas qu'aisément*, &c.] C'est dans l'édition de 1701. qu'il a mis ainsi. Dans toutes les éditions précédentes il y avoit :
Ce n'est pas que ma main, comme un autre,
à Ton char,
Grand Roi, ne pût lier Aléxandre & César ;
Ne pût, sans se peiner, dans quelque Ode
insipide, &c.

EPITRE I.

15 Qu'après avoir joué tant d'Auteurs différens,
Phébus même auroit peur, s'il entroit sur les rangs:
Que par des vers tout neufs, avouez du Parnasse,
Il faut de mes dégoûts justifier l'audace;
Et, si ma Muse enfin n'est égale à mon Roi,
20 Que je prête aux Cotins des armes contre moi.
Est-ce-là cet Auteur, l'effroi de la Pucelle,
Qui devoit des bons vers nous tracer le modelle,
Ce Censeur, diront-ils, qui nous réformoit tous?
Quoi? ce Critique affreux n'en sait pas plus que nous?
25 N'avons-nous pas cent fois, en faveur de la France,
Comme lui, dans nos vers, pris *Memphis & Byzance*;
Sur les bords de *l'Euphrate* abbatu *le Turban*,
Et coupé, pour rimer, *les Cèdres du Liban?*
De quel front aujourd'hui vient-il sur nos brisées,
30 Se revêtir encor de nos phrases usées?
Que répondrois-je alors? Honteux & rebuté
J'aurois beau me complaire en ma propre beauté,

REMARQUES.

Vers 16. *Phébus même auroit peur, s'il entroit sur les rangs.*] Desmarêts dans sa Défense du Poëme héroïque, Dial. 4. a affecté de donner un faux sens à ce vers & au précedent. Il supose que l'Auteur a voulu dire, qu'*il fait trembler Apollon le Dieu des Poëtes*. Sur quoi il a accusé Mr. Despréaux d'orgueil & de présomption. Mais bien loin qu'il y ait ici de la vanité, on ne peut donner une plus grande marque de modestie, que le fait notre Poëte, en disant, qu'*il doit sortir de la route vulgaire pour bien louer le Roi*; & que *si Apollon lui-même entroit sur les rangs pour louer ce Prince, il seroit effraié* d'une si grande entreprise. Voilà le véritable sens de l'Auteur.

Vers 21. ——— *L'effroi de la Pucelle.*] Poëme de Chapelain, dont il est parlé en divers endroits des Satires.

Vers 28. *Et coupé, pour rimer, les Cèdres du Liban.*] Dans ce vers & les deux precedens, l'Auteur se moque des mauvais Imitateurs de Malherbe, il fait allusion à cette Stance d'une Ode de ce fameux Poëte:
*O combien lors aura de veuves
La Gent qui porte le Turban!*
*Que de sang rougira les fleuves
Qui lavent les pieds du Liban!
Que le Bosphore en ses deux rives
Aura de Sultanes captives!
Et que de meres à Memphis,
En pleurant, diront la vaillance
De son courage & de sa lance,
Aux funerailles de leurs fils!*
Théophile s'est aussi moqué de certains Poëtes de son tems, qui croioient avoir bien imité Malherbe, quand ils avoient emploïé ces sortes de rimes extraordinaires.
*Ils travaillent un mois à chercher comme à Fis
Pourra s'apparier la rime de* Memphis;
Ce Liban, *ce* Turban, *& ces rivieres mornes,
Ont souvent de la peine à retrouver leurs bornes.*

Vers 38. *Habiller chez Francœur le sucre & la canelle.*] Claude Julienne, dit *Francœur*, fameux Epicier, qui demeuroit dans la Rue St. Honoré, devant la Croix du Tiroir, à l'enseigne du Franc-cœur. L'Auteur a préféré le nom de cet Epicier, parce qu'il fournissoit la Maison du Roi, & qu'il étoit
connu

EPITRE I.

Et de mes triſtes vers admirateur unique,
Plaindre, en les reliſant, l'ignorance publique.
35 Quelque orgueil en ſecret dont s'aveugle un Auteur,
Il eſt fâcheux, GRAND ROI, de ſe voir ſans Lecteur,
Et d'aller du récit de Ta gloire immortelle,
Habiller chez Francœur le ſucre & la canelle.
Ainſi, craignant toûjours un funeſte accident,
40 J'imite de Conrart le ſilence prudent:
Je laiſſe aux plus hardis l'honneur de la carrière,
Et regarde le champ, aſſis ſur la barrière.
Malgré moi toutefois, un mouvement ſecret
Vient flatter mon eſprit qui ſe taît à regret.
45 Quoi, dis-je tout chagrin, dans ma verve infertile,
Des vertus de mon Roi ſpectateur inutile,
Faudra-t-il ſur ſa gloire attendre à m'éxercer,
Que ma tremblante voix commence à ſe glacer?
Dans un ſi beau projet, ſi ma Muſe rebelle
50 N'oſe le ſuivre aux champs de Lille & de Bruxelle,

REMARQUES.

connu de Sa Majeſté. On dit que le ſurnom de *Francœur* lui eſt venu de ce que l'un de ſes Ancêtres étant *Fruitier* d'Henri III. ce Roi fut ſi content de l'affection & de la franchiſe avec laquelle cet Officier le ſervoit, qu'un jour il dit obligeamment, que *Julienne étoit un franc cœur.* Ce ſurnom demeura à Julienne, & ſes Deſcendans en ont hérité. Mr. Deſpréaux ignoroit cette particularité touchant le nom de *Francœur.* C'eſt à propos de ce fait & de quelques autres ſemblables, qu'il me dit un jour: *A l'air dont vous y allez, vous ſaurez mieux votre Boileau que moi-même.*

Vers 40. *J'imite de Conrart le ſilence prudent.*] Valentin *Conrart*, Académicien célèbre, qui n'a jamais rien écrit. Il étoit né à Paris en 1603. & il fut nommé *Valentin*, parce que ſon Pere & ſes Aïeuls étoient de Valencienne en Flandres: Ses Parens, en lui donnant ce nom, voulurent conſerver le ſouvenir du lieu de leur origine. *Conrart* étoit Secrétaire du Roi; & c'eſt chez lui que commencèrent les Aſſemblées qui donnèrent naiſſance à l'Académie Françoiſe. Quoi qu'il ne ſût pas la Langue Latine, il ne laiſſoit pas d'avoir acquis toutes les connoiſſances qu'un Homme de Lettres peut avoir. Il étoit même conſulté ſur les Ouvrages d'eſprit, comme un Homme qui s'étoit acquis le droit de juger & de décider. Il mourut le 21. de Septembre 1675. & ce ne fut qu'après ſa mort que notre Auteur le nomma dans ce vers; car dans toutes les éditions précédentes il avoit mis: *J'obſerve ſur Ton nom un ſilence prudent.* Ce dernier mot eſt une loüange équivoque, & fait alluſion à cette Epigramme de Liniere;

Conrart, comment as-tu pû faire
Pour acquerir tant de renom?
Toi qui n'as, pauvre Secretaire*,
Jamais imprimé que ton nom.

Après ſa mort on a publié un Recueil de ſes Lettres, & il avoit fait des Satires qui n'ont pas vû le jour.

Vers 50. —— *De Lille & de Bruxelle.*] La campagne de Flandres, faite par le Roi, en l'année 1667.

Vers

* *Il étoit auſſi Secretaire de l'Academie Françoiſe.*

EPITRE I.

Sans le chercher aux bords de l'Escaut & du Rhein,
La Paix l'offre à mes yeux plus calme & plus serein.
Oui, GRAND ROI, laissons-là les sièges, les batailles.
Qu'un autre aille en rimant renverser des murailles;
55 Et souvent sur Tes pas marchant sans Ton aveu,
S'aille couvrir de sang, de poussière & de feu.
A quoi bon d'une Muse au carnage animée,
Echauffer Ta valeur déja trop allumée?
Jouïssons à loisir du fruit de Tes bienfaits,
60 Et ne nous lassons point des douceurs de la Paix.

  Pourquoi ces Elephans, ces armes, ce bagage,
Et ces vaisseaux tout prêts à quitter le rivage?
Disoit au Roi Pyrrhus un sage Confident,
Conseiller très-sensé d'un Roi très-imprudent.
65 Je vais, lui dit ce Prince, à Rome où l'on m'appèle.
Quoi faire? L'assiéger. L'entreprise est fort belle,
Et digne seulement d'Alexandre ou de vous:
Mais, Rome prise enfin, Seigneur, où courons-nous?
Du reste des Latins la conquête est facile.
70 Sans doute on les peut vaincre: Est-ce tout? La Sicile
De là nous tend les bras, & bien-tôt sans effort
Syracuse reçoit nos vaisseaux dans son port.
Bornez-vous là vos pas? Dès que nous l'aurons prise,
Il ne faut qu'un bon vent, & Carthage est conquise.
75 Les chemins sont ouverts: qui peut nous arrêter?
Je vous entens, Seigneur, nous allons tout dompter.

REMARQUES.

Vers 61. *Pourquoi ces Elephans*, &c.] Ce Dialogue entre Pyrrhus & Cynéas, est tiré de Plutarque, dans la Vie de Pyrrhus, & il a été imité par Rabelais, L. I. ch. 33.

Vers 64. *Conseiller très-sensé* &c.] Pyrrhus convenoit, qu'il avoit conquis moins de villes par ses armes, que par l'éloquence de Cynéas.

Même vers. ——— *D'un Roi très-imprudent.*] Pyrrhus l'étoit en effet: c'est pourquoi Antigonus le comparoit à un Joüeur de dez.

Vers 67. *Et digne seulement d'Aléxandre ou de vous.*] Le Poëte compare Pyrrhus à Aléxandre, parce que Plutarque raporte que ceux qui voïoient l'ardeur de Pyrrhus dans les combats, disoient qu'il faisoit revivre Aléxandre; & qu'au lieu que les autres Rois n'imitoient ce Conquerant que par les habits de pourpre, par les gardes, par le panchement du coû, & par un haut ton de voix; Pyrrhus le représentoit par sa valeur & par ses belles actions. *Vie de Pyrrhus.*

CHANGEMENT. Vers 68. *Mais Rome prise*

EPITRE I.

Nous allons traverser les sables de Libye,
Asservir en passant l'Egypte, l'Arabie,
Courir delà le Gange en de nouveaux païs,
80 Faire trembler le Scythe aux bords du Tanaïs:
Et ranger sous nos Loix tout ce vaste Hémisphère.
Mais de retour enfin, que prétendez-vous faire?
Alors, cher Cyneas, victorieux, contens,
Nous pourrons rire à l'aise, & prendre du bon tems.
85 Hé, Seigneur, dès ce jour, sans sortir de l'Epire,
Du matin jusqu'au soir qui vous défend de rire?
Le conseil étoit sage, & facile à goûter.
Pyrrhus vivoit heureux, s'il eût pû l'écouter:
Mais à l'Ambition d'opposer la Prudence,
90 C'est aux Prélats de Cour prêcher la résidence.
  Ce n'est pas que mon cœur du travail ennemi,
Approuve un Faineant sur le Trône endormi.
Mais quelques vains lauriers que promette la Guerre,
On peut être Heros sans ravager la Terre.
95 Il est plus d'une gloire. En vain aux Conquerans
L'Erreur parmi les Rois donne les premiers rangs.
Entre les grans Heros ce sont les plus vulgaires.
Chaque siècle est fécond en heureux Temeraires.
Chaque climat produit des Favoris de Mars.
100 La Seine a des Bourbons, le Tibre a des Césars.
On a vû mille fois des fanges Méotides
Sortir des Conquerans, Goths, Vandales, Gépides.

REMARQUES.

prise enfin, Seigneur, où courons-nous?] Dans les premières éditions, il y avoit:
 Mais quand nous l'aurons prise, hé bien que ferons-nous?
CHANGEMENT. Vers 70. *Sans doute on les peut vaincre:*] Il y avoit ici: *Fort bien, ils sont à nous.* Dans la seconde édition il mit: *Sans doute ils sont à vous.* Et enfin il le changea comme il est ici.
CHANGEMENT. Vers 73. *Bornez-vous là vos pas?*] Il avoit mis dans la première édition: *Nous y voilà, suivons.* Dans la se-

conde: *Vous arrêtez-vous là?* & dans celle de 1674. il mit: *En demeurez-vous là?*
CHANGEMENT. Vers 84. *Nous pourrons rire à l'aise,*] Première édition: *Nous pourrons chanter, rire.*
Vers 101. *On a vû mille fois des fanges Méotides* &c.] Le *Palus* ou Marais *Méotide*, nommé maintenant la *Mer de Zabacche*, est situé entre l'Europe & l'Asie, dans la petite Tartarie, au Nord de la Mer-Noire, avec laquelle il communique. C'est des environs de cette contrée que sont sortis autrefois les
Goths

Mais un Roi vraiment Roi, qui, sage en ses projets,
Sache en un calme heureux maintenir ses Sujets,
105 Qui du bonheur public ait cimenté sa gloire,
Il faut, pour le trouver, courir toute l'Histoire.
La Terre compte peu de ces Rois bien-faisans.
Le Ciel à les former se prépare long-tems.
Tel fut cet Empereur, sous qui Rome adorée
110 Vit renaître les jours de Saturne & de Rhée:
Qui rendit de son joug l'Univers amoureux:
Qu'on n'alla jamais voir sans revenir heureux:
Qui soupiroit le soir, si sa main fortunée
N'avoit par ses bienfaits signalé la journée.
115 Le cours ne fut pas long d'un empire si doux.
Mais où cherchai-je ailleurs ce qu'on trouve chez nous?
GRAND ROI, sans recourir aux Histoires antiques,
Ne t'avons-nous pas vû dans les Plaines Belgiques,
Quand l'Ennemi vaincu, desertant ses remparts,
120 Au devant de ton joug couroit de toutes parts,

REMARQUES.

Goths & les *Gépides*. A l'égard des *Vandales*, c'étoient des Peuples plus Septentrionaux, venus du côté de la Mer Baltique, vers l'embouchure de l'Oder. Cluver. Germ. ant. l. 3.

Vers 109. *Tel fut cet Empereur*, &c.] Titus, surnommé, *l'amour & les délices du Genre humain.*

Vers 114. *N'avoit par ses bienfaits signalé la journée.*] Personne n'ignore la parole mémorable de cet Empereur: *Mes Amis*, dit-il, *j'ai perdu cette journée: Amici, diem perdidi*; se ressouvenant un soir, qu'il n'avoit fait du bien à personne ce jour-là. A la première lecture que l'on fit au Roi, de cette Epître, quand il fut arrivé à ces six vers, qui expriment le caractère de Titus, il en fut frapé d'admiration, & se les fit relire jusqu'à trois fois. Alfonse Roi d'Arragon, entendant parler du regret que sentoit Titus, quand il avoit passé un jour sans faire du bien à quelcun, témoigna que, graces au Ciel, il n'avoit jamais eu lieu de se faire un pareil reproche.

Vers 115. *Le cours ne fut pas long*, &c.]

Il ne dura que deux ans, deux mois, & vingt jours. Ausone a dit de cet Empereur:
Felix imperio, felix brevitate regendi,
Expers civilis sanguinis, Orbis amor.

Vers 118. *Ne t'avons-nous pas vû dans les Plaines Belgiques.*] La campagne de 1667. en Flandres, où le Roi se rendit maître de plusieurs villes. Cette guerre fut bien-tôt terminée par le Traité fait à Aix-la-Chapelle, l'année suivante.

Vers 128. *Et camper devant Dole au milieu des hivers.*] C'est la première campagne de la Franche-Comté. En 1668. le Roi partit de St. Germain en Laie, le 2. de Fevrier, & revint le 28. après avoir, en moins de huit jours, conquis toute cette Province.

Vers 130. *Je dirai les exploits de Ton Règne paisible.*] Les 25. ou 30. vers suivans rappèlent les principales actions du Roi, depuis qu'il commença à regner par lui-même en 1661.

Vers 131. *Je peindrai les Plaisirs en foule renaissans.*] Les Fêtes Galantes, le Carrousel de l'an 1662., les Ballets, les Courses de bague, & les Fêtes données par le Roi à Ver-

EPITRE I.

Toi-même Te borner au fort de Ta victoire,
Et chercher dans la Paix une plus juste gloire?
Ce sont là les exploits que Tu dois avouër:
Et c'est par là, GRAND ROI, que je Te veux louër.
125 Assez d'autres sans moi, d'un stile moins timide,
Suivront aux champs de Mars Ton courage rapide:
Iront de Ta valeur effraïer l'Univers,
Et camper devant Dole au milieu des hivers.
Pour moi, loin des combats, sur un ton moins terrible,
130 Je dirai les exploits de Ton Règne paisible.
Je peindrai les Plaisirs en foule renaissans:
Les Oppresseurs du peuple à leur tour gémissans.
On verra par quels soins ta sage prévoïance
Au fort de la famine entretint l'abondance.
135 On verra les abus par Ta main réformez;
La licence & l'orgueil en tous lieux réprimez;
Du débris des Traitans Ton Epargne grossie;
Des subsides affreux la rigueur adoucie;
Le Soldat dans la Paix sage & laborieux;

REMARQUES.

Versailles, sous le nom des *Plaisirs de l'Ile enchantée*, au mois de Mai 1664.

Vers 132. *Les Oppresseurs du peuple à leur tour gémissans.*] La Chambre de Justice établie au mois de Decembre, 1661. pour reconnoître les malversations commises par les Traitans, dans le recouvrement & dans l'administration des deniers publics.

Vers 134. *Au fort de la famine entretint l'abondance.*] En 1662. le Roïaume, & particulièrement la ville de Paris, étoient menacez d'une grande famine, causée par une stérilité de deux années. Le Roi fit venir de Prusse & de Pologne, une grande quantité de Blé. On fit construire des fours dans le Louvre, & le pain fut distribué au Peuple à un prix modique, de sorte qu'on ne s'aperçut presque point de la nécessité publique.

Vers 135. *On verra les abus par Ta main réformez.*] Les duels abolis. Les Edits contre le luxe. L'établissement de la Police en 1667. La sûreté publique rétablie dans Paris, par un Règlement sur le port des armes, & contre les Gens sans aveu; par le redoublement du Guet & de la Garde; par l'établissement des Lanternes, &c.

Vers 136. *La licence & l'orgueil en tous lieux réprimez.*] L'établissement des Grans jours, fait à Clermont en Auvergne, par une Déclaration du Roi en 1665. Elle commence par ces mots: *La licence des guerres étrangères & civiles*, &c.

Et l'orgueil.] Ce mot désigne les Edits contre le luxe.

Vers 138. *Des subsides affreux la rigueur adoucie.*] Le Roi diminua la Taille, de six millions. On dressa, en 1664. & 1667. des Tarifs pour les marchandises; par ces Tarifs le Roi diminua ses droits; & il supprima la plûpart de ceux qu'on exigeoit sur les Rivières du Roïaume.

Vers 139. *Le Soldat dans la Paix sage & laborieux.*] La discipline militaire établie & maintenuë parmi les Troupes. Le Roi faisoit des revûës fréquentes, & obligeoit les Officiers de tenir les Soldats dans l'ordre & dans la discipline. Les Soldats furent aussi emploïez aux Travaux publics.

140 Nos Artisans grossiers rendus industrieux :
Et nos Voisins frustrez de ces tributs serviles
Que paioit à leur art le luxe de nos Villes.
Tantôt je tracerai Tes pompeux Bâtimens,
Du loisir d'un Heros nobles amusemens,
145 J'entens déja fremir les deux Mers étonnées,
De voir leurs flots unis au pié des Pirenées.
Déja de tous côtez la Chicane aux abois
S'enfuit au seul aspect de Tes nouvelles Lois.
O que ta main par là va sauver de Pupilles !
150 Que de savans Plaideurs desormais inutiles !
Qui ne sent point l'effet de Tes soins généreux ?

REMARQUES.

Vers 140. *Nos Artisans grossiers rendus industrieux.*] L'établissement de plusieurs Manufactures, particulièrement des Tapisseries aux Gobelins, des Points de France, en 1665. & des Glaces de miroirs en 1666. Le prix des Points de Gênes & de Venise étoit si excessif, qu'on en a vu vendre une garniture sept mille livres. C'est à quoi le vers suivant fait allusion.

Vers 141. *Et nos Voisins frustrez de ces tributs serviles* &c.] On verra ci-après *, dans une Lettre de l'Auteur à Mr. de Maucroix, que La Fontaine faisoit un cas singulier de ce vers & du suivant, dans lesquels l'Auteur loue le Roi d'avoir établi la Manufacture des Points de France, à la place des Points de Venise. Mr. de Maucroix prétendoit avoir porté un jugement sur ces deux vers, avant La Fontaine : comme on le verra dans la Réponse de Mr. de Maucroix à Mr. Despréaux. Après ces deux vers il y en avoit quatre autres, que l'Auteur a retranchez dans les dernières éditions :

O que j'aime à les voir, de Ta gloire troublez !
Se priver follement du secours de nos blez !
Tandis que nos vaisseaux par tout maitres des ondes,
Vont enlever pour nous les trésors des deux Mondes.

Vers 143. ——— *Tes pompeux Bâtimens.*] Le Roi faisoit alors bâtir le Louvre, avec cette belle Façade que l'on admire, comme

* *Tom. II.*

un des plus beaux morceaux d'Architecture qu'il y ait au Monde. Mais le Roi abandonna cette entreprise, pour faire bâtir à Versailles, & en plusieurs autres endroits.

Vers 145. ——— *Les deux Mers étonnées,* &c.] C'est la communication de la Mer Méditerranée avec l'Océan, par le Canal de Languedoc. Cette entreprise est d'autant plus merveilleuse, qu'on en avoit toûjours regardé le succès comme impossible. Le dessein de ce Canal fut proposé en 1664., par le Sr. Paul Riquet, de Beziers, & l'on commença à y travailler en 1665.

Vers 148. *S'enfuit au seul aspect de tes nouvelles Lois.*] De toutes les Ordonnances du Roi, il n'y en a point de plus utiles à l'Etat, que celles qu'il a faites pour réformer la Justice, & pour abréger les procédures. Sa Majesté fit assembler les principaux Magistrats de son Conseil & du Parlement, qui tinrent plusieurs conférences chez Mr. le Chancelier Seguier, au commencement de l'année 1667. pour examiner & arrêter les Articles de l'Ordonnance civile, qui fut publiée au Mois d'Avril de la même année. L'Ordonnance sur les matières criminelles, fut dressée & examinée de la même manière, & ensuite publiée au mois d'Août 1670.

Vers 150. *Que de savans Plaideurs desormais inutiles !*] Après ce vers il y en avoit trente-deux qui faisoient la conclusion de cette Epître, mais que l'Auteur retrancha dans la seconde édition, y substituant ceux que l'on voit ici. On peut assurer que cette Epître n'a rien perdu dans ce changement. Voici

EPITRE I.

L'Univers sous Ton Règne a-t-il des Malheureux?
Est-il quelque vertu dans les glaces de l'Ourse,
Ni dans ces lieux brûlez où le jour prend sa source,
155 Dont la triste indigence ose encore approcher,
Et qu'en foule Tes dons d'abord n'aillent chercher?
C'est par Toi qu'on va voir les Muses enrichies,
De leur longue disette à jamais affranchies.
GRAND ROI, poursui toujours, assûre leur repos.
160 Sans Elles un Heros n'est pas long-tems Heros.
Bien-tôt, quoi qu'il ait fait, la Mort d'une ombre noire
Enveloppe avec lui son nom & son histoire.
En vain, pour s'exempter de l'oubli du cercueil,

REMARQUES.

Voici les vers qui ont été supprimez:

*Muse, abaisse ta voix: je veux les consoler,
Et d'un conte, en passant, il faut les regaler.
Un jour, dit un Auteur, &c.*

Les douze vers qui contiennent la Fable de l'Huître, sont à la fin de l'Epitre II. L'Auteur continuë ainsi:

*Mais quoi, j'entens déja quelque austère Critique,
Qui trouve en cet endroit la Fable un peu comique.
Que veut-il? C'est ainsi qu'Horace dans ses vers
Souvent delasse Auguste en cent stiles divers;
Et, selon qu'au hazard son caprice l'entraine,
Tantôt perce les Cieux, tantôt rase la plaine.
Revenons toutefois. Mais par où revenir?
Grand Roi, je m'aperçois qu'il est tems de finir.
C'est assez: il suffit, que ma plume fidèle
T'ait fait voir en ces vers quelque essai de mon zele.
En vain je prétendrois contenter un Lecteur,
Qui redoute sur tout le nom d'admirateur;
Et souvent pour raison, oppose à la Science,
L'invincible dégoût d'une injuste ignorance:
Prêt à juger de tout, comme un jeune Marquis;
Qui plein d'un grand savoir chez les Dames acquis,
Dédaignant le Public, que lui seul il attaque,*

Va pleurer au Tartuffe, & rire à l'Andromaque.

L'Auteur expliqua les raisons de ce changement, dans un *Avertissement* qu'il mit à la seconde édition de son Epitre. „Je m'étois „persuadé, dit-il, que la Fable de l'Huître „que j'avois mise à la fin de cette Epitre au „Roi, pourroit y délasser agréablement l'es- „prit des Lecteurs, qu'un sublime trop sé- „rieux peut enfin fatiguer: joint que la cor- „rection que j'y avois mise, sembloit me „mettre à couvert d'une faute dont je fai- „sois voir que je m'apercevois le premier. „Mais j'avouë qu'il y a eu des personnes de „bon sens qui ne l'ont pas approuvée. J'ai „néanmoins balancé long-tems si je n'ôte- „rois, parce qu'il y en avoit plusieurs qui „la loüoient avec autant d'excès que les „autres la blâmoient. Mais enfin, je me „suis rendu à l'autorité d'un Prince, non „moins considérable par les lumières de son „esprit, que par le nombre de ses victoires. „(*C'étoit le Grand Prince de Condé.*) Com- „me il m'a déclaré franchement que cette „Fable, quoi que très-bien contée, ne lui „sembloit pas digne du reste de l'Ouvrage; „je n'ai point résisté, j'ai mis une autre fin „à ma Pièce, & je n'ai pas crû, pour une „vingtaine de vers, devoir me brouiller „avec le premier Capitaine de notre Siècle, „&c.

Vers 156. *Et qu'en foule tes dons &c.*] En 1663. le Roi donna des pensions aux Gens de Lettres, dans toute l'Europe.

Achille mit vingt fois tout Ilion en deuil.
165 En vain, malgré les vents, aux bords de l'Hesperie
Enée enfin porta ses Dieux & sa Patrie.
Sans le secours des Vers, leurs noms tant publiez
Seroient depuis mille ans avec eux oubliez.
Non, à quelques hauts faits que Ton destin t'appèle,
170 Sans le secours soigneux d'une Muse fidèle,
Pour t'immortaliser Tu fais de vains efforts.
Apollon Te la doit : ouvre-lui Tes trésors.
En Poëtes fameux rens nos climats fertiles.
Un Auguste aisément peut faire des Virgiles.
175 Que d'illustres témoins de Ta vaste bonté
Vont pour Toi déposer à la Posterité !
Pour moi, qui sur Ton nom déja brûlant d'écrire,
Sens au bout de ma plume expirer la Satire,
Je n'ose de mes Vers vanter ici le prix.
180 Toutefois, si quelcun de mes foibles Ecrits
Des ans injurieux peut éviter l'outrage,
Peut-être pour Ta gloire aura-t-il son usage.
Et comme Tes exploits, étonnant les Lecteurs,
Seront à peine crûs sur la foi des Auteurs ;
185 Si quelque Esprit malin les veut traiter de fables,
On dira quelque jour pour les rendre croïables ;
Boileau, qui dans ses Vers pleins de sincérité,

REMARQUES.

IMITATIONS. Vers 174. *Un Auguste aisément peut faire des Virgiles.*] Martial donne à un Mécenas le même pouvoir que l'on donne ici à un Auguste.
Sint Mecænates, non deerunt, Flacce, Marones. Liv. 8. Epig. 56.

Vers 187. *Boileau, qui dans ses vers* &c.] Cet endroit a été comparé avec un autre de l'Epître huitième. Voïez la Remarque sur le Vers 80. de cette dernière Epître.

Vers dernier. *A pourtant de ce Roi parlé comme l'Histoire.*] Dans le tems que notre Auteur composa cette Epître, il travailloit au Poëme du *Lutrin.* Pour loüer le Roi d'u-

ne manière nouvelle il fit l'admirable Réci de la Molesse, qui est à la fin du secon Chant de ce Poëme. Cette ingénieuse fiction eut un succès extrêmement heureux. Le Roi, qui ne connoissoit Boileau que par se Satires, voulut voir le Poëte qui le savoit bien loüer ; & ordonna à Mr. Colbert de faire venir à la Cour. Quelques jours après Mr. Despréaux parut devant le Roi, étan présenté par Mr. de Vivonne. Il récita à S Majesté une partie du *Lutrin*, qui n'avoit pa encore paru, & quelques autres Pièces, don le Roi fut très-satisfait. A la fin, Sa Majest lui demanda, quel étoit l'endroit de se
Poë

EPITRE I.

Jadis à tout son siècle a dit la vérité;
Qui mit à tout blâmer son étude & sa gloire,
190 A pourtant de ce Roi parlé comme l'Histoire.

REMARQUES.

Poësies qu'il trouvoit le plus beau? Il pria le Roi de le dispenser de faire un pareil jugement: ajoûtant qu'un Auteur étoit peu capable de donner le juste prix à ses propres Ouvrages; & que pour lui, il n'estimoit pas assez les siens, pour les mettre ainsi dans la balance. *N'importe*, dit le Roi, *Je veux que vous me disiez votre sentiment.* Mr. Despréaux obéit, en disant que l'endroit dont il étoit le plus content, étoit la fin d'une Epître qu'il avoit pris la liberté d'adresser à Sa Majesté; & récita les quarante vers par lesquels finit cette Epître. Le Roi n'avoit pas vû cette fin, parce que l'Auteur l'avoit faite depuis peu, pour être mise à la place de la Fable de l'Huître & des Plaideurs. Ces derniers vers touchèrent sensiblement le Roi, son émotion parut dans ses yeux, & sur son visage. Il se leva de son fauteuil avec un air vif & satisfait. Cependant, comme il est toûjour maître de ses mouvemens, & qu'il parle sur le champ avec tant de justesse qu'on ne pourroit mieux dire après y avoir pensé long-tems: *Voilà qui est très-beau*, dit-il, *cela est admirable. Je vous loüerois davantage, si vous ne m'aviez pas tant loüé. Le Public donnera à vos Ouvrages les éloges qu'ils méritent; mais ce n'est pas assez pour moi de vous loüer: Je vous donne une pension de deux mille livres: j'ordonnerai à Colbert de vous la paier d'avance; & je vous accorde le privilège pour l'impression de tous vos Ouvrages.* Ce sont les propres paroles du Roi; & l'on peut croire que l'Auteur ne les a pas oubliées.

Avant que le Roi eût ainsi parlé, Mr. de Vivonne, frappé de la beauté des vers qu'il venoit d'entendre, prit brusquement l'Auteur à la gorge, & lui dit, par une saillie que la présence du Roi ne put retenir: *Ah! Traitre, vous ne m'aviez pas dit cela.*

Notre Poëte revint de la Cour, comblé d'honneurs & de biens. Cependant il a dit plusieurs fois, que la première réflexion que lui inspira sa nouvelle fortune, fut un sentiment de tristesse: envisageant la perte de sa liberté, comme une suite inévitable des bienfaits dont il venoit d'être honoré.

EPITRE II.

A M. L'ABBÉ DES ROCHES.

A QUOI bon réveiller mes Muses endormies,
Pour tracer aux Auteurs des Règles ennemies?
Penses-tu qu'aucun d'eux veuille subir mes loix,
Ni suivre une Raison qui parle par ma voix?
5 O le plaisant Docteur, qui, sur les pas d'Horace,
Vient prêcher, diront-ils, la réforme au Parnasse!
Nos Ecrits sont mauvais, les siens valent-ils mieux?
J'entens déja d'ici Liniere furieux,
Qui m'appèle au combat, sans prendre un plus long terme.
10 De l'encre, du papier, dit-il; qu'on nous enferme.
Voyons qui de nous deux plus aisé dans ses Vers,
Aura plûtôt rempli la page & le revers?
Moi donc qui suis peu fait à ce genre d'escrime,
Je le laisse tout seul verser rime sur rime,
15 Et souvent de dépit contre moi s'éxerçant,
Punir de mes défauts le papier innocent.
Mais toi qui ne crains point qu'un Rimeur te noircisse,

REMARQUES.

LA principale raison, pour laquelle l'Auteur composa cette Epître, fut pour conserver la fable de l'Huitre & des Plaideurs, qu'il avoit retranchée de l'Epître précédente. L'Abbé des Roches à qui l'Epître II. est adressée, se nommoit Jean-François Armand Fumée, fils de François Fumée, Seigneur Des Roches. Il descendoit d'Adam Fumée, Premier Médecin de Charles VII. L'Abbé Des Roches mourut en 1711. âgé d'environ 75. ans, & c'est à ce même Abbé qu'est dédié le Parnasse Réformé de Gabriel Gueret.

Vers 1. *A quoi bon réveiller &c.*] Les six premiers vers font connoître que l'Auteur travailloit alors à son Art Poëtique.

Vers 8. *J'entens déja d'ici Liniere furieux.*] Le Poëte Liniere avoit beaucoup de facilité à faire de méchans vers. Notre Auteur l'avoit pourtant nommé honorablement dans la Satire IX. vers 236. Mais Liniere s'avisa de faire une critique très-offensante de l'Epître IV. qui avoit été faite avant celle-ci. Pour toute vengeance, notre Auteur le plaça ici, & en quelques autres endroits de ses Ouvrages. Voïez l'Epître VII. vers 89. & l'Art poëtique, chant 2. vers 194.

IMITATIONS. Ibid. *J'entens déja d'ici Liniere furieux &c.*] Horace, L. I. Sat. IV. v. 14.

Crispinus minimo me provocat: accipe, si vis,
Accipe jam tabulas, detur nobis locus, hora,
Custodes: videamus uter plus scribere possit.

Vers 23. ――― *Dût Auzanet t'assurer du succès.*] Barthélemi Auzanet, célèbre Avocat au Parlement de Paris. Il étoit extrémement versé dans la connoissance du Droit François; & les principales affaires se règloient

EPITRE II.

Que fais-tu cependant seul en ton Bénéfice?
Attens-tu qu'un Fermier payant, quoiqu'un peu tard,
20 De ton bien pour le moins daigne te faire part?
Vas-tu, grand défenseur des droits de ton Eglise,
De tes Moines mutins réprimer l'entreprise?
Croi-moi, dût Auzanet t'assurer du succès,
Abbé, n'entrepren point même un juste procès.
25 N'imite point ces Fous, dont la sotte avarice
Va de ses revenus engraisser la Justice;
Qui toujours assignans, & toujours assignez,
Souvent demeurent gueux de vingt procès gagnez.
Soûtenons bien nos droits: Sot est celui qui donne.
30 C'est ainsi devers Caen que tout Normand raisonne.
Ce sont là les leçons, dont un pere Manceau
Instruit son fils novice au sortir du berceau.
Mais pour toi, qui nourri bien en deça de l'Oise,
As sucé la vertu Picarde & Champenoise,
35 Non, non, tu n'iras point, ardent Bénéficier,
Faire enroüer pour toi Corbin ni le Mazier.
Toutefois, si jamais quelque ardeur bilieuse
Allumoit dans ton cœur l'humeur litigieuse,

REMARQUES.

gloient ordinairement par ses conseils, ou par son arbitrage. Il mourut le 17. d'Avril, 1693. âgé de 82. ans, aïant été honoré par le Roi d'un brevet de Conseiller d'Etat, quelques années avant sa mort.

Vers 30. *C'est ainsi devers Caen que tout Normand raisonne.*] L'Auteur auroit pû dire: *vers Caen. C'est ainsi que vers Caen tout bas Normand raisonne*; mais il a préféré *Devers Caen*, qui est une espèce de *Normanisme*. D'ailleurs, un Normand qui sera de Caen même, dira toûjours: *Je suis devers Caen*, & ne dira pas, *Je suis de Caën.*

Vers 33. ——— *Bien en deça de l'Oise.*] Rivière, qui a sa source dans la Picardie, vers les limites du Hainaut & de la Champagne.

Vers 34. *As sucé la vertu Picarde & Champenoise.*] Cette vertu est la franchise.

Vers 36. *Faire enroüer pour toi Corbin ni le Mazier.*] Deux Avocats criards, qui se chargeoient souvent de mauvaises causes. Jaques Corbin plaida sa première cause à quatorze ans, & ne plaida pas mal pour son âge: Martinet célèbre Avocat, fit alors cette Epigramme.

Vidimus attonito puerum garrire Senatu.
Bis pueri; puerum qui stupuere Senes.

Son Pere étoit aussi Avocat, & se mêloit de Poësie. Il offrit un tableau votif à Notre-Dame, pour obtenir à son fils un heureux succès dans sa plaidoirie; & mit ces deux vers au bas du tableau.

Vierge au Visage benin,
Faites grace au petit Corbin.

Voïez la Remarque sur le vers 36. du quatrième Chant de l'Art poëtique. *Le Mazier:* voïez le vers 123. de la Satire I.

Vers

Consulte-moi d'abord, & pour la réprimer,
40 Retien bien la leçon que je te vais rimer.
 Un jour, dit un Auteur, n'importe en quel chapitre,
Deux Voïageurs à jeun rencontrèrent une huître.
Tous deux la contestoient, lorsque dans leur chemin,
La Justice passa la balance à la main.
45 Devant elle à grand bruit ils expliquent la chose.
Tous deux avec dépens veulent gagner leur cause.
La Justice, pesant ce droit litigieux,
Demande l'huître, l'ouvre, & l'avale à leurs yeux;
Et par ce bel Arrêt terminant la bataille:
50 Tenez; voilà, dit-elle, à chacun une écaille.
Des sottises d'autrui nous vivons au Palais:
Messieurs, l'huître étoit bonne. Adieu. Vivez en paix.

REMARQUES.

Vers. 41. *Un jour, dit un Auteur*, &c.] Mr. Despréaux avoit appris cette Fable de son pere, auquel il l'avoit ouï conter dans sa jeunesse. Elle est tirée d'une ancienne Comédie Italienne. Cette même Fable a été mise en vers par La Fontaine; mais au lieu de *la Justice*, il a mis un Juge, sous le nom de *Perrin Dandin*, qui avale l'huître: en quoi notre Auteur disoit que La Fontaine a manqué de justesse; car ce ne sont pas les Juges seuls qui causent des frais aux Plaideurs: ce sont tous les Officiers de la Justice.

 CHANGEMENT. Vers 45. *Devant elle à grand bruit*.] Dans les premières éditions il y avoit: *Devant elle aussi-tôt*.

 IMITATIONS. Vers 51. *Des sottises d'autrui nous vivons au Palais*.] Jean Owen L. 1. Epigram. 15.
 Stultitiâ nostrâ, Justiniane, sapis.

Vers. dernier. ——— *Adieu, vivez en paix.*] Le Peuple Romain rendit un semblable jugement sur une contestation, entre les Ariciens & les Ardéates. Ces deux Peuples étant en guerre pour la possession de certain Païs, en remirent la décision au Peuple Romain. La Cause se plaida solemnellement devant le Peuple; & quand on fut sur le point de recueillir les suffrages, un certain homme nommé Scaptius, âgé de quatre-vingt trois ans, remontra que les terres dont il s'agissoit, étoient de la dépendance de Corioles, Ville qui apartenoit au Peuple Romain. Sans examiner autrement la vérité de cette proposition, le Peuple s'adjugea ces terres par droit de bienséance, & renvoïa les Ardéates, & les Ariciens. *Tite-Live, Livre 3. à la fin, l'an 307. de Rome.*

EPITRE III.
A M. ARNAULD,
DOCTEUR DE SORBONE.

Oui, sans peine, au travers des sophismes de Claude,
Arnauld, des Novateurs tu découvres la fraude,
Et romps de leurs erreurs les filets captieux.
Mais que sert que ta main leur désille les yeux,
5 Si toujours dans leur ame une pudeur rebelle,
Prêts d'embrasser l'Eglise, au Prêche les rappelle?
Non, ne croi pas que Claude habile à se tromper,
Soit insensible aux traits dont tu le sais frapper:
Mais un Démon l'arrête, & quand ta voix l'attire,
10 Lui dit: Si tu te rends, sais-tu ce qu'on va dire?
Dans son heureux retour lui montre un faux malheur,
Lui peint de Charenton l'hérétique douleur;
Et balançant Dieu même en son ame flottante,
Fait mourir dans son cœur la Vérité naissante.

REMARQUES.

Cette Epître est adressée à Mr. Arnauld, Docteur de Sorbone, célèbre par sa Doctrine & par ses Ecrits. Les troubles de l'Eglise Gallicane aiant été pacifiez en 1668. par le Pape Clément IX. & par le Roi; Mr. Arnauld eut non seulement la liberté de paroître, mais il fut reçu par le Nonce du Pape, & par le Roi même avec toutes les marques possibles d'estime. Mr. le Premier Président de Lamoignon fut un de ceux qui lui témoignérent le plus d'empressement. Ce Magistrat avoit un apartement dans la maison que les Chanoines Réguliers de Sainte Geneviève ont à Auteuil, où il alloit quelquefois se délasser des fatigues de la Magistrature, & donner à la retraite les momens qu'il pouvoit dérober à ses pénibles fonctions. Un jour il assembla dans cette maison, Mr. Arnauld, Mr. Nicole, Mr. Despréaux, & quelques autres personnes choisies à qui il donna à dîner. Il arriva entre Mr. Arnauld & Mr. Despréaux, ce qui arrive ordinairement entre deux hommes d'un mérite distingué, & d'une réputation éclatante, lors qu'ils se voient pour la première fois: Ils furent d'abord liez d'une étroite amitié, cette amitié dont ils firent gloire pendant leur vie, a duré jusqu'à leur mort, nonobstant une séparation de plusieurs années.

Le sujet de cette Epître est *la mauvaise honte.* Plutarque a fait un Traité sur le même sujet; mais notre Auteur ne l'a point imité. Elle fut composée en 1673. après l'Epitre IV. au Roi. Ainsi elle est la cinquième selon l'ordre du tems.

Vers 1. ——— *Au travers des sophismes de Claude*, &c.] Mr. Arnauld étoit alors occupé à écrire contre Monsieur Claude, Ministre de Charenton; sur la foi de l'Eglise touchant l'Eucharistie.

Vers 12 *Lui peint de Charenton.*] Village à deux lieuës au dessus de Paris, où les Reformés avoient un Temple pour l'exercice de leur Religion, avant la révocation de l'Edit de Nantes. Mr. Claude étoit Ministre de cette Eglise.

EPITRE III.

15 Des superbes Mortels le plus affreux lien,
   N'en doutons point, Arnauld, c'est la Honte du bien.
   Des plus nobles vertus cette adroite ennemie
   Peint l'Honneur à nos yeux des traits de l'Infamie;
   Asservit nos esprits sous un joug rigoureux,
20 Et nous rend l'un de l'autre esclaves malheureux.
   Par elle la Vertu devient lâche & timide.
   Vois-tu ce Libertin en public intrépide,
   Qui prêche contre un Dieu que dans son ame il croit?
   Il iroit embrasser la Vérité qu'il voit;
25 Mais de ses faux amis il craint la raillerie,
   Et ne brave ainsi Dieu que par poltronnerie.
   C'est-là de tous nos maux le fatal fondement.
   Des jugemens d'autrui nous tremblons follement;
   Et chacun l'un de l'autre adorant les caprices,
30 Nous cherchons hors de nous nos vertus & nos vices.
   Misérables jouets de notre vanité,
   Faisons au moins l'aveu de notre infirmité.
   A quoi bon, quand la fièvre en nos artères brûle,
   Faire de notre mal un secret ridicule?
35 Le feu sort de vos yeux petillans & troublez;

REMARQUES.

VERS 16. ———— *C'est la Honte du bien.*] Ce demi-vers exprime le sujet de cette Epître.

IMITATIONS. Ibid. ———— *C'est la Honte du bien.*] Horace, L. I. Ep. XVI. v. 24.
Stultorum incurata pudor malus ulcera celat.

VERS 27. *C'est-là de tous nos maux le fatal fondement*] Homère, Iliade liv. XXIV. v. 44. & 45. dit, que la honte est un des plus grans maux, & un des plus grans biens. En effet, elle est un grand mal aux hommes lors qu'elle les empêche d'oser faire le bien; & elle est un grand bien lors qu'elle les empêche de faire le mal.

IMITATIONS. VERS 30. *Nous cherchons hors de nous nos vertus & nos vices.*] Ce vers exprime le véritable sens de celui-ci de Perse, Satire I. *Nec te quæsiveris extra.* Cette expression de Perse est fort serrée, & c'est une de celles que notre Auteur avoit en vûë quand il a dit dans l'Art poétique.
*Perse en ses vers obscurs, mais serrez & pressans,
Affecta d'enfermer moins de mots que de sens.*
Voïez le vers 26. de l'Epitre V.

IMITATIONS. VERS 33. *A quoi bon, quand la fièvre en nos artères brûle, &c.*] Horace, Liv. I. Ep. XVI. 21.
*Neu si te populus sanum rectéque valentem
Dictitet, occultam febrem, sub tempus edendi,
Dissimules, donec manibus tremor incidat unctis.
Stultorum incurata pudor malus ulcera celat*

IMITATIONS. VERS 38. *Qu'avez-vous Je n'ai, &c.*] Perse, Satire III. 94.
*Heus, bone, tu palles Nihil est. Videas tamen istud,
Quidquid id est.*

IMI

EPITRE III.

Votre pouls inégal marche à pas redoublez;
Quelle fausse pudeur à feindre vous oblige?
Qu'avez-vous ? Je n'ai rien. Mais... Je n'ai rien, vous dis-je,
Répondra ce Malade à se taire obstiné.
40 Mais cependant voilà tout son corps gangrené;
Et la fièvre demain se rendant la plus forte,
Un Benitier aux piés, va l'étendre à la porte.
Prévenons sagement un si juste malheur.
Le jour fatal est proche, & vient comme un voleur.
45 Avant qu'à nos erreurs le Ciel nous abandonne,
Profitons de l'instant que de grace il nous donne.
Hâtons-nous; le Tems fuit, & nous traine avec soi.
Le moment où je parle est déja loin de moi.
 Mais quoi? toujours la Honte en esclaves nous lie.
50 Oui, c'est toi qui nous perds, ridicule Folie:
C'est toi qui fis tomber le premier Malheureux,
Le jour que d'un faux bien sottement amoureux,
Et n'osant soupçonner sa femme d'imposture,
Au Démon par pudeur il vendit la Nature.
55 Hélas! avant ce jour qui perdit ses Neveux,
Tous les Plaisirs couroient au devant de ses vœux.

REMARQUES.

IMITATIONS. Vers 42. ——— *Va l'étendre à la porte.*] Perse, Sat. III. 105.
In portam rigidos calces extendit.
IMITATIONS. Vers 44. *Le jour fatal est proche & vient comme un voleur.*] Cette comparaison de la Mort avec un voleur, est tirée des Livres Saints. *Vigilate ergo,* dit JESUS-CHRIST, *quia nescitis quâ horâ Dominus vester venturus sit.... Si sciret paterfamilias quâ horâ Fur venturus esset, vigilaret utique.* Matth. XXIV. 42. Luc XII. 39. *Scitis quia dies Domini sicut Fur in nocte, ita veniet*, I. ad Thessal. V. 2. *Si ergo non vigilaveris, veniam ad te tanquam Fur, & nescies quâ horâ veniam ad te.* Apocal. III. 3.
Vers 48. *Le moment où je parle est déja loin de moi.*] L'Auteur qui se levoit ordinairement fort tard, étoit encore au lit la première fois qu'il récita cette Epître à Mr. Arnauld, qui l'étoit venu voir dès le matin. Quand il en fut à ce vers, il le récita d'un ton léger & rapide, comme il doit être récité, pour exprimer la rapidité du tems qui s'enfuit. Mr. Arnauld, frappé de la légèreté de ce vers, se leva brusquement de son siège; & marchant fort vite par la Chambre, comme un homme qui fuit, il redit plusieurs fois: *Le moment où je parle est déja loin de moi.* Celui de Perse qui sera cité tout à l'heure, n'est pas moins léger non plus que celui-ci de Malherbe: *La nuit est déja proche à qui passe midi.*
IMITATIONS. Ibid. *Le moment où je parle &c.*] Perse, Satire V. v. 153.
——— *Fugit hora; hoc quod loquor, inde est.*
IMITATIONS. Vers 56. *Tous les Plaisirs couroient au devant de ses vœux*, &c.] Virgile Eglogue IV. v. 28.
Molli paulatim flavescet campus aristâ
Incultisque rubens pendebit sentibus uva;

La Faim aux Animaux ne faisoit point la guerre:
Le Blé pour se donner, sans peine ouvrant la terre,
N'attendoit point qu'un bœuf, pressé de l'éguillon,
60 Traçât à pas tardifs un pénible sillon.
La Vigne offroit par tout des grappes toujours pleines,
Et des ruisseaux de lait serpentoient dans les plaines.
Mais dès ce jour Adam déchû de son état,
D'un tribut de douleurs païa son attentat.
65 Il fallut qu'au travail son corps rendu docile,
Forçât la Terre avare à devenir fertile.
Le chardon importun hérissa les guérets:
Le serpent venimeux rampa dans les forêts:
La Canicule en feu désola les campagnes:
70 L'Aquilon en fureur gronda sur les montagnes.
Alors, pour se couvrir durant l'âpre saison,
Il fallut aux brebis dérober leur toison.
La Peste en même tems, la Guerre & la Famine,
Des malheureux Humains jurèrent la ruïne:
75 Mais aucun de ces maux n'égala les rigueurs
Que la mauvaise Honte exerça dans les cœurs.
De ce nid à l'instant sortirent tous les Vices.

REMARQUES.

Et duræ quercus sudabunt roscida mella.
Non rastros patietur humus, non vinea
 falcem,
Robustus quoque jam tauris juga solvet arator.
Le même Poëte, Georg. I. v. 127.
—————— *Ipsaque tellus*
Omnia liberiùs, nullo poscente, ferebat.
Ille malum virus serpentibus addidit atris,
Mellaque decussit foliis, ignemque removit,
Et passim rivis currentia vina repressit.....
vers 50.
 Mox & frumentis labor additus, ut mala
  culmos
Esset rubigo, segnisque horreret in arvis
Carduus.
Ovide, Metamorph. I. v. 100.
Mollia securæ peragebant otia gentes.
Ipsa quoque immunis, rastroque intacta, nec
 ullis

Saucia vomeribus, per se dabat omnia Tellus....,
Mox etiam fruges tellus inarata ferebat:
Nec renovatus ager gravidis canebat aristis.
Flumina jam lactis, jam flumina nectaris ibant,
Flavaque de viridi stillabant ilice mella.
 Postquam Saturno &c.

Et Horace, Epod. XVI. 43.
Reddit ubi Cererem tellus inarata quotannis,
Et imputata floret usque vinea. &c.

Vers 60. *Traçât à pas tardifs un pénible sillon.*] Ce vers marque bien la démarche pesante d'un bœuf. *Un pénible sillon:* Cette figure est semblable à *l'hérétique douleur,* du douzième vers; & au *lit effronté* de la Satire X. vers 345.

Vers

EPITRE III.

    L'Avare des premiers en proie à ſes caprices,
    Dans un infame gain mettant l'honnêteté,
80 Pour toute honte alors compta la pauvreté.
    L'Honneur & la Vertu n'oſèrent plus paroître.
    La Piété chercha les Deſerts & le Cloître.
    Depuis on n'a point vû de cœur ſi détaché,
    Qui par quelque lien ne tînt à ce péché.
85 Triſte & funeſte effet du premier de nos crimes !
    Moi-même, Arnauld, ici, qui te prêche en ces rimes,
    Plus qu'aucun des Mortels par la Honte abattu,
    En vain j'arme contre elle une foible vertu.
    Ainſi toujours douteux, chancelant & volage,
90 A peine du limon, où le Vice m'engage,
    J'arrache un pié timide, & ſors en m'agitant,
    Que l'autre m'y reporte, & s'embourbe à l'inſtant.
    Car ſi, comme aujourd'hui, quelque raion de zèle
    Allume dans mon cœur une clarté nouvelle,
95 Soudain aux yeux d'autrui s'il faut la confirmer,
    D'un geſte, d'un regard je me ſens alarmer;
    Et même ſur ces Vers que je te viens d'écrire,
    Je tremble en ce moment de ce que l'on va dire.

REMARQUES.

Vers 80. *Pour toute honte alors compta la pauvreté.*] Un Prélat, qui d'ailleurs avoit du mérite, avoit pris le caractère exprimé dans ce vers. Il ne faiſoit cas d'un homme qu'à proportion du bien qu'il avoit: faiſant conſiſter tout le mérite & tout l'honneur dans les richeſſes.

IMITATIONS. Vers 90. *A peine du limon* &c.] Horace, Livre II. Satire VII. vers 27.
Nequicquam cœno cupiens evellere plantam.
Vers 92. *Que l'autre m'y reporte, & s'embourbe à l'inſtant.*] L'Auteur avoit ainſi exprimé ſa penſée:

A peine du limon où le Vice m'engage,
J'arrache un pié timide, ...
Que l'autre m'y reporte, & s'embourbe à l'inſtant.

La difficulté étoit d'achever le ſecond vers. Il conſulta Mr. Racine, qui trouva la choſe très-difficile. Cependant Mr. Deſpréaux lui dit le lendemain la fin du vers: *& ſors en m'agitant.* Cette fin eſt d'autant plus belle, qu'elle fait une image qui n'eſt pas dans le vers d'Horace:

Nequicquam cœno cupiens evellere plantam.

Aa 3   EPITRE

EPITRE IV.
AU ROI.

EN vain, pour Te louer, ma Muse toujours prête,
Vingt fois de la Hollande a tenté la conquête :
Ce païs, où cent murs n'ont pû Te résister,
GRAND ROI, n'est pas en Vers si facile à dompter.
5 Des Villes, que Tu prens, les noms durs & barbares
N'offrent de toutes parts que syllabes bizares ;
Et, l'oreille effraïée, il faut depuis l'Issel,
Pour trouver un beau mot, courir jusqu'au Tessel.
Oui, par tout de son nom chaque Place munie,
10 Tient bon contre le Vers, en détruit l'harmonie.
Et qui peut, sans frémir, aborder Woërden ?
Quel Vers ne tomberoit au seul nom de Heusden ?

REMARQUES.

LEs marques de bonté & de distinction que le Roi donna à Mr. Despréaux, la première fois qu'il eut l'honneur de paroître devant Sa Majesté, * lui avoient inspiré une vive reconnoissance. Les conquêtes de ce Grand Roi fournirent bien-tôt au Poëte une occasion de signaler son zèle. En 1672. Sa Majesté fit en Personne la Campagne de Hollande, l'une des plus glorieuses de son règne. Dans cette Campagne, qui ne dura qu'environ deux mois, le Roi conquit trois Provinces, & prit plus de quarante Villes : son Armée passa le Rhin à la vûë des Ennemis qui gardoient le rivage opposé ; Amsterdam, cette riche & superbe ville, fut sur le point de se soumettre à la domination du Roi ; & peu s'en fallut qu'il ne se rendît le maître de tout le reste de la Hollande. Parmi de si grans événemens, notre Poëte choisit le passage du Rhin, comme le sujet le plus brillant, & par conséquent le plus susceptible des ornemens de la Poësie. Cette action se passa le 12. de Juin 1672. L'Epître fut composée au mois de Juillet suivant, & imprimée au mois d'Août. Elle est la seconde selon l'ordre du tems.

CHANGEMENT. Vers 7. *Et l'oreille effraïée, &c.*] Dans les premières éditions il y avoit :
Pour trouver un beau mot, des rives de l'Issel,
Il faut toûjours bronchant, courir jusqu'au Tessel.
Dans l'édition de 1683.
Pour trouver un beau mot, il faut depuis l'Issel,
Sans pouvoir s'arrêter, courir jusqu'au Tessel.
Dans celle de 1694.
On a beau s'exciter : il faut depuis l'Issel,
Pour trouver un beau mot, &c.
Enfin dans la dernière de 1701.
Et l'oreille effraïée, il faut &c.

Vers 7. — *Il faut depuis l'Issel, &c.*] Rivière des Païs-Bas, qui se jette dans le Zuider-zée, ou la Mer de Sud. Cette Rivière reçoit les eaux du Rhin par un canal qui fut tiré depuis Arnhem jusqu'à Doesbourg, par Drusus, Pere de l'Empereur Claude, & de Germanicus. Le Prince d'Orange, qui commandoit les Troupes des Hollandois abandonna l'Issel, le 13. de Juin, 1672.

Vers 8. — *Courir jusqu'au Tessel.*] Isle de la Hollande, dans l'Ocean Germanique, à l'entrée du Golphe nommé le Zuider-zée.

Ver-

* *Voiez, la note sur le dernier vers de l'Epître 2.*

EPITRE IV.

Quelle Muſe à rimer en tous lieux diſpoſée,
Oſeroit approcher des bords du Zuiderzée?
15 Comment en Vers heureux aſſiéger Doësbourg,
Zutphen, Wageningen, Harderwic, Knotzembourg?
Il n'eſt Fort entre ceux que Tu prens par centaines,
Qui ne puiſſe arrêter un Rimeur ſix ſemaines:
Et par tout ſur le Whal, ainſi que ſur le Leck,
20 Le Vers eſt en déroute, & le Poëte à ſec.
   Encor ſi tes exploits, moins grans & moins rapides,
Laiſſoient prendre courage à nos Muſes timides,
Peut-être avec le tems, à force d'y rêver,
Par quelque coup de l'Art nous pourrions nous ſauver.
25 Mais dès qu'on veut tenter cette vaſte carrière,
Pégaſe s'effarouche & recule en arrière.
Mon Apollon s'étonne; & Nimègue eſt à Toi,
Que ma Muſe eſt encore au camp devant Orſoi,

REMARQUES.

Vers 11. ——— *Aborder Woërden?*] Ville du côté de Hollande, ſituée ſur le Rhin.

CHANGEMENT. Vers 12. ——— *Au ſeul nom de Heuſden?*] Dans les premières éditions on liſoit *Narden*.

Ibid. ——— *Au ſeul nom de Heuſden?*] Autre ville de la même Province près de la Meuſe.

Vers 14. ——— *Des bords du Zuiderzée.*] Le Zuider-zée eſt un grand Golphe entre les Provinces de Friſe, d'Over-Iſſel, de Gueldre, & de Hollande. Anciennement c'étoit un Lac, & des Marais, formez par la branche Septentrionale du Rhin jointe à l'Iſſel; & les anciens Géographes le nommoint *Flevus*, ou *Flevilacus*. Les eaux de la Mer ont dans la ſuite couvert & inondé tous ces marais, & il s'en eſt formé le Zuider-zée: *Mare Auſtrinum, Sinus Auſtrinus*. En Flamand, *Zuid*, ſignifie le Sud; & *Zée*, la Mer.

Vers 15. ——— *Aſſiéger Doësbourg.*] Les Hollandois prononcent *Dousburg*. Ville du Comté de Zutphen, ſituée à l'endroit où les eaux du Rhin ſe joignent à l'Iſſel, par le canal de Druſus: *Druſiburgum*. Cette Ville fut priſe le 22. de Juin, 1672. par Monſieur, Frere du Roi.

Vers 16. *Zutphen, Wageningen, Harderwic, Knotzembourg.*] *Zutphen*: Ville Capitale du Comté de Zutphen, priſe par Monſieur, le 26. de Juin. *Wageningen, Harderwic*: Villes du Duché de Gueldre, qui ſe rendirent au Roi, le 22. & 23. de Juin. *Knotzembourg*, eſt un Fort, ſitué ſur le Wahal, vis à vis de Nimègue: il eſt auſſi nommé *le Fort de Nimègue*. Il fut aſſiégé le 15. de Juin, & pris le 17. par Mr. de Turenne.

Vers 19. *Et par tout ſur le Whal, ainſi que ſur le Leck.*] Le Wahal & le Leck, ſont deux branches du Rhin qui ſe mêlent avec la Meuſe.

Vers 24. *Par quelque coup de l'Art nous pourrions nous ſauver.*] L'Auteur donne ici l'éxemple avec le précepte; car cette Epître eſt un jeu d'eſprit, par lequel il ſe ſauve de la difficulté en la montrant.

Vers 27. ——— *Et Nimègue eſt à Toi.*] Ville conſidérable des Provinces-Unies, Capitale du Duché de Gueldre. Elle fut priſe le 9. de Juillet, 1672. par Mr. de Turenne, après ſix jours de ſiège. Cette Ville eſt fameuſe par la Paix générale qui y fut concluë en 1678 entre la France, l'Eſpagne, & les Provinces-Unies; & en 1679. entre la France & l'Empire.

Vers 28. *Au Camp devant Orſoi.*] Ville & Place forte ſur la rive gauche du Rhin, dans
le

EPITRE IV.

Aujourd'hui toutefois mon zèle m'encourage ;
30 Il faut au moins du Rhin tenter l'heureux passage.
Un trop juste devoir veut que nous l'essaïons.
Muses, pour le tracer, cherchez tous vos craïons.
Car, puisqu'en cet exploit tout paroît incroïable,
Que la Vérité pure y ressemble à la Fable,
35 De tous vos ornemens vous pouvez l'égaïer.
Venez donc, & sur tout gardez bien d'ennuïer.
Vous savez des grans Vers les disgraces tragiques,
Et souvent on ennuye en termes magnifiques.
  Au pié du mont Adulle, entre mille roseaux,
40 Le Rhin tranquille, & fier du progrès de ses eaux,
Appuyé d'une main sur son urne penchante,
Dormoit au bruit flatteur de son onde naissante ;
Lors qu'un cri tout à coup suivi de mille cris,

REMARQUES.

le Duché de Clèves. Au commencement de la Campagne, le Roi fit assiéger *Orsoi*, le 1. de Juin, & le prit en deux jours. Sa Majesté tint long-tems son Camp devant cette Place après qu'elle eut été prise, de sorte que les Gazettes & les Lettres particulières, datoient toûjours, *du Camp devant Orsoi*. C'est à quoi l'Auteur fait allusion.

CHANGEMENT. Vers 31. *Un trop juste devoir* &c.] Premières éditions :
  Le malheur sera grand, si nous nous y noïons.
Edition de 1694.
  Il fait beau s'y noïer, si vous nous y noïons.
Edition de 1701.
  Un trop juste devoir &c.

Vers 39. *Au pié du mont Adulle.*] Montagne, d'où le Rhin prend sa source : *Adula* selon Ptolomée, & Strabon. On l'appèle maintenant le *Mont de St. Godart*. Le Poëte a emploïé le nom ancien, soit parce qu'il est plus beau & plus poëtique, soit aussi parce que voulant parler du Dieu du Rhin & des Naïades, il auroit fait un anachronisme poëtique s'il en avoit usé autrement. Le lieu particulier où est la principale Source du Rhin (car il y en a deux) est une montagne qui fait partie du Mont St. Godart, & qui est appelée *Vogsel-berg*, ou *Monte d'Uccello* : le mont de l'Oiseau : *Avicula*. Ce dernier mot a été peut-être formé d'*Adula*.

Vers 50. *A de ses bords fameux flétri l'antique gloire.*] Moliere n'aprouva pas ce vers, parce qu'il signifie que la présence du Roi deshonoré le Fleuve du Rhin. L'Auteur lui représenta que ce sont les Naïades de ce Fleuve qui parlent du Héros de la France comme d'un Ennemi qui veut soumettre à son joug leur Empire : qu'ainsi il est naturel qu'elles disent que Louis a flétri l'ancienne gloire du Rhin. Mais Moliere ne se rendit pas.

Vers 51. *Que Rhimberg & Vesel terrassez en deux jours.*] Ces deux Villes sont situées sur le Rhin : l'une sur la rive gauche du Fleuve, & l'autre sur la rive droite. *Vesel* est une Ville du Duché de Cleves, qui appartenoit aux Hollandois depuis l'an 1629. & le Prince de Condé la prit le 4. de Juin 1672. après deux jours de Siège. *Rhimberg* étoit aussi sous la domination des Hollandois, & fut pris le 6. du même mois.

Vers 55. *Il marche vers Tholus.*] Village sur la rive gauche du Rhin au-dessus du Fort de Skink, à la pointe du Bétaw. *Tolhuis*, en Langage Flamand, signifie *un Bureau où l'on reçoit les péages*. C'est en cet endroit que les François passèrent le Rhin à la nage.

Vers 57. *Il a de Jupiter la taille & le visage.*] Louis XIV. est ici comparé à Jupiter, mais c'est à Jupiter foudroïant & exterminateur.

EPITRE IV.

Vient d'un calme si doux retirer ses esprits.
45 Il se trouble, il regarde, & par tout sur ses rives
Il voit fuir à grans pas ses Naïades craintives,
Qui toutes accourant vers leur humide Roi,
Par un récit affreux redoublent son effroi.
Il apprend qu'un Héros conduit par la Victoire,
50 A de ses bords fameux flétri l'antique gloire;
Que Rhimberg & Vesel, terrassez en deux jours,
D'un joug déja prochain menacent tout son cours.
Nous l'avons vû, dit l'Une, affronter la tempête
De cent foudres d'airain tournez contre sa tête.
55 Il marche vers Tholus, & tes flots en courroux
Au prix de sa fureur sont tranquilles & doux.
Il a de Jupiter la taille & le visage;
Et depuis ce Romain, dont l'insolent passage

REMARQUES.

teur. Ainsi cette comparaison est bien plus glorieuse que si le Poëte avoit dit que le Roi ressembloit au Dieu Mars comme quelques Critiques le vouloient: car Mars n'est qu'un Dieu subalterne. Homère donne au Roi Agamemnon, la tête & les yeux de Jupiter quand il lance la foudre. *Iliade II. v.* 478.

Vers 58. *Et depuis ce Romain, dont l'insolent passage, Sur un pont en deux jours* &c.] Jules César faisant la guerre dans les Gaules, passa deux fois le Rhin pour aller châtier les Peuples d'Allemagne, qui avoient envoïé du secours aux Gaulois. La première fois son armée passa sur un pont, pour la construction duquel il emploïa dix jours de tems, * & non pas deux jours comme le dit ici notre Poëte. Je lui fis faire cette observation, dans une Lettre que je lui écrivis le 4. d'Avril, 1703. ,,Au fonds cette circonstance est assez indifférente, lui disois-je, ,, mais il semble que vous auriez dû marquer un peu plus d'éxactitude dans le fait ,, historique. Elle tourne même à la gloire ,, du Roi, qui a fait en un moment, ce que ,, le plus grand Capitaine de l'Empire Romain n'a pu faire qu'en dix jours, & avec ,, le secours d'un pont.

Mr. Despréaux me fit cette réponse le 8. du même mois. ,, Je n'ai jamais voulu dire que Jules César n'ait mis que deux ,, jours à ramasser & à lier ensemble les matériaux dont il fit construire le pont sur lequel il passa le Rhin. Il n'est question ,, dans mes vers que du tems qu'il mit à faire ,, passer ses troupes sur ce pont, & je ne sai ,, même s'il y emploïa deux jours. Le Roi, ,, quand il passa le Rhin, fit amener un très-,, grand nombre de Bateaux de cuivre, qu'on ,, avoit été plus de deux mois à construire, ,, & sur un desquels même Mr. le Prince & ,, Mr. le Duc passèrent. Mais qu'est-ce ,, que cela fait à la rapidité avec laquelle ,, toutes ses troupes traversèrent le Fleuve; ,, puis qu'il est certain que toute son armée ,, passa comme celle de Jules César, avec ,, tout son bagage, en moins de deux jours? ,, Voila ce que veut dire le vers: *Sur un* ,, *pont en deux jours trompa tous tes efforts*. ,, En effet, quel sens autrement pourroit-on ,, donner à ces mots: *Trompa tous tes ef-*,, *forts*? Le Rhin pouvoit-il s'efforcer à détruire le pont que faisoit construire Jules ,, César, lors que les bateaux étoient encore ,, sur le chantier? Il faudroit pour cela qu'il ,, se fût débordé: encore auroit-il été pris ,, pour dupe, si César avoit mis ses atteliers ,, sur une hauteur. Vous voïez donc bien,

* *Comment. de César*, L. 4. ch. 2. & L. 6. *Plutarq. Vie de Jules César*, ch. 7.

,,Mon-

EPITRE IV.

Sur un pont en deux jours trompa tous tes efforts,
60 Jamais rien de si grand n'a paru sur tes bords.
  Le Rhin tremble & frémit à ces tristes nouvelles;
Le feu sort à travers ses humides prunelles.
C'est donc trop peu, dit-il, que l'Escaut en deux mois
Ait appris à couler sous de nouvelles loix;
65 Et de mille remparts mon onde environnée
De ces Fleuves sans nom suivra la destinée?
Ah! périssent mes eaux, ou par d'illustres coups
Montrons qui doit céder des Mortels ou de Nous.
A ces mots essuyant sa barbe limoneuse,
70 Il prend d'un vieux Guerrier la figure poudreuse.
Son front cicatricé rend son air furieux,
Et l'ardeur du combat étincelle en ses yeux.
En ce moment il part, & couvert d'une nuë,
Du fameux Fort de Skink prend la route connuë.
75 Là contemplant son cours, il voit de toutes parts
Ses pâles Défenseurs par la frayeur épars.
Il voit cent bataillons, qui loin de se défendre,
Attendent sur des murs l'Ennemi pour se rendre.

REMARQUES.

„ Monsieur, qu'il faut laisser, *deux jours*;
„ parce que si je mettois *dix jours*, cela se-
„ roit fort ridicule, & je donnerois aux Lec-
„ teurs une idée fort absurde de César, en
„ disant comme une grande chose, qu'il
„ avoit emploïé dix jours à faire passer une
„ armée de trente mille hommes: donnant
„ par là aux Allemans tout le tems qu'il
„ leur falloit pour s'opposer à son passage.
„ Ajoûtez, que ces façons de parler, *en
„ deux jours*, *en trois jours*, ne veulent dire
„ que *très-promptement*, *en moins de rien*.
„ Voila, je croi, Monsieur, dequoi conten-
„ ter votre critique. Vous me ferez plaisir
„ de m'en faire beaucoup de pareilles; parce
„ que cela donne occasion, comme vous
„ voïez, à écrire des Dissertations assez cu-
„ rieuses.
Vers 64. *Ait appris à couler sous de nouvelles loix.*] En l'année 1667. le Roi avoit conquis une partie de la Flandre, qui est arrosée
par l'Escaut.

IMITATIONS. Vers 69. ——— *Essuiant
sa barbe limoneuse.*] C'est le *Rheni luteum caput*, d'Horace, Livre I. Satire X. 37.
Vers 71. *Son front cicatricé.*] Quelques-
uns ont prétendu qu'il auroit fallu dire, *cicatrizé*. Mais ils n'ont pas pris garde que
cicatrizé se dit d'une plaie qui commence à
se fermer: au lieu que *cicatricé* signifie,
couvert de cicatrices, *recousu en divers endroits*.
Vers 74. *Du fameux Fort de Skink.*] Le
Fort de *Skink*, ou de *Schenk* (*Schenken-
Schantse*) est considerable, tant par ses fortifications que par sa situation avantageuse.
Il est situé à la pointe de l'Isle de Bétaw, ou
Bétuwe, qui est l'endroit où le Rhin se di-
vise: Les Etats de Hollande firent bâtir ce
Fort par le Colonel Martin Schenk, l'an
1586. *Voïez la note sur le vers* 148. *de cette
Epitre.*

CHAN-

EPITRE IV.

Confus, il les aborde, & renforçant sa voix:
80 Grands Arbitres, dit-il, des querelles des Rois,
Est-ce ainsi que votre ame aux périls aguerrie,
Soûtient sur ces remparts l'honneur & la patrie?
Votre Ennemi superbe, en cet instant fameux,
Du Rhin, près de Tholus, fend les flots écumeux.
85 Du moins en vous montrant sur la rive opposée,
N'oseriez-vous saisir une victoire aisée?
Allez, vils combattans, inutiles Soldats,
Laissez-là ces mousquets trop pesans pour vos bras;
Et la faux à la main parmi vos marécages,
90 Allez couper vos joncs, & presser vos laitages;
Ou gardant les seuls bords qui vous peuvent couvrir,
Avec moi de ce pas, venez vaincre ou mourir.
Ce discours d'un Guerrier que la colère enflamme,
Ressuscite l'Honneur déja mort en leur ame;
95 Et leurs cœurs s'allumant d'un reste de chaleur,
La Honte fait en eux l'effet de la Valeur.
Ils marchent droit au Fleuve, où LOUIS en personne
Déja prêt à passer, instruit, dispose, ordonne.

REMARQUES.

CHANGEMENT. Vers 80. *Grands Arbitres, dit-il, des querelles des Rois.*] Dans la première édition, il y avoit, *du destin de deux Rois.*

Ibid. *Grands Arbitres, dit-il, des querelles des Rois.*] Ce vers contient une ironie très-amère. Les Hollandois s'étoient vantez d'avoir obligé le Roi de France à faire la Paix avec l'Espagne, par le Traité d'Aix la Chapelle. Ils avoient même fait frapper une Medaille en 1668. dans laquelle ils prenoient les titres fastueux d'*Arbitres des Rois*, de *Réformateurs de la Religion*, de *Protecteurs des Loix*, & plusieurs autres. Cette Medaille représente d'un côté la Liberté Batavique avec ses Symboles, & au revers on lit cette Inscription qui contient tous ces titres ambitieux. ASSERTIS LEGIBUS. EMENDATIS SACRIS. ADJUTIS DEFENSIS. CONCILIATIS REGIBUS. VINDICATA MARIUM LIBERTATE. PACE EGREGIA VIRTUTE ARMORUM PARTA. STABILITA ORBIS EUROPÆI QUIETE. ——— NUMISMA HOC. S.F. B.C.F. CIƆ. IƆC. LXVIII. Le Roi fut fort indigné de la fierté de ces Républicains, qui par ces éloges fastueux vouloient se donner la gloire des évenemens de ce tems-là.

Vers 82. *L'honneur & la Patrie.*] Il y avoit sur les Drapeaux des Hollandois, *Pro honore & patriâ.*

Vers 89. *Et la faux à la main*, &c.] Ces deux vers disent bien noblement une chose bien petite, & bien basse. Voilà le fort de la Poësie. Cependant la phrase n'est pas tout-à-fait régulière, car *la faux à la main* sert bien à couper les joncs, mais non pas à *presser les laitages.* L'Auteur y avoit bien pris garde, & avoit essaïé plusieurs fois de le changer. Il disoit à ce propos: *Non seulement je n'ai pu venir à bout de le dire mieux, mais je n'ai pu le dire autrement.*

EPITRE IV.

Par son ordre Grammont le premier dans les flots
100 S'avance soûtenu des regards du Héros.
Son coursier écumant sous son Maître intrépide,
Nage tout orgueilleux de la main qui le guide.
Revel le suit de près: sous ce Chef redouté
Marche des Cuirassiers l'escadron indomté.
105 Mais déja devant eux une chaleur guerrière
Emporte loin du bord le bouillant Lesdiguière,
Vivonne, Nantouillet, & Coislin, & Salart:
Chacun d'eux au peril veut la première part.
Vendôme, que soûtient l'orgueil de sa naissance,
110 Au même instant dans l'onde impatient s'élance.

REMARQUES.

Vers 99. *Par son ordre Grammont*, &c.] Mr. le Comte de Guiche, fils aîné du Maréchal de Grammont, fut le premier qui tenta le passage. Il étoit Lieutenant Général de l'Armée de Mr. le Prince; & le Roi lui commanda de voir s'il trouveroit un gué dans le Rhin, pour aller aux Ennemis qui paroissoient de l'autre côté. Il vint rapporter au Roi qu'il avoit trouvé un gué facile vers Tolhuis, & promit de passer à la tête de la Cavalerie. La vérité étoit pourtant qu'il n'y avoit point de gué: de sorte que l'armée fût obligée de traverser une bonne partie du Rhin à la nage, mais le Comte de Guiche qui avoit servi en Pologne, s'y étoit accoutumé à passer ainsi les plus profondes Rivières, à l'exemple des Polonois.

Vers 103. *Revel le suit de près.*] Le Marquis de Revel, Colonel des Cuirassiers, frere de Mr. le Comte de Broglio. Il fut blessé de trois coups d'épée, dans l'action qui suivit le passage du Rhin.

Vers 106. ——— *Le bouillant Lesdiguière.*] Mr. le Comte de Saux. François Emanuël de Blanchefort de Bonne de Crequi, Duc de Lesdiguières, Pair de France, Comte de Saux, Gouverneur de Dauphiné, mort en 1681. Pendant le passage du Rhin, il fut blessé, mais il ne laissa pas d'avancer toûjours & ne perdit point son rang; de manière qu'il sortit de l'eau le premier, & donna le premier coup. Sa valeur se fit beaucoup remarquer dans cette action: Il montoit un cheval blanc, qui fut tué sous lui.

Vers 107. *Vivonne, Nantouillet, & Coislin,* *& Salart.*] Vivonne: Louïs-Victor de Rochechoüart, Duc de Mortemar & de Vivonne, &c. alors Général des Galères de France, depuis l'an 1669. & ensuite Maréchal de France, en 1675. Il mourut au mois de Septembre 1688. *Nantouillet:* le Chevalier de Nantouillet, ami particulier de notre Auteur, aussi bien que Mr. de Vivonne. *Coislin*, Armand du Cambout, Duc de Coislin. Il reçut plusieurs coups après avoir passé le Rhin. Il est mort le 16. de Septembre, 1702. âgé de 67. ans. Il étoit Pair de France, & Chevalier de l'Ordre du St. Esprit.

Vers 109. *Vendôme, que soûtient l'orgueil de sa naissance.*] Mr. le Chevalier de Vendôme. Quoi qu'il n'eût pas encore dix-sept ans, il ne laissa pas de traverser le Rhin à cheval; il gagna même un Drapeau & un Etendart, qu'il apporta au Roi.

Vers 111. *La Salle, Beringhen, Nogent Cavois.*] *La Salle:* Le Marquis de la Salle fut des premiers à passer le Rhin. Mais le Cuirassiers aiant eu ordre de se jetter à l'eau & de passer, ils le firent si brusquement qu'aiant rencontré Mr. de la Salle devant eux, ils le blessèrent de cinq coups, croïant qu'il étoit Hollandois, quoi qu'il fût habillé à la Françoise, & qu'il eût l'écharpe blanche. *Beringhen:* Le Marquis de Beringhen, Premier Ecuïer du Roi, & Colonel du Régiment Dauphin. Son cheval ne voulant point passer, il se jetta dans le Bateau de Mr. le Prince. Après le passage il se battit vigoureusement, & reçut un coup de mousquet

EPITRE IV.

La Salle, Beringhen, Nogent, d'Ambre, Cavois,
Fendent les flots tremblans sous un si noble poids.
Louis les animant du feu de son courage,
Se plaint de sa Grandeur, qui l'attache au rivage.
115 Par ses soins cependant trente légers vaisseaux
D'un trenchant aviron déja coupent les eaux.
Cent Guerriers s'y jettant signalent leur audace.
Le Rhin les voit d'un œil qui porte la menace.
Il s'avance en courroux. Le plomb vole à l'instant,
120 Et pleut de toutes parts sur l'escadron flottant.
Du salpêtre en fureur l'air s'échauffe & s'allume;
Et des coups redoublez tout le rivage fume.

REMARQUES.

dans la mamelle droite, & plusieurs coups dans ses habits. *Nogent:* Arnauld de Bautru, Comte de Nogent, Capitaine des Gardes de la Porte, Lieutenant Général au Gouvernement d'Auvergne, Maître de la Garde-robe, & Maréchal de Camp des Armées du Roi. Il fut tué au passage du Rhin, d'un coup de Mousquet à la tête, & son corps fut inhumé dans l'Eglise de Zevenart, village de Gueldre. *Cavois:* Louis d'Oger, Marquis de Cavois, aujourd'hui Grand Maréchal des Logis de la Maison du Roi, est d'une famille illustre de Picardie. Il commença à se faire connoître sous le nom du Chevalier de Cavois, par une action de grand éclat. Dans le Combat Naval que la Flotte Angloise gagna contre les Hollandois, au mois d'Août, 1666. il étoit sur le Bord de l'Amiral Ruyter, avec Mrs. le Chevalier de Lorraine, le Chevalier de Coislin, duquel on vient de parler, & de Busca. Ruyter accablé par le nombre, faisoit une retraite glorieuse; mais un Brûlot Anglois qui venoit à lui, l'auroit fait périr indubitablement, si le Chevalier de Cavois ne l'avoit empêché, en allant avec les trois autres Seigneurs François, couper les cables de la chaloupe du Brûlot. Il repassa au travers des Ennemis, & vint rejoindre l'Amiral qu'il avoit sauvé. Il se distingua encore au passage du Rhin.

Vers 115. ——— *Trente légers vaisseaux.*] Des bateaux de Cuivre, dont nous avons parlé sur le vers 58.

Vers 119. *Il s'avance en courroux.*] Ceci n'est point dit au hazard: car dans le tems du passage, & pendant la nuit précédente les eaux du Fleuve furent extrèmement agitées par le vent.

Vers 121. *Du salpêtre en fureur l'air s'échauffe & s'allume.*] L'Auteur m'a dit qu'il étoit le premier de nos Poëtes qui eût parlé en vers de l'Artillerie moderne, & de ce qui en dépend: comme les Canons, les Bombes, la Poudre, le Salpêtre; dont les noms sont pour le moins aussi beaux & les images aussi magnifiques que celles des dards, des flèches, des boucliers, & des autres armes anciennes. Si la poudre à canon avoit été en usage dans l'antiquité, Homère & Virgile en auroient fait sans doute les plus grans ornemens de leurs Poëmes. En effet peut-on voir de plus belle poësie que celle-ci?

C'étoit peu que sa main conduite par l'Enfer,
Eût paîtri le Salpêtre, eût aiguisé le fer,
&c. Satire VIII.
De cent foudres d'airain tournez contre sa tête, &c. Ep. IV.
Du Salpêtre en fureur l'air s'échauffe &
s'allume, &c. Ep. IV.
Et les bombes dans les airs
Allant chercher le tonnerre,
Semblent, tombant sur la terre,
Vouloir s'ouvrir les Enfers. Ode sur Namur, St. 10.

Ces images sont d'autant plus belles, qu'elles sont vraies, au lieu que si le Poëte avoit parlé de javelots & de dards, ses peintures & ses descriptions auroient été fausses.

EPITRE IV.

Déja du plomb mortel plus d'un Brave est atteint.
Sous les fougueux coursiers l'Onde écume & se plaint.
125 De tant de coups affreux la tempête orageuse
Tient un tems sur les eaux la fortune douteuse.
Mais L o u i s d'un regard fait bien-tôt la fixer.
Le Destin à ses yeux n'oseroit balancer.
Bien-tôt avec Grammont courent Mars & Bellone.
130 Le Rhin à leur aspect d'épouvante frissonne.
Quand pour nouvelle alarme à ses esprits glacez,
Un bruit s'épand qu'Enguien & Condé sont passez:
Condé, dont le seul nom fait tomber les murailles,
Force les escadrons, & gagne les batailles:
135 Enguien de son hymen le seul & digne fruit,
Par lui dès son enfance à la victoire instruit.
L'Ennemi renversé fuit & gagne la plaine.
Le Dieu lui-même cède au torrent qui l'entraîne,
Et seul, désespéré, pleurant ses vains efforts,
140 Abandonne à L o u i s la victoire & ses bords.

REMARQUES.

Vers 129. *Bien-tôt avec Grammont courent Mars & Bellone. Le Rhin à leur aspect* &c.] On suppose ici que le Dieu du Rhin combat à la tête des Hollandois, contre les Troupes Françoises. Dans cette supposition, ce seroit pécher contre la vrai-semblance, que de faire vaincre un Dieu par de simples mortels. Le Poëte feint donc que Mars & Bellone, qui sont des Divinités superieures au Dieu du Rhin, se joignent au Comte de Guiche, pour combatre ce Dieu. Avec un tel secours, il est de la règle que les François aient l'avantage. C'est ainsi qu'Homère relève la valeur de ses Heros, en interessant presque toûjours quelque Divinité dans leurs combats. Dans celui de Diomède contre Mars & Vénus, Diomède est soutenu par Minerve. *Iliade liv. V.* Ailleurs ce Poëte donne à Hector, Neptune pour antagoniste; & à Ajax, il oppose Hector soûtenu par Apollon, & ensuite par Jupiter: *Mais Ajax avec toute sa valeur,* dit Homère, *ne pouvoit repousser Hector qui étoit secondé par un Dieu.* Iliade, L. XV. Dans tous ces combats Homère garde une éxacte subordination entre ces mêmes Dieux, quoi qu'opposés les uns aux autres: mettant toûjours la victoire du côté des Dieux superieurs en puissance.

Vers 132. *Qu'Enguien & Condé sont passez.*] *Condé:* Mr. le Prince de Condé, Louis de Bourbon, l'un des plus grans Capitaines de l'Europe. Il mourut le 11. de Décembre, 1686. *Enguien:* Mr. le Duc d'Enguien son fils.

Vers 133. *Condé, dont le seul nom fait tomber les murailles.*] Notre Auteur, en attribuant au seul nom du Prince de Condé, le pouvoir de renverser les murailles, donne une idée sublime de la réputation que ce Grand Prince s'étoit aquise par sa valeur. Il fait allusion à la manière miraculeuse dont Dieu voulut que la ville de Jérico fut prise par Josué; car les murailles de cette Ville tombèrent d'elles-mêmes, au seul bruit des trompettes. *Josué VI.*

IMITATIONS. Ibid. *Condé, dont le seul nom fait tomber les murailles.*] L'Auteur a eu en vûë ces deux vers du Tassoni:
*Il magnanimo cor di Salinguerra,
Che fa del nome suo tremar la terra.* La Secchia rapita, Cant. V. 38.

Dans le tems auquel il fit cette Epître, il tra-

EPITRE IV.

Du Fleuve ainsi domté la déroute éclatante
A Wurts jusqu'en son camp va porter l'épouvante:
Wurts, l'espoir du païs, & l'appui de ses murs,
Wurts.... ah quel nom, GRAND ROI! quel Hector
    que ce Wurts!
145 Sans ce terrible nom, mal né pour les oreilles,
Que j'allois à tes yeux étaler de merveilles!
Bien-tôt on eût vû Skink dans mes Vers emporté,
De ses fameux remparts démentir la fierté.
Bien-tôt.... mais Wurts s'oppose à l'ardeur qui m'anime:
150 Finissons, il est tems: aussi-bien si la rime
Alloit mal à propos m'engager dans Arnheim,
Je ne sai pour sortir de porte qu'Hildesheim.
  O! que le Ciel soigneux de notre Poësie,
GRAND ROI, ne nous fit-il plus voisins de l'Asie!
155 Bien-tôt victorieux de cent Peuples altiers,
Tu nous aurois fourni des rimes à milliers.
Il n'est plaine en ces lieux si seche & si stérile,
Qui ne soit en beaux mots par tout riche & fertile.

REMARQUES.

travailloit à son Poëme du Lutrin: ainsi il étoit rempli de la lecture de tous les meilleurs Poëmes Epiques, tant Grecs, Latins, qu'Italiens. C'est aussi la raison pour laquelle cette Epître IV. tient beaucoup de la nature du Poëme Epique.

Vers 142. *A Wurts jusqu'en son camp &c.*] Wurts, Maréchal de Camp des Hollandois, commandoit le camp destiné à s'opposer au passage du Rhin, mais le Régiment des Cuirassiers aïant passé, les troupes de Wurts lâchèrent le pié, si tôt qu'elles eurent fait la première décharge: & ce succès aïant donné courage à ceux qui étoient encore dans l'eau, ils se hâtèrent de joindre les Cuirassiers, qui après avoir ainsi chassé les Ennemis, s'étoient arrêtez sur le bord pour les attendre. Wurts étoit du Holstein, d'une naissance médiocre. Il avoit aquis beaucoup de réputation en défendant Cracovie pour les Suédois contre les Impériaux. Il est mort à Hambourg.

Vers 148. *De ses fameux remparts démentir la fierté.*] Le Fort de Skink fut assiégé par nos Troupes le 18. de Juin, & pris le 21.

Les habitans du Païs disoient que ce Fort étoit imprenable. Il avoit été surpris en 1636. par les Espagnols qui s'en rendirent maîtres; & les Hollandois ne purent le reprendre qu'après un siège fameux qui dura huit mois. Il n'y restoit plus que douze hommes qui se défendoient encore.

Vers 151. ———— *M'engager dans Arnheim.*] Ville considérable des Provinces-Unies, dans le Duché de Gueldre. Elle fut prise par nos troupes sous le commandement de Mr. de Turenne le 14. de Juin, 1672.

Vers 152. ———— *De porte qu'Hildesheim.*] Petite ville de l'Electorat de Trèves.

Vers 154. ———— *Plus voisins de l'Asie.*] De la Grèce Asiatique dans laquelle étoit située la fameuse Ville de Troie, ou d'Ilion.

Vers 158. *Qui ne soit en beaux mots par tout riche & fertile. &c.*] Selon Quintilien, la Langue Grecque étoit tellement au dessus de la Latine, pour la douceur de la prononciation, que les Poëtes Latins emploïoient plus volontiers les noms Grecs, quand ils vouloient rendre leurs vers doux

EPITRE IV.

Là plus d'un Bourg fameux par son antique nom
160 Vient offrir à l'oreille un agréable son.
Quel plaisir de Te suivre aux rives du Scamandre!
D'y trouver d'Ilion la poëtique cendre:
De juger si les Grecs, qui brisèrent ses Tours,
Firent plus en dix ans que Louis en dix jours!
165 Mais pourquoi sans raison désespérer ma veine?

REMARQUES.

& faciles. *Tantò est Sermo Græcus Latino jucundior, ut nostri Poetæ quoties dulce carmen esse voluerunt, illorum id nominibus exornent.* Quintilien, Instit. L. XII. c. 10.

Vers 161. ———— *Aux rives du Scamandre.*] Dans l'Edition de 1701. en petit volume, il y a: *de Scamandre*, mais c'est une faute d'impression, & il faut lire *du Scamandre*, comme il y a dans toutes les autres éditions. Voïez la Remarque sur le vers 285. du Chant III. de l'Art poëtique.

Vers dernier. *Je t'attens dans deux ans aux bords de l'Hellespont.*] Après la publication de cette Epître, il revint à l'Auteur que le Comte de Bussi-Rabutin en avoit fait une critique sanglante. Mr. Despréaux résolut de s'en vanger, & il dit son dessein à quelques amis, par le moïen desquels Mr. de Bussi en fut informé dans une de ses terres où il étoit relégué. Ce Comte prit adroitement les devans pour prévenir la Satire. Dans cette vuë, le 20. d'Avril, 1673. il écrivit séparément au P. Rapin, & au Comte de Limoges, tous deux amis de Mr. Despréaux, pour les prier de voir ce Poëte, & de le détourner de son entreprise. Les Lettres suivantes diront ce qu'il en arriva.

* *Réponse du Comte de Limoges au Comte de Bussi.* „A Paris le 26. Avril, 1673. Aussi-tôt que j'ai eu reçu votre Lettre, Monsieur, j'ai été trouver Despréaux, qui m'a dit qu'il m'étoit obligé de l'avis que je lui donnois; Qu'il étoit votre serviteur, qu'il l'avoit toûjours été, & qu'il le seroit toute sa vie. Qu'il étoit vrai que pendant ces vacations il étoit à Bâville avec le P. Rapin; Qu'il le pria de vous envoïer son Epître de sa part avec un compliment. Que le P. Rapin lui avoit dit que vous lui aviez fait une réponse fort honnête à ce compliment; qu'à son retour à Paris mille gens lui étoient venus dire que vous aviez écrit une Lettre sanglante contre lui, pleine de plaisanteries contre son Epître, & que cette Lettre couroit le monde. Qu'il répondit à cela qu'on la lui montrât, & que si elle étoit telle, il y répondroit, non seulement pour justifier son Ouvrage, mais encore pour avoir l'honneur d'entrer en lice avec un tel combattant. Que personne ne la lui aïant montrée, il n'y avoit pas songé depuis: son seul dessein étant de répondre par un Ouvrage d'esprit justificatif, à un autre Ouvrage qui avoit critiqué le sien, mais sans y mêler les personnes. Que quand vous auriez dit pis que pendre de lui, il étoit trop juste, & trop honnête homme, pour ne vous pas toûjours estimer, & par conséquent, pour en dire quelque chose qui pût vous déplaire. Que les choses d'esprit que vous aviez faites, sans compter vos autres faits, étoient dignes de l'estime de tout le monde, & dureroit même à la postérité. . . . . Là-dessus il me montra une pièce manuscrite que Linière avoit faite contre son Epître, dans laquelle, après avoir dit cent choses offensantes, il ajoûte que Mr. de Bussi en dit bien d'autres plus fortes, dans une Lettre qu'il a écrite à un de ses amis. . . . . Despréaux me dit ensuite, qu'on lui avoit dit encore, que dans votre Lettre il y avoit des choses un peu contre le Roi, comme par exemple, sur ce qu'il disoit que le Roi prendroit tant de Villes qu'il ne le pourroit suivre, & qu'il l'alloit attendre *aux bords de l'Hellespont*; vous mettiez au bout, *Tarara pon pon*. . . . . Il ajoûta, en sortant, qu'il vous feroit un compliment, s'il croïoit que sa Lettre fut bien reçuë, parce qu'il savoit bien qu'il n'y avoit point d'avances qu'il ne dût faire pour mériter l'honneur de vos bonnes graces.

* *Cette Lettre n'a point été imprimée.*

* *Let-*

EPITRE IV.

Eſt-il dans l'Univers de plage ſi lointaine,
  Où ta valeur, GRAND ROI, ne Te puiſſe porter,
Et ne m'offre bien-tôt des exploits à chanter?
Non, non, ne faiſons plus de plaintes inutiles;
170 Puiſqu'ainſi dans deux mois tu prens quarante Villes,
Aſſuré des bons Vers dont Ton bras me répond,
Je t'attends dans deux ans aux bords de l'Helleſpont.

REMARQUES.

* *Lettre de Mr. Deſpréaux à Mr. de Buſſi, du 25. Mai, 1673.* „ Monſieur, J'avouë „ que j'ai été inquiet du bruit qui a couru, „ que vous aviez écrit une Lettre par laquelle „ vous me déchiriez moi & l'Epître que j'ai „ écrite au Roi ſur la Campagne de Hollan- „ de; car outre le juſte chagrin que j'avois „ de me voir maltraiter par l'homme du „ monde que j'eſtime & que j'admire le plus, „ j'avois de la peine à digérer le plaiſir que „ cela alloit faire à mes ennemis. Je n'en „ ai pourtant jamais été bien perſuadé. Et „ le moïen de penſer que l'homme de la „ Cour qui a le plus d'eſprit, pût entrer „ dans les interêts de l'Abbé Cotin, & ſe „ réſoudre à avoir raiſon même avec lui? „ La Lettre que vous avez écrite à Mr. le „ Comte de Limoges, a achevé de me déſ- „ abuſer, & je voi bien que tout ce bruit „ n'a été qu'un artifice très-ridicule de mes „ très-ridicules Ennemis. Mais quelque mau- „ vais deſſein qu'ils aient eu contre moi, je „ leur en ai de l'obligation, puiſque c'eſt ce „ qui m'a attiré les paroles obligeantes que „ vous avez écrites ſur mon ſujet. Je vous „ ſuplie de croire que je ſens cet honneur „ comme je dois, & que je ſuis, &c.

* *Réponſe du Comte de Buſſi.* A Chazeu, 30. Mai, 1673. „ Je ne ſaurois aſſez digne- „ ment répondre à votre Lettre, Monſieur. „ Elle eſt ſi pleine d'honnêtetés & de loüan- „ ges, que j'en ſuis confus. Je vous dirai „ ſeulement, que je n'ai rien vû de votre fa- „ çon, que je n'aie trouvé très-beau & très- „ naturel; & que j'ai remarqué dans vos „ Ouvrages un air d'honnête homme que „ j'ai encore eſtimé plus que tout le reſte. „ C'eſt ce qui m'a fait ſouhaiter d'avoir com- „ merce avec vous: & puiſque l'occaſion „ s'en préſente aujourd'hui, je vous en de- „ mande la continuation, & votre amitié, „ vous aſſûrant de la mienne. Pour mon „ eſtime, vous n'en devez pas douter, puiſ- „ que vos ennemis mêmes vous l'accordent „ dans leur cœur s'ils ne ſont pas les plus „ ſottes gens du monde.

* *Cette Lettre a été imprimée dans la première partie des Nouvelles Lettres du Comte de Buſſi, in 12. l'an 1709. pag. 288. avec quelques changemens que l'on a faits dans le tour & dans les paroles.* [*Ces Nouvelles Lettres ont été inſerées dans l'Edition des Lettres du Comte de Buſſi faite à Amſterdam en 1715. où toutes les Lettres ſont rangées ſelon l'ordre Chronologique. La Lettre citée ici ſe trouve à la page* 383. *du Tom. II. de cette Edition,* ADD. de l'Ed. d'Amſt.]

* *Cette Lettre n'a pas été imprimée.* [*On ſe trompe. On trouvera cette Lettre à la page* 385. *du Tom. II. de l'Edition d'Amſt. que nous venons de citer,* ADD. de l'Ed. d'Amſt.]

EPITRE V.

A M. DE GUILLERAGUES,
SECRETAIRE DU CABINET.

ESPRIT né pour la Cour, & Maître en l'art de plaire,
GUILLERAGUES, qui sais & parler & te taire,
Appren-moi, si je dois ou me taire, ou parler.
Faut-il dans la Satire encor me signaler,
5 Et dans ce champ fécond en plaisantes malices,
Faire encore aux Auteurs redouter mes caprices?
Jadis, non sans tumulte, on m'y vit éclater:
Quand mon esprit plus jeune, & prompt à s'irriter,
Aspiroit moins au nom de discret & de sage:
10 Que mes cheveux plus noirs ombrageoient mon visage.
Maintenant que le tems a meuri mes desirs,
Que mon âge, amoureux de plus sages plaisirs,

REMARQUES.

LE sujet de cette Epître est *la Connoissance de soi-même*. L'Auteur fait voir que cette connoissance est la source de notre félicité : ce n'est ni l'ambition, ni les richesses, ni les Sciences, ni enfin les biens exterieurs, qui peuvent nous rendre heureux dans le monde : notre bonheur dépend uniquement de nous ; & c'est dans nous-mêmes que nous devons le chercher. Cette réflexion a été faite par un Ecrivain célèbre. * *Nous cherchons*, dit-il, *notre bonheur hors de nous-mêmes, & dans l'opinion des hommes que nous connoissons flateurs, peu sincères, sans équité, pleins d'envie, de caprices, & de préventions : quelle bizarrerie !* Cette Epître fut composée en 1674. & publiée l'année suivante. Mr. de Guilleragues, à qui elle est adressée, étoit de Bourdeaux, où il avoit été Premier Président de la Cour des Aides. En ce tems-là il se fit connoître à Mr. le Prince de Conti, Gouverneur de Languedoc, qui le fit Secretaire de ses commandemens, & l'obligea de quitter la Province. Il eut l'agrément du Roi, pour la charge de Secretaire de la Chambre & du Cabinet de Sa Majesté; & pendant quelque tems il eut la direction d la Gazette. Il n'y avoit personne à la Cou qui eût plus de Politesse, qui parlât plus a gréablement, qui entendît mieux la fine rail lerie, ni qui fût plus généralement aimé, qu Mr. de Guilleragues. Au mois de Décem bre 1677. le Roi le nomma Ambassadeur Constantinople, où il alla en 1679. & mourut d'Apoplexie quelques années après.

IMITATIONS. Vers 2. ——— *Qui sa & parler & te taire.*] Perse, Satire IV. v.
——— *Dicenda tacendaque calles.*

IMITATIONS. Vers 3. *Appren-moi, si dois ou me taire ou parler.*] Scaliger le per commence ainsi une Satire:
At melius fuerat non scribere; namque ta cere
Tutum semper erit.

Vers 10. *Que mes cheveux plus noirs ombr geoient mon visage.*] L'Auteur portoit alo ses cheveux qui commençoient à blanchir.

Vers 13. *Bien-tôt s'en va frapper à son ne vieme lustre.*] Un lustre est l'espace de ans : ainsi le huitième lustre comprend le années qui sont depuis trente-cinq jusqu quarante. L'Auteur composa cette Epître 38. ans : il en avoit environ quarante quar

* *Caractères de la Bruyère, chap. de l'Homme pag.* 395.

EPITRE V.

Bien-tôt s'en va frapper à son neuvième lustre;
J'aime mieux mon repos qu'un embarras illustre.
15 Que d'une égale ardeur mille Auteurs animez
Aiguisent contre moi leurs traits envenimez:
Que tout, jusqu'à Pinchêne, & m'insulte & m'accable.
Aujourd'hui vieux Lion je suis doux & traitable.
Je n'arme point contre eux mes ongles émoussez,
20 Ainsi que mes beaux jours, mes chagrins sont passez.
Je ne sens plus l'aigreur de ma bile première,
Et laisse aux froids Rimeurs une libre carrière.
Ainsi donc Philosophe à la Raison soûmis,
Mes défauts desormais sont mes seuls ennemis.
25 C'est l'Erreur que je fuis; c'est la Vertu que j'aime.
Je songe à me connoître, & me cherche en moi-même.
C'est là l'unique étude où je veux m'attacher.
Que l'Astrolabe en main un autre aille chercher
Si le Soleil est fixe, ou tourne sur son axe;
30 Si Saturne à nos yeux peut faire un parallaxe:

REMARQUES.

il la donna au public; & par conséquent il approchoit de son neuvième lustre; c'est à dire de sa 41. année.

Vers 17. *Que tout jusqu'à Pinchêne*, &c.] Voïez la Remarque sur le vers 163. du cinquième Chant du Lutrin, où il est parlé de Pinchêne. Il avoit écrit quelque chose contre notre Auteur, mais il ne sentit point la force de cette Satire: aïant crû au contraire que Mr. Despréaux lui demandoit grace en cet endroit, & il en tiroit vanité.

IMITATIONS. Vers 26. *Je songe à me connoître, & me cherche en moi-même*.] Voilà le sujet de cette Epître. Le texte s'en trouve dans ces deux mots du sententieux Perse: *Tecum habita*. Sat. IV. à la fin. Et dans celui-ci: *Ne te quæsiveris extra*. Sat. I. v. 7. Et enfin dans ce vers, qui est le 23. de la Satire IV.

Ut nemo in se se tentat descendere, nemo.

Vers 28. *Que, l'Astrolabe en main*, &c.] Voïez ce qu'on a dit sur le vers 429. de la Satire X. [Mr. Despréaux a fait dans ce vers & dans les suivans deux ou trois fautes trèsconsiderables. 1. L'Astrolabe n'est pas un Instrument propre à observer si le Soleil est *fixe*, ou *s'il tourne sur son axe*. Madame de la Sabliere avoit raison d'en reprendre Mr. Despréaux, qui eût beaucoup mieux fait de profiter de la Critique de cette Dame, que de *s'en vanger* en la dépeignant comme une *savante ridicule* dans sa X. Satire. 2. Etre *fixe* par rapport au Soleil, & *tourner sur son axe*, ne sont pas deux choses opposées; car le Soleil est *fixe*, & il *tourne* en même tems *sur son axe*: il n'y a donc point-là d'alternative. 3. Le mot de *Parallaxe* est feminin, & non pas masculin; comme l'a fait Mr. Despréaux, qui n'en savoit aparemment pas le genre. Cela est bien plus vraisemblable, que de dire, comme fait le Commentateur dans la Remarque suivante, que Mr. Despréaux a *préféré* le masculin *comme plus poëtique*. Les Poëtes ne se sont jamais donné la liberté de changer les genres à leur fantaisie; & Mr. Despréaux étoit trop judicieux & trop exact pour donner dans ce defaut. Voyez la Remarque sur le 91. vers du IV. Chant de l'*Art Poëtique*, où l'on raporte l'extrait d'une de ses Lettres. ADD. *de l'Edit. d'Amst.*]

Vers 30. *Si Saturne à nos yeux peut faire un parallaxe.*] Les Astronomes appelent Pa-

EPITRE V.

Que Rohaut vainement sèche pour concevoir
Comment tout étant plein, tout a pû se mouvoir:
Ou que Bernier compose & le sec & l'humide
Des corps ronds & crochus errans parmi le vuide.
35 Pour moi sur cette mer, qu'ici-bas nous courons,
Je songe à me pourvoir d'esquif & d'avirons;
A règler mes desirs, à prévenir l'orage,
Et sauver, s'il se peut, ma Raison du naufrage.
C'est au repos d'esprit que nous aspirons tous:
40 Mais ce repos heureux se doit chercher en nous.
Un Fou rempli d'erreurs, que le trouble accompagne,
Et malade à la ville, ainsi qu'à la campagne,
En vain monte à cheval pour tromper son ennui,
Le Chagrin monte en croupe, & galoppe avec lui.
45 Que crois-tu qu'Aléxandre, en ravageant la Terre,
Cherche parmi l'horreur, le tumulte & la guerre?
Possedé d'un ennui, qu'il ne sauroit domter,
Il craint d'être à soi-même, & songe à s'éviter.

REMARQUES.

rallaxe, la différence qui est entre le *lieu véritable* d'un Astre, & *son lieu apparent*; c'est à dire entre le lieu du Firmament auquel l'Astre répondroit s'il étoit vû du centre de la Terre; & le lieu auquel cet Astre répond étant vû de la surface de la Terre. Cette différence ou *Parallaxe* est d'autant plus grande, que l'Astre est plus près de l'Horizon, & qu'il est moins éloigné de la Terre. Ainsi, il n'y a point de *Parallaxe* quand l'Astre est sur notre tête; & la grande distance qu'il y a entre Saturne & la Terre, fait que la Parallaxe de cette Planète n'est presque pas sensible à notre égard. Tous les Astronomes font le mot de *Parallaxe*, du genre féminin. Notre Auteur auroit pû dire: *Si Saturne à nos yeux fait une Parallaxe.* Mais il a préferé l'autre manière comme plus poëtique.

Vers 31. *Que Rohaut vainement* &c.]
Vers 33. *Ou que Bernier compose* &c.] S'il y a quelque vuide dans la nature, ou si tout est absolument plein, c'est une question qui a partagé les Philosophes anciens & modernes, & particulièrement les deux plus célèbres Philosophes du dernier siècle, Descar-

tes, & Gassendi. Notre Auteur les désign en citant leurs plus déclarés Partisans. Rohaut dit avec *Descartes*, que tout espace é tant Corps, ce qu'on appèle *vuide* seroit e space, & corps par conséquent; & qu'ain non seulement il n'y a point de vuide, mai qu'il n'y en peut même point avoir. Bernie au contraire veut, après Gassendi, que tou soit composé d'atomes indivisibles, qui er rent dans un espace vuide infini, & que ce atomes ne peuvent se mouvoir sans laisse nécessairement entr'eux de petits espaces vu des. Car, disent les Gassendistes, comme les corps peuvent-ils se déplacer, & occupe la place de divers autres corps, si le vuid ne leur donne la liberté nécessaire à ce mou vement? A quoi les Cartésiens répondent qu'il suffit pour cela, que dans le mêm tems qu'un corps se meut, les corps conti gus se déplacent l'un l'autre, de telle mani re que, par un mouvement qui revient a circulaire, le dernier occupe la place du pre mier, à mesure qu'il la cède. Et comm la différente configuration des corps sembl s'opposer à ce mouvement, ces Philosoph ajoûtent, que la matière étant divisible

C'est là ce qui l'emporte aux lieux où naît l'Aurore,
50 Où le Perse est brûlé de l'Astre qu'il adore.
De nos propres malheurs Auteurs infortunez,
Nous sommes loin de nous à toute heure entraînez.
A quoi bon ravir l'or au sein du Nouveau Monde?
Le bonheur tant cherché sur la Terre & sur l'Onde,
55 Est ici, comme aux lieux où meurit le Coco,
Et se trouve à Paris, de même qu'à Cusco.
On ne le tire point des veines du Potose:
Qui vit content de rien, possède toute chose.
Mais sans cesse ignorans de nos propres besoins,
60 Nous demandons au Ciel ce qu'il nous faut le moins.
O! que si cet Hiver un rhume salutaire,
Guérissant de tous maux mon avare Beau-pere,
Pouvoit, bien confessé, l'étendre en un cercueil,
Et remplir sa maison d'un agréable deuil!
65 Que mon ame, en ce jour de joie & d'opulence,
D'un superbe convoi plaindroit peu la dépense!

REMARQUES.

l'infini, elle se brise en des parties si petites, & si differentes dans leurs figures, lors que la nécessité du mouvement le demande, qu'il s'en trouve toûjours qui peuvent s'ajuster de manière qu'il ne reste aucun vuide. Voilà, selon eux, *Comment tout étant plein, tout a pû se mouvoir.*
Jaques *Rohaut*, d'Amiens en Picardie, mourut à Paris en 1675. Il est enterré à Sainte Geneviève, où l'on voit son Epitaphe à côté de celle du fameux Descartes. François *Bernier*, Docteur en Médecine de la Faculté de Montpellier, après avoir fait de longs voïages, & séjourné long-tems dans le Mogol, revint à Paris où il est mort. Il a fait l'Abregé de Gassendi.
IMITATIONS. Vers 44. *Le Chagrin monte en croupe & galoppe avec lui.*] Horace, Ode I. du Livre III. 37.
――――― *Sed timor & minæ*
Scandunt eòdem quò dominus, neque
Decedit ærata triremi, &
Post equitem sedet atra cura.
Notre Poëte a rencheri sur la pensée d'Horace, en ajoûtant: *& galoppe avec lui.*

IMITATIONS. Vers 54. *Le bonheur tant cherché &c.*] Horace, Epître XI. du Liv. I. 28.
――――― *Navibus atque*
Quadrigis petimus bene vivere. Quod petis,
hic est:
Est Ulubris: animus si te non deficit æquus.
Vers 55. ――― *Comme aux lieux où meurit le Coco.*] Dans les Indes Orientales, & dans l'Afrique.
Vers 56. ――― *De même qu'à Cusco.*] Ville Capitale du Perou dans l'Amérique.
Vers 57. ――― *Des veines du Potosi.*] Le *Potose*, ou *Potosi*, Montagne où sont les mines d'Argent, dans le Perou. Il y avoit, *de Potosé*, dans la première édition.
IMITATIONS. Vers 61. *O! que si cet Hiver un rhume salutaire &c.*] Perse, Sat. II. v. 9.
――――― *O si*
Ebullit patrui præclarum funus! &, ô si
Sub rastro crepet argenti mihi seria, dextro-
Hercule! pupillumve utinam, quem proximus heres
Impello, expungam!

EPITRE V.

Difoit le mois paffé, doux, honnête & foûmis,
L'héritier affamé de ce riche Commis,
Qui, pour lui préparer cette douce journée,
70 Tourmenta quarante ans fa vie infortunée.
La Mort vient de faifir le Vieillard catherreux.
Voilà fon Gendre riche. En eft-il plus heureux?
Tout fier du faux éclat de fa vaine richeffe,
Déja nouveau Seigneur il vante fa nobleffe.
75 Quoique fils de Meûnier encor blanc du Moulin,
Il eft prêt à fournir fes titres en vélin.
En mille vains projets à toute heure il s'égare.
Le voilà fou, fuperbe, impertinent, bizare,
Rêveur, fombre, inquiet, à foi-même ennuyeux.
80 Il vivroit plus content, fi, comme fes ayeux,
Dans un habit conforme à fa vraie origine,
Sur le Mulet encore il chargeoit la farine.
Mais ce difcours n'eft pas pour le peuple ignorant,
Que le fafte éblouït d'un bonheur apparent.
85 L'Argent, l'Argent, dit-on; fans lui tout eft ftérile.
La Vertu fans l'Argent n'eft qu'un meuble inutile.
L'Argent en honnête homme érige un fcélérat.
L'Argent feul au Palais peut faire un Magiftrat.
Qu'importe qu'en tous lieux on me traite d'infame,

REMARQUES.

IMITATIONS. Vers 86. *La Vertu fans l'argent n'eft qu'un meuble inutile.*] Horace, Epître I. Liv. I. 35.

O Cives, Cives, quærenda pecunia primùm eft;
Virtus poft nummos.

Et dans la Satire première du Livre I. 61.

At bona pars hominum decepta cupidine falfo,
Nil fatis eft, inquit, quia tanti, quantum habeas, fis.

CHANGEMENT. Vers 97. *J'eftime autant Patru* &c.] Au lieu des deux vers qui font ici, il y avoit dans les premières éditions:

Je fai que dans une ame où manque la Sageffe,

Le bonheur n'eft jamais un fruit de la Richeffe.

Mais après la mort de Mr. Patru, qui arriva au mois de Janvier 1681. l'Auteur fupprima ces derniers vers, & mit les deux autres à la place.

Ibid. *J'eftime autant Patru* &c.] Olivier Patru, faméux Avocat, & le meilleur Grammairien de notre Siècle. Voïez la Remarque fur le vers 123. de la Satire I.

Vers 99. ——— *De ce Sage infenfé.*] Cratès, Philofophe Cynique. Horace dit à peu près la même chofe du Philofophe Ariftippe, qui voïageant dans la Libye, ordonna à fes Efclaves de jetter fon Argent qu'ils portoient; afin d'aller plus vîte. Voïez la Note fuivante.

IMI-

EPITRE V.

90 Dit ce Fourbe sans foi, sans honneur, & sans ame;
Dans mon coffre, tout plein de rares qualitez,
J'ai cent mille vertus en Louis bien comptez.
Est-il quelque talent que l'Argent ne me donne?
C'est ainsi qu'en son cœur ce Financier raisonne.
95 Mais pour moi, que l'éclat ne sauroit decevoir,
Qui mets au rang des biens l'Esprit & le Savoir,
J'estime autant Patru, même dans l'indigence,
Qu'un Commis engraissé des malheurs de la France.
Non que je sois du goût de ce Sage insensé,
100 Qui d'un argent commode esclave embarrassé,
Jetta tout dans la mer, pour crier, Je suis libre.
De la droite Raison je sens mieux l'équilibre:
Mais je tiens qu'ici-bas, sans faire tant d'apprêts,
La Vertu se contente, & vit à peu de frais.
105 Pourquoi donc s'égarer en des projets si vagues?
Ce que j'avance ici, croi-moi, cher Guilleragues,
Ton Ami dès l'enfance ainsi l'a pratiqué.
Mon Pere, soixante ans au travail appliqué,
En mourant me laissa pour rouler & pour vivre,
110 Un revenu léger, & son exemple à suivre.
Mais bien-tôt amoureux d'un plus noble métier,
Fils, frere, oncle, cousin, beau-frere de Greffier,

REMARQUES.

IMITATIONS. Ibid. *De ce Sage insensé* &c.] Horace, L. II. Sat. III. 100.
Græcus Aristippus, qui servos projicere an—
rum
In mediâ jussit Libyâ; quia tardiùs irent:
Propter onus segnes.
Vers 108. *Mon Pere.*] Gilles Boileau, Greffier du Conseil de la Grand' Chambre: également recommandable par sa probité, & par son expériènce dans les affaires. Il mourut en 1657. âgé de 73. ans.
Vers 109. *En mourant me laissa* &c.] Environ douze mille Ecus de Patrimoine, dont notre Auteur mit environ le tiers à fond-perdu sur l'Hôtel de Ville de Lyon, qui lui fit une rente de quinze cens livres pendant sa vie. Mais son bien s'augmenta considerablement dans la suite, par des successions, & par des pensions que le Roi lui donna.
Vers 112. ——— *Frere, Oncle, Cousin, Beau-frere de Greffier.*] *Frere:* de Jérome Boileau son aîné, qui a possèdé la Charge du Pere: Il mourut au mois de Juillet, 1679.
Oncle: de Mr. Dongois, Greffier de l'Audience à la Grand' Chambre; fils d'une Sœur de l'Auteur.
Cousin: du même Mr. Dongois, qui a épousé une cousine germaine de notre Poëte.
Beau-frere: de Mr. Sirmond qui a eû la même Charge de Greffier du Conseil de la Grand' Chambre.

EPITRE V.

Pouvant charger mon bras d'une utile liasse;
J'allai loin du Palais errer sur le Parnasse.
115 La Famille en pâlit, & vit en fremissant,
Dans la poudre du Greffe un Poëte naissant.
On vit avec horreur une Muse effrénée
Dormir chez un Greffier la grasse matinée.
Dès-lors à la richesse il fallut renoncer.
200 Ne pouvant l'acquerir, j'appris à m'en passer;
Et sur tout redoutant la basse servitude,
La libre Vérité fut toute mon étude.
Dans ce métier funeste à qui veut s'enrichir,
Qui l'eût crû, que pour moi le Sort dût se fléchir?
125 Mais du plus grand des Rois la bonté sans limite,
Toujours prête à courir au devant du Mérite,
Crut voir dans ma franchise un mérite inconnu,
Et d'abord de ses dons enfla mon revenu.
La brigue, ni l'envie à mon bonheur contraires,
130 Ni les cris douloureux de mes vains Adversaires,
Ne pûrent dans leur course arrêter ses bienfaits.
C'en est trop: mon bonheur a passé mes souhaits.
Qu'à son gré desormais la Fortune me jouë,
On me verra dormir au branle de sa rouë.
135 Si quelque soin encore agite mon repos,
C'est l'ardeur de louër un si fameux Heros.
Ce soin ambitieux me tirant par l'oreille,
La nuit, lorsque je dors, en sursaut me réveille;
Me dit que ces bienfaits, dont j'ose me vanter,
140 Par des Vers immortels ont dû se mériter.

REMARQUES.

Vers 118. *La grasse matinée*] Il étoit un grand dormeur, particulièrement dans sa jeunesse: car il se levoit ordinairement fort tard, & dormoit encor l'après-dinée.

Vers 130. *Ni les cris douloureux de mes vains adversaires.*] Le Roi aïant donné une pension de deux mille livres à l'Auteur, un Seigneur de la Cour, qui n'aimoit pas Mr. Despréaux, s'avisa de dire, que bien-tôt le Roi donneroit des pensions aux voleurs de grand Chemin. Le Roi sut cette réponse, & en fut fort irrité. Celui qui l'avoit faite fut obligé de la désavoüer.

EPITRE V.

C'est là le seul chagrin qui trouble encor mon ame.
Mais si dans le beau feu du zèle qui m'enflame,
Par un Ouvrage enfin des Critiques vainqueur,
Je puis sur ce sujet satisfaire mon cœur;
145 Guilleragues, plain-toi de mon humeur légère,
Si jamais entraîné d'une ardeur étrangère,
Ou d'un vil interêt reconnoissant la loi,
Je cherche mon bonheur autre part que chez moi.

REMARQUES.

IMITATIONS. Vers 133. *Qu'à son gré desormais la Fortune me joue* :] Corneille, Illusion Comique, Acte V. Scene V.

Ainsi de nôtre espoir la Fortune se joue :
Tout s'élève ou s'abaisse au branle de sa rouë.

EPITRE VI.

A M. DE LAMOIGNON,
AVOCAT GENERAL.

OUI, LAMOIGNON, je fuis les chagrins de la Ville,
Et contre eux la Campagne eft mon unique azile.
Du Lieu qui m'y retient veux-tu voir le Tableau ?
C'eft un petit Village, ou plûtôt un Hameau,
5 Bâti fur le penchant d'un long rang de collines,
D'où l'œil s'égare au loin dans les plaines voifines.
La Seine au pié des monts, que fon flot vient laver,
Voit du fein de fes eaux vingt Iles s'élever,
Qui partageant fon cours en diverfes manières,
10 D'une Rivière feule y forme vingt Rivières.
Tous fes bords font couverts de Saules non plantez,
Et de Noiers fouvent du Paffant infultez.
Le Village au deffus forme un amphithéatre,
L'Habitant ne connoît ni la chaux ni le plâtre.
15 Et dans le roc, qui cède & fe coupe aifément,
Chacun fait de fa main creufer fon logement.
La Maifon du Seigneur, feule un peu plus ornée,

REMARQUES.

CEtte Epître a été compofée en l'année 1677. après l'Epitre VII. l'Auteur étant allé paffer quelque tems à Hautîle, petite Seigneurie près de la Roche-Guion, qui apartenoit à Mr. Dongois fon Neveu. Mr. de Lamoignon le Fils, Avocat Général, lui écrivit une Lettre par laquelle il lui reprochoit fon long féjour à la Campagne & l'exhortoit de revenir à Paris. Mr. Defpréaux lui envoïa cette Epître, dans laquelle il décrit les douceurs dont il jouït à la Campagne, & les chagrins qui l'attendent à la Ville. On peut lire la Satire fixième d'Horace, Livre fecond, qui eft fur le même fujet. Mr. Chreftien François de Lamoignon, à qui cette Epître eft adreffée, étoit né le 26. de Juin, 1644. & il mourut le 7. d'Août, 1709. après s'être fait admirer fucceffivement dans les Charges d'Avocat Général, & de Prefident à Mortier.

Vers 4. *C'eft un petit Village*, &c.] Hautîle, près de la Roche-Guion, du côté de Mante à treize lieuës de Paris. Dans toutes les éditions il y avoit à la marge : *Hautîle, proche la Roche-Guion*. Je fis remarquer à l'Auteur cette confonance vicieufe : *proche la Roche*, & il la corrigea dans fa dernière edition de 1701. La defcription qu'il a faite de ce Village & des environs, eft très-éxacte & d'après nature.

Vers 25. *Tantôt un Livre en main* &c.] Il lifoit alors les Effais de Montagne, dont il marque le caractère par ce vers:

J'occupe ma Raifon d'utiles rêveries.

En

EPITRE VI.

Se présente au dehors de mur environnée.
Le Soleil en naissant la regarde d'abord;
20 Et le mont la défend des outrages du Nord.
C'est-là, cher Lamoignon, que mon esprit tranquile
Met à profit les jours que la Parque me file.
Ici dans un vallon bornant tous mes desirs,
J'achète à peu de frais de solides plaisirs.
25 Tantôt, un Livre en main errant dans les prairies,
J'occupe ma Raison d'utiles rêveries.
Tantôt cherchant la fin d'un Vers que je construi,
Je trouve au coin d'un Bois le mot qui m'avoit fui.
Quelquefois aux appas d'un hameçon perfide,
30 J'amorce, en badinant, le poisson trop avide;
Ou d'un plomb qui suit l'œil, & part avec l'éclair,
Je vais faire la guerre aux habitans de l'air.
Une table, au retour, propre & non magnifique
Nous présente un repas agréable & rustique.
35 Là, sans s'assujettir aux dogmes du Broussain,
Tout ce qu'on boit est bon, tout ce qu'on mange est sain.
La maison le fournit, la Fermière l'ordonne,
Et mieux que Bergerat l'appétit l'assaisonne.
O fortuné Séjour! ô Champs aimez des Cieux!
40 Que pour jamais foulant vos prez délicieux,

REMARQUES.

En effet, Montagne donne lui-même à ses Ecrits le nom de Rêveries: *Aussi moi*, dit-il, *je vois mieux que tout autre que ce sont ici des rêveries d'homme qui n'a goûté des Sciences que la croûte première.* L. I. ch. XXV.

Vers 29. *Quelquefois aux appas.*] On croit que l'Auteur auroit dû mettre à *l'appât*: ce dernier mot ne se mettant au pluriel, que dans le sens figuré: *les appas d'une Belle.*

IMITATIONS. Ibid. *Quelquefois aux appas* &c.] Martial, I. Epigr. 56.
Et piscem tremulâ salientem ducere setâ.

Vers 31. *Ou d'un plomb qui suit l'œil, & part avec l'éclair.*] Il faut lire, *suit l'œil*, & non pas, *fuit*, comme quelques-uns l'ont crû. La légéreté & le son de ce vers, expriment bien l'éclat & le promt effet d'un coup de fusil.

IMITATIONS. Vers 33. *Une table au retour* &c.] Martial, I. Epigr. LVI.
Pinguis inæquales ouerat cui Villica mensas,
Et sua non emptus præparat ova cinis.

Vers 35. ———— *Aux dogmes du Broussain.*] René Brulart, Comte du Broussin, fils de Louïs Brulart, Seigneur du Broussin & du Rancher; & de Madelaine Colbert. Voïez la Remarque qui est au commencement de la Satire troisième.

Vers 38. *Et mieux que Bergerat.*] Fameux Traiteur qui demeuroit à la Ruë des Bons-Enfans, à l'Enseigne des bons enfans.

IMITATIONS. Vers 39. *O fortuné séjour! ô champs* &c.] Horace, Livre II. Satire VI. v. 222.

EPITRE VI.

Ne puis-je ici fixer ma courſe vagabonde,
Et connu de vous ſeuls oublier tout le monde!
Mais à peine du ſein de vos vallons chéris
Arraché malgré moi, je rentre dans Paris,
45 Qu'en tous lieux les Chagrins m'attendent au paſſage.
Un Couſin, abuſant d'un fâcheux parentage,
Veut qu'encor tout poudreux, & ſans me débotter,
Chez vingt Juges pour lui j'aille ſolliciter.
Il faut voir de ce pas les plus conſidérables.
50 L'un demeure aux Marais, & l'autre aux Incurables.
Je reçoi vingt avis qui me glacent d'effroi.
Hier, dit-on, de vous on parla chez le Roi,
Et d'attentat horrible on traita la Satire.
Et le Roi, que dit-il? Le Roi ſe prit à rire.
55 Contre vos derniers Vers on eſt fort en courroux:

REMARQUES.

O rus, quando ego te aſpiciam? quandoque licebit
Nunc Veterum libris, nunc ſomno & inertibus horis
Ducere ſollicitæ jucunda oblivia vitæ?

Vers 46. *Un Couſin abuſant* &c.] Ce Couſin ſe nommoit Baltazar Boileau. Il avoit eu des biens conſidérables, & entre autres, trois charges de Païeur des Rentes; mais ces Charges aiant été ſupprimées, il étoit obligé de ſolliciter le rembourſement de ſa finance: & il avoit engagé notre Auteur dans ſes ſollicitations, ſur tout auprès de Mr. Colbert.

IMITATIONS. Vers 50. *L'un demeure aux Marais, & l'autre aux Incurables.*] Horace, Epitre II. du Livre II. 68.

— — *Cubat hic in Colle Quirini,*
Hic extremo in Aventino: viſendus uterque.
Intervalla vides humanè commoda.

Vers 54. — — *Le Roi ſe prit à rire.*] M. le Duc de Montauſier ne ſe laſſoit point de blâmer les Satires de notre Poëte. Un jour le Roi, peu touché des cenſures que ce Seigneur en faiſoit, ſe prit à rire, & lui tourna le dos. Quand l'Auteur récita au Roi cette Pièce, Sa Majeſté remarqua cet endroit ſur tous les autres, & ſe mit encore à rire de mémoire. Horace (II. Sat. II. 82.) comptoit auſſi ſur le ſuffrage d'Auguſte, en pareil cas.

Si mala condiderit in quem quis carmina, jus eſt,
Judiciumque. Eſto, ſi quis mala: ſed bona ſi quis
Judice condiderit laudatur Cæſare? Si quis
Opprobriis dignum latraverit, integer ipſe?
Solventur riſu tabulæ, tu miſſus abibis.

Vers 55. *Contre vos derniers Vers* &c.] C'eſt l'Epitre VII. à Mr. Racine, qui avoit été compoſée depuis peu. Comme elle contient pluſieurs traits ſatiriques, elle avoit excité de nouvelles rumeurs ſur le Parnaſſe. Pradon ſur tout, qui y étoit nommé en mal, publia une Critique des Poëſies de Mr. Deſpréaux, intitulée *le Triomphe de Pradon.* C'eſt à quoi fait alluſion le vers ſuivat: *Pradon a mis au jour un Livre contre vous.*

CHANGEMENT. Vers 58. *Autour d'un Caudebec.*] Notre Auteur avoit mis dans toutes les éditions; *A l'entour d'un caſtor;* mais ce mot, *à l'entour,* n'a aucun régime, & ſe dit abſolument. Il eſt Adverbe, & non pas Prépoſition. C'eſt pourquoi l'Auteur a fait mettre dans la dernière édition de 1701. *Autour d'un Caudebec.* C'eſt une ſorte de Chapeau fabriqué dans la Ville de *Caudebec* en Normandie.

Ibid. — — *J'en ai lû la Préface.*] C'eſt celle que Pradon avoit fait imprimer à la tête de ſa Tragédie de Phèdre, au mois de Mars, 1677. car cette Préface eſt toute contre Mr. Deſ-

EPITRE VI.

Pradon a mis au jour un Livre contre vous,
Et chez le Chapelier du coin de nôtre Place,
Autour d'un Caudebec j'en ai lû la Préface.
L'autre jour sur un mot la Cour vous condamna.
60 Le bruit court qu'avant-hier on vous assassina.
Un Ecrit scandaleux sous votre nom se donne.
D'un Pasquin, qu'on a fait, au Louvre on vous soupçonne.
Moi ? Vous. On nous l'a dit dans le Palais Roïal.
Douze ans sont écoulez depuis le jour fatal,
65 Qu'un Libraire imprimant les essais de ma plume,
Donna pour mon malheur, un trop heureux volume.
Toujours, depuis ce tems, en proie aux sots discours,
Contre eux la Vérité m'est un foible secours.
Vient-il de la Province une Satire fade,
70 D'un Plaisant du païs insipide boutade ;

REMARQUES.

Despréaux & Mr. Racine.

Vers 60. *Le bruit court qu'avant-hier on vous assassina.*] L'Abbé Tallemant l'aîné avoit fait courir ce faux bruit. Voïez le vers 90. de l'Epître qui suit. Pradon étant à la table de Mr. Pellot, Premier Président à Roüen, avoit dit que Mr. Despréaux avoit reçu des coups de bâton. *Avant-hier:* dans ce mot composé, nôtre Poëte ne donne qu'une syllabe à *Hier*; quoi qu'il l'ait fait de deux syllabes dans le vers 52. *Hier, de vous, dit-on,* &c. C'est, disoit-il, parce que le mot *Hier*, ne seroit pas assez soutenu, si on ne le faisoit que d'une syllabe quand il est seul : au lieu qu'il est assez soutenu quand il est joint à un autre mot comme *Avant-hier.*

Vers 61. *Un Ecrit scandaleux sous votre nom se donne.*] On attribuoit faussement à notre Auteur, un Sonnet satirique contre Mr. le Duc de Nevers. Voïez les Remarques sur le dernier vers de l'Epître suivante.

Vers 63. ———— *On nous l'a dit dans le Palais Roïal.*] La plupart des Nouvellistes s'assemblent dans le jardin du Palais Roïal; & l'on apèle ordinairement les nouvelles fausses ou suspectes, *des nouvelles du Palais Roïal.*

IMITATIONS. Vers 64. *Douze ans sont écoulez*, &c.] Horace, L. II. Sat. VI. 40.
Septimus octavo propior jam fugerit annus.
Ex quo Mecænas me cœpit habere suorum
In numero. . . . .
Per totum hoc tempus subjectior in diem &
horam
Invidiæ.

Ibid. *Douze ans sont écoulez* &c.] La première édition des Satires fut faite au mois de Mars, 1666. Ainsi, la douzième année couroit en 1677. quand l'Auteur composoit cette Pièce. Horace se plaignoit aussi de ce que l'amitié dont Mécène l'honoroit depuis près de huit ans, l'avoit exposé aux traits des Envieux. Voïez la Note précédente.

Vers 69. *Vient-il de la Province une Satire fade,* &c.] Dans les éditions contrefaites des Oeuvres de Mr. Despréaux, les Libraires ont inséré quantité de méchantes Satires dont il n'est point l'Auteur, & qui sont indignes de lui. Telles sont les Satires *contre le Mariage* ; contre les *maltôtes Ecclésiastiques* ; contre les *Directeurs* ; contre les *Abbez* : & plusieurs autres Pièces de la même force. Quelque remarquable que soit la différence qu'il y a entre ces Satires & celles de notre Auteur, bien des gens qui n'ont pas le discernement assez juste, ou qui n'en ont point du tout, ne laissent pas de lui attribuer ces misérables Pièces. Il a même été plus d'une fois exposé au déplaisir, très-sensible à un Auteur, de s'entendre loüer principalement sur ces Ouvrages supposez, & par des gens qui ne lui disoient pas un mot de ses véritables

Pour la faire courir, on dit qu'elle est de moi;
Et le sot Campagnard le croit de bonne foi.
J'ai beau prendre à témoin & la Cour & la Ville,
Non; à d'autres, dit-il, on connoît votre stile.
75 Combien de tems ces Vers vous ont-ils bien coûté?
Ils ne sont point de moi, Monsieur, en vérité.
Peut-on m'attribuër ces sottises étranges?
Ah! Monsieur, vos mépris vous servent de loüanges.
   Ainsi de cent chagrins dans Paris accablé,
80 Juge, si toujours triste, interrompu, troublé,
Lamoignon, j'ai le tems de courtiser les Muses.
Le monde cependant se rit de mes excuses,
Croit que pour m'inspirer sur chaque évenement,
Apollon doit venir au premier mandement.
85 Un bruit court que le Roi va tout réduire en poudre,
Et dans Valencienne est entré comme un foudre;
Que Cambrai, des François l'épouvantable écueil,
A vû tomber enfin ses murs & son orgueil:
Que devant Saint-Omer, Nassau, par sa défaite,

REMARQUES.

bles Ouvrages. Un Capucin entre autres, étant à Bourbon dans le tems que notre Poëte y prenoit les eaux, voulut lui faire voir qu'il avoit bien lû ses Poësies, & crut lui faire beaucoup d'honneur en le félicitant sur la Satire *contre le Mariage*, dont il se mit à réciter les premiers vers. En vain Mr. Despréaux s'efforça de lui persuader qu'il n'étoit point l'Auteur de cette pitoïable Pièce: le bon Capucin n'en voulut rien croire; & trouva même un nouveau sujet de le loüer sur sa modestie, parce qu'il refusoit l'honneur qui lui revenoit si justement de ce bel Ouvrage. Une autre fois la même chose lui arriva en ma présence. Un Provincial qui se disoit Neveu de feu Mr. Fourcroi, célebre Avocat, vint voir Mr. Despréaux sous prétexte de le consulter sur une petite difficulté de Grammaire. Cet homme s'avisa ensuite de parler *des beaux Ouvrages* de Mr. Despréaux, sur tout de la Satire qu'il avoit faite, disoit-il, contre les *Gens d'Eglise*. Il se récria beaucoup *sur ces Gens de Mitres &* de *Crosses*, qui sont *rouler de superbes Carosses*; & il alloit continuër, quand Mr. Despréaux indigné d'un jugement si faux: *Je vois bien*, lui dit-il, en soûriant malignement, *que vous ne connoissez pas encore mes Ouvrages; mais je veux vous apprendre à les connoitre, par ces vers que j'ai faits contre ceux qui en jugent aussi mal que vous:*
Vient-il de la Province une Satire fade,
D'un Plaisant du païs insipide boutade,
Pour la faire courir on dit qu'elle est de moi:
Et le sot Campagnard le croit de bonne foi.
Et disant ce dernier vers Mr. Despréaux jetta un regard fier & méprisant sur son homme, & le congédia.

Vers 86. *Et dans Valencienne.*] Le Roi aïant fait investir la ville de Valencienne au commencement de Mars, 1677. cette Ville, après quelques jours de siège, fut emportée d'assaut en moins d'une demi-heure. Les François entrèrent pêle-mêle avec les Assiègez, & se rendirent maîtres de la Place. Le Roi sauva cette Ville du pillage.

Vers

EPITRE VI.

90 De Philippe vainqueur rend la gloire complète.
Dieu fait comme les Vers chez vous s'en vont couler,
Dit d'abord un ami qui veut me cageoler,
Et dans ce tems guerrier, & fécond en Achilles,
Croit que l'on fait les Vers comme l'on prend les Villes.
95 Mais moi, dont le génie est mort en ce moment,
Je ne fai que répondre à ce vain compliment :
Et justement confus de mon peu d'abondance,
Je me fais un chagrin du bonheur de la France.
Qu'heureux est le Mortel, qui du monde ignoré,
100 Vit content de foi-même en un coin retiré!
Que l'amour de ce rien, qu'on nomme Renommée,
N'a jamais enivré d'une vaine fumée;
Qui de fa liberté forme tout fon plaifir,
Et ne rend qu'à lui feul compte de fon loifir!
105 Il n'a point à fouffrir d'affronts ni d'injuftices;
Et du peuple inconftant il brave les caprices.
Mais nous autres faifeurs de Livres & d'Ecrits,
Sur les bords du Permeffe aux loüanges nourris,

REMARQUES.

Vers 87. *Que Cambrai, des François l'épouvantable écueil.*] Sous les règnes précédens, Cambrai avoit été affiégé inutilement par les François; mais après vingt jours de fiège, le Roi fe rendit maître de la Ville & de la Citadelle, le 17. d'Avril, 1677.

Vers 90. *De Philippe vainqueur* &c.] Philippe de France, Duc d'Orléans, fit le fiège de St. Omer, pendant que le Roi affiègeoit Cambrai. Guillaume de Naffau, Prince d'Orange, défefpérant de fauver Cambrai, marcha avec trente mille hommes pour fecourir Saint-Omer, & vint fe pofter fur les hauteurs de Caffel. Au bruit de fa marche, le Duc d'Orléans laiffa des Troupes devant la Place; & quoi qu'inférieur en nombre, il alla au devant de lui pour le combattre. Malgré le défavantage du nombre & du lieu, ce Prince remporta une victoire complette, * & mit en fuite le Prince d'Orange avec fes troupes. Après la victoire de Caffel, le Duc d'Orléans rentra dans les Lignes pour continuer le fiège de Saint-Omer qui capitula le 20 d'Avril, 1677. L'Auteur m'a fait remarquer que dans les quatre vers précédens, où il parle des conquêtes du Roi, il avoit emploïé tout ce que la Poëfie a de plus grand & de plus magnifique. Mais que voulant enfuite parler, dans ces deux derniers vers, de la double victoire remportée par Monfieur, il avoit pris un ton moins haut, & avoit choifi des termes moins élevez : ne voulant pas mettre ce Prince en parallèle avec le Roi.

IMITATIONS. Vers 99. *Qu'heureux eft le Mortel.*] Un autre Poëte a fait le même fouhait :

Felix ille animi, Divifque fimillimus ipfis,
Quem non mendaci refplendens gloria fuco
Sollicitat, non faftofi mala gaudia luxus :
Sed tacitos finit ire dies, & paupere cultu
Exigit innocuæ tranquilla filentia vitæ.
Angel. Politianus, *in Ruftico v. 17.*

* *Le Dimanche des Rameaux, 11. d'Avril, 1677.*

Vers

Nous ne saurions briser nos fers & nos entraves;
110 Du Lecteur dédaigneux honorables esclaves.
Du rang où notre esprit une fois s'est fait voir,
Sans un fâcheux éclat nous ne saurions déchoir.
Le Public, enrichi du tribut de nos veilles,
Croit qu'on doit ajoûter merveilles sur merveilles.
115 Au comble parvenus il veut que nous croissions.
Il veut en vieillissant que nous rajeunissions.
Cependant tout décroît, & moi-même à qui l'âge
D'aucune ride encor n'a flétri le visage,
Déja moins plein de feu, pour animer ma voix
120 J'ai besoin du silence & de l'ombre des Bois.
Ma Muse qui se plaît dans leurs routes perduës,
Ne sauroit plus marcher sur le pavé des ruës.
Ce n'est que dans ces bois propres à m'exciter,
Qu'Apollon quelquefois daigne encor m'écouter.
125 Ne demande donc plus par quelle humeur sauvage,
Tout l'Eté loin de toi demeurant au village,
J'y passe obstinément les ardeurs du Lion,
Et montre pour Paris si peu de passion.
C'est à toi, Lamoignon, que le rang, la naissance,
130 Le mérite éclatant, & la haute éloquence
Appèlent dans Paris aux sublimes emplois,
Qu'il sied bien d'y veiller pour le maintien des Loix.
Tu dois là tous tes soins au bien de ta patrie.
Tu ne t'en peux bannir que l'Orphelin ne crie;

REMARQUES.

Vers 116. *Il veut en vieillissant, que nous rajeunissions.*] C'est pour se plaindre de cette injustice, qu'il a composé l'Epître X. à ses Vers.

Vers 117. ——— *Et moi-même à qui l'âge* &c.] Il étoit dans sa quarante-unième année.

Vers 127. *J'y passe obstinément les ardeurs du Lion.*] Le mois de Juillet pendant lequel le Soleil est dans le Signe du Lion.

IMITATIONS. Ibid. ——— *Les ardeurs du Lion.*] Horace Livre I. Epître X. 15.

——— ——— *Ubi gratior aura Leniat & rabiem Canis, & momenta Leonis,*
Cum semel accepit solem furibundus acutum.

Vers 132. *Qu'il sied bien d'y veiller pour le maintien des Loix.* &c.] Ce vers & les quatre suivans expriment les principales fonctions de la Charge d'Avocat Général.

Vers 146. ——— *Pour s'enfuir à Bâville.*] Seigneurie considérable qui apartient à Mr. de Lamoignon. Elle est à neuf lieües
de

EPITRE VI.

135 Que l'Oppresseur ne montre un front audacieux;
Et Thémis pour voir clair a besoin de tes yeux.
Mais pour moi, de Paris Citoïen inhabile,
Qui ne lui puis fournir qu'un rêveur inutile,
Il me faut du repos, des prez & des forêts.
140 Laisse-moi donc ici, sous leurs ombrages frais,
Attendre que Septembre ait ramené l'Automne,
Et que Cerès contente ait fait place à Pomone.
Quand Bacchus comblera de ses nouveaux bienfaits
Le Vendangeur ravi de ploïer sous le faix,
145 Aussi-tôt ton Ami, redoutant moins la Ville,
T'ira joindre à Paris, pour s'enfuir à Bâville.
Là, dans le seul loisir que Thémis t'a laissé,
Tu me verras souvent à te suivre empressé,
Pour monter à cheval rappelant mon audace,
150 Apprentif Cavalier galopper sur ta trace.
Tantôt sur l'herbe assis au pié de ces côteaux,
Où Polycrène épand ses liberales eaux,
Lamoignon, nous irons, libres d'inquiétude,
Discourir des Vertus dont tu fais ton étude:
155 Chercher quels sont les biens véritables ou faux:
Si l'honnête homme en soi doit souffrir des défaux:
Quel chemin le plus droit à la gloire nous guide,
Ou la vaste Science, ou la Vertu solide.
C'est ainsi que chez toi tu sauras m'attacher.
160 Heureux! si les Fâcheux, promts à nous y chercher,

REMARQUES.

de Paris, du côté d'Etampes & de Châtres.

Vers 152. *Où Polycrène épand ses liberales eaux.*] Fontaine à une demi-lieuë de Bâville, ainsi nommée par Mr. le Premier Président de Lamoignon. Ce nom desigue l'abondance de ses eaux. Cette Fontaine a été chantée par nos plus grands Poëtes*, & elle est devenuë presque aussi célèbre que l'Hippocrène.

IMITATIONS. Vers 155. *Chercher quels sont les biens &c.*] Horace, Livre II. Satire VI. 72.

— — — *Quod magis ad nos*
Pertinet, & nescire malum est, agitamus:
 utrumne
Divitiis homines, an sint virtute beati:
Quidve ad amicitias, usus, rectumne, trahat nos:
Et quæ sit natura boni, summumque quid
 ejus.

* *Le P. Rapin, Le P. Commire, Mr. Despréaux, &c.*
Tom. I.

N'y viennent point semer l'ennuïeuse tristesse.
Car dans ce grand concours d'Hommes de toute espèce,
Que sans cesse à Bâville attire le devoir;
Au lieu de quatre Amis qu'on attendoit le soir,
165 Quelquefois de Fâcheux arrivent trois volées,
Qui du parc à l'instant assiègent les allées.
Alors sauve qui peut, & quatre fois heureux,
Qui sait pour s'échapper quelque antre ignoré d'eux.

EPITRE VII.

A M. RACINE.

QUE tu sais bien, Racine, à l'aide d'un Acteur,
Emouvoir, étonner, ravir un Spectateur !
Jamais Iphigénie, en Aulide immolée,
N'a coûté tant de pleurs à la Grèce assemblée,
5 Que dans l'heureux spectacle à nos yeux étalé,
En a fait sous son nom verser la Chanmeslé.
Ne croi pas toutefois, par tes savans Ouvrages,
Entraînant tous les cœurs, gagner tous les suffrages.

REMARQUES.

CEtte Epître fut composée à l'occasion de la Tragédie de Phèdre & Hippolyte, que Mr. Racine fit représenter pour la première fois le premier Jour de l'année 1677. sur le Théatre de l'Hôtel de Bourgogne. Quelques personnes de la première distinction, unies de goût & de sentimens, aiant appris que Mr. Racine travailloit à sa Phèdre, poufférent Pradon à faire une Tragédie sur le même sujet, pour mortifier Mr. Racine, & pour faire tomber sa Pièce quand elle paroîtroit. Pradon, fier d'un certain succès que la Cabale avoit attiré à ses premières Tragédies *, fut assez vain pour oser joûter contre cet illustre Poëte : il composa donc sa Phèdre par émulation, & la fit joüer deux jours après celle de Mr. Racine, par les Comédiens du Roi. Quelque mauvaise que fut la Pièce de Pradon, elle ne laissa pas de paroître d'abord avec éclat, & même de se soutenir pendant quelque tems. Deux choses principalement contribuèrent à ce succès : la concurrence des deux Tragédies, & les applaudissemens excessifs des protecteurs de Pradon donnèrent à sa Pièce. D'ailleurs, tous ceux qui ne pouvoient pas entrer à la Phèdre de Racine, (& c'étoit le plus grand nombre) alloient à celle de Pradon. Mais le Public fut bien tôt fixé : la Tragédie de Pradon fut entièrement oubliée ; & celle de Racine est regardée encore aujourd'hui comme la plus parfaite de ses Pièces, & le chef-d'œuvre du Théatre. Le sujet de cette Epître VII. est l'utilité qu'on peut retirer de la jalousie de ses ennemis, & en particulier des bonnes & des mauvaises critiques. Plutarque a fait un Traité sur le même sujet. Cette Epître a été faite avant la sixième, au commencement de l'année 1677. Au mois d'Octobre suivant, Mr. Despréaux & Mr. Racine furent choisis pour écrire l'histoire du Roi.

Vers 1. *Que tu sais bien, Racine, à l'aide d'un Acteur*, &c.] Les Ennemis mêmes de Mr. Racine ont été obligez de convenir du grand succès de ses Tragédies ; mais ils ont crû diminuër la réputation de cet illustre Poëte, en disant qu'une partie de sa gloire étoit duë aux Acteurs qui les joüoient. Les Acteurs d'aujourd'hui ont bien fait évanouïr ce reproche. Il est vrai que Mr. Racine en avoit trouvé d'excellens. *Montfleuri* fit de si grans efforts pour représenter le personnage d'Oreste dans l'Andromaque, qu'il en mourut. La Marianne de Tristan avoit causé le même sort à Mondori Comédien.

CHANGEMENT. Vers 6. *En a fait*.] Première édition ; *N'en a fait*.

Ibid. *En a fait sous son nom verser la Chanmeslé*.] Célèbre Actrice. Mr. Racine qui récitoit admirablement bien, avoit pris soin de la former. Elle mourut au mois de Juillet 1698. à Auteuil, près de Paris, où elle étoit allée prendre l'air. Pendant sa dernière maladie elle renonça au Théatre en présence du Curé de St. Sulpice, & avant sa mort elle renouvella cette abjuration entre les mains du Curé d'Auteuil. Elle a été enterrée à St. Sulpice, qui étoit sa paroisse. Chanmeslé son mari, qui étoit aussi Comédien, mourut subitement en 1701. sortant du Cabaret.

* *Pirame & Thisbé: Tamerlan.*

EPITRE VII.

Si-tôt que d'Apollon un Génie inspiré,
10 Trouve loin du vulgaire un chemin ignoré,
En cent lieux contre lui les cabales s'amassent.
Ses Rivaux obscurcis autour de lui croassent;
Et son trop de lumière importunant les yeux,
De ses propres Amis lui fait des Envieux.
15 La Mort seule ici-bas, en terminant sa vie,
Peut calmer sur son nom l'Injustice & l'Envie;
Faire au poids du Bon Sens peser tous ses Ecrits,
Et donner à ses vers leur légitime prix.
Avant qu'un peu de terre, obtenu par priere,
20 Pour jamais sous la tombe eût enfermé Moliere,
Mille de ces beaux traits aujourd'hui si vantez,
Furent des sots Esprits à nos yeux rebutez.
L'Ignorance & l'Erreur à ses naissantes Pièces,
En habits de Marquis, en robes de Comtesses,
25 Venoient pour diffamer son chef-d'œuvre nouveau,
Et secoüoient la tête à l'endroit le plus beau.

REMARQUES.

IMITATIONS. Vers 15. *La Mort seule ici bas*, &c.] Horace l'a dit en plus d'un endroit.
  Virtutem incolumem odimus :
  Sublatam ex oculis quærimus invidi. L. III.
     Ode XXIV. 31.
Le même dans l'Epître première du Livre second, vers 12.
  Comperit invidiam supremo fine domari.
  Urit enim fulgore suo qui prægravat artes
  Infra se positas. Extinctus amabitur idem.
Properce, Livre III. Elegie I. 21.
  At mihi quod vivo detraxerit invida turba,
  Post obitum duplici fœnore reddet honos.
Et Martial, dans plusieurs Epigrammes; &c.

CHANGEMENT. Vers 17. *Faire au poids du Bon Sens.*] Premières éditions : *Du droit sens.*

Ibid. *Faire au poids du bon sens* &c.] Première manière :
  Et réprimer . . . .
  Des Sots de qualité l'ignorante hauteur.
Mais l'Auteur supprima ces deux vers pour ne pas déplaire aux Personnes qui protégeoient la Piéce de Pradon.

Vers 19. *Avant qu'un peu de terre obtenu par priere* &c.] Moliere étant mort, les Comédiens se disposoient à lui faire un Convoi magnifique; mais Mr. de Harlai, Archevêque de Paris, ne voulut pas permettre qu'on l'inhumât. La femme de Moliere alla sur le champ à Versailles se jetter aux piés du Roi pour se plaindre de l'injure que l'on faisoit à la mémoire de son mari, en lui refusant la sépulture. Mais le Roi la renvoïa en lui disant, que cette affaire dépendoit du Ministère de Mr. l'Archevêque, & que c'étoit à lui qu'il falloit s'adresser. Cependant Sa Majesté fit dire à ce Prélat, qu'il fit en sorte d'éviter l'éclat & le scandale. Mr. l'Archevêque révoqua donc sa défense, à condition que l'enterrement seroit fait sans pompe & sans bruit. Il fut fait par deux Prêtres qui accompagnèrent le Corps, sans chanter; & on l'enterra dans le Cimetière qui est derrière la Chapelle de St. Joseph, dans la Ruë Montmartre. Tous ses amis y assistèrent aiant chacun un flambeau à la main. La Moliere

EPITRE VII.

Le Commandeur vouloit la Scène plus exacte.
Le Vicomte indigné sortoit au second Acte.
L'un défenseur zélé des Bigots mis en jeu,
30 Pour prix de ses bons mots, le condamnoit au feu:
L'autre, fougueux Marquis, lui déclarant la guerre,
Vouloit vanger la Cour immolée au Parterre:
Mais si-tôt que d'un trait de ses fatales mains
La Parque l'eut raïé du nombre des Humains,
35 On reconnut le prix de sa Muse éclipsée.
L'aimable Comédie avec lui terrassée,
En vain d'un coup si rude espera revenir,
Et sur ses brodequins ne put plus se tenir.
Tel fut chez nous le sort du Théatre Comique;
40 Toi donc, qui t'élevant sur la Scène Tragique,
Suis les pas de Sophocle, & seul de tant d'Esprits,
De Corneille vieilli sais consoler Paris;
Cesse de t'étonner, si l'Envie animée,
Attachant à ton nom sa rouille envenimée,

REMARQUES.

s'écrioit par tout: *Quoi, l'on refusera la sépulture à un homme qui mérite des Autels!*

Vers 23. *A ses naissantes Pièces.*] L'Ecole des Femmes, qui est une des premières Comédies de Moliere, fut fort suivie, & encore plus critiquée; mais l'Apologie qu'il fit de la Pièce, sous le nom de *Critique*, fit taire les Envieux.

IMITATIONS. Vers 26. *Et secouoient la tête à l'endroit le plus beau.*] L'Auteur avoit en vûë ce verset du Pseaume 28. *Omnes videntes me, deriserunt me: locuti sunt labiis, & moverunt caput.* v. 8.

Vers 27. *Le Commandeur vouloit la Scène plus exacte.*] Le Commandeur de Souvré n'approuvoit pas la Comédie de l'Ecole des femmes.

Vers 28. *Le Vicomte indigné sortoit au second Acte.*] Le Comte du Broussin pour faire sa Cour au Commandeur, sortit un jour au second Acte de la Comédie, disant tout haut qu'il ne savoit pas comment on avoit la patience d'écouter une Pièce où l'on violoit ainsi les règles.

Vers 29. ——— *Des Bigots mis en jeu.*] Dans la Comédie du Tartuffe.

Vers 31. *L'autre fougueux Marquis.*] Les Marquis ridicules de la Cour, auxquels ont succedé les *Petits-Maîtres*, étoient extrêmement irritez contre Moliere, parce qu'il les joüoit, & qu'il mettoit leurs propres mots aussi-bien que leurs manières, dans ses Comédies.

Vers 32. *Vouloit vanger la Cour immolée au Parterre.*] Allusion à un endroit de la Critique de l'Ecole des Femmes, scène cinquième, où Moliere se moque de ce Spectateur ridicule, qui étoit sur le Théatre pendant la représentation de cette Comédie, & qui à tous les éclats de risée que le Parterre faisoit, haussoit les épaules, & regardoit le Parterre en pitié; & quelquefois aussi le regardant avec dépit, lui disoit tout haut: *Ri donc, Parterre, Ri donc.* Il se nommoit Plapisson, & passoit pour un grand Philosophe.

IMITATIONS. Vers 38. *Et sur ses brodequins ne put plus se tenir.*] Quintilien, L. X. c. I. *In Comœdia maxime claudicamus.*

222 EPITRE VII.

45 La Calomnie en main, quelquefois te pourſuit.
En cela, comme en tout, le Ciel qui nous conduit,
Racine, fait briller ſa profonde ſageſſe.
Le Mérite en repos s'endort dans la pareſſe:
Mais par les Envieux un Génie excité
50 Au comble de ſon Art eſt mille fois monté.
Plus on veut l'affoiblir, plus il croît & s'élance.
Au Cid perſécuté Cinna doit ſa naiſſance;
Et peut-être ta plume aux Cenſeurs de Pyrrhus
Doit les plus nobles traits dont tu peignis Burrhus.
55 Moi-même, dont la gloire ici moins répanduë
Des pâles Envieux ne bleſſe point la vûë;
Mais qu'une humeur trop libre, un eſprit peu ſoumis,
De bonne heure a pourvu d'utiles Ennemis:
Je dois plus à leur haine, il faut que je l'avouë,
60 Qu'au foible & vain talent dont la France me louë.
Leur venin, qui ſur moi brûle de s'épancher,
Tous les jours en marchant m'empêche de broncher.
Je ſonge à chaque trait que ma plume hazarde,
Que d'un œil dangereux leur troupe me regarde.
65 Je ſai ſur leurs avis corriger mes erreurs,
Et je mets à profit leurs malignes fureurs.

REMARQUES.

Vers 45. *La Calomnie en main quelquefois te pourſuit.*] Madame Des Houlières avoit fait un Sonnet Satirique contre la Phèdre de Mr. Racine. Ce Sonnet fut rempli ſur les mêmes rimes contre M. le Duc de Nevers que l'on ſoupçonnoit d'être l'Auteur du premier Sonnet; & l'on accuſa fauſſement Mr. Racine d'avoir fait le ſecond. Voïez la remarque ſur le dernier vers de cette Epître.

Vers 52. *Au Cid perſécuté.*] Voïez la Remarque ſur le vers 231. de la Satire IX.

Vers 53. *Et peut-être ta plume aux Cenſeurs de Pyrrhus Doit les plus nobles traits dont tu peignis Burrhus.*] Ces deux vers déſignent L'*Andromaque*, & *Britannicus*, Tragédies de Racine. Il avoit fait repréſenter l'*Andromaque*, en 1668. Sur cette Pièce l'on jugea que ſon Auteur, qui étoit encore fort jeune*, égaleroit un jour, & peut-être ſurpaſſeroit le grand Corneille. Néanmoins l'Andromaque trouva des Cenſeurs. On condamna ſur tout le caractère de Pyrrhus, qu'on trouvoit trop violent, trop emporté, trop farouche. Ce fut le jugement qu'en portèrent quelques perſonnes judicieuſes, particulièrement le grand Prince de Condé. On fit alors une Critique de l'Andromaque en forme de Comédie †, dans laquelle on accuſoit encore Pyrrhus de brutalité, & même d'être un mal-honnête-homme, parce qu'il manquoit de parole à Hermione. Mr. Racine compoſa enſuite *Britannicus*; & dans cette Pièce il s'attacha à donner dans le perſonnage de Burrhus,

* *Il n'avoit que 27. ans.*
† *Intitulée,* la folle querelle, ou la Critique d'Andromaque: *par le Sr. de Subligny.*

EPITRE VII.

Si-tôt que sur un vice ils pensent me confondre,
C'est en me guériffant que je sai leur répondre;
Et plus en criminel ils pensent m'ériger,
70 Plus croiffant en vertu je songe à me vanger.
Imite mon exemple; & lors qu'une Cabale,
Un flot de vains Auteurs follement te ravale,
Profite de leur haine, & de leur mauvais sens:
Ris du bruit paffager de leurs cris impuiffans.
75 Que peut contre tes Vers une ignorance vaine?
Le Parnaffe François, ennobli par ta veine,
Contre tous ces complots saura te maintenir,
Et soûlever pour toi l'équitable Avenir.
Et qui, voyant un jour la douleur vertueuse
80 De Phèdre malgré soi perfide, incestueuse,
D'un si noble travail justement étonné,
Ne benira d'abord le siècle fortuné,
Qui rendu plus fameux par tes illustres veilles,
Vit naître sous ta main ces pompeuses merveilles?
85 Cependant laiffe ici gronder quelques Censeurs,
Qu'aigriffent de tes Vers les charmantes douceurs,
Et qu'importe à nos vers que Perrin les admire?

REMARQUES.

rhus, le Caractère d'un parfaitement honnête-homme.

Vers 65. *Je sai sur leurs avis corriger mes erreurs.* L'Auteur a rendu le mot de Philippe de Macédoine, qui disoit, qu'il avoit obligation aux Orateurs d'Athènes de l'avoir corrigé de ses défauts, à force de les publier. *Apophth. des Anciens.*

Vers 70. *Plus croiffant en vertu je songe à me vanger.*] Les amis de notre Auteur voulant un jour le détourner de la Satire, lui représentoient qu'il s'attireroit beaucoup d'ennemis, qui ne manqueroient pas de le décrier, & de noircir sa réputation : *Je sai un bon moien de m'en vanger,* répondit-il froidement; *C'est que je serai honnête homme.* Il disoit encore cette maxime de Plutarque: *Il faut avoir des amis, & des ennemis: des amis, pour nous apprendre notre devoir; & des ennemis pour nous obliger à le faire.* Plut. Comment on pourra recevoir utilité de ses ennemis.

Changement. Vers 72. *Un flot de vains Auteurs.*] Première édition : *Un tas de vains Auteurs.*

Vers 80. *De Phèdre malgré soi perfide, incestueuse.*] Malgré soi: un Héros tragique ne peut exciter la Pitié & la Terreur, à moins qu'il ne soit un peu criminel, & beaucoup malheureux. C'est le Caractère d'Oedipe dans Sophocle, & de Phèdre dans Racine.

Vers 87. *Et qu'importe à nos vers que Perrin les admire?*] Pierre Perrin, mauvais Poëte dont il a été parlé sur le vers 44. de la Satire VII.

Imitations. Ibid. *Et qu'importe à nos vers &c.*] Horace, Liv. I. Sat. X. 78.

Men' moveat cimex Pantilius? aut cruciet quòd
Vellicet absentem Demetrius? aut quòd ineptus
Fannius? Hermogenis lædat conviva Tigelli?
&c.

Vers

EPITRE VII.

Que l'Auteur du Jonas s'empresse pour les lire?
Qu'ils charment de Senlis le Poëte idiot,
90 Ou le sec Traducteur du François d'Amyot:
Pourvû qu'avec éclat leurs rimes débitées
Soient du Peuple, des Grans, des Provinces goûtées;
Pourvû qu'ils puissent plaire au plus puissant des Rois;
Qu'à Chantilli Condé les souffre quelquefois:
95 Qu'Enguien en soit touché, que Colbert & Vivone,
Que la Rochefoucaut, Marsillac & Pompone,

REMARQUES.

Vers 88. *Que l'Auteur du Jonas.*] Voïez la Remarque sur le vers 91. de la Satire IX. M. D.... Conseiller au Parlement, soûtint un jour à table, que quelques beaux que soient les vers de Mr. Despréaux, on connoissoit néanmoins qu'il ne les faisoit pas aisément. Quelqu'un répondit, que, sans examiner si l'Auteur avoit, ou n'avoit pas beaucoup de peine à composer, ses productions étoient aisées & naturelles; & que cela suffisoit. Comme il n'y avoit rien d'injurieux pour Mr. Despréaux dans cette dispute, on la lui redit; mais il ne laissa pas d'y être sensible dans le moment: & pour se vanger du jugement qu'avoit porté M...... il résolut de mettre le nom de ce Magistrat à la place que tient ici *l'Auteur du Jonas.* Pour cet effet, il changea ainsi le vers: *Que...... au Palais s'empresse pour les lire.* Et pour ne laisser aucun doute, il mit cette Note à côté: *Conseiller au Parlement, qui fait peu de cas de mes Ouvrages.* Cela fut imprimé ainsi dans l'édition de 1701. que l'Auteur préparoit alors; mais en revoïant les épreuves, il changea d'avis, & remit l'ancien vers; aiant pensé qu'il ne devoit pas faire un crime à ce Magistrat, d'une chose qu'il avoit dite en passant, dans une conversation à table, & sans aucun dessein formé de l'attaquer.

Vers 89. ———— *De Senlis le Poëte idiot.*] Liniere avoit la physionomie d'un Idiot. Il ne réussissoit qu'à faire des chansons impies; c'est pourquoi notre Auteur lui reprocha un jour, qu'il n'avoit de l'esprit que contre Dieu. On l'appeloit *l'Athée de Senlis.* Voïez la Note sur le vers 194. du Chant II. de l'Art poëtique. Mr. Despréaux citoit quelquefois les rimes *d'Idiot* & *d'Amyot*, dans ces deux vers, comme des rimes riches & extraordinaires. Ce vers 89. & les trois suivans n'ont été imprimés qu'en 1701. quoi qu'ils eussent été faits avec le reste de l'Epître.

Vers 90. *Ou le sec Traducteur du François d'Amyot*] Jaques Amyot, Auteur célèbre, qui a traduit en François toutes les Oeuvres de Plutarque. L'Abbé Tallemant l'aîné entreprit en 1665. d'en faire une nouvelle Traduction, dans laquelle on prétend qu'il n'a fait que regrater celle d'Amyot, & là mettre en meilleur langage, sans consulter l'original Grec. L'Abbé Tallemant s'attira cette fâcheuse critique par une fausse avanture qu'il débita en pleine Académie contre l'honneur de Mr. Despréaux. Il y lut une Lettre, par laquelle on lui mandoit que le jour précedent Mr. Despréaux étant dans un lieu de débauche, derrière l'Hôtel de Condé, y avoit été fort maltraité. Ceux qui ont connu ce Poëte d'une manière plus intime, savent que jamais calomnie ne fut plus mal-fondée que celle-là.

CHANGEMENT. Vers 91. *Pourvû qu'avec éclat leurs rimes débitées* &c.] Premières éditions:

Pourvû qu'avec honneur leurs rimes débitées
Du Public dédaigneux ne soient point rebutées.

CHANGEMENT. Vers 93. *Pourvû qu'ils puissent plaire.*] On lisoit: *Pourvû qu'ils sachent*, dans toutes les Editions qui ont précedé celle de 1713. qui n'a paru qu'après la mort de l'Auteur.

IMITATIONS. Ibid. *Pourvû qu'ils puissent plaire au plus puissant des Rois,* &c.] Horace, L. I. Sat. X. 81.

Plotius & Varius, Mæcenas, Virgiliusque
Valgius, & probet hæc Octavius optimus,
  atque
Fuscus, &c.

Vers 94. *Qu'à Chantilli Condé.*] Le grand Prince de Condé a passé les dernières années de sa vie dans sa belle Maison de Chantilli. Mr. le Duc d'Enguien son fils est nommé dans le vers suivant.

Ver-

EPITRE VII.

Et mille autres qu'ici je ne puis faire entrer,
A leurs traits délicats se laissent pénétrer.
Et plût au Ciel encor, pour couronner l'Ouvrage,
100 Que Montauzier voulût lui donner son suffrage !
C'est à de tels Lecteurs que j'offre mes Ecrits.
Mais pour un tas grossier de frivoles Esprits,
Admirateurs zelez de toute Oeuvre insipide,
Que non loin de la Place où Brioché préside,

REMARQUES.

Vers 96. *Que La Rochefoucaut, Marsillac, & Pompone.*] Mr. le Duc de La Rochefoucaut, aussi célèbre par la beauté de son esprit, que par la noblesse de sa naissance. C'est l'Auteur du Livre des Maximes morales. Après sa mort, Mr. le Prince de *Marsillac* son fils, Grand-Maître de la Garde-robe, prit le nom de la *Rochefoucaut*. Il mourut à Versailles le 11. Janvier, 1714. âgé de 80. ans. *Pompone*: Simon Arnaud, Marquis de *Pompone*, Ministre d'Etat.

Vers 99. *Et plût au Ciel encor,* &c.] Horace, à l'endroit cité ci-dessus : *Et hæc utinam Viscorum laudet uterque.* Dans ce passage d'Horace, notre Auteur supposoit une beauté & une finesse dont personne ne s'est aperçu. „ Il y a apparence, disoit-il, que les deux „ *Viscus* étoient ordinairement opposez dans „ leurs sentimens; C'est-à-dire, que l'un é- „ toit d'un goût raisonnable, & l'autre d'un „ goût bizarre & particulier ; ainsi Horace „ en souhaitant de plaire à ces deux hom- „ mes, donne une marque de son esprit, „ puisqu'il n'y a jamais que les choses qui „ sont d'une bonté solide, & immuable, qui „ soient approuvées par toutes sortes de gens.

Vers 100. *Que Montauzier voulût lui donner son suffrage.*] Le souhait obligeant & flateur qui est exprimé dans ce vers, produisit sur le cœur de Mr. le Duc de Montauzier tout l'effet que l'Auteur s'en étoit promis. Ce Duc commença dès-lors à s'adoucir en sa faveur. Quelque tems après il aborda Mr. Despréaux dans la grande Gallerie de Versailles, & lui fit un compliment sur la mort de Mr. Boileau de Puimorin son frere, arrivée depuis peu, lui disant qu'il aimoit beaucoup feu Mr. de Puimorin. *Je sai qu'il faisoit grand cas de l'amitié dont vous l'avez honoré*, reprit Mr. Despréaux, *mais il en faisoit encore plus de votre vertu; & il m'a dit plusieurs fois, qu'il étoit très-fâché que je n'eusse pas pour ami le plus honnête homme de la Cour.* Mr. de Montauzier fut extrêmement touché de cette louange : ce fut le moment de sa réconciliation. Il changea dès lors l'estime qu'il avoit pour notre Auteur, en une véritable amitié, qui a duré toute sa vie, & sur le champ il l'emmena dîner avec lui.

IMITATIONS. Vers 101. *C'est à de tels Lecteurs que j'offre mes écrits.*] Horace, dans la même Satire, v. 87.

Complures alios, doctos ego quos & amicos
Prudens prætereo; quibus hæc, sint qualia-
cumque,
Arridere velim : doliturus, si placeant spe
Deterius nostrâ.

Vers 104. *Que non loin de la Place où Brioché préside.*] *Brioché*, fameux Joüeur de Marionettes, logé près des Comédiens. Pradon fit représenter sa Piéce par les Comédiens du Roi, dont le Théatre étoit alors dans la Ruë Mazarine, au bout de la Ruë Guénégaud. Le lieu où l'on faisoit joüer les Marionettes étoit vers l'autre extrémité de cette derniére Ruë, * du côté du Pont-neuf. C'est par la circonstance de ce Voisinage, que notre Auteur désigne finement, mais malicieusement, les Comédiens qui joüoient la Phèdre de Pradon : voulant insinuer que cette Tragédie est d'un caractére à ne mériter d'être joüée que par les Marionettes. *Fanchon*, ou *François Brioché*, étoit fils de Jean *Brioché*, Arracheur de dents, qui est regardé comme l'Inventeur des Marionettes, quoi qu'il n'ait fait que les perfectionner. De son tems un Anglois avoit trouvé le secret de les faire mouvoir par des ressorts, & sans cordes; mais l'on préféroit celles de *Brioché*, à cause des plaisanteries qu'il leur faisoit dire. *Fanchon Brioché* son fils l'a encore surpassé dans ce noble éxercice.

* *Dans un endroit nommé Château-gaillard, proche l'Abreuvoir du Pont-neuf.*

EPITRE VII.

105 Sans chercher dans les Vers ni cadence ni son,
Il s'en aille admirer le savoir de Pradon.

REMARQUES.

IMITATIONS. Vers 105. *Sans chercher dans les vers ni cadence ni son.*] C'est ce qu'Horace appeloit: *Immodulata poëmata. De Arte poët. v.* 263.

Vers 106. *Il s'en aille admirer le savoir de Pradon.*] Pradon étoit fort ignorant. Un jour au sortir d'une de ses Tragédies, Mr. le Prince de Conti l'aîné lui aiant dit, qu'il avoit transporté en Europe une Ville qui est dans l'Asie: *Je prie votre Altesse de m'excuser*, repondit Pradon; *car je ne sai pas trop bien la Chronologie.*

Nous avons dit que la Phèdre de Mr. Racine aiant été représentée par les Comédiens de l'Hôtel de Bourgogne, ceux de la Troupe du Roi lui opposèrent deux jours après, celle de Pradon. Ce Poëte consultoit ordinairement sur ses Oeuvres Madame Des Houlieres: ainsi, l'interet qu'elle prenoit à la Tragédie de Pradon, fit qu'elle voulut voir la première représentation de celle de Racine. Elle revint souper chez elle avec cinq ou six personnes, du nombre desquelles étoit Pradon. Pendant tout le repas on ne parla que de la Tragédie nouvelle: chacun en dit son sentiment avec beaucoup de liberté, & l'on se trouva plus disposé à la critique qu'à la loüange. Ce fut pendant ce même soupé que Madame Des Houlieres fit ce fameux Sonnet.

Dans un fauteuil doré, Phèdre tremblante & blême
Dit des vers où s'abord personne n'entend rien.
Sa Nourrice lui fait un Sermon fort chrétien.
Contre l'affreux dessein d'attenter sur soi-même.

Hippolyte la hait presque autant qu'elle l'aime:
Rien ne change son coeur, ni son chaste maintien.
La Nourrice l'accuse; elle s'en punit bien.
Thésée a pour son fils une rigueur extrême.

Une grosse Aricie, * au teint rouge, aux crins blonds, (tons,
N'est là que pour montrer deux énormes te-
Que, malgré sa froideur, Hippolyte idolâtre.

Il meurt enfin, traîné par ses coursiers ingrats;
Et Phèdre, après avoir pris de la Mort-aux-rats,
Vient, en se confessant, mourir sur le théatre.

Ce Sonnet se répandit bien-tôt dans Paris. Dès le lendemain matin l'Abbé Tallemant l'aîné en apporta une copie à Madame des Houlieres, qui la reçut sans rien témoigner de la part qu'elle avoit au Sonnet; & elle fut en-

* *C'étoit la Des-œillets, peu jolie, mais excellente Actrice.*

suite la première à le montrer, comme le tenant de l'Abbé Tallemant. Les amis de Mr. Racine crurent que ce Sonnet étoit l'Ouvrage de M. le Duc de Nevers, l'un des Protecteurs de Pradon; car pour Pradon lui-même ils ne lui firent pas l'honneur de le soupçonner d'en être l'Auteur. Dans cette pensée ils tournèrent ainsi ce Sonnet contre M. le Duc de Nevers sur les mêmes Rimes.

Dans un Palais doré, Damon jaloux & blême
Fait des Vers où jamais personne n'entend rien.
Il n'est ni Courtisan, ni Guerrier, ni Chrétien:
Et souvent pour rimer il s'enferme lui-même.

La Muse, par malheur le hait autant qu'il l'aime.
Il a d'un franc Poëte & l'air & le maintien.
Il veut juger de tout & n'en juge pas bien.
Il a pour le Phébus une tendresse extrême.

Une Soeur vagabonde, aux crins plus noirs que blonds,
Va par tout l'Univers promener deux tetons,
Dont, malgré son païs, Damon est idolâtre.

Il se tuë à rimer pour des Lecteurs ingrats.
L'Enéide, à son goût, est de la Mort-aux-rats.
Et, selon lui, Pradon est le Roi du Théatre.

On attribua cette réponse à Racine & à Despréaux; mais ils la désavoüoient. Ils ont assûré depuis qu'elle avoit été faite par le Chevalier de Nantouillet, avec le Comte de Fiesque, le Marquis D'Effiat, Mr. de Guilleragues, & Mr. de Manicamp. C'étoit en effet l'Ouvrage d'eux tous ensemble. Celui contre qui le second Sonnet avoit été fait, repliqua par un autre, toûjours sur les mêmes Rimes.

Racine & Despréaux, l'air triste & le teint blême, (rien.
Viennent demander grace, & ne confessent
Il faut leur pardonner, parce qu'on est Chrétien; (même.
Mais on sait ce qu'on doit au Public, à soi-

Damon, pour l'interêt de cette soeur qu'il aime,
Doit de ces scelerats châtier le maintien:
Car il seroit blâmé par tous les gens de bien
S'il ne punissoit pas leur insolence extrême.

Ce fut une Furie, aux crins plus noirs que blonds,
Qui leur pressa du pus de ses affreux tetons
Ce Sonnet qu'en secret leur Cabale idolâtre.

Vous en serez punis, Satiriques ingrats,
Non pas en trahison d'un sou de Mort-aux-rats; (tre
Mais de coups de bâton donnez en plein théa-

Cette querelle fut terminée par des personnes du premier rang.

EPITRE VIII.
AU ROI.

GRAND ROI, cesse de vaincre, ou je cesse d'écrire.
Tu sais bien que mon stile est né pour la Satire,
Mais mon Esprit, contraint de la désavouer,
Sous Ton Regne étonnant ne veut plus que louer.
5 Tantôt dans les ardeurs de ce zèle incommode,
Je songe à mesurer les syllabes d'une Ode:
Tantôt d'une Eneïde Auteur ambitieux,
Je m'en forme déja le plan audacieux.
Ainsi toujours flaté d'une douce manie,
10 Je sens de jour en jour dépérir mon génie:
Et mes Vers en ce stile ennuïeux, sans appas,
Deshonorent ma plume; & ne T'honorent pas.
Encor si Ta valeur, à tout vaincre obstinée,
Nous laissoit, pour le moins, respirer une année,
15 Peut-être mon Esprit, prompt à ressusciter,
Du tems qu'il a perdu sauroit se r'acquiter.
Sur ces nombreux défauts, merveilleux à décrire,
Le Siècle m'offre encor plus d'un bon mot à dire.

REMARQUES.

QUoi que l'Epître quatrième, sur la Campagne de Hollande, eût été faite peu de tems après que le Roi eut gratifié l'Auteur d'une Pension, & qu'il l'eût composée pour marquer sa reconnoissance envers Sa Majesté; il ne laissa pas de lui adresser cette Epître VIII. pour le remercier plus particulièrement de ses bienfaits: c'est pourquoi l'Auteur appeloit cette Epître, *son Remerciment*. Il la récita au Roi. Elle fut composée en 1675. mais il ne la fit paroître que l'année suivante, pour les raisons qu'on va raporter.

Vers 1. *Grand Roi, cesse de vaincre, ou je cesse d'écrire.*] En 1675. la fin de la Campagne ne fut pas heureuse pour la France. Mr. de Turenne fut tué d'un coup de Canon, le 27. de Juillet; après quoi nos Troupes furent obligées de repasser le Rhin, & de revenir en Alsace. Le Maréchal de Créqui perdit ensuite la bataille de Saverne; & s'étant sauvé dans la Ville de Trèves qui étoit assiègée, la ville fut renduë malgré lui par capitulation, & il fut fait prisonnier de guerre. Tous ces revers obligèrent notre Auteur à ne point faire paroître alors son Epître, de peur que ses Ennemis ne fissent passer ce premier vers pour une raillerie. Il l'avoit bien changé ainsi: *Grand Roi, sois moins loüable, ou je cesse d'écrire.* Mais ce dernier vers n'avoit pas la beauté du premier; & l'Auteur aima mieux attendre l'heureux succès de la Campagne suivante, que de supprimer un des plus beaux vers qu'il eut faits.

CHANGEMENT. Vers 17. *Sur ces nombreux défauts* &c.] Au lieu de ce vers & du suivant, il y avoit ceux-ci dans toutes les éditions

ÉPITRE VIII.

    Mais à peine Dinan & Limbourg sont forcez,
20 Qu'il faut chanter Bouchain & Condé terrassez.
    Ton courage affamé de péril & de gloire,
    Court d'exploits en exploits, de victoire en victoire,
    Souvent ce qu'un seul jour Te voit exécuter,
    Nous laisse pour un an d'actions à conter.
25   Que si quelquefois las de forcer des murailles,
    Le soin de tes Sujets Te rappèle à Versailles,
    Tu viens m'embarrasser de mille autres Vertus.
    Te voyant de plus près, je T'admire encor plus.
    Dans les nobles douceurs d'un séjour plein de charmes,
30 Tu n'ès pas moins Heros qu'au milieu des alarmes.
    De ton Thrône agrandi portant seul tout le faix,
    Tu cultives les Arts : Tu répans les bienfaits ;
    Tu sais récompenser jusqu'aux Muses critiques.
    Ah ! croi-moi, c'en est trop. Nous autres Satiriques,
35 Propres à relever les sottises du tems,
    Nous sommes un peu nez pour être mécontens.
    Notre Muse souvent paresseuse & stérile,
    A besoin, pour marcher, de colère & de bile.
    Notre stile languit dans un remercîment :
40 Mais, GRAND ROI, nous savons nous plaindre élégamment.
    O ! que si je vivois sous les règnes sinistres
    De ces Rois nez valets de leurs propres Ministres,
    Et qui jamais en main ne prenant le timon,
    Aux exploits de leur tems ne prêtoient que leur nom ;
45 Que, sans les fatiguer d'une louange vaine,

REMARQUES.

ditions qui ont paru avant celle de 1713.
  Le Parnasse François non exemt de tous crimes
  Offre encore à mes vers des sujets & des rimes.
CHANGEMENT. Vers 19. *Mais à peine Dinan & Limbourg sont forcez,*] Dans la première composition il y avoit :
  Mais à peine Salins, & Dole sont forcez,
  Qu'il faut chanter Dinan, & Limbourg terrassez.

Salins & Dole, avoient été conquis en 1674 avec le reste de la Franche-Comté. *Dinan* & *Limbourg* furent pris l'année suivante, au commencement de la Campagne. Ces quatre villes étant les dernières conquêtes du Roi en 1675. L'Auteur les avoit nommées dans son Epître ; mais quand il la publia en 1676 il ôta les deux premières, & leur substitua *Bouchain & Condé*, qui avoient été pris en Avril & en Mai, de la même année.

Ve

Aisément les bons mots couleroient de ma veine:
Mais toujours sous Ton Regne il faut se récrier.
Toujours, les yeux au Ciel, il faut remercier.
Sans cesse à T'admirer ma Critique forcée
50 N'a plus, en écrivant, de maligne pensée;
Et mes chagrins sans fiel, & presque évanouïs,
Font grace à tout le siècle en faveur de Louis.
En tous lieux cependant la Pharsale approuvée,
Sans crainte de mes Vers, va la tête levée.
55 La Licence par tout règne dans les Ecrits.
Déja le mauvais Sens reprenant ses esprits,
Songe à nous redonner des Poëmes Epiques,
S'empare des Discours, mêmes Académiques.
Perrin a de ses Vers obtenu le pardon;
60 Et la Scène Françoise est en proie à Pradon.
Et moi, sur ce sujet, loin d'exercer ma plume,
J'amasse de Tes Faits le pénible volume;
Et ma Muse occupée à cet unique emploi,
Ne regarde, n'entend, ne connoît plus que Toi.
65 Tu le sais bien pourtant, cette ardeur empressée
N'est point en moi l'effet d'une ame intéressée.
Avant que Tes bienfaits courussent me chercher,
Mon zèle impatient ne se pouvoit cacher.
Je n'admirois que Toi. Le plaisir de le dire
70 Vint m'apprendre à louer au sein de la Satire.
Et depuis que Tes dons sont venus m'accabler,
Loin de sentir mes Vers avec eux redoubler,

REMARQUES.

Vers 42. *De ces Rois nez valets de leurs propres Ministres.*] Les derniers Rois de la première race laissoient toute l'administration des affaires aux Maires du Palais. Henri III. fut aussi dévoüé entierement à ses *Mignons*: c'est pourquoi Mezerai a dit, qu'on pourroit appeler son règne le *règne de Favoris*.

Vers 53. —— *La Pharsale approuvée.*] La Pharsale de Brébœuf.

Vers 59. *Perrin a de ses Vers &c.*] Voïez le vers 44. de la Satire VIII.

Vers 60. *Et la Scène Françoise est en proie à Pradon.*] Mauvais Auteur de Tragédies. Voïez le dernier vers de l'Epître précédente.

Vers 62. *J'amasse de tes faits le pénible volume.*] Ce vers & les deux suivans pourroient faire croire que Mr. Despréaux étoit déja nommé pour écrire l'Histoire du Roi; mais il ne le fut qu'en 1677.

Ff 3 Vers

EPITRE VIII.

Quelquefois, le dirai-je, un remords légitime,
Au fort de mon ardeur, vient refroidir ma rime.
75 Il me femble, GRAND ROI, dans mes nouveaux Ecrits,
Que mon encens païé n'eſt plus du même prix.
J'ai peur que l'Univers, qui fait ma récompenſe,
N'impute mes tranſports à ma reconnoiſſance;
Et que par Tes préſens mon Vers décredité
80 N'ait moins de poids pour Toi dans la Poſtérité.
Toutefois je ſai vaincre un remords qui Te bleſſe.
Si tout ce qui reçoit des fruits de Ta largeſſe,
A peindre Tes exploits ne doit point s'engager,
Qui d'un ſi juſte ſoin ſe pourra donc charger?
85 Ah! plûtôt de nos ſons redoublons l'harmonie.
Le zèle à mon Eſprit tiendra lieu de génie.
Horace tant de fois dans mes Vers imité,
De vapeurs en ſon tems, comme moi, tourmenté,
Pour amortir le feu de ſa rate indocile,
90 Dans l'encre quelquefois ſût égaïer ſa bile.
Mais de la même main qui peignit Tullius,

REMARQUES.

Vers 80. *N'ait moins de poids pour Toi dans la Poſtérité.*] Notre Auteur étant un jour en converſation avec Mr. le Marquis de Dangeau & Mr. du Charmel, ces deux Meſſieurs firent le parallèle de l'Eloge du Roi, exprimé à la fin de l'Epître I. & de l'Eloge qui eſt contenu dans ce dernier vers, & les cinq précédens de l'Epître VIII. On conteſta longtems ſur la préférence de ces deux endroits. Mr. du Charmel étoit pour le premier; & Mr. de Dangeau ſe déclara pour le ſecond : dans l'un, on trouvoit plus de force; & dans l'autre plus de délicateſſe. Enfin, Mr. de Dangeau termina la difficulté en diſant que la penſée de l'Epître première faiſoit plus d'honneur au Roi, & que celle de l'Epître VIII. en faiſoit plus au Poëte. ,, En effet, diſoit ,, Mr. Deſpréaux, la penſée de ma premiè-,, re Epître fait plus d'honneur au Roi; par-,, ce que je dis que ſes actions ſont ſi extraor-,, dinaires, que pour les rendre croïables à ,, la Poſtérité, il faudra confirmer le récit de ,, l'Hiſtoire par le témoignage irréprochable ,, d'un Satirique. Mais la penſée de l'Epître ,, VIII. me fait plus d'honneur, a-t-il ajoû-,, té, parce que j'y fais l'éloge de ma généro-,, ſité, & du déſintereſſement avec lequel je ,, voudrois louer le Roi, de peur que mes ,, louanges ne ſoient ſuſpectes de flaterie.

Vers 88. *De vapeurs.*] Ce mot ſe doit prendre au ſens figuré & ſignifie *l'humeur chagrine & ſatirique.* Dans le tems auquel notre Auteur compoſa cette Epître, on ne connoiſſoit de *Vapeurs* qu'aux femmes; & les hommes ne s'étoient pas encore aviſez d'être attaquez de cette indiſpoſition.

Vers 91. ——— *Qui peignit Tullius.*] Sénateur Romain. Céſar l'exclut du Sénat; mais il y rentra après la mort de cet Empereur. Voïez Horace, Livre I. Satire VI.

Vers 92. ——— *Couvrit Tigellius.*] Fameux Muſicien, le plus eſtimé de ſon tems, fort chéri d'Auguſte. Voïez le commencement de la Satire III. Livre I. d'Horace.

EPITRE VIII.

Qui d'affronts immortels couvrit Tigellius,
Il sût fléchir Glycère, il sût vanter Auguste,
Et marquer sur la Lyre une cadence juste,
95 Suivons les pas fameux d'un si noble Ecrivain.
A ces mots quelquefois prenant la Lyre en main,
Au récit que pour Toi je suis prêt d'entreprendre,
Je croi voir les Rochers accourir pour m'entendre,
Et déja mon Vers coule à flots précipitez;
100 Quand j'entends le Lecteur qui me crie, Arrêtez.
Horace eut cent talens: mais la Nature avare
Ne vous a rien donné qu'un peu d'humeur bizare.
Vous passez en audace & Perse & Juvénal:
Mais sur le ton flatteur Pinchêne est votre égal.
105 A ce discours, GRAND ROI, que pourrois-je répondre?
Je me sens sur ce point trop facile à confondre,
Et sans trop relever des reproches si vrais,
Je m'arrête à l'instant, j'admire, & je me tais.

REMARQUES.

Vers 93. *Il sût fléchir Glycère.*] Sa Maîtresse. Ode XIX. du Livre I.
Vers 204. *Mais sur le ton flateur Pinchêne est votre égal.*] Etienne Martin, Sr. de Pinchêne, Neveu de Voiture. Il avoit fait imprimer un gros Recueil de mauvaises Poësies, contenant *les éloges du Roi, des Princes & Princesses de son sang, & de toute sa Cour:* C'est à quoi ce vers fait allusion. Voïez la Note sur le vers 163. du cinquième Chant du Lutrin.

EPITRE IX.
A M. LE MARQUIS DE SEIGNELAI,
SECRETAIRE D'ETAT.

DANGEREUX Ennemi de tout mauvais Flatteur,
Seignelai, c'est en vain qu'un ridicule Auteur,
Prêt à porter ton nom de l'Ebre jusqu'au Gange,
Croit te prendre aux filets d'une sotte louange.
5 Aussi-tôt ton esprit, prompt à se revolter,
S'échappe, & rompt le piège où l'on veut l'arrêter.
Il n'en est pas ainsi de ces Esprits frivoles,
Que tout Flatteur endort au son de ses paroles;
Qui dans un vain Sonnet placez au rang des Dieux,
10 Se plaisent à fouler l'Olympe radieux;
Et fiers du haut étage où La Serre les loge,
Avalent sans dégoût le plus grossier éloge.
Tu ne te repais point d'encens à si bas prix.
Non que tu sois pourtant de ces rudes Esprits
15 Qui regimbent toujours, quelque main qui les flate.

REMARQUES.

L'Auteur aiant attaqué fortement l'Erreur & le Mensonge dans ses précédens Ouvrages, il ne lui restoit plus que d'inspirer l'Amour de la Vérité, en la représentant avec tous ses avantages. C'est ce qu'il a fait dans cette Epître qui contient *l'Eloge du Vrai*, & dans laquelle il fait voir que *Rien n'est beau que le Vrai*, & que *le Vrai seul est aimable* *. Ce Poëte a fait briller ici tout son génie, en traitant une matière si conforme à ses sentimens; & il a sû réünir en cette Pièce, tout le sublime de la Morale avec toute la douceur de la Poësie. Elle a été composée au commencement de l'année 1675. avant l'Epître précédente. Elle est adressée à Mr. Jean Baptiste Colbert, Marquis de Seignelay, Secretaire d'Etat, fils aîné de Mr. Colbert.

Vers 3. —— *De l'Ebre jusqu'au Gange.*] Expression commune & usitée parmi les Poëtes médiocres. *L'Ebre*, Rivière d'Espagne. *Le Gange*, Rivière des Indes.

Vers 11. *Et fiers du haut étage où La Serre les loge.*] *La Serre*, fade Panégyriste, qui se flatoit d'être fort capable de composer des Eloges, suivant l'usage où l'on étoit en ce tems-là de faire des Portraits en Vers ou en Prose. *Mr. de la Serre*, dit un Auteur † peu célèbre, *s'est trouvé très-propre à ces sortes d'Ouvrages, & il a un génie particulier pour cela, soit qu'il leur laisse la forme d'Eloges, ou qu'il les insère dans les Epitres dédicatoires de ses Livres.* Le même Auteur reconnoît néanmoins qu'il en faut retrancher *les pensées trop hardies, ou trop irrégulières, & les paroles peu convenables*; c'est-à-dire, que *La Serre auroit été un Ecrivain passable, s'il n'avoit pas*

* *Vers 43.*

† *Sorel, Bibliothèque Françoise, pag. 157.*

EPITRE IX.

Tu souffres la louange adroite & délicate,
Dont la trop forte odeur n'ébranle point les sens.
Mais un Auteur, novice à répandre l'encens,
Souvent à son Heros, dans un bizarre Ouvrage,
20 Donne de l'encensoir au travers du visage:
Va louer Monterey d'Oudenarde forcé,
Ou vante aux Electeurs Turenne repoussé.
Tout éloge imposteur blesse une Ame sincère.
Si, pour faire sa cour à ton illustre Pere,
25 Seignelai, quelque Auteur d'un faux zèle emporté,
Au lieu de peindre en lui la noble activité,
La solide vertu, la vaste intelligence,
Le zèle pour son Roi, l'ardeur, la vigilance,
La constante équité, l'amour pour les beaux Arts;
30 Lui donnoit les vertus d'Alexandre ou de Mars;
Et, pouvant justement l'égaler à Mecène,
Le comparoit au fils de Pélée ou d'Alcmène,
Ses yeux d'un tel discours foiblement éblouïs,
Bien-tôt dans ce Tableau reconnoîtroient LOUIS;
35 Et, glaçant d'un regard la Muse & le Poëte,
Imposeroient silence à sa verve indiscrete.

REMARQUES.

pas péché contre la justesse de la *Pensée*, & contre la régularité de l'*Expression*.

IMITATIONS. Vers 15. *Qui regimbent toûjours, quelque main qui les flate.*] Horace, L. II. Sat. I. 20.

Cui male si palpère, recalcitrat undique tutus.

Vers 20. *Donne de l'encensoir au travers du visage.*] Ce vers est devenu Proverbe.

Vers 21. *Va louer Monterey d'Oudenarde forcé*] Après la Bataille de Senef gagnée par le Prince de Condé, les Alliez voulurent effacer la honte de leur défaite par la prise de quelqu'une de nos villes. Le Comte de Monterey, Gouverneur des Païs-Bas pour l'Espagne, & Général de l'Armée Espagnole, assiègea Oudenarde. Mais le Prince de Condé marcha contre lui, & l'obligea de lever le Siège avec beaucoup de précipitation, le 12. de Septembre, 1674. Jean Dominique de

Monterey, étoit fils de Dom Louïs Mendez de Haro, premier Ministre du Roi d'Espagne, & son Plénipotentiaire aux Conférences de la Paix des Pyrénées.

Vers 22. *Ou vante aux Electeurs Turenne repoussé.*] Ce vers, aussi bien que le précédent est une contre-vérité. Celui-ci désigne la bataille de Turkein en Alsace, gagnée par Mr. de Turenne contre les Allemans, le 5. de Janvier, 1675.

IMITATIONS. Vers 24. *Si, pour faire sa cour à ton illustre Pere,*] Ce vers, & les dix suivans sont imitez d'Horace, Epître XVI. du Livre I. 25.

Si quis bella tibi terrâ pugnata, marique
Dicat, & his verbis vacuas permulceat aures, &c.

——— *Augusti laudes agnoscere possis.*
Cùm pateris sapiens emendatusque vocari.

EPITRE IX.

Un cœur noble eſt content de ce qu'il trouve en lui,
Et ne s'applaudit point des qualitez d'autrui.
Que me ſert en effet, qu'un Admirateur fade
40 Vante mon embonpoint, ſi je me ſens malade;
Si dans cet inſtant même un feu ſéditieux
Fait bouillonner mon ſang, & petiller mes yeux?
Rien n'eſt beau que le Vrai. Le Vrai ſeul eſt aimable.
Il doit regner par tout & même dans la Fable:
45 De toute fiction l'adroite fauſſeté
Ne tend qu'à faire aux yeux briller la Vérité.
Sais-tu pourquoi mes Vers ſont lûs dans les Provinces;
Sont recherchez du Peuple, & reçûs chez les Princes?
Ce n'eſt pas que leurs ſons agréables, nombreux,
50 Soient toujours à l'oreille également heureux:
Qu'en plus d'un lieu le ſens n'y gêne la meſure,
Et qu'un mot quelquefois n'y brave la céſure.
Mais c'eſt qu'en eux le Vrai, du Menſonge vainqueur,
Par tout ſe montre aux yeux, & va ſaiſir le cœur:

REMARQUES.

IMITATIONS. Vers 39. *Que me ſert en effet* &c.] Horace dans la même Epître XVI. 19.

Neu, ſi te populus ſanum, rectéque valentem
Dictitet, occultam febrem, ſub tempus edendi,
Diſſimules: donec manibus tremor incidat unctis.

Vers 43. *Rien n'eſt beau que le Vrai. Le Vrai ſeul eſt aimable.*] C'eſt le ſujet de cette Epître.

Vers 62. *C'eſt là ce que n'ont point Jonas, ni Childebrand.*] Poëmes héroïques. Voïez le vers 91. de la Satire IX. & le vers 242. du Chant troiſième de l'Art poëtique.

Vers 64. *Montre.*] La *Montre*, petit Ouvrage mêlé de Vers & de Proſe, par le Sr. de Bonecorſe, de Marſeille, qui a exercé la Charge de Conſul de la Nation Françoiſe au Grand-Caire. Il envoïa cet Ouvrage à Mr. de Scuderi qui le fit imprimer à Paris en 1666. Quelques années après, Mr. Deſpréaux plaça *la Montre* parmi les Livres qui ſervent au combat des Chanoines dans le cinquième Chant du Lutrin:

L'un tient l'Edit d'amour, l'autre en ſaiſit la Montre.

Bonecorſe étant à Paris, lui en fit parler par Bernier[*], mais Mr. Deſpréaux ne lui aiant pas fait une réponſe ſatisfaiſante, Bonecorſe pour s'en vanger compoſa le *Lutrigot*, qui eſt un Poëme ſatirique contre notre Auteur. Il fut imprimé à Marſeille; & Bonecorſe en envoïa le premier Exemplaire à Mr. de Vivonne. C'eſt l'extrait d'une Lettre que Mr. Bonecorſe m'écrivit de Marſeille le 19. de Février, 1700. Je la communiquai à Mr. Deſpréaux qui me fit la réponſe ſuivante.
„ Je n'ai aucun mal talent contre Mr. de
„ Bonecorſe du beau Poëme qu'il a imaginé
„ contre moi. Il ſemble qu'il ait pris à tâ-
„ che dans ce Poëme d'attaquer tous les
„ traits les plus vifs de mes Ouvrages; & le
„ plaiſant de l'affaire eſt, que ſans montrer
„ en quoi ces traits pèchent, il ſe figure
„ qu'il ſuffit de les raporter, pour en dé-
„ goûter les hommes. Il m'accuſe ſur tout
„ d'a-

[*] *Dont il eſt fait mention ſur le Vers 33. de l'Epître V.*

55 Que le Bien & le Mal y sont prisez au juste;
Que jamais un Faquin n'y tint un rang auguste;
Et que mon cœur toujours conduisant mon esprit,
Ne dit rien aux Lecteurs, qu'à soi-même il n'ait dit.
Ma pensée au grand jour par tout s'offre & s'expose;
60 Et mon Vers, bien ou mal, dit toujours quelque chose.
C'est par là quelquefois que ma Rime surprend.
C'est-là ce que n'ont point Jonas ni Childebrand;
Ni tous ces vains amas de frivoles sornettes,
Montre, Miroir d'Amours, Amitiez, Amourettes,
65 Dont le titre souvent est l'unique soûtien,
Et qui parlant beaucoup ne disent jamais rien.
Mais peut-être enivré des vapeurs de ma Muse,
Moi-même en ma faveur, Seignelai, je m'abuse.
Cessons de nous flatter. Il n'est Esprit si droit
70 Qui ne soit imposteur, & faux par quelque endroit.
Sans cesse on prend le masque, & quittant la Nature,
On craint de se montrer sous sa propre figure.

REMARQUES.

,, d'avoir, dans le Lutrin, éxageré en grans
,, mots de petites choses pour les rendre ri-
,, dicules; & il fait lui-même, pour me ren-
,, dre ridicule, la chose dont il m'accuse.
,, Il ne voit pas que, par une conséquence
,, infaillible, si le Lutrin est une impertinen-
,, te imagination, le *Lutrigot* est encore plus
,, impertinent; puisque ce n'est que la même
,, chose plus mal éxécutée. Du reste, on ne
,, sauroit m'élever plus haut qu'il fait, puis-
,, qu'il me donne pour suivans & pour admi-
,, rateurs passionnez, les deux plus beaux
,, esprits de notre siècle: je veux dire Mr.
,, Racine & Mr. Chapelle. Il n'a pas trop
,, bien profité de la lecture de ma première
,, Préface, & de l'avis que j'y donne aux
,, Auteurs attaquez dans mon Livre, d'at-
,, tendre pour écrire contre moi, que leur
,, colère soit passée. S'il avoit laissé passer
,, la sienne, il auroit vû que, traiter de haut
,, en bas un Auteur approuvé du Public,
,, c'est traiter de haut en bas le Public mê-
,, me; & que me mettre à califourchon sur
,, un Lutrin, c'est y mettre tout ce qu'il y
,, a de gens sensez, & Mr. Brossette lui-mê-
,, me, qui me fait l'honneur *meas esse ali-*
,, *quid putare nugas.* Je ne me souviens point
,, d'avoir jamais parlé de Mr. de Bonecorse
,, à Mr. Bernier, & je ne connoissois point
,, le nom de Bonecorse quand j'ai parlé de
,, *la Montre,* dans l'Epître à Mr. de Seigne-
,, lai. Je puis dire même que je ne connois-
,, sois point *la Montre d'Amour,* que j'avois
,, seulement entrevûë chez Barbin, & dont
,, le titre m'avoit paru très-frivole, aussi
,, bien que ceux de tant d'autres Ouvrages
,, de galanterie moderne, dont je ne lis ja-
,, mais que le premier feuillet. Mais voilà
,, assez parler de Mr. de Bonecorse: venons
,, à Mr. Boursaut, qui est, à mon sens,
,, de tous les Auteurs que j'ai critiquez, ce-
,, lui qui a le plus de mérite, &c.....
Ibid. ——— *Miroir d'Amours, Amitiez,*
Amourettes.] *Miroir d'Amours*: Ouvrage de
Perrault, intitulé: *Le Miroir, à Dorante.*
Amitiez, Amourettes: Les Oeuvres de
René Le Païs sont intitulées: *Amitiez, A-*
mours, & Amourettes. Voïez la note sur
le vers 180. de la Satire III.

Par là le plus sincère assez souvent déplaît.
Rarement un Esprit ose être ce qu'il est.
75 Vois-tu cet Importun, que tout le monde évite ;
Cet homme à toujours fuïr, qui jamais ne vous quitte ?
Il n'est pas sans esprit : mais né triste & pesant,
Il veut être folâtre, évaporé, plaisant :
Il s'est fait de sa joie une loi nécessaire,
80 Et ne déplaît enfin que pour vouloir trop plaire.
La Simplicité plaît sans étude & sans art.
Tout charme en un Enfant, dont la langue sans fard,
A peine du filet encor débarrassée,
Sait d'un air innocent bégaïer sa pensée.
85 Le Faux est toujours fade, ennuyeux, languissant :
Mais la Nature est vraie, & d'abord on la sent,
C'est Elle seule en tout qu'on admire, & qu'on aime.
Un Esprit né chagrin plaît par son chagrin même.
Chacun pris dans son air est agréable en soi.
90 Ce n'est que l'air d'autrui qui peut déplaire en moi.
Ce Marquis étoit né doux, commode, agréable.
On vantoit en tous lieux son ignorance aimable.
Mais depuis quelques mois devenu grand Docteur,
Il a pris un faux air, une sotte hauteur.
95 Il ne veut plus parler que de rime & de prose.
Des Auteurs décriez il prend en main la cause.
Il rit du mauvais goût de tant d'Hommes divers,
Et va voir l'Opera seulement pour les Vers.
Voulant se redresser, soi-même on s'estropie,

REMARQUES.

Vers 75. *Vois-tu cet Importun* &c.] Ce portrait a été fait sur un homme fort obscur, dont l'Auteur a oublié le nom.
IMITATIONS. Vers 84. *Sait d'un air innocent bégaïer sa pensée.*] Perse, Satire I. 35.
—— *Tenero supplantat verba palato.*
Vers 88. *Un esprit né chagrin plaît par son chagrin même.*] M. le Duc de Montausier. Il ne laissoit pas d'avoir beaucoup d'amis, & d'être fort estimé, à cause de sa probité & de sa vertu. Le Personnage du Misanthrope de Moliere, tout Misanthrope qu'il est, ne laisse pas de plaire aussi, & de se faire aimer, parce qu'il est honnête homme. Cela fait même que l'on s'interesse dans sa fortune, dans ses sentimens, & dans la malhèureuse tendresse qu'il a pour une coquette.
Vers 91. *Le Marquis* &c.] M. L. C. D. F.

EPITRE IX.

100 Et d'un original on fait une copie.
L'Ignorance vaut mieux qu'un savoir affecté.
Rien n'est beau, je reviens, que par la Vérité.
C'est par elle qu'on plaît, & qu'on peut long-tems plaire.
L'esprit lasse aisément, si le cœur n'est sincere.
105 En vain, par sa grimace un Bouffon odieux
A table nous fait rire, & divertit nos yeux.
Ses bons mots ont besoin de farine & de plâtre.
Prenez-le tête-à-tête, ôtez-lui son Théâtre,
Ce n'est plus qu'un cœur bas, un Coquin ténébreux.
110 Son visage essuïé n'a plus rien que d'affreux.
J'aime un Esprit aisé qui se montre, qui s'ouvre,
Et qui plaît d'autant plus, que plus il se découvre.
Mais la seule Vertu peut souffrir la clarté.
Le Vice toujours sombre aime l'obscurité.
115 Pour paroître au grand jour, il faut qu'il se déguise.
C'est lui qui de nos mœurs a banni la franchise.
    Jadis l'Homme vivoit au travail occupé;
Et ne trompant jamais, n'étoit jamais trompé.
On ne connoissoit point la Ruse & l'Imposture.
120 Le Normand même alors ignoroit le parjure.
Aucun Rhéteur encore, arrangeant le discours,
N'avoit d'un Art menteur enseigné les détours.
Mais si-tôt qu'aux Humains, faciles à séduire,
L'Abondance eut donné le loisir de se nuire,
125 La Mollesse amena la fausse Vanité.
Chacun chercha pour plaire, un visage emprunté.

REMARQUES.

Il avoit autrefois une ignorance fort aimable, & disoit agréablement des incongruités; mais il perdit la moitié de son mérite, dès qu'il voulut être savant, & se piquer d'avoir de l'esprit.

Vers 120. *Le Normand même alors ignoroit le parjure.*] *Je date de loin,* disoit l'Auteur: *c'étoit deux cens ans avant le Déluge.* Ce n'est pas d'aujourd'hui que l'on reproche aux Normands leur peu de sincérité: témoin le Roman de la Roze, fol. 25. de l'édition de 1531.
Male bouche que Dieu maudie,
Eut souldoyers de Normandie.
Les Romains faisoient un pareil reproche aux Grecs:
—— *Græcis nondum jurare paratis*
Per caput alterius. Juvénal Sat. VI. 16.

EPITRE IX.

Pour éblouïr les yeux, la Fortune arrogante
Affecta d'étaler une pompe insolente.
L'Or éclata par tout sur les riches habits.
130 On polit l'Emeraude, on tailla le Rubis ;
Et la Laine & la Soie en cent façons nouvelles
Apprirent à quitter leurs couleurs naturelles.
La trop courte Beauté monta sur des patins.
La Coquette tendit ses lacs tous les matins ;
135 Et mettant la céruse & le plâtre en usage,
Composa de sa main les fleurs de son visage.
L'ardeur de s'enrichir chassa la bonne foi.
Le Courtisan n'eut plus de sentimens à soi.
Tout ne fut plus que fard, qu'erreur, que tromperie,
140 On vit par tout régner la basse Flatterie.
Le Parnasse sur tout fécond en Imposteurs,
Diffama le papier par ses propos menteurs.
De là vint cet amas d'Ouvrages mercenaires,
Stances, Odes, Sonnets, Epîtres liminaires,
145 Où toujours le Heros passe pour sans pareil,
Et, fût-il louche & borgne, est réputé Soleil.
  Ne crois pas toutefois, sur ce discours bizare,
Que d'un frivole encens malignement avare,
J'en veuille sans raison frustrer tout l'Univers.
150 La louange agréable est l'ame des beaux Vers.

REMARQUES.

IMITATIONS. Vers 131. *Et la Laine &. la Soie* &c.] Imitation de Virgile, Eclogue IV. 42.
   Nec varios discet mentiri lana colores.
Vers 146. *Et fût-il louche & borgne est réputé Soleil.*] M. de Servien Sur-Intendant des Finances, n'avoit qu'un œil ; & on ne laissoit pas de le traiter de *Soleil* dans les Epîtres dédicatoires, & les autres éloges qu'on lui adressoit. Notre Poëte a eu particulièrement en vuë cet endroit de l'Eglogue intitulée *Christine*, que l'Abbé Ménage fit pour la Reine de Suéde, en 1656. vers 171.
   Le Grand, l'illustre Abel, cet Esprit sans pareil,

Plus clair, plus pénétrant que les traits du Soleil.
Vers 167. *Et dans Seneff en feu.*] La Bataille de Seneff en Flandre gagnée par le Prince de Condé, le 11 d'Août, 1674. contre les Allemans, les Espagnols, & les Hollandois, au nombre de plus de soixante mille hommes commandez par le Prince d'Orange.
Vers 171. ―― *Premier Prince du monde*, &c.] Commencement du Poëme de Charlemagne adressé au Prince de Condé.
   Premier Prince du sang du plus grand Roi du Monde ;
   Courage sans pareil, lumière sans seconde ;
                                              Et

EPITRE IX.

Mais je tiens, comme toi, qu'il faut qu'elle soit vraie,
Et que son tour adroit n'ait rien qui nous effraie.
Alors, comme j'ai dit, tu la sais écouter,
Et sans crainte à tes yeux on pourroit t'éxalter.
155 Mais sans t'aller chercher des vertus dans les nuës,
Il faudroit peindre en toi des véritez connuës:
Décrire ton Esprit ami de la Raison,
Ton ardeur pour ton Roi puisée en ta Maison;
A servir ses desseins ta vigilance heureuse;
160 Ta probité sincère, utile, officieuse.
Tel, qui hait à se voir peint en de faux portraits,
Sans chagrin voit tracer ses véritables traits.
Condé même, Condé, ce Heros formidable,
Et non moins qu'aux Flamans aux Flatteurs redoutable,
165 Ne s'offenseroit pas si quelque adroit Pinceau
Traçoit de ses Exploits le fidelle Tableau:
Et dans Seneff en feu contemplant sa peinture,
Ne désavoûroit pas Malherbe ni Voiture.
Mais, malheur au Poëte insipide, odieux,
170 Qui viendroit le glacer d'un éloge ennuïeux.
Il auroit beau crier: *Premier Prince du Monde,*
Courage sans pareil, Lumière sans seconde:
Ses Vers jettez d'abord, sans tourner le feuillet,
Iroient dans l'antichambre amuser Pacolet.

REMARQUES.

Et dont l'Esprit égal en diverse Saison,
Sait triompher de tout, & cède à la Raison.
&c.
Louis le Laboureur, Trésorier de France, & Bailli du Duché de Montmorenci, Auteur de ce Poëme, le publia en 1664. Dans l'édition de 1666. il changea ainsi le second vers:
Prince d'une valeur en victoire féconde.
La même année 1665. il parut un autre Poëme de *Charlemagne*, par Mr. Courtin, Professeur en Rhétorique. ——— *Amuser Pacolet.*] Fameux Valet de pié du Grand Prince de Condé. Quand Mr. le Laboureur eut presenté à ce Prince son Poëme de Charlemagne, il en lût quelque chose; après-quoi il donna le Livre à Pacolet, à qui il renvoïoit ordinairement tous les Livres qui l'ennuïoient.

PREFACE

PRÉFACE,

Sur les trois Epîtres suivantes.

Je ne sai si les trois nouvelles Epîtres que je donne ici au Public, auront beaucoup d'Approbateurs : mais je sai bien que mes Censeurs y trouveront abondamment dequoi exercer leur critique. Car tout y est extrèmement hazardé. Dans le premier de ces trois Ouvrages, sous prétexte de faire le procès à mes derniers Vers, je fais moi-même mon éloge, & n'oublie rien de ce qui peut être dit à mon avantage. Dans le second je m'entretiens avec mon Jardinier de choses très-basses, & très-petites ; & dans le troisième je décide hautement du plus grand & du plus important point de la Religion, je veux dire de l'Amour de Dieu. J'ouvre donc un beau champ à ces Censeurs, pour attaquer en moi, & le Poëte orgueilleux, & le Villageois grossier, & le Théologien témeraire. Quelque fortes pourtant que soient leurs attaques, je doute qu'elles ébranlent la ferme résolution que j'ai prise il y a long-tems, de ne rien répondre, au moins sur le ton serieux, à tout ce qu'ils écriront contre moi.

A quoi bon en effet perdre inutilement du papier ? [1] Si mes Epîtres sont mauvaises, tout ce que je dirai ne les fera pas trouver bonnes : & si elles sont bonnes, tout ce qu'ils feront ne les fera pas trouver mauvaises. Le Public n'est pas un Juge qu'on puisse corrompre, ni qui se règle par les passions d'autrui. Tout ce bruit, tous ces Ecrits qui se font ordinairement contre des Ouvrages où l'on court, ne servent qu'à y faire encore plus courir, & à en mieux marquer le mérite. Il est de l'essence d'un bon Livre d'avoir des Censeurs ; & la plus grande disgrace qui puisse arriver à un Ecrit qu'on met au jour, ce n'est pas que beaucoup de gens en disent du mal, c'est que personne n'en dise rien.

Je me garderai donc bien de trouver mauvais qu'on attaque mes trois Epîtres. Ce qu'il y a de certain, c'est que je les ai fort travaillées, & principalement celle de l'Amour de Dieu, que j'ai retouchée plus d'une fois, & où j'avoue que j'ai employé tout le peu que je puis avoir d'esprit & de lumières. J'avois dessein d'abord de la donner toute seule, les deux autres me paroissant trop frivoles, pour être présentées au grand jour de

REMARQUES.

[1] *Si mes Epîtres sont mauvaises.*] Joan. Owen, Epigr. ad Lectorem, pag. m. 122.
Nostra patrocinium non poscunt carmina:
quare?
Si bona sunt, bona sunt : si mala sunt, mala
sunt.

Il ajoûte dans une autre Epigramme:
Nemo potest versus (nec tanta potentia Regum)
Vel servare malos, vel jugulare bonos.

[2] *Jésuites très-célèbres.*] Le R. P. de la Chai-

PRÉFACE.

l'impreſſion avec un Ouvrage ſi ſérieux. Mais des Amis très-ſenſez m'ont fait comprendre que ces deux Epîtres, quoique dans le ſtile enjoué, étoient pourtant des Epîtres morales, où il n'étoit rien enſeigné que de vertueux : qu'ainſi étant liées avec l'autre, bien loin de lui nuire, elles pourroient même faire une diverſité agréable ; & que d'ailleurs beaucoup d'honnêtes gens ſouhaitant de les avoir toutes trois enſemble, je ne pouvois pas avec bienſéance me diſpenſer de leur donner une ſi légère ſatisfaction. Je me ſuis rendu à ce ſentiment, & on les trouvera raſſemblées ici dans un même cahier. Cependant comme il y a des Gens de pieté, qui peut-être ne ſe ſoucieront gueres de lire les entretiens, que je puis avoir avec mon Jardinier & avec mes Vers, il eſt bon de les avertir qu'il y a ordre de leur diſtribuer à part la dernière, ſavoir celle qui traite de l'Amour de Dieu ; & que non ſeulement je ne trouverai pas étrange qu'ils ne liſent que celle-là ; mais que je me ſens quelquefois moi-même en des diſpoſitions d'eſprit, où je voudrois de bon cœur n'avoir de ma vie compoſé que ce ſeul Ouvrage, qui vraiſemblablement ſera la dernière Pièce de Poëſie qu'on aura de moi : mon génie pour les Vers commençant à s'épuiſer, & mes Emplois hiſtoriques ne me laiſſant gueres le tems de m'appliquer à chercher & à ramaſſer des rimes.

Voilà ce que j'avois à dire aux Lecteurs. Néanmoins, avant que de finir cette Préface, il ne ſera pas hors de propos, ce me ſemble, de raſſûrer des perſonnes timides, qui n'ayant pas une fort grande idée de ma capacité en matière de Théologie, douteront peut-être que tout ce que j'avance en mon Epître ſoit fort infaillible ; & apprehenderont, qu'en voulant les conduire, je ne les égare. Afin donc qu'elles marchent ſûrement, je leur dirai, vanité à part, que j'ai lû pluſieurs fois cette Epître à un fort grand nombre de Docteurs de Sorbone, de Peres de l'Oratoire & de [2] Jéſuites très-celèbres, qui tous y ont applaudi, & en ont trouvé la doctrine très-ſaine & très-pure. Que beaucoup de Prélats illuſtres, à qui je l'ai récitée, en ont jugé comme eux : Que [3] Monſeigneur l'Evêque de Meaux, c'eſt-à-dire une des plus grandes Lumieres, qui ayent éclairé l'Egliſe dans les derniers Siècles, a eû long-tems mon Ouvrage entre les mains ; & qu'après l'avoir lû & relû pluſieurs fois, il m'a non ſeulement donné ſon approbation, mais a trouvé bon que je publiaſſe à tout le monde qu'il me la donnoit. Enfin, que pour mettre le comble à ma gloire, [4] ce ſaint Archevêque, dans le Dioceſe duquel j'ai le bonheur de me trouver, ce grand Prélat, dis-je, auſſi éminent en

REMARQUES.

Chaize, Confeſſeur du Roi : le P. Gaillard, fameux Prédicateur, & quelques autres. Voïez ci-après (T. II.) une Lettre écrite par l'Auteur à Mr. Racine ſur ce ſujet.

3 Mr. l'Evêque de Meaux.] Jaques Benigne Boſſuet.

4 Ce ſaint Archevêque.] Louïs Antoine de Noailles, Archevêque de Paris, enſuite Cardinal.

5. Dont

doctrine & en vertus, qu'en dignité & en naissance, que le plus grand Roi de l'Univers, par un choix visiblement inspiré du Ciel, a donné à la Ville Capitale de son Roïaume, pour assûrer l'Innocence, & pour détruire l'Erreur ; Monseigneur l'Archevêque de Paris, en un mot, a bien daigné aussi éxaminer soigneusement mon Epître, & a eû même la bonté de me donner sur plus d'un endroit des conseils que j'ai suivis; & m'a enfin accordé aussi son approbation, avec des éloges ⁵ dont je suis également ravi & confus.

⁶ Au reste, comme il y a des Gens qui ont publié, que mon Epître n'étoit qu'une vaine déclamation, qui n'attaquoit rien de réel, ni qu'aucun Homme eut jamais avancé, je veux bien pour l'interêt de la Vérité, mettre ici la Proposition que j'y combats, dans la Langue, & dans les termes qu'on la soûtient en plus d'une Ecole. La voici : Attritio ex gehennæ metu sufficit, etiam sine ulla Dei dilectione, & sine ullo ad Deum offensum respectu ; quia talis honesta & supernaturalis est. C'est cette Proposition que j'attaque, & que je soûtiens fausse, abominable, & plus contraire à la vraie Religion, que le Lutheranisme ni le Calvinisme. Cependant je ne croi pas qu'on puisse nier qu'on ne l'ait encore soûtenuë, depuis peu, & qu'on ne l'ait même inserée ⁷ dans quelques Catéchismes en des mots fort approchans des termes Latins, que je viens de rapporter.

REMARQUES.

⁵ *Dont je suis également ravi & confus.*] Dans la premiere édition de cette Préface, qui parut en 1696. l'Auteur la finissoit par ce petit Article, qu'il supprima dans l'édition suivante, & que je raporte ici pour ne rien dérober à la Postérité de ce que nous avons de lui.

„ Je croïois n'avoir plus rien à dire au „ Lecteur. Mais dans le tems même que „ cette Préface étoit sous la presse, on m'a „ aporté une misérable Epître en Vers, que „ quelque Impertinent a fait imprimer, & „ qu'on veut faire passer pour mon Ouvrage „ sur l'Amour de Dieu. Je suis donc obli„ gé d'ajoûter cet article, afin d'avertir le „ Public, que je n'ai fait d'Epître sûr l'A„ mour de Dieu, que celle qu'on trouvera „ ici : l'autre étant une Pièce fausse, & in„ complète, composée de quelques vers „ qu'on m'a dérobez, & de plusieurs qu'on „ m'a ridiculement prêtez, aussi bien que les „ notes temeraires qui y sont.

6 *Au reste,* &c.] L'Auteur ajoûta cet article dans l'édition de 1701.

7 *Dans quelques Catéchismes.*] Voïez le Catéchisme de Mr. Joli, & quelques autres.

EPITRE

EPITRE X.

A MES VERS.

J'Ai beau vous arrêter, ma remontrance est vaine,
Allez, partez, mes Vers, dernier fruit de ma veine;
C'est trop languir chez moi dans un obscur séjour.
La prison vous déplaît, vous cherchez le grand jour;
5 Et déja chez Barbin, ambitieux Libelles,
Vous brûlez d'étaler vos feuilles criminelles.
Vains & foibles Enfans dans ma vieillesse nez,
Vous croïez sur les pas de vos heureux Aînez,
Voir bien-tôt vos bons mots, passant du Peuple aux Princes,
10 Charmer également la Ville & les Provinces;
Et par le promt effet d'un sel réjouïssant,
Devenir quelquefois Proverbes en naissant.
Mais perdez cette erreur, dont l'appas vous amorce.
Le tems n'est plus, mes Vers, où ma Muse en sa force,

REMARQUES.

L'Auteur aiant été nommé par le Roi en 1677. pour écrire son histoire, sembloit avoir entièrement renoncé à la Poësie. Néanmoins, seize années après, il composa son Ode sur la prise de Namur, en 1693. & l'année suivante il publia la Satire X. contre les Femmes. A la vûë de ce dernier Ouvrage l'audace des Critiques se réveilla: il fut exposé à la censure d'une infinité de Poëtes médiocres; & ce fut pour leur répondre qu'il composa cette Epître. Elle est écrite avec beaucoup d'art; & c'est une chose assez singulière d'y voir un Poëte Satirique couvrir ses Censeurs de confusion, rejetter sur eux toute l'indignation du Public, & s'attirer noblement la tendresse & la compassion des Lecteurs. Notre Auteur avoit une grande prédilection pour cette Pièce, & il l'appeloit ordinairement *ses Inclinations*. Elle fut faîte au commencement de l'année 1695. & l'idée en est prise d'une Epître d'Horace, qui est la vingtième du second Livre.

IMITATIONS. VERS 1. *J'ai beau vous arrêter*, &c.] Horace commence ainsi l'Epître qu'on vient de citer.

Vertumnum, Janumque, Liber, spectare videris:
Scilicet ut prostes Sociorum pumice mundus.
Odisti claves, & grata sigilla pudico:
Paucis ostendi gemis, & communia laudas.
&c.

Vers 5. *Et deja chez Barbin* &c.] Libraire de Paris.

Vers 12. *Devenir quelquefois Proverbes en naissant.*] Il y a des expressions heureuses qui renferment un grand sens en peu de paroles: elles sont ordinairement adoptées par le Public, & deviennent bien-tôt Proverbes. Tels sont la plûpart des vers de notre Auteur.

J'apelle un Chat un Chat, &c. Sat. I.
La Raison dit Virgile, & la Rime Quinaut.
Sat. II.
Des sottises d'autrui nous vivons au Palais.
Ep. II.
Un Fat quelquefois ouvre un avis important.
Art Poëtique.
Un Sot trouve toûjours un plus Sot qui l'admire.

EPITRE X.

15 Du Parnasse François formant les Nourrissons,
De si riches couleurs habilloit ses leçons.
Quand mon Esprit poussé d'un courroux légitime,
Vint devant la Raison plaider contre la Rime;
A tout le Genre Humain sut faire le procès,
20 Et s'attaqua soi-même avec tant de succès.
Alors il n'étoit point de Lecteur si sauvage,
Qui ne se déridât en lisant mon Ouvrage;
Et qui, pour s'égaïer, souvent dans ses Discours,
D'un mot pris en mes Vers n'empruntât le secours.
25 Mais aujourd'hui, qu'enfin la Vieillesse venuë,
Sous mes faux cheveux blonds déja toute chenuë,
A jetté sur ma tête, avec ses doigts pesans,
Onze lustres complets, surchargez de trois ans,
Cessez de présumer dans vos folles pensées,
30 Mes Vers, de voir en foule à vos rimes glacées
Courir, l'argent en main, les Lecteurs empressez.
Nos beaux jours sont finis, nos honneurs sont passez.
Dans peu vous allez voir vos froides rêveries
Exciter du Public les justes moqueries;
35 Et leur Auteur, jadis à Regnier préferé,

REMARQUES.

Vers 16. *De si riches couleurs habilloit ses leçons.*] L'Art Poëtique.

Vers 18. *Vint devant la Raison plaider contre la Rime,*] Satire deuxième.

Vers 19. *A tout le Genre Humain sut faire le procès.*] Satire huitième.

Vers 20. *Et s'attaqua soi-même* &c.] Satire neuvième.

Vers 25. *Mais aujourd'hui qu'enfin* &c.] Le jugement de l'Auteur sur ce vers & les trois suivans, est contenu dans une Lettre qu'il écrivit à Mr. de Maucroix, au mois d'Août 1695. Elle est inserée ci-après, Tom. II.

Vers 28. *Onze lustres complets surchargez de trois ans.*] Cinquante-huit ans.

IMITATIONS. Vers 32. *Nos beaux jours sont finis, nos honneurs sont passez.*] Ce vers ressemble un peu à celui-ci de l'Epître cinquième:

Ainsi que mes beaux jours, mes chagrins sont passez.

Et à cet autre de Racine, dans Mithridate, Acte III. Sc. V.

Mes ans se sont accrus: mes honneurs sont détruits.

CHANGEMENT. Vers 34. *Exciter du Public les justes moqueries.*] L'Auteur avoit mis dans toutes les éditions: *Du Public exciter*, &c. mais je lui proposai ce Changement, & il l'a approuvé.

CHANGEMENT. Vers 36. *A Pinchêne, à Liniere, à Perrin comparé.*] Dans la première composition il y avoit: *A Saulecque, à Renard, à Bellocq comparé.* Ces trois Poëtes ont composé des Satires, & ils avoient écrit contre la Satire X. de notre Auteur; mais il ne voulut pas faire imprimer leurs noms, & il mit ces trois autres Poëtes qui n'étoient plus vivans. Renard s'étoit réconci-

EPITRE X.

A Pinchêne, à Liniere, à Perrin comparé.
Vous aurez beau crier : *O Vieilleſſe ennemie !*
N'a-t-il donc tant vécu que pour cette infamie ?
Vous n'entendrez par tout qu'injurieux brocards
40 Et ſur vous & ſur lui fondre de toutes parts.
    Que veut-il, dira-t-on ? Quelle fougue indiſcrette
Ramene ſur les rangs encor ce vain Athlète ?
Quels pitoïables Vers ! Quel ſtile languiſſant !
Malheureux, laiſſe en paix ton cheval vieilliſſant,
45 De peur que tout à coup eſflanqué, ſans haleine,
Il ne laiſſe, en tombant, ſon Maître ſur l'arene.
Ainſi s'expliqueront nos Cenſeurs ſourcilleux :
Et bien-tôt vous verrez mille Auteurs pointilleux
Pièce à pièce épluchant vos ſons & vos paroles,
50 Interdire chez vous l'entrée aux Hyperboles ;
Traiter tout noble mot de terme hazardeux,
Et dans tous vos Diſcours, comme monſtres hideux,
Hüer la Métaphore, & la Métonymie ;
(Grans mots que Pradon croit des termes de Chymie :)
55 Vous ſoûtenir qu'un Lit ne peut être effronté ;

REMARQUES.

cilié avec lui, & Bellocq lui avoit fait faire des excuſes.

IMITATIONS. Vers 37. ——— *O Vieilleſſe ennemie !* &c.] Vers du Cid, Acte I. Sc. IV.

Vers 41. *Que veut-il, dira-t-on ?* &c.] Ce ſont les propres termes des Cenſeurs de notre Poëte.

Vers 44. *Malheureux, laiſſe en paix* &c.] C'eſt la traduction de ces deux vers d'Horace L. I. Ep. I. 8.

Solve ſeneſcentem maturè ſanus equum, ne
Peccet ad extremum ridendus, & ilia ducat.

Pradon avoit fait l'application de ces deux vers à Mr. Deſpréaux, & les avoit mis à la fin d'une Critique intitulée *Repuonſe à la Satire X. du Sieur D........* Mais notre Auteur montre ici à Pradon comment il faut traduire Horace.

Vers 54. *Grans mots que Pradon croit des termes de Chymie.*] Alluſion à un fameux trait d'ignorance de Pradon qui ne ſavoit pas faire la différence de la Chronologie & de la Géographie. Ce trait eſt raporté ci-devant ſur le dernier vers de l'Epître VII.

Vers 55. ——— *Qu'un lit ne peut être effronté.*] Perraut, Pradon, & quelques autres, s'étoient acharnez ſur cette expreſſion, qui eſt tirée du vers 345. de la Satire X.

Se ſont des mois entiers ſur un lit effronté
Traiter d'une viſible & parfaite ſanté.

Rien n'eſt plus commun que cette Figure dans la Poëſie. Horace, Ode XXXVII. du Livre I. 6.

——— ——— *Dum Capitolio*
Regina dementes ruinas - - - - parabat.

La Reine Cléopatre préparoit de folles ruines au Capitole ; pour dire, La folle Reine préparoit &c. Mr. le Prince de Conti ne blâmoit pas l'Epithète d'*effronté*, mais il trouvoit qu'elle préſentoit un autre ſens, & qu'elle diſoit plus que l'Auteur n'avoit voulu dire.

EPITRE X.

    Que nommer la Luxure est une impureté.
En vain contre ce flot d'aversion publique
Vous tiendrez quelque tems ferme sur la Boutique;
Vous irez à la fin, honteusement exclus,
60 Trouver au Magazin Pyrame, & Régulus,
Ou couvrir chez Thierri, d'une feuille encor neuve,
Les Méditations de Buzée & d'Hayneuve;
Puis, en tristes lambeaux semez dans les Marchez,
Souffrir tous les affronts au Jonas reprochez.
65   Mais quoi, de ces discours bravant la vaine attaque,
Déja comme les Vers de Cinna, d'Andromaque,
Vous croyez à grans pas chez la Posterité
Courir, marquez au coin de l'Immortalité.
Hé bien, contentez donc l'orgueil qui vous enivre.
70 Montrez-vous, j'y consens: mais, du moins, dans mon Livre
Commencez par vous joindre à mes premiers Ecrits.
C'est là qu'à la faveur de vos Freres chéris,
Peut-être enfin soufferts, comme Enfans de ma plume,
Vous pourrez vous sauver, épars dans le Volume.
75   Que si mêmes un jour le Lecteur gracieux,
Amorcé par mon nom, sur vous tourne les yeux;

REMARQUES.

Mr. Despréaux convenoit que c'étoit la seule bonne critique qui lui eût été faite sur cet endroit.

Vers 56. *Que nommer la Luxure est une impureté.*] Mr. Perrault fit la Critique de la Satire X. dans la Préface qu'il mit à son *Apologie des Femmes*. Cet Ecrivain blâmoit Mr. Despréaux d'avoir parlé des *Heros à voix luxurieuse*, & de la *Morale lubrique* des Opera; & condamnoit ces expressions, comme contraires à la pudeur. Mais notre Auteur fut pleinement justifié de cette accusation par Mr. Arnauld, dans une Lettre que ce célèbre Docteur écrivit à Mr. Perrault lui-même, & qui est insérée ci-après au Tom. II.

Vers 60. ——— *Pyrame & Régulus.*] Pièces de Théatre de Pradon.

Vers 62. *Les Méditations de Buzée & d'Hayneuve.*] Notre Auteur étant un jour dans la Boutique de Thierri son Libraire, s'apperçut qu'on avoit emploié les Tragédies de Pradon à envelopper les Méditations du P. *Julien Hayneuve*, Jésuite. Le P. *Buzée*, autre Jésuite, a fait aussi des Méditations autrefois estimées.

Vers 64. ——— *Tous les affronts au Jonas reprochez.*] *Jonas*, Poëme héroïque, non vendu. Voiez le vers 91. de la Satire IX.

Vers 66. ——— *De Cinna, d'Andromaque.*] *Cinna*, Tragédie de Corneille: *Andromaque*, Tragédie de Racine.

Vers 74. *Vous pourrez vous sauver, épars dans le Volume.*] L'Auteur se repentoit d'avoir publié la Satire X. en un volume séparé, les Critiques la voïant ainsi seule, l'avoient attaquée avec plus de hardiesse, & cela lui fit prendre la résolution de ne plus donner aucun Ouvrage qu'il ne l'insérât en même tems dans le Volume de ses Oeuvres.

Vers

EPITRE X.

Pour m'en récompenser, mes Vers, avec usure,
De votre Auteur alors faites-lui la peinture :
Et, sur tout, prenez soin d'effacer bien les traits
80 Dont tant de Peintres faux ont flétri mes portraits.
Déposez hardiment : qu'au fond cet Homme horrible,
Ce Censeur qu'ils ont peint si noir & si terrible,
Fut un Esprit doux, simple, ami de l'Equité,
Qui cherchant dans ses Vers la seule Vérité,
85 Fit, sans être malin, ses plus grandes malices,
Et qu'enfin sa candeur seule a fait tous ses vices.
Dites, que harcelé par les plus vils Rimeurs,
Jamais, blessant leurs Vers, il n'effleura leurs mœurs :
Libre dans ses discours, mais pourtant toujours sage ;
90 Assez foible de corps, assez doux de visage,
Ni petit, ni trop grand, très-peu voluptueux,
Ami de la Vertu plûtôt que vertueux.

Que si quelcun, mes Vers, alors vous importune,
Pour savoir mes parens, ma vie & ma fortune,
95 Contez-lui, qu'allié d'assez hauts Magistrats,
Fils d'un Pere Greffier, né d'Aïeux Avocats ;
Dès le berceau perdant une fort jeune Mere,

REMARQUES.

Vers 81. *Déposez hardiment*, &c.] L'Auteur a fait mettre ce vers au bas de son Portrait, en les disposant ainsi :

*Tu peux voir dans ces traits, qu'au fond cet
  Homme horrible,
Ce Censeur qu'on a crû si noir & si terrible,
Fut un Esprit doux, simple, ami de l'Equité,
Qui cherchant dans ses vers la seule Vérité,
Fit, sans être malin, ses plus grandes malices,
    Et sa candeur fit tous ses vices.*

Vers 92. *Ami de la Vertu plûtôt que vertueux.*] Ce vers au jugement de l'Auteur même, est un des plus beaux, & des plus sensez qu'il ait faits.
Vers 95. ―― *Allié d'assez hauts Magistrats.*] Mrs. de Bragelonne ; Amelot Pré-

sident à la Cour des Aides ; Gilbert Président aux Enquêtes, Gendre de Mr. Dongois ; De Lionne, Grand-Audiencier de France ; & plusieurs autres Maisons illustres dans la Robe.
Vers 96. *Fils d'un Pere Greffier*, &c.] Gilles Boileau, Greffier du Conseil de la Grand-Chambre, né le 28. de Juin, 1584.
Ibid. ―― *Né d'Aïeux Avocats.*] Il tire son origine de *Jean Boileau*, Notaire & Secretaire du Roi, qui obtint des Lettres de Noblesse pour lui & pour sa postérité, au mois de Septembre 1371. *Jean Boileau* fut un des quatre nommez pour éxercer sa charge près du Parlement ; & *Henri Boileau* son Petit-fils, fut reçû en 1408. Avocat du Roi en la même Cour. Quelques-uns de leurs Descendans ont été de célèbres Avocats.
Vers 97. *Dès le Berceau perdant une fort jeune Mere.*] Il n'avoit qu'onze mois quand
Anne

EPITRE X.

Réduit, seize ans après, à pleurer mon vieux Pere:
J'allai d'un pas hardi, par moi-même guidé,
100 Et de mon seul Genie en marchant secondé,
Studieux amateur & de Perse, & d'Horace,
Assez près de Regnier m'asseoir sur le Parnasse.
Que par un coup du Sort au grand jour amené,
Et des bords du Permesse à la Cour entraîné,
105 Je fûs, prenant l'essor par des routes nouvelles,
Elever assez haut mes Poëtiques aîles;
Que ce Roi, dont le nom fait trembler tant de Rois,
Voulut bien que ma main craïonnât ses exploits:
Que plus d'un Grand m'aima jusques à la tendresse,
110 Que ma vûë à Colbert inspiroit l'allégresse:
Qu'aujourd'hui même encor de deux sens affoibli,
Retiré de la Cour, & non mis en oubli:
Plus d'un Heros épris des fruits de mon étude,
Vient quelquefois chez moi goûter la solitude.
115 Mais des heureux regards de mon Astre étonnant

REMARQUES.

Anne Denielle sa Mere mourut âgée de 23. ans, en 1637.

Vers 98. *Réduit seize ans après à pleurer mon vieux Pere.*] Il mourut en 1657. âgé de 73. ans.

Vers 102. *Assez près de Regnier m'asseoir sur le Parnasse.*] Cela est bien modeste. Il a parlé plus hardiment quand il n'a fait que rapporter les sentimens du Public : *Et leur Auteur jadis à Regnier préféré.* vers 35.

Vers 108. ―――― *Craïonnât ses exploits.*] Il fut nommé pour écrire l'Histoire du Roi avec Mr. Racine, au mois d'Octobre 1677.

Vers 109. *Que plus d'un Grand &c.*] Madame la Duchesse d'Orléans, première Femme de Monsieur. Le Grand Prince de Condé, & Mr. le Prince son Fils. Mr. le Prince de Conti. Mr. le Premier Président de Lamoignon ; Mr. le Maréchal de Vivonne; & Mesdames de Montespan, & de Thiänge, ses Sœurs : enfin toute la Cour, excepté Mr. le Duc de Montauzier: *Præter atrocem animum Catonis.* Ce Duc lui donna même son amitié dans la suite.

Vers 110. *Que ma vûë à Colbert &c.*] Mr. Colbert mena un jour dans sa belle maison de Seaux, Mr. Despréaux, & Mr. Racine. Il étoit seul avec eux, prenant un extrême plaisir à les entendre; quand on vint lui dire que Mr. l'Evêque de . . . . . . demandoit à le voir: *Qu'on lui fasse voir tout, hormis moi*, dit Mr. Colbert.

Vers 111. ―――― *De deux sens affoibli.*] De la vûë, & de l'ouïe.

Vers 112. *Retiré de la Cour, &c.*] Il n'y alloit plus depuis l'année 1690. & il s'en étoit retiré pour joüir de la liberté & du repos. Après la mort de Mr. Racine, il alla voir le Roi pour lui apprendre cette mort, & recevoir ses ordres par raport à son Histoire dont il se trouvoit seul chargé. Sa Majesté le reçut avec bonté, & quand il voulut se retirer, le Roi en lui faisant voir sa montre qu'il tenoit par hazard à la main, lui dit obligeamment : *Souvenez-vous que j'ai toûjours à vous donner une heure par semaine, quand vous voudrez venir.*

Vers 113. *Plus d'un Heros &c.*] Mr. le Marquis de Termes, Mr. de Cavois, Mr. de Pontchartrain, Mr. Daguesseau, & plusieurs

EPITRE X.

Marquez bien cet effet encor plus surprenant,
Qui dans mon souvenir aura toujours sa place:
Que de tant d'Ecrivains de l'Ecole d'Ignace,
Etant, comme je suis, ami si déclaré,
120 Ce Docteur toutefois si craint, si reveré,
Qui contre Eux de sa plume épuisa l'énergie,
Arnauld, le grand Arnauld fit mon apologie.
Sur mon tombeau futur, mes Vers, pour l'énoncer,
Courez en lettres d'or de ce pas vous placer.
125 Allez jusqu'où l'Aurore en naissant voit l'Hydaspe,
Chercher, pour l'y graver, le plus précieux Jaspe.
Sur tout, à mes Rivaux sachez bien l'étaler.
Mais je vous retiens trop. C'est assez vous parler.
Déja, plein du beau feu qui pour vous le transporte,
130 Barbin impatient chez moi frape à la porte.
Il vient pour vous chercher. C'est lui: j'entens sa voix.
Adieu, mes Vers, adieu pour la derniere fois.

REMARQUES.

sieurs autres; mais particulierement Mr. le Duc, & Mr. le Prince de Conti qui l'honoroient souvent de leurs visites à Auteuil.

Vers 118. *Que de tant d'Ecrivains de l'Ecole d'Ignace.*] Les Peres, Rapin, Bourdaloue, Bouhours, Gaillard, Thoulier, &c.

Vers 122. ——— *Le grand Arnauld fit mon apologie.*] Mr. Arnauld a fait une Dissertation où il le justifie contre ses Censeurs; & c'est son dernier Ouvrage. On le trouvera dans le Tom. II. de cette Edition.

Vers 125. ——— *En naissant voit l'Hydaspe.*] Fleuve des Indes.

EPITRE XI.
A MON JARDINIER.

    LABORIEUX Valet du plus commode Maître,
Qui, pour te rendre heureux ici-bas, pouvoit naître ;
Antoine, Gouverneur de mon Jardin d'Auteuil,
Qui diriges chez moi l'If & le Chevre-feuil,
5 Et sur mes Espaliers, industrieux Génie,
Sais si bien exercer l'Art de la Quintinie ;
O ! que de mon esprit triste & mal ordonné,
Ainsi que de ce champ par toi si bien orné,
Ne puis-je faire ôter les ronces, les épines,
10 Et des défauts sans nombre arracher les racines !
Mais parle : Raisonnons. Quand du matin au soir,
Chez moi poussant la bêche, ou portant l'arrosoir,
Tu fais d'un sable aride une terre fertile,
Et rends tout mon Jardin à tes loix si docile ;
15 Que dis-tu, de m'y voir rêveur, capricieux,

REMARQUES.

NOtre Poëte, travaillant à son Ode sur la prise de Namur, se promenoit dans les Allées de son Jardin d'Auteuil. Là il tâchoit d'exciter son feu, & s'abandonnoit à l'Enthousiasme. Un jour il s'aperçut que son Jardinier l'écoutoit, & l'observoit au travers des feuillages. Le Jardinier surpris ne savoit à quoi attribuer les transports de son Maître, & peu s'en falut qu'il ne le soupçonnât d'avoir perdu l'esprit. Les postures que le Jardinier faisoit de son côté, & qui marquoient son étonnement, parurent fort plaisantes au Maître : de sorte qu'ils se donnèrent quelque tems la Comédie l'un à l'autre, sans s'en apercevoir. Cela lui fit naître l'envie de composer cette Epître, dans laquelle il s'entretient avec son Jardinier, &, par des discours proportionnez aux connoissances d'un Villageois, il lui explique les difficultez de la Poësie, & la peine qu'il y a sur tout d'exprimer noblement & avec élégance, les choses les plus communes & les plus sêches. De là il prend occasion de lui démontrer que le Travail est nécessaire à l'Homme pour être heureux.

Cette Epître fut composée en 1695. Horace a aussi adressé une Epître à son Fermier : c'est la quatorzième du premier Livre. Mais ces deux Poëtes ont suivi des routes différentes.

Vers 3. *Antoine, Gouverneur de mon Jardin d'Auteuil.*] Antoine Riquié, né à Paris. Mr. Despréaux l'avoit trouvé dans cette Maison lors qu'il l'acheta en 1685, & l'a toûjours gardé à son service. Après la composition de cette Epître, la plûpart des personnes qui alloient voir l'Auteur, félicitoient *Maître Antoine* de l'honneur que son Maître lui avoit fait ; & tous lui envioient une distinction si glorieuse. Le P. Bouhours Jésuite lui en fit compliment comme les autres : *N'est-il pas vrai, Maître Antoine,* lui dit-il d'un air railleur, *que l'Epître que votre Maître vous a adressée, est la plus belle de toutes ses Pièces ? Nenni-da, mon Pere,* répondit Maître Antoine ; *C'est celle de l'Amour de Dieu.*

Vers 6. ——— *L'Art de la Quintinie.*]
Jean.

EPITRE XI.

Tantôt baiſſant le front, tantôt levant les yeux,
De paroles dans l'air par élans envolées,
Effrayer les Oiſeaux perchez dans mes allées?
Ne ſoupçonnes-tu point, qu'agité du Démon,
20 Ainſi que ce Couſin des quatre Fils Aimon,
Dont tu lis quelquefois la merveilleuſe hiſtoire,
Je rumine, en marchant, quelque endroit du Grimoire:
Mais non: Tu te ſouviens qu'au Village on t'a dit,
Que ton Maître eſt nommé, pour coucher par écrit
25 Les faits d'un Roi plus grand en ſageſſe, en vaillance,
Que Charlemagne aidé des douze Pairs de France.
Tu crois qu'il y travaille, & qu'au long de ce mur
Peut-être en ce moment il prend Mons & Namur.
Que penſerois-tu donc, ſi l'on t'alloit apprendre,
30 Que ce grand Chroniqueur des geſtes d'Alexandre,
Aujourd'hui méditant un projet tout nouveau,
S'agite, ſe démène, & s'uſe le cerveau,
Pour te faire à toi-même en rimes inſenſées
Un bizarre portrait de ſes folles penſées?

REMARQUES.

Jean de la Quintinie, Directeur des Jardins fruitiers & potagers du Roi. Il a réduit en Art la culture des Arbres fruitiers.

IMITATIONS. Vers 7. *O! que de mon eſprit* &c.] Horace dans l'Epître que l'on vient de citer, vers 4.

Certemus, ſpinas animone ego fortiùs, an tu
Evellas agro; & melior ſit Horatius, an res.

Vers 20. *Ainſi que ce Couſin des quatre Fils Aimon.*] Maugis, ſurnommé l'Enchanteur, vaillant & preux Chevalier, lequel au monde n'avoit ſon pareil en l'art de Négromancie. L'Hiſtoire que nous avons des quatre Fils Aimon, eſt fort ancienne. Elle avoit été inventée dans ces tems où la barbarie & l'ignorance avoient introduit le goût de la Chevalerie. Ces ſortes de Romans ſont fort aimez du peuple groſſier; parce qu'ils contiennent des avantures merveilleuſes; & des prodiges inouïs.

CHANGEMENT. Vers 24. *Que ton Maître eſt nommé*, &c.] Ce vers & les deux ſuivans étoient ainſi dans la première compoſition:

Que ton Maître eſt gagé pour mettre par écrit
Les faits de ce grand Roi vanté pour ſa vaillance
Plus qu'Ogier le Danois, ni Pierre de Provence.

Vers 26. *Que Charlemagne aidé des douze Pairs de France.*] Notre Auteur s'accommode au goût & aux lumières de ſon Jardinier, grand Lecteur d'anciens Romans. Ici il fait alluſion à un Ouvrage de cette eſpèce, intitulé: *La Conquête de Charlemagne, grand Roi de France & des Eſpagnes; avec les faits & les geſtes des douze Pairs de France*, &c. Voiez les Recherches de Paſquier, L. II. c. 9. & 10.

CHANGEMENT. Vers 30. *Que ce grand Chroniqueur des geſtes d'Alexandre.*] Première manière:

Que ce grand Ecrivain des exploits d'Alexandre.

Mon Maître, dirois-tu, paſſe pour un Docteur, 35
Et parle quelquefois mieux qu'un Prédicateur.
Sous ces arbres pourtant, de ſi vaines ſornettes
Il n'iroit point troubler la paix de ces Fauvettes ;
S'il lui falloit toujours, comme moi, s'éxercer,
Labourer, couper, tondre, applanir, paliſſer, 40
Et dans l'eau de ces puits ſans relâche tirée,
De ce ſable étancher la ſoif démeſurée.

Antoine, de nous deux tu crois donc, je le voi,
Que le plus occupé dans ce Jardin, c'eſt toi.
O! que tu changerois d'avis, & de langage, 45
Si deux jours ſeulement libre du Jardinage,
Tout à coup devenu Poëte & bel Eſprit,
Tu t'allois engager à polir un Ecrit,
Qui dît, ſans s'avilir, les plus petites choſes,
Fît, des plus ſecs Chardons, des Oeillets & des Roſes ; 50
Et ſût même au diſcours de la Ruſticité
Donner de l'élégance & de la dignité ;
Un Ouvrage, en un mot, qui, juſte en tous ſes termes,
Sût plaire à Dagueſſeau, fût ſatisfaire Termes ;
Sût, dis-je, contenter, en paroiſſant au jour, 55
Ce qu'ont d'Eſprits plus fins & la Ville & la Cour.
Bien-tôt de ce travail revenu ſec & pâle,
Et le teint plus jauni que de vingt ans de hâle :
Tu dirois, reprenant ta pelle & ton râteau,

REMARQUES.

Vers 36. *Et parle quelquefois mieux qu'un Prédicateur.*] Voici l'original de cette penſée. Un jour Mr. Deſpréaux & Mr. Racine venant de faire leur Cour à Verſailles, ſe mirent dans un Caroſſe public, avec deux bons Bourgeois qui s'en retournoient à Paris. Ces deux Meſſieurs étoient contens de leur Cour : ils furent extrêmement enjoüez pendant tout le chemin, & leur converſation fut la plus vive, la plus brillante, & la plus ſpirituelle du monde. Les deux Bourgeois étoient enchantez, & ne pouvoient ſe laſſer de marquer leur admiration. Enfin, à la deſcente du Caroſſe, tandis que l'un d'eux faiſoit ſon compliment à Mr. Racine, l'autre s'arrêta avec Mr. Deſpréaux, & l'aiant embraſſé bien tendrement : *J'ai été en voiage,* lui dit-il, *avec des Docteurs de Sorbone, & même avec des Religieux, mais je n'ai jamais ouï dire de ſi belles choſes. En vérité, vous parlez cent fois mieux qu'un Prédicateur.*

CHANGEMENT. Vers 46. *Si deux jours ſeulement libre du Jardinage,* &c.] Il y avoit dans la première compoſition :
Si deux jours ſeulement chargé de mon Ouvrage,

60 J'aime mieux mettre encor cent arpens au niveau,
Que d'aller follement, égaré dans les nuës,
Me laffer à chercher des vifions cornuës ;
Et pour lier des mots fi mal s'entr'accordans,
Prendre dans ce Jardin la Lune avec les dens.
65   Approche donc, & vien ; qu'un Pareffeux t'apprenne,
Antoine, ce que c'eft que fatigue, & que peine.
L'Homme ici-bas toujours inquiet, & gêné,
Eft, dans le repos même, au travail condamné.
La fatigue l'y fuit. C'eft en vain qu'aux Poëtes
70 Les neuf trompeufes Sœurs, dans leurs douces retraites,
Promettent du repos fous leurs ombrages frais :
Dans ces tranquilles Bois pour Eux plantez exprès,
La Cadence auffi-tôt, la Rime, la Céfure,
La riche Expreffion, la nombreufe Mefure,
75 Sorcieres, dont l'amour fait d'abord les charmer,
De fatigues fans fin viennent les confumer.
Sans ceffe pourfuivant ces fugitives Fées,
On voit fous les Lauriers haleter les Orphées.
Leur Efprit toutefois fe plaît dans fon tourment,
80 Et fe fait de fa peine un noble amufement.
Mais je ne trouve point de fatigue fi rude,
Que l'ennuyeux loifir d'un Mortel fans étude,
Qui jamais ne fortant de fa ftupidité,
Soûtient, dans les langueurs de fon oifiveté,

REMARQUES.

Il te faloit fonger, &c.
CHANGEMENT. Vers 51. *Et fût même au difcours*, &c.] Au lieu de ce vers & des cinq fuivans, l'Auteur n'avoit d'abord fait que ceux-ci :
Et qui pût contenter, en paroiffant au jour,
Dagueffeau dans la Ville, & Termes à la Cour.
Mais dans la fuite il ajoûta les quatre précédens, & changea ces deux derniers.
Vers 54. *Sût plaire à Dagueffeau*, &c.] Henri-François Dagueffeau, alors Avocat Général au Parlement de Paris, enfuite Procureur Général, & aujourd'hui (en 1717.) Chancelier de France.
Ibid. ―――― *Sût fatisfaire Termes.*] Roger de Pardaillan de Gondrin, Marquis de Termes, il mourut au mois de Mars 1704.
Vers 77. ―――― *Ces fugitives Fées.*] Les Mufes.
IMITATIONS. Vers 82. *Que l'ennuïeux loifir d'un Mortel fans étude.*] *Otium fine litteris, mors eft, & vivi hominis fepultura.* Seneca.

85 D'une lâche Indolence esclave volontaire,
Le pénible fardeau de n'avoir rien à faire.
Vainement offusqué de ses pensers épais,
Loin du trouble & du bruit il croit trouver la paix.
Dans le calme odieux de sa sombre paresse,
90 Tous les honteux Plaisirs, Enfans de la Mollesse,
Usurpant sur son Ame un absolu pouvoir,
De monstrueux desirs le viennent émouvoir,
Irritent de ses Sens la fureur endormie,
Et le font le joüet de leur triste infamie.
95 Puis sur leurs pas soudain arrivent les Remords :
Et bien-tôt avec Eux tous les Fléaux du corps,
La Pierre, la Colique, & les Goutes cruelles,
Guenaud, Rainssant, Brayer, presqu'aussi tristes qu'Elles,
Chez l'indigne Mortel courent tous s'assembler,
100 De travaux douloureux le viennent accabler;
Sur le duvet d'un Lit, théatre de ses gènes,
Lui font scier des Rocs, lui font fendre des Chênes,
Et le mettent au point d'envier ton emploi.
Reconnois donc, Antoine, & conclus avec moi,
105 Que la Pauvreté mâle, active & vigilante,
Est, parmi les travaux, moins lasse, & plus contente,
Que la Richesse oisive au sein des Voluptez.
Je te vai sur cela prouver deux véritez.

REMARQUES.

Vers 90. *Tous les honteux Plaisirs, Enfans de la Mollesse.*] On ne sauroit parler avec plus de circonspection, ni plus de sagesse.

IMITATIONS. Vers 91. *Usurpant sur son Ame un absolu pouvoir.*] Perse, Satire cinquième, vers 129.

—— *Si Intùs, etsi in jecore ægro Nascantur Domini.*

CHANGEMENT. Vers 97. *La Pierre, la Colique, & les Goutes cruelles, &c.*] Première composition:

La Goute aux doigts noüez, la Pierre, la Gravelle,
D'ignorans Médecins encor plus fâcheux qu'elle.

Vers 98. *Guenaud, Rainssant, Brayer, &c.*] Trois fameux Médecins de Paris; mais ils étoient morts plusieurs années avant la composition de cette Epître.

IMITATIONS. Vers 101. *Sur le duvet d'un Lit, théatre de ses gènes.*] Pseaume XL. v. 3. *Super lectum doloris ejus.*

Vers 102. *Lui font scier des Rocs, lui font fendre des Chênes.*] L'Auteur aiant récité sa Pièce à Mr. Daguesseau, Avocat Général, qui l'étoit allé voir à Auteuil, ce Magistrat condamna ce vers : Il trouvoit la Métaphore qu'il contient, trop hardie & trop violente. Mr. Despréaux lui répondit, que si ce vers n'étoit pas bon, il faloit brûler toute la Pièce.

CHAN-

EPITRE XI.

L'une, que le travail aux Hommes néceſſaire,
110 Fait leur félicité, plûtôt que leur miſère;
Et l'autre, qu'il n'eſt point de Coupable en repos.
C'eſt ce qu'il faut ici montrer en peu de mots.
Sui-moi donc. Mais je voi, ſur ce début de prône,
Que ta bouche déja s'ouvre large d'une aune;
115 Et que les yeux fermez tu baiſſes le menton.
Ma foi, le plus ſûr eſt de finir ce ſermon.
Auſſi-bien j'apperçoi ces Melons qui t'attendent,
Et ces Fleurs, qui là-bas entre elles ſe demandent;
S'il eſt fête au Village; & pour quel Saint nouveau
120 On les laiſſe aujourd'hui ſi long-tems manquer d'eau.

REMARQUES.

CHANGEMENT. Vers 111. ────── *Qu'il n'eſt point de Coupable en repos.*] Première manière avant l'impreſſion:
────── *Qu'en Dieu ſeul on trouve ſon repos.*

Vers 114. *Que ta bouche déja s'ouvre large d'une aune*; &c.] L'Auteur faiſoit remarquer cette peinture naïve d'un Homme qui s'endort.

EPITRE

EPITRE XII.
SUR L'AMOUR DE DIEU,
A M. L'ABBÉ RENAUDOT.

DOCTE Abbé, tu dis vrai, l'Homme au crime attaché,
En vain, sans aimer Dieu, croit sortir du péché.
Toutefois, n'en déplaise aux transports frénétiques
Du fougueux Moine auteur des troubles Germaniques,
5 Des tourmens de l'Enfer la salutaire Peur
N'est pas toujours l'effet d'une noire vapeur,
Qui de remords sans fruit agitant le Coupable,
Aux yeux de Dieu le rende encor plus haïssable.
Cette utile frayeur, propre à nous pénétrer,
10 Vient souvent de la Grace en nous prête d'entrer,
Qui veut dans notre cœur se rendre la plus forte,
Et, pour se faire ouvrir, déja frappe à la porte.
    Si le Pécheur, poussé de ce saint mouvement,
Reconnoissant son crime, aspire au Sacrement,
15 Souvent Dieu tout à coup d'un vrai zèle l'enflame.
Le Saint Esprit revient habiter dans son ame,

REMARQUES.

VOici à quelle occasion cette Epître a été faite. L'Auteur lui-même s'en explique dans une Lettre qu'il m'écrivit au mois de Novembre, 1709. ,, Long tems avant la ,, composition de cette Pièce, *dit-il*, j'étois ,, fameux par les fréquentes disputes que j'a- ,, vois soûtenuës en plusieurs endroits, pour ,, la défense du vrai Amour de Dieu, contre ,, beaucoup de mauvais Théologiens. De ,, sorte que me trouvant de loisir un Carê- ,, me, je ne crûs pas pouvoir mieux employer ,, ce loisir, qu'à exprimer par écrit les bon- ,, nes pensées que j'avois là-dessus. C'étoit le Carême de l'année 1695.

Mr. Bayle, dans son Dictionaire, à l'article *Antoine* ARNAULD, raporte un fait que l'on a ouï reciter à Mr. Despréaux. Il dit, que Mr. Arnauld aiant fait l'Apologie de la Satire X. contre les Femmes, quelques-unes de ses Amis trouvèrent mauvais que ce grave Docteur, âgé de 84. ans, eût entrepris la défense d'un Ouvrage où il n'étoit question, disoient-ils, que de Femmes, de Vers, & de Romans. Ils regardoient la Poësie comme un amusement frivole qui n'avoit pas dû arrêter un moment ce profond Génie. Mr. Despréaux composa l'Epitre *sur l'Amour de Dieu*, pour montrer à ces Censeurs faussement délicats, que la Poësie, dont ils avoient si mauvaise opinion, peut traiter les sujets les plus relevez.

La fonction que je fais ici de Commentateur, ne demande pas que je m'érige en Théologien, pour appuïer ou pour combatre les propositions de mon Auteur. Laissant donc tout ce qui concerne le Dogme, je me bor-

EPITRE XII.

Y convertit enfin les ténèbres en jour,
Et la crainte servile en filial Amour.
C'est ainsi que souvent la Sagesse suprême,
20 Pour chasser le Démon, se sert du Démon même.
    Mais lorsqu'en sa malice un Pécheur obstiné,
Des horreurs de l'Enfer vainement étonné,
Loin d'aimer, humble Fils, son véritable Pere,
Craint & regarde Dieu comme un Tyran sévère;
25 Au bien qu'il nous promet ne trouve aucun appas,
Et souhaite en son cœur, que ce Dieu ne soit pas.
En vain la Peur sur lui remportant la victoire,
Aux piez d'un Prêtre il court décharger sa mémoire.
Vil Esclave toujours sous le joug du péché,
30 Au Démon qu'il redoute il demeure attaché.
L'Amour essentiel à notre pénitence
Doit être l'heureux fruit de notre repentance.
Non, quoi que l'Ignorance enseigne sur ce point,
Dieu ne fait jamais grace à qui ne l'aime point.
35 A le chercher la Peur nous dispose & nous aide:
Mais il ne vient jamais, que l'Amour ne succède.
Cessez de m'opposer vos discours imposteurs,
Confesseurs insensez, ignorans Seducteurs,

REMARQUES.

bornerai au peu de Remarques historiques qu'il y a occasion de faire par raport à cette Epître.

Vers 1. *Docte Abbé.*] On ne doutera pas que cette épithète ne soit due à Mr. l'Abbé Renaudot, de l'Académie Françoise. Les preuves de sa profonde érudition se voient dans les deux Volumes qu'il a publiez sur *la Perpétuité de la Foi*, en forme d'Addition à l'Ouvrage de Mr. Arnauld. Le Privilège du quatrième Volume imprimé en 1711. aprend que ce *docte Abbé* est prêt à mettre sous la presse beaucoup d'autres Livres sur des matières également savantes

Vers 4. *Du fougueux Moine* &c.] Luther étoit d'Allemagne. Il condamnoit toute Pénitence faite par un motif de crainte, parce que la crainte, selon lui, ne pouvoit faire que des hypocrites. Il disoit encore, que la peur des peines de l'Enfer est criminelle, & qu'elle offense la bonté de Dieu. Voïez son second Sermon sur la Pénitence, & sa Dispute de Leipsik contre Eckius.

Vers 10. *Vient souvent de la Grace en nous prête d'entrer.*] Concile de Trente, Session XIV. c. 4. *Verùm etiam donum Dei esse, & Spiritûs Sancti impulsum, non adhuc quidem inhabitantis, sed tantùm moventis, quo pœnitens adjutus, viam sibi ad justitiam parat.*

Vers 26. *Et souhaite en son cœur, que ce Dieu ne soit pas.*] Pseaume XIII. v. 1. *Dixit Insipiens in corde suo, non est Deus.*

Vers 35. *A le chercher la Peur nous dispose & nous aide.*] Concile de Trente, Sess. 4. c. 4. *Eum (Peccatorem) ad Dei gratiam in Sacramento Pœnitentiæ impetrandam disponit.*

Qui pleins des vains propos, que l'Erreur vous débite,
40 Vous figurez qu'en vous, un pouvoir sans limite
Justifie à coup sûr tout Pécheur alarmé,
Et que sans aimer Dieu, l'on peut en être aimé.
    Quoi donc, cher Renaudot, un Chrétien effroïable,
Qui jamais, servant Dieu, n'eut d'objet que le Diable;
45 Pourra, marchant toujours dans des sentiers maudits,
Par des formalitez gagner le Paradis;
Et parmi les Elûs, dans la Gloire éternèle,
Pour quelques Sacremens reçûs sans aucun zèle,
Dieu fera voir aux yeux des Saints épouvantez
50 Son ennemi mortel assis à ses côtez?
Peut-on se figurer de si folles chimères?
On voit pourtant, on voit des Docteurs même austères,
Qui les semant par tout, s'en vont pieusement
De toute piété sapper le fondement;
55 Qui, le cœur infecté d'erreurs si criminèles,
Se disent hautement les purs, les vrais Fidèles;
Traitant d'abord d'Impie, & d'Hérétique affreux,
Quiconque ose pour Dieu se déclarer contre Eux.
De leur audace en vain les vrais Chrétiens gémissent:
60 Prêts à la repousser les plus hardis mollissent;
Et voyant contre Dieu le Diable accrédité,
N'osent qu'en bégaïant prêcher la Vérité.
Mollirons-nous aussi? Non, sans peur, sur ta trace,
Docte Abbé, de ce pas j'irai leur dire en face:
65 Ouvrez les yeux enfin, Aveugles dangereux,
Oui, je vous le soûtiens; il seroit moins affreux,
De ne point reconnoître un Dieu Maître du Monde,
Et qui règle à son gré le Ciel, la Terre & l'Onde;

REMARQUES.

Vers 72. *Ne vaut pas des Platons l'éclairé Paganisme.*] L'Auteur disoit encore, que cette doctrine étoit non seulement fausse, mais abominable, & plus contraire à la vraie Religion que le Lutheranisme, & le Calvinisme.

Vers 78. *Ces transports pleins de joie & de ravissement.*] Concile de Trente, Session 4. c. 3. *Reconciliatio est cum Deo, quæ interdum in viris piis; & cum devotione ho*

EPITRE XII.

  Qu'en avoüant qu'il est, & qu'il fut tout former,
70 D'oser dire qu'on peut lui plaire sans l'aimer.
  Un si bas, si honteux, si faux Christianisme
  Ne vaut pas des Platons l'éclairé Paganisme;
  Et chérir les vrais biens, sans en savoir l'Auteur,
  Vaut mieux, que sans l'aimer, connoître un Créateur.
75 Expliquons-nous pourtant. Par cette ardeur si sainte,
  Que je veux qu'en un cœur amène enfin la Crainte,
  Je n'entens pas ici ce doux saisissement,
  Ces transports pleins de joie & de ravissement,
  Qui font des Bienheureux la juste récompense,
80 Et qu'un cœur rarement goûte ici par avance.
  Dans nous l'Amour de Dieu fécond en saints desirs,
  N'y produit pas toujours de sensibles plaisirs.
  Souvent le cœur qui l'a, ne le sait pas lui-même,
  Tel craint de n'aimer pas, qui sincèrement aime,
85 Et tel croit au contraire être brûlant d'ardeur,
  Qui n'eut jamais pour Dieu que glace & que froideur.
  C'est ainsi quelquefois qu'un indolent Mystique,
  Au milieu des péchez tranquille Fanatique,
  Du plus parfait Amour pense avoir l'heureux don;
90 Et croit posseder Dieu dans les bras du Démon.
   Voulez-vous donc savoir, si la Foi dans votre ame
  Allume les ardeurs d'une sincère flame?
  Consultez-vous vous-même. A ses règles soûmis,
  Pardonnez-vous sans peine à tous vos Ennemis?
95 Combatez-vous vos sens? Domptez-vous vos foiblesses?
  Dieu dans le Pauvre est-il l'objet de vos largesses?
  Enfin dans tous ses points pratiquez-vous sa Loi?
  Oui, dites-vous. Allez, vous l'aimez, croyez-moi.

REMARQUES.

Sacramentum percipientibus, conscientiæ pax ac serenitas, cum vehementi Spiritûs consolatione consequi solet.
Vers 87. ——— *Un indolent Mystique.*] Les Quiétistes, dont les erreurs ont été condamnées par les Papes Innocent XI. & Innocent XII. Voïez la Remarque sur le vers 622. de la Satire X.

Qui fait exactement ce que ma Loi commande,
100 *A pour moi*, dit ce Dieu, *l'Amour que je demande.*
Faites-le donc; & sûr, qu'il nous veut sauver tous,
Ne vous allarmez point pour quelques vains dégoûts,
Qu'en sa ferveur souvent la plus sainte ame éprouve:
Marchez, courez à lui. Qui le cherche le trouve;
105 Et plus de votre cœur il paroit s'écarter,
Plus par vos actions songez à l'arrêter.
Mais ne soûtenez point cet horrible blasphême,
Qu'un Sacrement reçû, qu'un Prêtre, que Dieu même,
Quoique vos faux Docteurs osent vous avancer,
110 De l'Amour qu'on lui doit puissent vous dispenser.
Mais s'il faut, qu'avant tout, dans une ame Chrétienne,
Diront ces grans Docteurs, l'Amour de Dieu survienne;
Puisque ce seul Amour suffit pour nous sauver,
De quoi le Sacrement viendra-t-il nous laver?
115 Sa vertu n'est donc plus qu'une vertu frivole?
O le bel argument digne de leur Ecole!
Quoi, dans l'Amour divin, en nos cœurs allumé,
Le vœu du Sacrement n'est-il pas renfermé?
Un Païen converti, qui croit un Dieu suprême,
120 Peut-il être Chrétien qu'il n'aspire au Baptême;
Ni le Chrétien en pleurs être vraiment touché,
Qu'il ne veuille à l'Eglise avouër son péché?
Du funeste esclavage, où le Démon nous traîne,
C'est le Sacrement seul, qui peut rompre la chaîne.
125 Aussi l'Amour d'abord y court avidement:
Mais lui-même il en est l'ame, & le fondement.
Lors qu'un Pécheur émû d'une humble repentance,
Par les degrez prescrits court à la Pénitence,

REMARQUES.

Vers 99. *Qui fait exactement* &c.] *Si diligitis me, mandata mea servate*: dit Jesus-Christ. *Qui habet mandata mea, & servat ea, ille est qui diligit me*. Joan. XIV. 15. & 21.

Vers 104. *Marchez, courez à lui. Qui le cherche, le trouve.*] *Petite & dabitur vobis: quærite, & invenietis: pulsate, & aperietur vobis. Omnis enim qui petit, accipit; & qui quærit, invenit: & pulsanti aperitur.* Matth. VII.

EPITRE XII.

S'il n'y peut parvenir, Dieu fait les fuppofer.
130 Le feul Amour manquant ne peut point s'excufer.
C'eſt par lui que dans nous la Grace fructifie.
C'eſt lui qui nous ranime, & qui nous vivifie.
Pour nous rejoindre à Dieu, lui feul eſt le lien;
Et fans lui, Foi, Vertus, Sacremens, tout n'eſt rien.
135 A ces Difcours preffans que fauroit-on répondre?
Mais approchez; Je veux encor mieux vous confondre,
Docteurs. Dites-moi donc: Quand nous fommes abfous,
Le Saint Efprit eſt-il, ou n'eſt-il pas en nous?
S'il eſt en nous; peut-il, n'étant qu'Amour lui-même,
140 Ne nous échauffer point de fon amour fuprême?
Et s'il n'eſt pas en nous, Satan toujours vainqueur
Ne demeure-t-il pas maître de notre cœur?
Avoüez donc qu'il faut qu'en nous l'Amour renaiſſe,
Et n'allez point, pour fuir la Raifon qui vous preſſe,
145 Donner le nom d'Amour au trouble inanimé,
Qu'au cœur d'un Criminel la Peur feule a formé.
L'ardeur qui juſtifie, & que Dieu nous envoie,
Quoi qu'ici bas fouvent inquiète, & fans joie,
Eſt pourtant cette ardeur, ce même feu d'amour,
150 Dont brûle un Bienheureux en l'éternel Séjour.
Dans le fatal inſtant qui borne notre vie,
Il faut que de ce feu notre ame foit remplie;
Et Dieu fourd à nos cris, s'il ne l'y trouve pas,
Ne l'y rallume plus après notre trépas.
155 Rendez-vous donc enfin à ces clairs fyllogifmes;
Et ne prétendez plus par vos confus fophifmes,
Pouvoir encore aux yeux du Fidèle éclairé
Cacher l'Amour de Dieu dans l'Ecole égaré.

REMARQUES.

VII. 7. Luc. XI. 9.
Vers 118. *Le vœu du Sacrement n'eſt-il pas renfermé?*] Le Concile de Trente, Seff. 14. c. 4. *Docet præterea, etſi Contritionem hanc aliquando charitate perfectam eſſe contingat,* *Hominemque Deo reconciliare, priuſquam hoc Sacramentum actu ſuſcipiatur; ipſam nihilominus reconciliationem ipſi Contritioni, fine Sacramenti voto, quod in illa includitur, non eſſe adſcribendam.*

EPITRE XII.

<pre>
     Apprenez que la Gloire, où le Ciel nous appèle,
160 Un jour des vrais Enfans doit couronner le zèle,
     Et non les froids remords d'un Esclave craintif,
     Où crut voir Abelli quelque Amour négatif.
        Mais quoi ? J'entens déja plus d'un fier Scholastique,
     Qui me voyant ici sur ce ton dogmatique,
165 En vers audacieux traiter ces points sacrez,
     Curieux, me demande, où j'ai pris mes dégrez :
     Et si, pour m'éclairer sur ces sombres matières,
     Deux cens Auteurs extraits m'ont prêté leurs lumières.
     Non. Mais pour décider, que l'Homme, qu'un Chrétien
170 Est obligé d'aimer l'unique Auteur du bien,
     Le Dieu qui le nourrit, le Dieu qui le fit naître,
     Qui nous vint par sa mort donner un second être,
     Faut-il avoir reçû le bonnet Doctoral ;
     Avoir extrait Gamache, Isambert, & Du Val ?
175 Dieu dans son Livre Saint, sans chercher d'autre Ouvrage,
     Ne l'a-t-il pas écrit lui-même à châque page ?
     De vains Docteurs encore, ô prodige honteux !
     Oseront nous en faire un Problême douteux !
     Viendront traiter d'erreur, digne de l'anathème,
180 L'indispensable Loi d'aimer Dieu pour lui-même ;
     Et par un Dogme faux dans nos jours enfanté,
     Des devoirs du Chrétien raïer la Charité !
        Si j'allois consulter chez Eux le moins sévère,
     Et lui disois : Un fils doit-il aimer son Pere ?
185 Ah ! peut-on en douter, diroit-il brusquement ?
</pre>

REMARQUES.

Vers 162. *Où crut voir Abelli quelque Amour négatif.*] Louïs Abelli, Auteur de la *Moëlle Théologique*, qui soûtint la fausse Attrition par les raisons réfutées dans cette Epître *. *L'Attrition*, dit-il, *qui n'a pour motif qu'une Crainte servile, est bonne & honnête.* Il convient qu'elle naît de l'amour propre bien réglé: *Oritur quidem ex amore sui; sed bene ordinato.* Et quoi qu'elle n'enferme pas en soi un parfait Amour de Dieu, néanmoins elle ne l'exclud pas, & ne lui est pas contraire. *Medulla Theol. de Sacram. pœnit.* c. 5. *Sect.* 10. *n.* 5. Mr. l'Abbé Boileau, Docteur de Sorbone, Frere de notre Auteur, a réfuté Abelli, dans un Livre intitulé ; *De la Contrition nécessaire pour obtenir la remission des péchez dans le Sacrement de Pénitence.*

Vers 174. ⸺ *Gamache, Isambert, & Du Val.*] Philippe Gamache, Nicolas Isambert,

* *Ce commencement de Remarque est de Mr. Despréaux.*

EPITRE XII.

Et quand je leur demande en ce même moment :
L'Homme ouvrage d'un Dieu seul bon, & seul aimable,
Doit-il aimer ce Dieu son Pere véritable ?
Leur plus rigide Auteur n'ose le décider,
190 Et craint en l'affirmant de se trop hazarder.
  Je ne m'en puis défendre, il faut que je t'écrive
La Figure bizarre, & pourtant assez vive,
Que je sûs l'autre jour employer dans son lieu,
Et qui déconcerta ces Ennemis de Dieu.
195 Au sujet d'un Ecrit, qu'on nous venoit de lire,
Un d'entr'eux m'insulta, sur ce que j'osai dire,
Qu'il faut, pour être absous d'un crime confessé,
Avoir pour Dieu du moins un Amour commencé.
Ce Dogme, me dit-il, est un pur Calvinisme.
200 O Ciel ! me voilà donc dans l'erreur, dans le schisme,
Et partant réprouvé. Mais, poursuivis-je alors,
Quand Dieu viendra juger les Vivans, & les Morts,
Et des humbles Agneaux, objet de sa tendresse,
Séparera des Boucs la troupe pécheresse,
205 A tous il nous dira sévère, ou gracieux,
Ce qui nous fit impurs ou justes à ses yeux.
Selon vous donc, à moi réprouvé, bouc infame,
Va brûler, dira-t-il, en l'éternelle flâme,
Malheureux, qui soûtins, que l'Homme dut m'aimer,
210 Et qui sur ce sujet, trop promt à déclamer,
Prétendis, qu'il falloit, pour fléchir ma justice,
Que le Pécheur, touché de l'horreur de son vice,

REMARQUES.

bert, & André Du Val, trois célèbres Docteurs de Sorbone, & Professeurs en Théologie, dont les Ouvrages sont imprimez. Ils vivoient dans le XVII. Siècle.

Vers 189. *Leur plus rigide Auteur* &c.] Mr. Burluguay, Docteur de Sorbone, & Curé des Troux près de Port-Roïal des Champs, n'osa un jour répondre précisément à Mr. Despréaux qui lui demandoit, si l'on étoit obligé d'aimer Dieu : & n'hésita point quand on lui demanda ensuite, si un fils devoit aimer son Pere. La peine que ce Docteur eut à répondre ne venoit point de son ignorance ; mais de la crainte de s'embarrasser. Il a fait le Bréviaire de Sens, qui passe pour le plus beau du Roïaume.

Vers 191. *Je ne m'en puis défendre*, &c.] Notre Auteur avoit eu effectivement avec un Théologien, la conversation qui est décrite dans les vers suivans.

Vers

De quelque ardeur pour moi sentît les mouvemens,
Et gardât le premier de mes Commandemens.
215 Dieu, si je vous en croi, me tiendra ce langage.
Mais à vous, tendre Agneau, son plus cher héritage,
Orthodoxe Ennemi d'un Dogme si blâmé,
Venez, vous dira-t-il, Venez mon Bien-aimé :
Vous, qui dans les détours de vos raisons subtiles
220 Embarrassant les mots d'un des plus saints Conciles,
Avez délivré l'Homme, O l'utile Docteur !
De l'importun fardeau d'aimer son Créateur.
Entrez au Ciel, Venez, comblé de mes loüanges,
Du besoin d'aimer Dieu desabuser les Anges.
225 A de tels mots, si Dieu pouvoit les prononcer,
Pour moi je répondrois, je croi, sans l'offenser :
O ! que, pour vous mon cœur moins dur, & moins farouche,
Seigneur, n'a-t-il, helas ! parlé comme ma bouche ?
Ce seroit ma réponse à ce Dieu fulminant.
230 Mais vous, de ses douceurs objet fort surprenant,
Je ne sai pas comment, ferme en votre Doctrine,
Des ironiques mots de sa bouche divine
Vous pourriez sans rougeur, & sans confusion,
Soûtenir l'amertume, & la dérision.
235 L'audace du Docteur, par ce discours frapée,
Demeura sans replique à ma Prosopopée.
Il sortit tout à coup, & murmurant tout bas
Quelques termes d'aigreur que je n'entendis pas,
S'en alla chez Binsfeld, ou chez Basile Ponce,
240 Sur l'heure à mes raisons chercher une réponse.

REMARQUES.

Vers 220. ———*D'un des plus saints Conciles.*] Le Concile de Trente.
Vers 227. *O ! que, pour vous mon cœur* &c.] Pourquoi ne vous ai-je pas aimé de cœur, ô mon Dieu, comme j'ai dit de bouche qu'il falloit vous aimer !

Vers 239. *S'en alla chez Binsfeld, ou chez Basile Ponce.*] Deux Défenseurs de la fausse Attrition. *Pierre Binsfeld* étoit Suffragant de Trèves, & Docteur en Théologie. *Basile Ponce* étoit de l'Ordre de Saint Augustin.

L'ART
POËTIQUE.

AVERTISSEMENT
DE L'AUTEUR DES REMARQUES,
SUR
L'ART POËTIQUE.

C'Est à Mr. Despréaux principalement que la France est redevable de cette justesse & de cette solidité qui se font remarquer dans les Ouvrages de nos bons Ecrivains. Ce sont ses premières productions qui ont le plus contribué à bannir l'affectation & le mauvais goût. Mais c'étoit peu pour lui d'avoir corrigé les Poëtes par sa critique, s'il ne les avoit encore instruits par ses préceptes. Dans cette vûë il forma le dessein de composer un Art Poëtique.

Le célèbre Mr. Patru, à qui il communiqua son dessein, ne crut pas qu'il fut possible de l'éxécuter avec succès. Il convenoit qu'on pouvoit bien expliquer les règles générales de la Poësie, à l'exemple d'Horace; mais pour les règles particulières, ce détail ne lui paroissoit pas propre à être mis en vers François; & il eut assez mauvaise opinion de notre Poësie, pour la croire incapable de se soûtenir dans des matières aussi seches que le sont de simples préceptes.

Néanmoins, les difficultez que ce judicieux Critique prévoyoit, bien loin d'effrayer notre jeune Poëte [1], ne servirent qu'à l'animer, & à lui donner une plus grande idée de son entreprise. Il commença dès lors à travailler à son Art Poëtique, & quelque tems après il en alla réciter le commencement à son Ami, qui voyant la noble audace avec laquelle notre Auteur entroit en matière, changea de sentiment, & l'exhorta bien sérieusement à continuer.

Ce fut en ce même tems qu'il mit la dernière main à son Poëme du Lutrin qui étoit déja bien avancé: de sorte que ces deux Ouvrages furent en état de paroître en 1674.[2] avec les quatre premières Epîtres.

L'Art Poëtique passe communément pour le chef-d'œuvre de notre Auteur. Trois choses principalement le rendent considérable: la difficulté de l'entreprise, la beauté des vers, & l'utilité de l'Ouvrage.

On peut même lui donner une autre loüange, que sa modestie lui faisoit

---
1 Il n'avoit que 33. ans. C'étoit en 1669.
2 Il ne publia alors que les quatre premiers Chants du Lutrin.

AVERTISSEMENT.

soit rejetter : c'est qu'il y a plus d'ordre dans sa Poëtique que dans celle d'Horace [3], & qu'il est entré bien plus avant que cet Ancien, dans le détail des règles de la Poësie.

Ses Ennemis l'accusèrent pourtant de n'avoir fait que traduire la Poëtique d'Horace; mais il se contenta de leur répondre,[4] qu'il les remercioit de cette accusation : Car puisque dans mon Ouvrage, dit-il, qui est d'onze cens Vers, il n'y en a pas plus de cinquante ou de soixante imités d'Horace, ils ne peuvent pas faire un plus bel éloge du reste qu'en le supposant traduit de ce Grand Poëte; & je m'étonne après cela qu'ils osent combattre les règles que j'y débite.

Dans le premier Chant de ce Poëme, l'Auteur donne des règles générales pour la Poësie : mais ces règles n'apartiennent point si proprement à cet Art, qu'elles ne puissent aussi être pratiquées utilement dans les autres genres d'écrire. Une courte digression renferme l'histoire de la Poësie Françoise, depuis Villon jusqu'à Malherbe.

Dans le second Chant, & dans le troisième, il donne le caractère des divers genres de Poësies en particulier. Enfin le quatrième Chant contient la suite des instructions nécessaires à tous les Poëtes.

---

3. Voïez Scaliger dans sa Poëtique L. VI. Le P. Rapin, Réfl. sur la Poëtique, part. I. ch. XVII. Et M Dacier, Remarq. 1. sur l'Art Poët. d'Horace, & dans la Note sur le vers 281. &c.

4 Dans la Préface de l'édition de 1675.

L'ART

L'ART POËTIQUE.
CHANT PREMIER.

C'EST en vain qu'au Parnasse un téméraire Auteur
Pense de l'Art des Vers atteindre la hauteur.
S'il ne sent point du Ciel l'influence secrète,
Si son Astre en naissant ne l'a formé Poëte,
5 Dans son génie étroit il est toujours captif.
Pour lui Phébus est sourd, & Pégase est rétif.
O vous donc, qui brûlant d'une ardeur périlleuse,
Courez du bel Esprit la carrière épineuse,
N'allez pas sur des Vers sans fruit vous consumer,
10 Ni prendre pour Génie un amour de rimer.
Craignez d'un vain plaisir les trompeuses amorces,
Et consultez long-tems votre esprit & vos forces.

REMARQUES.

VERS 1. *C'est en vain qu'au Parnasse* &c.] On ne peut être Poëte sans génie. La Ménardière avoit fait une Tragédie, intitulée *Alinde*, qu'il cite souvent dans sa Poëtique. Cette Tragédie, composée suivant toute la rigueur des règles, eut pourtant le malheur de n'être point goûtée du Public. Quelqu'un se servit un jour de cet exemple pour prouver à Mr. Despréaux que les règles étoient inutiles pour bien composer; puisque Mr. de la Ménardière, qui les avoit suivies fort éxactement, n'avoit pourtant pas réussi dans sa Tragédie. Mais Mr. Despréaux répondit qu'il ne s'étonnoit pas du peu de succès de cette Pièce, parce que l'Auteur avoit manqué à la première & la plus essentielle des règles, qui est d'avoir le génie de la Poësie: Mr. Despréaux plein de cette maxime, en fit dans son Art Poëtique le Fondement de toutes ses règles.

L'Abbé d'Aubignac, Auteur de *la Pratique du Théatre*, composa aussi une Tragédie* selon toutes les loix qu'il avoit données. Elle eut le même sort que celle de la Ménardière; & comme il se vantoit par tout d'être

* *Zénobie, Tragédie en Prose.*

le seul de nos Auteurs qui eût bien suivi les préceptes d'Aristote. *Je sai bon gré à Mr. d'Aubignac*, dit Mr. le Prince, *d'avoir si bien suivi les règles d'Aristote; mais je ne pardonne point aux règles d'Aristote d'avoir fait faire une si méchante Tragédie à Mr. d'Aubignac*. [Notre Commentateur n'a pas coutume de nommer les Auteurs qui lui ont fourni les particularitez qu'il rapporte. On a crû devoir en avertir le Lecteur une fois pour toutes, afin qu'il n'aille pas s'imaginer que ce ne sont que des oui-dire, debitez sans autorité. Le bon mot de M. le Prince est tiré d'une Pièce de M. de St. Evremond, intitulée, *de la Tragedie ancienne & moderne*, Tom. II. p. 42. de ses Oeuvres, Ed. de Londres 1705. ADD. *de l'Edit. d'Amst.*]

IMITATIONS. Vers 6. *Pour lui Phébus est sourd*, &c.] Hor. de Arte poët. v. 385.
Tu nihil invitâ dices, faciesve Minervâ.

IMITATIONS. Vers 12. *Et consultez long-tems votre esprit & vos forces.*] Horace, Art poëtique v. 38.
Sumite materiam vestris, qui scribitis, æquam
Viribus, & versate diu quid ferre recusent,
Quid valeant humeri.

La Nature fertile en Esprits excellens,
Sait entre les Auteurs partager les talens.
15 L'un peut tracer en vers une amoureuse flamme:
L'autre, d'un trait plaisant aiguiser l'Epigramme.
Malherbe d'un Heros peut vanter les Exploits;
Racan chanter Philis, les Bergers, & les Bois.
Mais souvent un Esprit qui se flatte, & qui s'aime,
20 Méconnoit son Génie, & s'ignore soi-même,
Ainsi Tel autrefois, qu'on vit avec Faret
Charbonner de ses vers les murs d'un cabaret,
S'en va mal à propos, d'une voix insolente,
Chanter du Peuple Hébreu la fuite triomphante;
25 Et poursuivant Moïse au travers des déserts,
Court avec Pharaon se noïer dans les mers.
 Quelque sujet qu'on traite, ou plaisant, ou sublime,
Que toujours le Bon Sens s'accorde avec la Rime.
L'un l'autre vainement ils semblent se haïr;
30 La Rime est une esclave, & ne doit qu'obéir.
Lors qu'à la bien chercher d'abord on s'évertuë,
L'esprit à la trouver aisément s'habituë.
Au joug de la Raison sans peine elle fléchit;
Et loin de la gêner, la sert & l'enrichit.
35 Mais lors qu'on la néglige, elle devient rebelle;
Et pour la ratraper, le Sens court après elle.
Aimez donc la Raison. Que toujours vos Ecrits

REMARQUES.

Vers 17. *Malherbe d'un Heros peut vanter les exploits.*] Les Odes de Malherbe.

Vers 18. *Racan chanter Philis, les Bergers, & les Bois.*] Les Bergeries de Racan.

Vers 21. *Ainsi, Tel autrefois.*] Saint A-mant, Auteur du *Moïse sauvé*. Voïez le vers 97. de la Sat. I. le 93. de la Satire IX. & le 261. du troisiéme Chant de l'Art poëtique.

Même vers —— *Qu'on vit avec Faret.*] Nicolas Faret, de l'Académie Françoise, étoit ami particulier de Saint Amant, qui l'a célebré dans ses vers comme un illustre débauché, quoi qu'il fût assez réglé dans ses mœurs. Mais la commodité de son nom qui rimoit à *Cabaret*, étoit en partie cause de ce bruit que Saint Amant lui avoit donné. Ce sont les termes de Mr. Pélisson, dans son Histoire de l'Académie Françoise part. V.

IMITATIONS, Vers 22. *Charbonner de ses vers les murs d'un Cabaret.*] Martial, XII. Epigr. LXII.

Nigri fornicis ebrium Poëtam,
Qui carbone rudi, putrique cretâ
Scribit carmina.

Vers 51. *S'il rencontre un Palais &c.*] Scudéri, L. III. de son *Alaric*, emploie seize gran-

CHANT I.

Empruntent d'elle seule & leur lustre & leur prix.
La plûpart emportez d'une fougue insensée,
40 Toujours loin du droit sens vont chercher leur pensée.
Ils croiroient s'abaisser dans leurs Vers monstrueux,
S'ils pensoient ce qu'un autre a pu penser comme eux.
Evitons ces excès. Laissons à l'Italie
De tous ces faux brillans l'éclatante folie.
45 Tout doit tendre au Bon Sens: mais pour y parvenir,
Le chemin est glissant & pénible à tenir.
Pour peu qu'on s'en écarte, aussi-tôt on se noie.
La Raison, pour marcher, n'a souvent qu'une voie.
Un Auteur, quelquefois trop plein de son objet,
50 Jamais sans l'épuiser n'abandonne un sujet,
S'il rencontre un Palais, il m'en dépeint la face.
Il me promène après de terrasse en terrasse.
Ici s'offre un perron; là règne un corridor;
Là ce balcon s'enferme en un balustre d'or.
55 Il compte des plafonds les ronds & les ovales.
Ce ne sont que Festons, ce ne sont qu'Astragales.
Je saute vingt feuillets pour en trouver la fin;
Et je me sauve à peine au travers du jardin.
Fuyez de ces Auteurs l'abondance stérile;
60 Et ne vous chargez point d'un détail inutile.
Tout ce qu'on dit de trop est fade & rebutant:
L'esprit rassasié le rejette à l'instant.

REMARQUES.

grandes pages de trente vers chacune, à la description d'un Palais: commençant par la façade, & finissant par le jardin.

Vers 56. *Ce ne sont que Festons, ce ne sont qu'Astragales.*] Ce vers, à côté duquel on a mis dans toutes les éditions *Vers de Scuderi*, se lit ainsi dans l'*Alaric*:
Ce ne sont que Festons, ce ne sont que couronnes.
Notre Auteur a changé ce dernier mot, pour faire mieux sentir l'abondance stérile de ces faiseurs de longues descriptions, qui s'amusent à décrire jusqu'aux plus petites circonstances: car l'*Astragale* est une petite moulure ronde qui entoure le haut du fust d'une Colonne.

IMITATIONS. Vers 62. *L'esprit rassasié le rejette à l'instant.*] Horace, Art poëtique, v. 335.
Quidquid præcipies, esto brevis, ut citò dicta
Percipiant animi dociles, teneantque fideles.
Omne supervacuum pleno de pectore manat.
IMI-

Qui ne fait fe borner, ne fut jamais écrire.
Souvent la peur d'un mal nous conduit dans un pire.
65 Un vers étoit trop foible, & vous le rendez dur.
J'évite d'être long, & je deviens obfcur.
L'un n'eft point trop fardé; mais fa Mufe eft trop nuë.
L'autre a peur de ramper, il fe perd dans la nuë.
Voulez-vous du public meriter les amours?
70 Sans ceffe en écrivant variez vos difcours.
Un ftile trop égal & toujours uniforme,
En vain brille à nos yeux; il faut qu'il nous endorme.
On lit peu ces Auteurs nez pour nous ennuïer,
Qui toujours fur un ton femblent pfalmodiér.
75 Heureux, qui dans fes Vers fait, d'une voix légère,
Paffer du grave au doux, du plaifant au févère!
Son Livre aimé du Ciel & chéri des Lecteurs,

REMARQUES.

IMITATIONS. Vers 64. *Souvent la peur d'un mal nous conduit dans un pire.*] Horace, Art poëtique, v. 31.
In vitium ducit culpæ fuga, fi caret arte.
IMITATIONS. Vers 66. *J'évite d'être long & je deviens obfcur.*] Horace, Art poëtique, v. 25.
——————— *Brevis effe laboro,*
Obfcurus fio: fectantem levia, nervi
Deficiunt animique; profeffus grandia, turget.
Serpit humi tutus nimiùm, timidufque procellæ.
Le même, vers 230.
Aut dum vitat humum, nubes & inania captat.
Vers 74. *Qui toûjours fur un ton femblent pfalmodier.*] Quelques-uns ont crû que ce vers exprimoit le fens de celui-ci d'Horace:
——————— *Et Citharœdus*
Ridetur, chordâ qui femper oberrat eâdem.
Poët. v. 354.
Mais Mr. Defpréaux croïoit, avec la plûpart des Interprêtes, qu'Horace a voulu dire, qu'un joüeur d'inftrument qui fe trompe toûjours fur la même corde, en la touchant mal, fe fait moquer de lui. Cependant le fentiment contraire a auffi d'Illuftres Partifans, qui l'entendent d'un Joüeur de Luth, lequel *toucheroit toûjours la même corde.* Bond, dans fes Commentaires. Le P. Rapin, Réfl. fur la Poëtiq. part. I. ch. 40. Le P. Lucas dans fon Poëme, *Actio Oratoris*, L. II. & quelques autres.
IMITATIONS. Vers 75. *Heureux, qui, dans fes vers* &c.] Horace, Art poëtique, v. 342.
Omne tulit punctum qui mifcuit utile dulci.
Lectorem delectando, pariterque movendo,
Hic meret æra liber Sofiis: hic & mare tranfit, &c.
CHANGEMENT. Vers 81. *Au mépris du Bon Sens.*] Il y avoit, *Sous l'appui de Scarron.*
Ibid. *Au mépris du Bon Sens, le Burlefque* &c.] Le ftile Burlefque fut extrêmement en vogue depuis le commencement du dernier fiècle jufques vers l'an 1660. qu'il tomba.
Vers 85. *La licence à rimer alors n'eut plus de frein.*] Elle alla fi loin, que l'on s'avifa de mettre la Paffion de JESUS-CHRIST en vers Burlefques [*]. C'étoit un Ouvrage fort différent des anciennes Comédies de la Paffion.
Vers 86. *Apollon travefti.*] Allufion au *Virgile travefti* de Scarron. Avant lui, Battifta Lalli, Poëte Italien, avoit fait une Enéide travestie.
Ibid. ——— *Devint un Tabarin.*] Bouffon très-groffier, valet de Mondor. Ce Mondor étoit un Charlatan, ou Vendeur de baume,

[*] Peliffon, *Hiftoire de l'Academie.*

CHANT I.

Est souvent chez Barbin entouré d'acheteurs.
Quoique vous écriviez, évitez la bassesse.
80 Le stile le moins noble a pourtant sa noblesse.
Au mépris du Bon Sens, le Burlesque effronté
Trompa les yeux d'abord, plut par sa nouveauté.
On ne vit plus en Vers que pointes triviales.
Le Parnasse parla le langage des Hales.
85 La licence à rimer, alors n'eut plus de frein.
Apollon travesti devint un Tabarin.
Cette contagion infecta les Provinces,
Du Clerc & du Bourgeois passa jusques aux Princes.
Le plus mauvais plaisant eut ses approbateurs,
90 Et jusqu'à Dassouci, tout trouva des Lecteurs.
Mais de ce stile enfin la Cour désabusée,
Dédaigna de ces Vers l'extravagance aisée ;

REMARQUES.

me, qui établissoit son théatre dans la Place Dauphine, vers le commencement du XVII. siècle. Il rouloit aussi dans les autres villes du Roïaume, avec *Tabarin*, le Bouffon de sa Troupe. Les plaisanteries de *Tabarin* ont été imprimées plusieurs fois à Paris & à Lyon, avec privilège, sous le titre de *Recueil des Questions & Fantaisies Tabariniques*. Elles ne roulent que sur des matieres d'une grossièreté insuportable, & qui ne peuvent plaire qu'à la canaille.

Vers 90. *Et jusqu'à Dassouci, tout trouva des Lecteurs*] Charles Coypeau, Sieur d'Assouci, Poëte fort méprisable, a mis en vers Burlesques, le *Ravissement de Proserpine*, de Claudien, & une partie des Metamorphoses d'Ovide sous le titre d'*Ovide en belle humeur*. Dassouci fut très-sensible à l'injure contenuë dans ce vers: *Et jusqu'à Dassouci, tout trouva &c.* Voici de quelle maniere il s'en plaignit dans un Ouvrage où il a décrit ses Avantures *. ,, Ah ! cher Lecteur, si tu savois
,, comme ce, *tout trouva*, me tient au cœur,
,, tu plaindrois ma destinée. J'en suis in-
,, consolable, & je ne puis revenir de ma pâ-
,, moison, principalement quand je pense,
,, qu'au préjudice de mes titres, dans ce vers
,, qui me tient lieu d'un Arrêt de la Cour de
,, Parlement, je me voy descheu de tous

,, mes honneurs ; & que ce Charles Dassou-
,, cy, d'Empereur du Burlesque qu'il étoit,
,, premier de ce nom, n'est aujourd'huy, si
,, on le veut croire, que le dernier reptile
,, du Parnasse, & le marmiton des Muses.
,, Que faire, Lecteur, en cette extrémité,
,, après l'excommunication qu'il a jettée sur
,, ce pauvre Burlesque si disgracié ? Qui dai-
,, gnera le lire, ni seulement le regarder
,, dans le monde, sur peine de sa malediction ?
Dassouci trouve néanmoins sa consolation dans la réflexion suivante. *Voilà, cher Lecteur, ce que l'on gagne à faire de bons vers burlesques*. *Mais quoi, il n'est pas nouveau de voir des esprits jaloux pester contre les choses excellentes, & blâmer ce qui surpasse leur capacité.*

Dassouci étoit fils d'un Avocat au Parlement, il naquit à Paris, en 1604. & mourut âgé d'environ 75. ans, après avoir eu des avantures très-bizarres, qu'il a publiées lui-même d'un stile presque bouffon. Mr. Bayle a pris soin de les recueillir dans un article de son Dictionaire Critique.

Vers 91. *Mais de ce stile enfin la Cour désabusée &c.*] Dassouci * a refuté plaisamment cet endroit, en disant que *le fin Burlesque est le dernier effort de l'imagination & la pierre-de-touche du bel esprit*. A quoi il ajoûte :
,, Si

* Dassouci, *Avantures d'Italie.* p. 241.

* Dans l'Ouvrage cité, p. 252.

Distingua le naïf, du plat & du bouffon ;
Et laissa la Province admirer le Typhon.
95 Que ce stile jamais ne souille votre Ouvrage.
Imitons de Marot l'élégant badinage ;
Et laissons le Burlesque aux Plaisans du Pont-neuf.
Mais n'allez point aussi, sur les pas de Brébeuf,
Même en une Pharsale, entasser sur les rives,
100 *De morts & de mourans cent montagnes plaintives.*
Prenez mieux votre ton. Soyez simple avec art,
Sublime sans orgueil, agréable sans fard.
N'offrez rien au Lecteur que ce qui peut lui plaire.
Ayez pour la cadence une oreille sévère.
105 Que toujours dans vos Vers, le sens coupant les mots,
Suspende l'hémistiche ; en marque le repos.
Gardez qu'une voyelle, à courir trop hâtée,

REMARQUES.

„ Si l'on me demande, pourquoi ce Burles-
„ que qui a tant de parties excellentes & de
„ discours agréables, après avoir si long-tems
„ diverti la France, a cessé de divertir notre
„ Cour ? C'est que Scarron a cessé de vivre,
„ & que j'ai cessé d'écrire. Et si je voulois
„ continuer mon *Ovide en belle humeur*, cet-
„ te même Cour, qui se divertit encor au-
„ jourdhui des vers que je lui présente, s'en
„ divertiroit comme auparavant ; & mes Li-
„ braires qui ont imprimé tant de fois cet
„ Ouvrage, en feroient encore autant d'é-
„ ditions.

Vers 94. ——— *Admirer le Typhon.*] Typhon, ou la Gigantomachie, Poëme burlesque de Scarron, dans lequel il décrit la guerre des Géans contre les Dieux. Il parut en
1644. Mr. Despréaux convenoit que les premiers Vers de ce Poëme sont d'une plaisanterie assez fine.

Vers 96. *Imitons de Marot l'élégant badinage.*] En voici une imitation, dans l'Epigramme suivante, que Mr. Despréaux, étant jeune, fit sur une personne fort connue, qu'on
ne nommera point ici.

De six Amans contens & non jaloux,
Qui tour à tour servoient Madame Claude,
Le moins volage étoit Jean son époux.
Un jour pourtant, d'humeur un peu trop
    chaude,
Serroit de près sa Servante aux yeux doux;

Lors qu'un des six lui dit : Que faites-vous ?
Le jeu n'est sûr avec cette Ribaude.
Ah ! voulez-vous, Jean-Jean, nous gâter
    tous?

Mr. Naudé, dans son Mascurat, p. 166. a
cru faire honneur à Marot, en le faisant passer pour un Poëte burlesque. Mr. Balzac
(*Dissert.* 29.) & le P. Vavasseur (*De ludicra*
dictione) qui ont écrit contre le stile Burlesque, semblent avoir fait consister le principal caractère de ce genre d'écrire, dans l'imitation de l'ancien langage, & particulièrement dans celle du stile de Clément Marot :
jusques-là que Balzac a dit, *que s'il faloit*
irremissiblement que le stile de Marot, & que
le genre Burlesque périssent, il demanderoit
grace pour les Avantures de la Souris *, *pour*
la Requête de Scarron au Cardinal, & pour
celle des Dictionaires à l'Académie †. Mais le
véritable caractère du Burlesque n'a pas été
suffisamment connu de ces Ecrivains, si judicieux d'ailleurs, & si célèbres ; car, placer
Marot parmi les Poëtes Burlesques, & donner
aux trois Pièces reservées par Balzac, le nom
de Poësies Burlesques ; c'est confondre le
naïf avec le bouffon, & l'agréable avec le ridicule, entre lesquels il y a une distance que
l'on ne sauroit mesurer.

Vers 97. ——— *Aux Plaisans du Pont-*
    neuf.]

* Par Mr. Sarrazin.   † Par Mr. Ménage.

CHANT I.

    Ne soit d'une voyelle en son chemin heurtée.
    Il est un heureux choix de mots harmonieux.
110 Fuïez des mauvais sons le concours odieux.
    Le Vers le mieux rempli, la plus noble pensée
    Ne peut plaire à l'esprit, quand l'oreille est blessée.
    Durant les premiers ans du Parnasse François,
    Le caprice tout seul faisoit toutes les loix.
115 La Rime, au bout des mots assemblez sans mesure,
    Tenoit lieu d'ornemens, de nombre & de césure.
    Villon sut le premier, dans ces siècles grossiers,
    Débrouiller l'Art confus de nos vieux Romanciers.
    Marot bien tôt après fit fleurir les Ballades,
120 Tourna des Triolets, rima des Mascarades;
    A des refrains reglez asservit les Rondeaux,
    Et montra pour rimer des chemins tout nouveaux.

REMARQUES.

neuf.] Les Vendeurs de Mitridate, & les joüeurs de Marionnettes se placent depuis long-tems sur le Pont neuf. Voïez les cinq derniers Vers du troisième Chant.

Vers 100. *De morts & de mourans cent montagnes plaintives.*] Vers de Brébeuf, dans sa Traduction de la Pharsale de Lucain, Livre VII.

De mourans & de morts cent montagnes plaintives,
D'un sang impétueux cent vagues fugitives, &c.

Ces violentes hyperboles ne sont point dans son Original, tout outré qu'il est d'ailleurs; & Brébeuf semble plûtôt les avoir empruntées d'un Historien du bas Empire * qui dit: *Stabant acervi montium similes, fluebat cruor fluminum modo.* Ce qui rend l'expression outrée dans Brébeuf, c'est l'épithète de *plaintives* donnée à *Montagnes*; car il est d'ailleurs assez ordinaire, sur tout en Poësie, de dire, *Des Montagnes de morts, des rivières de sang*; Vers que Ménage aïant trouvé dans le Nicoméde de Corneille, Act. III. Sc. I. l'a ainsi retourné dans son Eglogue, intitulée *Christine*:

Des rivières de sang, des montagnes de morts.

Les termes d'Aurelius Victor cité à la marge, ne sont pas si empoulez.

Vers 106. *Suspende l'hémistiche.*] L'Auteur donne ici l'exemple avec le précepte: en parlant de la Césure, il l'a extrêmement marquée dans ce vers.

Vers 107. *Gardez qu'une voïelle,* &c.] Le concours vicieux de voïelles, apelé *Hiatus,* ou Bâillement.

IMITATIONS. Vers 112. *Ne peut plaire à l'esprit quand l'oreille est blessée.*] Ciceron, dans son Orateur, à Brutus: *Quamvis enim suaves gravesque sententiæ, tamen si inconditis verbis efferuntur, offendent aures, quarum est judicium superbissimum.* Et plus bas: *voluptati autem aurium morigerari debet oratio.*

Vers 117. *Villon sut le premier.*] François Corbeuil, surnommé *Villon*, vivoit dans le quinzième Siècle, environ soixante ans avant Clément Marot. Il étoit moins connu par son nom propre que par celui de *Villon*, qui de son tems, signifioit *Fripon*. Ce titre lui fut confirmé par une Sentence du Châtelet, qui le condamna à être pendu. Le Parlement fut plus indulgent, & se contenta, en faveur de son génie pour les vers, de le condamner à un bannissement perpétuel.

Vers 118. *Débrouiller l'art confus de nos vieux Romanciers.*] Les Ouvrages de nos vieux Poëtes François, sont confus, & sans ordre. On en peut juger par le Roman de la Roze, le plus estimé de tous. Voïez le Traité du Président Fauchet, *de l'origine*

* Sext. Aurel. Victor in *Epitome Hist. Augustæ.* De Juliani Imper.

Ronfard qui le fuivit, par une autre méthode,
Règlant tout, brouilla tout, fit un Art à fa mode:
125 Et toutefois long-tems eut un heureux deſtin.
Mais fa Muſe, en François parlant Grec & Latin,
Vit dans l'âge fuivant, par un retour grotefque,
Tomber de ſes grans mots le faſte pédantefque.
Ce Poëte orgueilleux trébuché de fi haut,
130 Rendit plus retenus Defportes & Bertaut.
Enfin Malherbe vint; & le premier en France,
Fit fentir dans les Vers une juſte cadence:
D'un mot mis en fa place enfeigna le pouvoir,
Et reduifit la Muſe aux règles du devoir.
135 Par ce fage Ecrivain, la Langue reparée
N'offrit plus rien de rude à l'oreille épurée.
Les Stances avec grace apprirent à tomber;
Et le Vers fur le Vers n'oſa plus enjamber.
Tout reconnut fes loix, & ce Guide fidèle
140 Aux Auteurs de ce tems fert encor de modèle.
Marchez donc fur fes pas, aimez fa pureté,
Et de fon tour heureux imitez la clarté.
Si le fens de vos Vers tarde à fe faire entendre,

REMARQUES.

de la Langue & Poëſie Françoiſe, Rime & Romans.

Vers 124. *Règlant tout, brouilla tout.*] Ronfard confeilloit d'emploïer indifferemment *tous les Dialectes*: Préface fur la Franciade. *Et ne fe faut foucier*, dit-il ailleurs, *fi les vocables font Gafcons, Poitevins, Normans, Manceaux, Lionnois, ou d'autres pays.* Abrégé de l'Art poëtique.

Vers 126. —— *En François parlant Grec & Latin.*] Ronfard a tellement chargé fes Poëſies d'exemples, d'allufions, & de mots tirez du Grec & du Latin, qu'il les a rendues prefque inintelligibles, & même ridicules. *Je puis bien dire*, dit un de fes Commentateurs *, *qu'il y avoit quelques Sonnets dans ces livres, qui d'homme n'euſſent jamais eſté bien entendus, fi l'Auteur ne les euſt, ou*

* Muret dans fa Préface fur Ronfard.

à moy, ou à quelque autre, familiérement déclarez. Mr. Defpréaux citoit ce vers de Ronfard; qui eſt à la fin du Sonnet LXVIII. L. I. comme un exemple de fon affectation ridicule à parler Grec en François. Il dit à fa Maitreſſe:

Eſtes-vous pas ma feule Entelechie?

Et ceux-ci qui font au commencement du *Tombeau*, ou de l'Epitaphe de Marguerite de France, & de François I. page 1098. *de l'édition in folio.*

*Ah! que je fuis marry que la Muſe Françoiſe
Ne peut dire ces mots, comme fait la Gregeoiſe:
Ocymore, dyfpotme, oligochronien;
Certes, je les dirois du fang Valéfien.*

Vers 130. —— *Defportes & Bertaut.*] Philippe Defportes, Abbé de Tiron, & Jean Bertaut, Evêque de Seez, Poëtes aſſez eſtimez.

CHANT I.

Mon esprit aussi-tôt commence à se détendre;
145 Et de vos vains discours prompt à se détacher,
Ne suit point un Auteur, qu'il faut toujours chercher.
Il est certains Esprits, dont les sombres pensées
Sont d'un nuage épais toûjours embarrassées.
Le jour de la Raison ne le sauroit percer.
150 Avant donc que d'écrire, apprenez à penser.
Selon que notre Idée est plus ou moins obscure,
L'Expression la suit ou moins nette, ou plus pure.
Ce que l'on conçoit bien, s'énonce clairement,
Et les mots pour le dire arrivent aisément.
155 Sur tout, qu'en vos Ecrits la Langue reverée,
Dans vos plus grans excès vous soit toujours sacrée.
En vain vous me frappez d'un son mélodieux,
Si le terme est impropre, ou le tour vicieux,
Mon esprit n'admet point un pompeux Barbarisme,
160 Ni d'un Vers empoulé l'orgueilleux Solécisme.
Sans la Langue en un mot, l'Auteur le plus divin
Est toujours, quoiqu'il fasse, un méchant Ecrivain.
Travaillez à loisir, quelque ordre qui vous presse,
Et ne vous piquez point d'une folle vitesse.

REMARQUES.

mez. Ils vivoient sous les régnes d'Henri III. & d'Henri IV.

Vers 131. *Enfin Malherbe vint* &c.] Balzac avoit fait un semblable jugement de nôtre Poësie & de nos Poëtes dans une de ses Lettres Latines à Mr. de Silhon *. Il dit que la plûpart des vers François qui ont été faits avant Malherbe, étoient plûtôt Gothiques que François. Il fait le caractère de Ronsard & reproche à ce Poëte ses licences outrées, ses négligences, son affectation à confondre les idiomes, & à charger son François de Grec & de Latin. Malherbe, dit-il ensuite, fut le premier qui fit sentir la cadence dans les vers, qui nous apprit le choix & l'arrangement des mots, &c. Voici le passage de Balzac: *Primus Franciscus Malherba, aut in primis, viam vidit quâ iretur ad Carmen; atque hanc inter erroris & inscitiæ caliginem ad veram lucem respexit primus, superbissimoque aurium judicio satisfecit...... Docuit in vocibus & sententiis delectum, eloquentiæ esse originem; atque adeò rerum verborumque collocationem aptam, ipsis rebus & verbis potiorem plerumque esse.* Voïez le reste du passage, & la Dissertation XXIV. de Balzac.

IMITATIONS. Vers 153. *Ce que l'on conçoit bien* &c.] Horace a donné ce précepte en plus d'un endroit de son Art poëtique, vers 40.

    Cui lecta potenter erit res,
Nec facundia deseret hunc, nec lucidus ordo.
Et vers 311.
Verbaque provisam rem non invita sequentur.

Vers 163. *Travaillez à loisir.*] Notre Poëte observoit éxactement ce précepte. Non

* *Tome 2. p. 64. col. 2. des Oeuvres Latines.*

165 Un ftile fi rapide, & qui court en rimant,
Marque moins trop d'efprit, que peu de jugement.
J'aime mieux un ruiffeau, qui fur la molle arène,
Dans un pré plein de fleurs lentement fe promène,
Qu'un torrent débordé, qui d'un cours orageux
170 Roule, plein de gravier, fur un terrain fangeux.
Hâtez-vous lentement, & fans perdre courage,
Vingt fois fur le métier remettez votre ouvrage.
Poliffez-le fans ceffe, & le repoliffez.
Ajoutez quelquefois, & fouvent effacez.
175 C'eft peu qu'en un Ouvrage, où les fautes fourmillent,
Des traits d'efprit femez de tems en tems petillent.
Il faut que chaque chofe y foit mife en fon lieu;
Que le début, la fin, répondent au milieu;
Que d'un art délicat les pièces afforties
180 N'y forment qu'un feul tout de diverfes parties:
Que jamais du fujet, le difcours s'écartant,
N'aille chercher trop loin quelque mot éclatant.

REMARQUES.

feulement il compofoit fuivant la difpofition d'efprit où il fe trouvoit, fans forcer jamais fon génie, mais quand il avoit achevé un Ouvrage, il ne le publioit que long-tems après, afin d'avoir le loifir de le perfectionner, fuivant le confeil d'Horace, *Nonumque prématur in annum.* Poët. v. 388. Un Ami voulant l'exhorter à produire fon Art poëtique, lui difoit que le Public l'attendoit avec impatience. *Le Public*, répondit-il, *ne s'informera pas du tems que j'y aurai emploié.* D'autres fois il difoit la même chofe de la Poftérité.

Scudéri, au contraire, difoit toûjours, pour s'exeufer de ce qu'il travailloit fi vîte, qu'il avoit ordre de finir.

Vers 171. *Hâtez-vous lentement.*] Ce Mot renferme un grand fens. Il étoit familier à l'Empereur Augufte, à l'Empereur Titus, & à plufieurs autres grans Hommes. Σπεῦδε βραδέως: *Feftina lentè*. Voïez les Adages d'Erafme.

IMITATIONS. Vers 172. *Vingt fois fur le métier remettez votre ouvrage.*] Horace, Art poët. v. 292.

―――― *Carmen reprehendite, quod non
Multa dies, & multa litura coercuit, at-
que
Perfectum decies non caftigavit ad unguem.*
IMITATIONS. Vers 174. *Ajoutez quel-
quefois, & fouvent effacez.*] Horace, Liv. I.
Sat. X. 72.

*Sæpe ftilum vertas, iterum quæ digna legi fint
Scripturus.*
Et St. Jérôme, Epift. ad Domn. *Major ftili pars quæ delet quam quæ fcribit.* ,, Le ,, côté du ftile qui fert à effacer, eft plus ,, grand que celui qui fert à écrire.

IMITATIONS. Vers 175. *C'eft peu qu'en un Ouvrage, où les fautes fourmillent.*] Horace, Livre II. Epître I. 73.

*Inter quæ verbum emicuit fi forte deco-
rum, &
Si verfus paullò concinnior unus & alter;
Injuftè totum ducit, venditque poëma.*
Il dit ailleurs, dans un fens contraire, qu'il n'eft point choqué de ces fautes légères qui échapent aux meilleurs Efprits; quand d'ailleurs l'Ouvrage eft rempli de grandes beautez.

Ve-

CHANT I.

    Craignez-vous pour vos Vers la censure publique?
    Soyez-vous à vous-même un sévère Critique.
185 L'Ignorance toujours est prête à s'admirer.
    Faites-vous des amis prompts à vous censurer.
    Qu'ils soient de vos écrits les Confidens sincères,
    Et de tous vos défauts les zèlez adversaires.
    Dépouillez devant eux l'arrogance d'Auteur :
190 Mais sachez de l'Ami discerner le Flatteur.
    Tel vous semble applaudir qui vous raille & vous joüe.
    Aimez qu'on vous conseille, & non pas qu'on vous loüe.
    Un Flatteur aussi-tôt cherche à se récrier.
    Chaque Vers qu'il entend le fait extasier.
195 Tout est charmant, divin; aucun mot ne le blesse.
    Il trépigne de joie, il pleure de tendresse :
    Il vous comble par tout d'éloges fastueux.
    La Vérité n'a point cet air impétueux.
    Un sage Ami, toujours rigoureux, inflexible,
200 Sur vos fautes jamais ne vous laisse paisible.

REMARQUES.

Verùm, ubi plura nitent in carmine, non
  ego paucis.
Offendar maculis, quas aut incuria fudit,
Aut humana parum natura. De Arte poët.
  v. 351.
IMITATIONS. Vers 178. *Que le début, la fin, répondent au milieu.*] Horace, Art poëtique, vers 152.
  Primo ne medium, medio ne discrepet i-
    mum.
IMITATIONS. Vers 180. *N'y forment qu'un seul tout.*] Horace au même endroit, v. 23.
  Denique, sit quodvis simplex dumtaxat, &
    unum.
IMITATIONS. Vers 185. *L'Ignorance toûjours est prête à s'admirer.*] Horace, Liv. II. Epît. II. v. 106.
  Ridentur mala qui componunt carmina: ve-
    rùm
  Gaudent scribentes, & se venerantur, &
    ultro,
  Si taceas, laudant, quidquid scripsere, beati:
  At qui legitimum cupiet fecisse poëma,
  Cum tabulis animum censoris sumet honesti.

IMITATIONS. Vers 190. *Mais sachez de l'Ami discerner le Flatteur.*] Le même, dans son Art poët. v. 424.
  ———— *Mirabor, si sciet inter*
  Noscere mendacem, verumque beatus a-
    micum.
Et un peu après : vers 436.
  ———— *Si carmina condes,*
  Nunquam te fallant animi sub vulpe latentes:
IMITATIONS. Vers 193. *Un Flatteur aussi-tôt &c.*] Horace au même endroit, v. 428.
  ———— *Clamabit enim: Pulchrè, benè, rectè:*
  Pallescet super his: etiam stillabit amicis
  Ex oculis rorem: saliet, tundet pede terram.
  Ut qui conducti plorant in funere, dicunt
  Et faciunt prope plura dolentibus ex animo:
    sic
  Derisor vero plus laudatore movetur.
IMITATIONS. Vers 199. *Un sage Ami &c.*] Le même, au même endroit, v. 445.
  Vir bonus & prudens versus reprehendet i-
    nertes:
  Culpabit duros: incomptis allinet atrum
  Transverso calamo signum: ambitiosa reci-
    det

Il ne pardonne point les endroits négligez,
Il renvoie en leur lieu les Vers mal arrangez.
Il réprime des mots l'ambitieuse Emphase.
Ici le Sens le choque; & plus loin c'est la Phrase.
205 Votre construction semble un peu s'obscurcir :
Ce terme est équivoque, il le faut éclaircir.
C'est ainsi que vous parle un Ami véritable.
Mais souvent sur ses Vers, un Auteur intraitable
A les protéger tous se croit intéressé,
210 Et d'abord prend en main le droit de l'offensé.
De ce Vers, direz-vous, l'expression est basse.
Ah! Monsieur, pour ce Vers je vous demande grace,
Répondra-t-il d'abord. Ce mot me semble froid;
Je le retrancherois. C'est le plus bel endroit.
215 Ce tour ne me plaît pas. Tout le monde l'admire.
Ainsi toujours constant à ne se point dédire;
Qu'un mot dans son Ouvrage ait paru vous blesser:
C'est un titre chez lui pour ne point l'effacer.
Cependant, à l'entendre, il chérit la Critique.
220 Vous avez sur ses Vers un pouvoir despotique.
Mais tout ce beau discours, dont il vient vous flatter,
N'est rien qu'un piège adroit pour vous les réciter.

REMARQUES.

Ornamenta: parum claris lucem dare coget:
Arguet ambiguè dictum: mutanda notabit:
Fiet Aristarchus, &c.
Et ailleurs, Epître II. Livre II. v. 112.
Audebit, quæcumque parum splendoris habebunt,
Et sine pondere erunt, & honore indigna ferentur,
Verba movere loco, quamvis invita recedant.
Dans la même Epître, vers 123.
Luxuriantia compescet : nimis aspera sano
Lævabit cultu: virtute carentia tollet.
IMITATIONS. Vers 219. *Cependant, à l'entendre, il chérit la Critique.*] Perse, Satire I. vers 55.

Et verum, inquis, amo: verum mihi dicite de me.
Vers 222. *N'est rien qu'un piège adroit pour vous les réciter.*] Ceci regarde Mr. Quinaut. Les railleries que notre Auteur avoit faites de lui dans ses Satires, n'empêchèrent pas qu'il ne recherchât l'amitié de Mr. Despréaux. Mr. De Mérille Premier Valet de Chambre de Monsieur, Frere du Roi, fut le Médiateur. Mr. Quinaut l'alloit voir souvent; mais ce n'étoit que pour avoir occasion de lui faire voir ses Ouvrages: *Il n'a voulu se raccommoder avec moi*, disoit Mr. Despréaux, *que pour me parler de ses Vers: & il ne me parle jamais des miens.*

CHANT I.

Aussi-tôt il vous quitte & content de sa Muse,
S'en va chercher ailleurs quelque Fat qu'il abuse.
225 Car souvent il en trouve. Ainsi qu'en sots Auteurs,
Notre siècle est fertile en sots Admirateurs.
Et sans ceux que fournit la Ville & la Province,
Il en est chez le Duc, il en est chez le Prince.
L'Ouvrage le plus plat a, chez les Courtisans,
230 De tout tems rencontré de zèlez Partisans;
Et, pour finir enfin par un trait de Satire,
Un Sot trouve toujours un plus Sot qui l'admire.

CHANT II.

TELLE qu'une Bergère, au plus beau jour de Fête,
De superbes Rubis ne charge point sa tête,
Et sans mêler à l'or l'éclat des Diamans,
Cueille en un champ voisin ses plus beaux ornemens :
5 Telle, aimable en son air, mais humble dans son stile,
Doit éclater sans pompe une élegante Idylle.
Son tour simple & naïf n'a rien de fastueux,
Et n'aime point l'orgueil d'un Vers présomptueux.
Il faut que sa douceur flatte, chatouille, éveille,
10 Et jamais de grans mots n'épouvante l'oreille.
Mais souvent dans ce stile un Rimeur aux abois
Jette là, de dépit, la Flûte & le Hautbois :
Et follement pompeux, dans sa verve indiscrette,
Au milieu d'une Eglogue entonne la Trompette.
15 De peur de l'écouter, Pan fuit dans les Roseaux ;
Et les Nymphes, d'effroi, se cachent sous les Eaux.
Au contraire, cet Autre abjet en son langage,
Fait parler ses Bergers comme on parle au Village.

REMARQUES.

Dans ce second Chant, & dans le troisième, notre Auteur explique le détail de la Poësie Françoise, & donne le Caractère & les règles particulières de chaque Poëme. Le second Chant est emploïé à décrire l'Idylle ou l'Eglogue, l'Elégie, l'Ode, le Sonnet, l'Epigramme, le Rondeau, la Ballade, le Madrigal, la Satire, & le Vaudeville.

Les Poësies de Mr. Despréaux ont cela d'avantageux, que les Préceptes mêmes y servent d'éxemples ; & que quelque règle qu'il nous propose, on ne manque jamais d'y en trouver un modèle. Cela paroît en plusieurs endroits, mais sur tout dans ce deuxième Chant, où l'Auteur a sû varier son stile avec tant d'art & tant d'habileté, qu'en parcourant toutes les differentes espèces de Poësies, il emploïe précisément le stile qui convient à chaque espèce en particulier.

Vers 1. *Telle qu'une Bergère.*] Cette comparaison est d'autant plus juste, que l'Idylle est un Poëme dans lequel on ne fait ordinairement parler que des Bergers & des Bergères. Un Ecrivain de l'Académie*, qui a fait des Dissertations sur la Poësie Pastorale, observe que les Eglogues, les Idylles, & les Bergeries, sont fort déchuës parmi nous ; & il soupçonne notre Poëte d'avoir contribué à leur décadence. Si Mr. Despréaux, dit-il, page 104. a loüé cette Poësie en Mr. Racan & en Mr. Segrais, il l'a aussi attaquée en beaucoup d'autres. La beauté de ses vers jointe au goût piquant que la Satire a d'elle-même, fait apprendre ses vers par cœur à tout le monde, & l'ont rendu à Paris & dans les Provinces, le modèle des nouveaux Poëtes. Il a
tourné

* *Mr. l'Abbé Genest.*

CHANT II.

Ses Vers plats & grossiers, dépouillez d'agrément,
20 Toujours baisent la terre, & rampent tristement.
 On diroit que Ronsard, sur ses *Pipeaux rustiques*,
 Vient encor fredonner ses Idylles Gothiques,
 Et changer, sans respect de l'oreille & du son,
 Lycidas en Pierrot, & Phyllis en Toinon.
25   Entre ces deux excès la route est difficile.
 Suivez, pour la trouver, Théocrite & Virgile.
 Que leurs tendres Ecrits, par les Graces dictez,
 Ne quittent point vos mains, jour & nuit feuilletez.
 Seuls, dans leurs doctes Vers, ils pourront vous apprendre,
30 Par quel art sans bassesse un Auteur peut descendre;
 Chanter Flore, les Champs, Pomone, les Vergers;
 Au combat de la flûte animer deux Bergers;
 Des plaisirs de l'Amour vanter la douce amorce;
 Changer Narcisse en fleur, couvrir Daphné d'écorce;
35 Et par quel art encor l'Eglogue quelquefois
 Rend dignes d'un Consul la campagne & les bois.
 Telle est de ce Poëme & la force & la grace.
  D'un ton un peu plus haut, mais pourtant sans audace,
 La plaintive Elégie, en longs habits de deuil,
40 Sait les cheveux épars gémir sur un cercueil.

REMARQUES.

tourné l'Eglogue en ridicule dans une de ses Satires, trouvant que le Public y étoit peut-être déja porté, soit par la faute des Auteurs, soit par celle des Lecteurs.
Viendrai-je en une Eglogue entouré de troupeaux,
Au milieu de Paris enfler mes chalumeaux;
Et dans mon cabinet, assis au pied des Hêtres,
Faire dire aux Echos des sottises champêtres?
Notre Poëte n'a pas eu dessein de blâmer le genre Pastoral, ni de tourner l'Eglogue en ridicule, comme on le suppose ici. Il a seulement voulu railler en passant, les mauvais faiseurs d'Eglogues, & il a dit, que son génie ne le portoit pas à faire des Eglogues.
Vers 24. *Lycidas en Pierrot, & Phyllis en Toinon.*] Ronsard dans ses Eglogues appèle Henri II. Henriot; Charles IX. Carlin; Catherine de Médicis, Catin : &c. Il emploie aussi les noms de Margot, Pierrot, Michau, & autres semblables.
IMITATIONS. Vers 36. *Rend dignes d'un Consul la campagne & les bois.*] Virgile, Eglogue IV 3.
Si canimus sylvas, Sylvæ sint Consule dignæ.
IMITATIONS. Vers 39. *La plaintive Elégie.*] Horace la décrit ainsi dans son Art poétique, vers 75.
Versibus impariter junctis querimonia primùm:
Post etiam inclusa est voti sententia compos.
Quis tamen exiguos Elegos emiserit auctor,
Grammatici certant, & adhuc sub judice lis est.

Elle peint des Amans la joie & la tristesse;
Flatte, menace, irrite, appaise une Maîtresse.
Mais pour bien exprimer ces caprices heureux,
C'est peu d'être Poëte, il faut être amoureux.
45 Je hais ces vains Auteurs, dont la Muse forcée
M'entretient de ses feux, toujours froide & glacée,
Qui s'affligent par art, & fous de sens rassis,
S'érigent, pour rimer, en Amoureux transis.
Leurs transports les plus doux ne sont que phrases vaines.
50 Ils ne savent jamais, que se charger de chaînes;
Que bénir leur martyre, adorer leur prison,
Et faire quereller les Sens & la Raison.
Ce n'étoit pas jadis sur ce ton ridicule,
Qu'Amour dictoit les Vers que soûpiroit Tibulle;
55 Ou que du tendre Ovide animant les doux sons,
Il donnoit de son Art les charmantes leçons.
Il faut que le cœur seul parle dans l'Elégie.
L'Ode avec plus d'éclat, & non moins d'énergie,
Elevant jusqu'au Ciel son vol ambitieux,
60 Entretient dans ses Vers commerce avec les Dieux.
Aux Athlètes dans Pise elle ouvre la barrière,
Chante un Vainqueur poudreux au bout de la carrière;

REMARQUES.

Vers 50. *Ils ne savent jamais que se charger de chaînes; Que bénir leur martyre,* &c.] Cette Critique regarde particuliérement Voiture, qui, dans le fameux Sonnet d'Uranie, a dit : *Je bénis mon martyre & content de mourir,* &c. Ensuite de quoi il ne manque pas de mettre en querelle les Sens & la Raison. Scuderi, Liv. III. de son Alaric, rassemble plusieurs Amans dans un sejour enchanté ;
Et l'un de ces Amans qui paroissent heureux,
Eclate avec sa Lyre en ces vers amoureux.
Amour, on ne voit rien si doux que ton empire :
Ton Esclave est content, même quand il soupire.
Il bénit en son cœur les maux qu'il a soufferts,
Et les sceptres des Rois valent moins que ses fers.

Ce n'est que par toi seul que subsiste la terre,
Sans toi les Elemens auroient fini leur guerre;
Et l'horrible Cahos mettant tout à l'envers,
&c.
Vers 54. *Qu'Amour dictoit les vers que soûpiroit Tibulle.*] Poëte fort tendre qui vivoit sous Auguste. Tibulle, Livre I. Elegie VII. 41.
—— *Absentes alios suspirat amores.*
Et Liv. IV. Elegie V. 11.
Quod si fortè alios jam nunc suspirat amores.
IMITATIONS. Vers 58. *L'Ode avec plus d'éclat.*] Description de l'Ode dans Horace, Art poëtique, v. 83.
Musa dedit fidibus Divos, puerosque Deorum,
Et pugilem victorem, & equum certamine primum,

Et

CHANT II.

Mène Achille fanglant aux bords du Simoïs;
Ou fait fléchir l'Efcaut fous le joug de Louis.
65 Tantôt, comme une abeille ardente à fon ouvrage,
Elle s'en va de fleurs dépouiller le rivage:
Elle peint les Feftins, les Danfes, & les Ris;
Vante un baifer cueilli fur les lèvres d'Iris,
Qui mollement réfifte, & par un doux caprice,
70 *Quelquefois le refufe, afin qu'on le raviffe.*
Son ftile impétueux fouvent marche au hazard.
Chez elle un beau défordre eft un effet de l'Art.

Loin ces Rimeurs craintifs, dont l'efprit phlegmatique
Garde dans fes fureurs un ordre didactique:
75 Qui chantant d'un Heros les progrès éclatans,
Maigres Hiftoriens, fuivront l'ordre des Tems.
Ils n'ofent un moment perdre un fujet de vuë.
Pour prendre Dole, il faut que Lille foit renduë;
Et que leur Vers éxact, ainfi que Mezeray,
80 Ait fait déja tomber les remparts de Courtray.
Apollon de fon feu leur fut toujours avare.
On dit à ce propos, qu'un jour ce Dieu bizare,
Voulant pouffer à bout tous les Rimeurs François,
Inventa du Sonnet les rigoureufes loix;

REMARQUES.

Et Juvenum curas, & libera vina referre.
Vers 61. *Aux Athlètes dans Pife.*] Ville de la Grèce dans l'Elide, où l'on célébroit les Jeux Olympiques.
IMITATIONS. Vers 69. *Qui mollement refifte* &c.] C'eft la traduction de ces vers d'Horace, Ode XII. 25. du Liv. II.
Dum fragrantia detorquet ad ofcula
Cervicem: aut facili fævitiâ negat,
Quæ pofcente magis gaudeat eripi.
IMITATIONS. Vers 72. *Chez elle un beau défordre eft un effet de l'Art.*] Cicéron dans fon Orateur, n. 78. *Quædam etiam negligentia eft diligens.*
Vers 78. *Pour prendre Dole, il faut que Lille foit renduë.*] Lille & *Courtray* furent pris en 1667. Et *Dole* en 1668.
Vers 79. ―――― *Ainfi que Mezeray.*] Cé-

lèbre Hiftorien, qui a écrit l'Hiftoire de France. Il étoit de l'Académie Françoife, & mourut en 1683.
Vers 83. *Voulant pouffer à bout tous les Rimeurs François,*
Inventa du Sonnet &c.]
C'eft à dire, que les Poëtes François ont inventé le Sonnet, ou du moins l'ont affujetti à de certaines règles. Bien des gens croient néanmoins que l'invention du Sonnet nous eft venuë des Italiens, & fur tout de Petrarque qui vivoit dans le quatorzième Siècle; parce que les premiers Sonnets qui aient paru en notre Langue, ne furent faits que fous le Règne de François I. par les Poëtes qui fleuriffoient en ce tems-là. Mais il eft certain que Petrarque, & les autres Italiens, qui avoient fait des Sonnets avant nos Poëtes Fran-

85　Voulut, qu'en deux Quatrains, de mesure pareille,
　　La Rime avec deux sons frappât huit fois l'oreille;
　　Et qu'ensuite, six Vers artistement rangez,
　　Fussent en deux Tercets par le sens partagez.
　　Sur tout de ce Poëme il bannit la licence :
90　Lui-même en mesura le nombre & la cadence :
　　Défendit qu'un Vers foible y pût jamais entrer,
　　Ni qu'un mot déja mis osât s'y remontrer.
　　Du reste il l'enrichit d'une beauté suprême.
　　Un Sonnet sans défauts vaut seul un long Poëme.
95　Mais en vain mille Auteurs y pensent arriver;
　　Et cet heureux Phénix est encore à trouver.
　　A peine dans Gombaut, Mainard, & Malleville,
　　En peut-on admirer deux ou trois entre mille.
　　Le reste, aussi peu lû que ceux de Pelletier,
100　N'a fait de chez Sercy qu'un saut chez l'Epicier.
　　Pour enfermer son sens dans la borne prescrite,
　　La mesure est toujours trop longue ou trop petite.
　　　L'Epigramme plus libre, en son tour plus borné,
　　N'est souvent qu'un bon mot de deux rimes orné.
105　Jadis de nos Auteurs les Pointes ignorées,
　　Furent de l'Italie en nos Vers attirées.

REMARQUES.

François, en avoient emprunté l'usage & le nom des anciens Poëtes Provençaux, connus jadis sous les noms de Trouverres, Chanterres, Jongleurs, & autres semblables, qui alloient par les Cours des Princes, pour les réjouïr, chantant leurs Fabliaux, Lais, Virelais, Ballades, & *Sonnets :* comme le Président Fauchet l'a remarqué dans son Recueil de l'origine de la Poësie Françoise. L. I. c. 8. Pétrarque, qui est regardé comme le Pere du *Sonnet*, a composé presque toutes ses Poësies à Vaucluse près d'Avignon, dans un tems auquel les Poëtes François ou Provençaux étoient en grande réputation, à cause de certaines Assemblées galantes, qu'on appeloit les Cours de Parlement d'Amour, & qui se tenoient dans quelques Villes de Provence. *Voiez* la Fresnaye Vauquelin, *dans son Art poët.* L. I. Le Traité du Sonnet, par Colletet. Les Notes de Ménage sur Malherbe.

IMITATIONS. Vers 86. *La Rime avec deux sons frappât huit fois l'oreille.*] Horace dit que le Vers Iambe frappe six fois l'oreille : *quùm senos redderet ictus* ; parce qu'il est composé de six pieds. *De Art. poët.* v. 253.

Vers 97. *A peine dans Gombaut, Mainard & Malleville.*] Trois Académiciens célèbres. Parmi le grand nombre de Sonnets qu'ils ont composez, Mr. Despréaux nommoit celui-ci de Gombaut :

Le Grand Montmorenci n'est plus qu'un peu de cendre &c.

Et cet autre : *Cette race de Mars* &c. Mais il donnoit le prix au Sonnet que Malleville fit pour la *Belle-Matineuse*, & qui est le vingt-septième selon l'ordre de l'édition.

Le silence regnoit sur la terre & sur l'onde,
L'air devenoit serein, & l'Olympe vermeil,
　　&c.

La

CHANT II.

<blockquote>

Le Vulgaire ébloüi de leur faux agrément,
A ce nouvel appas courut avidement.
La faveur du Public, excitant leur audace,
110 Leur nombre impétueux inonda le Parnasse.
Le Madrigal d'abord en fut enveloppé.
Le Sonnet orgueilleux lui-même en fut frappé.
La Tragédie en fit ses plus cheres délices.
L'Elégie en orna ses douloureux caprices.
115 Un Héros sur la Scene eut soin de s'en parer;
Et sans Pointe un Amant n'osa plus soûpirer.
On vit tous les Bergers, dans leurs plaintes nouvelles,
Fidèles à la Pointe, encor plus qu'à leurs Belles.
Chaque mot eût toujours deux visages divers.
120 La Prose la reçût, aussi-bien que les Vers.
L'Avocat au Palais en hérissa son stile,
Et le Docteur en chaire en sema l'Evangile.
La Raison outragée enfin ouvrit les yeux;
La chassa pour jamais des discours sérieux,
125 Et dans tous ces Ecrits, la déclarant infame,
Par grace, lui laissa l'entrée en l'Epigramme:
Pourvu que sa finesse, éclatant à propos,
Roulât sur la pensée, & non pas sur les mots.

</blockquote>

REMARQUES.

La plûpart des Poëtes de ce tems-là composerent des Sonnets sur le même sujet; mais Malleville eut l'avantage sur les autres, au jugement des plus habiles Connoisseurs. *Voïez la Dissertation de Ménage sur les Sonnets pour la belle Matineuse.*

Vers 99. *Le reste aussi peu lû que ceux de Pelletier.*] Voïez la Note sur le vers 54. du Discours au Roi.

Vers 100. *N'a fait de chez Sercy.*] Charles de Sercy, Libraire, dont la boutique étoit dans la Grand' Salle du Palais.

Vers 104. *N'est souvent qu'un bon mot de deux rimes orné.*] Telle est cette Epigramme de notre Poëte:

<blockquote>
J'ai vû l'Agésilas:
 Hélas!
</blockquote>

Vers 113. *La Tragédie en fit* &c.] Principalement la Sylvie de Mairet.

Vers 122. *Et le Docteur en Chaire en sema l'Evangile.*] Au commencement du Siècle dans lequel notre Auteur a écrit, l'Eloquence Françoise étoit dans une étrange corruption. Un Discours public n'étoit alors qu'un tissu bizarre de citations Grecques & Latines. A cet abus il en succeda un autre plus contraire à la véritable Eloquence. Les Orateurs épuisoient leur esprit en pointes frivoles, en ornemens superflus, en faux brillans. C'est ainsi que prêchoit Mr. Mascaron Evêque de Tulles: il se plaisoit à ces jeux de mots & à ces pointes; & les Rieurs disoient de ses Sermons, que c'étoit un Recueil d'Epigrammes. Le petit Pere André Boulanger, Augustin, prêchoit de la même manière.

Ainsi de toutes parts les désordres cessérent.
130　Toutefois à la Cour les Turlupins restérent;
Insipides Plaisans, Bouffons infortunez,
D'un jeu de mots grossier partisans surannez.
Ce n'est pas quelquefois qu'une Muse un peu fine,
Sur un mot en passant ne joue & ne badine,
135　Et d'un sens détourné n'abuse avec succès:
Mais fuïez sur ce point un ridicule excès,
Et n'allez pas toujours d'une pointe frivole
Aiguiser par la queuë une Epigramme folle.
　　Tout Poëme est brillant de sa propre beauté.
140　Le Rondeau, né Gaulois, a la naïveté.
La Ballade asservie à ses vieilles maximes,
Souvent doit tout son lustre au caprice des rimes.
　　Le Madrigal plus simple, & plus noble en son tour,
Respire la douceur, la tendresse & l'amour.
145　L'ardeur de se montrer, & non pas de médire,
Arma la Verité du Vers de la Satire.
Lucile le premier osa la faire voir:
Aux vices des Romains présenta le miroir:
Vengea l'humble Vertu, de la Richesse altière,
150　Et l'honnête Homme à pié, du Faquin en litière.

REMARQUES.

Vers 130. *Toutefois à la Cour les Turlupins restérent.*] *Turlupin*, est le nom d'un Comédien de Paris, qui divertissoit le peuple par de méchantes pointes, & par des jeux-de-mots qu'on a appelez *Turlupinades*. Ses imitateurs ont été nommez *Turlupins*. Il étoit le Plaisant de la Farce dans la Troupe des Comédiens de l'Hôtel de Bourgogne, du tems que Bellerose en étoit le Chef. Pendant quelque tems on a vû regner en France le goût des *Turlupinades*, & la Cour même sembloit être la source de cette corruption, mais Moliere vengea le bon Goût & la Raison par les sanglantes railleries qu'il fit des *Turlupins* & des *Turlupinades*. Le Marquis de *la Critique de l'Ecole des Femmes*, est un de ces Turlupins.

Vers 147. *Lucile le premier.*] Caïus Lucilius, Chevalier Romain, fut l'inventeur de la Satire, entant qu'elle est un Poëme dont la fin est de reprendre les vices des hommes; Car, bien que les Grecs aient composé des vers & des Ouvrages Satiriques, c'est à dire, mordans, il est certain qu'ils ne leur ont donné ni le caractère ni le tour de la Satire Latine. C'est pourquoi Quintilien a dit: *Satira tota nostra est*; & Diomède le Grammairien; *Satira est Carmen, apud Romanos, non quidem apud Græcos, maledicum.*

IMITATIONS. Ibid. *Lucile le premier.*] Horace, Livre II. Satire I. 62.

―――― *Est Lucilius ausus*
Primus in hunc operis componere Carmine
　morem;
Detrahere & pellem, nitidus qua quisque
　per ora
Cederet, introrsum turpis.

Perse, Satire I. v. 114.
―――― *Secuit Lucilius Urbem.*

E

CHANT II.

Horace à cette aigreur mêla son enjoûment.
On ne fut plus ni fat ni sot impunément :
Et, malheur à tout nom, qui propre à la censure,
Pût entrer dans un Vers, sans rompre la mesure.
155   Perse en ses Vers obscurs, mais serrez & pressans,
Affecta d'enfermer moins de mots que de sens.
    Juvénal, élevé dans les cris de l'Ecole,
Poussa jusqu'à l'excès sa mordante hyperbole.
Ses Ouvrages, tout pleins d'affreuses véritez,
160 Etincelent pourtant de sublimes beautez :
Soit que sur un Ecrit arrivé de Caprée,
Il brise de Séjan la Statuë adorée :
Soit qu'il fasse au Conseil courir les Sénateurs,
D'un Tyran soupçonneux, pâles adulateurs ;
165 Ou que, poussant à bout la luxure Latine,
Aux Portefaix de Rome il vende Messaline.
Ses Ecrits pleins de feu par tout brillent aux yeux.
    De ces Maîtres savans, disciple ingénieux,
Regnier seul parmi nous formé sur leurs modelles,
170 Dans son vieux stile encore a des graces nouvelles
Heureux ! si ses Discours, craints du chaste Lecteur,
Ne se sentoient des lieux où fréquentoit l'Auteur ;

REMARQUES.

Et Juvénal nous dépeint ce Poëte comme un Censeur formidable qui poursuit par tout le crime à main armée.

Ense velut stricto, quoties Lucilius ardens
Infremuit, rubet auditor, cui frigida mens
   est
Criminibus, tacita sudant præcordia culpâ.
Sat. I. fin.

IMITATIONS. Vers 151. *Horace à cette aigreur mêla son enjoûment.*] Perse, Sat. I. v. 116.
Omne vafer vitium ridenti Flaccus amico
Tangit, & admissus circum præcordia lu-
   dit,
Callidus excusso populum suspendere naso.
Vers 162. *Il brise de Séjan la Statuë adorée.*] Juvenal, Satire X. v. 60. & suivans.
Ardet adoratum populo caput.

Vers 163. *Soit qu'il fasse au Conseil courir les Sénateurs.*] Satire IV. vers 37. jusqu'à la fin.

Vers 164. *D'un Tyran soupçonneux pâles adulateurs.*] Là-même, vers 74.
In quorum facie miseræ magnæque sedebat
Pallor amicitiæ.

Vers 166. —— *Il vende Messaline.*] Satire VI. depuis le vers 115. jusqu'au 132. Voïez Tacite, Ann. 11.

Vers 171. *Heureux ! si ses Discours, craints du chaste Lecteur,*
Ne se sentoient des lieux où fréquentoit l'Auteur ;]
Ceci dénote plusieurs endroits des Satires de Regnier, & particulièrement la Satire XI. où ce Poëte décrit un Lieu de débauche. Mr. Despréaux avoit mis ici :

Tom. I.   O o   *Heu-*

Et si du son hardi de ses rimes Cyniques,
Il n'allarmoit souvent les oreilles pudiques.
175 Le Latin, dans les mots, brave l'Honnêteté.
Mais le Lecteur François veut être respecté.
Du moindre sens impur la liberté l'outrage,
Si la pudeur des mots n'en adoucit l'image.
Je veux dans la Satire un esprit de candeur,
180 Et fuis un effronté qui prêche la pudeur.
  D'un trait de ce Poëme, en bons mots si fertile,
Le François né malin forma le Vaudeville,
Agréable Indiscret, qui, conduit par le chant,
Passe de bouche en bouche & s'accroît en marchant.
185 La liberté Françoise en ses Vers se déploie.
Cet enfant de plaisir veut naître dans la joie.
Toutefois n'allez pas, goguenard dangereux,
Faire Dieu le sujet d'un badinage affreux.
A la fin tous ces jeux, que l'Athéïsme élève,
190 Conduisent tristement le Plaisant à la Grève.
Il faut, même en chansons, du bon sens & de l'art.
Mais pourtant on a vû le vin & le hazard
Inspirer quelquefois une Muse grossière,
Et fournir, sans génie, un couplet à Linière.

REMARQUES.

Heureux! si moins hardi, dans ses vers pleins de sel,
*Il n'avoit point traîné les Muses au B**.*
Mais Mr. Arnauld lui fit changer ces deux vers, parce qu'il y faisoit la même faute qu'il reproche à Regnier. Quintilien fait le même jugement d'un Poëte comique de son tems; *Togatis excellit Afranius; utinamque non inquinasset argumenta puerorum fœdis amoribus, mores suos sassus.* Lib. X. c. 1.

Vers 190. *Conduisent tristement le Plaisant à la Grève.*] Quelques années avant la publication de ce Poëme, un jeune Homme fort bien fait, nommé *Petit*, fut surpris faisant imprimer des Chansons impies & libertines de sa façon. On lui fit son procès, & il fut condamné à être pendu & brûlé, nonobstant de puissantes sollicitations qu'on fit agir en sa faveur.

Vers 194. *Et fournir sans génie un Couplet à Linière.*] Nous avons parlé de Linière, sur le vers 89. de l'Epître VII. où il est traité d'*Idiot,* parce qu'effectivement il avoit l'air niais, & le visage d'un Idiot. Il ne réussissoit pas mal à faire des couplets Satiriques, & il éxerça son talent contre Mr. Despreaux luimême, qui lui répondit par ce couplet:
  Liniere apporte de Senlis
  Tous les mois trois couplets impies:
  A quiconque en veut dans Paris
  Il en présente des copies;
  Mais ses couplets tout pleins d'ennui,
  Seront brûlez même avant lui.
Voici comme il s'explique sur les sentimens qu'il avoit de la Réligion; C'est dans le Portrait de Linières, fait par lui-même.

CHANT II.

195 Mais pour un vain bonheur qui vous a fait rimer,
Gardez qu'un sot orgueil ne vous vienne enfumer.
Souvent l'Auteur altier de quelque chansonnette,
Au même instant prend droit de se croire Poëte.
Il ne dormira plus qu'il n'ait fait un Sonnet.
200 Il met tous les matins six Impromptus au net.
Encore est-ce un miracle, en ses vagues furies,
Si bien-tôt imprimant ses sottes rêveries,
Il ne se fait graver au devant du Recueil,
Couronné de lauriers par la main de Nanteuil.

REMARQUES.

*La lecture a rendu mon esprit assez fort
Contre toutes les peurs que l'on a de la Mort;
Et ma Réligion n'a rien qui m'embarasse.
Je me ris du Scrupule, & je hais la grimasse*, &c.
Madame Des Houlieres, dans le portrait qu'elle a fait de Linieres, le justifie autant qu'elle peut sur cette accusation de libertinage.

*On le croit indévot, mais quoi que l'on en die,
Je crois que dans le fond, Tircis n'est pas impie.
Quoi qu'il raille souvent des articles de foi.
Je crois qu'il est autant Catholique que moi.
Pour suivre aveuglément les conseils d'Epicure,
Pour croire quelquefois un peu trop la nature,
Pour vouloir se mêler de porter jugement
Sur tout ce que contient le Nouveau Testament* *,
*On s'égare aisément du chemin de la Grace.
Tircis y reviendra: ce n'est que par grimace
Qu'il dit qu'on ne peut pas aller contre le sort:
Il changera d'humeur à l'heure de la mort.*
La prophétie s'est trouvée fausse.

Vers 204. ———— *Par la main de Nanteuil.*] Fameux Graveur de portraits, mort à Paris en l'Année 1678.

Notre Poëte avoit dessein de finir ce Chant par ces deux vers:

*Et dans l'Académie, orné d'un nouveau lustre,
Il fournira bien tôt un quarantième Illustre.*

Mais il les supprima pour ne pas déplaire à Messieurs de l'Académie Françoise.

* Linière avoit entrepris une Critique abominable du Nouveau Testament.

CHANT III.

    Il n'est point de Serpent, ni de Monstre odieux,
    Qui par l'Art imité ne puisse plaire aux yeux.
    D'un pinceau délicat, l'artifice agréable,
    Du plus affreux objet fait un objet aimable.
5 Ainsi pour nous charmer, la Tragédie en pleurs,
    D'Oedipe tout sanglant fit parler les douleurs;
    D'Oreste parricide exprima les alarmes;
    Et pour nous divertir, nous arracha des larmes.
    Vous donc, qui d'un beau feu pour le Théatre épris,
10 Venez en Vers pompeux y disputer le prix,
    Voulez-vous sur la Scène étaler des Ouvrages,
    Où tout Paris en foule apporte ses suffrages,
    Et qui toujours plus beaux, plus ils sont regardez,
    Soient au bout de vingt ans encor redemandez?
15 Que dans tous vos discours la Passion émuë,
    Aille chercher le cœur, l'échauffe, & le remuë.
    Si d'un beau mouvement l'agréable fureur,
    Souvent ne nous remplit d'une douce *Terreur*;

REMARQUES.

LEs règles de la Tragédie, de la Comédie, & du Poëme Epique, font la matière du troisième Chant. Il est le plus beau de tous, soit par la grandeur du sujet, soit par la manière dont l'Auteur l'a traité.

Vers 1. *Il n'est point de Serpent*, &c.] Cette comparaison est empruntée d'Aristote. Rien ne fait plus de plaisir à l'homme que l'imitation, dit-il. C'est ce qui fait que nous aimons tant la Peinture, quand même elle représente des objets hideux, dont les originaux nous feroient horreur: comme des bêtes venimeuses, des hommes morts, ou mourans, & d'autres images semblables. Plus l'imitation en est parfaite, ajoûte-t-il, plus nous les regardons avec plaisir. Mais ce plaisir ne vient pas de la beauté de l'original qu'on a imité: il vient de ce que l'Esprit trouve par là moïen de raisonner & de s'instruire.

Arist. ch. 4. *de la Poëtique*; & *ch.* 11. *Prop.* 28. *du Liv. I. de sa Rhétorique*. M[r] Despréaux disoit pourtant, qu'il ne faut pa[s] que l'imitation soit entière; parce qu'un[e] ressemblance trop parfaite inspireroit autan[t] d'horreur que l'original même. Ainsi, l'im[i]tation parfaite d'un Cadavre représenté e[n] cire, avec toutes les couleurs, sans aucun[e] différence, ne seroit pas supportable. C'e[st] pour la même raison que les portraits en ci[re] n'ont pas réussi, parce qu'ils étoient trop re[s]semblans. Mais que l'on fasse la même cho[se] en marbre, ou en platte peinture: ces im[i]tations plairont d'autant plus qu'elles appr[o]cheront de la vérité; parce que, quelq[ue] ressemblance qu'on y trouve, les yeux & l'e[s]prit ne laissent pas d'y apercevoir d'abord u[ne] différence, telle qu'elle doit être nécessai[re]ment entre l'Art & la Nature.

CHANT III.

Ou n'excite en notre ame une *Pitié* charmante,
20 En vain vous étalez une Scène savante.
Vos froids raisonnemens ne feront qu'attiédir
Un Spectateur, toujours paresseux d'applaudir,
Et qui des vains efforts de votre Rhétorique,
Justement fatigué, s'endort, ou vous critique.
25 Le secret est d'abord de plaire & de toucher.
Inventez des ressorts qui puissent m'attacher.
Que dès les premiers Vers l'Action préparée,
Sans peine, du Sujet applanisse l'entrée.
Je me ris d'un Acteur, qui lent à s'exprimer,
30 De ce qu'il veut, d'abord ne sait pas m'informer;
Et qui, débrouillant mal une pénible intrigue,
D'un divertissement me fait une fatigue.
J'aimerois mieux encor qu'il déclinât son nom,
Et dît, je suis Oreste, ou bien Agamemnon:
35 Que d'aller par un tas de confuses merveilles,
Sans rien dire à l'esprit, étourdir les oreilles.
Le Sujet n'est jamais assez tôt expliqué.
Que le Lieu de la scène y soit fixe & marqué.
Un Rimeur, sans péril, delà les Pirénées,
40 Sur la scène en un jour renferme des années.

REMARQUES.

Vers 6. *D'Oedipe tout sanglant.*] Tragédie de Sophocle.
Vers 7. *D'Oreste parricide.*] Tragédie d'Euripide.
IMITATIONS. Vers 14. *Soient au bout de vingt ans encor redemandez.*] Horace, Art poëtique v. 190.
Fabula quæ posci vult, & spectata reponi.
IMITATIONS. Vers 16. *Aille chercher le cœur, l'échauffe, & le remuë.*] Horace, L. II. Epît. I. v. 211.
——— *Meum qui pectus inaniter angit,
Irritat, mulcet, falsis terroribus implet.*
Vers 29. *Je me ris d'un Acteur.*] Mr. Corneille a commencé sa Tragédie de Cinna par ces Vers hors de propos qui sentent la Déclamation.
*Impatiens désirs d'une illustre vengeance,
Dont la mort de mon Pere a formé la naissance,*
*Enfans impétueux de mon ressentiment,
Que ma douleur seduite embrasse aveuglément:
Vous prenez sur mon ame un trop puissant empire*, &c.
C'est ce que notre Poëte appèle, *un tas de confuses merveilles*, dans le vers 35. *Nugæque canoræ*, selon Horace, Poët. v. 322.
Vers 33. *J'aimerois mieux encor qu'il déclinât son nom.*] Il y a de pareils exemples dans Euripide.
Vers 39. *Un Rimeur . . . . delà les Pirénées.*] Lopé de Véga, Poëte Espagnol, qui a composé un très-grand nombre de Comédies; mais il avoit plus de fécondité que d'exactitude. Dans une de ses Pièces il représente l'histoire de *Valentin* & *Orson*, qui naissent au premier Acte, & sont fort âgez au dernier. [Pour rendre justice à Lopé de Vega

Là souvent le Héros d'un spectacle grossier,
Enfant au premier acte, est Barbon au dernier.
Mais nous, que la Raison à ses règles engage,
Nous voulons qu'avec art l'Action se ménage :
45 Qu'en un Lieu, qu'en un Jour, un seul Fait accompli
Tienne jusqu'à la fin le Théatre rempli.
    Jamais au Spectateur n'offrez rien d'incroïable.
Le vrai peut quelquefois n'être pas vraisemblable.
Une merveille absurde est pour moi sans appas.
50 L'esprit n'est point ému de ce qu'il ne croit pas.
Ce qu'on ne doit point voir, qu'un récit nous l'expose.
Les yeux en le voyant saisiroient mieux la chose :
Mais il est des objets, que l'Art judicieux
Doit offrir à l'oreille, & reculer des yeux.
55   Que le trouble, toujours croissant de scène en scène,
A son comble arrivé, se débrouille sans peine.
L'esprit ne se sent point plus vivement frappé,
Que lorsqu'en un sujet d'intrigue enveloppé,

REMARQUES.

Vega le Commentateur devoit remarquer que ce Poëte Espagnol avoit d'abord composé des Pièces de Théatre selon les Règles; mais qu'il fut obligé de changer de méthode pour s'accommoder au genie des femmes & des ignorans. C'est ce qu'il nous aprend lui-même dans le Poëme intitulé, *Arte nuevo de hazer Comedias en este tiempo*, c'est-à-dire, *Nouvelle Pratique de Théatre, accommodée à l'usage present d'Espagne*, adressée à l'Académie de Madrid :

Verdad es , que yo he escrito algunas vezes
Siguiendo el arte que conoscen pocos.
Mas luego que salir por otra parte,
Veo los Monstruos de aparencias llenos,
A donde acude el vulgo, y las Mugeres,
Que este triste exercicio canonizan,
A aquel habito barbaro me buelvo :
Y quando he de escrivir una Comedia
Encierro los preceptos con seis llaves :
Saco a Terencio, y Plauto, de mi estudio ;
Para que no me den vozes, que suele
Dar gritos la verdad en libros muchos.
Y escrivo por el arte que inventaron,
Los que el vulgar aplauso pretendieron,
Porque como las paga el vulgo, & justo

Hablarle en Necio, para darle gusto.

Ce que Mr. l'Abbé de Charnes a traduit de cette maniere : ,, J'avouerai que j'ai travaillé ,, quelquefois selon les regles de l'Art : Mais ,, quand j'ai vû des Monstres specieux triom- ,, pher sur notre Théatre, & que ce triste ,, travail remportoit les applaudissemens des ,, Dames & du vulgaire ; je me suis remis à ,, cette maniere barbare de composer, ren- ,, fermant les preceptes sous la clef, toute ,, les fois que j'ai entrepris d'écrire ; & ba- ,, nissant de mon Cabinet Terence & Plaute ,, pour n'être pas importuné de leurs raisons ,, car la vérité ne laisse pas de crier dans plu ,, sieurs bons Livres. Je ne fais donc plu ,, mes Comédies, que selon les règles in ,, ventées par ceux qui ont prétendu s'êtr ,, attiré parlà les applaudissemens du peuple ,, Et n'est-il pas juste de s'acommoder à so ,, goût, & d'écrire comme un ignorant ,, puisque cela plait ainsi à ceux qui payent. ADD. *de l'Edit. d'Amst.*]

Vers 45. *Qu'en un Lieu, qu'en un Jour un seul Fait accompli.*] Ce vers est très-re marquable : il comprend les trois Unitez, d Lieu, du Tems, & de l'Action, & le com
plémen

CHANT III.

D'un secret tout à coup la vérité connuë,
60 Change tout, donne à tout une face imprévuë.
La Tragédie, informe & grossière en naissant,
N'étoit qu'un simple Chœur, où chacun en dansant,
Et du Dieu des raisins entonnant les loüanges,
S'efforçoit d'attirer de fertiles vendanges.
65 Là le vin & la joie éveillant les esprits,
Du plus habile Chantre un Bouc étoit le prix.
Thespis fut le premier, qui barbouillé de lie,
Promena par les Bourgs cette heureuse folie;
Et d'Acteurs mal ornez chargeant un tombereau,
70 Amusa les Passans d'un spectacle nouveau.
Eschyle dans le Chœur jetta les personnages;
D'un masque plus honnête habilla les visages;
Sur les ais d'un théatre en public exhaussé,
Fit paroître l'Acteur d'un brodequin chaussé.
75 Sophocle enfin donnant l'essor à son génie,
Accrut encor la pompe, augmenta l'harmonie,

REMARQUES.

-plément de l'Action. Dans l'édition de 1713. on a mal mis: *Un fait seul.*
IMITATIONS. Vers 47. *Jamais au Spectateur n'offrez rien d'incroiable.*] Horace, v. 338. de l'Art poëtique:
Ficta voluptatis causâ, sint proxima veris;
Nec quodcumque volet, poscat sibi fabula credi.
IMITATIONS. Vers 51. *Ce qu'on ne doit point voir*, &c.] Horace au même endroit, v. 180.
Segnius irritant animos demissa per aurem,
Quàm quæ sunt oculis subjecta fidelibus, &
quæ
Ipse sibi tradit Spectator. Non tamen intus
Digna geri, promes in scenam, multaque tolles
Ex oculis, quæ mox narret facundia præsens.
Nec pueros coram populo Medea trucidet, &c.
Vers 61. *La Tragédie informe* &c.] Ce qui est dit ici de la naissance & du progrès de la Tragédie, est tiré d'Aristote & d'Horace, dans leurs Poëtiques; & de Diogène Laërce dans la Vie de Solon.

IMITATIONS. Vers 66. *Du plus habile Chantre un Bouc étoit le prix.*] Horace, Art poët. vers 220.
Carmine qui tragico vilem certavit ob hircum.
IMITATIONS. Vers 67. *Thespis fut le premier* &c.] Horace, Art poët. vers 275.
Ignotum tragicæ genus invenisse Camœnæ
Dicitur, & plaustris vexisse poëmata Thespis;
Quæ canerent agerentque peruncti fæcibus ora.
Vers 68. *Promena par les Bourgs.*] De l'Attique.
IMITATIONS. Vers 71. *Eschyle dans le Chœur* &c.] Horace au même endroit.
Post hunc personæ pallæque repertor honestæ
Æschylus, & modicis instravit pulpita tignis;
Et docuit magnumque loqui, nitique cothurno.
Horace dit qu'*Eschyle éleva un théatre sur de petits tréteaux.* Mr. Despréaux rioit de l'erreur dans laquelle étoit tombé l'Auteur des *Jugemens des Savans* [*], en faisant dire à Horace, qu'*Eschyle fit mettre sur l'échafaut du théatre une espèce de pulpitre. Pulpitum*, signifie le *Théatre*, le lieu où joüent les Acteurs.

[*] *Baillet Tome V. p. 146.*

Vers

Interessa le Chœur dans toute l'Action,
Des Vers trop raboteux polit l'expression ;
Lui donna chez les Grecs cette hauteur divine,
80 Où jamais n'atteignit la foiblesse Latine.
Chez nos dévots Ayeux, le Théatre abhorré
Fut long-tems dans la France un plaisir ignoré.
De Pelerins, dit-on, une Troupe grossière
En public à Paris y monta la première ;
85 Et sottement zelée en sa simplicité,
Joüa les Saints, la Vierge, & Dieu par pieté.
Le Savoir, à la fin dissipant l'Ignorance,
Fit voir de ce projet la dévote imprudence.

REMARQUES.

Vers 79. *Lui donna chez les Grecs cette hauteur divine.*] Voïez Quintilien, Livre X. chap. I.

Vers 86. *Joüa les Saints, la Vierge, & Dieu par pieté.*] Avant que la Comédie fut introduite en France, on repréfentoit les Histoires de l'Ancien & du Nouveau Testament, les Martyrs des Saints, & autres sujets de pieté. On nommoit ces sortes d'Actions, *les Mystères* ; comme le Mystère ou le jeu de la Passion, le Mystère des Actes des Apôtres, le Mystère de l'Apocalypse ; &c. & il y avoit des Maîtres ou Entrepreneurs, par les soins desquels ces Mystères étoient repréfentez. Au commencement, les repréfentations s'en donnoient dans les Eglifes, & faifoient partie des cérémonies Ecclésiastiques. Dans la suite, les Mystères furent joüez en divers endroits sur des théatres publics. Alain Chartier, dans son Histoire de Charles VII. parlant de l'entrée de ce Roi à Paris en l'année 1437. page 109. dit que ,, Tout au long de la grand Ruë
,, Saint Denys, auprès d'un ject de pierre
,, l'un de l'autre, eftoient faits efchaffaultx
,, bien & richement tenduz, où eftoient faits
,, par perfonnages, l'Annonciation noftre
,, Dame, la Nativité noftre Seigneur, fa
,, Paffion, fa Refurrection, la Pentecofte,
,, & le Jugement, qui féoit très-bien. Car il
,, fe joüoit devant le Chaftelet où eft la juf-
,, tice du Roy. Et emmy la ville avoit plu-
,, fieurs autres jeux de divers myfteres qui
,, feroient trop longs à racompter. Et là ve-
,, noient Gens de toutes parts crians Noel,
,, & les autres pleuroient de joye.
On faifoit de femblables repréfentations dans plufieurs autres villes du Roïaume En l'année 1486. le Chapitre de l'Eglife de Lyon ordonna foiffante livres à ceux qui avoient joüé le Myftère de la Paffion de JESUS-CHRIST. Liv. XXVIII. des Actes capitul fol. 153. De Rubis, dans fon Hiftoire de la même Ville, Liv. III. ch. 53. fait mention d'un théatre public dreffé à Lyon en 1540 *Et là,* dit-il *par l'efpace de trois ou quatre ans, les jours de Dimanches & les Feftes aprè le difner, furent repréfentées la plûpart de hiftoires du vieil & nouveau Teftament, avec la Farce au bout, pour récréer les affiftans Le Peuple nommoit ce Théatre le Paradis.*

Enfin comme ces fortes de repréfentation fe faifoient d'une manière indigne de la Religion, & de nos Auguftes Myftères, il fu défendu dans tout le Roïaume de joüer la Paffion de Notre Seigneur, & d'autres fujets femblables. Nous avons encore plufieurs de ces Pièces imprimées avec privilège. [Ce fortes de Comédies faintes étoient fort e vogue fous François I. qui les favorifoit & prenoit quelquefois plaifir à les voir repréfenter. Voici le titre de deux de ces Pièce par où l'on pourra s'en former quelque idée *S'enfuit le myftere de la Paffion de noftre Seigneur Jefu-Chrift. Nouvellement reveu corrigé oultre les precedentes impreffions. Avec les additioys faictes par très-éloquent & fcientificque Maître Jehan Michel. Lequel myftere fut joué à Angiers moult triumphamment. E dernierement à Paris. Avec le nombre des perfonnages qui font à la fin dudit livre. Et fon en nombre* CXLI. 1541. in 4. L'autre Pièce contient le *Myftere des Actes des Apoftres.* I fu

CHANT III.

On chaffa ces Docteurs prêchans fans miffion.
90 On vit renaître Hector, Andromaque, Ilion.
Seulement, les Acteurs laiffant le Masque antique,
Le Violon tint lieu de Chœur & de Musique.
Bien-tôt l'Amour, fertile en tendres sentimens,
S'empara du Théatre, ainsi que des Romans.
95 De cette Passion la sensible peinture
Est pour aller au cœur la route la plus sûre.
Peignez donc, j'y consens, les Heros amoureux.
Mais ne m'en formez pas des Bergers doucereux.
Qu'Achille aime autrement que Thyrsis & Philène.
100 N'allez pas d'un Cyrus nous faire un Artamène:

REMARQUES.

fut imprimé à Paris en 1540. in 4. & on marqua dans le titre qu'il étoit *joué à Bourges*. L'année d'après il fut réimprimé *in folio* à Paris où il se jouoit. Cette Comedie est divisée en deux parties: la première est intitulée, *Le premier volume des Catholiques Oeuvres & Actes des Apostres redigez en escript par sainct Luc Evangeliste & Hysturiographe, deputé par le Sainct Esprit, Icelluy sainct Luc escripvant à Theophile, Avecques plusieurs Hystoires en icelluy inserez des gestes des Cesars . . . . . Le tout veu & corrigé bien & deuement selon la vraie verité, & joué par personnages à Paris en l'hostel de Flandres l'an mil cinq cens XLI. Avec Privilege du Roy. On les vend à la grand Salle du Palais par Arnould & Charles les Anseliers freres tenans leurs boutiques au premier & deuxieme pillier, devant la Chapelle de messeigneurs les Presidens*. In fol. La seconde Partie a pour titre: *Le second volume du Magnifique Mystere des Actes de Apostres continuant la narration de leurs faicts & gestes selon l'escripture saincte, avecques plusieurs histoires en icellui inserées des gestes des Cesars. Veu & corrigé bien & deuement selon la vraye verité, & ainsi que le Mystere est joué à Paris ceste presente année mil cinq cens quarante ung*. Cet Ouvrage fut commencé vers le milieu du XV. siècle par Arnoul Greban, Chanoine du Mans; & continué par Simon Greban, son frere, Secretaire de Charles d'Anjou, Comte du Maine. Il fut ensuite revû, corrigé & imprimé par les soins de Pierre Cuevret ou Curet Chanoine du Mans qui vivoit au commencement du XVI. siècle *. Quelques personnes avoient entrepris de faire jouer de cette maniere en 1542. *le Mystere de l'Ancien Testament*, & le Roi avoit aprouvé leur dessein; mais le Parlement s'y opposa, par Acte du 9. Decembre 1541. Ce morceau des Regitres du Parlement est très-curieux. ADD. *de l'Edit. d'Amst.*]

Vers 90. *On vit renaître Hector, &c.*] Ce ne fut que sous le règne de Loui's XIII. que la Tragédie commença à prendre une bonne forme en France. Voïez l'Hist. de l'Academie Françoise.

Vers 91. ──── *Les Acteurs laissant le Masque antique.*] Ce Masque représentoit le personnage que l'on introduisoit sur la Scène, Voi. la Remarque sur le vers 352. de ce Chant. [Il ne s'agit point ici de la Comedie, ni par conséquent de ces Masques Satiriques qui representoient le visage des personnes qu'on jouoit. Mr. Despréaux ne parle que de la Tragédie; & il veut dire simplement que lors qu'on mit en France sur le Théatre des sujets pris de la Tragédie des Anciens, on s'éloigna de l'usage reçu parmi eux de donner des Masques aux Acteurs. ADD. *de l'Edit. d'Amst.*]

Vers 92. *Le Violon tint lieu de Chœur & de Musique.*] Esther, & Athalie, Tragédies de l'illustre Mr. Racine, font connoître combien on a perdu en supprimant les Chœurs & la Musique.

Vers 100. *N'allez pas d'un Cyrus nous faire un Artamène.*] Artamène, ou le grand Cy-

* Voyez la Bibliotheque de la Croix du Maine, pag. 24. 391. & 456.

Tom. I. Pp

L'ART POETIQUE.

Et que l'Amour, souvent de remords combattu,
Paroisse une foiblesse & non une vertu.
    Des Heros de Roman fuyez les petitesses:
Toutefois aux grands cœurs donnez quelques foiblesses.
105 Achille déplairoit moins bouillant & moins prompt.
J'aime à lui voir verser des pleurs pour un affront.
A ces petits défauts marquez dans sa peinture,
L'esprit avec plaisir reconnoit la Nature.
Qu'il soit sur ce modèle en vos Ecrits tracé.
110 Qu'Agamemnon soit fier, superbe, interessé.
Que pour ses Dieux Enée ait un respect austère.
Conservez à chacun son propre caractère.
Des Siècles, des Païs, étudiez les mœurs.
Les climats font souvent les diverses humeurs.
115   Gardez donc de donner, ainsi que dans Clélie,
L'air, ni l'esprit François à l'antique Italie;

REMARQUES.

Cyrus, Roman de Mad^{lle}. de Scuderi. *Artamène* est un nom supposé que le Roman donne à Cyrus dans les voïages qu'on lui fait entreprendre. Mais le caractère de ce Prince n'est pas mieux conservé que son nom. *Voiez ci-apres* (Tom. II.) *le Dialogue contre les Héros de Roman.*

IMITATIONS. Vers 105. *Achille déplairoit moins bouillant & moins prompt.*] Horace, Art poët. v. 120.
    Si forte reponis Achillem;
Impiger, iracundus, inexorabilis, acer;
Jura neget sibi nata, nihil non arroget armis.
IMITATIONS. Vers 106. *J'aime à lui voir verser des pleurs pour un affront.*] Iliade, L. I.

Vers 115. —— *Ainsi que dans Clélie.*] Autre Roman de Mlle. de Scuderi. Mr. Despréaux en parle ainsi dans une Lettre qu'il m'écrivit le 7. de Janvier 1703. „C'est ef-
„fectivement une très-grande absurdité à la
„Demoiselle Auteur de cet Ouvrage, d'a-
„voir choisi le plus grave Siècle de la Re-
„publique Romaine, pour y peindre les ca-
„ractères de nos François. Car on prétend
„qu'il n'y a pas dans ce Livre un seul Ro-
„main qui ne soient
„copiés sur le modèle de quelque Bourgeois
„ou de quelque Bourgeoise de son quartier.

„On en donnoit autrefois une clef qui a
„couru *; mais je ne me suis jamais soucié
„de la voir. Tout ce que je sai, c'est que
„le généreux *Herminius*, c'étoit Mr. Pé-
„lisson; l'agréable *Scaurus*, c'étoit Scar-
„ron; le galant *Amilcar*, Sarrazin, &c.....
„Le plaisant de l'affaire est que nos Poëtes
„de Théatre, dans plusieurs Pièces, ont
„imité cette folie, comme on le peut voir
„dans *la mort de Cyrus* du célèbre Mr. Qui-
„naut, où Thomyris entre sur le Théatre
„en cherchant de tous côtés, & dit ces deux
„beaux vers:
    Que l'on cherche partout mes tablettes perdues,
    Et que sans les ouvrir elles me soient rendues.
„Voilà un étrange meuble pour une Reine
„des Massagetes, &c.

Vers 118. *Peindre Caton galant.*] *Caton*, surnommé *le Censeur*. Il ne faut que lire le Discours qu'il fit pour maintenir la Loi *Oppia*, contre la parure des Dames; pour voir qu'il n'étoit rien moins que galant. *Tite-Live*, L. XXXIV. c. 2.
    Ibid. —— *Et Brutus Dameret.*] C'est Junius Brutus qui chassa les Tarquins de Rome.

* *Elle est imprimée dans le Dictionnaire des Précieuses, du nommé Somaize.*

CHANT III.

Et sous des noms Romains faisant notre portrait,
Peindre Caton galant, & Brutus dameret.
Dans un Roman frivole aisément tout s'excuse.
120 C'est assez qu'en courant la fiction amuse.
Trop de rigueur alors seroit hors de saison:
Mais la Scène demande une éxacte raison.
L'étroite bienséance y veut être gardée.
D'un nouveau Personnage inventez-vous l'idée?
125 Qu'en tout avec soi-même il se montre d'accord,
Et qu'il soit jusqu'au bout tel qu'on l'a vû d'abord.
Souvent, sans y penser, un Ecrivain qui s'aime,
Forme tous ses Heros semblables à soi-même.
Tout a l'humeur Gasconne, en un Auteur Gascon.
130 Calprenède & Juba parlent du même ton.
La Nature est en nous plus diverse & plus sage.
Chaque Passion parle un different langage.

REMARQUES.

me. Tous les Historiens le dépeignent comme un homme qui avoit *les mœurs austères de nature, & non adoucies par la raison*, suivant le langage d'Amiot *: Jusques-là qu'il fit mourir ses propres enfans. Cependant le Roman de Clélie, qui rapporte tout à une certaine galanterie, suppose que Brutus †*étoit doux, civil, complaisant, agréable; qu'il avoit l'esprit galant, adroit, delicat, & admirablement bien tourné* **... *Deplus*, dit-on, *il connoit si parfaitement toutes les délicatesses de l'amour . . . . . qu'il n'y a pas un Galant en Grèce ni en Afrique, qui sache mieux que lui l'art de conquerir un illustre cœur.*

IMITATIONS. Vers 124. *D'un nouveau Personnage &c.*] Horace, Art poëtique, v. 125.

Si quid inexpertum scenæ committis, & audes
Personam formare novam; servetur ad imum
Qualis ab incæpto processerit, & sibi constet.

Vers 130. *Calprenède & Juba parlent du même ton.*] *Juba*, Héros du Roman de Cléopatre, composé par le Sieur de la Calprenède, Gentilhomme du Périgord. Il avoit fait d'autres Romans *, & plusieurs Tragédies †. Le Cardinal de Richelieu s'en étant fait lire une, dit que la Piece étoit bonne, mais que les vers en étoient lâches. Cette réponse fut raportée à l'Auteur, qui repliqua par cette saillie digne d'un Gascon: *Comment lâche!* dit-il, *Cadedis, il n'y a rien de lâche dans la Maison de la Calprenède.* En 1636. sa Tragédie de *La mort de Mithridate*, fut representée pour la première fois le jour des Rois. A la fin de la Piece, Mithridate prend une coupe empoisonnée, & après avoir deliberé quelque temps, il dit en avalant le poison: *Mais c'est trop differer . . . . Un* Plaisant du Parterre acheva le vers, en criant de toutes ses forces: *Le Roi boit, Le Roi boit.*

IMITATIONS. Vers 131. *La Nature est en nous plus diverse &c.*] Horace Art poëtique, v. 105.

—— —— *Tristia mæstum*
Vultum verba decent, iratum, plena minarum:
Ludentem, lasciva: severum, seria dictu.
Format enim Natura priùs nos intus ad omnem
Fortunarum habitum.

Vers

* Plutarq. Marc. Brut. ch. I.
† Clelie, seconde partie. p. 197.   ** p. 161.
* Cassandre, & Pharamond.

† *La mort de Mithridate; Le Comte d'Essex: La mort des Enfans d'Herode, ou la Suite de Mariamne, & sept ou huit autres.*

La Colère est superbe, & veut des mots altiers.
L'Abattement s'explique en des termes moins fiers.
135　Que devant Troie en flamme Hécube désolée
Ne vienne pas pousser une plainte empoulée,
Ni sans raison décrire, en quels affreux païs,
Par sept bouches l'Euxin reçoit le Tanaïs.
Tous ces pompeux amas d'expressions frivoles
140　Sont d'un Déclamateur, amoureux des paroles.
Il faut dans la douleur que vous vous abaissiez.
Pour me tirer des pleurs, il faut que vous pleuriez.
Ces grands mots, dont alors l'Acteur emplit sa bouche
Ne partent point d'un cœur que sa misère touche.
145　Le Théatre, fertile en Censeurs pointilleux,
Chez nous pour se produire est un champ périlleux.
Un Auteur n'y fait pas de faciles conquêtes.
Il trouve à le sifler des bouches toujours prêtes.
Chacun le peut traiter de Fat & d'Ignorant.
150　C'est un droit qu'à la porte on achète en entrant.
Il faut qu'en cent façons, pour plaire, il se replie :
Que tantôt il s'élève, & tantôt s'humilie :
Qu'en nobles sentimens il soit par tout fécond :
Qu'il soit aisé, solide, agréable, profond :
155　Que de traits surprenans sans cesse il nous réveille :
Qu'il coure dans ses Vers de merveille en merveille :
Et que tout ce qu'il dit, facile à retenir,
De son Ouvrage en nous laisse un long souvenir.
Ainsi la Tragédie agit, marche, & s'explique.
160　D'un air plus grand encor la Poësie Epique,

REMARQUES.

Vers 138. *Par sept bouches l'Euxin reçoit le Tanaïs.*] Senèque le Tragique, Troade, Scène I v. 9.
Septena Tanaïn ora pandentem bibit.
Vers 140. *Sont d'un Déclamateur* &c.] Notre Auteur note Senèque le Tragique ; mais il avoit aussi en vûë le grand Corneille, dans les Tragédies duquel il y a quelques endroits qui sentent un peu la déclamation ; particulierement la premiere Scène de *la M. de Pompée,* où d'abord après les quatre p miers vers, il met *de grands mots dans la bo che de Ptolomée pour éxagerer les vaines c constances d'une déroute qu'il n'a point v* Pref. du Subl. *à la fin.*
IMITATIONS. Vers 141. *Il faut dans douleur que vous vous abaissiez.*] Horac vers 95. de l'Art poëtique :

CHANT III.

  Dans le vaste récit d'une longue action,
  Se soûtient par la Fable, & vit de fiction.
  Là pour nous enchanter tout est mis en usage.
  Tout prend un corps, une ame, un esprit, un visage.
165 Chaque Vertu devient une Divinité.
  Minerve est la Prudence, & Vénus la Beauté.
  Ce n'est plus la vapeur qui produit le Tonnerre;
  C'est Jupiter armé pour effrayer la Terre.
  Un Orage terrible aux yeux des Matelots,
170 C'est Neptune en courroux, qui gourmande les flots.
  Echo n'est plus un son qui dans l'air retentisse:
  C'est une Nymphe en pleurs, qui se plaint de Narcisse.
  Ainsi dans cet amas de nobles fictions,
  Le Poëte s'égaye en mille inventions,
175 Orne, éleve, embellit, agrandit toutes choses,
  Et trouve sous sa main des fleurs toujours écloses.
  Qu'Enée & ses vaisseaux, par le vent écartez,
  Soient aux bords Africains d'un orage emportez:
  Ce n'est qu'une avanture ordinaire & commune;
180 Qu'un coup peu surprenant des traits de la Fortune.
  Mais que Junon, constante en son aversion,
  Poursuive sur les flots les restes d'Ilion:
  Qu'Eole, en sa faveur les chassant d'Italie,
  Ouvre aux Vents mutinez les prisons d'Eolie:
185 Que Neptune en courroux s'élevant sur la mer,
  D'un mot calme les flots, mette la paix dans l'air,
  Délivre les vaisseaux, des Syrtes les arrache;
  C'est-là ce qui surprend, frape, saisit, attache.

REMARQUES.

Et *Tragicus plerumque dolet sermone pedestri*, &c.
IMITATIONS. Vers 142. *Pour me tirer des pleurs, il faut que vous pleuriez.*] Le même, vers 102.
―――― *Si vis me flere, dolendum est Primùm ipsi tibi.*
Et Ciceron, Livre II. de l'Orateur. *Ut omnes motus, quos Orator adhibere volet &c.... Neque ad misericordiam adducitur, nisi ei tu signa doloris tui, verbis, sententiis, voce, vultu, collachrymatione denique ostenderis.*
IMITATIONS. Vers 148. *Il trouve à le siffler* &c.] Horace, vers 105.
Aut dormitabo, aut ridebo.

Sans tous ces ornemens le Vers tombe en langueur;
190 La Poësie est morte, ou rampe sans vigueur;
Le Poëte n'est plus qu'un Orateur timide;
Qu'un froid Historien d'une Fable insipide.
 C'est donc bien vainement, que nos Auteurs déçus,
Bannissant de leurs Vers ces ornemens reçus,
195 Pensent faire agir Dieu, ses Saints & ses Prophetes,
Comme ces Dieux éclos du cerveau des Poëtes :
Mettent à chaque pas le Lecteur en Enfer :
N'offrent rien qu'Astaroth, Belzébuth, Lucifer.
De la foi d'un Chrétien les mystères terribles
200 D'ornemens égaïez ne sont point susceptibles.
L'Evangile à l'Esprit n'offre de tous côtez,
Que pénitence à faire, & tourmens méritez :
Et de vos fictions le mélange coupable,
Même à ses veritez donne l'air de la Fable.
205 Et quel objet enfin à présenter aux yeux,
Que le Diable toujours heurlant contre les Cieux,
Qui de votre Heros veut rabaisser la gloire,
Et souvent avec Dieu balance la victoire ?
 Le Tasse, dira-t-on, l'a fait avec succès.
210 Je ne veux point ici lui faire son procès :
Mais, quoique notre Siècle à sa gloire publie,
Il n'eût point de son Livre illustré l'Italie,
Si son sage Heros, toujours en oraison,
N'eût fait que mettre enfin Sathan à la raison ;
215 Et si Renaud, Argant, Tancrède, & sa Maîtresse

REMARQUES.

Vers 193. *C'est donc bien vainement que nos Auteurs déçus*, &c.] Ce qui suit regarde Mr. Desmarêts de Saint Sorlin, Auteur du Poëme de Clovis, dans lequel il fait produire tout le merveilleux, par l'intervention des Démons, des Anges, & de Dieu même : au lieu d'y emploïer le ministère * des Divinités fabuleuses, ou allégoriques, suivant l'exemple des Anciens. Ce Poëte agissant conséquemment à ses principes, avoit blâmé Mr. Despréaux d'avoir introduit dans son Epitre IV. le Dieu du Rhin s'opposant au passage du Roi. Ainsi notre Auteur avoit tout ensemble à défendre l'ancien usage, la Raison, & ses propres Ouvrages. Le Poëme de Clovis parut pour la première fois en 1657. mais l'Auteur y ayant fait des changemens très-considérables, le publia de nouveau en 1673 tandis

* *Per Deorum ministeria, & fabulosum sententiarum torquentium.* Petron.

N'eussent de son sujet égaïé la tristesse.
  Ce n'est pas que j'approuve, en un sujet Chrétien,
Un Auteur follement Idolatre & Païen.
  Mais dans une profane & riante peinture,
220 De n'oser de la Fable employer la figure;
De chasser les Tritons de l'Empire des eaux,
D'ôter à Pan sa flûte, aux Parques leurs ciseaux,
D'empêcher que Caron dans la fatale barque,
Ainsi que le Berger, ne passe le Monarque;
225 C'est d'un scrupule vain s'alarmer sottement,
Et vouloir aux Lecteurs plaire sans agrément.
Bien-tôt ils défendront de peindre la Prudence:
De donner à Thémis ni bandeau, ni balance:
De figurer aux yeux la Guerre au front d'airain:
230 Ou le Tems qui s'enfuit une horloge à la main:
Et par tout des discours, comme une idolatrie,
Dans leur faux zèle, iront chasser l'Allégorie.
Laissons-les s'applaudir de leur pieuse erreur.
Mais pour nous, bannissons une vaine terreur;
235 Et fabuleux Chrétiens, n'allons point dans nos songes,
Du Dieu de Verité, faire un Dieu de mensonges.
  La Fable offre à l'Esprit mille agrémens divers,
Là tous les noms heureux semblent nez pour les Vers,
Ulysse, Agamemnon, Oreste, Idoménée,
240 Hélene, Ménelas, Pâris, Hector, Enée.
O le plaisant projet d'un Poëte ignorant,
Qui de tant de Heros va choisir Childebrand!

REMARQUES.

tandis que notre Poëte travailloit à son Art poëtique.
  Vers 209. *Le Tasse......l'a fait avec succès.*] Dans son Poëme de la Jérusalem délivrée.
  Vers 218. *Un Auteur follement &c.*] L'Ariofte.
  Vers 219. *Mais dans une profane & riante peinture.*] Telle que la description du passage du Rhin, dans l'Epître IV.

Vers 242. *Qui de tant de Heros va choisir Childebrand.*] C'est le Heros d'un Poëme héroïque, intitulé *Les Sarrazins chassez de France*, composé par le Sr. de Sainte Garde, Conseiller & Aumônier du Roi *. Ce Poëte se voïant raillé sur le choix & sur le nom de son Héros, publia *la Défense des beaux Esprits*, petit Ouvrage rempli d'injures grossières

* *Il a cette qualité dans le Privilège, daté du mois d'Octobre* 1666.

D'un seul nom quelquefois le son dur, ou bizare,
Rend un Poëme entier, ou burlesque ou barbare.
245   Voulez-vous long-tems plaire, & jamais ne lasser?
Faites choix d'un Heros propre à m'interesser,
En valeur éclatant, en vertus magnifique.
Qu'en lui, jusqu'aux défauts, tout se montre heroïque:
Que ses faits surprenans soient dignes d'être ouïs;
250 Qu'il soit tel que César, Alexandre, ou Louïs;
Non, tel que Polynice, & son perfide frère.
On s'ennuye aux exploits d'un Conquerant vulgaire.
    N'offrez point un Sujet d'incidens trop chargé.
Le seul courroux d'Achille, avec art ménagé,
255 Remplit abondamment une Iliade entière.
Souvent trop d'abondance apauvrit la matière.
    Soyez vif & pressé dans vos Narrations.
Soyez riche & pompeux dans vos Descriptions.
C'est-là qu'il faut des Vers étaler l'élegance.
260 N'y présentez jamais de basse circonstance.
N'imitez pas ce Fou, qui décrivant les mers,
Et peignant, au milieu de leurs Flots entr'ouverts,
L'Hébreu sauvé du joug de ses injustes Maîtres,
Met, pour le voir passer, les poissons aux fenêtres;

REMARQUES.

res contre Mr. Despréaux, & dans lequel il s'efforçoit de justifier son choix par la conformité qu'il trouvoit entre le nom de *Childebrand*, & celui d'*Achille*.

Vers 251. *Non tel que Polynice, & son perfide frere.*] Il indique la Thébaïde de Stace, dont le sujet est la haine funeste d'Etéocle & de Polynice, Freres ennemis, Auteurs de la Guerre de Thébes. Il faut que l'Action du Poëme soit heureuse, pour laisser l'esprit du Lecteur satisfait; & qu'elle soit loüable pour être un éxemple public de vertu. C'est la Règle que notre Auteur propose.

Vers 261. *N'imitez pas ce Fou.*] Saint Amant décrivant le passage de la Mer rouge, dans la cinquième Partie de son *Moïse sauvé*; met, pour ainsi dire, les Poissons aux fenê-

tres, pour voir passer le Peuple Hébreu:
Et là, près des remparts que l'œil peut transpercer,
Les Poissons ébahis le regardent passer.
Un autre Poëte avoit dit * la même chose:
Hinc inde attonitì liquido stant marmore pisces.
Vers 265. *Peint le petit enfant &c.*] Voici les vers de St. Amant, au même endroit:
Là l'enfant éveillé courant sous la licence
Que permet à son âge une libre innocence,
Va, revient, tourne, saute; & par maint cri joieux,
Témoignant le plaisir que reçoivent ses yeux,
D'un étrange caillou qu'à ses pieds il rencontre,
                                                 Fait

* Le P. Ant. Millieu, Jesuite, dans son Poëme: Moses Viator. imprimé à Lyon 1636. Lib. 5. n. 18.

CHANT III.

265 Peint le petit Enfant qui *va, faute, revient,*
Et joyeux à fa Mere offre un caillou qu'il tient.
Sur de trop vains objets, c'eſt arrêter la vuë.
Donnez à votre Ouvrage une juſte étenduë.
Que le Début ſoit ſimple & n'ait rien d'affecté.
270 N'allez pas dès l'abord, ſur Pégaze monté,
Crier à vos Lecteurs d'une voix de tonnerre,
Je chante le Vainqueur des Vainqueurs de la Terre.
Que produira l'Auteur après tous ces grands cris ?
La Montagne en travail enfante une ſouris.
275 O ! que j'aime bien mieux cet Auteur plein d'adreſſe,
Qui ſans faire d'abord de ſi haute promeſſe,
Me dit d'un ton aiſé, doux, ſimple, harmonieux,
Je chante les combats, & cet homme pieux,
Qui des bords Phrygiens conduit dans l'Auſonie,
280 *Le premier aborda les champs de Lavinie.*
Sa Muſe en arrivant ne met pas tout en feu :
Et pour donner beaucoup, ne nous promet que peu.
Bien-tôt vous la verrez, prodiguant les miracles,
Du deſtin des Latins prononcer les oracles ;
285 De Styx & d'Achéron peindre les noirs torrens ;
Et déja les Céſars dans l'Elyſée errans.

REMARQUES.

Fait au premier venu la précieuſe montre :
Ramaſſe une coquille & d'aiſe tranſporté
La préſente à ſa mere avec naïveté.
Voïez ci-après les Réfléxions Critiques ſur Longin : Réfl. VI. pag. 111. du Tom. II.
IMITATIONS. Vers 269. *Que le Début ſoit ſimple* &c.] Ce précepte eſt tiré d'Horace, Art poët. v. 136.
Nec ſic incipies, ut Scriptor cyclicus olim ;
Fortunam Priami cantabo, & nobile bellum.
Quid dignum tanto feret hic promiſſor hiatu ?
Parturient montes : naſcetur ridiculus mus.
Quanto rectiùs hic, qui nil molitur ineptè ?
Dic mihi, Muſa, virum, captæ poſt tempora Trojæ,
Qui mores hominum multorum vidit & urbes.

Non fumum ex fulgore, ſed ex fumo dare lucem
Cogitat ; ut ſpecioſa dehinc miracula promat.
&c.
Vers 272. *Je chante le Vainqueur* &c.] Premier vers du Poëme d'Alaric, par M. de Scuderi. Saint Jérome avoit dit de même : *Capitur Urbs, quæ totum cepit Orbem.* Ep, XI.
Vers 282. ――― *Ne nous promet que peu.*] Il y a dans quelques éditions : *Ne nous promet pas peu ;* ce qui eſt une faute remarquable d'impreſſion.
Vers 285. *De Styx & d'Achéron peindre les noirs torrens.*] Dans une Lettre que j'écrivis à Mr. Deſpréaux le 31. Décembre 1708. je lui demandai ſi ce vers ne ſeroit pas plus régulier, en mettant, *Du Styx, de l'Achéron,* &c.

De Figures sans nombre égayez votre Ouvrage.
Que tout y fasse aux yeux une riante image.
On peut être à la fois & pompeux & plaisant;
290 Et je hais un sublime ennuyeux & pesant.
J'aime mieux Arioste, & ses fables comiques,
Que ces Auteurs toujours froids & mélancholiques,
Qui dans leur sombre humeur se croiroient faire affront,
Si les Graces jamais leur déridoient le front.
295 On diroit que pour plaire, instruit par la Nature,
Homère ait à Vénus dérobé sa ceinture.
Son Livre est d'agrémens un fertile thrésor.
Tout ce qu'il a touché se convertit en or.
Tout reçoit dans ses mains une nouvelle grace.
300 Par tout il divertit, & jamais il ne lasse.

REMARQUES.

&c. Il me répondit ainsi, le 7. de Janvier suivant. ,,Vous croïez que, *Du Styx, de l'Achéron peindre les noirs torrens*, seroit ,, mieux. Permettez-moi de vous dire, que ,, vous avez en cela l'oreille un peu prosaï- ,, que, & qu'un homme vraiment Poëte ne ,, me fera jamais cette difficulté; parce que ,, *De Styx & d'Achéron*, est beaucoup plus ,, soutenu, que *du Styx, de l'Achéron*. Sur les ,, *bords fameux de Seine & de Loire*,seroit bien ,, plus noble dans un vers, que *sur les bords* ,, *fameux de la Seine & de la Loire*. Mais ces ,, agrémens sont des Mystères qu'Apollon ,, n'enseigne qu'à ceux qui sont véritable- ,, ment initiés dans son Art." Quelques jours après je lui mandai, que ce qui m'avoit fait croire qu'il faloit dire, *Du Styx, de l'Achéron*, étoit que j'avois remarqué qu'on ne mettoit jamais que l'Article défini, devant les noms de Fleuves qui sont du genre masculin, quoi-que l'on se dispense souvent de cette Règle à l'égard de ceux qui sont féminins. Ainsi, Malherbe a dit: * *Voyez des bords de Loire, & des bords de Garonne*: ce qui est conforme, disois-je, à l'exemple que vous me citez dans votre Lettre. Mais je ne crois pas que l'on puisse dire de même, *sur les rives de Nil*, non plus que, *De Danube & de Rhin peindre les bords fameux*. A Lyon où il y a deux Rivières, dont l'une a un nom masculin, & l'autre un nom féminin, on observe toûjours cette différence en parlant: car quoi-que l'on dise indifferemment, *les rivages de Saône*, & *les rivages de la Saône*; néanmoins on dit toûjours, *les rivages du Rhône*, & jamais, *les rivages de Rhône*. Nous avons, ajoûtois-je, un autre exemple de cette distinction dans l'Eglogue de Mr. Ménage, intitulée *Christine*:

Aux rivages fleuris & de Seine & de Marne:
Aux rivages fameux & du Tibre & de l'Arne.

Je confirmai tout cela par un vers même de Mr. Despréaux, qui a dit dans l'Epitre IV.

Quel plaisir de te suivre aux rives du Scamandre!

,, Et vous vous souviendrez, disois-je en- ,, fin, que quand je lûs cet endroit avec ,, vous, dans la dernière édition de vos ,, Oeuvres, faite *in douze* en 1701. où il y a *de* ,, *Scamandre*, vous me dites que c'étoit une ,, faute d'impression, & qu'il faloit lire, *du* ,, *Scamandre*, comme il y a dans toutes les ,, autres éditions, particulièrement dans l'*in* ,, *quarto* de la même année.

Mr. de la Monnoye, dont la Critique est si judicieuse & si sûre, croit que *de Styx & d'Achéron*, est mieux que *du Styx & de l'Achéron*. Ces fleuves fabuleux, dit-il, sont regardez comme des Dieux, & on les personifie toûjours. *Styx*, qui est femelle en Grec & en Latin, étoit Fille de l'Océan, ou de l'Erèbe & de la Nuit, & a eu plusieurs enfans. *Achéron* fils de *Cérès* ou de la Terre, a eu un fils nommé Ascalaphe. Sur ce pic-

* *Récit d'un Berger, dans le Ballet de Madame, Princesse d'Espagne.*

CHANT III.

Une heureuse chaleur anime ses discours.
Il ne s'égare point en de trop longs détours.
Sans garder dans ses Vers un ordre méthodique,
Son sujet de soi-même & s'arrange & s'explique:
305 Tout, sans faire d'apprêts, s'y prépare aisément.
Chaque Vers, chaque mot court à l'événement.
Aimez donc ses Ecrits, mais d'un amour sincère.
C'est avoir profité que de savoir s'y plaire.
    Un Poëme excellent, où tout marche, & se suit,
310 N'est pas de ces travaux qu'un caprice produit.
Il veut du tems, des soins; & ce pénible Ouvrage
Jamais d'un Ecolier ne fut l'apprentissage.
Mais souvent parmi nous un Poëte sans art,
Qu'un beau feu quelquefois échauffa par hazard,

REMARQUES.

pié-là, *Styx* & *Achéron* peuvent fort bien se passer de l'Article. On en peut dire autant de *Pénée*, de *Méandre*, de *Xanthe* ou *Scamandre*. *Rives de Scamandre*, ayant même quelque chose de plus poëtique, & de plus noble que *du Scamandre*. Pour *Achéloüs*, que nos Poëtes anciens & modernes nomment *Achelois*, il n'y en a pas un qui ait dit l'*Acheloïs*. L'oreille d'ailleurs, comme Mr. Despréaux l'a très-judicieusement remarqué, est d'une grande autorité en ces matières; & qui l'a bonne, peut & doit la consulter.

Vers 291. *J'aime mieux Ariofte.*] Poëte Italien, Auteur du Poëme de Roland le furieux, qui est rempli de fictions ingénieuses, mais éloignées de toute vraisemblance: comme l'Hippogriffe, ou le Cheval ailé de Roger; L'anneau merveilleux d'Angélique, qui la rend invisible; des Géans, des Monstres, des enchantemens, & mille autres événemens prodigieux.

Vers 296. *Homère ait à Vénus dérobé sa ceinture.*] Homère, liv. XIV. de l'Iliade, feint que Junon craignant que Jupiter ne favorise les Troyens, fait dessein de l'en empêcher. Pour y réussir elle se pare extraordinairement, & prie Vénus de lui prêter son Cefte, c'est à dire, cette merveilleuse Ceinture * *où se trouvoient tous les charmes les plus séducteurs, les attraits, l'amour, les desirs, les amusemens, les entretiens secrets, les innocentes tromperies, & le charmant badinage, qui insensiblement surprend l'esprit & le cœur des plus sensez.* Cette fiction est une des plus belles d'Homère; & l'application heureuse qui lui en est ici faite, est une des plus fines loüanges qu'on puisse jamais lui donner.

IMITATIONS. Vers 298. *Tout ce qu'il a touché se convertit en or.*] Ovide fait dire à Midas Metamorph. X. vers 104.

Quidquid contigero fulvum vertatur in aurum.

Et Perse, Satire I.

Quidquid calcaverit hic rosa fiet.

IMITATIONS. Vers 106. ——— *Court à l'événement.*] Horace, Art poët. v. 148.

Semper ad eventum festinat.

IMITATIONS. Vers 308. *C'est avoir profité que de savoir s'y plaire.*] Ce que notre Auteur dit ici du premier des Poëtes, Quintilien l'avoit dit du premier des Orateurs. *Hunc* (Ciceronem) *igitur spectemus: hoc propositum nobis sit exemplum. Ille se profecisse sciet, cui Cicero valde placebit.* Instit. Orat. L. X. c. 1.

Vers 313. ——— *Un Poëte sans art, Qu'un beau feu quelquefois échauffa par hazard*, & les vingt vers suivans.] Il revient ici à Mr. *Desmarêts*. Ce Poëte avoit fait quelques Ouvrages, dans lesquels il y avoit du feu & de l'imagination: *Les amours du Compas & de la Regle*, & ceux *du Soleil & de l'Ombre*;

---

* *Traduction de l'Illustre Madame Dacier.*

L'ART POETIQUE.

315 Enflant d'un vain orgueil fon efprit chimérique,
Fierement prend en main la Trompette héroïque.
Sa Mufe déreglée, en fes Vers vagabonds,
Ne s'élève jamais que par fauts & par bonds ;
Et fon feu, dépourvû de fens & de lecture,
320 S'éteint à chaque pas, faute de nourriture.
Mais en vain le Public, prompt à le méprifer,
De fon mérite faux le veut defabufer.
Lui-même applaudiffant à fon maigre génie,
Se donne par fes mains l'encens qu'on lui dénie.
325 Virgile, au prix de lui, n'a point d'invention.
Homere n'entend point la noble fiction.
Si contre cet arrêt le Siècle fe rebelle,
A la Poftérité d'abord il en apelle.
Mais attendant, qu'ici le Bon Sens de retour,
330 Ramène triomphans fes Ouvrages au jour,
Leurs tas au magafin, cachez à la lumière,
Combattent triftement les vers & la pouffière.
Laiffons-les donc entre eux s'efcrimer en repos ;
Et fans nous égarer fuivons notre propos.

REMARQUES.

bre ; la Comedie des Vifionnaires, &c. Dans un Ouvrage que Desmarêts publia en 1670. * il avoit entrepris de mettre les Poëtes François, ou plûtôt de fe mettre lui-même, au deffus de tous les Poëtes Grecs & Latins. Il crût follement faire honneur aux Modernes, en deshonorant les Anciens. Il en vouloit fur tout à Homère & à Virgile, qu'il regardoit comme fes Rivaux, & les feuls qui pouvoient lui difputer le Sceptre Poëtique. Il difoit * que *l'Action de l'Iliade n'eft point Noble ni Héroïque, qu'Homère eft entièrement défectueux en fon fujet ; qu'il eft abondant en fictions entaffées les unes fur les autres, & mal reglées ; en Epifodes ennuieux, en narrations d'une longueur infupportable, & en difcours fouvent déraifonnables, & hors de propos.* A l'égard de Virgile il ofoit foutenir ‡ que ce Poëte *a peu d'invention ; qu'il a fait de grandes fautes dans la narration, dans les caractères, dans les fentimens, dans les comparaifons : qu'il a péché contre la vraifemblance, contre les bienféances, & contre le jugement:* Il eft étonnant que des perfonnes qui ont dé la réputation d'ailleurs, renouvellent aujourd'hui des accufations fi injuftes, & donnent dans de pareils travers.

Pour Desmarêts, graces à la fublimité de fon génie, & à la fupériorité de fes lumières, il fe croïoit bien éloigné de tous ces égaremens. Et pour rendre fa victoire plus éclatante, il oppofoit aux plus beaux endroits de Virgile, quelques Lambeaux de fon Poëme de Clovis : donnant à juger par ce parallèle, qu'il l'emportoit de beaucoup fur le Prince des Poëtes Latins, & par conféquent fur Homère, qu'il plaçoit bien au deffous de Virgile. Cependant, comme tous ces avantages n'étoient pas fuffifans pour le raffurer contre les jugemens de fon fiècle, d'un fiècle

perdu

* *La comparaifon de la Langue & de la Poëfie Françoife avec la Grecque & la Latine.*
* *Ch. 10 des principaux défauts d'Homère.*
‡ *Ch. 11. des principaux défauts de Virgile.*

335   Des succès fortunez du Spectacle Tragique,
Dans Athènes nâquit la Comédie antique.
Là, le Grec né moqueur, par mille jeux plaisans,
Distilla le venin de ses traits médisans.
Aux accès insolens d'une bouffonne joie,
340 La Sagesse, l'Esprit, l'Honneur furent en proie,
On vit, par le Public un Poëte avoué
S'enrichir aux dépens du Mérite joüé :
Et Socrate par lui, dans *un Chœur de Nuées*,
D'un vil amas de peuple attirer les huées.
345 Enfin de la licence on arrêta le cours.
Le Magistrat, des Loix emprunta le secours,
Et rendant par Edit les Poëtes plus sages,
Défendit de marquer les noms & les visages.
Le Théatre perdit son antique fureur.
350 La Comédie apprit à rire sans aigreur ;
Sans fiel & sans venin sut instruire & reprendre ;
Et plût innocemment dans les Vers de Ménandre.
Chacun peint avec art dans ce nouveau miroir,
S'y vit avec plaisir, ou crût ne s'y point voir.

REMARQUES.

perdu d'injustice & d'envie, il prit dès lors ses précautions en homme bien avisé, & en appela à la Postérité : *
Car le siècle envieux juge sans équité ;
Mais j'en appelle à toi, juste Postérité.
IMITATIONS. Vers 335. *Des succès fortunez du spectacle tragique*, &c.] Poëtique d'Horace, v. 281.

Successit vetus his Comœdia, non sine multa
Laude : sed in vitium libertas excidit, &
  vim
Dignam lege regi. Lex est accepta ; chorus-
  que
Turpiter obticuit, sublato jure nocendi.

Vers 343. *Et Socrate par lui dans un Chœur de Nuées.*] Les Nuées, Comédie d'Aristophane : *Act. I. Sc. 2. & 3.*
Vers 352. *Et plût innocemment dans les vers de Ménandre.*] La Comédie a eu trois âges, ou trois états differents chez les Grecs. Dans l'ancienne Comédie on se donnoit la liberté non seulement de représenter des avantures véritables & connues, mais de nommer publiquement les gens. Socrate lui-même s'est entendu nommer, & s'est vû joüer sur le Théatre d'Athènes. Cette licence fut reprimée par l'autorité des Magistrats ; & les Comédiens n'osant plus désigner les gens par leur nom, firent paroître des masques ressemblans aux personnes qu'ils joüoient, ou les désignérent de quelque autre manière semblable. Ce fut la Comédie moïenne. Ce nouvel abus presque aussi grand que le prémier, fut encore défendu : on ne marqua plus *les noms ni les visages* ; & la Comédie se réduisit aux règles de la bienséance. C'est la Comédie nouvelle, dont Ménandre fut l'Auteur, du tems d'Aléxandre le Grand.

* *Page 246. du même Ouvrage, & dans une Ode qu'il a mise à la tête du Poëme de Clovis.*

L'ART POETIQUE.

355 L'Avare des premiers rit du tableau fidelle
D'un Avare, souvent tracé sur son modelle;
Et mille fois un Fat finement exprimé,
Méconnut le portrait sur lui-même formé.
　　Que la Nature donc soit votre étude unique,
360 Auteurs, qui prétendez aux honneurs du Comique.
　　Quiconque voit bien l'Homme, & d'un esprit profond,
De tant de cœurs cachez a pénétré le fond:
Qui sait bien ce que c'est qu'un Prodigue, un Avare,
Un honnête Homme, un Fat, un Jaloux, un Bizare,
365 Sur une scène heureuse il peut les étaler,
Et les faire à nos yeux vivre, agir, & parler.
Présentez-en par tout les images naïves:
Que chacun y soit peint des couleurs les plus vives.
La Nature, féconde en bizarres portraits,
370 Dans chaque ame est marquée à de différens traits.
Un geste la découvre, un rien la fait paroître:
Mais tout esprit n'a pas des yeux pour la connoître.
　　Le Tems qui change tout, change aussi nos humeurs.
Chaque Age a ses plaisirs, son esprit, & ses mœurs.
375 Un jeune Homme, toujours bouillant dans ses caprices,
Est prompt à recevoir l'impression des vices:
Est vain dans ses discours, volage en ses désirs,

REMARQUES.

Vers 375. *Un jeune Homme* &c.] Notre Auteur, après Horace, décrit les mœurs & les caractères des trois âges de l'Homme: l'Adolescence, l'Age viril, & la Vieillesse. Horace a fait aussi la peinture de l'Enfance; Mais Mr. Despréaux l'a omise à dessein, parce qu'il arrive rarement que l'on fasse parler un Enfant sur la Scène. C'est pourquoi Aristote l'a aussi négligée dans sa Poëtique, en donnant le caractère des autres Ages. Regnier dans sa Satire cinquiéme, a décrit les quatre Ages de l'Homme, d'après Horace. Le Roi vouloit que Mr. Despréaux lui récitât tous ses Ouvrages, à mesure qu'il les composoit. Il lui fit réciter deux fois cette description des âges de l'Homme.
IMITATIONS. Ibid. *Un Jeune Homme*

&c.] Horace décrit ainsi les mœurs de la Jeunesse: Poët. v. 161.
Imberbis Juvenis, tandem custode remoto,
Gaudet equis, canibusque, & aprici gramine campi;
Cereus in vitium flecti, monitoribus asper,
Utilium tardus provisor, prodigus æris,
Sublimis, cupidusque, & amata relinquere pernix.
IMITATIONS. Vers 379. *L'Age viril plus mûr* &c.] Horace, au même endroit:
Conversis studiis, ætas animusque virilis
Quærit opes, & amicitias; inservit honori,
Commississe cavet, quod mox mutare laboret.
IMITATIONS. Vers 383. *La Vieillesse chagrine* &c.] Suite du même endroit d'Horace:

Multa

CHANT III.

Rétif à la censure, & fou dans les plaisirs.
L'Age viril plus mûr, inspire un air plus sage,
380 Se pousse auprès des Grands, s'intrigue, se ménage;
Contre les coups du Sort songe à se maintenir;
Et loin dans le présent regarde l'avenir.
La Vieillesse chagrine incessamment amasse;
Garde, non pas pour soi, les thrésors qu'elle entasse;
385 Marche en tous ses desseins d'un pas lent & glacé;
Toujours plaint le présent, & vante le passé;
Inhabile aux plaisirs, dont la Jeunesse abuse,
Blâme en eux les douceurs, que l'âge lui refuse.
Ne faites point parler vos Acteurs au hazard,
390 Un Vieillard en Jeune Homme, un Jeune Homme en Vieillard.
Etudiez la Cour, & connoissez la Ville.
L'une & l'autre est toujours en modèles fertile.
C'est par là que Moliere, illustrant ses Ecrits,
Peut-être de son Art eût remporté le prix;
395 Si moins ami du Peuple, en ses doctes peintures,
Il n'eût point fait souvent grimacer ses figures,
Quitté, pour le bouffon, l'agréable & le fin,
Et sans honte à Terence allié Tabarin.
Dans ce sac ridicule où Scapin s'envelope,

REMARQUES.

Multa senem circumveniunt incommoda,
  vel quòd
Quaerit, & inventis miser abstinet, ac ti-
  met uti,
Vel quòd res omnes timidè gelidéque minis-
  trat:
Dilator, spe longus, iners, avidusque fu-
  turi,
Difficilis, querulus, laudator temporis acti
Se puero, censor castigatorque minorum.

IMITATIONS. Vers 390. Un Vieillard en
Jeune Homme &c.] Horace au même endroit.

—————— —————— —————— Ne fortè seniles
Mandentur juveni partes, puerôque viriles.
Semper in adjunctis, ævoque morabimur ap-
  tis.

Vers 394. Peut-être de son Art eût remporté le prix.] De tous les Auteurs modernes,
Moliere étoit celui que Mr. Despréaux estimoit & admiroit le plus; il le trouvoit plus
parfait en son genre, que Corneille & Racine dans le leur.
Vers 395. Si moins ami du peuple.] C'est-
à-dire, du Parterre.
Vers 398. ————— A Terence allié Tabarin.]
Tabarin, voïez la note sur le vers 86. du
premier Chant.
Vers 399. Dans ce sac ridicule où Scapin
s'envelope.] Les fourberies de Scapin, Comédie de Moliere. Ce n'est pas Scapin qui
s'envelope dans un sac; c'est le vieux Gé-
ronte à qui Scapin persuade de s'y enveloper. Mais cela est dit figurément dans ce
vers,

400 Je ne reconnois plus l'Auteur du Misanthrope.
　　Le Comique, ennemi des soupirs & des pleurs,
N'admet point en ses Vers de tragiques douleurs:
Mais son emploi n'est pas d'aller dans une place,
De mots sales & bas charmer la populace.
405　　Il faut que ses Acteurs badinent noblement:
Que son nœud bien formé se dénouë aisément:
Que l'Action, marchant où la Raison la guide,
Ne se perde jamais dans une Scène vuide;
Que son stile humble & doux se relève à propos;
410 Que ses discours par tout fertiles en bons mots,
Soient pleins de passions finement maniées;
Et les scènes toujours l'une à l'autre liées.
Aux dépens du Bon Sens gardez de plaisanter.
Jamais de la Nature il ne faut s'écarter.
415 Contemplez de quel air un Pere dans Terence
Vient d'un fils amoureux gourmander l'imprudence:
De quel air cet amant écoute ses leçons,
Et court chez sa Maîtresse oublier ces chansons.
Ce n'est pas un portrait, une image semblable;
420 C'est un Amant, un Fils, un Pere veritable.
　　J'aime sur le Théatre un agréable Auteur,

REMARQUES.

vers, parce que Scapin est le Héros de la Pièce.

Quelques Censeurs ont trouvé à redire que notre Auteur eût ici critiqué Moliere, après lui avoir donné de grands éloges en d'autres endroits de ses Poësies *. Mais en cela il n'a rien fait que de judicieux & de très-régulier. Dans les endroits où il a loué Moliere, il n'étoit pas obligé de faire le jugement ni la critique de ses Comédies; ainsi il l'a loué en général comme un excellent Poëte Comique. Mais dans son Art poëtique, où il donne des préceptes, fondez sur la Raison, & autorisez par des éxemples, il n'a pû se dispenser de faire une critique sincere & exacte des Auteurs, en marquant précisément leurs défauts, aussi-bien que leurs bonnes qualités. C'est pourquoi, après avoir dit; *Dans ce sac ridicule où Scapin s'envelope*; il loue Moliere, en ajoûtant; *Je ne reconnois plus l'Auteur du Misanthrope.*

Vers 415. ——— *Un Pere dans Térence.*] En plusieurs endroits de ses Comédies; particuliérement dans l'*Héautontimorumenos*, Acte I. Scène I. & Acte V. Scène IV. Voïez Simon dans l'*Andrienne*, & Demée dans les *Adelphes*.

Vers 418. *Et court chez sa Maîtresse oublier ces chansons.*] C'est ainsi que Clitiphon appèle les leçons que Chrémès son pere vient de lui faire;

Astutus! næ ille haud scit, quam mihi nunc surdo narret fabulam.
Magis nunc me amicæ dicta stimulant. Terent. Heautont. Acte I. Sc. II.

* Satire II. Epitre VII.

Vers

CHANT III.

Qui, sans se diffamer aux yeux du Spectateur,
Plaît par la Raison seule, & jamais ne la choque.
Mais pour un faux Plaisant, à grossière équivoque,
425 Qui, pour me divertir, n'a que la saleté ;
Qu'il s'en aille, s'il veut, sur deux treteaux monté,
Amusant le Pont-neuf de ses sornettes fades,
Aux Laquais assemblez joüer ses Mascarades.

REMARQUES.

Vers 424. *Mais pour un faux Plaisant, à grossière équivoque*, &c.] Mont-Fleuri le jeune, Auteur de *la Femme juge & partie*, & de quelques autres Comédies semblables. Quand notre Auteur récita cet endroit à Mr. Colbert, ce Ministre s'écria; *Voila Poisson, voila Poisson*. Il ne pouvoit souffrir ce Comédien *, depuis qu'un jour, Poisson faisant le rolle d'un Bourgeois, parut sur le Théatre en pourpoint & en manteau noir, avec un collet de point, & un chapeau uni ; enfin avec un habillement conforme en tout à celui de Mr. Colbert, qui, par malheur, étoit présent, & qui crût que Poisson vouloit le jouer, quoi que cela fût arrivé sans dessein. Poisson qui s'en aperçut, changea quelque chose à son habillement dans le reste de la Pièce ; mais cela ne satisfit point Mr. Colbert.

Vers 426. ——— *Sur deux treteaux monté.*] A la maniére des Charlatans, qui joüoient leurs farces à découvert, & en plein air, au milieu du Pont-neuf. Autrefois c'étoit près de la Porte de Nesle, dans une Place où est bâti à présent le Collége Mazarin. Mr. Despréaux disoit des mauvaises Pièces de Théatre, qu'elles n'étoient bonnes qu'à joüer en plein air.

* *Poisson le Pere connu sous le nom de* Crispin.

CHANT IV.

Dans Florence jadis vivoit un Medecin,
Savant hableur, dit-on, & célèbre assassin.
Lui seul y fit long-tems la publique misere.
Là le Fils orphelin lui redemande un Pere,
5 Ici le Frere pleure un Frere empoisonné.
L'un meurt vuide de sang, l'autre plein de séné.
Le rhume à son aspect se change en pleuresie;
Et par lui la migraine est bien-tôt phrénesie.
Il quitte enfin la Ville, en tous lieux détesté.
10 De tous ses Amis morts un seul Ami resté,
Le mène en sa maison de superbe structure.
C'étoit un riche Abbé, fou de l'Architecture.
Le Medecin d'abord semble né dans cet Art.
Déja de bâtimens parle comme Mansard.

REMARQUES.

Dans le quatrième Chant, l'Auteur revient aux Préceptes généraux. Il s'attache à former les Poëtes, & leur donne d'utiles instructions sur la connoissance & l'usage des divers talens, sur le choix qu'ils doivent faire d'un Censeur éclairé, sur leurs mœurs, sur leur conduite particulière. Il explique ensuite, par forme de digression, l'Histoire de la Poësie: son origine, son progrès, sa perfection & sa décadence. Enfin, il termine son ouvrage par l'éloge du Roi: Exhortant tous les Poëtes à chanter un Heros si grand par ses vertus & par ses victoires.

Vers 1. *Dans Florence jadis vivoit un Medecin*, &c.] Cette Métamorphose d'un Médecin en Architecte, désigne Claude Perrault, Médecin de la Faculté de Paris *. Il étoit un de ceux qui condamnoient le plus hautement les Satires de Mr. Despréaux. Ce Médecin avoit un frere, † à qui notre Auteur s'en plaignit; mais celui-ci, bien loin d'en faire la moindre satisfaction à Mr. Despréaux, ne daigna pas même lui répondre.

Cette nouvelle injure l'irrita contre les deux Freres, & bien tôt après il se vangea des mauvais discours de l'un, & du silence injurieux de l'autre, par cette métamorphose Satirique. Le Médecin en fit beaucoup de bruit : & comme il étoit emploïé dans les Bâtimens du Roi, il en porta ses plaintes à Mr. Colbert *. Notre Poëte ne se défendit que par une plaisanterie, qui fit rire ce grand Ministre : *Il a tort de se plaindre*, dit Mr. Despréaux : *Je l'ai fait precepte*. En effet, il tire dans la suite un excellent précepte de cet exemple: *Soïez plûtôt Maçon*, dit-il, *si c'est votre talent*, &c. vers 26.

Vers 14. ——— *De bâtimens parle comme Mansard.*] François Mansard, célèbre Architecte, qui mourut en 1666. âgé de 69. ans.

Vers 17. *Approuve l'escalier tourné d'autre façon.*] Un petit doute que j'avois marqué à l'Auteur sur la netteté de ce vers, l'engagea à m'écrire ce qui suit. † „Comment pouvez-
„ vous

* *Voiez ci-après Tom. II. une Lettre de notre Auteur à Mr. de Vivonne.*
† *Charles Perrault, de l'Académie Françoise.*

* *Ministre & Secretaire d'État, Sur-Intendant des Bâtimens*, &c.
† *Lettre du 2. d'Août, 1703.*

CHANT IV. 315

15 D'un salon, qu'on élève, il condamne la face.
  Au vestibule obscur il marque une autre place:
  Approuve l'escalier tourné d'autre façon.
  Son Ami le conçoit, & mande son Mâçon.
  Le Mâçon vient, écoute, approuve, & se corrige.
20 Enfin, pour abréger un si plaisant prodige,
  Notre Assassin renonce à son Art inhumain,
  Et desormais la règle & l'équierre à la main,
  Laissant de Galien la Science suspecte,
  De méchant Medecin devient bon Architecte.
25   Son exemple est pour nous un précepte excellent.
  Soyez plûtôt Mâçon, si c'est votre talent,
  Ouvrier estimé dans un Art nécessaire,
  Qu'Ecrivain du commun, & Poëte vulgaire.
  Il est dans tout autre Art des dégrez différens.
30 On peut avec honneur remplir les seconds rangs.
  Mais dans l'Art dangereux de rimer & d'écrire,
  Il n'est point de degrez du médiocre au pire.

REMARQUES.

,, vous trouver une équivoque dans cette façon de parler? Et qui est-ce qui n'entend pas d'abord, que le Médecin Architecte *approuve l'escalier*, moiennant qu'il soit *tourné d'une autre manière?* Cela n'est-il pas préparé par le vers précédent: *Au vestibule obscur il marque une autre place.* Il est vrai que, dans la rigueur, & dans les étroites règles de la construction, il faudroit dire: *Au vestibule obscur il marque une autre place, que celle qu'on lui veut donner: Et approuve l'escalier tourné d'une autre manière qu'il n'est.* Mais cela se sousentend sans peine: & où en seroit un Poëte si on ne lui passoit, je ne dis pas, une fois, mais vingt fois dans un Ouvrage, ces *Subaudi?* Où en seroit Mr. Racine, si on lui alloit chicaner ce beau vers que dit Hermione à Pyrrhus dans l'Andromaque: *Je t'aimois inconstant; qu'eussé-je fait fidelle?* qui dit si bien, & avec une vitesse si heureuse: *Je t'aimois lorsque tu étois inconstant, qu'eussé-je donc fait si tu avois été fidelle.* Ces sortes de petites licences de construction non seulement ne sont pas des fautes, mais sont même assez souvent ,, un des plus grands charmes de la Poësie, ,, principalement dans la narration, où il ,, n'y a point de tems à perdre. Ce sont des ,, espèces de Latinismes dans la Poësie Fran- ,, çoise, qui n'ont pas moins d'agrément ,, que les Hellénismes dans la Poësie Lati- ,, ne &c.

IMITATIONS. Vers 29. *Il est dans tout autre Art des degrez differens:* &c.] Horace, Poët. v. 368.

———— *Certis medium & tolerabile rebus*
Rectè concedi. Consultus juris, & actor
Causarum mediocris, abest virtute diserti
Messalæ, nec scit quantum Cascelius Aulus:
Sed tamen in pretio est.

Vers 32. *Il n'est point de degrez du médiocre au pire.*] Les quatre vers qui viennent après celui-ci, ont été mis par l'Auteur dans sa dernière édition de 1701. à la place de ces quatre autres, qui étoient dans les éditions précedentes:

Les vers ne souffrent point de médiocre Auteur:
Ses écrits en tous lieux sont l'effroi du Lecteur.

Qui dit froid Ecrivain, dit détestable Auteur,
Boyer est à Pinchêne égal pour le Lecteur.
35 On ne lit guères plus Rampale & Ménardiere,
Que Magnon, Du Souhait, Corbin & La Morliere.
Un Fou du moins fait rire, & peut nous égaïer:
Mais un froid Ecrivain ne fait rien qu'ennuïer.
J'aime mieux Bergerac & sa burlesque audace,
40 Que ces Vers où Motin se morfond & nous glace.

REMARQUES.

Contre eux dans le Palais les boutiques murmurent,
Et les ais chez Billaine* à regret les endurent.
Voici les raisons de ce changement. I. Le mot de *médiocre* étoit repeté dans les vers 32. & 33. II. La construction du vers 34. étoit irrégulièrement liée avec le vers précedent ; car ces mots : *De médiocre Auteur*, sont absolus, & ne souffrent après eux, ni rélatif, ni régime †. Ainsi, selon l'exactitude grammaticale, *Ses Ecrits*, ne pouvoit se raporter à *Médiocre Auteur*. III. Dans ces vers notre Auteur avoit eu en vûe cet endroit fameux de la Poétique d'Horace: v. 373.

*Mediocribus esse Poëtis
Non homines, Non Dî, non concessere columnæ.*

Mais cette expression, qui a tant de force & de grandeur dans l'Original, ne paroissoit pas avec le même avantage dans la traduction. IV. Enfin, il avoit dit dans les vers précedens, que la médiocrité est insuportable dans la Poësie, & tout le reste n'étoit qu'une amplification de cette même pensée. Les vers qu'il a substituez à ceux-ci, confirment la Règle par des Exemples.

Vers 34. *Boyer est à Pinchêne égal pour le Lecteur.*] Claude *Boyer*, de l'Académie Françoise, Auteur médiocre.

Pinchêne : le Sr. Pinchêne, Poëte fort méprisable. Voïez la Remarque sur le vers 163. du quatrième Chant du Lutrin.

Vers 35. *On ne lit guère plus Rampalle & Ménardiere*] Rampalle, Poëte qui vivoit sous le règne de Louïs XIII. Il a fait des Idylles qui sont médiocrement belles.

Jules de la Menardiere, autre Poëte médiocre, étoit Lecteur de la Chambre du Roi. Voïez la Remarque sur le vers 1. du premier Chant.

Vers 36. *Que Magnon, Du Souhait, Corbin & la Morliere.*] *Magnon* : étoit né dans la Province de Bresse, & fut quelque tems Avocat au Presidial de Lyon, ensuite il s'établit à Paris. Il composa dans ces deux Villes quelques Pièces de Théatre † fort impertinentes : puis renonçant à des Ouvrages si bornez, il entreprit un Poëme, intitulé *l'Encyclopédie*, qui devoit être d'environ trois cens mille vers. On lui demanda un jour, quand son Poëme seroit achevé: *Il sera bien tôt fait*, dit-il, *je n'ai plus que cent mille vers à faire*; & il le disoit fort serieusement. Scarron a, dit-on, dépeint admirablement ce *Magnon*, sans le nommer, en certaine Epître chagrine, où il le fait parler de ses Ouvrages, & entre autres des Conciles qu'il avoit dessein de mettre en vers.

Du Souhait : Toutes ses Poësies consistoient en pointes & en jeux-de-mots, & c'est pour en faire voir le ridicule, que Sarrazin fit des Stances fort connues, qui finissent par ce vers :

La Lune & le Soleil, la Rose & le Rosier. ‡
Du Souhait avoit traduit en prose l'Iliade d'Homère, en 1627.

Corbin : étoit ami de *Du Souhait*, & ils rimoient tous deux à peu près dans le même goût. Il avoit traduit la Bible mot à mot. Voici des vers de sa façon, que Mr. Despréaux avoit retenus :

A Mr. Du Souhait, Odelette.
Qui t'a, mon Du Souhait,
Dicté tant à souhait
Le vers qui te renomme?
Ces vers ne sont pas tiens,
Un homme je te tiens ;
Ces vers ne sont pas d'homme, &c.

Corbin étoit Pere de celui dont on a parlé sur le vers 36. de l'Epître II.

La.

* Fameux Libraire.
† Voïez les Rem. de Vaugelas, & du P. Bouhours.

† Josaphat, Tragicomedie: Sejanus, Oroondate.
‡ Voyez les Oeuvres de Sarrazin To. II. p. 204. & 205.

CHANT IV.

Ne vous enyvrez point des éloges flateurs,
Qu'un amas quelquefois de vains Admirateurs
Vous donne en ces Réduits, promts à crier, Merveille!
Tel Ecrit récité se soutint à l'oreille,
45 Qui dans l'impression, au grand jour se montrant,
Ne soutient pas des yeux le regard pénetrant.
On sait de cent Auteurs l'aventure tragique:
Et Gombaut tant loüé garde encor la boutique.

REMARQUES.

La Morliere; celui-ci est si obscur que notre Auteur n'en connoissoit que le nom. [Adrien de la Morliere étoit Chanoine d'Amiens. *Il publia*, dit Colletet dans son Art poëtique, *divers Sonnets, avec un Commentaire, qui est une espece de Glose aussi ténébreuse que le texte*. Nous avons un autre Ouvrage de sa façon, imprimé à Amiens en 1640. in 4. sous le titre de *Recueil de plusieurs nobles & illustres Maisons vivantes & éteintes en l'étenduë du Diocese d'Amiens*. ADD. de l'Edit. d'Amst.]

Vers 39. *J'aime mieux Bergerac*.] Cyrano Bergerac, Auteur du Voïage de la Lune, & de quelques autres Ouvrages, auxquels l'imagination paroît avoir eu plus de part que le jugement.

Vers 40. *Que ces vers où Motin se morfond & nous glace*.] Pierre Motin, natif de Bourges ‡, a laissé quelques Poësies qui sont imprimées dans des Recueils, avec celles de Malherbe, de Racan, & de quelques autres Poëtes de son tems. Il étoit ami de Regnier, qui lui a adressé sa quatrième Satyre; & Motin a fait une Ode qui est au devant des Satyres de Régnier. L'Auteur des Jugemens des Savans § a crû que dans ce vers Mr. Despréaux ¥, a voulu déguiser l'Abbé *Cotin*, sous le nom de Motin. ,,Ce passage (de Mr. ,, Despréaux) me fait songer, dit-il, à ce ,, que Mr. Baylē a dit *, que le sel de la Sa- ,, tire demande qu'on ne s'explique pas toû- ,, jours clairement; & que les allusions un ,, peu cachées, y ont une grace merveilleuse ,, pour les gens d'esprit. En effet, ajoute ,, Mr. Baillet, qui auroit crû que Mr. Des- ,, préaux, en voulant désigner un Poëte vi- ,, vant de son tems, ait rencontré si fort à ,, propos, par le changement d'un C, en u- ,, ne M, un autre Poëte dans la même

,, Langue, dans le même Siècle, & peut- ,, être dans le besoin de subir un jugement ,, semblable. Cependant, le mystere sera ,, cause un jour que le véritable *Motin* pour- ,, ra passer pour un autre, si on ne le revê- ,, le, aussi-bien que les autres de la même ,, nature, dont Mr. Despréaux a voulu rem- ,, plir une partie de ses Satires. C'est ce qui ,, a fait souhaiter à quelques-uns, † d'y voir ,, des Commentaires, du vivant de l'Auteur, ,, & de sa main-même pour plus grande sû- ,, reté.

Cette conjecture est fort ingénieuse, mais elle n'est pas véritable. Mr. Despréaux m'a assûré qu'il n'avoit point pensé ici à l'Abbé *Cotin*, dont le principal défaut n'étoit pas d'être un Poëte froid. Cette critique tombe donc uniquement sur Motin, dont les vers ne paroissent point animez de ce beau feu qui fait les Poëtes.

Vers 43. *Vous donne en ces Réduits*.] *Réduit*: Lieu particulier où s'assemblent des personnes choisies, & où quelquefois les Auteurs vont réciter leurs Ouvrages, avant que de les publier. Notre Poëte a encore emploié ce mot dans une petite Préface qu'il fit en 1670. pour mettre au devant des Oeuvres posthumes de Gilles Boileau son Frere, de l'Académie Françoise. *La traduction du quatriéme Livre de l'Enéide*, dit-il, *a déja charmé une bonne partie de la Cour, par la lecture que l'Auteur, de son vivant, a été comme forcé d'en faire en plusieurs Réduits célèbres*.

Ibid. ——— *Promts à crier, Merveille!*] Cela se raporte à *Admirateurs*, qui est dans le vers précédent.

Vers 44. *Tel Ecrit récité &c*.] Le Poëme de la Pucelle, de Chapelain; & tant d'autres.

Vers 48. *Et Gombaut tant loüé*.] Jean Ogier de Gombaut, de l'Académie Françoise,

---

† *Cela paroît dans des vers de Motin, qui sont au commencement du Recueil des Arrêts de Chenu*.
§ *Mr. Baillet*, Tome VIII. pag. 44. Art. 1415.
¥ *Nouv. de la Répub. des Lettres Octob.* 1684. art. 5.

† *Bayle, ibidem*.

Ecoutez tout le monde, affidu confultant.
50 Un Fat quelquefois ouvre un avis important.
Quelques Vers toutefois qu'Apollon vous infpire,
En tous lieux auffi-tôt ne courez pas les lire.
Gardez-vous d'imiter ce Rimeur furieux,
Qui de fes vains Ecrits lecteur harmonieux,
55 Aborde en récitant quiconque le faluë;
Et pourfuit de fes Vers les paffans dans la ruë.
Il n'eft Temple fi faint, des Anges refpecté,
Qui foit contre fa Mufe un lieu de fureté.
Je vous l'ai déja dit, aimez qu'on vous cenfure,
60 Et fouple à la Raifon, corrigez fans murmure.
Mais ne vous rendez pas dès qu'un Sot vous reprend.
Souvent dans fon orgueil un fubtil Ignorant,
Par d'injuftes dégoûts combat toute une Pièce;
Blâme des plus beaux Vers la noble hardieffe.
65 On a beau réfuter fes vains raifonnemens:
Son efprit fe complaît dans fes faux jugemens;
Et fa foible Raifon, de clarté dépourvûë,

REMARQUES.

a fait plufieurs Ouvrages qui font peu lus à préfent. Il mourut en 1666.

Vers 49. *Ecoutez tout le monde, affidu confultant.*] Le grand Cardinal de Richelieu n'ignoroit pas une maxime fi utile: *Le plus habile homme du monde*, dit-il, dans fon Teftament politique, *doit fouvent écouter les avis de ceux qu'il penfe même être moins habile que lui. Comme il eft de la prudence,* continuë-t-il, *de parler peu, il en eft auffi d'écouter beaucoup. On tire profit de toutes fortes d'avis: les bons font utiles par eux-mêmes, & les mauvais confirment les bons.* Teftam. Polit. part. I. ch. VIII. fect. II.

IMITATIONS. Vers 50. *Un Fat quelquefois ouvre un avis important.*] C'eft un proverbe, qui eft exprimé dans cet ancien vers Grec:
* Πολλάκι γὰρ καὶ μωρὸς ἀνὴρ μάλα καίριον εἶπεν.
Sæpe etiam eft Stultus valde opportuna locutus.
Ce que Perfe a imité:
Difcere ab infano multum laudanda magiftro.
Sat. III. Nos Pères difoient encore au même fens qu'*un Fol enfeigne bien un Sage.* Rab. III. 36.

Vers 53. ——— *Ce Rimeur furieux.*] Charles Du Périer, d'Aix en Provence. Il s'étoit d'abord attaché à la Poëfie Latine, où il réüffiffoit affez bien, & il fe vantoit d'y avoir formé le célèbre Santeul; mais ils fe brouillérent enfuite par une jaloufie poëtique. Du Périer renonça à la Poëfie Latine, pour faire des Vers François; dans lefquels il ne foutint pas fa première réputation, quoi qu'il fe fût propofé Malherbe pour modèle. La fureur qu'avoit Du Périer de réciter fes Vers à tous-venans, le rendoit infuportable. Un jour il accompagna Mr. Defpréaux à l'Eglife, & pendant toute la Meffe il ne fit que lui parler d'une Ode qu'il avoit préfentée à Meffieurs de l'Académie Françoife, pour le prix de l'année 1671. Il fe plaignoit de l'injuftice qu'il prétendoit qu'on lui avoit faite en ajugeant le prix à un autre. A peine pût-il fe contenir un moment pendant l'élévation: Il rompit le filence, & s'approchant de l'oreille de Mr. Defpréaux: *Ils ont dit,* s'écria-t-il affez

* Macrob. L. VI. Saturnal. c. 7. A. Gell. noct. Attic. L. II. c. 6.

CHANT IV.

Pense que rien n'échappe à sa débile vûë.
Ses conseils sont à craindre; & si vous les croïez,
70 Pensant fuir un écueil, souvent vous vous noïez.
Faites choix d'un Censeur solide & salutaire,
Que la Raison conduise, & le Savoir éclaire;
Et dont le crayon sûr, d'abord aille chercher
L'endroit, que l'on sent foible, & qu'on se veut cacher.
75 Lui seul éclaircira vos doutes ridicules:
De votre esprit tremblant levera les scrupules.
C'est lui qui vous dira, par quel transport heureux,
Quelquefois dans sa course un Esprit vigoureux
Trop resserré par l'Art, sort des règles prescrites,
80 Et de l'Art même apprend à franchir leurs limites.
Mais ce parfait Censeur se trouve rarement.
Tel excelle à rimer qui juge sottement.
Tel s'est fait par ses Vers distinguer dans la Ville,
Qui jamais de Lucain n'a distingué Virgile.
85   Auteurs, prêtez l'oreille à mes instructions.
Voulez-vous faire aimer vos riches fictions?

REMARQUES.

assez haut, *que mes Vers étoient trop Malherbiens.* Cette saillie inspira les deux vers suivans à notre Auteur:
Il n'est Temple si saint &c.
IMITATIONS. Vers 55. *Aborde en récitant &c.*] Horace, poët. v. 474.
Indoctum, doctumque fugat Recitator acerbus.
Quem verò arripuit, tenet, occiditque legendo:
Non missura cutem, nisi plena cruoris, Hirudo.
Voïez Martial L. III. Ep. XLIV. contre un Poëte semblable. Et Muret, dans ses *Juvenilia.*
Vers 59. *Je vous l'ai déja dit.*] Dans le premier Chant, vers 192.
Aimez qu'on vous conseille, & non pas qu'on vous loue.
Vers 71. *Faites choix d'un Censeur solide & salutaire &c.*] Caractère de Mr. Patru, le plus habile, & le plus sévère Critique de son siècle. Il étoit en réputation de si grande rigidité, que quand Mr. Racine faisoit à Mr. Despréaux quelque observation un peu trop subtile sur des endroits de ses Ouvrages; Mr. Despréaux, au lieu de lui dire le proverbe Latin, *Ne sis Patruus mihi,* N'aiez point pour moi la sévérité d'un Oncle; lui disoit: *Ne sis Patru mihi,* N'aiez point pour moi la sévérité de Patru.
CHANGEMENT. Vers 80. *Et de l'Art même apprend à franchir leurs limites.*] Dans les premières éditions de ce Poëme il y avoit: *A franchir les limites.* Cette expression étoit équivoque; car selon la construction grammaticale, *les limites,* se raportoient à l'*Art*; au lieu que cela se doit raporter à *Règles,* qui est dans le vers précédent. C'est pourquoi l'Auteur a mis *leurs limites.*
Vers 84. *Qui jamais de Lucain n'a distingué Virgile.*] C'est Mr. Corneille l'Aîné; la Tragédie de la *Mort de Pompée,* est une preuve de l'estime qu'il avoit pour Lucain. Son goût étoit si peu sûr, si nous en croïons l'Auteur des Caractères [*], qu'*il ne jugeoit de la bonté de ses pièces, que par l'argent qui lui en revenoit.*

[*]. *Mr. de la Bruyere, Chap. des Jugemens.*

L'ART POETIQUE.

Qu'en savantes leçons votre Muse fertile
Par tout joigne au plaisant le solide & l'utile.
Un Lecteur sage fuit un vain amusement,
90 Et veut mettre à profit son divertissement.
    Que votre Ame & vos Mœurs, peintes dans vos Ouvrages,
N'offrent jamais de vous que de nobles images.
Je ne puis estimer ces dangereux Auteurs,
Qui de l'Honneur en Vers infames deserteurs,
95 Trahissant la Vertu sur un papier coupable,
Aux yeux de leurs Lecteurs rendent le Vice aimable.
    Je ne suis pas pourtant de ces tristes Esprits,
Qui bannissant l'Amour de tous chastes Ecrits,
D'un si riche ornement veulent priver la Scène:
100 Traitent d'empoisonneurs & Rodrigue & Chimène.
L'Amour le moins honnête, exprimé chastement,
N'excite point en nous de honteux mouvement.
Didon a beau gémir, & m'étaler ses charmes;
Je condamne sa faute, en partageant ses larmes.

REMARQUES.

IMITATIONS. Vers 88. *Par tout joigne au plaisant le solide & l'utile.*] Art Poëtique d'Horace, v. 343.

*Omne tulit punctum, qui miscuit utile dulci,
Lectorem delectando, pariterque movendo.*

Vers 91. *Que votre ame & vos mœurs, peintes dans vos Ouvrages.*] Dans toutes les éditions l'Auteur avoit mis, *Peints dans tous vos Ouvrages*; quoique ce mot, *peints*, qui est un Participe masculin, se raportât à *Ame* & à *Mœurs*, qui sont deux mots féminins. Je lui marquai dans une Lettre la peine que cela me faisoit. Il me répondit en ces termes, le 3. de Juillet 1703. „Je n'ai garde de „conserver le solécisme qui est dans ce vers: „*Que votre ame & vos mœurs peints dans „tous vos Ouvrages.* Mr. Gibert † du Collè- „ges quatre Nations, est le premier qui „m'a fait apercevoir de cette faute, depuis ma „dernière édition. Dès qu'il me la montra „j'en convins sur le champ, avec d'autant „plus de facilité, qu'il n'y a pour la réfor- „mer qu'à mettre, comme vous dites fort „bien, *Que votre ame & vos mœurs peintes „dans vos Ouvrages*; ou, *Que votre esprit, „vos mœurs peints dans tous &c.* Mais pour- „rez-vous bien concevoir ce que je vais vous „dire, qui est pourtant très-véritable? Que „cette faute si aisée à remarquer, n'a pour- „tant été aperçuë ni de moi, ni de person- „ne, avant Mr. Gibert, depuis près de tren- „te ans que mon Art poëtique a été impri- „mé pour la première fois; Que Mr. Pa- „tru, c'est à dire, le *Quintilius* * de notre „siècle, qui revit exactement ma Poëtique, „ne s'en avisa point; Que dans tout ce flot „d'Ennemis qui a écrit contre moi, & qui „m'a chicané jusqu'aux points & aux vir- „gules, il ne s'en est pas rencontré un seul „qui l'ait remarquée? Cela vient, je crois, „de ce que le mot de *Mœurs* aïant une ter- „minaison masculine, on ne fait point ré- „flexion qu'il est féminin. Cela fait bien „voir, continuë-t-il, qu'il faut non seule- „ment montrer ses ouvrages à beaucoup de „gens, avant que de les imprimer; mais que „même, après qu'ils sont imprimez, il faut „s'enquérir curieusement des critiques qu'on „en fait. &c.

IMITATIONS. Ibid. *Que votre ame & vos mœurs &c.*] Ciceron., *De Orat.* II. *Mores Oratoris effingit oratio.* Et Sénèque: *Oratio*,
vul-

† *Célèbre Professeur de Rhétorique.*

* V. Hor. *Art. poët.* v. 438.

CHANT IV.

105 Un Auteur vertueux dans ses Vers innocens,
Ne corrompt point le cœur, en chatouillant les Sens:
Son feu n'allume point de criminelle flame.
Aimez donc la Vertu, nourrissez-en votre Ame.
En vain l'Esprit est plein d'une noble vigueur;
110 Le Vers se sent toujours des bassesses du Cœur.
Fuyez sur tout, fuyez ces basses jalousies,
Des vulgaires Esprits malignes phrénesies.
Un sublime Ecrivain n'en peut être infecté.
C'est un vice qui suit la Médiocrité.
115 Du Mérite éclatant cette sombre Rivale
Contre lui chez les Grands, incessamment cabale,
Et sur les piés en vain tâchant de se hausser,
Pour s'égaler à lui, cherche à le rabaisser.
Ne descendons jamais dans ces lâches intrigues.
120 N'allons point à l'Honneur par de honteuses brigues.
Que les Vers ne soient pas votre éternel emploi.
Cultivez vos amis, soyez homme de foi.

REMARQUES.

vultus animi est. Un fameux Peintre Italien † disoit la même chose en d'autres termes: *Ogni Pittore si dipinge se stesso.*

Vers 93. ―――― *Ces dangereux Auteurs.*] Les Contes de la Fontaine.

Vers 97. ―――― *De ces tristes Esprits.*] Mr. Nicole, pour satisfaire, comme il le dit, au désir d'une personne de très-grande condition, & d'une éminente pieté, avoit fait un petit Traité de la Comédie, dans lequel il se servoit de quelques exemples tirez des Tragédies de Mr. Corneille, pour prouver que, quoi que ce grand Poëte eût tâché de purger le Théatre des vices que l'on lui a le plus reprochez, ses Pièces ne laissoient pas d'être contraires à l'Evangile : & qu'elles corrompent l'esprit & le cœur par les sentimens Payens & Profanes qu'elles inspirent. C'est à quoi fait allusion le vers 100. *Traitent d'Empoisonneurs & Rodrigue & Chimène* ; où notre Auteur désigne la Tragicomédie du Cid, condamnée dans l'Ecrit de Mr. Nicole.

Vers 110 *Le Vers se sent toujours des bassesses du cœur.*] Brécourt, Comédien de la Troupe de Moliere, se mêloit de composer pour le Théâtre. En lisant une de ses Pièces à Mr. Despréaux, il lui disoit, que *les Ouvrages expriment toujours le caractère de l'Auteur*, & qu'il falloit être essentiellement honnête-homme, *pour paroitre tel en écrivant* ; là-dessus, il cita par distinction ces deux vers:

En vain l'esprit est plein d'une noble vigueur:
Le Vers se sent toujours des bassesses du cœur.

Notre Auteur, qui connoissoit peut-être l'esprit & les mœurs de ce Comédien, lui dit malicieusement, *Je conviens que votre exemple peut servir à confirmer cette règle.*

Vers 121. *Que les Vers ne soient pas votre éternel emploi.*] Mr. de la Fontaine n'avoit pour tout mérite que le talent de faire des vers : & ce talent si rare, n'est pas celui qui fournit le plus de qualitez pour la Société civile. Mr. Despréaux condamnoit vivement la foiblesse que la Fontaine avoit euë de donner sa voix pour exclure de l'Académie Françoise l'Abbé Furetière, son Confrere & son ancien ami. On dit pourtant pour la justification de la Fontaine, qu'il avoit bien résolu d'être favorable à Furetière ; mais que par distraction il lui avoit donné une boule noire, qui avoit été cause de son exclusion.

† *Leonard de Vinci.*

C'est peu d'être agréable & charmant dans un Livre;
Il faut savoir encore & converser & vivre.
125 Travaillez pour la Gloire, & qu'un sordide gain
Ne soit jamais l'objet d'un illustre Ecrivain.
Je sai qu'un noble Esprit peut, sans honte & sans crime,
Tirer de son travail un tribut légitime:
Mais je ne puis souffrir ces Auteurs renommez,
130 Qui dégoutez de gloire, & d'argent affamez,
Mettent leur Apollon aux gages d'un Libraire,
Et font d'un Art divin, un métier mercenaire.
Avant que la Raison, s'expliquant par la voix,
Eût instruit les Humains, eût enseigné des Loix:
135 Tous les Hommes suivoient la grossière Nature;
Dispersez dans les bois couroient à la pâture.
La Force tenoit lieu de droit & d'équité:
Le meurtre s'exerçoit avec impunité.
Mais du Discours enfin l'harmonieuse adresse
140 De ces sauvages mœurs adoucit la rudesse;
Rassembla les Humains dans les forêts épars,
Enferma les Citez de murs & de remparts;
De l'aspect du supplice effraïa l'Insolence,
Et sous l'appui des Loix mit la foible Innocence.
145 Cet ordre fut, dit-on, le fruit des premiers Vers.
De là sont nés ces bruits reçûs dans l'Univers,
Qu'aux accens, dont Orphée emplit les monts de Thrace,
Les Tigres amollis dépouilloient leur audace:
Qu'aux accords d'Amphion les pierres se mouvoient,
150 Et sur les murs Thébains en ordre s'élevoient.
L'Harmonie, en naissant, produisit ces miracles.

REMARQUES.

Vers 130. *Qui dégoutez de gloire, & d'argent affamez.*] Notre Auteur félicitoit le grand Corneille du succès de ses Tragédies, & de la gloire qui lui en revenoit: *Oui*, repondit Corneille: *Je suis soû de gloire, & affamé d'argent.* Le savant Estienne Pasquier a dit au contraire dans son Epitaphe *: *Vixi non auri cupidus, sed honoris avarus.*
IMITATIONS. Vers 147. *Qu'aux accens dont Orphée &c.*] Poëtique d'Horace, Ver 391.

* *Dans l'Eglise de St. Severin, à Paris.*

CHANT IV.

Depuis, le Ciel en Vers fit parler les Oracles;
Du sein d'un Prêtre, émû d'une divine horreur,
Apollon par des Vers exhala sa fureur.
155 Bien-tôt, ressuscitant les Heros des vieux âges,
Homere aux grands exploits anima les courages.
Hésiode à son tour, par d'utiles leçons,
Des champs trop paresseux vint hâter les moissons.
En mille Ecrits fameux la Sagesse tracée,
160 Fut, à l'aide des Vers, aux Mortels annoncée;
Et par tout des esprits ses préceptes vainqueurs,
Introduits par l'oreille, entrerent dans les cœurs.
Pour tant d'heureux bienfaits, les Muses réverées
Furent d'un juste encens dans la Grèce honorées;
165 Et leur Art, attirant le culte des Mortels,
A sa gloire en cent lieux vit dresser des Autels.
Mais enfin l'Indigence amenant la Bassesse,
Le Parnasse oublia sa première noblesse.
Un vil Amour du gain, infectant les esprits,
170 De mensonges grossiers souilla tous les Ecrits;
Et par tout enfantant mille Ouvrages frivoles,
Trafiqua du discours, & vendit les paroles.

  Ne vous flétrissez point par un vice si bas.
Si l'or seul a pour vous d'invincibles appas,
175 Fuyez ces lieux charmans qu'arrose le Permesse.
Ce n'est point sur ses bords qu'habite la Richesse.
Aux plus savans Auteurs, comme aux plus grands Guerriers,
Apollon ne promet qu'un nom & des lauriers.
  Mais, quoi? dans la disette une Muse affamée
180 Ne peut pas, dira-t-on, subsister de fumée.

REMARQUES.

Silvestres homines sacer, interpresque Deorum,
Cædibus & victu fœdo deterruit Orpheus.
Dictus ob hoc lenire tigres, rabidosque leones;

Dictus & Amphion Thebanæ conditor arcis,
Saxa movere sono testudinis &c.
Et les douze Vers suivans, dans lesquels Horace fait aussi l'éloge de la Poësie.

L'ART POETIQUE.

    Un Auteur, qui pressé d'un besoin importun,
    Le soir entend crier ses entrailles à jeun,
    Goute peu d'Hélicon les douces promenades.
    Horace a bû son saoul, quand il voit les Ménades;
185 Et libre du souci qui trouble Colletet,
    N'attend pas, pour dîner, le succès d'un Sonnet.
      Il est vrai : mais enfin cette affreuse disgrace
    Rarement parmi nous afflige le Parnasse.
    Et que craindre en ce siècle, où toujours les beaux Arts
190 D'un Astre favorable éprouvent les regards:
    Où d'un Prince éclairé la sage prévoïance
    Fait par tout au Merite ignorer l'indigence?
      Muses, dictez sa Gloire à tous vos Nourrissons.
    Son nom vaut mieux pour eux, que toutes vos leçons.
195 Que Corneille, pour lui rallumant son audace,
    Soit encor le Corneille & du Cid & d'Horace.
    Que Racine, enfantant des miracles nouveaux,
    De ses Heros sur lui forme tous les tableaux.
    Que de son nom, chanté par la bouche des Belles,

REMARQUES.

IMITATIONS. Vers 184. *Horace a bû son saoul &c.*] Juvénal Satire VII. vers 59.
        Neque enim cantare sub antro Pierio, Thyrsumve potest contingere mæsta Paupertas, atque æris inops ; quo nocte dieque Corpus eget ; Satur est cùm dicit Horatius, ohe!

Vers 185. ——— *Qui trouble Colletet.*] Voïez la note sur le vers 77. de la Satire I.

Vers 200. *Benserade* . . . . *amuse les ruelles.*] Mr. De Benserade s'étoit acquis à la Cour une réputation fort brillante par ses vers galants & par ses chansons, mais sur tout par les vers qu'il faisoit pour les personnes de la Cour, qui dansoient dans les Ballets du Roi : car dans ces vers il confondoit, d'une maniére fort ingénieuse, le caractère des Personnes, avec celui des Personnages qu'elles représentoient. Mais il étoit tellement borné à ce talent, que si-tôt qu'il a voulu l'abandonner il n'a plus été le même. En effet, les Métamorphoses d'Ovide qu'il mit en Rondeaux, furent l'écueil de sa réputation. Elles n'avoient pas encore paru quand notre Auteur publia son Art poétique ; car, après le Rondeaux, il n'auroit plus osé citer Benserade comme un Poëte galant, *chanté par la bouche des Belles.* Presque toutes les belles paroles, sur lesquelles le fameux Lambert a fait des Airs tendres, ont été composées par Benserade. Il fut reçu à l'Académie Françoise en 1674. & mourut en 1691.

Vers 201. *Que Segrais dans l'Eglogue.*] Segrais s'est particulierement distingué par des Eglogues, &. par un Poëme Pastoral sous l titre d'Athis ; dans lesquels il a parfaitement exprimé cette douce & ingénieuse simplicité qui fait le principal caractère de l'Eglogue. Jean Renaud de Segrais de l'Académie Françoise, mourut dans la ville de Caën, sa patrie, le 25. de Mars, 1701.

Vers 208. *Soi-même se noyant pour sortir naufrage.*] Après le passage du Rhin, le R s'étoit rendu maître de presque toute la Hollande ; & Amsterdam même se disposoit à

CHANT IV.

200 Benserade en tous lieux amuse les ruelles.
Que Segrais dans l'Eglogue en charme les forêts.
Que pour lui l'Epigramme aiguise tous ses traits.
Mais quel heureux Auteur, dans une autre Eneïde,
Aux bords du Rhin tremblant conduira cet Alcide ?
205 Quelle savante Lyre au bruit de ses exploits,
Fera marcher encor les rochers & les bois :
Chantera le Batave éperdu dans l'orage,
Soi-même se noyant pour sortir du naufrage :
Dira les bataillons sous Maftricht enterrez,
210 Dans ces affreux assauts du Soleil éclairez ?
   Mais tandis que je parle, une Gloire nouvelle
Vers ce Vainqueur rapide aux Alpes vous appelle.
Déja Dôle & Salins sous le joug ont ployé.
Besançon fume encor sur son Roc foudroïé.
215 Où sont ces grands Guerriers, dont les fatales Ligues
Devoient à ce torrent opposer tant de digues ?
Est-ce encore, en fuyant, qu'ils pensent l'arrêter,
Fiers du honteux honneur d'avoir sû l'éviter ?

REMARQUES.

envoïer ses clés. Les Hollandois, pour sauver le reste de leur païs, n'eurent d'autre ressource que de le submerger entièrement, en lâchant leurs écluses.

Vers 209. *Dira les bataillons sous Maftricht enterrez* &c.] Maftricht étoit une des Places les plus considerables qui restoient aux Hollandois, après les pertes qu'ils avoient faites en 1672. Le Roi en fit le siège en personne ; & après plusieurs assauts donnez en plein jour, & dans lesquels on avoit emporté tous les déhors l'épée à la main, cette forte Place se rendit le 29. de Juin, 1673. après treize jours de tranchée ouverte.

IMITATIONS. Vers 211. *Mais tandis que je parle* &c.] Virgile a aussi daté ses Géorgiques, par les victoires d'Auguste :

Hæc super arvorum cultu, pecorumque canebam ;
Et super arboribus ; Cæsar dum manus ad altum
Fulminat Euphratem bello, victorque &c.

Vers 213. *Déja Dôle & Salins..... Besançon fume encor.*] Ce sont les trois principales Villes de la Franche-Comté, dont le Roi se rendit le maitre en l'année 1674. Besançon fut assiègé & pris au mois de Mai. Dôle & Salins se rendirent le mois suivant. Le Roi avoit déja conquis une autre fois cette Province, en 1668.

Vers 215. *Où sont ces grands Guerriers, dont les fatales Ligues.*] La Ligue étoit composée de l'Empereur, des Rois d'Espagne & de Danemarck ; de la Hollande & de toute l'Allemagne, excepté les Ducs de Baviere & d'Hanover.

Vers 218. *Fiers du honteux honneur d'avoir sû l'éviter.*] Montécuculli, Général de l'Armée d'Allemagne pour les Alliez, évita le combat, & s'applaudit de la retraite avantageuse qu'il avoit faite.

——— ——— Quos opimus,
Fallere & effugere, est triumphus ;

dit Annibal, dans Horace, parlant des Romains. L. IV. Ode IV. v. 51.

Que de remparts détruits ! que de Villes forcées !
Que de moissons de gloire en courant amassées !
Auteurs pour les chanter, redoublez vos transports.
Le sujet ne veut pas de vulgaires efforts.
Pour moi, qui jusqu'ici nourri dans la Satire,
N'ose encor manier la Trompette & la Lyre :
Vous me verrez pourtant, dans ce champ glorieux,
Vous animer du moins de la voix & des yeux :
Vous offrir ces leçons, que ma Muse au Parnasse,
Rapporta, jeune encor, du commerce d'Horace ;
Seconder votre ardeur, échauffer vos Esprits,
Et vous montrer de loin la couronne & le prix.
Mais aussi pardonnez si, plein de ce beau zèle,
De tous vos pas fameux observateur fidèle,
Quelquefois du bon or je sépare le faux ;
Et des Auteurs grossiers j'attaque les défauts :
Censeur un peu fâcheux, mais souvent nécessaire,
Plus enclin à blâmer, que savant à bien faire.

LE

LE LUTRIN.

POËME HEROÏ-COMIQUE,

DIVISÉ

EN SIX CHANTS.

AVIS AU LECTEUR[1].

Il seroit inutile maintenant de nier que le Poëme suivant a été composé à l'occasion d'un differend assez léger, qui s'émût dans une des plus célèbres Eglises de Paris, entre le Tréforier & le Chantre. Mais c'est tout ce qu'il y a de vrai. Le reste, depuis le commencement jusqu'à la fin, est une pure fiction : & tous les Personnages y sont non seulement inventez ; mais j'ai eu soin même de les faire d'un caractère directement opposé au caractère de ceux qui desservent cette Eglise, dont la plûpart, & principalement les Chanoines, sont tous gens non seulement d'une fort grande probité, mais de beaucoup d'esprit, & entre lesquels il y en a tel à qui je demanderois aussi volontiers son sentiment sur mes Ouvrages, qu'à beaucoup de Messieurs de l'Académie. Il ne faut donc pas s'étonner si personne n'a été offensé de l'impression de ce Poëme, puis qu'il n'y a en effet personne qui y soit véritablement attaqué. Un Prodigue ne s'avise guéres de s'offenser de voir rire d'un Avare, ni un Dévot de voir tourner en ridicule un Libertin. Je ne dirai point comment je fus engagé à travailler à cette bagatelle[2] sur une espèce de défi qui me fut fait en riant par feu Monsieur le Premier Président de Lamoignon, qui est celui que j'y peins sous le nom d'Ariste. Ce détail, à mon avis, n'est pas fort nécessaire. Mais je croirois me faire un trop grand tort, si je laissois échaper cette occasion d'apprendre à ceux qui l'ignorent, que ce grand Personnage, durant sa vie, m'a honoré de son amitié. Je commençai à le connoître dans le tems que mes Satires faisoient le plus de bruit ; & l'accès obligeant, qu'il me donna dans son illustre Maison, fit avantageu-

REMARQUES.

[1] L'Auteur publia en 1674. les quatre premiers Chants du Lutrin, avec une Préface, dans laquelle il expliquoit assez au long, mais avec quelques déguisemens, à quelle occasion il avoit composé ce Poëme. Dans l'édition de 1683. il supprima cette Préface, & en donna une autre, dont celle que l'on voit ici, faisoit partie.

[2] *Sur une espèce de défi.*] Le démêlé du Tréforier & du Chantre parut si plaisant à Mr. le Premier Président de Lamoignon, qu'il proposa un jour à Mr. Despréaux d'en faire le sujet d'un Poëme, que l'on pourroit intituler, *La Conquête du Lutrin*, ou *Le Lutrin enlevé*; à l'exemple du Tassoni, qui avoit fait son Poëme de *La Secchia rapita*, sur un sujet presque semblable. Mr. Despréaux répondit, qu'il ne faloit jamais défier un Fou, & qu'il l'étoit assez, non seulement pour entreprendre ce Poëme, mais encore pour le dédier à Mr. le Premier Président lui-même. Ce Magistrat n'en fit que rire ; & l'Auteur aïant pris cette plaisanterie pour une espèce de défi, forma dès le même jour, l'idée & le plan de ce Poëme, dont il fit même les premiers vers. Le plaisir que cet essai fit à Mr. le Premier Président, encouragea Mr. Despréaux à continuer.

geusement mon apologie contre ceux qui vouloient m'accuser alors de libertinage & de mauvaises mœurs. C'étoit un Homme d'un savoir étonnant, & passionné admirateur de tous les bons Livres de l'Antiquité ; & c'est ce qui lui fit plus aisément souffrir mes Ouvrages, où il crut entrevoir quelque goût des Anciens. Comme sa pieté étoit sincère, elle étoit aussi fort gaie, & n'avoit rien d'embarrassant. Il ne s'effraya point du nom de Satires que portoient ces Ouvrages, où il ne vit en effet que des Vers & des Auteurs attaquez. Il me loüa même plusieurs fois d'avoir purgé, pour ainsi dire, ce genre de Poësie de la saleté, qui lui avoit été jusqu'alors comme affectée. J'eus donc le bonheur de ne lui être pas désagréable. Il m'appella à tous ses plaisirs & à tous ses divertissemens ; c'est-à-dire, à ses lectures & à ses promenades. Il me favorisa même quelquefois de sa plus étroite confidence, & me fit voir à fond son ame entière. Et que n'y vis-je point ! Quel trésor surprenant de probité & de justice ! quel fonds inépuisable de pieté & de zèle ! Bien que sa vertu jettât un fort grand éclat au dehors, c'étoit toute autre chose au dedans ; & on voyoit bien qu'il avoit soin d'en temperer les raïons, pour ne pas blesser les yeux d'un siècle aussi corrompu que le nôtre. Je fus sincèrement épris de tant de qualitez admirables ; & s'il eut beaucoup de bonne volonté pour moi, j'eus aussi pour lui une très-forte attache. Les soins, que je lui rendis, ne furent mêlez d'aucune raison d'intérét mercénaire ; & je songeai bien plus à profiter de sa conversation que de son crédit. Il mourut dans le tems que cette amitié étoit en son plus haut point, & le souvenir de sa perte m'afflige encore tous les jours. Pourquoi faut-il que des Hommes si dignes de vivre soient si tôt enlevez du monde, tandis que des misérables & des gens de rien arrivent à une extrême vieillesse ? Je ne m'étendrai pas davantage sur un sujet si triste : car je sens que si je continuois à en parler, je ne pourrois m'empêcher de mouiller peut-être de larmes la Préface d'un Ouvrage de pure plaisanterie.

ARGUMENT.

LE Trésorier remplit la première Dignité du Chapitre, dont il est ici parlé, & il officie avec toutes les marques de l'Episcopat. Le Chantre remplit la seconde Dignité. Il y avoit autrefois dans le Chœur, devant la place du Chantre, un énorme Pupitre ou Lutrin, qui le couvroit presque tout entier. Il le fit ôter. Le Trésorier voulut le faire remettre. De là, arriva une dispute, qui fait le sujet de ce Poëme.

LE

LE LUTRIN.

POËME HEROÏ-COMIQUE.

CHANT PREMIER.

JE chante les combats, & ce Prélat terrible,
Qui par ses longs travaux, & sa force invincible,
Dans une illustre Eglise exerçant son grand cœur,
Fit placer à la fin un Lutrin dans le Chœur.
5 C'est en vain que le Chantre abusant d'un faux titre,
Deux fois l'en fit ôter par les mains du Chapitre:
Ce Prélat sur le banc de son Rival altier,
Deux fois, le reportant, l'en couvrit tout entier.
   Muse, redi-moi donc, quelle ardeur de vengeance,
10 De ces Hommes sacrez rompit l'intelligence,

REMARQUES.

Vers 1. *Je chante les combats, & ce Prélat terrible.*] Claude Auvry, ancien Evêque de Coûtance, étoit alors Trésorier de la Sainte Chapelle. Il avoit été Camérier du Cardinal Mazarin, & comme il entendoit assez bien l'usage de la Cour de Rome sur les matieres bénéficiales, il se rendit nécessaire à ce Cardinal qui possedoit un grand nombre de bénéfices. Le Cardinal lui fit donner l'Evêché de Coûtance en Normandie, qu'il quitta ensuite pour la Trésorerie de la Sainte Chapelle.

Vers 3. *Dans une illustre Eglise.*] L'Auteur ne voulant pas nommer la Sainte Chapelle de Paris, avoit mis, *Dans Bourges autrefois* &c. parce qu'il y a aussi une Sainte Chapelle dans la ville de Bourges. Mais après l'impression, il fit effacer avec la pointe du canif une partie du B. qui est dans le mot *Bourges*, & de cette lettre on fit un P. Ainsi *Bourges* fut changé en *Pourges*, comme on le peut voir dans les exemplaires de l'édition *in quarto* de l'année 1674. Dans celle de 1675. on ne mit qu'un P.... suivi de quatre points.

Vers 4. *Fit placer à la fin un Lutrin dans le Chœur.*] Le Lutrin, ou Pupitre, qui fait le sujet de ce Poëme, fut mis devant la place du Chantre, le 31. de Juillet, 1667.

CHANGEMENT. Vers 5. *C'est en vain que le Chantre* &c.] Dans les premières éditions on lisoit;

En vain deux fois le Chantre, appuïé d'un vain titre,
Contre ses hauts projets arma tout le Chapitre.
Ce Prélat genereux aidé d'un Horloger,
Soûtint jusques au bout l'honneur de son Clocher.

Ibid. *C'est en vain que le Chantre.*] Jaques Barrin, fils de Mr. de la Galissonière, Maître des Requêtes. Il étoit distingué par son mérite, autant que par sa naissance.

IMITATIONS. Vers 9. *Muse, redi-moi donc,*] Virgile, Enéide I.12.

Musa, mihi causas memora &c.

LE LUTRIN.

Et troubla si long-tems deux célèbres Rivaux.
Tant de fiel entre-t-il dans l'ame des Dévots?
Et Toi, fameux Heros, dont la sage entremise
De ce schisme naissant débarrassa l'Eglise;
15 Vien d'un regard heureux animer mon projet,
Et garde-toi de rire en ce grave sujet.
   Parmi les doux plaisirs d'une paix fraternelle,
Paris voïoit fleurir son antique Chapelle.
Ses Chanoines vermeils, & brillans de santé,
20 S'engraissoient d'une longue & sainte oisiveté.
Sans sortir de leurs lits plus doux que leurs hermines,
Ces pieux fainéans faisoient chanter Matines;
Veilloient à bien dîner, & laissoient en leur lieu
A des Chantres gagez le soin de loüer Dieu.
25   Quand la Discorde, encor toute noire de crimes,
Sortant des Cordeliers pour aller aux Minimes,
Avec cet air hideux qui fait frémir la Paix,
S'arrêta près d'un arbre au pié de son Palais.
Là, d'un œil attentif, contemplant son Empire,

REMARQUES.

IMITATIONS. Vers 12. *Tant de fiel entre-t-il* &c.] Virgile au même endroit, vs. 15.
      Tantæne animis cœlestibus iræ!
Vers 13. *Et Toi, fameux Heros*.] Mr. le Premier Président de Lamoignon.
CHANGEMENT. Ibid. *Et Toi, fameux Heros.*] Première maniere avant l'impression, *Et Toi, grand Lamoignon*.
CHANGEMENT. Vers 18. *Paris voïoit fleurir son antique Chapelle.*] Premiere maniere, *Le calme fleurissoit dans la Sainte-Chapelle*. Mais ce dernier mot ne désignoit pas assez précisément la Sainte-Chapelle de Paris. Dans la premiere édition faite en 1674, on lisoit *Pourges*, au lieu de *Paris*.
Vers 26. *Sortant des Cordeliers pour aller aux Minimes*.] Il y eut de grandes brouilleries dans ces deux Couvens, au sujet de l'éle&ion des Superieurs. Pour aller de l'un à l'autre de ces Couvens, on passe près du Palais, où est la Sainte-Chapelle, & c'est la route que l'Auteur fait tenir à la Discorde. L'Arioste, dans son Roland le furieux, feint que St. Michel allant chercher la Discorde, la trouva dans un Chapitre de Moines, assemblez pour l'élection de leurs Superieurs.
*Al Monister, dove altre volte havea
La Discordia veduta, drizzò l'ali.
Trovolla, che in Capitolo sedea
A nova elettione de gli Officiali*. Cant. XXVIII. st. 37.
Vers 28. *S'arrêta près d'un arbre*.] C'est le Mai, que la Communauté des Clercs du Palais, nommée la Bazoche, fait planter tous les ans dans la vieille Cour du Palais, près de la Sainte-Chapelle.
CHANGEMENT. Ibid. *S'arrêta près d'un arbre au pié de son Palais.*] Première maniere: *S'arrêta près du Mai dans la Cour du Palais*.
Vers 34. *Le Bourgeois, le Manant*, &c.] Ce vers est fort serré; Il comprend tous les Etats du Roïaume.
Vers 45. ———*D'un ton qui fit trembler les vitres*.] De la Sainte Chapelle.
Vers 47. *Diviser Cordeliers, Carmes, & Célestins*.] Dans ces Couvens, il y avoit eu des brouilleries, des déreglemens & des divi-

30 A l'aspect du Tumulte, Elle même s'admire.
Elle y voit par le coche & d'Evreux & du Mans,
Accourir à grans flots ses fidelles Normans.
Elle y voit aborder le Marquis, la Comtesse,
Le Bourgeois, le Manant, le Clergé, la Noblesse;
35 Et par tout des Plaideurs les escadrons épars,
Faire autour de Thémis flotter ses étendars.
Mais une Eglise seule à ses yeux immobile,
Garde au sein du Tumulte une assiette tranquile.
Elle seule la brave; elle seule aux procès
40 De ses paisibles murs veut défendre l'accès.
La Discorde, à l'aspect d'un Calme qui l'offense,
Fait siffler ses serpens, s'excite à la vengeance.
Sa bouche se remplit d'un poison odieux,
Et de longs traits de feu lui sortent par les yeux.
45   Quoi, dit-Elle, d'un ton qui fit trembler les vitres,
J'aurai pû jusqu'ici brouiller tous les Chapitres,
Diviser Cordeliers, Carmes & Célestins!
J'aurai fait soûtenir un Siege aux Augustins!

REMARQUES.

visions, qui donnèrent lieu à un Arrêt que le Parlement rendit au mois d'Avril, 1667. sur le Réquisitoire de Mr. l'Avocat Général Talon. Ce Grand Magistrat parla dans cette occasion, avec beaucoup de force & de véhémence. On peut voir cet Arrêt dans les Journaux du Palais, & des Audiences.

Vers 48. *J'aurai fait soûtenir un siège aux Augustins.*] De deux en deux ans, les Augustins du grand Couvent de Paris nomment en Chapitre, trois de leurs Religieux Bacheliers, pour faire leur Licence en Sorbone. Il y a trois places fondées pour cela. En 1658. le P. Célestin Villiers, Prieur de ce Couvent, voulant favoriser quelques Bacheliers, en fit nommer neuf pour les trois Licences suivantes. Ceux qui s'en virent exclus par cette élection prématurée, se pourvûrent au Parlement, qui ordonna que l'on feroit une autre nomination, en présence de Mrs. de Catinat & de Saveuse, Conseillers de la Cour; & de Me. Janart, Substitut du Procureur Général. Les Religieux aïant refusé d'obéir, la Cour fut obligée d'emploïer la force pour faire exécuter son Arrêt. On manda tous les Archers, qui, après avoir investi le Couvent, essaïèrent d'enfoncer les portes. Mais ils n'en pûrent venir à bout, parce que les Religieux, prévoïant ce qui devoit arriver, les avoient fait murer par derrière, & avoient fait provision de cailloux; & de toutes sortes d'Armes. Les Archers tentèrent d'autres voies: les uns montèrent sur les toits des maisons voisines pour entrer dans le Couvent, tandis que les autres travailloient à faire une ouverture dans la muraille du jardin, du côté de la Ruë Christine. Les Augustins s'étant mis en défense, sonnèrent le tocsin, & commencèrent à tirer d'en bas sur les Assiégeans. Ceux-ci postez plus avantageusement qu'eux, & couverts par les cheminées, tirèrent à leur tour sur les Moines, dont il y en eut deux de tuez, & autant de blessez.

Cependant, la brêche étant faite, les Religieux eurent la témerité d'y porter le Saint Sacrement, espèrant d'arrêter par là les Assiégeans. Mais, comme ils virent que cette ressour-

LE LUTRIN.

Et cette Eglise seule, à mes ordres rebelle,
50 Nourrira dans son sein une paix éternelle!
Suis-je donc la Discorde? & parmi les Mortels,
Qui voudra desormais encenser mes Autels?
A ces mots, d'un bonnet couvrant sa tête énorme,
Elle prend d'un vieux Chantre & la taille & la forme:
55 Elle peint de bourgeons son visage guerrier,
Et s'en va de ce pas trouver le Trésorier.
Dans le réduit obscur d'une alcove enfoncée,
S'élève un lit de plume à grans frais amassée.
Quatre rideaux pompeux, par un double contour,
60 En défendent l'entrée à la clarté du jour.
Là, parmi les douceurs d'un tranquille silence,
Règne sur le duvet une heureuse Indolence.
C'est là que le Prélat muni d'un déjeuner,
Dormant d'un léger somme, attendoit le dîner.
65 La Jeunesse en sa fleur brille sur son visage:
Son menton sur son sein descend à double étage:

REMARQUES.

ressource étoit inutile, & que l'on ne laissoit pas de tirer sur eux, ils demandèrent à capituler, & l'on donna des ôtages de part & d'autre. Le principal article de la capitulation fut, que les Assiégez auroient la vie sauve, moïennant quoi ils abandonnèrent la brêche, & livrèrent leurs portes. Les Commissaires du Parlement étant entrez, firent arrêter onze de ces Religieux, qui furent menez en prison à la Conciergerie. Ce fut le 23. d'Août, 1658. veille de St. Barthelemi. Le Cardinal Mazarin, qui n'aimoit pas le Parlement, fit mettre les Religieux en liberté, par ordre du Roi, après 27. jours de prison. Ils furent mis dans les Carrosses du Roi, & menez en triomphe dans leur Couvent, au milieu des Gardes Françoises rangées en haie depuis la Conciergerie jusques aux Augustins. Leurs Confrères allèrent les recevoir en procession, aïant des palmes à la main. Ils sonnèrent toutes leurs cloches, & chantèrent le *Te Deum* en action de graces.

La Fontaine fit à ce sujet une Ballade, dont Mr. Despréaux n'avoit retenu que le commencement & la fin.

Aux Augustins, sans allarmer la Ville,
On fut her * soir; mais le cas n'alla bien.
L'Huissier voïant de cailloux une pile,
Crût qu'ils n'étoient mis là pour aucun bien.
&c.

Et dedans peu me semble que je voi,
Que sur la mer, ainsi que sur la terre,
Les Augustins sont serviteurs du Roi.

Vers 54. *Elle prend d'un vieux Chantre & la taille & la forme.*] Dans la Poësie Epique, où tout se fait par le ministère des Dieux, ils ne se manifestent jamais aux Hommes que sous la figure humaine. Homère ne manque point à cette bien-séance; & c'est ainsi que le Merveilleux se concilie avec le Vraisemblable.

Vers 57. *Dans le réduit obscur d'une alcove enfoncée*, &c.] Cette description avoit été faite de génie: l'Auteur n'aïant jamais vû ni l'alcove, ni le lit du Trésorier. Cependant elle se trouva conforme à la vérité.

Vers 65. *La Jeunesse en sa fleur &c.*] L'Auteur ajoûta ces quatre Vers pour faire
une

* *Hier au soir.*

CHANT I.

Et son corps ramassé dans sa courte grosseur,
Fait gémir les coussins sous sa molle épaisseur.
    La Déesse en entrant, qui voit la nappe mise,
70 Admire un si bel ordre & reconnoît l'Eglise ;
Et marchant à grans pas vers le lieu du repos,
Au Prélat sommeillant, Elle adresse ces mots.
    Tu dors ? Prélat, tu dors ? & là-haut à ta place,
Le Chantre aux yeux du Chœur étale son audace,
75 Chante les *Oremus*, fait des Processions,
Et répand à grans flots les bénédictions.
Tu dors ? attens-tu donc, que sans bulle & sans titre
Il te ravisse encor le Rochet & la Mitre ?
Sors de ce lit oiseux, qui te tient attaché,
80 Et renonce au repos, ou bien à l'Evêché.
    Elle dit, & du vent de sa bouche profane,
Lui souffle avec ces mots l'ardeur de la chicane.
Le Prélat se réveille, & plein d'émotion
Lui donne toutefois la bénédiction.
85 Tel qu'on voit un Taureau, qu'une Guêpe en furie,

REMARQUES.

une contre-verité : car le Trésorier étoit maigre, vieux, & de grande taille. Mais notre Poëte voulant faire un portrait de son Héros, a dû le faire conforme au caractère qu'il lui donne dans ce Poëme.
    Vers 70. ——— *Et reconnoît l'Eglise.*] Ce dernier mot n'a été imprimé que dans l'édition posthume de 1713. L'Auteur ne l'avoit indiqué que par des étoiles dans les précedentes éditions.
    IMITATIONS. Vers 73. *Tu dors, Prélat ? tu dors ?*] Dans le second Livre de l'Iliade, un Songe envoïé par Jupiter, dit à Agamemnon : Εὕδεις, Ἀτρέος υἱέ : *Tu dors, Fils d'Atrée !*
    Ibid. ——— *Et là haut à ta place.*] La Sainte-Chapelle haute, où les Chanoines font l'office, est beaucoup plus élevée que la Maison du Trésorier, qui est dans la Cour du Palais.
    Vers 76. *Et répand à grands flots les bénédictions.*] C'étoit le principal motif de la jalousie du Trésorier contre le Chantre.
    Vers 80. *Et renonce au repos, ou bien à l'Evêché.*] Mr. Auvry avoit été Evêque de Coûtance. D'ailleurs comme Trésorier de la Sainte-Chapelle, il avoit le droit de faire l'Office pontificalement aux grandes Fêtes de l'année, suivant un privilège accordé par Benoit XIII. Pierre *de Luna*, Antipape, à Hugues Boileau, Confesseur du Roi Charles V. & Trésorier de la Sainte-Chapelle. Il étoit de la famille dont Mr. Boileau-Despréaux est descendu. ,, Long-tems après que St. ,, Louïs eut bâti cette Chapelle, *dit Pasquier* ,, *dans ses Recherches,* L. III. ch. 39. ,, elle ,, fut depuis grandement annoblie par le Roi ,, Charles V. C'est lui qui obtint du Saint ,, Siége permission au Trésorier d'icelle, d'u- ,, ser de Mitre, Anneaux, & autres Orne- ,, mens Pontificaux (excepté la Crosse) & ,, donner bénédiction, tout ainsi qu'un E- ,, vêque, célébrant le service divin dedans le ,, pourtrix de cette Sainte-Chapelle.
    Vers 85. *Tel qu'on voit un Taureau, qu'une Guêpe en furie* &c.] Quelques objections que j'avois faites contre la justesse de cette comparaison, & que je renouvellai dans une
Let-

A piqué dans les flancs, aux dépens de fa vie:
Le fuperbe Animal, agité de tourmens,
Exhale fa douleur en longs mugiffemens.
Tel le fougueux Prélat, que ce fonge épouvante,
90 Querelle en fe levant & Laquais & Servante:
Et d'un jufte courroux rallumant fa vigueur,
Même avant le dîner, parle d'aller au Chœur;
Le prudent Gilotin, fon Aumônier fidelle,
En vain par fes confeils fagement le rappelle:
95 Lui montre le peril: Que midi va fonner:
Qu'il va faire, s'il fort, refroidir le dîner.
Quelle fureur, dit-il, quel aveugle caprice,
Quand le dîner eft prêt, vous appelle à l'Office?
De votre dignité foûtenez mieux l'éclat.
100 Eft-ce pour travailler que vous êtes Prélat?
A quoi bon ce dégoût, & ce zèle inutile?
Eft-il donc pour jeûner Quatre-tems, ou Vigile?
Reprenez vos efprits, & fouvenez-vous bien,
Qu'un dîner réchauffé ne valut jamais rien.
105 Ainfi dit Gilotin, & ce Miniftre fage
Sur table, au même inftant, fait fervir le potage.
Le Prélat voit la foupe, & plein d'un faint refpect

REMARQUES.

Lettre que j'écrivis à l'Auteur, m'attirèrent cette Reponfe du 15. Mai, 1703. - - - - - „ Vous attaquez fortement ce que je dis dans mon Lutrin, de la Guêpe, qui meurt du coup dont elle pique fon Ennemi. Vous prétendez que je lui donne ce qui n'appartient qu'aux Abeilles, *quæ vitam in vulnere ponunt*. Mais je ne vois pas pourquoi vous voulez qu'il n'en foit pas de même de la Guêpe, qui eft une efpèce d'Abeille bâtarde, que de la véritable Abeille; puis que perfonne n'a jamais dit le contraire: & que jamais on n'a fait à mon Vers l'objection que vous lui faites. Je ne vous cacherai point pourtant, que je ne crois cette prétendue mort, vraie ni de l'Abeille, ni de la Guêpe; & que tout cela n'eft, à mon avis, qu'un difcours populaire dont „ il n'y a aucune certitude. Mais il ne faut „ pas d'autre autorité à un Poëte, pour em- „ bellir fon expreffion. Il en faut croire le „ bruit public fur les Abeilles & fur les Guê- „ pes, comme fur le chant des Cygnes en „ mourant, & fur l'unité & la renaiffance „ du Phénix. - - - - - Quelque tems après je lui mandai qu'un favant Phyficien * m'avoit fait remarquer, par le moïen du Microfcope, que l'aiguillon des Guêpes eft garni à fa pointe, de plufieurs petits redens qui s'oppofent à la fortie de l'aiguillon, quand il a fait fa piquûre: ce qui peut faire croire que la Guêpe meurt auffi bien que l'Abeille, après avoir piqué. Mr. Defpréaux me répondit ainfi. - - - - „ J'admire le foin que vous
prenez

* Mr. de Puget.

CHANT I.

    Demeure quelque tems muet à cet afpect.
    Il cède, il dîne enfin : mais toujours plus farouche,
110 Les morceaux trop hâtez fe preffent dans fa bouche.
    Gilotin en gémit, & fortant de fureur,
    Chez tous fes Partifans va femer la terreur.
    On voit courir chez lui leurs troupes éperduës,
    Comme l'on voit marcher les bataillons de Gruës ;
115 Quand le Pygmée altier, redoublant fes efforts,
    De l'Hebre ou du Strymon vient d'occuper les bords.
    A l'afpect imprévû de leur foule agréable,
    Le Prélat radouci veut fe lever de table.
    La couleur lui renaît, fa voix change de ton.
120 Il fait par Gilotin rapporter un jambon.
    Lui-même le premier, pour honorer la troupe,
    D'un vin pur & vermeil il fait remplir fa coupe :
    Il l'avale d'un trait : & chacun l'imitant,
    La cruche au large ventre eft vuide en un inftant.
125 Si-tôt que du nectar la troupe eft abreuvée,
    On deffert : & foudain la nappe étant levée,
    Le Prélat, d'une voix conforme à fon malheur,
    Leur confie en ces mots fa trop jufte douleur.
    Illuftres compagnons de mes longues fatigues,

REMARQUES.

„ prenez de me fournir des armes contre vous-même, au fujet de la critique que vous m'avez faite fur la piquûre de la Guêpe. Je n'avois garde de me fervir de ces armes, puis que franchement, avant vôtre Lettre, je ne favois rien du fait que vous m'y raportez. Je fuis ravi de vous devoir ma juftification, & je vous prie de le bien marquer dans votre Commentaire fur le Lutrin, &c.

IMITATIONS. Vers 86. *A piqué dans les flancs, aux depens de fa vie.*] Virgile parlant des Abeilles. Liv. IV. des Géorg. Vers 236.

    ———— *Læfæque venenum*
Morfibus infpirant, & fpicula cæca relinquunt,
Affixæ venis, vitamque in vulnere ponunt.

Vers 93. *Le prudent Gilotin.*] Son véritable nom étoit *Gueronet.* Le Tréforier lui donna enfuite la Cure de la Sainte-Chapelle.

Vers 112. *Chez tous fes Partifans.*] Les Chantres fubalternes étoient dans le parti du Tréforier contre le Chantre & les autres Chanoines ; parce que ceux-ci leur refufoient de certains droits.

IMITATIONS. Vers 114. *Comme l'on voit marcher les bataillons de Gruës : &c.*] Homère, Iliade, L. III. v. 6.

Vers 115. *Quand le Pygmée altier &c.*] Peuple fabuleux qui habitoit aux environs de l'Hèbre & du Strymon, fleuves de Thrace. Les Pygmées n'avoient, dit-on, qu'une coudée de hauteur, & étoient en guerre continuelle avec les Gruës, qui chaffèrent ces petits hommes de la ville de Géranie, felon Pline, L. IV. c. 11.

130 Qui m'avez soûtenu par vos pieuses ligues,
Et par qui, maître enfin d'un Chapitre insensé,
Seul à *Magnificat* je me vois encensé.
Souffrirez-vous toujours qu'un Orgueilleux m'outrage;
Que le Chantre à vos yeux détruise votre ouvrage;
135 Usurpe tous mes droits, & s'égalant à moi,
Donne à votre Lutrin & le ton & la loi?
Ce matin même encor, ce n'est point un mensonge,
Une Divinité me l'a fait voir en songe,
L'insolent s'emparant du fruit de mes travaux,
140 A prononcé pour moi le *Benedicat vos*.
Oui, pour mieux m'égorger, il prend mes propres armes.
 Le Prélat à ces mots verse un torrent de larmes.
Il veut, mais vainement, poursuivre son discours.
Ses sanglots redoublez en arrêtent le cours.
145 Le zèlé Gilotin, qui prend part à sa gloire,
Pour lui rendre la voix fait rapporter à boire;
Quand Sidrac, à qui l'âge allonge le chemin,
Arrive dans la chambre, un bâton à la main.
Ce Vieillard dans le Chœur a déja vû quatre âges:
150 Il sait de tous les tems les differens usages:
Et son rare savoir, de simple Marguillier,
L'éleva par degrez au rang de Chevecier.
A l'aspect du Prélat qui tombe en défaillance,
Il devine son mal, il se ride, il s'avance,
155 Et d'un ton paternel réprimant ses douleurs:
 Laisse au Chantre, dit-il, la tristesse & les pleurs,

REMARQUES.

Vers 147. *Quand Sidrac.*] C'est le nom d'un vieux Chapelain-Clerc, ou d'un Chantre Musicien, dont la voix étoit une fort belle Taille. On lui donne ici le caractère d'un vieux Plaideur; & c'est lui qui est le Conseil du Trésorier. Le caractère de Sidrac est formé sur celui de Nestor, si renommé par sa prudence consommée, & par la sagesse de ses conseils.

Vers 149. *Ce Vieillard dans le Chœur a dé-* *ja vû quatre âges.*] A vû renouveller le Chapitre quatre fois. Soixante ou soixante-dix ans pourroient suffire pour cela; mais on ne doit pas prendre ces expressions poëtiques dans une exacte rigueur. Homère dans l'Iliade, Liv. I. & dans l'Odyssée L. III. dit, que Nestor avoit déja regné trois âges. Le long & glorieux Regne de Loüis le Grand peut servir de confirmation à cet exemple.

Vers 151. ―― *De simple Marguillier.*] C'est

Prélat, & pour sauver tes droits & ton empire,
Ecoute seulement ce que le Ciel m'inspire.
Vers cet endroit du Chœur, où le Chantre orgueilleux
160 Montre, assis à ta gauche, un front si sourcilleux,
Sur ce rang d'ais serrez, qui forment sa clôture,
Fut jadis un Lutrin d'inégale structure,
Dont les flancs élargis, de leur vaste contour
Ombrageoient pleinement tous les lieux d'alentour.
165 Derriere ce Lutrin, ainsi qu'au fond d'un antre,
A peine sur son banc on discernoit le Chantre :
Tandis qu'à l'autre banc, le Prélat radieux,
Découvert au grand jour attiroit tous les yeux.
Mais un Démon, fatal à cette ample machine,
170 Soit qu'une main la nuit eût hâté sa ruïne,
Soit qu'ainsi de tout tems l'ordonnât le Destin,
Fit tomber à nos yeux le Pûpitre un matin.
J'eus beau prendre le Ciel & le Chantre à partie :
Il fallut l'emporter dans notre Sacristie,
175 Où depuis trente hivers sans gloire enseveli,
Il languit tout poudreux dans un honteux oubli.
Enten-moi donc, Prélat. Dès que l'ombre tranquille
Viendra d'un crêpe noir envelopper la Ville ;
Il faut que trois de nous sans tumulte, & sans bruit,
180 Partent à la faveur de la naissante nuit ;
Et du Lutrin rompu réünissant la masse,
Aillent d'un zèle adroit le remettre en sa place.
Si le Chantre demain ose le renverser,

REMARQUES.

C'est celui qui a soin des Reliques, & qui revêt les Chanoines de leurs Chapes.

Vers 152. ——— *Au rang de Chevecier.*] C'est celui qui a soin des Chapes, & de la cire, & qui distribue aux Chanoines les bougies à Matines. Il a deux cens livres de gages, outre ses retributions du Chœur. C'est un Sacristain, qui ordinairement est Prêtre.

CHANGEMENT. Ibid. ——— *Au rang de Chevecier.*] On lisoit *Cheffecier*, dans les premières éditions.

Vers 159. *Vers cet endroit du Chœur*, &c.] C'est ici que commence l'Action du Poëme. L'Auteur disoit que ce Vers & les cinq suivans lui avoient coûté beaucoup de tems & de peine.

Vers 162. *Fut jadis un Lutrin.*] On voit encore le trou dans lequel étoit autrefois planté le pivot du Lutrin, devant le Siège du Chantre : *& Campos ubi Troja fuit.*

LE LUTRIN.

Alors de cent Arrêts tu le peux terrasser.
185 Pour soûtenir tes droits, que le Ciel autorise,
Abîme tout plûtôt; c'est l'esprit de l'Eglise.
C'est par là qu'un Prélat signale sa vigueur.
Ne borne pas ta gloire à prier dans un Chœur.
Ces vertus dans Aleth peuvent être en usage:
190 Mais dans Paris, plaidons: c'est là notre partage.
Tes bénédictions dans le trouble croissant,
Tu pourras les répandre & par vingt & par cent:
Et pour braver le Chantre en son orgueil extrême,
Les répandre à ses yeux, & le benir lui-même.
195 Ce Discours aussi-tôt frappe tous les esprits;
Et le Prélat charmé l'approuve par des cris.
Il veut que sur le champ, dans la troupe on choisisse
Les trois que Dieu destine à ce pieux office.
Mais chacun prétend part à cet illustre emploi.
200 Le sort, dit le Prélat, vous servira de Loi.
Que l'on tire au billet ceux que l'on doit élire.
Il dit, on obéït, on se presse d'écrire.
Aussi-tôt trente noms, sur le papier tracez,
Sont au fond d'un bonnet par billets entassez.

REMARQUES.

Vers 189. *Ces vertus dans Aleth*, &c.] Eloge très-délicat de Mr. Pavillon alors Evêque d'Aleth, dans le Bas Languedoc.

IMITATIONS. Vers 200. *Le sort . . . . vous servira de Loi.* &c.] Homère, Iliade VII. v. 167. Hector aïant defié en combat singulier le plus vaillant des Grecs, neuf de leurs Chefs se présentent pour combattre. Nestor les oblige de s'en remettre au sort. Chacun d'eux fait sa marque, & la jette dans le Casque d'Agamemnon. Nestor remuë le Casque, & le sort tombe sur Ajax, suivant les vœux de toute l'Armée. Virgile, Enéïde V. v. 490. a emploïé la même image:

*Convenere viri, dejectamque æream sortem
Accepit galea.*

Vers 206. *Guillaume, Enfant de Chœur.*] Il y avoit eu autrefois un Enfant de Chœur de ce nom-là, qui avoit la voix fort belle, mais il avoit quitté cette Eglise long-tems avant l'évenement qui a donné occasion à ce Poëme.

Vers 211. ——— *L'Enfant tire, & Brontin.*] Son vrai nom étoit *Frontin*. Il étoit Prêtre du Diocèse de Chartres, & Sous-Marguillier de la Sainte-Chapelle.

Vers 216. *Le fameux nom du Perruquier l'Amour.*] Didier l'Amour, Perruquier, qui demeuroit dans la Cour du Palais, & dont la Boutique étoit sous l'escalier de la Sainte-Chapelle. C'étoit un gros & grand homme d'assez bon air, vigoureux, & bien fait. Il avoit été marié deux fois. Sa première femme étoit extrêmement emportée, & d'une humeur très-fâcheuse. Moliere a peint le caractère de l'un & de l'autre, dans son *Medecin malgré lui*, à la fin de la première-Scène, sur

ce

CHANT I.

205 Pour tirer ces billets avec moins d'artifice,
Guillaume, Enfant de Chœur, prête sa main novice,
Son front nouveau tondu, symbole de candeur,
Rougit en approchant d'une honnête pudeur.
Cependant le Prélat, l'œil au Ciel, la main nuë,
210 Benit trois fois les noms, & trois fois les remuë.
Il tourne le bonnet. L'Enfant tire : & Brontin
Est le premier des noms qu'apporte le Destin.
Le Prélat en conçoit un favorable augure,
Et ce nom dans la troupe excite un doux murmure.
215 On se taît ; & bien-tôt on voit paroître au jour
Le nom, le fameux nom du Perruquier l'Amour.
Ce nouvel Adonis, à la blonde crinière,
Est l'unique souci d'Anne sa Perruquière.
Ils s'adorent l'un l'autre : & ce couple charmant
220 S'unit long-tems, dit-on, avant le Sacrement.
Mais depuis trois moissons, à leur saint assemblage
L'Official a joint le nom de mariage.
Ce Perruquier superbe est l'effroi du quartier,
Et son courage est peint sur son visage altier.
225 Un des noms reste encore, & le Prélat par grace

REMARQUES.

ce que Mr. Despréaux lui en avoit dit.

CHANGEMENT. Ibid. ——. *Le fameux nom du Perruquier l'Amour.*] On lisoit : *De l'Horloger la Tour*, dans toutes les éditions qui ont paru avant celle de 1701.

CHANGEMENT. Vers 217. *Ce nouvel Adonis, à la blonde crinière.*] Il y avoit : *A la taille legère*, dans toutes les éditions faites avant 1701.

Vers 218. *Est l'unique souci d'Anne sa Perruquière.*] Anne du Buisson, seconde femme du Sr. l'Amour. Ils vécurent toûjours en bonne intelligence, avant & après leur mariage. Le mari mourut le 1. de Mai, 1697. & la femme mourut l'année suivante.

CHANGEMENT. Ibid. *Est l'unique souci d'Anne sa Perruquière.*] *D'Anne son Horlogère*, dans les éditions précedentes.

Vers 223. *Ce Perruquier superbe est l'effroi du quartier.*] Quand il arrivoit quelque tumulte dans la Cour du Palais, il y mettoit ordre sur le champ. Il avoit un grand fouët avec lequel il chassoit les enfans & les chiens du quartier, qui faisoient du bruit ou qui se battoient. Il se servoit même d'un bâton à deux bouts, pour écarter les Filoux & les Breteurs qui faisoient du desordre, & que le grand abord du monde attiroit au Palais. Pendant les troubles de Paris, le Peuple aïant mis le feu aux portes de l'Hôtel de Ville, le Sr. l'Amour se fit faire place à travers cette populace mutinée, & tira de l'Hôtel de Ville deux ou trois de ses Amis qui y étoient en danger.

CHANGEMENT. Ibid. *Ce Perruquier superbe.*] *Cet Horloger*, dans les éditions qui ont précedé celle de 1701.

LE LUTRIN.

Une derniere fois les brouille & les reffaffe.
Chacun croit que fon nom eft le dernier des trois.
Mais que ne dis-tu point, ô puiffant Porte-croix,
Boirude Sacriftain, cher appui de ton Maître,
230 Lors qu'aux yeux du Prélat tu vis ton nom paroître?
On dit que ton front jaune, & ton teint fans couleur,
Perdit en ce moment fon antique pâleur;
Et que ton corps gouteux, plein d'une ardeur guerriere,
Pour fauter au plancher, fit deux pas en arriere.
235 Chacun bénit tout haut l'Arbitre des Humains,
Qui remet leur bon droit en de fi bonnes mains.
Auffi-tôt on fe lève; & l'Affemblée en foule,
Avec un bruit confus, par les portes s'écoule.
Le Prélat refté feul calme un peu fon dépit,
240 Et jufques au fouper fe couche & s'affoupit.

REMARQUES.

Vers 229. *Boirude Sacriftain.*] François Sirude, Sous-Marguillier ou Sacriftain de la Sainte-Chapelle. Il portoit ordinairement la Croix ou la Banniere aux Proceffions. Il fut enfuite Vicaire de la Sainte-Chapelle.

CHANT

CHANT II.

CEPENDANT cet Oiseau qui prône les merveilles,
Ce Monstre composé de bouches & d'oreilles,
Qui sans cesse volant de climats en climats,
Dit par tout ce qu'il sait, & ce qu'il ne sait pas.
5   La Renommée enfin, cette promte Courrière,
Va d'un mortel effroi glacer la Perruquière;
Lui dit que son Epoux, d'un faux zèle conduit,
Pour placer un Lutrin doit veiller cette nuit.
    A ce triste récit tremblante, desolée,
10 Elle accourt l'œil en feu, la tête échevelée,
Et trop sûre d'un mal qu'on pense lui celer:
    Oses-tu bien encor, Traître, dissimuler,
Dit-elle? & ni la foi que ta main m'a donnée,
Ni nos embrassemens qu'a suivi l'Hymenée,
15 Ni ton Epouse enfin toute prête à périr,
Ne sauroient donc t'ôter cette ardeur de courir?
Perfide, si du moins, à ton devoir fidelle,
Tu veillois pour orner quelque tête nouvelle;
L'espoir du juste gain, consolant ma langueur,
20 Pourroit de ton absence adoucir la longueur.

REMARQUES.

IMITATIONS. Vers 1. *Cependant cet Oiseau* &c.] Cette Description de la Renommée est imitée de Virgile, Enéide, L. IV. vers 174.
Fama, malum quo non aliud velocius ullum,
Mobilitate viget, &c.
CHANGEMENT. Vers 5. *La Renommée enfin, cette promte Courrière*, &c.] Dans toutes les éditions qui ont précédé celle de 1701. il y avoit:
La Renommée enfin, d'une course légère,
Va porter la terreur au sein de l'Horlogère.
CHANGEMENT. Vers 8. *Pour placer un Lutrin doit veiller cette nuit.*] Après ce vers il y en avoit quatre autres qui n'ont paru que dans les deux premières Editions:

Que sous ce piège adroit, cet amant infidèle
Trame le noir complot d'une flame nouvèle:
Las des baisers permis qu'en ses bras il reçoit,
Et porte en d'autres lieux le tribut qu'il lui doit.
IMITATIONS. Vers 12. *Oses-tu bien encor, Traître, dissimuler*, &c.] Enéide, L. IV. v. 305.
Dissimulare etiam speraſti, Perfide, tantum
Poſſe nefas? &c.
CHANGEMENT. Vers 18. *Tu veillois pour orner quelque tête nouvelle.*] Editions avant celle de 1701.
Tu veillois pour régler quelque horloge nouvelle.

CHAN-

LE LUTRIN.

Mais quel zèle indiscret, quelle aveugle entreprise
Arme aujourd'hui ton bras en faveur d'une Eglise?
Où vas-tu, cher Epoux? Est-ce que tu me fuis?
As-tu donc oublié tant de si douces nuits?
25 Quoi! d'un œil sans pitié vois-tu couler mes larmes?
Au nom de nos baisers jadis si pleins de charmes,
Si mon cœur, de tout tems facile à tes désirs,
N'a jamais d'un moment différé tes plaisirs;
Si, pour te prodiguer mes plus tendres caresses,
30 Je n'ai point exigé ni sermens ni promesses;
Si toi seul à mon lit enfin eus toujours part,
Différe au moins d'un jour ce funeste départ.
  En achevant ces mots, cette Amante enflamée
Sur un placet voisin tombe demi-pâmée.
35 Son Epoux s'en émeut, & son cœur éperdu
Entre deux passions demeure suspendu;
Mais enfin rappelant son audace première,
  Ma femme, lui dit-il, d'une voix douce & fière,
Je ne veux point nier les solides bienfaits,
40 Dont ton amour prodigue a comblé mes souhaits:
Et le Rhin de ses flots ira grossir la Loire,
Avant que tes faveurs sortent de ma mémoire.
Mais ne présume pas, qu'en te donnant ma foi,

REMARQUES.

CHANGEMENT. Vers 57. *Il la quitte à ces mots,* &c.] Dans les deux premières éditions il y avoit:
*Pendant tout ce discours l'Horlogère éplorée
A le visage pâle, & la vûe egarée.*
Après ces vers il y en avoit trente-deux que l'Auteur retrancha dans l'édition de 1683. C'étoit une suite de l'imitation de Virgile, qui commence au vers 12. de ce Chant:
*Elle tremble, & sur lui roulant des yeux hagards,
Quelque tems sans parler, laisse errer ses regards.
Mais enfin sa douleur se faisant un passage,
Elle éclate en ces mots que lui dicta la rage.
Non, ton Pere à Paris ne fut point Boulanger;
Et tu n'ès point du sang de Gervais l'Horloger:
Ta mere ne fut point la maîtresse d'un Coche,
Caucase dans ses flancs te forma d'une roche;
Une Tigresse affreuse, en quelque antre écarté,
Te fit avec son lait succer sa cruauté.
Car, pourquoi désormais flater un Infidèle?
En attendrai-je encor quelque injure nouvelle?
L'Ingrat, a-t-il du moins, en violant sa foi,
Balancé quelque tems entre un Lutrin & moi?
A-t-il, pour me quitter, temoigné quelque alarme?*

A-t-il.

CHANT II.

L'Hymen m'ait pour jamais asservi sous ta loi.
45 Si le Ciel en mes mains eût mis ma destinée,
Nous aurions fui tous deux le joug de l'Hymenée :
Et sans nous opposer ces devoirs prétendus,
Nous goûterions encor des plaisirs défendus.
Cesse donc à mes yeux d'étaler un vain titre ;
50 Ne m'ôte pas l'honneur d'élever un Pupitre ;
Et toi-même, donnant un frein à tes desirs,
Raffermi ma vertu qu'ébranlent tes soûpirs.
Que te dirai-je enfin, c'est le Ciel qui m'appelle.
Une Eglise, un Prélat m'engage en sa querelle.
55 Il faut partir : j'y cours. Dissipe tes douleurs,
Et ne me trouble plus par ces indignes pleurs.
   Il la quitte à ces mots. Son Amante effarée
Demeure le teint pâle, & la vûë égarée :
La force l'abandonne, & sa bouche trois fois
60 Voulant le rappeler ne trouve plus de voix.
Elle fuit, & de pleurs inondant son visage,
Seule pour s'enfermer vole au cinquième étage.
Mais d'un bouge prochain, accourant à ce bruit,
Sa servante Alizon la ratrape, & la suit.
65   Les ombres cependant, sur la Ville épanduës,
Du faîte des maisons descendent dans les ruës :

REMARQUES.

A-t-il pû de ses yeux arracher une larme ?
Mais que servent ici ces discours superflus ?
Va, cours à ton Lutrin : je ne te retiens plus.
Ri des justes douleurs d'une Amante jalouse ;
Mais ne croi plus en moi retrouver une E-
  pouse.
Tu me verras toûjours constante à me van-
  ger,
De reproches hargneux sans cesse t'afliger.
Et quand la Mort bien-tôt dans le fond d'une
  bière,
D'une éternelle nuit couvrira ma paupière,
Mon ombre châque jour reviendra dans ces
  lieux,
Un Pupitre à la main se montrer à tes yeux :
Roder autour de toi dans l'horreur des ténè-
  bres ;

Et remplir ta maison de hurlemens funèbres.
C'est alors, mais trop tard, qu'en proie à
  tes chagrins,
Ton cœur froid & glacé maudira les Lutrins :
Et mes Manes contens aux bords de l'onde
  noire,
Se feront de ta peur une agréable Histoire.

CHANGEMENT. Vers 59. *La force l'a-*
bandonne, &c.] Editions de 1674. & 1675.

En achevant ces mots cette Amante aux a-
  bois
Succombe à la douleur qui lui coupe la voix.

IMITATIONS. Vers 66. *Du faîte des mai-*
sons descendent &c.] Virgile, Eclog. I. v. 83.

Majoresque cadunt altis de montibus umbræ.

Le fouper hors du Chœur chaffe les Chapelains,
Et de Chantres beuvans les cabarets font pleins.
Le redouté Brontin, que fon devoir éveille,
70 Sort à l'inftant chargé d'une triple bouteille,
D'un vin dont Gilotin, qui favoit tout prévoir,
Au fortir du Confeil eut foin de le pourvoir.
L'odeur d'un jus fi doux lui rend le faix moins rude.
Il eft bien-tôt fuivi du Sacriftain Boirude,
75 Et tous deux, de ce pas, s'en vont avec chaleur
Du trop lent Perruquier réveiller la valeur.
Partons, lui dit Brontin. Déja le Jour plus fombre,
Dans les eaux s'éteignant, va faire place à l'ombre.
D'où vient ce noir chagrin, que je lis dans tes yeux?
80 Quoi? le Pardon fonnant te retrouve en ces lieux?
Où donc eft ce grand cœur, dont tantôt l'allègreffe
Sembloit du Jour trop long accufer la pareffe?
Marche, & fui-nous du moins où l'Honneur nous attend.
Le Perruquier honteux rougit en l'écoutant.
85 Auffi-tôt de longs clous il prend une poignée:
Sur fon épaule il charge une lourde coignée:
Et derriere fon dos, qui tremble fous le poids,
Il attache une fcie en forme de carquois.
Il fort au même inftant; il fe met à leur tête.
90 A fuivre ce grand Chef l'un & l'autre s'apprête.
Leur cœur femble allumé d'un zèle tout nouveau.
Brontin tient un maillet, & Boirude un marteau.
La Lune, qui du Ciel voit leur démarche altière,
Retire en leur faveur fa paifible lumière.

REMARQUES.

Vers 80. *Quoi? le Pardon fonnant.*] Ce font les trois coups de cloche par lefquels on avertit le Peuple de réciter l'*Angelus*. Cet avertiffement fe fait le Matin, à Midi, & le Soir. On l'appèle indifféremment *Angelus*, à caufe de la Priere qu'on dit; ou *Pardon*, à caufe des Indulgences qui y font attachées.

CHANGEMENT. Vers 84. *Le Perruquier honteux.*] Edition avant celle de 1701.: *L'Horloger indigné.*

Vers 98. *Va jufques dans Cîteaux réveiller la Molleffe.*] Cîteaux eft une Abbaïe de l'Ordre de St. Bernard, fituée en Bourgogne. Les Religieux de Cîteaux n'ont pas embraffé la reforme, établie dans quelques Maifons de leur Ordre. C'eft pourquoi l'Auteur feint que la Molleffe fait fon fejour dans un Dortoir de leur Couvent.

IMITATIONS. Vers 120. *Laiffe tomber ces*

CHANT II.

95 La Discorde en soûrit, & les suivant des yeux,
De joie, en les voïant, pousse un cri dans les Cieux.
L'air, qui gémit du cri de l'horrible Déesse,
Va jusques dans Cîteaux réveiller la Mollesse.
C'est là qu'en un dortoir elle fait son séjour.
100 Les Plaisirs nonchalans folâtrent à l'entour.
L'un paîtrit dans un coin l'embonpoint des Chanoines;
L'autre broie en riant le vermillon des Moines :
La Volupté la sert avec des yeux devots,
Et toujours le Sommeil lui verse des pavots.
105 Ce soir plus que jamais, en vain il les redouble.
La Mollesse à ce bruit se réveille, se trouble.
Quand la Nuit, qui déja va tout enveloper,
D'un funeste récit vient encor la fraper :
Lui conte du Prélat l'entreprise nouvelle.
110 Aux piez des murs sacrez d'une Sainte Chapelle
Elle a vû trois Guerriers ennemis de la paix,
Marcher à la faveur de ses voiles épais.
La Discorde en ces lieux menace de s'accroître.
Demain avec l'Aurore un Lutrin va paroître,
115 Qui doit y soûlever un peuple de mutins.
Ainsi le Ciel l'écrit au Livre des Destins.

  A ce triste Discours, qu'un long soûpir achève,
La Mollesse, en pleurant, sur un bras se relève,
Ouvre un œil languissant, & d'une foible voix,
120 Laisse tomber ces mots, qu'elle interrompt vingt fois.
O Nuit, que m'as-tu dit ? Quel Démon sur la Terre
Souffle dans tous les cœurs la fatigue & la guerre ?

REMARQUES.

ces mots.] Virgile, Enéïde, VI. v. 686.
  Effuseque genis lachrymæ, & vox excidit ore.

  Vers 121. *O Nuit, que m'as-tu dit ?* &c.] Ce Récit épisodique de la Mollesse est un morceau remarquable. Quand l'Auteur l'eut achevé, Madame de Thiange lui en demanda une copie pour la montrer au Roi. Le Roi fut extrêmement touché de la manière fine & délicate avec laquelle ses loüanges étoient exprimées dans ces vers. Il en voulut voir l'Auteur, qu'il ne connoissoit encore que par ses Satires; & Sa Majesté ordonna qu'on le fît venir à la Cour, comme on l'a dit ailleurs. Voïez la Remarque sur le dernier Vers de l'Epitre I.

  Il y a trois choses qui marquent l'adresse du Poëte dans ce Récit: le choix des mots,

LE LUTRIN.

Helas! qu'eſt devenu ce tems, cet heureux tems,
Où les Rois s'honoroient du nom de Fainéans,
125　S'endormoient ſur le Trône, & me ſervant ſans honte,
Laiſſoient leur Sceptre aux mains ou d'un Maire ou d'un Comte?
Aucun ſoin n'aprochoit de leur paiſible Cour.
On repoſoit la nuit, on dormoit tout le jour.
Seulement au Printems, quand Flore dans les plaines
130　Faiſoit taire des Vents les bruïantes haleines,
Quatre bœufs attelez, d'un pas tranquille & lent,
Promenoient dans Paris le Monarque indolent.
Ce doux ſiècle n'eſt plus. Le Ciel impitoïable
A placé ſur leur Trône un Prince infatigable.
135　Il brave mes douceurs, il eſt ſourd à ma voix:
Tous les jours il m'éveille au bruit de ſes Exploits.
Rien ne peut arrêter ſa vigilante audace.
L'Eté n'a point de feux, l'Hiver n'a point de glace.
J'entens à ſon ſeul nom tous mes Sujets frémir.
140　En vain deux fois la Paix a voulu l'endormir;
Loin de moi ſon courage entraîné par la gloire,
Ne ſe plaît qu'à courir de victoire en victoire.
Je me fatiguerois, à te tracer le cours

REMARQUES.

la verſification, & le détour ingenieux qu'il a pris pour loüer le Roi. En effet, le Poëte s'eſt attaché à ne mettre dans la bouche de la Molleſſe que des termes qui lui conviennent particulièrement: Elle ne parle que de *Rois fainéans*, de *Sommeil*, de *Repos*, de *Douceurs*, &c. Quant à la verſification, elle eſt extrêmement douce; les Vers ſont preſque tous détachez les uns des autres; le Diſcours eſt tout uni: il n'y a ni tranſitions, ni liaiſons, ni figures; en un mot, tout y repréſente naïvement le caractère de la Molleſſe. Mais rien n'eſt plus heureux que la manière dont l'Eloge du Roi eſt amené: les plaintes & les murmures que la Molleſſe fait contre la Valeur active de ce jeune Heros, ſont les plus fines louanges qu'on puiſſe donner.

Vers 124. *Où les Rois s'honoroient du nom de Fainéans.*] Sous les derniers Rois de la première Race, toute l'Autorité Roïale étoit exercée par un Maire du Palais, tandis que ces Rois, que nos Hiſtoriens ont ſurnommez *Fainéans*, demeuroient enfermez dans quelque Maiſon de plaiſance, d'où ils ne ſortoient qu'une fois l'année, dans un Chariot traîné par des bœufs. Cette Autorité abſoluë des Maires du Palais commença ſous la minorité de Clovis II. en l'année 638. & dura juſqu'à Charles-Martel, dernier Maire du Palais, qui s'empara enfin de la Souveraineté.

Vers 126. ――― *Ou d'un Maire ou d'un Comte.*] Quelques Hiſtoriens ont confondu les *Maires* avec les *Comtes* du Palais, ou Comtes Palatins. Mais, à proprement parler, le Comte du Palais étoit le ſecond Officier de la Couronne, qui rendoit la Juſtice dans le Palais du Roi. Voiez Du Cange, Diſſ. XIV. ſur Joinville.

IMITATIONS. Vers 128. *On repoſoit la nuit, on dormoit tout le jour.*] Tacit. Annal.
L.

CHANT II.

Des outrages cruels qu'il me fait tous les jours.
145 Je croyois, loin des lieux d'où ce Prince m'exile,
Que l'Eglife du moins m'affuroit un azile.
Mais en vain j'efperois y regner fans effroi :
Moines, Abbez, Prieurs, tout s'arme contre moi.
Par mon exil honteux la Trape eft anoblie.
150 J'ai vû dans faint Denis la reforme établie.
Le Carme, le Feuillant s'endurcit aux travaux ;
Et la Règle déja fe remet dans Clairvaux.
Cîteaux dormoit encore, & la Sainte Chapelle
Confervoit du vieux tems l'oifiveté fidelle ;
155 Et voici qu'un Lutrin prêt à tout renverfer,
D'un féjour fi cheri vient encor me chaffer.
O toi, de mon repos compagne aimable & fombre,
A de fi noirs forfaits prêteras-tu ton ombre ?
Ah ! Nuit, fi tant de fois, dans les bras de l'Amour,
160 Je t'admis aux plaifirs que je cachois au jour.
Du moins ne permets pas..... La Molleffe oppreffée
Dans fa bouche à ce mot fent fa langue glacée,
Et laffe de parler, fuccombant fous l'effort,
Soûpire, étend les bras, ferme l'œil, & s'endort.

REMARQUES.

L. VI. *Dies per fomnum, nox officiis & oblectamentis vitæ tranfigebatur.*

CHANGEMENT. Vers 134. *A placé fur leur Trône.*] Première & feconde édition de 1674. & 1675. *fur le Trône.*

Vers 138. ——— *L'Hiver n'a point de glace.*] Allufion à la première conquête de la Franche-Comté, dont le Roi fe rendit Maître pendant l'hiver, en dix jours, au commencement de Février 1668.

CHANGEMENT. Vers 139. *J'entens à fon feul nom.*] On lit, *en fon feul nom*, dans l'édition pofthume de 1713.

Vers 149. *Par mon exil honteux, la Trape.*] Abbaïe de l'Ordre de St. Bernard, dépendante de Cîteaux, fituée dans le Perche. En 1663. l'Abbé Armand-Jean Bouthillier de Rancé y rétablit la première & véritable pratique de la Règle de St. Benoît.

Vers 150. *J'ai vû dans Saint Denis la reforme établie.*] Le Cardinal de la Rochefoucaut,

Commiffaire Général pour la réforme des Ordres Religieux en France, établit la réforme dans l'Abbaïe de St. Denis, en 1633.

Vers 152. *Et la Règle déja fe remet dans Clairvaux.*] Abbaïe fondée par St. Bernard, dans la Province de Champagne. Le Cardinal de la Rochefoucaut avoit auffi travaillé à la réforme de cette Abbaïe, en 1624. & 1625.

Vers 164. *Soûpire, étend les bras*, &c.] Ce vers exprime bien l'état d'une perfonne accablée de trifteffe & de laffitude, qui fuccombe au fommeil. Madame la Ducheffe d'Orléans, Henriette Anne d'Angleterre, première Femme de Monfieur, Frere du Roi, avoit été fi touchée de la beauté de ce vers, qu'aïant un jour aperçu de loin Mr. Defpréaux dans la Chapelle de Verfailles, où elle étoit affife fur fon carreau, en attendant que le Roi vînt à la Meffe ; elle lui fit figne d'approcher, & lui dit à l'oreille : *Soûpire, étend les bras, ferme l'œil, & s'endort.*

CHANT III.

Mais la Nuit auſſi-tôt, de ſes aîles affreuſes,
Couvre des Bourguignons les campagnes vineuſes,
Revôle vers Paris, & hâtant ſon retour,
Déja de Montlhéri voit la fameuſe Tour.
5 Ses murs, dont le ſommet ſe dérobe à la vuë,
Sur la cime d'un roc s'allongent dans la nuë,
Et préſentant de loin leur objet ennuyeux,
Du Paſſant qui le fuit, ſemblent ſuivre les yeux.
Mille oiſeaux effraïans, mille corbeaux funèbres
10 De ces murs deſertez habitent les ténèbres.
Là depuis trente hivers un Hibou retiré
Trouvoit contre le jour un réfuge aſſuré.
Des deſaſtres fameux ce Meſſager fidelle
Sait toujours des malheurs la première nouvelle;
15 Et tout prêt d'en ſemer le préſage odieux,
Il attendoit la Nuit dans ces ſauvages lieux.
Aux cris, qu'à ſon abord, vers le Ciel il envoie,
Il rend tous les Voiſins attriſtez de ſa joie.
La plaintive Progné de douleur en frémit:
20 Et dans les bois prochains Philomèle en gémit.
Sui-moi, lui dit la Nuit. L'Oiſeau plein d'allegreſſe
Reconnoit à ce ton la voix de ſa Maîtreſſe.

REMARQUES.

Vers 4. *Déja de Montlhéri voit la fameuſe Tour.*] Tour très-haute, à cinq lieuës de Paris, ſur le chemin d'Orléans. On la voit de dix lieuës à la ronde.

Vers 6. *Sur la cime d'un Roc s'allongent dans la nuë.*] Voiture avoit dit dans une Chanſon:

Nous vîmes dedans la nuë
La Tour de Mont-le-héris,
Qui pour regarder Paris,
Allongeoit ſon col de Gruë;

Et pour y voir vos beaux yeux,
S'élevoit juſques aux Cieux.

CHANGEMENT. Vers 29. *Elle voit le Barbier.*] Editions avant celle de 1701.: *Elle voit l'Horloger.*

Vers 30. *Tient un verre de vin, qui rit dans la fougère.*] On appelle *Verres de fougère*, ceux dans la compoſition deſquels il entre du ſel tiré de la cendre de Fougère. On ſe ſert ordinairement de cette cendre, parce que la Fougère eſt une plante fort commune

CHANT III.

Il la fuit: & tous deux, d'un cours précipité,
De Paris à l'inſtant abordent la Cité.
25 Là s'élançant d'un vol, que le vent favoriſe,
Ils montent au ſommet de la fatale Egliſe.
La Nuit baiſſe la vûë, & du haut du clocher
Obſerve les Guerriers, les regarde marcher.
Elle voit le Barbier, qui d'une main légère,
30 Tient un verre de vin, qui rit dans la fougère;
Et chacun tour à tour s'inondant de ce jus,
Célebrer, en beuvant, Gilotin & Bacchus.
Ils triomphent, dit-elle, & leur ame abuſée
Se promet dans mon ombre une victoire aiſée.
35 Mais allons, il eſt tems qu'ils connoiſſent la Nuit.
A ces mots regardant le Hibou qui la ſuit,
Elle perce les murs de la voute ſacrée;
Juſqu'en la Sacriſtie elle s'ouvre une entrée,
Et dans le ventre creux du Pupitre fatal
40 Va placer de ce pas le ſiniſtre Animal.
Mais les trois Champions pleins de vin & d'audace,
Du Palais cependant paſſent la grande place:
Et ſuivant de Bacchus les auſpices ſacrez,
De l'auguſte Chapelle ils montent les degrez.
45 Ils atteignoient déja le ſuperbe Portique,
Où Ribou le Libraire, au fond de ſa boutique,
Sous vingt fidèles clés, garde & tient en dépôt,
L'amas toujours entier des Ecrits de Haynaut.

REMARQUES.

ne, & que ſes cendres contiennent beaucoup de ſel alkali. Ce ſel mêlé avec du ſable qu'on fait fondre par un feu violent, fournit la matière du verre.

Vers 46. *Où Ribou le Libraire.*] La boutique de Jean Ribou étoit ſur le troiſième Perron de la Sainte-Chapelle, vis-à-vis la porte de cette Egliſe.

Vers 48. *L'amas toujours entier des Ecrits de Haynaut.*] Ribou le Libraire avoit imprimé en 1669. une Comédie de Bourſaut contre notre Auteur, intitulée : *La Satire des* *Satires*. C'eſt pourquoi dans les premières éditions du Lutrin on avoit mis ici: *Des Ecrits de Burſoſt*. Mais Bourſaut s'étant reconcilié avec l'Auteur, on effaça ſon nom, & on mit celui de *Perraut*, dans l'édition de 1694. parce qu'alors Mr. Perraut étoit brouillé avec Mr. Deſpréaux, au ſujet des Anciens & des Modernes. Cette brouillerie étant finie, l'Auteur mit *Haynaut* dans l'édition de 1701. C'eſt un Poëte dont il a été parlé ſur le vers 97. de la Satire IX.

Vers

Quand Boirude, qui voit que le péril approche,
50 Les arrête, & tirant un fusil de sa poche,
Des veines d'un caillou, qu'il frappe au même instant,
Il fait jaillir un feu qui petille en sortant :
Et bien-tôt au brazier d'une mêche enflamée,
Montre, à l'aide du souffre, une cire allumée.
55 Cet Astre tremblotant, dont le jour les conduit,
Est pour eux un Soleil au milieu de la nuit.
Le Temple à sa faveur est ouvert par Boirude.
Ils passent de la Nef la vaste solitude,
Et dans la Sacristie entrant, non sans terreur,
60 En percent jusqu'au fond la ténébreuse horreur.
C'est là que du Lutrin gît la machine énorme.
La troupe quelque tems en admire la forme.
Mais le Barbier, qui tient les momens précieux :
Ce spectacle n'est pas pour amuser nos yeux,
65 Dit-il, le tems est cher, portons-le dans le Temple.
C'est-là qu'il faut demain qu'un Prélat le contemple.
Et d'un bras, à ces mots, qui peut tout ébranler,
Lui-même, se courbant, s'apprête à le rouler.
Mais à peine il y touche, ô prodige incroïable !
70 Que du Pupitre sort une voix effroïable.
Brontin en est émû, le Sacristain pâlit,
Le Perruquier commence à regretter son lit.
Dans son hardi projet toutefois il s'obstine :
Lorsque des flancs poudreux de la vaste machine
75 L'Oiseau sort en courroux, & d'un cri menaçant
Achève d'étonner le Barbier frémissant.
De ses aîles dans l'air secoüant la poussière,

REMARQUES.

IMITATIONS. Vers 51. *Des veines d'un caillou.*] Virgile, Georg. I. v. 135.
Et silicis venis abstrusum excuderet ignem.
Enéïde, Lib. I. v. 178.
Ac primùm silicis scintillam excudit Achates.
CHANGEMENT. Vers 63. *Mais le Barbier.*] Editions avant celle de 1701. : *Mais l'Horloger.*

IMITATIONS. Vers 70. *Que du Pupitre sort une voix effroïable.*] Virgile, Enéïde III. v. 78.
— — *Gemitus lachrymabilis imo Auditur tumulo, & vox reddita fertur ad aures.*

CHAN-

CHANT III.

Dans la main de Boirude il éteint la lumière;
Les Guerriers à ce coup demeurent confondus:
80 Ils regagnent la Nef de frayeur éperdus.
Sous leurs corps tremblotans leurs genoux s'affoiblissent:
D'une subite horreur leurs cheveux se hérissent;
Et bien-tôt, au travers des ombres de la nuit,
Le timide Escadron se dissipe & s'enfuit.
85   Ainsi lorsqu'en un coin, qui leur tient lieu d'azile,
D'Ecoliers libertins une troupe indocile,
Loin des yeux d'un Préfet au travail assidu,
Va tenir quelquefois un Brelan défendu:
Si du veillant Argus la figure effraïante,
90 Dans l'ardeur du plaisir à leurs yeux se présente,
Le jeu cesse à l'instant, l'azile est deserté,
Et tout fuit à grans pas le Tyran redouté.
   La Discorde, qui voit leur honteuse disgrace,
Dans les airs cependant tonne, éclate, menace,
95 Et malgré la fraïeur dont leurs cœurs sont glacez,
S'apprête à réünir ses Soldats dispersez.
Aussi-tôt de Sidrac elle emprunte l'image:
Elle ride son front, allonge son visage,
Sur un bâton noüeux laisse courber son corps,
100 Dont la Chicane semble animer les ressorts;
Prend un cierge en sa main, & d'une voix cassée,
Vient ainsi gourmander la Troupe terrassée.
   Lâches, où fuïez-vous? Quelle peur vous abbat?
Aux cris d'un vil Oiseau vous cedez sans combat?
105 Où sont ces beaux discours jadis si pleins d'audace?
Craignez-vous d'un Hibou l'impuissante grimace?

REMARQUES.

CHANGEMENT. Vers 72. *Le Perruquier.*] Editions avant celle de 1701. *Et l'Horloger.*
CHANGEMENT. Vers 76. ――― *Le Barbier frémissant.*] *L'Horloger pâlissant.*
IMITATIONS. Vers 103. *Lâches, où fuïez-vous?*] Dans l'Iliade, L. VII. v. 124. Nestor reproche aux Grecs leur lâcheté, parce qu'aucun d'eux n'osoit se présenter pour combattre, Hector qui les défioit en combat singulier.

LE LUTRIN.

Que feriez-vous, helas! si quelque exploit nouveau
Chaque jour, comme moi, vous traînoit au Barreau?
S'il falloit sans amis, briguant une audience,
110 D'un Magistrat glacé soûtenir la présence:
Ou d'un nouveau procès hardi Solliciteur,
Aborder sans argent un Clerc de Rapporteur?
Croyez-moi, mes Enfans: je vous parle à bon titre.
J'ai moi seul autrefois plaidé tout un Chapitre:
115 Et le Barreau n'a point de monstres si hagards,
Dont mon œil n'ait cent fois soûtenu les regards.
Tous les jours sans trembler j'assiégeois leurs passages,
L'Eglise étoit alors fertile en grans courages.
Le moindre d'entre nous, sans argent, sans appui,
120 Eût plaidé le Prélat, & le Chantre avec lui.
Le Monde, de qui l'âge avance les ruines,
Ne peut plus enfanter de ces ames divines.
Mais que vos cœurs du moins, imitant leurs vertus,
De l'aspect d'un Hibou ne soient pas abbatus.
125 Songez, quel deshonneur va souiller votre gloire,
Quand le Chantre demain entendra sa victoire.
Vous verrez tous les jours, le Chanoine insolent,
Au seul mot de Hibou, vous soûrire en parlant.
Votre ame, à ce penser, de colère murmure:
130 Allez donc de ce pas en prévenir l'injure.
Méritez les lauriers qui vous sont réservez,
Et ressouvenez-vous quel Prélat vous servez.
Mais déja la fureur dans vos yeux étincelle.
Marchez, courez, volez où l'honneur vous appelle.
135 Que le Prélat, surpris d'un changement si prompt,
Apprenne la vengeance aussi-tôt que l'affront.
  En achevant ces mots, la Déesse guerrière
De son pié trace en l'air un sillon de lumière;
Rend aux trois Champions leur intrépidité,

REMARQUES.

IMITATIONS. Vers 121. *Le Monde de qui l'âge,* &c.] Imitation du Discours de Nes-tor, dans l'Iliade, L. I. Vers 141. *C'est ainsi, grand Condé, qu'en ce Com-*

CHANT III.

140 Et les laisse tous pleins de sa divinité.
    C'est ainsi, grand Condé, qu'en ce Combat célèbre,
Où ton bras fit trembler le Rhin, l'Escaut, & l'Ebre,
Lors qu'aux plaines de Lens nos bataillons poussez
Furent presque à tes yeux ouverts & renversez :
145 Ta valeur, arrêtant les Troupes fugitives,
Rallia d'un regard leurs cohortes craintives :
Répandit dans leurs rangs ton esprit belliqueux,
Et força la Victoire à te suivre avec eux.
    La colère à l'instant succedant à la crainte,
150 Ils rallument le feu de leur bougie éteinte.
Ils rentrent. L'Oiseau sort. L'Escadron raffermi
Rit du honteux départ d'un si foible Ennemi.
Aussi-tôt dans le Chœur la Machine emportée,
Est sur le banc du Chantre à grand bruit remontée.
155 Ses ais demi-pourris, que l'âge a relâchez,
Sont à coups de maillet unis & rapprochez.
Sous les coups redoublez tous les bancs retentissent,
Les murs en sont émûs, les voûtes en mugissent,
Et l'Orgue même en pousse un long gémissement.
160 Que fais-tu, Chantre, helas! dans ce triste moment?
Tu dors d'un profond somme, & ton cœur sans alarmes
Ne sait pas qu'on bâtit l'instrument de tes larmes.
O! que si quelque bruit, par un heureux réveil,
T'annonçoit du Lutrin le funeste appareil!
165 Avant que de souffrir qu'on en posât la masse,
Tu viendrois en Apôtre expirer dans ta place ;
Et Martyr glorieux d'un point-d'honneur nouveau,
Offrir ton corps aux clous & ta tête au marteau.
    Mais déja sur ton banc la machine enclavée
170 Est durant ton sommeil à ta honte élevée.
Le Sacristain achève en deux coups de rabot :
Et le Pupitre enfin tourne sur son pivot.

REMARQUES.

Combat célèbre.] La Bataille de Lens, ga- Espagnols, & les Allemans, le 10. d'Août,
gnée par Mr. le Prince de Condé contre les 1648.

LE LUTRIN.

CHANT IV.

Les Cloches dans les airs de leurs voix argentines,
Appelloient à grand bruit les Chantres à Matines :
Quand leur Chef agité d'un sommeil effraïant,
Encor tout en sueur se réveille en criant.
5 Aux élans rédoublez de sa voix douloureuse,
Tous ses valets tremblans quittent la plume oiseuse,
Le vigilant Girot court à lui le premier.
C'est d'un Maître si saint le plus digne Officier.
La porte dans le Chœur à sa garde est commise :
10 Valet souple au logis, fier Huissier à l'Eglise.
Quel chagrin, lui dit-il, trouble votre sommeil ?
Quoi ? voulez-vous au Chœur prévenir le Soleil ?
Ah ! dormez, & laissez à des Chantres vulgaires,
Le soin d'aller si-tôt mériter leurs salaires.
15 Ami, lui dit le Chantre encor pâle d'horreur,
N'insulte point, de grace, à ma juste terreur.
Mêle plûtôt ici tes soupirs à mes plaintes,
Et tremble en écoutant le sujet de mes craintes.
Pour la seconde fois un sommeil gracieux
20 Avoit sous ses pavots appesanti mes yeux :
Quand, l'esprit enivré d'une douce fumée,
J'ai crû remplir au Chœur ma place accoûtumée.

REMARQUES.

Vers 3. *Quand leur Chef.*] Le Chantre.
Vers 7. *Le vigilant Girot.*] Brunot. Il étoit fâché que l'Auteur ne l'eût pas designé par son véritable nom.
Vers 10. *Valet souple au logis, fier Huissier à l'Eglise.*] Brunot étoit Valet-de-Chambre du Chantre, & Huissier de la Sainte-Chapelle. Cet Huissier est un Bedeau, ou Porte-verge, dont la principale fonction est de garder la porte du Chœur. Il étoit fort soumis auprès de son Maître, mais dans l'Eglise il faisoit son emploi avec beaucoup de fierté. Mr. le Premier Président de Lamoignon, voisin de la Sainte-Chapelle, où il alloit ordinairement à l'Office, connoissoit cet Huissier qui se faisoit assez remarquer. Toutes les fois qu'il le voïoit en fonction, ce vers lui revenoit dans la mémoire, & il ne pouvoit s'empêcher de dire tout bas : *Valet souple au logis, fier Huissier à l'Eglise.*
Vers 24. *Je benissois le peuple, & j'avalois l'encens.*] Voïez ci-dessous la Remar-

LE LUTRIN,
CHANT QUATRIEME.

CHANT IV.

Là, triomphant aux yeux des Chantres impuissans,
Je benissois le peuple, & j'avalois l'encens:
25 Lorsque du fond caché de notre Sacristie,
Une épaisse nuée à longs flots est sortie,
Qui s'ouvrant à mes yeux, dans son bleuâtre éclat,
M'a fait voir un Serpent conduit par le Prélat.
Du corps de ce Dragon plein de souffre & de nitre,
30 Une tête sortoit en forme de Pupitre,
Dont le triangle affreux, tout hérissé de crins,
Surpassoit en grosseur nos plus épais Lutrins.
Animé par son guide, en sifflant il s'avance:
Contre moi sur mon banc je le voi qui s'élance.
35 J'ai crié, mais en vain; & fuïant sa fureur,
Je me suis réveillé plein de trouble & d'horreur.
Le Chantre, s'arrêtant à cet endroit funeste,
A ses yeux effraïez laisse dire le reste.
Girot en vain l'assure, & riant de sa peur,
40 Nomme sa vision, l'effet d'une vapeur.
Le desolé Vieillard, qui hait la raillerie,
Lui défend de parler, sort du lit en furie.
On apporte à l'instant ses somptueux habits,
Où sur l'oüate molle éclate le tabis.
45 D'une longue soutane il endosse la moire,
Prend ses gants violets, les marques de sa gloire,
Et saisit, en pleurant, ce rochet, qu'autrefois
Le Prélat trop jaloux lui rogna de trois doigts.

REMARQUES.

marque sur le vers 46.

Vers 44. *Où sur l'oüate molle.*] Nos Anciens disoient *Oüe*, pour *Oie*, & *Oüette*, pour *Oison*. Le mot d'*Oüate*, qu'on prononce *Oüette* en Province, vient de-là, par raport à ce mol duvet, que Rabelais, L. I. c. 13. exalte si fort dans les Oisons. Cette étymologie est de Mr. de la Monnoye.

Vers 46. *Prend ses gants violets*, &c.] En l'absence du Trésorier, le Chantre étoit en possession de faire l'Office avec les ornemens Pontificaux, de se faire encenser, & de donner la bénédiction au Peuple. Le Trésorier ne put souffrir que l'on partageât ainsi ses honneurs. Il obtint un Arrêt du Parlement qui le maintint dans la prérogative d'être encensé tout seul, & qui condamna le Chantre à porter un Rochet plus court que le sien; mais il ne put lui faire défendre de donner les bénédictions en son absence. C'étoit le sujet de la jalousie du Trésorier.

Auſſi-tôt d'un bonnet ornant ſa tête griſe,
50 Déja l'aumuſſe en main il marche vers l'Egliſe:
Et hâtant de ſes ans l'importune langueur,
Court, vole, & le premier arrive dans le Chœur.
O toi, qui, ſur ces bords qu'une eau dormante mouille,
Vis combatre autrefois le Rat & la Grenouille:
55 Qui, par les traits hardis d'un bizarre pinceau,
Mis l'Italie en feu pour la perte d'un Seau:
Muſe, prête à ma bouche une voix plus ſauvage,
Pour chanter le dépit, la colère, la rage,
Que le Chantre ſentit allumer dans ſon ſang,
60 A l'aſpect du Pupitre élevé ſur ſon banc.
D'abord pâle & muet, de colère immobile,
A force de douleur, il demeura tranquille:
Mais ſa voix s'échapant au travers des ſanglots,
Dans ſa bouche à la fin fit paſſage à ces mots.
65 La voilà donc, Girot, cette hydre épouvantable,
Que m'a fait voir un ſonge, helas! trop véritable.
Je le vois ce Dragon tout prêt à m'égorger,
Ce Pupitre fatal qui me doit ombrager.
Prélat, que t'ai-je fait? quelle rage envieuſe
70 Rend pour me tourmenter ton ame ingénieuſe?

REMARQUES.

Vers 49. *Auſſi-tôt d'un bonnet ornant* &c.] Ce Vers eſt remarquable par la Critique dont le Roi l'a honoré. Avant l'impreſſion de ce Poëme l'Auteur le lut à Sa Majeſté. Il y avoit ici:
Alors d'un Domino couvrant ſa tête griſe,
Déja l'Aumuſſe en main, &c.
Après la lecture de ce Chant, le Roi fit remarquer à Mr. Deſpréaux, que le *Domino*, & l'*Aumuſſe* ſont deux choſes qui ne vont pas enſemble: car le *Domino* eſt un habillement d'hiver, & l'*Aumuſſe* eſt pour l'Eté. D'ailleurs, continua le Roi, *vous venez de dire:* Déjeunons, Meſſieurs, & beuvons frais *; Cela marque que l'Action de votre Poëme ſe paſſe en Eté.* Sur le champ Mr. Deſpréaux changea le vers dont il s'agit. Le Roi ajoûta

* Vers 104.

en ſoûriant: *Ne ſoïez pas étonné de me voir inſtruit de ces ſortes d'uſages: Je ſuis Chanoine en pluſieurs Egliſes.* En effet, le Roi de France eſt Chanoine de Saint Jean de Latran, de Saint Jean de Lyon, des Egliſes d'Angers, du Mans, de St. Martin de Tours, & de quelques autres.

IMITATIONS. Vers 53. *O toi, qui ſur ces bords* &c.] Le Taſſoni dans ſon Poëme de la *Secchia rapita*, Canto V. St. 23.

Muſa, tù che cantaſti i fatti egregi
Del Rè de Topi, e de le Rane antiche......
Tu dimmi i nomi &c.

Vers 54. *Vis combattre autrefois le Rat & la Grenouille.*] Homère, ſuivant l'opinion commune, a fait le Poëme de la guerre des Rats & des Grenouilles.

Vers

CHANT IV.

Quoi ? même dans ton lit, Cruel, entre deux draps,
Ta profane fureur ne se repose pas ?
O Ciel ! quoi ? sur mon banc une honteuse masse
Desormais me va faire un cachot de ma place ?
75 Inconnu dans l'Eglise, ignoré dans ce lieu,
Je ne pourrai donc plus être vû que de Dieu ?
Ah ! plûtôt qu'un moment cet affront m'obscurcisse,
Renonçons à l'Autel, abandonnons l'Office ;
Et sans lasser le Ciel par des chants superflus,
80 Ne voïons plus un Chœur où l'on ne nous voit plus.
Sortons. Mais cependant mon Ennemi tranquille
Jouïra sur son banc de ma rage inutile ;
Et verra dans le Chœur le Pupitre exhaussé
Tourner sur le pivot, où sa main l'a placé.
85 Non, s'il n'est abbatu, je ne saurois plus vivre.
A moi, Girot, je veux que mon bras m'en délivre.
Périssons, s'il le faut : mais de ses ais brisez
Entraînons, en mourant, les restes divisez.

A ces mots, d'une main par la rage affermie,
90 Il saisissoit déja la Machine ennemie,
Lors qu'en ce sacré lieu, par un heureux hazard,
Entrent Jean le Choriste, & le Sonneur Girard,

REMARQUES.

Vers 56. *Mis l'Italie en feu pour la perte d'un Seau.*] La *Secchia rapita*, Poëme Italien du Tassoni.
IMITATIONS. Ibid. *Mis l'Italie en feu pour la perte d'un Seau.*] Le Querengo, Poëte de Pavie, contemporain & ami du Tassoni, lui parle ainsi de la *Secchia rapita*:

*—————— Pugnataque sævis
Prælia dissidiis, Rhenumque Padumque tumentes
Cædibus, ob raptam lymphis putealibus Urnam.....
Concinis, immistis socco ridente cothurnis.*
Hexam. *Carm.l.* 5.

IMITATIONS. Vers 62. *A force de douleur*, &c.] Séneque le Tragique, *in Hippol. Act. II. v.* 607.

Curæ leves loquuntur, ingentes stupent.
CHANGEMENT. Vers 90. *Il saisissoit déja la Machine* &c.] Première édition : *Il alloit terrasser &c.*
Vers 92. *Entrent Jean le Choriste, & le Sonneur Girard.*] *Jean le Choriste*: Personnage supposé. *Girard* Sonneur de la Sainte-Chapelle, étoit mort long-tems avant la composition de ce Poëme. Il se noïa dans la Seine aïant gagé qu'il la passeroit neuf fois à la nage. Il eut un jour la témerité de monter sur les rebords du toit de la Sainte-Chapelle, aïant une bouteille à la main ; & là en présence d'une infinité de gens qui le regardoient d'en-bas avec fraïeur, il vuida d'un trait cette bouteille, & s'en retourna. Mr. Despréaux, qui étoit alors Ecolier, fut un des spectateurs.

Deux Manceaux renommez, en qui l'expérience
Pour les procès est jointe à la vaste science.
95 L'un & l'autre aussi-tôt prend part à son affront.
Toutefois condamnant un mouvement trop prompt,
Du Lutrin, disent-ils, abbatons la Machine:
Mais ne nous chargeons pas tous seuls de sa ruïne;
Et que tantôt, aux yeux du Chapitre assemblé,
100 Il soit sous trente mains en plein jour accablé.
Ces mots des mains du Chantre arrachent le Pupitre.
J'y consens, leur dit-il, assemblons le Chapitre.
Allez donc de ce pas, par de saints hurlemens,
Vous-mêmes appeler les Chanoines dormans.
105 Partez. Mais ce discours les surprend & les glace.
Nous ? qu'en ce vain projet, pleins d'une folle audace,
Nous allions, dit Girard, la nuit nous engager ?
De notre complaisance osez-vous l'exiger ?
Hé, Seigneur ! Quand nos cris pourroient, du fond des ruës,
110 De leurs appartemens percer les avenuës,
Réveiller ces Valets autour d'eux étendus,
De leur sacré repos ministres assidus,
Et pénetrer des lits au bruit inaccessibles;
Pensez-vous, au moment que les ombres paisibles
115 A ces lits enchanteurs ont sû les attacher,
Que la voix d'un Mortel les en puisse arracher ?
Deux Chantres feront-ils, dans l'ardeur de vous plaire,

REMARQUES.

CHANGEMENT. Vers 93. *Deux Manceaux renommez* &c.] Avant l'édition de 1701, ce Vers & les quatre suivans étoient ainsi:

Qui de tout tems pour lui brûlant d'un même zèle,
Gardent pour le Prélat une haine fidèle.
A l'aspect du Lutrin tous deux tremblent d'horreur:
Du Vieillard toutefois ils blâment la fureur.
Abbatons, disent-ils, sa superbe Machine.

Vers 105. *Partez. Mais ce discours* &c.]
Ce vers & les onze suivans n'étoient pas dans les éditions qui ont precedé celle de 1701. Il y avoit seize autres vers que voici:

Partez. Mais à ce mot les Champions pâlissent.
De l'horreur du péril leurs courages frémissent.
Ah ! Seigneur, dit Girard, que nous demandez-vous ?
De grace moderez un aveugle courroux.
Nous pourrions réveiller des Chantres & des Moines;
Mais même avant l'Aurore éveiller des Chanoines !
Qui jamais l'entreprit ? qui l'oseroit tenter ?
Est-

CHANT IV.

Ce que depuis trente ans six cloches n'ont pû faire ?
Ah ! je vois bien où tend tout ce discours trompeur,
120 Reprend le chaud Vieillard : le Prélat vous fait peur ;
Je vous ai vû cent fois sous sa main bénissante
Courber servilement une épaule tremblante.
Hé bien, allez, sous lui fléchissez les genoux.
Je saurai réveiller les Chanoines sans vous.
125 Viens, Girot, seul ami qui me reste fidelle ;
Prenons du saint Jeudi la bruïante Cressele.
Sui moi. Qu'à son lever le Soleil aujourd'hui
Trouve tout le Chapitre éveillé devant lui.
Il dit. Du fond poudreux d'une armoire sacrée
130 Par les mains de Girot la Cressele est tirée.
Ils sortent à l'instant, & par d'heureux efforts
Du lugubre instrument font crier les ressorts.
Pour augmenter l'effroi, la Discorde infernale
Monte dans le Palais, entre dans la grand' Sale,
135 Et du fond de cet antre, au travers de la nuit,
Fait sortir le Démon du tumulte & du bruit.
Le quartier alarmé n'a plus d'yeux qui sommeillent.
Déja de toutes parts les Chanoines s'éveillent.
L'un croit que le tonnerre est tombé sur les toits,
140 Et que l'Eglise brûle une seconde fois.
L'autre encore agité de vapeurs plus funèbres,
Pense être au Jeudi Saint, croit que l'on dit Ténèbres,

REMARQUES.

Est-ce un projet, ô Ciel ! qu'on puisse exécuter ?
Hé ! Seigneur : quand nos cris pourroient,
du fond des ruës,
De leurs apartemens percer les avenuës :
Appeler ces Valets autour d'eux étendus,
De leur sacré repos Ministres assidus ;
Et pénétrer ces lits au bruit inaccessibles :
Pensez-vous, au moment que ces Dormeurs paisibles
De la tête une fois pressent un oreiller,
Que la voix d'un mortel puisse les réveiller ?
Vers 126. *Prenons du Saint Jeudi la bruïante Cresselle.*] Instrument de bois, en forme de moulinet, qui fait beaucoup de bruit en le tournant. On s'en sert le Jeudi & le Vendredi Saint, au lieu des cloches. On dit aussi Crecerelle.
Vers 140. *Et que l'Eglise brûle une seconde fois.*] Le toit de la Sainte-Chapelle fut brûlé en 1630. au raport de le Maire, dans son Paris ancien & nouveau, Tome I. p. 449. Mr. Despréaux avoit marqué dans une Note marginale que cet incendie arriva en 1618. mais il le confondoit avec celui de la grande Sale du Palais.

Et déja tout confus tenant midi sonné,
En soi-même fremit de n'avoir point dîné.
145 Ainsi, lors que tout prêt à briser cent murailles,
Louïs, la foudre en main, abandonnant Versailles,
Au retour du Soleil & des Zéphirs nouveaux,
Fait dans les champs de Mars déploïer ses drapeaux :
Au seul bruit répandu de sa marche étonnante,
150 Le Danube s'émeut, le Tage s'épouvante,
Bruxelle attend le coup qui la doit foudroïer,
Et le Batave encore est prêt à se noïer.
 Mais en vain dans leurs lits un juste effroi les presse :
Aucun ne laisse encor la plume enchanteresse.
155 Pour les en arracher Girot s'inquietant,
Va crier qu'au Chapitre un repas les attend.
Ce mot dans tous les cœurs répand la vigilance.
Tout s'ébranle, tout sort, tout marche en diligence.
Ils courent au Chapitre, & chacun se pressant
160 Flatte d'un doux espoir son appétit naissant.
Mais, ô d'un déjeuner vaine & frivole attente!
A peine ils sont assis, que d'une voix dolente,
Le Chantre desolé, lamentant son malheur,
Fait mourir l'appétit, & naître la douleur.
165 Le seul Chanoine Evrard, d'abstinence incapable,

REMARQUES.

Vers 152. *Et le Batave encor est prêt à se noïer.*] Voïez la Remarque sur le vers 208. du quatrième Chant de l'Art Poëtique.

Vers 156. *Le seul Chanoine Evrard.*] L'Abbé Danse. Ce Chanoine aimoit également la bonne chère & la propreté. Louis Roger Danse mourut à Ivri, au mois d'Octobre. 1699.

Vers 169. *Alain tousse & se lève.*] Son nom étoit Auberi, que l'on prononce Aubri. Il ne parloit jamais sans tousser une ou deux fois auparavant. Mr. le Premier Président de Lamoignon l'avoit choisi depuis long-tems pour son Confesseur, & lui avoit procuré un Canonicat à la Sainte-Chapelle. Ce Chanoine étoit d'un esprit médiocre, mais fort opposé aux sentimens des Jansénistes. Cela est bien marqué par le discours qu'on lui fait tenir ici, & par la qualité des Livres sur lesquels on fait rouler sa science & ses lectures. Quoi qu'il fût si bien désigné, on dit qu'il lut plusieurs fois le Lutrin, sans s'y reconnoitre.

Vers 170. *Qui de Bauni vingt fois a lû toute la Somme.*] La Somme des péchez qui se commettent en tous états, par le P. Bauny Jesuite. Ce Livre parut en 1634. & a été réimprimé plusieurs fois.

Vers 171. *Qui possède Abéli.*] Voïez la Remarque sur le vers 188.

Même vers. *Qui sait tout Raconis.*] Charles François d'Abra, de Raconis, a été Professeur de Philosophie, Docteur de Sorbone, Prédicateur & Aumonier de Louïs XIII. & enfin

CHANT IV.

Ofe encor propofer qu'on apporte la table,
Mais il a beau preffer ; aucun ne lui répond.
Quand le premier rompant ce filence profond,
Alain touffe, & fe lève, Alain ce favant homme,
170 Qui de Bauni vingt fois a lû toute la Somme,
Qui poffède Abéli, qui fait tout Raconis,
Et même entend, dit-on, le Latin d'A-Kempis.
  N'en doutez point, leur dit ce favant Canonifte,
Ce coup part, j'en fuis fûr, d'une main Janfénifte.
175 Mes yeux en font témoins : j'ai vû moi-même hier
Entrer chez le Prélat le Chapelain Garnier.
Arnauld, cet Heretique ardent à nous détruire,
Par ce Miniftre adroit tente de le féduire.
Sans doute il aura lû dans fon Saint Auguftin,
180 Qu'autrefois Saint Louïs érigea ce Lutrin.
Il va nous inonder des torrens de fa plume.
Il faut, pour lui répondre, ouvrir plus d'un volume.
Confultons fur ce point quelque Auteur fignalé.
Voyons fi des Lutrins Bauni n'a point parlé.
185 Etudions enfin, il en eft tems encore ;
Et pour ce grand projet, tantôt dès que l'Aurore
Rallumera le jour dans l'onde enfeveli,
Que chacun prenne en main le moëleux Abéli.

REMARQUES.

enfin Evêque de Lavaur. Il étoit auffi Anti-Janfénifte. Il fit imprimer une Philofophie en 1617.

Vers 172. ——— *Le Latin d'A-Kempis.*] Auteur de l'Imitation de Jefus-Chrift.

Vers 176. *Le Chapelain Garnier.*] Louïs le Fournier, Chapelain perpetuel de la Sainte-Chapelle, natif de Villeneuve au Perche. Il étoit ennemi des brigues & des Cabales qui font fi communes dans les Chapitres : ainfi, il n'avoit jamais pris de parti dans les démélez du Tréforier & du Chantre. Mr. Arnauld l'alloit voir fouvent ; & le Chanoine Auberi regardoit ce Chapelain comme un Janfénifte.

Vers 179. *Sans doute il aura lû dans fon Saint Auguftin.*] Mr. Arnauld, Docteur de Sorbone, avoit fait une étude particulière des

Ecrits de Saint Auguftin, dont il a traduit en François plufieurs Traitez, comme celui *des Mœurs de l'Eglife Catholique*, celui *de la Correction & de la Grace*, celui *de la véritable Religion*, le *Manuel de la Foi*, &c.

Vers 180. *Qu'autrefois Saint Louïs érigea ce Lutrin.*] Le Chanoine ignorant qui parle, fait ici un terrible anachronifme : car il y a un intervalle d'environ 800. ans entre St. Auguftin, & St. Louïs, fondateur de la Sainte-Chapelle.

Vers 188. ——— *Le moëleux Abéli.*] Fameux Auteur de la Moële Theologique : *Medulla Theologica*. Comme on parloit un jour de cet Ouvrage, l'Abbé le Camus, enfuite Evêque de Grenoble, & Cardinal, dit : *La Lune étoit en décours quand il fit cela.* A-

Ce conseil imprévû de nouveau les étonne:
190 Sur tout le gras Evrard d'épouvante en frissonne.
　　　Moi? dit-il, qu'à mon âge, Ecolier tout nouveau,
J'aille pour un Lutrin me troubler le cerveau?
O le plaisant conseil! Non, non, songeons à vivre.
Va maigrir, si tu veux, & sécher sur un Livre.
195 Pour moi, je lis la Bible autant que l'Alcoran.
Je sai ce qu'un Fermier nous doit rendre par an:
Sur quelle vigne à Rheims nous avons hypothèque.
Vingt muids rangez chez moi font ma Bibliothèque.
En plaçant un Pupitre on croit nous rabaisser;
200 Mon bras seul sans Latin saura le renverser.
Que m'importe qu'Arnauld me condamne ou m'approuve?
J'abbats ce qui me nuit par tout où je le trouve.
C'est là mon sentiment. A quoi bon tant d'apprêts?
Du reste déjeunons, Messieurs, & beuvons frais.
205 　　　Ce discours, que soutient l'embonpoint du visage,
Rétablit l'appétit, réchauffe le courage:
Mais le Chantre sur tout en paroît rassûré.
　　　Oui, dit-il, le Pupitre a déja trop duré.
Allons sur sa ruïne assûrer ma vengeance.
210 Donnons à ce grand œuvre une heure d'abstinence;
Et qu'au retour tantôt un ample déjeuner
Long-tems nous tienne à table, & s'unisse au dîner.
　　　Aussi-tôt il se lève, & la Troupe fidèle

REMARQUES.

vant la composition du Lutrin, le Livre de Mr. Abéli étoit en réputation parmi les Théologiens, & il n'y avoit point d'Ouvrage de cette espèce qui eût plus de cours que celui-là. Mais dès que le *Lutrin* parut, ce Poëme fit tomber la *Moële Théologique*, & depuis long-tems on ne le lit plus. [Les reflexions que Mr. Bayle a faites sur l'épithète de *moëleux*, que Mr. Despréaux donne ici à Abéli, meritent d'être lûes. Il en tire une raison pour montrer la necessité qu'il y avoit de faire un bon Commentaire sur les Oeuvres de notre Poëte. Voyez son *Dictionaire* à l'Article ABELI (*Louis*) Rem. A. Il n'a pas oublié le bon mot de l'Abbé le Camus, que l'on vient de lire, & qui est tiré du *Menagiana*. ADD. *de l'Edit. d'Amst.*]

Vers. 197. *Sur quelle vigne à Rheims nous avons hypothèque.*] L'Abbaïe de Saint Nicaise de Rheims en Champagne, est unie au Chapitre de la Sainte-Chapelle. Comme le vin fait le principal revenu de cette Abbaïe, chaque Chanoine doit avoir tous les ans un muid de vin de Rheims, mais cela s'apprétie, & l'on emploie cet argent aux dépenses nécessaires de la Sainte-Chapelle.

Vers

CHANT IV.

Par ces mots attirans fent redoubler son zèle.
215 Ils marchent droit au Chœur d'un pas audacieux :
Et bien-tôt le Lutrin se fait voir à leurs yeux.
A ce terrible objet aucun d'eux ne consulte.
Sur l'Ennemi commun ils fondent en tumulte.
Ils sappent le pivot, qui se défend en vain.
220 Chacun sur lui d'un coup veut honorer sa main.
Enfin sous tant d'efforts la Machine succombe,
Et son corps entr'ouvert chancelle, éclate, & tombe.
Tel sur les monts glacez des farouches Gelons
Tombe un chêne battu des voisins Aquilons ;
225 Ou tel, abandonné de ses poutres usées,
Fond enfin un vieux toit sous ses tuiles brisées.
La Masse est emportée, & ses ais arrachez
Sont aux yeux des Mortels chez le Chantre cachez.

REMARQUES.

Vers 223. *Tel sur les monts glacez des farouches Gelons.*] Peuples de la Scythie, entre les Thraces & les Gètes, vers l'embouchure du Danube ; aujourd'hui le Budziac & la Bessarabie.

CHANT V.

L'AURORE cependant, d'un juste effroi troublée,
Des Chanoines levez voit la troupe assemblée,
Et contemple long-tems, avec des yeux confus,
Ces visages fleuris qu'elle n'a jamais vûs.
5 Chez Sidrac aussi-tôt Brontin d'un pié fidelle
Du Pupitre abbatu va porter la nouvelle.
Le Vieillard de ses soins bénit l'heureux succès,
Et sur un bois détruit, bâtit mille procès.
L'espoir d'un doux tumulte échauffant son courage,
10 Il ne sent plus le poids ni les glaces de l'âge;
Et chez le Trésorier, de ce pas, à grand bruit,
Vient étaler au jour les crimes de la nuit.
Au récit imprévû de l'horrible insolence,
Le Prélat hors du lit impétueux s'élance,
15 Vainement d'un breuvage, à deux mains apporté,
Gilotin avant tout le veut voir humecté.
Il veut partir à jeun, il se peigne, il s'apprête.
L'yvoire trop hâté deux fois rompt sur sa tête,
Et deux fois de sa main le bouis tombe en morceaux.
20 Tel Hercule filant rompoit tous les fuseaux.
Il sort demi paré. Mais déja sur sa porte
Il voit de saints Guerriers une ardente cohorte,
Qui tous remplis pour lui d'une égale vigueur
Sont prêts, pour le servir, à deserter le Chœur.

REMARQUES.

LEs deux derniers Chants de ce Poëme n'ont été faits que long-tems après les quatre premiers; & l'Auteur les donna au public en 1683. avec les Epitres VI. VII. VIII. & IX. La veille du jour que Mr. Colbert mourut, Mr. l'Abbé Gallois lui lut les deux derniers Chants du Lutrin; & ce Ministre, tout malade qu'il étoit, ne laissa pas de rire, au récit du combat imaginaire des Chantres & des Chanoines. Ce combat est une fiction du Poëte.

Vers 15. *Vainement d'un breuvage, à deux mains apporté.*] Un bouillon.

Vers 20. *Tel Hercule filant rompoit tous les fuseaux.*] „Pour revenir à Hercule, dit Cos-
„tar à Voiture, je pense que ce que disent
„ vos

LE LUTRIN.
CHANT CINQUIÈME.

CHANT V.

25 Mais le Vieillard condamne un projet inutile.
Nos Destins sont, dit-il, écrits chez la Sibylle:
Son Antre n'est pas loin. Allons la consulter,
Et subissons la loi qu'Elle nous va dicter.
Il dit: à ce conseil, où la Raison domine,
30 Sur ses pas au Barreau la Troupe s'achemine,
Et bien-tôt dans le Temple, entend, non sans frémir,
De l'Antre redouté les soupiraux gémir.
 Entre ces vieux appuis, dont l'affreuse Grand' Sale
Soutient l'énorme poids de sa voute infernale,
35 Est un Pilier fameux, des Plaideurs respecté,
Et toujours de Normans à midi fréquenté.
Là sur des tas poudreux de sacs & de pratique,
Heurle tous les matins une Sibylle étique:
On l'appelle Chicane, & ce Monstre odieux
40 Jamais pour l'Equité n'eut d'oreilles ni d'yeux.
La Disette au teint blême, & la triste Famine,
Les Chagrins devorans, & l'infame Ruïne,
Enfans infortunez de ses raffinemens,
Troublent l'air d'alentour de longs gémissemens.
45 Sans cesse feuilletant les Loix & la Coutume,
Pour consumer autrui, le Monstre se consume,
Et dévorant Maisons, Palais, Châteaux entiers,
Rend pour des monceaux d'or de vains tas de papiers.
Sous le coupable effort de sa noire insolence
50 Thémis a vû cent fois chanceler sa balance.
Incessamment il va de détour en détour.
Comme un Hibou, souvent il se dérobe au jour.

REMARQUES.

„ vos Scholiastes est une pure médisance,
„ qu'il rompoit toutes les rames quand il ra-
„ moit. Car vous savez, Monsieur, qu'il
„ filoit fort adroitement chez Omphale, &
„ même qu'il y filoit doux; & on ne lit point
„ qu'il ait jamais rompu ni de roüets, ni de
„ fuseaux, ni de quenouilles. *Entret. de Voi-*
„ *ture & de Costar. Lett. III.*

Vers 35. *Est un Pilier fameux.*] Le Pilier des Consultations. C'est le premier de la Grand'-Sale du côté de la Chapelle du Palais. Les anciens Avocats s'assemblent près de ce Pilier, où l'on vient les consulter. Il y a aussi une Chambre des Consultations vis-à-vis ce Pilier, à côté de la même Chapelle.

Vers

Tantôt les yeux en feu c'eſt un Lion ſuperbe;
Tantôt, humble Serpent, il ſe gliſſe ſous l'herbe.
55 En vain, pour le domter, le plus juſte des Rois
Fit règler le cahos des ténebreuſes Loix.
Ses griffes vainement par Puſſort accourcies,
Se rallongent déja, toujours d'encre noircies;
Et ſes ruſes perçant & digues & remparts,
60 Par cent brêches déja rentrent de toutes parts.
 Le Vieillard humblement l'aborde & le ſaluë;
Et faiſant, avant tout, briller l'or à ſa vuë:
Reine des longs procès, dit-il, dont le ſavoir
Rend la force inutile, & les Loix ſans pouvoir,
65 Toi pour qui dans le Mans le Laboureur moiſſonne,
Pour qui naiſſent à Caën tous les fruits de l'Automne:
Si dès mes premiers ans, heurtant tous les Mortels,
L'encre a toujours pour moi coulé ſur tes Autels,
Daigne encor me connoître en ma ſaiſon derniere;
70 D'un Prélat, qui t'implore, exauce la priere.
Un Rival orgueilleux, de ſa gloire offenſé,
A détruit le Lutrin par nos mains redreſſé.
Epuiſe en ſa faveur ta ſcience fatale:
Du Digeſte & du Code ouvre-nous le Dédale,
75 Et montre-nous cet art, connu de tes Amis,
Qui dans ſes propres Loix embarraſſe Thémis.
 La Sibylle, à ces mots déja hors d'elle-même,
Fait lire ſa fureur ſur ſon viſage blême:
Et pleine du Démon qui la vient oppreſſer,

REMARQUES.

Vers 57. *Ses griffes vainement par Puſſort accourcies.*] Henri Puſſort, Conſeiller d'Etat, eſt celui qui a le plus contribué à rédiger les Ordonnances que le Roi fit publier en 1667. & en 1670. pour la réformation de la Juſtice, & pour l'abréviation des procès.

Vers 65. *Toi pour qui dans le Mans* &c.] Les Manceaux & les Normans ſont accuſez d'aimer les procès & la chicane.

IMITATIONS. Vers 77. *La Sibylle à ces mots* &c.] Virgile, Eneïde VI. 77.
At Phœbi nondum patiens immanis in antro
Bacchatur Vates, magnum ſi pectore poſſit
Excuſſiſſe Deum. Tanto magis ille fatigat
Os rabidum, fera corda domans, fingitque premendo.

Vers 102. *Et prétend à ſon tour conſulter la Sibylle.*] Le Chantre aïant fait enlever le Pupitre qu'on avoit mis devant ſon ſiège, ſe pourvût aux Requêtes du Palais, où il fit aſſigner

CHANT V.

80 Par ces mots étonnans tâche à le repousser:
Chantres, ne craignez plus une audace insensée.
Je vois, je vois au Chœur la masse replacée.
Mais il faut des combats. Tel est l'arrêt du Sort:
Et sur tout évitez un dangereux accord.
85 Là bornant son Discours, encor toute écumante,
Elle souffle aux Guerriers l'esprit qui la tourmente;
Et dans leurs cœurs, brûlans de la soif de plaider,
Verse l'amour de nuire, & la peur de ceder.
Pour tracer à loisir une longue requête,
90 A retourner chez soi leur brigade s'apprête.
Sous leurs pas diligens le chemin disparoît,
Et le Pilier loin d'eux déja baisse & décroît.
  Loin du bruit cependant les Chanoines à table,
Immolent trente mets à leur faim indomtable.
95 Leur appétit fougueux, par l'objet excité,
Parcourt tous les recoins d'un monstrueux pâté.
Par le sel irritant la soif est allumée;
Lorsque d'un pié léger la promte Renommée
Semant par tout l'effroi, vient au Chantre éperdu
100 Conter l'affreux détail de l'Oracle rendu.
Il se lève, enflamé de muscat & de bile,
Et prétend à son tour consulter la Sibylle.
Evrard a beau gémir du repas deserté.
Lui-même est au Barreau par le nombre emporté.
105 Par les détours étroits d'une barrière oblique,
Ils gagnent les degrez, & le Perron antique,

REMARQUES.

assigner le Trésorier, & les deux Sous-Marguilliers Frontin & Sirude. Le Trésorier de son côté, s'adressa à l'Official de la Sainte-Chapelle, devant qui le Chantre fut assigné à la requête du Promoteur. Sur ce conflit de Jurisdiction, l'Instance fut évoquée aux Requêtes du Palais, par Sentence renduë à la Barre de la Cour, le 5. d'Août 1667.
  Vers 105. *Par les détours étroits* &c.] La Maison du Chantre a son entrée au bas de l'Escalier de la Chambre des Comptes, vis-à-vis la porte de la Sainte-Chapelle basse: Ainsi pour aller de là au Palais, il faut passer *par les détours étroits d'une barrière oblique,* qui est plantée le long des murs de la Sainte-Chapelle, & qui sert à ménager un passage libre derriére les Carosses dont la Cour du Palais est ordinairement remplie. L'espace vuide, qui est entre la barrière & le mur, conduit aux degrez par où l'on monte à la Sainte-Chapelle.

Tom. I.   Aaa   *Vers*

LE LUTRIN.

Où sans cesse étalant bons & méchans Ecrits,
Barbin vend aux passans des Auteurs à tout prix.
Là le Chantre à grand bruit arrive & se fait place,
110 Dans le fatal instant que d'une égale audace
Le Prélat & sa troupe, à pas tumultueux,
Descendoient du Palais l'escalier tortueux.
L'un & l'autre Rival, s'arrêtant au passage,
Se mesure des yeux, s'observe, s'envisage.
115 Une égale fureur anime leurs esprits.
Tels deux fougueux Taureaux, de jalousie épris,
Auprès d'une Genisse au front large & superbe,
Oubliant tous les jours le pâturage & l'herbe,
A l'aspect l'un de l'autre embrasez, furieux,
120 Déja, le front baissé, se menacent des yeux.
Mais Evrard, en passant, coudoïé par Boirude,
Ne sait point contenir son aigre inquiétude.
Il entre chez Barbin, & d'un bras irrité,
Saisissant du Cyrus un Volume écarté,
125 Il lance au Sacristain le Tome épouvantable.
Boirude fuit le coup: Le Volume effroïable
Lui rase le visage, & droit dans l'estomac
Va frapper en sifflant l'infortuné Sidrac.
Le Vieillard, accablé de l'horrible Artamène,

REMARQUES.

Vers 108. *Barbin vend aux passans des Auteurs à tout prix.*] Barbin se piquoit de savoir vendre des Livres, quoi que méchans. Sa boutique étoit sur le second Perron de l'escalier de la Sainte-Chapelle.

IMITATIONS. Vers 116. *Tels deux fougueux Taureaux*, &c.] Virgile, Georg. III. v. 215.
Carpit enim vires paulatim, uritque videndo
Fœmina : nec nemorum patitur meminisse,
nec herbæ &c.

Vers 124. *Saisissant du Cyrus —— le Tome épouvantable* &c.] Roman de Mademoiselle de Scuderi, intitulé, *Artamène, ou le Grand Cyrus*. Notre Auteur a affecté de donner à ce Roman les épithetes d'*épouvantable*, d'*effroïable*, d'*horrible*, non seulement pour se moquer de la grosseur des Volumes, mais encore parce que ces mêmes termes y sont emploïez à tout propos.

Vers 135. *La Discorde triomphe*, &c.] Iliade, L. XI. La Discorde se réjouit de voir le combat opiniâtré des Grecs & des Troïens.

CHANGEMENT. Vers 142. *L'un tient l'Edit d'Amour.*] C'est ainsi qu'il faut lire, suivant la première édition. Dans toutes les autres l'Auteur avoit mis: *L'un tient le Nœud d'Amour.*

Ibid. *L'un tient l'Edit d'Amour.*] Petit Poëme de l'Abbé Regnier Desmarais, Secretaire
de

CHANT V.

130 Tombe aux piés du Prélat, sans pouls & sans haleine.
 Sa Troupe le croit mort, & chacun empressé,
 Se croit frappé du coup, dont il le voit blessé.
 Auſſi-tôt contre Evrard vingt Champions s'élancent;
 Pour soûtenir leur choc, les Chanoines s'avancent.
135 La Discorde triomphe, & du combat fatal
 Par un cri donne en l'air l'effroïable signal.
 Chez le Libraire abſent tout entre, tout ſe mêle.
 Les Livres ſur Evrard fondent comme la grêle,
 Qui dans un grand jardin, à coups impétueux,
140 Abbat l'honneur naiſſant des rameaux fructueux.
 Chacun s'arme au hazard, du Livre qu'il rencontre.
 L'un tient l'Edit d'Amour, l'autre en ſaiſit la Montre;
 L'un prend le ſeul Jonas qu'on ait vû relié,
 L'autre un Taſſe François, en naiſſant oublié.
145 L'Eleve de Barbin, commis à la boutique,
 Veut en vain s'oppoſer à leur fureur Gothique.
 Les Volumes, ſans choix à la tête jettez,
 Sur le Perron poudreux volent de tous côtez.
 Là, près d'un Guarini, Terence tombe à terre.
150 Là, Xénophon dans l'air heurte contre un La Serre.
 O que d'Ecrits obſcurs, de Livres ignorez,
 Furent en ce grand jour de la poudre tirez!

REMARQUES.

de l'Académie Françoiſe.
 Même vers. —— *L'autre en ſaiſit la Montre.*] Ouvrage de Bonnecorſe. Voïez la Remarque ſur le vers 64. de l'Epître IX.
 Vers 143. *L'un prend le ſeul Jonas.*] Jonas, ou Ninive pénitente, Poëme du Sr. de Coras. Voïez le vers 91. de la Sat. IX. & les Remarques.
 Vers 144. *L'autre un Taſſe François.*] La Jeruſalem délivrée, Poëme du Taſſe, traduit en vers François par Michel le Clerc, de l'Académie Françoiſe.
 Vers 146. —— *A leur fureur Gothique.*] En ſe battant à coups de Livres, ils ſembloient vouloir imiter les Goths, Peuples Barbares,

qui avoient détruit les Sciences & les beaux Arts dans toute l'Europe.
 Vers 148. *Sur le Perron poudreux.*] On l'a appelé *la Plaine de Barbin*, depuis la publication de ce Poëme; à cauſe de la bataille qui eſt ici décrite.
 Vers 149. *Là près d'un Guarini.*] Auteur du *Paſtor Fido*, Paſtorale Italienne, remplie d'affectation & de ſentimens peu naturels. Terence eſt la nature même.
 Vers 150. *Là Xénophon dans l'air heurte contre un La Serre.*] Miſerable Ecrivain, vil faiſeur de galimatias, mis en oppoſition avec Xénophon.

LE LUTRIN.

Vous en fûtes tirez, Almerinde & Simandre :
Et toi, rebut du peuple, inconnu Caloandre,
155 Dans ton repos, dit-on, faisi par Gaillerbois,
Tu vis le jour alors pour la première fois.
Chaque coup fur la chair laisse une meurtrissure.
Déja plus d'un Guerrier fe plaint d'une blessure.
D'un Le Vayer épais Giraut est renversé.
160 Marineau, d'un Brébeuf à l'épaule blessé,
En fent par tout le bras une douleur amère,
Et maudit la Pharfale aux Provinces fi chère.
D'un Pinchêne *in quarto* Dodillon étourdi
A long-tems le teint pâle, & le cœur affadi.
165 Au plus fort du combat le Chapelain Garagne,
Vers le fommet du front atteint d'un Charlemagne,
(Des vers de ce Poëme effet prodigieux !)
Tout prêt à s'endormir, bâaille & ferme les yeux.
A plus d'un Combattant la Clélie est fatale.
170 Girou dix fois par elle éclate & fe fignale.
Mais tout cède aux efforts du Chanoine Fabri.

REMARQUES.

Vers 153. ―― *Almerinde & Simandre*.] Petit Roman qu'on dit avoir été composé par le D. S.

Vers 154. ―― *Inconnu Caloandre*.] Le Caloandre fidèle, Roman traduit de l'Italien par Scuderi, & imprimé en 1668. chez Barbin, en quatre volumes.

Vers 155. ―― *Saisi par Gaillerbois*.] Pierre Tardieu, Sr. de *Gaillerbois*, avoit été Chanoine de la Sainte-Chapelle ; mais il étoit mort dès l'année 1656. & l'Auteur a emploié fon nom, parce qu'il étoit fort connu. Ce Chanoine étoit frere du Lieutenant Criminel Tardieu, fameux par fon extrême avarice, & par fa mort funeste. Ils étoient neveux de Jaques Gillot, Conseiller-Clerc au Parlement, qui avoit été le principal Auteur de l'ingénieufe Satire du Catholicon, à laquelle il travailla avec Rapin, le Roi, & Pafferat.

Vers 159. *D'un Le Vayer épais Giraut est renversé*.] Toutes les Oeuvres de la Mothe Le Vayer ont été recueillies en deux volumes *in folio*. L'Epithète d'*épais* défigne & la grosseur du volume, & le stile de l'Auteur. *Giraut* est un Personnage imaginaire.

Vers 160. *Marineau d'un Brébeuf*.] La Pharsale de Lucain traduite par Brébeuf. *Marineau* est le vrai nom d'un Chantre qui étoit déja mort.

Vers 163. *D'un Pinchêne in quarto*.] Etienne Martin, Sr. de Pinchefne, Neveu de Voiture. Le Caractère de fes Poëfies est exprimé dans le vers fuivant, par ces mots, *Le cœur affadi* : Car ces mots dénotent l'infipidité des vers de Pinchefne, qui affadissent le cœur.

Vers 163. ―― *Dodillon étourdi*.] Il avoit été un des Chantres de la Sainte-Chapelle, mais il étoit mort avant l'événement du Lutrin. Dans les dernieres années de fa vie il tomba en enfance, & l'on fut obligé de lui interdire la célébration de la Messe. Notre Auteur fe fouvenoit de l'avoir vû en cet état.

Vers 165. ―― *Le Chapelain Garagne*.] Personnage fuppofé.

Vers

CHANT V.

Ce Guerrier, dans l'Eglise aux querelles nourri,
Est robuste de corps, terrible de visage,
Et de l'eau dans son vin n'a jamais sû l'usage.
175 Il terrasse lui seul & Guibert & Grasset,
Et Gorillon la basse, & Grandin le fausset,
Et Gerbais l'agréable, & Guerin l'insipide.
Des Chantres desormais la brigade timide
S'écarte, & du Palais regagne les chemins.
180 Telle à l'aspect d'un Loup, terreur des champs voisins,
Fuit d'Agneaux effraïez une troupe bêlante:
Ou tels devant Achille, aux campagnes du Xante,
Les Troïens se sauvoient à l'abri de leurs tours.
Quand Brontin à Boirude adresse ce discours:
185 Illustre Porte-croix, par qui notre bannière,
N'a jamais en marchant fait un pas en arrière,
Un Chanoine lui seul triomphant du Prélat,
Du Rochet à nos yeux ternira-t-il l'éclat?
Non, non, pour te couvrir de sa main redoutable,
190 Accepte de mon corps l'épaisseur favorable.

REMARQUES.

Vers 166. ——— *Atteint d'un Charlemagne.*] Poëme Héroïque. Voïez la Remarque sur le vers 181. de l'Epître IX.

Vers 169. *A plus d'un Combattant la Clélie.*] Roman de Mademoiselle de Scuderi, en dix volumes. *Girou*, est un nom inventé.

Vers 171. *Mais tout cède aux efforts du Chanoine Fabri.*] Il se nommoit Le Févre, & étoit Conseiller-Clerc au Parlement. Il étoit extrêmement violent & emporté.

IMITATIONS. Vers 174. *Et de l'eau dans son vin.*] Le Tassoni, *Secchia rapita*, Cant. VI. 60.

E non bevea giammai vino inacquato.

Vers 175. ——— *Et Guibert, & Grasset,* &c.] Tous ces noms de Chantres, dans ce vers & les deux suivans, sont des noms inventez. Cependant après la publication du Lutrin, l'Auteur reçut des plaintes de quelques personnes qui portoient les mêmes noms.

Vers 185. *Illustre Porte-croix, par qui notre bannière* &c.] Quelques années avant ce Poëme, la Procession de Notre-Dame, & celle de la Sainte-Chapelle s'étoient rencontrées au Marché neuf, le jour de la Fête-Dieu; & aucune des deux n'avoit voulu ceder le pas. La raison vouloit que Notre-Dame eût l'avantage, mais comme la Procession de la Sainte-Chapelle étoit soutenuë par les Huissiers du Parlement qui accompagnoient Mr. le Premier Président, celle de Notre-Dame fut contrainte de ceder à la force. Ce démêlé étoit arrivé d'autres fois, & le Porte-bannière de la Sainte-Chapelle avoit toûjours soutenu vigoureusement son honneur & celui de son Eglise. Pour prévenir de plus fâcheuses suites, on résolut que le Jour de la Fête-Dieu, la Sainte-Chapelle feroit sa Procession à sept heures du matin, avant celle de Notre-Dame

IMITATIONS. Vers 189. *Non, non, pour te couvrir* &c.] Dans l'Iliade, L. VIII. v. 267. Ajax couvre de son bouclier Teucer son frere, afin qu'il puisse en sureté lancer des traits contre Hector, & contre les Troïens.

Vien, & sous ce rempart à ce Guerrier hautain
Fais voler ce *Quinaut*, qui me reste à la main.
A ces mots il lui tend le doux & tendre Ouvrage.
Le Sacristain, bouillant de zèle & de courage,
195 Le prend, se cache, approche, & droit entre les yeux
Frappe du noble écrit l'Athlete audacieux.
Mais c'est pour l'ébranler une foible tempête.
Le Livre sans vigueur mollit contre sa tête.
Le Chanoine les voit, de colère embrasé.
200 Attendez, leur dit-il, Couple lâche & rusé,
Et jugez si ma main, aux grands exploits novice,
Lance à mes ennemis un Livre qui mollisse.
A ces mots, il saisit un vieil *Infortiat*,
Grossi des visions d'Accurse & d'Alciat,
205 Inutile ramas de Gothique écriture,
Dont quatre ais mal unis formoient la couverture,
Entourée à demi d'un vieux parchemin noir,
Où pendoit à trois clous un reste de fermoir.
Sur l'ais, qui le soûtient auprès d'un Avicenne,
210 Deux des plus forts Mortels l'ébranleroient à peine.
Le Chanoine pourtant l'enleve sans effort,
Et sur le Couple pâle, & déja demi-mort,
Fait tomber à deux mains l'effroïable tonnerre.
Les Guerriers de ce coup vont mesurer la terre,
215 Et du bois & des clous meurtris & déchirez,

REMARQUES.

Vers 192. *Fais voler ce Quinaut* &c.] Ses Oeuvres consistent en diverses pièces de Théatre, dont le caractère est marqué par ces mots du vers suivant: *Le doux & tendre Ouvrage*: On lisoit dans les premières éditions: *Le doucereux Ouvrage*. Les Opera du même Auteur, qui ont paru depuis, n'ont pas démenti ces épithètes, mais la tendresse & la douceur semblent être essentiellement du caractère de ces sortes d'Ouvrages.

Vers 203. ――― *Il saisit un vieil Infortiat.*] Livre de Droit, d'une grosseur énorme.

IMITATIONS. Ibid. ――― *Il saisit un vieil Infortiat* &c.] Corneille, Scène VI. du Menteur Acte I.

*Le Digeste nouveau, le vieux, l'Infortiat,
Ce qu'en a dit Jason, Balde, Accurse, Alciat.*

Vers 209. ――― *Auprès d'un Avicenne.*] Medecin Arabe.

IMITATIONS. Vers 224. *Bénit tous les passans* &c.] Dans le Poëme de la *Secchia rapita*, le Nonce du Pape étant monté sur les murailles de la ville de Bologne, pour voir dé-

CHANT V.

    Long-tems, loin du Perron, roulent fur les degrez.
      Au fpectacle étonnant de leur chute imprévuë,
    Le Prélat pouffe un cri qui pénètre la nuë.
    Il maudit dans fon cœur le Démon des combats,
220 Et de l'horreur du coup il recule fix pas.
    Mais bien-tôt, rapellant fon antique prouëffe,
    Il tire du manteau fa dextre vengereffe;
    Il part, & de fes doigts, faintement allongez,
    Bénit tous les Paffans, en deux files rangez.
225 Il fait que l'Ennemi, que ce coup va furprendre,
    Déformais fur fes piés ne l'oferoit attendre,
    Et déja voit pour lui tout le peuple en courroux,
    Crier aux Combattans: Profanes, à genoux.
    Le Chantre, qui de loin voit approcher l'orage,
230 Dans fon cœur éperdu cherche en vain du courage:
    Sa fierté l'abandonne, il tremble, il cède, il fuit.
    Le long des facrez murs fa brigade le fuit.
    Tout s'écarte à l'inftant: mais aucun n'en réchappe:
    Par tout le doigt vainqueur les fuit & les ratrappe.
235 Evrard feul, en un coin prudemment retiré,
    Se croïoit à couvert de l'infulte facré:
    Mais le Prélat vers lui fait une marche adroite;
    Il l'obferve de l'œil, & tirant vers la droite,
    Tout d'un coup tourne à gauche, & d'un bras fortuné,
240 Bénit fubitement le Guerrier confterné.

REMARQUES.

défiler les Troupes, tranchoit avec la main de grandes bénédictions, longues d'une demi lieuë:

Trinciava all' hor certe benedittioni
Che pigliavano un miglio di paefe.

Les Troupes baiffoient devant lui les lances & les drapeaux, & mettoient promptement le genou en terre. *Canto V. ft. 30.*

  IMITATIONS. Vers 240. *Bénit fubitement le Guerrier confterné.*] Dans le même Poëme, *Canto V. ft. 39.* on raconte qu'un des Chefs de cette Armée, nommé Salinguerre, qui avoit été contraire aux intérêts du Pape, venant à défiler avec les autres, le Nonce, qui favoit fort bien l'affaire, tint fa main en fufpens fur lui, le laiffa paffer, puis fit le Signe de la Croix. Salinguerre s'en apperçût bien, mais il n'en fit que rire. Dans ce Poëme Italien, le Nonce refufe de donner fa bénédiction à Salinguerre: Dans le Poëme du Lutrin, le Prélat donne fa bénédiction au Chantre malgré lui.

Le Chanoine, furpris de la foudre mortelle,
Se dreſſe, & leve en vain une tête rebelle:
Sur ſes genoux tremblans il tombe à cet aſpect,
Et donne à la fraïeur ce qu'il doit au reſpect.
245 Dans le Temple auſſi-tôt le Prélat plein de gloire.
Va goûter les doux fruits de ſa ſainte victoire:
Et de leur vain projet les Chanoines punis,
S'en retournent chez eux éperdus, & bénis.

LE LUTRIN.
CHANT SIXIÈME.

CHANT VI.

 TANDIS que tout conspire à la guerre sacrée,
 La Pieté sincère, aux Alpes retirée,
 Du fond de son désert entend les tristes cris
 De ses Sujets cachez dans les murs de Paris.
5 Elle quitte à l'instant sa retraite divine.
 La Foi d'un pas certain devant elle chemine.
 L'Espérance au front gai l'appuïe & la conduit :
 Et, la bourse à la main, la Charité la suit.
 Vers Paris elle vole, & d'une audace sainte,
10 Vient aux piés de Thémis proferer cette plainte.
  Vierge, effroi des méchans, appui de mes Autels,
 Qui, la balance en main, règles tous les Mortels,
 Ne viendrai-je jamais en tes bras salutaires,
 Que pousser des soûpirs, & pleurer mes misères ?
15 Ce n'est donc pas assez, qu'au mépris de tes loix,
 L'Hypocrisie ait pris & mon nom & ma voix ;
 Que sous ce nom sacré par tout ses mains avares
 Cherchent à me ravir Crosses, Mitres, Tiares ?
 Faudra-t-il voir encor cent Monstres furieux
20 Ravager mes Etats usurpez à tes yeux ?
 Dans les tems orageux de mon naissant Empire,
 Au sortir du Baptême on couroit au martyre.
 Chacun plein de mon nom ne respiroit que moi.
 Le Fidèle, attentif aux règles de sa Loi,
25 Fuïant des vanitez la dangereuse amorce,
 Aux honneurs appellé, n'y montoit que par force.

REMARQUES.

Vers 2. ——— *Aux Alpes retirée.*] La grande Chartreuse est dans les Alpes.

CHANGEMENT. Vers 11. *Vierge, effroi des méchans.*] Première manière avant l'impression : *Déesse aux yeux couverts.* L'Auteur faisoit allusion au bandeau avec lequel on peint la Justice. Mais on lui fit remarquer que le terme de *Déesse*, qui est tiré de la Fable, ne convenoit pas à une Vertu Chrétienne.

LE LUTRIN.

Ces cœurs, que les Bourreaux ne faisoient point frémir,
A l'offre d'une mitre étoient prêts à gémir :
Et sans peur des travaux, sur mes traces divines
30 Couroient chercher le Ciel au travers des épines.
Mais depuis que l'Eglise eut aux yeux des mortels
De son sang en tous lieux cimenté ses Autels,
Le calme dangereux succedant aux orages,
Une lâche tiedeur s'empara des courages :
35 De leur zèle brûlant l'ardeur se ralentit :
Sous le joug des péchez leur foi s'appesantit ;
Le Moine secoüa le cilice & la haire :
Le Chanoine indolent apprit à ne rien faire :
Le Prélat par la brigue aux honneurs parvenu,
40 Ne fût plus qu'abuser d'un ample revenu ;
Et pour toutes vertus fit au dos d'un carosse
A côté d'une mitre armorier sa crosse.
L'Ambition par tout chassa l'Humilité ;
Dans la crasse du froc logea la Vanité.
45 Alors de tous les cœurs l'union fut détruite.
Dans mes Cloîtres sacrez la Discorde introduite,
Y bâtit de mon bien ses plus sûrs Arsenaux,
Traîna tous mes Sujets au pié des Tribunaux.
En vain à ses fureurs j'opposai mes prières,
50 L'insolente à mes yeux marcha sous mes Bannières.
Pour comble de misère, un tas de faux Docteurs
Vint flatter les péchez de discours imposteurs ;
Infectant les Esprits d'exécrables maximes,
Voulut faire à Dieu même approuver tous les crimes.
55 Une servile Peur tint lieu de Charité.
Le besoin d'aimer Dieu passa pour nouveauté ;

REMARQUES.

Vers 44. *Dans la crasse du froc logea la Vanité.*] Socrate voïant un Philosophe, qui affectoit de porter un habit tout déchiré : *Je vois*, dit-il, *ta vanité à travers les trous de ton manteau.* APOPHTH. *des Anc.*

CHANGEMENT. Vers 60. *J'allai chercher le calme.*] Dans toutes les éditions on lit : *Je vins chercher.* Mais on a crû devoir met-

CHANT VI.

Et chacun à mes piés confervant fa malice,
N'apporta de vertu que l'aveu de fon vice.
   Pour éviter l'affront de ces noirs attentats,
60 J'allai chercher le calme au féjour des frimats,
Sur ces monts entourez d'une éternelle glace,
Où jamais au Printems les Hyvers n'ont fait place.
Mais jufques dans la nuit de mes facrez Déferts
Le bruit de mes malheurs fait retentir les airs.
65 Aujourd'hui même encore, une voix trop fidelle
M'a d'un trifte defaftre apporté la nouvelle.
J'aprens que dans ce Temple, où le plus faint des Rois
Confacra tout le fruit de fes pieux exploits,
Et fignala pour moi fa pompeufe largeffe,
70 L'implacable Difcorde, & l'infame Molleffe,
Foulant aux piés les loix, l'honneur & le devoir,
Ufurpent en mon nom le fouverain pouvoir.
Souffriras-tu, ma Sœur, une action fi noire,
Quoi? ce Temple, à ta porte élevé pour ma gloire,
75 Où jadis des Humains j'attirois tous les vœux,
Sera de leurs combats le théatre honteux?
Non, non, il faut enfin que ma vengeance éclate.
Affez & trop long-tems l'impunité les flatte.
Pren ton glaive, & fondant fur ces Audacieux,
80 Vien aux yeux des Mortels juftifier les Cieux.
   Ainfi parle à fa Sœur cette Vierge enflamée.
La Grace eft dans fes yeux d'un feu pur allumée.
Thémis fans differer lui promet fon fecours,
La flatte, la raffure, & lui tient ce difcours.
85   Chere & divine Sœur, dont les mains fecourables
Ont tant de fois féché les pleurs des Miferables,

REMARQUES.

mettre, *J'allai*; parce que la Pieté, qui eft à Paris, parle de la grande Chartreufe, où elle alla chercher le calme.
Vers 67. *J'aprens que dans ce Temple, où le plus faint des Rois.*] Saint Loüis, Fondateur de la Sainte-Chapelle. Elle fut confacrée en 1248.

Pourquoi toi-même, en proie à tes vives douleurs,
Cherches-tu sans raison à grossir tes malheurs ?
En vain de tes Sujets l'ardeur est ralentie :
90 D'un ciment éternel ton Eglise est bâtie ;
Et jamais de l'Enfer les noirs frémissemens
N'en sauroient ébranler les fermes fondemens.
Au milieu des combats, des troubles, des querelles,
Ton nom encor cheri vit au sein des Fidelles.
95 Croi-moi, dans ce Lieu même, où l'on veut t'opprimer,
Le trouble, qui t'étonne, est facile à calmer :
Et pour y rappeller la Paix tant desirée,
Je vais t'ouvrir, ma Sœur, une route assûrée.
Prête-moi donc l'oreille, & retien tes soûpirs.
100 Vers ce Temple fameux, si cher à tes désirs,
Où le Ciel fut pour toi si prodigue en miracles,
Non loin de ce Palais où je rends mes oracles,
Est un vaste séjour des Mortels révéré,
Et de Cliens soûmis à toute heure entouré.
105 Là, sous le faix pompeux de ma pourpre honorable,
Veille au foin de ma gloire un Homme incomparable.
Ariste, dont le Ciel & Louis ont fait choix
Pour règler ma balance, & dispenser mes Loix.
Par lui dans le Barreau sur mon Trône affermie
110 Je vois heurler en vain la Chicane ennemie.
Par lui la Verité ne craint plus l'Imposteur,
Et l'Orphelin n'est plus dévoré du Tuteur.
Mais pourquoi vainement t'en retracer l'image ?
Tu le connois assez, Ariste est ton ouvrage.
115 C'est Toi qui le formas dès ses plus jeunes ans :
Son merite sans tache est un de tes présens.
Tes divines leçons, avec le lait succées,
Allumèrent l'ardeur de ses nobles pensées.

REMARQUES.

IMITATIONS. Vers 91. *Et jamais de super hanc Petram ædificabo Ecclesiam meam;*
l'Enfer &c.] Math. XVI. 18. *Tu es Petrus, & & portæ Inferi non prævalebunt adversus eam.*

Vers

CHANT VI.

Aussi son cœur pour Toi, brûlant d'un si beau feu,
120 N'en fit point dans le monde un lâche desaveu;
Et son zèle hardi, toujours prêt à paroître,
N'alla point se cacher dans les ombres d'un Cloître.
Va le trouver, ma Sœur : à ton auguste nom,
Tout s'ouvrira d'abord en sa sainte Maison :
125 Ton visage est connu de sa noble famille.
Tout y garde tes loix, Enfans, Sœur, Femme, Fille.
Tes yeux d'un seul regard sauront le pénetrer :
Et pour obtenir tout, tu n'as qu'à te montrer.
 Là s'arrête Thémis. La Piété charmée
130 Sent renaître la joie en son ame calmée.
Elle court chez Ariste, & s'offrant à ses yeux :
 Que me sert, lui dit-elle, Ariste, qu'en tous lieux
Tu signales pour moi ton zèle & ton courage,
Si la Discorde impie à ta porte m'outrage?
135 Deux puissans Ennemis, par elle envenimez,
Dans ces murs, autrefois si saints, si renommez,
A mes sacrez Autels font un profane insulte,
Remplissent tout d'effroi, de trouble & de tumulte.
De leur crime à leurs yeux va-t-en peindre l'horreur :
140 Sauve-moi, sauve-les de leur propre fureur.
 Elle sort à ces mots. Le Héros en prière
Demeure tout couvert de feux & de lumière.
De la céleste Fille il reconnoît l'éclat,
Et mande au même instant le Chantre & le Prélat.
145 Muse, c'est à ce coup, que mon Esprit timide
Dans sa course élevée a besoin qu'on le guide,
Pour chanter par quels soins, par quels nobles travaux
Un Mortel sût fléchir ces superbes Rivaux.
 Mais plûtôt, Toi qui fis ce merveilleux ouvrage,
150 Ariste, c'est à toi d'en instruire notre âge.

REMARQUES.

Vers 100. *Vers ce Temple fameux.*] La Sainte-Chapelle.

Vers 106. ―― *Un Homme incomparable.*] Mr. de Lamoignon, Premier Président.

Seul tu peux réveler, par quel art tout-puissant
Tu rendis tout-à-coup le Chantre obéissant.
Tu sais par quel conseil rassemblant le Chapitre,
Lui-même, de sa main, reporta le Pupitre;
155 Et comment le Prélat, de ses respects content,
Le fit du banc fatal enlever à l'instant.
Parle donc: c'est à Toi d'éclaircir ces merveilles.
Il me suffit pour moi d'avoir sû par mes veilles,
Jusqu'au sixième Chant pousser ma fiction,
160 Et fait d'un vain Pupitre un second Ilion.
Finissons. Aussi-bien, quelque ardeur qui m'inspire;
Quand je songe au Héros qui me reste à décrire,
Qu'il faut parler de Toi, mon Esprit éperdu
Demeure sans parole, interdit, confondu.
165 Ariste, c'est ainsi qu'en ce Sénat illustre,
Où Thémis, par tes soins, reprend son premier lustre,
Quand la première fois un Athlète nouveau
Vient combattre en champ clos aux joûtes du Barreau,
Souvent, sans y penser, ton auguste présence,
170 Troublant par trop d'éclat sa timide éloquence;
Le nouveau Ciceron tremblant, décoloré,
Cherche en vain son discours sur sa langue égaré:
En vain, pour gagner tems, dans ses transes affreuses,
Traîne d'un dernier mot les syllabes honteuses;
175 Il hésite, il begaïe, & le triste Orateur
Demeure enfin muët aux yeux du Spectateur.

REMARQUES.

Vers 156. *Le fit du banc fatal enlever à l'instant.*] Mr. le P. Président fit comprendre au Trésorier, que ce Pupitre n'aïant été anciennement érigé devant la place du Chantre, que pour la commodité de ses Prédécesseurs, il n'étoit pas juste que l'on obligeât Mr. Barrin à le souffrir s'il lui étoit incommode. Néanmoins, pour accorder quelque chose à la satisfaction du Trésorier, Mr. le P. Président fit consentir le Chantre à remettre le Pupitre devant son siège, où il demeureroit un jour; & le Trésorier, à le faire enlever le lendemain: ce qui fut exécuté de part & d'autre.

Vers 176. *Demeure enfin muët aux yeux du Spectateur.*] L'Orateur demeurant muët, les Auditeurs ne sont plus que Spectateurs. Notre Poëte a eu en vûë B... D. à qui ce malheur arriva, & qui depuis ne plaida plus.

IMITATIONS. Ibid. *Demeure enfin muët &c.*] Terence, Phorm. Act. II. Sc. I. v. 52.

Postquam ad Judices
Ventum est, non potuit cogitata proloqui:
Ita eum tum timidum ibi obstupefecit pudor.

ODES,

ODES,
EPIGRAMMES,
ET
AUTRES POËSIES.

DISCOURS SUR L'ODE.

L'ODE suivante a été composée à l'occasion [1] de ces étranges *Dialogues*, qui ont paru depuis quelque tems, où tous les plus grands Ecrivains de l'Antiquité sont traitez d'Esprits médiocres, de gens à être mis en parallèle avec les Chapelains & avec les Cotins; & où voulant faire honneur à notre siècle, on l'a en quelque sorte diffamé, en faisant voir qu'il s'y trouve des Hommes capables d'écrire des choses si peu sensées. [2] Pindare est des plus maltraitez. Comme les beautez de ce Poëte sont extrêmement renfermées dans sa Langue, l'Auteur de ces Dialogues, qui vrai-semblablement ne sait point de Grec, & qui n'a lû Pindare que dans des Traductions Latines assez défectueuses, a pris pour galimathias tout ce que la foiblesse de ses lumières ne lui permettoit pas de comprendre. Il a sur tout traité de ridicules ces endroits merveilleux, où le Poëte, pour marquer un esprit entièrement hors de soi, rompt quelquefois de dessein formé la suite de son discours; & afin de mieux entrer dans la Raison, sort, s'il faut ainsi parler, de la Raison même, évitant avec grand soin cet ordre méthodique & ces exactes liaisons de sens, qui ôteroient l'ame à la Poësie Lyrique. Le Censeur, dont je parle, n'a pas pris garde qu'en attaquant ces nobles hardiesses de Pindare, il donnoit lieu de croire qu'il n'a jamais connu le sublime des *Pseaumes* de *David*, où, s'il est permis de parler de ces saints Cantiques à propos de choses si profanes, il y a beaucoup de ces sens rompus, qui servent même quelquefois à en faire sentir la Divinité. Ce Critique, selon toutes les apparences, n'est pas fort convaincu du précepte que j'ai avancé dans mon *Art Poëtique*, à propos de l'Ode:

Son stile impétueux souvent marche au hazard:
Chez elle un beau desordre est un effet de l'Art.

Ce précepte effectivement, qui donne pour règle de ne point garder quelquefois de règles, est un mystère de l'Art, qu'il n'est pas aisé de faire entendre à un Homme sans aucun goût, qui croit que la *Clélie* & nos *Opéra* sont les modèles du Genre sublime; qui trouve *Térence* fade, *Virgile* froid, *Homère* de mauvais sens; & qu'une espèce de bizarrerie d'esprit rend insensible à tout ce qui frappe ordinairement les Hommes. Mais ce n'est pas ici le lieu de lui montrer ses erreurs. On le fera peut-être plus à propos un de ces jours [3] dans quelque autre Ouvrage.

REMARQUES.

1 *De ces étranges Dialogues.*] Parallèle des Anciens & des Modernes, en forme de Dialogues; par Mr. Perrault de l'Académie Françoise. Il y en avoit trois volumes quand Mr. Despréaux composa cette Ode en 1693. le quatrième ne parut qu'en 1696.

2 *Pindare est des plus maltraitez.*] Parallèles, Tome I. pag. 28. & Tome III. pag. 160.

3 *Dans quelque autre Ouvrage.*] Dans les Réfléxions Critiques sur Longin.

DISCOURS SUR L'ODE.

Pour revenir à Pindare, il ne seroit pas difficile d'en faire sentir les beautez à des gens, qui se seroient un peu familiarisé le Grec. Mais comme cette Langue est aujourd'hui assez ignorée de la plûpart des Hommes, & qu'il n'est pas possible de leur faire voir Pindare dans Pindare même, j'ai crû que je ne pouvois mieux justifier ce grand Poëte, qu'en tâchant de faire une Ode en François à sa manière, c'est-à-dire, pleine de mouvemens & de transports, où l'esprit paroît plûtôt entrainé du Démon de la Poësie, que guidé par la Raison. C'est le but que je me suis proposé dans l'Ode qu'on va voir. J'ai pris pour sujet la prise de Namur, comme la plus grande action de guerre qui se soit faite de nos jours, & comme la matière la plus propre à échauffer l'imagination d'un Poëte. J'y ai jetté, autant que j'ai pû, la magnificence des mots; & à l'exemple des anciens Poëtes Dithyrambiques, j'y ai emploïé les figures les plus audacieuses, jusqu'à y faire un Astre de la Plume blanche que le Roi porte ordinairement à son chapeau: & qui est en effet comme une espèce de Comète fatale à nos Ennemis, qui se jugent perdus dès qu'ils l'apperçoivent. Voilà le dessein de cet Ouvrage. Je ne répons pas d'y avoir réüssi; & je ne sai si le Public, accoûtumé aux sages emportemens de Malherbe, s'accommodera de ces saillies & de ces excès Pindariques. Mais, supposé que j'y aie échoué, je m'en consolerai du moins par le commencement de cette fameuse Ode 4 Latine d'Horace, Pindarum quisquis studet æmulari, &c. où Horace donne assez à entendre que s'il eût voulu lui-même s'élever à la hauteur de Pindare, il se seroit crû en grand hazard de tomber.

5 Au reste, comme parmi les Epigrammes, qui sont imprimées à la suite de cette Ode, on trouvera encore une autre petite Ode de ma façon, que je n'avois point jusqu'ici inserée dans mes Ecrits; je suis bien aise, pour ne me point brouiller avec les Anglois d'aujourd'hui, de faire ici ressouvenir le Lecteur, que les Anglois que j'attaque dans ce petit Poëme, qui est un Ouvrage de ma première jeunesse, ce sont les Anglois du tems de Cromwel.

J'ai joint aussi à ces Epigrammes un Arrêt Burlesque donné au Parnasse, que j'ai composé autrefois, afin de prévenir un Arrêt très-serieux, que l'Université songeoit à obtenir du Parlement, contre ceux qui enseigneroient dans les Ecoles de Philosophie, d'autres principes que ceux d'Aristote. La plaisanterie y descend un peu bas, & est toute dans les termes de la Pratique. Mais il falloit qu'elle fût ainsi pour faire son effet, qui fût très-heureux, & obligea, pour ainsi dire, l'Université à supprimer la Requête qu'Elle alloit présenter:

Ridiculum acri
Fortiùs ac meliùs magnas plerumque secat res.

REMARQUES.

4 Livre IV. Ode II.
[5 *Au reste, comme parmi les Epigrammes* &c.] Tout ce qui suit jusqu'à la fin de ce Discours a été ajouté dans l'Edition de 1701. ADD. de l'Edit. d'Amst.]

ODE
SUR LA
PRISE DE NAMUR.

QUELLE docte & sainte yvresse
Aujourd'hui me fait la loi?
Chastes Nymphes du Permesse,
N'est-ce pas vous que je voi?
5 Accourez, Troupe savante,
Des sons que ma Lyre enfante
Ces arbres sont réjouïs.
Marquez-en bien la cadence;
Et vous, Vents, faites silence:
10 Je vais parler de LOUIS.

Dans ses chansons immortelles,
Comme un Aigle audacieux,
Pindare étendant ses aîles,
Fuit loin des vulgaires yeux.

REMARQUES.

* *Ode sur la prise de Namur.*] Le Roi assiégea Namur, le 26. de Mai, 1692. La Ville fut prise le 5. de Juin, & le Château se rendit le dernier jour du même Mois. Cette Ode fut composée l'année suivante. On a une Lettre de Mr. Despréaux à Mr. Racine, datée du 4. Juin, 1693. qui contient cette même Ode dans l'état auquel l'Auteur l'avoit mise alors; mais il y fit de grands changemens avant que de la publier. Elle étoit de dix-huit Stances. L'Auteur en retrancha une, qui étoit la seconde. La voici:

Un torrent dans les prairies
Roule à flots précipitez:
Malherbe dans ses furies
Marche à pas trop concertez.
J'aime mieux, nouvel Icare,
Dans les airs cherchant Pindare,
Tomber du Ciel le plus haut,
Que, loué de Fontenelle,
Razer, timide hirondelle,
La terre, comme Perrault.

Monsieur de Fontenelle avoit publié depuis peu un Ouvrage (*Digression sur les Anciens & sur les Modernes.*) dans lequel il fortifioit le parti de Mr. Perrault contre les Anciens. Il fit ensuite cette Epigramme,

Quand Despréaux fut sifflé sur son Ode,
Ses partisans crioient dans tout Paris:
Pardon, Messieurs; le Pauvret s'est mépris.
Plus ne loûra, ce n'est pas sa méthode.
Il va draper le Sèxe féminin;
A son grand nom vous verrez s'il déroge.
Il a paru cet Ouvrage malin:
Pis ne vaudroit quand ce seroit éloge.

Monsieur De Fontenelle, à qui l'on a communiqué cette Note, n'a pas trouvé mauvais qu'on la publiât.

ODE SUR LA PRISE

15 Mais, ô ma fidelle Lyre,
Si, dans l'ardeur qui m'inspire,
Tu peux suivre mes transports;
Les chênes des Monts de Thrace
N'ont rien ouï que n'efface
20 La douceur de tes accords.

Est-ce Apollon, & Neptune,
Qui sur ces Rocs sourcilleux,
Ont, compagnons de fortune,
Bâti ces murs orgueilleux?
25 De leur enceinte fameuse
La Sambre, unie à la Meuse,
Défend le fatal abord:
Et par cent bouches horribles,
L'airain sur ces monts terribles
30 Vômit le fer & la mort.

Dix mille vaillans Alcides,
Les bordant de toutes parts,
D'éclairs, au loin homicides,
Font petiller leurs remparts:
35 Et dans son sein infidèle
Par tout la terre y récèle
Un feu prêt à s'élancer,
Qui soudain perçant son gouffre,
Ouvre un sépulchre de soufre
40 A quiconque ose avancer.

Namur, devant tes murailles,

REMARQUES.

Vers 18. *Les chênes des Monts de Thrace.*] Les Animaux les plus feroces, & les Arbres mêmes des Forêts de Thrace, étoient sensibles aux accens de la Lyre d'Orphée, si l'on en croit les Poëtes.

Vers 24. *Bâti ces murs orgueilleux.*] Apollon & Neptune s'étoient louez à Laomedon Roi de Troie, pour bâtir les murs de cette Ville.

Vers 50. *Ou c'est le Vainqueur de Mons.*]
Le

DE NAMUR.

Jadis la Grèce eût vingt ans
Sans fruit vû les funerailles
De ſes plus fiers Combattans.
45 Quelle effroïable Puiſſance
Aujourd'hui pourtant s'avance,
Prête à foudroïer tes monts!
Quel bruit, quel feu l'environne?
C'eſt Jupiter en perſonne,
50 Ou c'eſt le Vainqueur de Mons.

N'en doute point, c'eſt Lui-même.
Tout brille en Lui, tout eſt Roi.
Dans Bruxelles Naſſau blême
Commence à trembler pour toi.
55 En vain il voit le Batâve,
Deſormais docile eſclâve,
Rangé ſous ſes étendars:
En vain au Lion Belgique
Il voit l'Aigle Germanique
60 Uni ſous les Léopards.

Plein de la fraïeur nouvelle
Dont ſes ſens ſont agitez,
A ſon ſecours il appelle
Les Peuples les plus vantez.
65 Ceux-là viennent du rivage,
Où s'enorgueillit le Tage
De l'or qui roule en ſes eaux;
Ceux-ci des champs où la neige,

REMARQUES.

Le Roi avoit pris la ville de Mons, l'année précédente 1691.
Vers 53. *Dans Bruxelles Naſſau blême.*] Le Prince d'Orange, Guillaume de Naſſau, Roi d'Angleterre, commandoit l'Armée des Alliez.

Vers 61. *Plein de la fraïeur nouvelle &c.*] L'Auteur préferoit cette ſeptième Stance à toutes les autres.

Des marais de la Norvège
70 Neuf mois couvre les roseaux.

Mais qui fait enfler la Sambre?
Sous les Jumeaux effraïez,
Des froids torrens de Décembre
Les champs par tout sont noïez.
75 Cerès s'enfuit éplorée
De voir en proye à Borée
Ses guérets d'épics chargez,
Et sous les urnes fangeuses
Des Hyades orageuses
80 Tous ses trésors submergez.

Déployez toutes vos rages,
Princes, Vents, Peuples, Frimats,
Ramassez tous vos nuages,
Rassemblez tous vos Soldats.
85 Malgré vous Namur en poudre
S'en va tomber sous la foudre
Qui domta Lille, Courtrai,
Gand la superbe Espagnole,
Saint Omer, Bezançon, Dole,
90 Ypres, Mastricht, & Cambrai.

Mes présages s'accomplissent;

REMARQUES.

Vers 72. *Sous les Jumeaux effraïez.*] Le Siège se fit au Mois de Juin; & pendant ce tems-là il tomba des pluies excessives.

Vers 100. *Vouloir s'ouvrir les Enfers.*] Virgile voulant donner l'idée d'un Arbre fort haut, a dit que ses branches s'élevoient autant vers le Ciel, que ses racines s'approchoient des Enfers.

——— *Et quantùm vertice ad auras*
Æthereas, tantùm radice in Tartara tendit.

Cette peinture lui a même paru si belle & si magnifique, qu'après l'avoir emploïée dans ses Géorgiques, L. II. v. 291. il l'a repetée en mêmes termes au quatrième Livre de l'Enéïde, v. 445.

En 1678. le Roi voulut que Messieurs Despréaux & Racine, auxquels il avoit depuis peu confié le soin d'écrire son Histoire, le suivissent en Flandre, où Sa Majesté alloit faire la campagne. Après la prise d'Ypres, qui fut une des Conquêtes du Roi, Mr. Despréaux alla voir la Citadelle & remarqua

DE NAMUR.

Il commence à chanceler,
Sous les coups qui retentissent
Ses murs s'en vont s'écrouler.
95 Mars en feu, qui les domine,
Souffle à grand bruit leur ruïne;
Et les Bombes, dans les airs
Allant chercher le tonnerre,
Semblent, tombant sur la Terre,
100 Vouloir s'ouvrir les Enfers.

Accourez, Nassau, Baviere,
De ces murs l'unique espoir:
A couvert d'une riviere
Venez, vous pouvez tout voir.
105 Considerez ces approches:
Voyez grimper sur ces roches
Ces Athlètes belliqueux;
Et dans les eaux, dans la flâme,
Louis à tout donnant l'ame,
110 Marcher, courir avec eux.

Contemplez dans la tempête
Qui sort de ces Boulevarts,
La Plume qui sur sa tête
Attire tous les regards.
115 A cet Astre redoutable,

REMARQUES.

marqua que les Bombes qu'il avoit vû jetter pendant le Siège, avoient fait des creux extrèmement profonds dans le terrein. Il se souvint alors du passage de Virgile, & en fit l'application à l'effet prodigieux des Bombes. Cette observation, qu'il n'auroit pas faite s'il n'étoit jamais sorti de Paris, lui fit sentir depuis, combien il étoit utile à un Poëte de voïager; & il disoit qu'Homère, dans les divers voïages qu'il avoit faits, s'étoit rempli d'une infinité de connoissances, & avoit appris à former les images si vraies, si nobles, & si variées, que nous admirons dans sa Poësie.

Vers 113. *La Plume qui sur sa tête.*] Le Roi porte toûjours à l'Armée une plume blanche autour de son chapeau.

Vers 115. *A cet Astre redoutable.*] Homère dit, que l'Aigrette d'Achille étinceloit comme un Astre. Iliad. XIX. v. 299. Notre Auteur avoit aussi en vûë cet endroit de *la Secchia rapita* du Tassoni, Canto VI. 18.

Ei qual Cometa minacciosa splende
D'oro, e di piume alteramente adorno.

Vers

Toujours un sort favorable
S'attache dans les combats :
Et toujours avec la Gloire
Mars amenant la Victoire,
120 Vole, & le suit à grands pas.

Grands Défenseurs de l'Espagne,
Montrez-vous, il en est tems.
Courage, vers la Méhagne
Voilà vos drapeaux flottans.
125 Jamais ses ondes craintives
N'ont vû sur leurs foibles rives
Tant de Guerriers s'amasser.
Courez donc. Qui vous retarde ?
Tout l'Univers vous regarde.
130 N'osez-vous la traverser ?

Loin de fermer le passage
A vos nombreux bataillons,
Luxembourg a du rivage
Reculé ses pavillons.
135 Quoi ? leur seul aspect vous glace ?
Où sont ces Chefs pleins d'audace
Jadis si promts à marcher,
Qui devoient de la Tamise,
Et de la Drâve soûmise,
140 Jusqu'à Paris nous chercher ?

Cependant l'effroi redouble
Sur les remparts de **Namur**.

REMARQUES.

Vers 123. ——— *Vers la Méhagne.*] Rivière près de Namur.
Vers 138. *Qui devoient de la Tamise, Et de la Drâve.*] La *Tamise*, Rivière qui passe à Londres. La *Drâve*, Rivière qui passe à Belgrade en Hongrie, où le Duc de Bavière, l'un des Chefs ennemis, s'étoit signalé contre les Turcs.

DE NAMUR.

  Son Gouverneur, qui se trouble,
  S'enfuit sous son dernier mur.
145 Déja jusques à ses portes
  Je voi monter nos cohortes,
  La flâme & le fer en main :
  Et sur les monceaux de piques,
  De corps morts, de rocs, de briques,
150 S'ouvrir un large chemin.

  C'en est fait. Je viens d'entendre,
  Sur ces rochers éperdus,
  Battre un signal pour se rendre;
  Le feu cesse. Ils sont rendus.
155 Dépouillez votre arrogance,
  Fiers Ennemis de la France;
  Et désormais gracieux,
  Allez à Liège, à Bruxelles,
  Porter les humbles nouvelles
160 De Namur pris à vos yeux.

  Pour moi, que Phébus anime
  De ses transports les plus doux,
  Rempli de ce Dieu sublime,
  Je vais, plus hardi que vous,
165 Montrer que sur le Parnasse,
  Des bois fréquentez d'Horace,
  Ma Muse dans son déclin,
  Sait encor les avenuës,
  Et des sources inconnuës
170 A l'Auteur du Saint Paulin.

REMARQUES.

Vers 148. *Et sur les monceaux de piques, De corps morts*, &c.] Le son de ces mots répond à ce qu'ils expriment.

Vers 170. *A l'Auteur du Saint Paulin.*] Poëme Héroïque de Mr. Perrault, imprimé en 1686.

* O D E

Contre les Anglois.

QUOI? ce Peuple aveugle en son crime,
   Qui prenant son Roi pour victime
3 Fit du Thrône un Théatre affreux,
Pense-t-il que le Ciel, complice
D'un si funeste sacrifice,
6 N'a pour lui ni foudre ni feux?

Déja sa Flotte à pleines voiles,
Malgré les vents & les étoiles,
9 Veut maîtriser tout l'Univers;
Et croit que l'Europe étonnée,
A son audace forcenée
12 Va ceder l'Empire des Mers.

Arme-toi, France; pren la foudre.
C'est à toi de réduire en poudre
15 Ces sanglans Ennemis des Loix.
Sui la Victoire qui t'appelle,
Et va sur ce Peuple rebelle
18 Venger la querelle des Rois.

REMARQUES.

* *Ode contre les Anglois.*] Elle fut faite sur un bruit qui courut en 1656. que Cromwel & les Anglois alloient faire la guerre à la France. L'Auteur n'étoit que dans sa vintiéme année quand il fit cette Ode, mais il l'a raccommodée.

Vers 2. *Qui prenant son Roi pour victime.*] Charles I. en 1649.

Vers 7. *Déja sa Flotte à pleines voiles.*] En pleines voiles, Edition de 1713.

Vers 18. *Venger la querelle des Rois.*] Après la troisième Stance, il y avoit celle-ci que l'Auteur a retranchée:
*O que la Mer, dans les deux Mondes,
Va voir de morts parmi ses ondes
Flotter à la merci du sort!
Déja Neptune plein de joie
Regarde en foule à cette proie
Courir les Baleines du Nord.*

ODE CONTRE LES ANGLOIS.

Jadis on vit ces Parricides,
Aidez de nos Soldats perfides,
21 Chez nous au comble de l'orgueil,
Briser tes plus fortes murailles;
Et par le gain de vingt batailles
24 Mettre tous tes Peuples en deuil.

Mais bien-tôt le Ciel en colère,
Par la main d'une humble Bergère,
27 Renversant tous leurs Bataillons,
Borna leurs succès & nos peines:
Et leurs corps pourris dans nos plaines
30 N'ont fait qu'engraisser nos sillons.

REMARQUES.

Vers 21. *Chez nous au comble de l'orgueil* &c.] Ces quatre derniers Vers étoient ainsi:
De sang inonder nos guérets,
Faire des déserts de nos Villes;
Et dans nos campagnes fertiles
Brûler jusqu'au jonc des marêts.

Vers 25. *Mais bien-tôt* &c.] Première manière:
Mais bien-tôt, malgré leurs furies,
Dans ces campagnes refleuries,
Leur sang coulant à gros bouillons,
Paya l'usure de nos peines;
Et leurs corps &c.

Vers 26. *Par la main d'une humble Bergere.*] Jeanne d'Arc, ou la Pucelle d'Orleans.

* STANCES
A Mr. MOLIERE.

EN vain mille jaloux Esprits,
Molière, osent avec mépris
3 Censurer ton plus bel Ouvrage :
Sa charmante naïveté
S'en va pour jamais d'âge en âge
6 Divertir la Posterité.

Que tu ris agréablement !
Que tu badines savamment !
9 Celui qui sût vaincre Numance,
Qui mit Carthage sous sa loi,
Jadis sous le nom de Terence
12 Sût-il mieux badiner que toi ?

Ta Muse avec utilité
Dit plaisamment la verité.
15 Châcun profite à ton Ecole :
Tout en est beau, tout en est bon ;
Et ta plus burlesque parole
18 Est souvent un docte sermon.

Laisse gronder tes Envieux :
Ils ont beau crier en tous lieux,
21 Qu'en vain tu charmes le Vulgaire ;
Que tes Vers n'ont rien de plaisant.
Si tu savois un peu moins plaire,
24 Tu ne leur déplairois pas tant.

REMARQUES.

* *Stances à Mr. Molière.*] Sur la Comédie de l'Ecole des Femmes, que plusieurs gens frondoient. Mr. Despréaux lui envoïa ces vers le premier jour de l'année 1663.

Vers 9. *Celui qui sût vaincre Numance* &c.] Scipion l'Africain.
Vers 15. *Châcun profite à ton Ecole.*] Allusion à l'*Ecole des Femmes*.

SONNET

Sur la mort d'une Parente.

PArmi les doux transports d'une amitié fidelle,
Je voyois près d'Iris couler mes heureux jours.
Iris que j'aime encor, & que j'aimai toujours.
Brûloit des mêmes feux dont je brûlois pour elle.

Quand par l'ordre du Ciel une fièvre cruelle
M'enleva cet objet de mes tendres amours;
Et de tous mes plaisirs interrompant le cours,
Me laissa de regrets une suite éternelle.

Ah! qu'un si rude coup étonna mes esprits!
Que je versai de pleurs! que je poussai de cris!
De combien de douleurs ma douleur fut suivie!

Iris, tu fus alors moins à plaindre que moi.
Et, bien qu'un triste sort t'ait fait perdre la vie,
Hélas! en te perdant, j'ai plus perdu que toi.

REMARQUES.

L'Auteur avoit oublié ce Sonnet; mais j'en trouvai par hazard une copie que je lui envoïai, & il me fit cette réponse le 24. de Novembre, 1707. ,, Pour ce qui est du Sonnet, la verité est ,, que je le fis presque à la sortie du Collè-,, ge, pour une de mes Nièces, qui mou-,, rut âgée de dix-huit ans. . . . . Je ne le ,, donnai alors à personne, & je ne sai pas ,, par quelle fatalité il vous est tombé entre ,, les mains, après plus de cinquante ans ,, qu'il y a que je le composai. Les vers en ,, sont assez bien tournez, & je ne le défa-,, voüerois pas même encor aujourd'hui, ,, n'étoit une certaine tendresse tirant à l'a-,, mour, qui y est marquée, qui ne con-,, vient point à un Oncle pour sa Nièce, & ,, qui y convient d'autant moins, que jamais ,, amitié ne fut plus pure ni plus innocente ,, que la nôtre. Mais quoi? je croïois alors ,, que la Poësie ne pouvoit parler que d'a-,, mour. C'est pour réparer cette faute, & ,, pour montrer qu'on peut parler en vers, ,, même de l'amitié enfantine, que j'ai com-,, posé il y a quinze ou seize ans, le seul Son-,, net qui est dans mes Ouvrages, & qui ,, commence par *Nourri dès le berceau* &c.

AUTRE SONNET
Sur le même sujet.

Nourri dès le berceau près de la jeune Orante,
Et non moins par le cœur que par le sang lié,
A ses jeux innocens Enfant associé,
Je goûtois les douceurs d'une amitié charmante.

Quand un faux Esculape, à cervelle ignorante,
A la fin d'un long mal vainement pallié,
Rompant de ses beaux jours le fil trop délié,
Pour jamais me ravit mon aimable Parente.

O! qu'un si rude coup me fit verser de pleurs!
Bien-tôt, la plume en main, signalant mes douleurs,
Je demandai raison d'un acte si perfide.

Oui, j'en fis dès quinze ans ma plainte à l'Univers;
Et l'ardeur de venger ce barbare homicide
Fut le premier Démon qui m'inspira des Vers.

REMARQUES.

Extrait d'une Lettre de l'Auteur: 15. de Juillet, 1702.

„ Ce Sonnet a été fait sur une de mes Niè-
„ ces, sœur de Mr. Dongois. Elle étoit à
„ peu près de même âge que moi, & avoit
„ beaucoup d'esprit. Elle mourut entre les
„ mains d'un Charlatan, & ce Charlatan é-
„ toit un fameux Médecin de la Faculté.
„ J'ai composé ce Sonnet dans le temps de
„ ma plus grande force poëtique, en partie
„ pour montrer qu'on peut parler d'amitié
„ en vers, aussi bien que d'amour; & que
„ les choses innocentes s'y peuvent aussi bien
„ exprimer que toutes les maximes odieuses
„ de la Morale lubrique des Opera......
„ On ne m'a pas fort accablé d'éloges sur
„ ce Sonnet. Cependant, Monsieur, ose-
„ rois-je vous dire que c'est une des choses
„ de ma façon dont je m'applaudis le plus,
„ & que je ne crois pas avoir rien dit de plus
„ gracieux que, *A ses jeux innocens Enfant*
„ *associé*; & *Rompant de ses beaux jours le fil*
„ *trop délié*, & *Fut le premier Démon qui*
„ *m'inspira des vers.* C'est à vous à en juger, &c.

EPIGRAM-

EPIGRAMMES.

I.

A UN MEDECIN.

Oui, j'ai dit dans mes Vers, qu'un célèbre Assassin,
Laissant de Galien la Science infertile,
D'ignorant Médecin devint Maçon habile:
Mais de parler de vous je n'eus jamais dessein:
5   Perrault, ma Muse est trop correcte.
Vous êtes, je l'avouë, ignorant Médecin,
    Mais non pas habile Architecte.

II.

A Mr. RACINE.

Racine, plain ma destinée.
C'est demain la triste journée,
Où le Prophète Des-Marais,

REMARQUES.

Epigr. I. Cette Epigramme fut composée en 1674. après la publication de l'Art poëtique, où l'Auteur avoit fait, au commencement du quatrième Chant, la Métamorphose d'un Médecin en Architecte. Les motifs qui l'y engagèrent, sont expliquez dans une Lettre adressée à Mr. de Vivonne. Voïez ci-après la Lettre II. Tom. II. p. 265.
  Au sentiment de notre Auteur, c'étoit ici la meilleure de ses Epigrammes. Mr. Racine préferoit cette autre qui est la XXII. *D'où vient que Ciceron* &c. Et Mr. le Prince de Conti étoit pour celle qui commence: *Clio vint l'autre jour* &c. C'est la XVIII.

Epigr. II. En 1674. Mr. Des-Marêts de St. Sorlin entreprit une Critique générale des Oeuvres de Mr. Despréaux, & la fit imprimer en 1675. Notre Poëte qui en fut averti, prévint la critique par cette Epigramme. Mr. le Duc de . . . . l'Abbé Testu, & Des-Marêts, avoient travaillé de concert à cette critique.
  Vers 3. *Où le Prophète Des-Marais.*] Son nom est ici écrit *Des-Marais*, afin que la rime soit plus visible. Il s'étoit érigé en homme inspiré, & en Prophète. Dans un de ses Ouvrages. il disoit fort sérieusement, que *Dieu par sa bonté infinie, lui avoit envoyé la clé du tresor de l'Apocalypse.* Délices de l'Espr. part. 3. p. 2. Dans un autre il publioit que *Dieu l'avoit destiné à faire une réformation génerale du Genre humain; & que pour cet effet il levoit une armée de cent quarante quatre mille Victimes, dévoûées à tout faire, & à tout souffrir, selon ses ordres.* Avis au St. Esprit. Il annonçoit quantité d'autres merveilles, dont on fit voir la vanité & le ridicule, dans huit Lettres, qui parurent au commencement

EPIGRAMMES.

Armé de cette même foudre
5 Qui mit le Port-Roïal en poudre,
Va me percer de mille traits.
C'en est fait, mon heure est venuë.
Non que ma Muse, soûtenuë
De tes judicieux avis,
10 N'ait assez de quoi le confondre:
Mais, cher Ami, pour lui répondre,
Hélas! il faut lire Clovis.

REMARQUES.

ment de 1666. & qu'on intitula *les Visionaires*, tant à cause d'une Comédie de Des-Marêts, qui porte le même titre; que parce qu'on découvroit dans ces Lettres la source des illusions des Fanatiques, dont on lui faisoit l'application, & l'on y prouvoit géométriquement qu'il étoit un Visionaire. Mr. Nicole en étoit l'Auteur. Voyez la Remarque suivante.

Vers 5. *Qui mit le Port-Roïal en poudre.*] Des-Marêts avoit fait en 1665. une Réponse à l'Apologie pour les Réligieuses de Port-Roïal. Mais ce qu'il y a ici de singulier, c'est que Mr. Despréaux, en plaisantant sur cet Ouvrage, adresse la parole à Mr. Racine, qui avoit lui-même pris la défense de Des-Marêts contre Port-Roïal dans une Lettre qu'il fit imprimer en 1666. J'éclaircis ce fait, & je raporte cette Lettre entière dans le second Volume.

Vers 12. *Hélas! il faut lire Clovis.*] Poëme de Des-Marêts, ennuïeux à la mort. Cette petite Note est de notre Auteur. Dans quelques éditions on lit, *envieux à la mort*; & cette faute d'impression fait une équivoque assez plaisante. Des-Marêts avoit publié son Poëme en 1657. mais en 1673. il en donna une autre édition beaucoup plus ample.

Ce même Vers fait allusion à une autre chose qui n'étoit pas ignorée de Mr. Racine, & dont la connoissance rend l'Epigramme beaucoup plus piquante. Dans la Place du Cimetière St. Jean, à Paris, il y avoit alors un Traiteur fameux, chez qui s'assembloient tous les jours ce qu'il y avoit de jeunes Seigneurs des plus spirituels de la Cour, avec Mrs. Despréaux, Racine, La Fontaine, Chapelle, Furetiere, & quelques autres Personnes d'élite; & cette Troupe choisie avoit une chambre particulière du logis, qui leur étoit affectée. En ce tems-là les Caffez n'étoient pas encore établis. Dans ce célèbre Reduit ils inventoient mille ingénieuses folies. Là fut composée la Parodie de quelques Scènes du Cid, sur une prétenduë querelle de La Serre & de Chapelain, avec l'enlèvement de sa Perruque à calotte; là fut imaginée la Métamorphose de cette fameuse Perruque en Comète; là fut faite en très-peu de jours la Comédie des Plaideurs de Racine. Enfin, il ne seroit pas possible de raconter toutes les plaisanteries fines & délicates que ce Rendez-vous a vû naître. Il y avoit sur la table de cette chambre un exemplaire de la Pucelle de Chapelain, qu'on y laissoit toujours: & quand quelqu'un d'entre eux avoit commis une faute, soit contre la pureté du langage, soit contre la justesse du raisonnement, ou quelque autre semblable, il étoit jugé à la pluralité des voix; & la peine ordinaire qu'on lui imposoit, étoit de lire un certain nombre de Vers de ce Poëme. Quand la faute étoit considerable, on condamnoit le délinquant à en lire jusqu'à vingt, & il faloit qu'elle fût énorme pour être condamnée à lire la page entière: tant la lecture de ce Poëme leur paroissoit ennuïeuse & assommante.

EPIGRAMMES.

III.

CONTRE S. SORLAIN.

Dans le Palais hier Bilain
Vouloit gager contre Mènage,
Qu'il étoit faux que Saint Sorlain
Contre Arnauld eût fait un Ouvrage.
5 Il en a fait, j'en fai le temps,
Dit un des plus fameux Libraires.
Attendez...... C'est depuis vingt ans.
On en tira cent Exemplaires.
C'est beaucoup, dis-je en m'approchant,
10 La pièce n'est pas si publique.
Il faut compter, dit le Marchand,
Tout est encor dans ma Boutique.

REMARQUES.

LE commencement de cette Epigramme étoit ainsi :
Hier un certain Personnage
Au Palais me voulut nier,
Qu'autrefois Boileau le Rentier
Sur Costar eût fait un Ouvrage.
Il en a fait, &c.
Gilles Boileau, de l'Académie Françoise, & Payeur des Rentes de l'Hôtel de Ville, ne cessoit, par jalousie, de décrier les Poësies de Mr. Despréaux son frere cadet. C'est pourquoi celui-ci fit cette Epigramme, dans laquelle il indiquoit un petit Ouvrage que Gilles Boileau avoit publié en 1656. contre Costar, intitulé *Remerciment à Mr. Costar.* Mais, après la mort de cet Ainé, arrivée en 1669.

Mr. Despréaux supprima ces quatre Vers, & tourna son Epigramme contre Mr. Des-Marêts de S. Sorlin, qui avoit publié en 1665. une *Réponse à l'Apologie* que Mr. Arnauld avoit faite *pour les Réligieuses de Port-Roïal*, comme on l'a dit dans la Remarque sur le Vers 5. de l'Epigramme précedente. *Bilain*, qui est nommé dans le premier Vers de celle-ci, étoit un Avocat célèbre. L'action de cette Epigramme se passa dans la grand' Salle du Palais, où il y a beaucoup de Libraires, & où s'assembloient tous les soirs plusieurs beaux Esprits, comme Mr. Patru, l'Abbé Mènage, ce même *Bilain*, Boileau le Rentier, & quelques autres.

EPIGRAMMES.

IV.

A Messieurs PRADON & BONECORSE.

Venez, Pradon, & Bonecorse,
   Grands Ecrivains de même force,
De vos Vers recevoir le prix :
Venez prendre dans mes Ecrits
5 La place que vos Noms demandent.
Linière & Perrin vous attendent.

V.

CONTRE L'ABBÉ COTIN.

En vain par mille & mille outrages
   Mes Ennemis, dans leurs Ouvrages,
Ont crû me rendre affreux aux yeux de l'Univers.
Cotin, pour décrier mon stile,
5 A pris un chemin plus facile :
C'est de m'attribuer ses Vers.

REMARQUES.

EPIGR. IV. Cette Epigramme fut faite en 1685. Pradon & Bonecorse avoient publié chacun un volume d'injures contre notre Auteur. Le premier avoit fait une mauvaise Critique des Oeuvres de Mr. Despréaux, sous ce titre, *Le Triomphe de Pradon* ; & le second avoit composé le *Lutrigot*, qui est une sotte imitation du Lutrin, contre l'Auteur du Lutrin même. Il mourut en 1706. à Marseille, lieu de sa naissance. Voïez la Remarque sur le Vers 64. de l'Epître IX.

EPIGR. V. On avoit fait courir une Satire non seulement mauvaise, mais très-dangereuse. L'Abbé Cotin n'en étoit pas veritablement l'Auteur ; mais il l'attribuoit malicieusement à Mr. Despréaux, qui, pour se défendre, la lui rendoit. Un jour Monsieur le Premier Président de Lamoignon refusa de lire un Libelle que cet Abbé avoit publié contre Mr. Despréaux ; parce que Mr. le Premier Président accusoit en riant Mr. Despréaux de l'avoir composé lui-même, pour rendre ridicule l'Abbé Cotin.

EPIGRAMMES.

VI.
Contre le même.

A Quoi bon tant d'efforts, de larmes, & de cris,
Cotin, pour faire ôter ton nom de mes Ouvrages?
Si tu veux du Public éviter les outrages,
Fais effacer ton nom de tes propres Ecrits.

VII.
CONTRE UN ATHEE.

A Lidor assis dans sa chaise,
Médisant du Ciel à son aise,
Peut bien médire aussi de moi.
Je ris de ses discours frivoles:
On sait fort bien que ses paroles
Ne sont pas articles de Foi.

REMARQUES.

EPIGR. VI. Originairement cette Epigramme avoit été faite contre Mr. Quinaut, parce qu'il avoit imploré l'autorité du Roi pour obtenir que son nom fût ôté des Satires de l'Auteur. Mais ce moïen-là n'aïant pas réüssi, il rechercha l'amitié de Monsieur Despréaux, qui mit *Cotin*, à la place de *Quinaut*, dans cette Epigramme.

EPIGR. VII. Notre Auteur avoit mis la conversion de Mr. de St. Pavin au rang des impossibilitez morales, dans ces mots de la Satire I. vers 128. *Et St. Pavin bigot.* Saint-Pavin repoussa cette injure par le Sonnet suivant.

Despréaux grimpé sur Parnasse,
Avant que personne en sût rien,
Trouva Regnier avec Horace,
Et rechercha leur entretien.

Sans choix, & de mauvaise grace,
Il pilla presque tout leur bien:
Il s'en servit avec audace,
Et s'en para comme du sien.

Jaloux des plus fameux Poëtes,
Dans ses Satires indiscretes
Il choque leur gloire aujourd'hui.

En vérité, je lui pardonne.
S'il n'eût mal parlé de personne,
On n'eût jamais parlé de lui.

A quoi Mr. Despréaux répondit par cette Epigramme, dans le premier Vers de laquelle il y avoit: *Saint Pavin grimpé sur sa chaise.* Il étoit tellement gouteux, qu'il ne pouvoit marcher; & il étoit toûjours assis dans un fauteuil fort élevé.

404 EPIGRAMMES.

VIII.
Vers en stile de Chapelain.

Maudit soit l'Auteur dur, dont l'âpre & rude verve,
Son cerveau tenaillant, rima malgré Minerve;
Et, de son lourd marteau martelant le Bon-Sens,
A fait de méchans Vers douze fois douze cens.

IX.
EPITAPHE.

CI gît justement regretté
Un savant Homme sans science,
Un Gentilhomme sans naissance,
Un très-bon Homme sans bonté.

X.
A CLIMENE.

Tout me fait peine
Et depuis un jour
Je crois, Climène;
Que j'ai de l'amour.
5 Cette nouvelle
Vous met en courroux.
Tout beau, Cruelle,
Ce n'est pas pour vous.

REMARQUES.

EPIGR. VIII. Vers 4. *Douze fois douze cens.*] Le Poëme de la Pucelle a douze Livres, chacun de douze cens Vers, ou environ. Mr. Despréaux aïant dit ce Quatrain à Monsieur le Premier Président de Lamoignon, ce Magistrat envoïa querir un Exemplaire de la Pucelle chez Billaine, Libraire qui la débitoit : il écrivit ces quatre Vers sur le premier feuillet du Livre, & le renvoïa.

EPIGR. IX. Cette Pièce n'est bonne que pour ceux qui ont connu particulièrement celui dont elle parle.

EPIGR. X. L'Auteur fit ces Vers dans sa première jeunesse, sur l'Air d'une Sarabande que l'on chantoit alors. La Fontaine a rimé la même pensée dans la Fable intitulée, *Thirsis & Amarante*, Part. II. Liv. II. Fab. XIII.

XI.

XI.

Imitation de Martial.

PAUL ce grand Médecin, l'effroi de son quartier,
Qui causa plus de maux que la Peste & la Guerre,
Est Curé maintenant, & met les gens en terre.
Il n'a point changé de métier.

XII.

Sur une Harangue d'un Magistrat, dans laquelle les Procureurs étoient fort maltraitez.

Lorsque dans ce Sénat, à qui tout rend hommage,
    Vous haranguez en vieux langage,
    Paul, j'aime à vous voir en fureur
    Gronder maint & maint Procureur:
5   Car leurs chicanes sans pareilles
    Méritent bien ce traitement.
    Mais, que vous ont fait nos oreilles,
    Pour les traiter si rudement?

XIII.

Sur l'Agesilas de Mr. de Corneille.

J'Ai vû l'Agésilas.
    Hélas!

REMARQUES.

EPIGR. XI. Voici l'Epigramme de Martial, Liv. I. 48.
Nuper erat Medicus, nunc est Vespillo Diaulus:
Quod Vespillo facit, fecerat & Medicus.
Il y a une autre Epigramme semblable dans le même Auteur, L. VIII. 74:
Hoplomachus nunc es, &c.

EPIGR. XIII. Notre Auteur étant à la première représentation de la Tragédie d'Agésilas, en 1666. dit le bon mot qui est renfermé dans cette Epigramme.

EPIGRAMMES.

XIV.

Sur l'Attila du même Auteur.

Après l'Agésilas,
    Hélas!
Mais après l'Attila,
    Hola.

XV.

Sur la manière de réciter du Poëte Santeul.

Quand j'aperçois sous ce Portique
Ce Moine au regard fanatique,
Lisant ses Vers audacieux
Faits pour les habitans des Cieux,
5 Ouvrir une bouche effroïable,
S'agiter, se tordre les mains;
Il me semble en lui voir le Diable,
Que Dieu force à loüer les Saints.

REMARQUES.

EPIGR. XIV. La Tragédie d'Attila fut représentée en 1667. Voïez la Remarque sur le Vers 177. de la Satire IX.

EPIGR. XV. Jean-Baptiste Santeul, Chanoine Régulier de S. Victor, a été un des plus fameux Poëtes Latins du dix-septième Siècle. Il a fait sur tout de très-belles Hymnes à la loüange des Saints. Quand il eut fait celles de S. Loüis, il alla les présenter au Roi, & les récita, de la manière qu'il récitoit tous ses Vers; c'est à dire, en s'agitant comme un Possedé, & faisant des contorsions & des grimaces, qui firent beaucoup rire les Courtisans. Mr. Despréaux qui se trouva là, fit cette Epigramme sur le champ; & étant sorti pour l'écrire, il la remit au Duc de . . . . . qui l'alla porter au Roi, comme si c'eût été un papier de conséquence. Le Roi la lut, & la rendit en soûriant, à ce même Seigneur, qui eut la malice de l'aller lire à d'autres Courtisans en présence de Santeul même. Elle étoit ainsi:

A voir de quel air effroïable,
Roulant les yeux, tordant les mains,
Santeul nous lit ses Hymnes vains,
Diroit-on pas que c'est le Diable
Que Dieu force à loüer les Saints?

XVI.

EPIGRAMMES.

XVI.

A la Fontaine de Bourbon.

OUi, vous pouvez chasser l'humeur apoplectique,
Rendre le mouvement au Corps paralytique,
Et guérir tous les maux les plus invéterez.
Mais quand je lis ces vers par votre onde inspirez,
5   Il me paroît, admirable Fontaine,
Que vous n'eutes jamais la vertu d'Hippocrène.

XVII.

L'Amateur d'Horloges.

SAns cesse autour de six Pendules,
De deux Montres, de trois Cadrans,
Lubin, depuis trente & quatre ans,
Occupe ses soins ridicules.
5 Mais à ce mêtier, s'il vous plaît,
A-t-il acquis quelque Science?
Sans doute, & c'est l'Homme de France
Qui sait le mieux l'heure qu'il est.

REMARQUES.

EPIGR. XVI. En 1685. l'Auteur étoit allé prendre les eaux à Bourbon, où il trouva l'A..... Poëte médiocre qui lui montra des Vers de sa façon.

EPIGR. XVII. *Lettre de l'Auteur, du 6. Mars,* 1707.

„ Lubin est un de mes Parens, qui est
„ mort il y a plus de vingt ans, & qui a-
„ voit la folie que j'attaque dans mon Epi-
„ gramme. Il étoit Secretaire du Roi, &
„ s'appèloit Mr. Targas. J'avois dit, lui
„ vivant, le mot dont j'ai composé le sel de
„ cette Epigramme, qui n'a été faite qu'en-
„ viron depuis deux mois, chez moi à Au-
„ teuil où couchoit l'Abbé de Châteauneuf.
„ Le soir en m'entretenant avec lui, je m'é-
„ tois ressouvenu du mot dont il est ques-
„ tion. Il l'avoit trouvé fort plaisant : & sur
„ cela nous étions convenus l'un & l'autre,
„ qu'avant tout, pour faire une bonne Epi-
„ gramme, il faloit dire en conversation, le
„ mot qu'on y vouloit mettre à la fin, &
„ voir s'il frapperoit. Celui-ci donc l'aiant
„ frappé, je le lui rapportai le lendemain au
„ matin, construit en Epigramme, telle que
„ je vous l'ai envoïée, &c.

XVIII.

XVIII.

Sur ce qu'on avoit lû à l'Académie des Vers contre Homère & contre Virgile.

CLIO vint l'autre jour se plaindre au Dieu des Vers,
  Qu'en certain lieu de l'Univers,
On traitoit d'Auteurs froids, de Poëtes steriles,
  Les Homères & les Virgiles.
5 Cela ne sauroit être; on s'est moqué de vous,
  Reprit Apollon en courroux:
 Où peut-on avoir dit une telle infamie?
Est-ce chez les Hurons, chez les Topinamboux?
C'est à Paris. C'est donc dans l'Hôpital des Foux?
10 Non, c'est au Louvre, en pleine Académie.

XIX.

Sur le même sujet.

J'Ai traité de Topinamboux
  Tous ces beaux Censeurs, je l'avouë,
Qui de l'Antiquité si follement jaloux,
Aiment tout ce qu'on hait, blâment tout ce qu'on louë:
5 Et l'Académie entre nous
 Souffrant chez soi de si grands Foux,
 Me semble un peu Topinambouë.

REMARQUES.

EPIGR. XVIII. En l'année 1687. on lût à l'Académie Françoise, un Poëme de Mr. Perrault, intitulé *Le Siècle de Louis le Grand,* dans lequel, Homère, Virgile, & la plûpart des meilleurs Ecrivains de l'Antiquité, étoient fort maltraitez. Ce Poëme excita d'abord de grandes rumeurs parmi les Savans; & chacun prit parti pour ou contre dans cette nouvelle dispute. Notre Auteur se déclara hautement en faveur des Anciens, & commença à essaïer ses traits contre Mr. Perrault & ses Adhérans, par cette Epigramme, qui fut bien-tôt suivie de plusieurs autres. Au sentiment de bien des gens, c'est la meilleure Epigramme de Mr. Despréaux. Voïez la Remarque sur la premiere Epigramme.

Vers 1. *Clio vint l'autre jour.*] *Clio,* Muse qui préside à l'Histoire.

Vers 8. *Est-ce chez les Hurons, chez les Topinamboux?*] Peuples Sauvages de l'Amerique.

EPIGR. XIX. Vers 7. *Topinambouë.*] Ce mot

EPIGRAMMES.

XX.

Sur le même sujet.

NE blâmez pas Perrault de condamner Homere,
    Virgile, Aristote, Platon.
  Il a pour lui Monsieur son Frere,
G... N... Lavau, Caligula, Neron,
  Et le gros Charpentier, dit-on.

XXI.

A Mr. Perrault sur le même sujet.

POur quelque vain discours, sottement avancé
    Contre Homère, Platon, Ciceron, ou Virgile,
Caligula par tout fut traité d'insensé,
Neron de furieux, Hadrien d'imbécille.
5   Vous donc, qui dans la même erreur,
  Avec plus d'ignorance, & non moins de fureur,
Attaquez ces Heros de la Grèce & de Rome;
  Perrault, fussiez-vous Empereur,
  Comment voulez-vous qu'on vous nomme?

REMARQUES.

dernier mot a été fait par notre Poëte; & la singularité du mot fait une partie du sel de cette Epigramme. Long-tems avant qu'elle eût été composée, Mr. Chapelle, ami de Mr. Despréaux, avoit trouvé un vieux Almanac, à la fin duquel il y avoit une méchante Piéce en Vers Burlesques, sur le Mariage de *Lustucru*, laquelle finissoit ainsi:)
  Et le pauvre Lustucru
  Trouve enfin sa Lustucrue.
Cette folie est l'original de *Topinamboue*.

EPIGR. XXI. Vers 3. *Caligula par tous* &c.] Cet Empereur avoit dessein d'abolir les Ouvrages d'Homère, de Virgile, de Tite-Live, &c. Suetone, Vie de Caligula, c. 34.
Vers 4. ——— *Hadrien d'imbécille.*] Il avoit aussi formé le dessein d'abolir la mémoire & les Ouvrages d'Homère, pour établir sur ses ruines un certain Antimachus, Poëte, dont le nom n'étoit presque pas connu alors. Dion, L. LXIX.

Tom. I.   Fff   XXII.

EPIGRAMMES.

XXII.
Sur le même sujet.

D'Où vient que Ciceron, Platon, Virgile, Homère,
Et tous ces grands Auteurs que l'Univers révère,
Traduits dans vos Ecrits nous paroissent si sots?
Perrault, c'est qu'en prêtant à ces Esprits sublimes
5 Vos façons de parler, vos bassesses, vos rimes,
Vous les faites tous des Perrauts.

XXIII.
Au même.

TOn Oncle, dis-tu, l'Assassin
M'a gueri d'une maladie.
La preuve qu'il ne fut jamais mon Médecin,
C'est que je suis encore en vie.

XXIV.
Au même.

LE bruit court que Bacchus, Junon, Jupiter, Mars,
Apollon le Dieu des beaux Arts,
Les Ris mêmes, les Jeux, les Graces & leur Mere,
Et tous les Dieux enfans d'Homere,
5 Résolus de vanger leur Pere,

REMARQUES.

EPIGR. XXIII. Vers 1. *Ton Oncle.*] Il n'a pas voulu dire, *Ton Frere*. Mr. Perrault disoit effectivement que son Frere le Médecin avoit rendu de grands services à notre Auteur, en le guerissant de deux maladies. Voiez ci-après la première Réfléxion Critique sur Longin, Tom. II. p. 89.
Les deux premiers Vers de cette Epigramme étoient ainsi:
Tu te vantes, Perrault, que ton Frere assassin
M'a gueri d'une affreuse & longue maladie.
La preuve &c.

Le P. Commire l'a ainsi traduite:
Méne tuus, Clades quondam Urbis publica,
Frater
Eripuit morbo difficili ntque gravi?
Mentiris: Medico non jam usus Fratre, Peralti,
Vis testem? vitâ perfruor incolumis.
On trouve un mot semblable de Pausanias, dans les *Dits notables des Lacedémoniens*, de Plutarque.
EPIGR. XXIV. Vers 3. 4. & 5.] Il y a trois Rimes féminines de suite dans ces trois
Vers.

EPIGRAMMES.

Jettent déja sur vous de dangereux regards.
Perrault, craignez enfin quelque triste avanture.
Comment soûtiendrez-vous un choc si violent?
  Il est vrai, Visé vous assure
10   Que vous avez pour vous Mercure;
  Mais c'est le Mercure Galant.

XXV.

Parodie burlesque de la première Ode de Pindare, à la loüange de Mr. Perrault.

 Malgré son fatras obscur,
  Souvent Brébeuf étincelle.
 Un Vers noble, quoique dur,
  Peut s'offrir dans la Pucelle.
5 Mais, ô ma Lyre fidelle,
  Si du parfait Ennuïeux
  Tu veux trouver le modelle,
  Ne cherche point dans les Cieux
  D'Astre au Soleil preferable;
10 Ni dans la foule innombrable
  De tant d'Ecrivains divers,
  Chez Coignard rongez des vers,
  Un Poëte comparable
  A l'Auteur inimitable
15 De Peau-d'Ane mis en Vers.

REMARQUES.

Vers. C'est une faute qu'il est étonnant que l'Auteur n'ait pas corrigée.

Vers 7. *Perrault, craignez enfin.*] Première maniére: *Perrault, je crains pour vous.* Ce dernier mot se rencontroit en trois vers de suite, precisément dans la Césure, ou dans le Repos du Vers: ce qui étoit une autre faute.

EPIGR. XXV. L'Auteur avoit résolu de parodier toute l'Ode; mais Mr. Perrault & lui se raccommodèrent, & il n'y eut que ce Couplet de fait.

Vers 2. *Souvent Brébeuf.*] Poëte qui a traduit en Vers François la Pharsale de Lucain.

Vers 4. *Peut s'offrir dans la Pucelle.*] Poëme de Chapelain.

Vers 12. *Chez Coignard.*] Libraire de Mr. Perrault.

Vers 15. *De Peau-d'Ane mis en Vers.*] En ce tems-là Mr. Perrault avoit rimé le Conte de Peau-d'Ane.

EPIGRAMMES.

XXVI.

Sur la réconciliation de l'Auteur & de Mr. Perrault.

Tout le trouble Poëtique
A Paris s'en va cesser.
Perrault l'anti-Pindarique,
Et Despréaux l'Homérique,
5 Consentent de s'embrasser.
Quelque aigreur qui les anime,
Quand, malgré l'emportement,
Comme eux l'un l'autre on s'estime,
L'accord se fait aisément.
10 Mon embarras est comment
On pourra finir la guerre
De Pradon & du Parterre.

XXVII.

Aux RR. PP. Jésuites, Auteurs du Journal de Trevoux.

Mes Reverends Peres en Dieu,
Et mes Confrères en Satire,
Dans vos Ecrits, en plus d'un lieu,
Je vois qu'à mes dépens vous affectez de rire.
5 Mais ne craignez-vous point que, pour rire de vous,
Relisant Juvenal, refeuilletant Horace,

REMARQUES.

EPIGR. XXVI. Cette Epigramme fut faite en 1699. Elle est inserée dans une Lettre que l'Auteur écrivit à Mr. Perrault, après leur réconciliation, & qui est imprimée ci-après: Lettre IV. Tom. II. p. 273.

EPIGR. XXVII. En 1701. l'on publia en Hollande une édition des Oeuvres de Mr. Despréaux, dans laquelle on avoit mis, au bas des pages, quelques endroits qu'il avoit imitez des Poëtes Latins. Les Auteurs du Journal qui s'imprime tous les Mois à Trévoux, en donnèrent un Extrait au Mois de Septembre, 1703. dans lequel ils disoient entr'autres choses, qu'*en parcourant ce Volume, on trouve que les pages sont plus ou moins chargées de Vers Latins imitez, selon que certai-*

nes

Je ne ranime encor ma satirique audace?
  Grands Aristarques de Trévoux,
N'allez point de nouveau faire courir aux armes
10 Un Athlète tout prêt à prendre son congé;
Qui par vos traits malins au combat rengagé,
Peut encore aux Rieurs faire verser des larmes,
  Apprenez un mot de Regnier *
  Notre célèbre Dévancier:
15 *Corsaires attaquant Corsaires
Ne font pas*, dit-il, *leurs affaires.*

* Satire XII. de Regnier, à la fin.

XXVIII.

Réponse, à Mr. Despréaux.

Les Journalistes de Trevoux,
  Illustre Héros du Parnasse,
N'ont point crû vous mettre en courroux,
Ni ranimer en vous la satirique audace
5 Dont par le grand Arnaud vous vous croïez absous.
Ils vous blâment si peu d'avoir suivi la trace
  De ces grands Hommes, qu'avec grace
  Vous traduisez en plus d'un lieu;
  Que, pour l'amour de vous, ils voudroient bien qu'Horace
10   Eût traité de l'Amour de Dieu.

REMARQUES.

nes Pièces de Mr. Despréaux ont été communément plus ou moins estimées. Après quoi ils remarquoient, *qu'on n'en trouvoit point dans la dixième Satire contre les Femmes, ni dans l'Epitre sur l'Amour de Dieu.* Mr. Despréaux crût voir un air de raillerie dans ces paroles, dont il se tint offensé; puisqu'on le représentoit comme un grand Imitateur, qui devoit toute sa réputation aux plus beaux endroits des Anciens, qu'il avoit fait passer dans ses Ouvrages. C'est ce qui lui fit faire cette Epigramme, qu'il appeloit aussi une petite Epitre. Le P. Du Rus, Jésuite, y répondit par l'Epigramme suivante.

XXIX.

Replique de Mr. Despréaux aux mêmes.

NOn, pour montrer que Dieu veut être aimé de nous,
 Je n'ai rien emprunté de Perse, ni d'Horace,
Et je n'ai point suivi Juvenal à la trace.
Car, bien qu'en leurs Ecrits, ces Auteurs, mieux que vous,
5 Attaquent les erreurs dont nos ames sont yvres;
  La nécessité d'aimer Dieu,
 Ne s'y trouve jamais prêchée en aucun lieu,
  Mes Peres, non plus qu'en vos Livres.

XXX.

Sur le Livre des Flagellans.

Aux mêmes.

NOn, le Livre des Flagellans
N'a jamais condamné, lisez-le bien, mes Peres,
  Ces rigiditez salutaires,
 Que pour ravir le Ciel, saintement violens,
5 Exercent sur leurs corps tant de Chrétiens austères.
 Il blâme seulement cet abus odieux,
  D'étaler & d'offrir aux yeux
Ce que leur doit toujours cacher la bienséance;

REMARQUES.

EPIGR. XXX. Monsieur l'Abbé Boileau, Docteur de Sorbone, & Chanoine de la Sainte-Chapelle, Frere de l'Auteur, publia en 1700. le Livre intitulé, *Historia Flagellantium*; & les Auteurs du Journal de Trévoux en firent la critique dans leurs Mémoires du Mois de Juin, 1703. Le P. Du Cerceau, Jésuite, en avoit fait aussi une critique particulière.

EPIGR. XXXI. Monsieur De la Fontaine avoit mis en Vers cette Fable; mais comme il s'étoit un peu écarté du sens d'Esope, Mr. Despréaux lui fit remarquer, qu'en abandonnant son Original, il laissoit passer un des plus beaux traits qui fût dans Esope. La Fontaine refit la Fable; (L. I. Fab. 15. & 16.) & Mr. Despréaux fit celle-ci en même tems. [Pour mettre le Lecteur en état de comparer tout d'un coup la Fable de Mr. Despréaux avec celle de Mr. De la Fontaine nous rapporterons ici cette derniere.

Un pauvre Bucheron tout couvert de ramée,
Sous le faix du fagot aussi bien que des ans,
Gemissant & courbé marchoit à pas pesans
Et tâchoit de gagner sa chaumine enfumée.
        En-

Et combat vivement la fausse Piété,
10 Qui, sous couleur d'éteindre en nous la volupté,
Par l'austerité même & par la pénitence
Sait allumer le feu de la lubricité.

XXXI.
FABLE D'ESOPE.
Le Bucheron & la Mort.

LE dos chargé de bois, & le corps tout en eau,
Un pauvre Bucheron, dans l'extrême vieillesse
Marchoit en haletant de peine & de détresse.
Enfin las de souffrir, jettant là son fardeau,
5 Plûtôt que de s'en voir accablé de nouveau,
Il souhaite la Mort, & cent fois il l'appelle.
La Mort vint à la fin. Que veux-tu, cria-t-elle ?
Qui, moi ? dit-il alors promt à se corriger :
Que tu m'aides à me charger.

XXXII.
Le Débiteur reconnoissant.

JE l'assistai dans l'indigence :
Il ne me rendit jamais rien.
Mais quoi qu'il me dût tout son bien,
Sans peine il souffroit ma présence.
5 O la rare reconnoissance !

REMARQUES.

Enfin n'en pouvant plus d'effort & de douleur,
Il met bas son fagot, il songe à son malheur.
Quel plaisir a-t-il eu depuis qu'il est au monde ?
En est-il un plus pauvre en la Machine ronde ?
Point de pain quelquefois, & jamais de repos.
Sa femme, ses enfans, les soldats, les impots,
Le créancier & la corvée
Lui font d'un Malheureux la peinture achevée.

Il apèle la Mort ; elle vient sans tarder :
Lui demande ce qu'il faut faire.
C'est, dit-il, afin de m'aider
A recharger ce bois ; tu ne tarderas guere.
Le Trepas vient tout guerir ;
Mais ne bougeons d'où nous sommes.
Plûtôt souffrir que mourir,
C'est la devise des Hommes. ADD. de *l'Edit. d'Amst.*]

EPIGR. XXXII. Le célèbre Mr. Patru, pressé par un Créancier impitoïable, (c'étoit un Fermier Général) étoit sur le point de voi-

XXXIII.
Enigme.

DU repos des Humains implacable ennemie,
J'ai rendu mille Amans envieux de mon sort.
Je me repais de sang, & je trouve ma vie
Dans les bras de celui qui recherche ma mort.

XXXIV.

Vers pour mettre au devant d'un Roman allégorique, où l'on expliquoit toute la Morale des Stoïciens.

Laches Partisans d'Epicure,
Qui brûlans d'une flame impure,
Du Portique fameux fuïez l'austerité :
Souffrez qu'enfin la Raison vous éclaire.
5   Ce Roman plein de verité,
  Dans la Vertu la plus severe
Vous peut faire aujourd'hui trouver la Volupté.

REMARQUES.

vendre ses Livres, la plus agréable & presque la seule chose qui lui restoit. Mr. Despréaux le tira de cette fâcheuse extrémité, en lui portant une somme beaucoup plus considerable que celle pour laquelle il étoit résolu de les donner : il voulut même que Mr. Patru gardât sa Bibliothèque comme auparavant, & qu'elle ne vînt à lui qu'en survivance. Il debourfa environ quatre mille livres, & il n'avoit pas encore les successions qu'il a recueillies dans la suite. Cette Epigramme n'a été faite qu'après la mort de Mr. Patru, arrivée en Janvier 1681.

EPIGR. XXXIII. Une Puce. L'Auteur fit cette Enigme à l'âge de dix-sept ans, dans une Maison que son Pere avoit à Clignancourt, au pié de Montmartre.

EPIGR. XXXIV. *Extrait d'une Lettre de l'Auteur : 19. d'Avril 1702.*
„ L'Epigramme à la louange du Roman allé-
„ gorique, regarde Mr. l'Abbé d'Aubignac,
„ qui a composé *la Pratique du Théatre*, &
„ qui avoit alors beaucoup de réputation.
„ Ce Roman allégorique, qui étoit de son
„ invention, s'appeloit *Macarize, ou la Rei-*
„ *ne des Isles fortunées*; & il prétendoit que
„ toute la Philosophie Stoïcienne y étoit ren-
„ fermée. La vérité est qu'il n'eut aucun suc-
„ cès, & qu'il *ne fit de chez Sercy qu'un saut*
„ *chez l'Epicier*. Je fis l'Epigramme pour ê-
„ tre mise au devant de son Livre, avec quan-
„ tité d'autres Ouvrages que l'Auteur avoit
„ exigez de ses amis pour le faire valoir ;
„ mais heureusement je lui portai l'Epigram-
„ me trop tard, & elle n'y fut point mise. Dieu
„ en soit loué, &c. . . Cet Ouvrage fut im-
„ primé en 1663. & publié en 1664.
Vers 3. *Du Portique fameux.*] L'Ecole de Zénon.

EPIGR. XXXV. C'est la peinture d'un très-méchant Cheval, dont l'Auteur, étant fort jeune, avoit été obligé de se servir, allant voir sa Maîtresse, au Village de St. Prit, près de St. Denis. *Voiez l'article suivant.* Il fit

EPIGRAMMES.

XXXV.

Sur un Portrait de Rocinante, Cheval de Don Quichotte.

Tel fut ce Roi des bons chevaux,
Rocinante, la fleur des Courſiers d'Iberie,
Qui trottant jour & nuit, & par monts, & par vaux,
Galoppa, dit l'Hiſtoire, une fois en ſa vie.

XXXVI.

Vers à mettre en Chant.

Voici les lieux charmans, où mon ame ravie
  Paſſoit, à contempler Silvie,
Ces tranquilles momens ſi doucement perdus.
Que je l'aimois alors! Que je la trouvois belle!
Mon Cœur, vous ſoûpirez au nom de l'Infidelle:
6 Avez-vous oublié que vous ne l'aimez plus?

REMARQUES.

fit une Rélation de ſon voïage, en Vers & en Proſe; & Mr. De la Fontaine, à qui il la montra, s'arrêta principalement à ces quatre Vers. Le reſte a été ſupprimé. L'Auteur avoit pourtant retenu une autre Epigramme, qui entroit dans la même Rélation; mais il ne la récitoit que pour s'en moquer lui-même, & pour en faire voir le ridicule. *Quand je mourrai,* diſoit-il en riant, *je veux la laiſſer à Mr. de Benſerade: elle lui apartient de droit: j'entens pour le ſtile.* La voici.
 J'ai beau m'en aller à Saint Prit.
 Ce Saint, qui de tous maux guerit,
 Ne ſauroit me guerir de mon amour extrême,
 Philis, il le faut avouer,
 Si vous ne prenez ſoin de me guerir vous-
  même,
 Je ne ſai plus du tout à quel Saint me vouer.
Vers 2. *Des Courſiers d'Iberie.*] D'Eſpagne.
Vers 4. *Galoppa, dit l'Hiſtoire.*] Don Quichotte, Tome III. ch. 14.
 EPIGR. XXXVI. L'Auteur, dans ſa jeuneſſe, avoit aimé une Fille fort ſpirituelle, nommée Marie Poncher, qu'on appèloit dans le monde, Mademoiſelle de Bretouville. Cette aimable & vertueuſe fille ſe fit Réligieuſe. Quelque tems après, Mr. Deſpréaux ſe promenoit tout ſeul dans le Jardin Roïal des Plantes; & ſe rappèlant les doux momens qu'il avoit paſſez autrefois avec elle à la campagne, il fit ces Vers, qui furent mis en muſique par le fameux Lambert, en 1671. Le Roi prenoit plaiſir à ſe faire chanter par l'Illuſtre Mademoiſelle de Leufroy.
 Madlle. de Bretouville étoit Niéce d'un Chanoine de la Sainte-Chapelle, qui poſſedoit un Bénéfice ſimple de 800. livres de revenu: c'étoit le Prieuré de S. Paterne, au Diocèze de Beauvais. Ce Bénéfice aïant vaqué par la mort du Chanoine, ſa Niéce conſeilla à Mr. Deſpréaux de s'en faire pourvoir en Cour de Rome, préſumant que l'Evêque de Beauvais, de qui le Prieuré dépendoit, ne ſongeroit pas ſi-tôt à le conferer. Mr. Deſpréaux

C'est ici que souvent errant dans les prairies,
  Ma main, des fleurs les plus cheries,
Lui faisoit des présens si tendrement reçûs.
 Que je l'aimois alors! Que je la trouvois belle!
 Mon Cœur, vous soûpirez au nom de l'Infidelle:
12 Avez-vous oublié que vous ne l'aimez plus?

XXXVII.

Chanson à boire.

PHilosophes rêveurs, qui pensez tout savoir,
  Ennemis de Bacchus, rentrez dans le devoir:
   Vos esprits s'en font trop accroire.
Allez, vieux Fous, allez apprendre à boire.
   On est savant quand on boit bien.
6   Qui ne sait boire ne sait rien.

REMARQUES.

préaux l'obtint, & en jouït pendant huit années, sans prendre néanmoins l'habit ecclésiastique, & sans se mettre trop en peine de faire un bon usage des revenus. Mr. le Premier Président de Lamoignon, qui avoit beaucoup de religion & de vertu, s'entretenant un jour avec Mr. Despréaux, lui fit comprendre qu'en se conduisant de la sorte, il ne pouvoit garder ce Bénéfice en sûreté de conscience. Mr. Despréaux le reconnut, & en fit sa démission à l'Evêque de Beauvais. Il fit plus. Il supputa ce qu'il en avoit retiré depuis le tems qu'il en jouïssoit, & cette somme qui se montoit à environ six mille livres, fut emploïée à faire la Dot de Madlle. de Bretouville qui se fit Réligieuse dans un Couvent du Fauxbourg St. Germain.

EPIGR. XXXVII. L'Auteur fit cette Chanson au sortir de son Cours de Philosophie, à l'âge de dix-sept ans. La Musique en fut faite par Mr. De la Guerre, pere de Mlle. De la Guerre, qui joüe du Clavecin. A peu près dans le même tems notre Poëte fit une autre Chanson, qui est moins considerable par elle-même, que par l'occasion qui la produisit. Il étoit malade de la fièvre, & toutes les fois que l'accès le prenoit, il s'imaginoit être condamné à faire des Couplets sur une Chanson qu'il avoit ouï chanter au célèbre Savoïard. L'accès étant passé, il étoit délivré de cette idée, & ne songeoit plus à la Chanson. Voici celle de ce fameux Chantre du Pont-neuf: elle est à la page 68. du Recueil des Airs du Savoïard.

Imbécilles Amans, dont les brûlantes ames
  Sont autant de tisons;
Allez porter vos fers, vos chaines, & vos
   flames
  Aux Petites-maisons.
Cependant nous rirons avecque la bouteille,
  Et dessous la treille
  Nous la cherirons.

Mr. Despréaux, pendant les accès de sa fièvre, fit les deux Couplets suivans, sur le même sujet.

Soûpirez jour & nuit, sans manger & sans
   boire,
  Ne songez qu'à souffrir.
Aimez, aimez vos maux, & mettez votre
   gloire
  A n'en jamais guerir.
Cependant nous rirons &c.

Si, sans vous soulager, une aimable Cruelle
  Vous

EPIGRAMMES.

S'il faut rire ou chanter au milieu d'un festin,
Un Docteur est alors au bout de son Latin:
  Un Goinfre en a toute la gloire:
Allez, vieux Fous, &c.

XXXVIII.
Chanson faite à Bâville.

Que Bâville me semble aimable!
  Quand des Magistrats le plus grand
  Permet que Bacchus à sa table
4 Soit notre Premier Président.

  Trois Muses, en habit de ville,
    Y président à ses côtez:
  Et ses Arrêts par Arbouville
8 Sont à plein verre exécutez.

  Si Bourdaloue un peu sévère
  Nous dit: Craignez la Volupté:
  Escobar, lui dit-on, mon Pere,
12 Nous la permet pour la santé.

REMARQUES.

Vous retient en prison,
Allez aux durs rochers, aussi sensibles qu'elle,
En demander raison.
Cependant &c.
Quand il fut gueri de sa fièvre, il oublia entièrement sa Chanson, & ce ne fut que deux ou trois années après, qu'il se ressouvint de l'avoir faite. Il disoit à ce propos, qu'il avoit été *le Continuateur du Savoiard*; & ce fut cela même qui, dans la suite, lui fit naître la pensée de ce Vers dans la Satire neuvième: *Servir de second Tome aux Airs du Savoiard.*

EPIGR. XXXVIII. Lettre de Mr. Despréaux, du 15. de Juillet, 1702.
„ Cette Chanson a été effectivement faite
„ à Bâville, dans le tems * des noces de
„ Monsieur de Bâville, aujourd'hui Intendant du Languedoc. Les trois Muses é-
„ toient Madame *de Chalucet*, mere de Madame de Bâville; une Madame *Hélyot*, qui
„ avoit une Terre assez proche de Bâville; &
„ une Madame *de la Ville*, femme d'un fa-

* *Au mois d'Avril 1672.*

„ meux Traitant. Celle-ci aïant chanté à
„ table une Chanson à boire, dont l'air étoit
„ fort joli, mais les paroles très-méchantes;
„ tous les Conviez, & le P. Bourdaloue
„ entre autres, qui étoit de la nôce, aussi
„ bien que le Pere Rapin, m'exhortèrent à
„ y faire de nouvelles paroles, & je leur rapportai le lendemain les quatre Couplets que
„ vous voïez. Ils réussirent fort, à la reserve des deux derniers qui firent un peu refrogner le Pere Bourdaloue. Pour le Pere
„ Rapin, il entendit raillerie, & obligea même le P. Bourdaloue à l'entendre aussi.
„ Au lieu de *Trois Muses en habit de ville*, il
„ y avoit, *Chalucet, Helyot, La Ville*. Mr.
„ d'Arbouville qui vient après, étoit un Gentilhomme, Parent de Mr. le Premier Président: il bûvoit volontiers à plein verre.
Effectivement le P. Bourdaloue avoit pris d'abord très-sérieusement cette plaisanterie, & dans sa colère il dit au P. Rapin: *Si Mr. Despréaux me chante, je prêcherai.*
Vers 11. *Escobar.*] Théologien & Casuiste fameux.

Contre ce Docteur authentique,
Si du jeûne il prend l'interêt:
Bacchus le déclare héretique,
Et Janséniste, qui pis est.

XXXIX.
Sur Homère.

Ἤειδον μὲν ἐγών: ἐχάρασσε δὲ Θεῖος Ὅμηρος.

Cantabam quidem ego: scribebat autem Dius Homerus.

Quand la derniere fois, dans le sacré Vallon,
    La Troupe des neuf Sœurs, par l'ordre d'Apollon,
        Lût l'Iliade & l'Odyssée;
Chacune à les loüer se montrant empressée,
Apprenez un secret qu'ignore l'Univers,
        Leur dit alors le Dieu des Vers:
Jadis avec Homère, aux rives du Permesse,
Dans ce Bois de Lauriers, où seul il me suivoit,
Je les fis toutes deux, plein d'une douce yvresse.
        Je chantois; Homère écrivoit.

REMARQUES.

EPIGR. XXXIX. Le Vers Grec rapporté au commencement, est tout seul dans l'Anthologie; & notre Auteur y a joint une petite Narration, qui prepare & amène le sens du Vers. Cette Epigramme fut faite le 12. de Décembre, 1702. Mr. Charpentier en avoit fait une sur le même sujet.
Quand Apollon vit le Volume,
Qui, sous le nom d'Homère, enchantoit l'Univers:
Je me souviens, dit-il, que j'ai dicté ces Vers,
Et qu'Homère tenoit la plume.
„ Cela est assez concis, & assez bien tourné, *disoit Mr. Despréaux dans deux Lettres, du 4. Mars, & du 3. Juillet,* 1703. „ Mais le „ *Volume* est un mot fort bas en cet endroit, „ & je n'aime point ce mot de Palais, *Tenoit* „ *la plume.* D'ailleurs, *ajoûtoit-il,* quel air „ l'Auteur de cette dernière Epigramme donne-t-il à Apollon, qu'il suppose lisant ces „ deux Ouvrages dans son Cabinet, & se disant à lui-même: *c'est moi qui les ai dictez.*? „ Au lieu dans la mienne, Apollon, „ c'est-à-dire, le Génie seul, est au milieu „ des Muses, à qui il déclare qu'elles ne se „ trompent pas dans l'admiration qu'elles ont „ de ces deux grands Chefs-d'œuvre, puis- „ que c'est lui qui les a composez dans une „ espèce d'enthousiasme & d'yvresse, qui ne „ lui permettoit pas d'écrire; & qu'Homère „ les avoit recueillis. C'est donc le mot d'*y-* „ *vresse* qui sauve tout, & qui fait voir pour- „ quoi Apollon avoit tant tardé à dire aux „ neuf Sœurs, qu'il étoit l'Auteur de ces „ deux Ouvrages: se souvenant à peine de „ les avoir faits.
Vers 5. & 6. *Apprenez un secret, &c. Leur dit alors, &c.*] Au lieu de ces deux Vers, il n'y avoit que celui-ci dans la première composition: *De leur Auteur, dit-il, apprenez le vrai nom.*

EPIGRAMMES.

XL.

Vers pour mettre sous le Buste du Roi.

C'Est ce Roi si fameux dans la paix, dans la guerre,
Qui fait seul à son gré le destin de la Terre.
Tout reconnoit ses loix, ou brigue son appui.
De ses nombreux combats le Rhin frémit encore;
5 Et l'Europe en cent lieux a vû fuir devant lui
Tous ces Héros si fiers, que l'on voit aujourd'hui
Faire fuir l'Othoman au delà du Bosphore.

XLI.

*Vers faits pour mettre au bas d'un Portrait de
Monseigneur le Duc du Maine.*

Quel est cet Apollon nouveau,
Qui presque au sortir du berceau
Vient régner sur notre Parnasse?
Qu'il est brillant! qu'il a de grace!
5 Du plus grand des Héros je reconnois le fils.
Il est déja tout plein de l'esprit de son Pere;
Et le feu des yeux de sa Mere
A passé jusqu'en ses Ecrits.

REMARQUES.

EPIGR. XL. Monsieur de Louvois aïant fait graver le portrait du Roi, chargea Mr. Racine & Mr. Despréaux de faire des Vers pour être mis sous le portrait. Mr. Racine eut plûtôt fait les siens, & ils furent gravez. Ceux de Mr. Despréaux furent destinez à servir d'Inscription au buste du Roi, fait par le fameux Girardon, l'année que les Allemans prirent Belgrade: 1687.

EPIGR. XLI. Monseigneur le Duc du Maine étant encore enfant, avoit écrit quelques Lettres fort spirituelles, que l'on fit imprimer par galanterie. Au devant du Volume, le jeune Prince étoit représenté en Apollon, avec une couronne de laurier sur la tête. Mr. Racine composa l'Epître dédicatoire au Roi, & Mr. Despréaux fit les Vers du Portrait. Les derniers Vers étoient de cette manière:

*Du plus grand des Mortels je reconnois le
    fils.
Il a déja la fierté de son Pere;
Et le feu des yeux de sa Mere
A passé jusqu'en ses Ecrits.*

EPIGRAMMES.

XLII.

Vers pour mettre au bas du Portrait de Mademoiselle de Lamoignon.

AUx sublimes vertus nourrie en sa Famille,
    Cette admirable & sainte Fille
En tous lieux signala son humble piété;
Jusqu'aux climats où naît & finit la clarté,
5 Fit ressentir l'effet de ses soins secourables;
    Et, jour & nuit, pour Dieu pleine d'activité,
    Consuma son repos, ses biens & sa santé,
A soulager les maux de tous les Misérables.

XLIII.

A Madame la Présidente de Lamoignon, sur le Portrait du Pere Bourdaloue, qu'elle m'avoit envoïé.

DU plus grand Orateur dont la Chaire se vante,
    M'envoïer le portrait, illustre Présidente,
C'est me faire un présent qui vaut mille présens.
J'ai connu Bourdaloue; & dès mes jeunes ans,
5 Je fis de ses Sermons mes plus chères délices.
Mais, lui de son côté, lisant mes vains caprices,

REMARQUES.

EPIGR. XLII. Magdelaine De Lamoignon, Sœur de Mr. le Premier Président, a vécu dans une pratique continuelle des vertus Chrétiennes. Elle étoit douée sur tout d'une grande douceur, & d'une ardente charité pour les Pauvres. Le Roi lui avoit confié la distribution de ses aumônes, & cette sainte Fille faisoit tenir de l'argent à beaucoup de Missionaires, jusques dans les Indes Orientales & Occidentales, comme l'indique le quatrième Vers. Elle appelloit ordinairement Mr. Despréaux son Directeur; mais elle vouloit quelquefois le diriger à son tour. Ainsi elle ne trouvoit pas bon qu'il fît des Satires, parce qu'elles blessent la Charité. *Mais ne me permettriez-vous pas*, lui dit-il un jour, *d'en faire contre le Grand Turc, ce Prince infidèle, l'Ennemi de notre Religion? Contre le Grand Turc!* reprit Mademoiselle de Lamoignon. *Ho, non: c'est un Souverain; & il ne faut jamais manquer de respect aux personnes de ce rang. Mais contre le Diable*, repliqua Mr. Despréaux, *vous me le permettriez-bien? Non*, dit-elle encore, après un moment de réfléxion, *Il ne faut jamais dire du mal de personne.*

EPIGR. XLIII. Le Pere Bourdaloue mourut le 13. de Mai, 1704. Quelque tems au-

Des Censeurs de Trevoux n'eut point pour moi les yeux.
Ma franchise sur tout gagna sa bienveillance.
Enfin, après Arnauld, ce fut l'Illustre en France,
10 Que j'admirai le plus, & qui m'aima le mieux.

XLIV.

Vers pour mettre au bas du Portrait de Tavernier, le célèbre Voïageur.

DE Paris à Delli, du Couchant à l'Aurore,
 Ce fameux Voïageur courut plus d'une fois:
De l'Inde & de l'Hydaspe il fréquenta les Rois:
Et sur les bords du Gange on le révère encore.
5 En tous lieux sa vertu fut son plus sûr appui;
Et, bien qu'en nos climats de retour aujourd'hui,
 En foule à nos yeux il présente
Les plus rares trésors que le Soleil enfante;
Il n'a rien rapporté de si rare que lui.

XLV.

Vers pour mettre au bas du Portrait de mon Pere.

CE Greffier doux & pacifique,
 De ses Enfans au sang critique,

REMARQUES.

auparavant, les Auteurs du Journal de Trevoux avoient écrit contre Mr. Despréaux.

EPIGR. XLIV. Jean-Baptiste Tavernier, Baron d'Aubonne, étoit Calviniste. Il mourut à Moscou, en 1689. étant âgé de 89. ans; & retournant aux Indes pour la septième fois.

Vers 1. *De Paris à Delli.*] Ville Capitale de l'Empire du Grand Mogol, dans les Indes Orientales.

Vers 3. *De l'Inde & de l'Hydaspe.*] Fleuves du même Païs.

Vers 4. *Et sur les bords du Gange.*] Autre Fleuve considérable des Indes.

Vers 8. *Les plus rares trésors.*] Il étoit revenu des Indes, avec près de trois millions en pierreries.

Vers 9. *Il n'a rien rapporté de si rare que lui.*] *Rare :* ce mot a deux sens. Tavernier, quoi qu'homme de merite, étoit grossier, & même un peu original.

EPIGR. XLV. Gilles Boileau, Greffier de la Grand' Chambre du Parlement, mourut en 1657. âgé de 73. ans, mais ces Vers ne furent faits qu'en 1690. Mr. l'Abbé Boileau Docteur de Sorbone, & Chanoine de la Sainte-Chapelle, frere de l'Auteur, a fait ces Vers Latins, qui ont été mis sous le même

N'eut point le talent redouté:
Mais fameux par sa probité,
5 Reste de l'or du Siècle antique,
Sa conduite dans le Palais
Par tout pour exemple citée,
Mieux que leur plume si vantée,
Fit la Satire des Rolets.

XLVI.

Epitaphe de la Mere de l'Auteur.

* EPouse d'un Mari doux, simple, officieux,
Par la même douceur je sus plaire à ses yeux:
Nous ne fûmes jamais ni railler, ni médire.
4 Passant, ne t'enquiers point, si de cette bonté
Tous mes Enfans ont hérité:
Li seulement ces Vers, & garde-toi d'écrire.

* *C'est Elle qui parle.*

XLVII.

Sur un Frere ainé que j'avois, & avec qui j'étois brouillé.

DE mon Frere, il est vrai, les Ecrits sont vantez:
Il a cent belles qualitez;
Mais il n'a point pour moi d'affection sincère.
En lui je trouve un excellent Auteur,
Un Poëte agréable, un très-bon Orateur:
Mais je n'y trouve point de Frere.

REMARQUES.

me Portrait gravé par le célèbre Nanteuil.
Desine flere tuum, Proles numerosa, Parentem,
Quem rapuit votis sors inimica tuis.
Ecce tibi audaci scalpro magis ære perennem,
Æmula naturæ reddit amica manus.
Vers 9. *Fit la Satire des Rolets.*] Voïez le Vers 52. de la Satire I. & les Remarques.
EPIGR. XLVI. Anne De Nielle, seconde Femme de Mr. Boileau le Greffier, mourut en 1637. âgée de 23. ans. De ce mariage sont nez Gilles, Jaques, & Nicolas Boileau, qui se sont extrêmement distinguez dans la République des Lettres. Les Ecrits de ces trois illustres Freres marquent assez le penchant qu'ils ont eu pour la Satire. Cette Epitaphe fut faite en 1670.
Vers 4. *Passant, ne t'enquiers point, si de cette bonté* &c.] Le Pere de notre Auteur faisant un jour le caractère de ses Enfans, dit

EPIGRAMMES.

XLVIII.

Vers pour mettre sous le Portrait de Mr. de la Bruyere, au devant de son Livre des CARACTERES DE CE SIECLE.

* TOut esprit orgueilleux, qui s'aime,
    Par mes leçons se voit gueri;
Et dans mon Livre si cheri
Apprend à se haïr soi-même.

* *C'est lui qui parle.*

XLIX.

Epitaphe de Mr. Arnauld, Docteur de Sorbone.

AU pié de cet Autel de structure grossière,
    Gît sans pompe enfermé dans une vile bière,
Le plus savant mortel qui jamais ait écrit,
ARNAULD, qui sur la Grace instruit par JESUS-CHRÎT,
5 Combattant pour l'Eglise, a dans l'Eglise même,
Souffert plus d'un outrage & plus d'un anathême.
Plein du feu qu'en son cœur soufla l'Esprit divin,
Il terrassa Pélage, il foudroïa Calvin,
De tous les faux Docteurs confondit la Morale.
10 Mais, pour fruit de son zèle, on l'a vû rebuté,
En cent lieux opprimé par leur noire Cabale,
Errant, pauvre, banni, proscrit, persécuté.

REMARQUES.

dit en parlant de celui-ci: *Pour Colin, c'est un bon garçon, qui ne dira jamais du mal de personne.*

EPIGR. XLVII. Il s'appèloit Gilles Boileau, & étoit de l'Académie Françoise. Il mourut en 1669. Nous avons parlé de la jalousie qu'il avoit conçuë contre Mr. Despréaux son frere cadet. Voïez les Remarques sur le Vers 94. de la Satire I.

EPIGR. XLVIII. Jean de la Bruyere Gentilhomme de Mr. le Prince, mourut à Paris le 10. de Mai, 1696. Il étoit de l'Aca-

démie Françoise.

EPIGR. XLIX. Monsieur Arnauld mourut en Flandres, le 8. d'Août, 1694. âgé de 82. ans & demi.

Vers 10. *Mais, pour fruit* &c.] Ce Vers & les deux suivans étoient ainsi dans la premiere composition.

Cependant, pour tout fruit de tant d'habileté,
En cent lieux opprimé par leur noire Cabale,
Il fut errant, banni, trahi, persécuté.

EPIGRAMMES.

Et même par sa mort leur fureur mal éteinte
N'auroit jamais laissé ses cendres en repos,
Si Dieu lui-même ici, de son Ouaille sainte,
A ces Loups devorans n'avoit caché les os.

L.
Vers pour mettre au bas du Portrait de Mr. Hamon.

TOut brillant de savoir, d'esprit, & d'éloquence,
Il courut au Désert chercher l'obscurité,
Aux Pauvres consacra ses biens & sa science ;

REMARQUES.

[Vers 15. & 16. *Si Dieu lui-même ici*, &c.] Mr. Despréaux parle ici des Jesuites, ennemis mortels de Mr. Arnauld, & qui l'ont tellement persecuté, qu'il fut obligé de se refugier en Flandres, où l'on a caché soigneusement le lieu de sa retraite, & même celui où il a été enterré. *On ignore*, dit Mr. Bayle, *le lieu où Mr. Arnauld mourut : on croit que ce fut dans un village du Puys de Liége. On sait encore moins*, ajoute-t-il, *le lieu où il est enterré ; & c'est l'une des Conformitez que ses amis ont marquées entre son destin & celui de Moïse*. Dict. Hist. & Crit. à l'article de Mr. Arnauld. ADD. *de l'Edit d'Amst.*]

EPIGR. L. Jean Hamon, célèbre Médecin de la Faculté de Paris, s'étoit retiré à Port-Roïal des Champs : s'emploïant au service des Pauvres malades de la Campagne, qu'il visitoit toûjours à pié. Il a vécu 69. ans, & est mort le 22. de Février, 1687. Il avoit pris soin particulièrement des études de Mr. Racine à Port-Roïal, avec Mr. le Maître, & par reconnoissance, Mr. Racine voulut être enterré à Port-Roïal, aux piés de Mr. Hamon. Les Médecins de Paris ont voulu avoir son Portrait dans leur Salle, comme une marque éternelle de la veneration qu'ils conservent pour sa mémoire.

EPIGR. LI. Vers 4. —— *Et balancer Corneille.*] C'est à dire, *Balancer la réputation que Corneille s'étoit acquise en France*. Notre Auteur avoit d'abord disposé son Vers ainsi : *Balancer Euripide*, & *surpasser Corneille* ; & il ne le changea que pour ne point irriter les Partisans outrez de Corneille. *Je ne serai point fâché*, disoit-il, *que dans la suite des tems quelque Critique se donne la licence de rétablir mon Vers de la manière que je l'avois fait*. Son sentiment est expliqué dans la septième Réfléxion critique sur Longin, où il dit, en parlant du grand Corneille, que *non seulement on ne trouve point mauvais qu'on lui compare aujourd'hui Mr. Racine, mais qu'il se trouve même quantité de gens qui le lui préferent. La Postérité jugera qui vaut le mieux des deux. Car*, ajoûte-t-il, *je suis persuadé que les Ecrits de l'un & de l'autre passeront aux siècles suivans. Mais jusques-là, ni l'un ni l'autre ne doit être mis en parallèle avec Euripide*, & *avec Sophocle, puisque leurs Ouvrages n'ont point encore le sceau qu'ont les Ouvrages d'Euripide* & *de Sophocle, je veux dire, l'approbation de plusieurs siècles*.

Quoi qu'il en soit, Mr. Despréaux faisoit un très-grand cas du mérite de Mr. Corneille. En voici une preuve qui fait honneur à l'un & à l'autre. Après la mort de Mr. Colbert, la pension que le Roi donnoit à Mr. Corneille fut supprimée. Mr. Despréaux, qui étoit avec la Cour à Fontainebleau, courut chez Madame de Montespan pour la prier d'engager le Roi à rétablir cette pension. Il en parla lui-même au Roi, & lui dit qu'il ne pouvoit, sans honte & sans une espèce d'injustice, recevoir une pension de Sa Majesté, tandis qu'un homme comme Mr. Corneille en étoit privé. Mr. Despréaux en parla avec tant de chaleur, & son procédé parut si grand & si genereux ; que sur le champ le Roi ordonna que l'on portât deux cens Louïs d'or à Mr. Corneille ; & ce fut Mr. de la Chapelle, *parent de Mr. Despréaux, qui les lui porta de la part du Roi. Outre le témoignage d'une infinité de personnes aujourd'hui vivantes, qui ont con-

* Ce n'étoit pas le fameux Chapelle bâtard de Mr. l'Huillier.

EPIGRAMMES.

Et trente ans dans le jeûne, & dans l'austerité,
    Fit son unique volupté
    Des travaux de la Penitence.

LI.

Vers pour mettre au bas du Portrait de Mr. Racine.

DU Theatre François l'honneur & la merveille,
Il sut ressusciter Sophocle en ses Ecrits ;
Et dans l'art d'enchanter les cœurs, & les esprits,
Surpasser Euripide, & balancer Corneille.

REMARQUES.

connoissance de ce fait, il a été rendu public par l'impression dans les Lettres de Boursault ; & c'est à quoi fit allusion Mr. Racine dans le Discours qu'il prononça en pleine Académie, à la réception de Mr. Corneille le Jeune à la place de son frere. *Deux jours avant sa mort*, dit Mr. Racine, *& lors qu'il ne lui restoit plus qu'un rayon de connoissance, le Roi lui envoia encore des marques de sa liberalité ; & enfin les dernières paroles de Corneille ont été des remercimens pour Loüis le Grand*. Des témoignages si authentiques seront sans doute suffisans pour faire connoître l'erreur dans laquelle sont tombez ces Ecrivains, d'ailleurs très-judicieux & très-estimez, en publiant que Mr. Despréaux n'avoit point contribué au rétablissement de la pension de Mr. Corneille. Ils ont confondu celle que Mr. Colbert lui procura après la disgrace de Mr. Fouquet, avec la pension que Mr. Despréaux fit rétablir après la mort de Mr. Colbert. [Les Journalistes de Trevoux (ce sont les *Ecrivains* dont parle le Commentateur) ont continué à s'inscrire en faux contre le rétablissement de la pension de Corneille, attribué à la sollicitation de Mr. Despréaux. Ces Messieurs ont aussi desapprouvé la manière dont on maltraite ici & ailleurs le grand Corneille : & ils ont pris le parti de cet illustre Poëte, dans l'Article LVIII. de leurs *Memoires* du Mois de Mai 1717. Le Lecteur sera, sans doute, bien aise d'en trouver ici quelques fragmens.

    „ M. Brossette nous découvre „ les artifices cachez sous divers ménage- „ mens, dont la timide jalousie de Boileau „ n'a osé se dispenser pendant la vie de Cor-
„ neille, des loüanges équivoques (1) : le nom
„ de Corneille supprimé dans les endroits où
„ l'on le blâme sans mesure (2) : des traits que
„ Boileau n'avoit osé imprimer, & qu'il con-
„ fioit à son ami pour les faire passer à la pos-
„ térité (3). Mais l'idée que Boileau s'étoit
„ faite de Corneille, & que le Commenta-
„ teur nous presente, est si fausse, si diffé-
„ rente de celle qu'en ont, & ceux qui l'ont
„ connu, & ceux qui lisent ses Ouvrages sans
„ prévention, qu'il n'est pas à craindre qu'el-
„ le diminuë le nombre des admirateurs du
„ Sophocle François. Le Poëte satirique &
„ son Commentateur parlent de Corneille
„ comme d'un homme interessé, *moins avide*
„ *de gloire que de gain* (4) : Corneille qu'on
„ sait avoir porté l'indifférence pour l'argent
„ jusqu'à une insensibilité blâmable, qui n'a
„ jamais tiré de ses Pièces que ce que les
„ Comédiens lui donnoient sans compter a-
„ vec eux, qui fut un an sans remercier M.
„ Colbert du rétablissement de sa pension,
„ qui a vécu sans faire aucune dépense, &
„ est mort sans biens, Corneille qui a eu le
„ cœur aussi grand que l'esprit, les sentimens
„ aussi nobles que les idées.

  „ On veut encore le faire passer pour
„ Copiste, on affecte de nous indiquer les
„ sources où il a puisé : on ne nous apprend
„ que ce qu'il avoit appris lui-même au Pu-
      blic

(1) *Voyez la Remarque sur le Vers* 177. *de la Satire* IX. ADD.
(2) *Dans les Vers* 29. & 140. *du* III. *Chant ; & le* 84. *du* IV. *Chant de l'Art Poëtique*. ADD.
(3) *Voyez les paroles de Mr. Despréaux, rapportées par le Commentateur au commencement de cette Remarque*. ADD.
(4) *Voyez la Remarque sur le Vers* 130. *du* IV. *Chant de l'Art Poëtique*. ADD.

Hhh 2

EPIGRAMMES.

LII.
Vers pour mettre au bas de mon Portrait.

AU joug de la Raison asservissant la Rime ;
Et, même en imitant, toujours original,
J'ai fu dans mes Ecrits, docte, enjoué, sublime,
Rassembler en moi Perse, Horace, & Juvénal.

LIII.
Réponse aux Vers du Portrait.

OUi, le Verrier, c'est là mon fidelle Portrait ;
Et le Graveur, en châque trait,

REMARQUES.

„ blic en lui donnant le Cid, Cinna, Pom-
„ pée. . . . . Qu'on nous dise d'après
„ qui ce grand Poëte a copié Polyeucte, Ro-
„ dogune, Heraclius, Nicomede, Oedip-
„ pe, Horace même & Sertorius : jamais
„ Auteur ne fut plus original, plus second,
„ plus varié. Il sied mal aux admirateurs de
„ Racine d'attaquer Corneille de ce côté.
„ On lui reproche d'avoir estimé Lucain,
„ & sur cela on l'accuse d'avoir *le goût peu*
„ *sûr, & de juger sottement*. Une décision
„ si magistrale & si noblement exprimée,
„ soûtenuë même de tant de traits lancez
„ contre la belle Traduction de la Pharsale en
„ vers François, où Brebeuf est aussi Lu-
„ cain que Lucain même, n'empêcheront
„ pas un grand nombre d'excellens Connois-
„ seurs de trouver dans Lucain & dans son
„ Traducteur des pensées brillantes, sans
„ être fausses, des sentimens généreux, une
„ expression pleine de force, des peintures
„ qui frapent, un vrai sublime.
„ Forcé d'admirer avec le Public certai-
„ nes Pièces de Corneille, Boileau pour se
„ dédommager de cette contrainte, a voulu
„ du moins immoler les dernières à Racine
„ son idole: Qu'on se garde de juger de l'At-
„ tila de Corneille par une Epigramme assez
„ fade * du Poëte satirique, & par une note
„ où le Commentateur a prononcé que la
„ décadence de l'esprit de Corneille se fait
„ sentir dans cette Pièce, qu'assurément il
„ n'a pas luë. . . . . L'Agesilas enve-

„ loppé dans la même Epigramme n'est pas
„ comparable aux chefs-d'œuvres de Corneil-
„ le, ni même à son Attila : mais c'est se
„ joüer du Public que de traiter de Pièce mi-
„ sérable une Comédie heroïque d'un goût
„ nouveau, où parmi des personnages d'un
„ caractère singulier Agesilas & Lysander
„ paroissent tels que l'Histoire nous les fait
„ connoître. Une Pièce dont le denoüement
„ est un effort héroïque d'Agesilas, qui trioms-
„ phe en même tems de l'amour & de la ven-
„ geance : une Pièce où l'on retrouve le grand
„ Corneille en plus d'un endroit. . . . . .
„ Mais M. Boileau a, si l'on en croit
„ son Commentateur, reparé ses critiques
„ indiscrettes par un beau trait de générosité
„ envers Corneille ; il fit rétablir sa pension,
„ qu'on avoit supprimée. . . . .
„ La pension de Corneille ne fut point re-
„ tranchée par Monsieur de Louvois après
„ la mort de Monsieur Colbert : on défie
„ de donner la moindre preuve de ce fait.
„ Ainsi M. Boileau n'a pas été dans l'occa-
„ sion de joüer le rôle généreux qu'on lui
„ attribuë, de courir chez Madame de Mon-
„ tespan, de parler au Roi avec chaleur.
„ Pour les deux cens Loüis envoyez par le
„ Roi au grand Corneille peu de jours avant
„ sa mort, le fait est vrai ; le Roi sçût du
„ Père de la Chaise que l'argent manquoit à
„ cet illustre malade, fort éloigné de the-
„ sauriser, & sa Majesté lui envoya deux
„ cens Louïs. Je ne conteste pas qu'ils n'ayent
„ été portez par Monsieur de la Chapelle,

* *Voyez, les Epigrammes XIII. & XIV.*

pa-

A su très-finement tracer sur mon visage,
De tout faux Bel-Esprit l'ennemi redouté.
5 Mais dans les Vers pompeux, qu'au bas de cet Ouvrage
Tu me fais prononcer avec tant de fierté,
    D'un Ami de la Verité
  Qui peut reconnoître l'image?

LIV.
Pour un autre Portrait du même.

NE cherchez point comment s'appelle
  L'Ecrivain peint dans ce Tableau:
A l'air dont il regarde & montre la Pucelle,
  Qui ne reconnoîtroit Boileau?

REMARQUES.

„ parent de M. Boileau. Je veux croire que
„ M. Boileau, instruit de l'état où étoit M.
„ Corneille, en parla à Madame de Montes-
„ pan, & peut-être au Roi: je ne prétends
„ pas lui ôter la gloire que mérite cet effort
„ de générosité; mais M. Boileau n'a point
„ fait rétablir la pension de M. Corneille,
„ ni dit ce qu'on lui fait dire pour en obtenir
„ le rétablissement: c'est tout ce que j'avois
„ à prouver, je l'ai prouvé sans replique:
„ quand la pension fut supprimée après la
„ mort de Monsieur Fouquet, M. Boileau
„ n'étoit pas en état d'agir pour la faire réta-
„ blir: elle n'a pas été supprimée après la
„ mort de M. Colbert. ADD. *de l'Ed. d'Amst.*]
  EPIGR. LII. Monsieur Le Verrier aiant fait graver en 1704. le Portrait de Mr. Despréaux, par Drevet, célèbre Graveur, fit mettre ces quatre Vers au bas du Portrait. Ils sont de Mr. Despréaux lui-même, qui les fit, piqué de ce qu'un de ses Amis en avoit fait de fort mauvais; mais il ne voulut pas que l'on sût qu'il en étoit l'Auteur. On lisoit dans toutes les copies: *Sans peine à la Raison asservissant* &c. mais les deux premiers mots ont été changez dans la dernière édition de 1713. On avoit proposé à l'Auteur de changer ainsi les deux derniers Vers:
  Boileau dans ses Ecrits, docte, enjoué, sublime,
  A su rassembler Perse, Horace, & Juvénal.
Afin d'éviter de faire parler Mr. Despréaux

lui-même dans son Portrait. On sauvoit encore cette répétition, *Dans mes Ecrits,* & *En moi,* qui est dans les autres Vers. Mais il répondit ce qui suit, par sa Lettre du 6. Mars, 1707. „ Supposé que ce qui est dit
„ dans les deux derniers Vers fût vrai à mon
„ égard, *Docte* répond admirablement à *Perse, Enjoué* à *Horace,* & *Sublime* à *Juvé-*
„ *nal.* Ils avoient été faits d'abord indirects,
„ & de la manière dont vous me faites voir
„ que vous avez prétendu les rajuster; mais
„ cela les rendoit froids, & c'est par le conseil de gens très-habiles qu'ils furent mis
„ en stile direct: la Prosopopée aiant une
„ grace qui les anime, & une fanfaronade
„ même, pour ainsi dire, qui a son agré-
„ ment.
  EPIGR. LIII. L'Auteur avoit d'abord fait ces Vers de cette manière.
  Oui, le Verrier, c'est-là mon fidèle Portrait;
  Et l'on y voit à châque trait
  L'Ennemi des Cotins tracé sur mon visage.
  Mais dans les Vers altiers qu'au bas de cet Ouvrage,
    Trop enclin à me rehausser,
  Sur un ton si pompeux tu me fais prononcer,
  Qui de l'Ami du Vrai reconnoîtra l'image?
  EPIGR. LIV. En 1699. Mr. Despréaux donna son Portrait, peint en grand par Santerre, à l'Auteur de ces Remarques. Dans ce Tableau, il est représenté soûriant fine- ment,

LV.

Vers pour mettre au bas d'une méchante gravûre qu'on a faite de moi.

DU célèbre Boileau tu vois ici l'image.
Quoi, c'est là, diras-tu, ce Critique achevé?
D'où vient ce noir chagrin qu'on lit fur fon vifage?
C'est de fe voir fi mal gravé.

LVI.

Sur mon Bufte de Marbre, fait par Mr. Girardon, Premier Sculpteur du Roi.

GRace au Phidias de notre âge,
Me voilà fûr de vivre autant que l'Univers:
Et ne counut-on plus ni mon Nom, ni mes Vers;
Dans ce Marbre fameux, taillé fur mon Vifage,
5 De Girardon toûjours on vantera l'Ouvrage.

REMARQUES.

ment, & montrant au doit le Poëme de *la Pucelle*, qui paroît ouvert fur une table. Il accompagna fon préfent de ces quatre Vers, qui fervent d'Infcription au Tableau.

EPIGR. LV. Cette gravûre étoit faite fur un autre Portrait de l'Auteur, peint par Bouïs. Le Graveur aïant achevé fon ouvrage, vint trouver Mr. Defpréaux, & le pria de lui donner des Vers pour mettre au bas de fa gravûre. Mr. Defpréaux lui répondit, qu'il n'étoit ni affez fat pour dire du bien de lui-même, ni affez fot pour en dire du mal. Cependant, quand le Graveur fut forti, aïant fait réfléxion fur l'air *refrogné* du Portrait, la penfée de cette Epigramme lui vint à l'efprit & il la rima fur le champ.

Au refte, le meilleur de tous les Portraits de Mr. Defpréaux, eft, fans contredit, celui que Mr. Couftard, Confeiller au Parlement de Paris, fit peindre en 1704. par le fameux Rigaud, & enfuite graver par Drevet, pour en faire des préfens. Il a fait mettre fous le Portrait de fon Illuftre Ami, une Infcription Latine également belle, & par fa noble fimplicité, & par la juftefle de l'éloge qu'elle contient. Elle caractérife les mœurs & les Ouvrages de ce grand homme. La voici. NICOLAUS BOILEAU DESPREAUX, MORUM LENITATE, ET VERSUUM DICACITATE ÆQUE INSIGNIS. A la fin de cette Infcription, l'on avoit marqué la naiffance de Mr. Defpréaux au premier jour de Novembre 1637. Voïez la caufe de cette erreur dans la Remarque I. fur la Préface de l'Auteur. C'eft fur ce même Portrait qu'on a gravé celui qui eft au commencement de ce Livre.

Vers 1. *Du célèbre Boileau.*] Dans l'édition de 1713. on a mis: *Du Poëte Boileau*.

EPIGR. LVI. Ce Bufte eft dans le Cabinet de Mr. Girardon, & l'on en a tiré plufieurs Copies, en marbre & en plâtre.

Vers 5. *De Girardon toûjours on vantera l'Ouvrage.*] Charles-Quint difoit, qu'il avoit reçû trois fois l'immortalité des mains du Titien; parce que le Titien avoit fait autant de fois le Portrait de cet Empereur.

AVER-

AVERTISSEMENT
AU LECTEUR.

MADAME de Montespan & Madame de Thianges sa Sœur, lassées des Opera de Monsieur Quinaut, proposerent au Roi d'en faire faire un par Monsieur Racine, qui s'engagea assez legerement à leur donner cette satisfaction, ne songeant pas dans ce moment-là à une chose, dont il étoit plusieurs fois convenu avec moi, qu'on ne peut jamais faire un bon Opera: parce que la Musique ne sauroit narrer: que les passions n'y pouvoient être peintes dans toute l'étenduë qu'elles demandent: que d'ailleurs [1] elle ne sauroit souvent mettre en chant les expressions vraiment sublimes & courageuses. C'est ce que je lui représentai, quand il me déclara son engagement; & il m'avoüa que j'avois raison: mais il étoit trop avancé pour reculer. Il commença dès-lors en effet un Opera, dont le sujet étoit la Chûte de Phaëthon. Il en fit même quelques Vers qu'il recita au Roi, qui en parut content. Mais comme Monsieur Racine n'entreprenoit cet Ouvrage qu'à regret, il me témoigna resolument qu'il ne l'acheveroit point que je n'y travaillasse avec lui, & me déclara avant tout, qu'il falloit que j'en composasse le Prologue. J'eus beau lui représenter mon peu de talent pour ces sortes d'Ouvrages, & que je n'avois jamais fait de Vers d'amourette. Il persista dans sa résolution, & me dit qu'il me le feroit ordonner par le Roi. Je songeai donc en moi-même à voir de quoi je serois capable, en cas que je fusse absolument obligé de travailler à un Ouvrage, si opposé à mon genie & à mon inclination. Ainsi, pour m'essayer, je traçai, sans en rien dire à personne, non pas même à Monsieur Racine, le canevas d'un Prologue; & j'en composai une premiere Scène. Le sujet de cette Scène étoit une dispute de la Poësie & de la Musique, qui se querelloient sur l'excellence de leur Art, & étoient enfin toutes prêtes à se séparer, lorsque tout à coup la Déesse des Accords, je veux dire l'Harmonie, descendoit du Ciel avec tous ses charmes & tous ses agrémens, & les reconcilioit. Elle devoit dire ensuite la raison qui la faisoit venir sur la Terre, qui n'étoit autre que de divertir le Prince de l'Univers le plus digne d'être

REMARQUES.

1 *Elle ne sauroit souvent mettre en chant &c.*] Mr. de Lulli a donné entre autres un exemple du contraire dans la belle Idylle sur la Paix, de Mr. Racine lui-même; & quoi qu'elle soit remplie d'expressions extrêmement fortes & sublimes, le Musicien n'est pas demeuré au dessous du Poëte.

AVERTISSEMENT.

servi, & à qui elle devoit le plus; puisque c'étoit lui qui la maintenoit dans la France, où elle régnoit en toutes choses. Elle ajoûtoit ensuite, que pour empêcher que quelque audacieux ne vînt troubler, en s'élevant contre un si grand Prince, la gloire dont elle jouïssoit avec lui; elle vouloit que dès aujourd'hui même, sans perdre de tems, on représentât sur la Scène la Chute de l'ambitieux Phaëthon. Aussi-tôt tous les Poëtes & tous les Musiciens par son ordre, se retiroient & s'alloient habiller. Voilà le sujet de mon Prologue, auquel je travaillai trois ou quatre jours avec un assez grand dégoût, tandis que Monsieur Racine de son côté, avec non moins de dégoût, continuoit à disposer le plan de son Opera, sur lequel je lui prodiguois mes conseils. Nous étions occupez à ce miserable travail, dont je ne sai si nous nous serions bien tirez, lorsque tout à coup un heureux incident nous tira d'affaire. L'incident fut que Monsieur Quinaut s'étant presenté au Roi les larmes aux yeux, & lui aïant remontré l'affront qu'il alloit recevoir s'il ne travailloit plus au divertissement de Sa Majesté: le Roi touché de compassion, déclara franchement aux Dames dont j'ai parlé, qu'il ne pouvoit se resoudre à lui donner ce déplaisir. *Sic nos servavit Apollo.* Nous retournames donc, Monsieur Racine & moi, à notre premier emploi, & il ne fut plus mention de notre Opera, dont il ne resta que quelques Vers de Monsieur Racine, qu'on n'a point trouvez dans ses papiers après sa mort, & que vraisemblablement il avoit supprimez par délicatesse de conscience, à cause qu'il y étoit parlé d'amour. Pour moi, comme il n'étoit point question d'amourette dans la Scène que j'avois composée; non seulement je n'ai pas jugé à propos de la supprimer; mais je la donne ici au Public; persuadé qu'elle fera plaisir aux Lecteurs, qui ne seront peut-être pas fâchez de voir de quelle maniere je m'y étois pris, pour adoucir l'amertume & la force de ma Poësie Satirique, & pour me jetter dans le stile doucereux. C'est de quoi ils pourront juger par le fragment que je leur presente ici; & que je leur presente avec d'autant plus de confiance, qu'étant fort court, s'il ne les divertit, il ne leur laissera pas du moins le tems de s'ennuïer.

PRO-

PROLOGUE.
LA POËSIE, LA MUSIQUE.

LA POESIE.

Quoi! par de vains accords & des sons impuissans
Vous croyez exprimer tout ce que je sai dire?

LA MUSIQUE.

Aux doux transports, qu'Apollon vous inspire,
Je crois pouvoir mêler la douceur de mes chants.

LA POESIE.

Oui, vous pouvez aux bords d'une Fontaine
Avec moi soupirer une amoureuse peine,
Faire gemir Thyrsis, faire plaindre Climène.
Mais, quand je fais parler les Heros & les Dieux,
    Vos chants audacieux
Ne me sauroient prêter qu'une cadence vaine.
    Quittez ce soin ambitieux.

LA MUSIQUE.

Je sai l'art d'embellir vos plus rares merveilles.

LA POESIE.

On ne veut plus alors entendre votre voix.

LA MUSIQUE.

Pour entendre mes sons, les Rochers & les Bois
    Ont jadis trouvé des Oreilles.

LA POESIE.

Ah! c'en est trop, ma Sœur, il faut nous separer.
    Je vais me retirer.
Nous allons voir sans moi ce que vous saurez faire.

LA MUSIQUE.

    Je saurai divertir & plaire;
Et mes chants moins forcez, n'en seront que plus doux.

PROLOGUE.
LA POESIE.
Hé bien, ma Sœur, feparons-nous.
LA MUSIQUE.
Separons-nous.
LA POESIE.
Separons-nous.
CHOEUR DE POETES ET DE MUSICIENS.
Separons-nous, feparons-nous.
LA POESIE.
Mais quelle puiffance inconnuë,
Malgré moi m'arrête en ces lieux?
LA MUSIQUE.
Quelle Divinité fort du fein de la nuë?
LA POESIE.
Quels chants melodieux
Font retentir ici leur douceur infinie?
LA MUSIQUE.
Ah! c'eft la divine Harmonie,
Qui defcend des Cieux!
LA POESIE.
Qu'elle étale à nos yeux
De graces naturelles!
LA MUSIQUE.
Quel bonheur imprevû la fait ici revoir!
LA POESIE ET LA MUSIQUE.
Oublions nos querelles,
Il faut nous accorder pour la bien recevoir.
CHOEUR DE POETES ET DE MUSICIENS.
Oublions nos querelles,
Il faut nous accorder pour la bien recevoir.

POËSIES LATINES.

EPIGRAMMA,

In novum Causidicum, rustici Lictoris Filium.

DUM Puer iste fero natus Lictore perorat,
    Et clamat medio, stante Parente, foro.
Quæris, cur sileat circumfusa undique Turba?
    Non stupet ob Natum, sed timet illa Patrem.

ALTERUM,

In Marullum, Versibus Phaleucis antea male laudatum.

NOSTRI quid placeant minùs Phaleuci,
    Jamdudum tacitus, Marulle, quæro:
Quum nec sint stolidi, nec inficeti,
Nec pingui nimiùm fluant Minervâ.
5 Tuas sed celebrant, Marulle, laudes.
O versus stolidos & inficetos!

REMARQUES.

EPIGR. LAT. I. Cette Epigramme, & celle qui suit, furent faites peu de tems après que l'Auteur eut été reçu Avocat, en 1656. Celui qu'il attaque dans celle-ci, étoit un jeune Avocat, fils d'un Huissier, nommé ***. Cet Avocat est mort Conseiller de la Cour des Aides. Son Pere étoit fort riche, & le Fils passoit pour grand ménager. *Extrait d'une Lettre de l'Auteur, du 9. d'Avril, 1702.*

EPIGR. II. *Extrait de la même Lettre.*
„ Cette Epigramme regarde Monsieur de
„ ***. Il étoit alors dans la folie de faire
„ des Vers Latins, & sur tout des Vers
„ Phaleuces: & comme sa dignité en ce
„ tems-là le rendoit considerable, je ne pus
„ resister à la prière de mon Frere, aujour-
„ d'hui Chanoine de la Sainte Chapelle, qui
„ étoit souvent visité de lui, & qui m'engagea
„ à faire des Vers Phaleuces à la louange de
„ ce Fou qualifié, car il étoit déja fou. J'en
„ fis donc, & il les lui montra. Mais com-
„ me c'étoit la première fois que je m'étois
„ exercé dans ce genre de Vers, ils ne furent
„ pas trouvez fort bons, & ils ne l'étoient
„ point en effet. Si bien que dans le dépit où
„ j'étois d'avoir si mal réussi, je composai
„ cette Epigramme &c.

Le célèbre La Fontaine la montra à Mr. Racine, qui ne connoissoit pas encore Mr. Despréaux. Elle fut cause de leur connoissance. Mr. Racine le pria de lui donner ses avis sur la Tragédie des *Freres Ennemis*, à laquelle il travailloit alors.

SATIRA.

    Quid numeris iterum me balbutire Latinis,
    Longe Alpes citra natum de patre Sicambro,
Musa, jubes? Istuc puero mihi profuit olim,
Verba mihi sævo nuper dictata Magistro
5 Cùm pedibus certis conclusa referre docebas.
Utile tunc Smetium manibus sordescere nostris;
Et mihi sæpe udo volvendus pollice Textor
Præbuit adsutis contexere carmina pannis.
Sic Maro, sic Flaccus, sic nostro sæpe Tibullus,
10 Carmine disjecti, vano pueriliter ore
Bullatas nugas sese stupuere loquentes . . . .

REMARQUES.

C'est le commencement d'une Satire que l'Auteur, étant fort jeune, avoit eu dessein de composer contre les Poëtes François qui s'appliquent à faire des Vers Latins. On voit qu'il a affecté d'y emploier des expressions singuliéres, tirées d'Horace, de Perse, & de Juvénal. Il avoit aussi composé un Dialogue en François, à la manière de Lucain, pour faire voir que l'on ne peut ni bien parler, ni bien écrire une Langue morte; mais il n'a jamais écrit ce Dialogue, & il se contentoit de le réciter de mémoire. Voïez ce que j'en ai raporté à la fin du second Volume.

CHAPELAIN DECOIFFE,
OU
PARODIE*
de quelques Scènes du CID,†
SUR
CHAPELAIN, CASSAIGNE, ET LA SERRE.

SCENE PREMIERE.
LA SERRE, CHAPELAIN.

LA Serre.

ENfin vous l'emportez, & la faveur du Roi
Vous accable de dons qui n'étoient dûs qu'à moi

REMARQUES.

* CEtte Parodie fut faite en 1664. tems auquel le Roi avoit commencé à donner des penfions aux Gens-de-Lettres. Chapelain en eut une de trois mille livres, & Caffaigne une moins confiderable. La Serre n'en pût point obtenir. Il eft parlé de ces trois Auteurs en plufieurs endroits de ce Livre. La Scène eft au Carrefour de la Ruë Plâtriere, au retour de l'Academie Françoife, dont les Affemblées fe tenoient alors chez Mr. le Chancelier Seguier fon Protecteur.

Mr. Defpréaux n'étoit pas l'Auteur de cette Parodie. Voici ce qu'il m'en écrivit le 10. de Decembre 1701. ,,A l'égard du Cha-
,, pelain décoiffé, c'eft une Pièce où je vous
,, confeffe que Mr. Racine & moi avons eu
,, quelque part, mais nous n'y avons jamais
,, travaillé qu'à table, le verre à la main. Il
,, n'a pas été proprement fait currente calamo,
,, mais currente lagenâ; & nous n'en avons
,, jamais écrit un feul mot. Il n'étoit point
,, comme celui que vous m'avez envoïé, qui
,, a été vrai-femblablement compofé après
,, coup, par des gens qui avoient retenu
,, quelques-unes de nos penfées, mais qui y
,, ont mêlé des baffeffes infuportables. Je n'y
,, ai reconnu de moi que ce trait:
Mille & mille papiers dont ta table eft couverte,
Semblent porter écrit le deftin de ma perte.
,, Et celui-ci:
En cet affront La Serre eft le tondeur,

Et le tondu Pere de la Pucelle.
,, Celui qui avoit le plus de part à cette Piè-
,, ce, c'étoit Furetiere, & c'eft de lui qu'eft,
O perruque m'amie!
N'as-tu donc tant vécu que pour cette infa-
mie?
,, Voilà, Monfieur, toutes les lumieres que
,, je vous puis donner fur cet Ouvrage, qui
,, n'eft ni de moi, ni digne de moi. . . . . .
Il ajoute encore dans un Ecrit trouvé après fa mort, & duquel il eft fait mention au commencement de l'édition qui parut à Paris, en 1713. ,,J'avouë pourtant que dans
,, la Parodie des Vers du Cid, faite fur la
,, perruque de Chapelain, qu'on m'attribuë
,, encore, il y a quelques traits qui nous é-
,, chapèrent à Mr. Racine & à moi, dans un
,, repas que nous fimes chez Furetiere, Au-
,, teur du Dictionaire; mais nous n'écrivî-
,, mes jamais rien ni l'un ni l'autre. De forte
,, que c'eft Furetiere qui eft proprement le
,, vrai & l'unique Auteur de cette Parodie,
,, comme il ne s'en cachoit pas lui-même.
La plûpart des copies, tant manufcrites qu'imprimées, qui ont paru, font differentes entr'elles. Ici l'on a fuivi celle qui a été inferée dans le Ménagiana, Tome I. page 146. de l'édition de 1715. en quatre volumes, par Mr. de la Monnoie.

† *De quelques Scènes du Cid.*] Des quatre dernières Scènes du premier Acte, & de la deuxième de l'Acte fecond.

On voit rouler chez vous tout l'or de la Castille.
CHAPELAIN.
Les trois fois mille francs qu'il met dans ma famille
5 Témoignent mon merite & font connoître assez
Qu'on ne hait pas mes vers pour être un peu forcez.
LA SERRE.
Pour grands que soient les Rois, ils sont ce que nous sommes,
Ils se trompent en vers comme les autres hommes,
Et ce choix sert de preuve à tous les Courtisans,
10 Qu'à de méchans Auteurs, ils font de beaux présens.
CHAPELAIN.
Ne parlons point du choix, dont votre esprit s'irrite:
La cabale l'a fait plûtôt que le merite.
Vous choisissant, peut-être on eût pu mieux choisir:
Mais le Roi m'a trouvé plus propre à son désir,
15 A l'honneur qu'il m'a fait ajoûtez-en un autre.
Unissons désormais ma cabale à la vôtre.
J'ai mes prôneurs aussi, quoi qu'un peu moins fréquens,
Depuis que mes Sonnets ont détrompé les gens,
Si vous me célebrez, je dirai que La Serre
20 Volume sur volume incessamment desserre,
Je parlerai de vous avec Monsieur Colbert;
Et vous éprouverez si mon amitié sert:
Ma Nièce même en vous peut rencontrer un Gendre.
LA SERRE.
A de plus hauts partis Phlipote peut prétendre;
25 Et le nouvel éclat de cette pension
Lui doit bien mettre au cœur une autre ambition.

REMARQUES.

Vers 18. *Depuis que mes Sonnets.*] Voïez la Remarque sur le Vers 25. du Discours au Roi.

Vers 20. *Volume sur volume incessamment desserre.*] Tiré de St. Amant, qui dans son *Poëte crotè* a dit:

Et même depuis peu La Serre,
Qui livre sur livre desserre.

Vers 21. *Je parlerai de vous avec Monsieur Colbert.*] Ce grand Ministre avoit inspiré au Roi de donner des pensions aux Gens-de-Let-

PARODIE.

Exerce nos rimeurs, & vante notre Prince,
Va te faire admirer chez les gens de Province,
Fai marcher en tous lieux les rimeurs sous ta loi,
30 Sois des flatteurs l'amour, & des railleurs l'effroi:
Joins à ces qualitez celle d'une ame vaine,
Montre-leur comme il faut endurcir une veine,
Au métier de Phébus bander tous les ressorts,
Endosser nuit & jour un rouge just'au-corps,
35 Pour avoir de l'encens donner une bataille:
Ne laisser de sa bourse échaper une maille,
Sur tout sers-leur d'exemple, & ressouviens-toi bien
De leur former un stile aussi dur que le tien.

CHAPELAIN.

Pour s'instruire d'exemple en dépit de Liniere
40 Ils liront seulement ma Jeanne toute entiere,
Là dans un long tissu d'amples narrations
Ils verront comme il faut berner les Nations,
Duper d'un grave ton Gens de robe & d'armée,
Et sur l'erreur des sots bâtir sa renommée.

LA SERRE.

45 L'exemple de La Serre a bien plus de pouvoir,
Un Auteur dans ton Livre apprend mal son devoir,
Et qu'a fait après tout ce grand nombre de pages,
Que ne puisse égaler un de mes cent Ouvrages?
Si tu fus grand flatteur, je le suis aujourd'hui,
50 Et ce bras de la Presse est le plus ferme appui.
Bilaine & de Sercy sans moi seroient des drilles,
Mon nom seul au Palais nourrit trente familles;

REMARQUES.

Lettres, & Chapelain fut chargé d'en faire la liste.

Vers 34. *Endosser nuit & jour un rouge just'au-corps.*] Quand Chapelain étoit chez lui, il portoit toûjours un just'au-corps rouge, en guise de robe de chambre. [L'Auteur de la *Parodie* fait ici allusion à ce que Chapelain avoit été Archer. Voyez le *Menagiana*, Tom. II. p. 78, 79. de l'Edit. de Paris 1615. ADD. *de l'Edit. d'Amst.*]

Vers 39. —— *En dépit de Liniere.*] Il avoit écrit contre le Poëme de *la Pucelle* de Chapelain.

Vers

Les Marchands fermeroient leurs boutiques sans moi,
Et s'ils ne m'avoient plus, ils n'auroient plus d'emploi.
55 Chaque heure, chaque instant fait sortir de ma plume
Caïers dessus caïers, volume sur volume.
Mon valet écrivant ce que j'aurois dicté
Feroit un Livre entier marchant à mon côté,
Et loin de ces durs vers qu'à mon stile on préfère,
60 Il deviendroit Auteur en me regardant faire.

CHAPELAIN.

Tu me parles en vain de ce que je connois;
Je t'ai vû rimailler & traduire sous moi,
Si j'ai traduit Gusman, si j'ai fait sa Préface,
Ton galimathias a bien rempli ma place.
65 Enfin pour épargner ces discours superflus,
Si je suis grand flateur, tu l'ès & tu le fus;
Tu vois bien cependant qu'en cette concurrence
Un Monarque entre nous met de la différence.

LA SERRE.

Ce que je méritois tu me l'as emporté.

CHAPELAIN.

70 Qui l'a gagné sur toi l'avoit mieux mérité.

LA SERRE.

Qui fait mieux composer en est bien le plus digne.

CHAPELAIN.

En être refusé n'en est pas un bon signe.

LA SERRE.

Tu l'as gagné par brigue étant vieux courtisan.

CHAPELAIN.

L'éclat de mes grands vers fut mon seul partisan.

REMARQUES.

Vers 63. *Si j'ai traduit Gusman.*] Chapelain avoit traduit de l'Espagnol le Roman de Gusman d'Alfarache, imprimé à Paris, en 1638.

PARODIE.

LA SERRE.

75 Parlons-en mieux: le Roi fait honneur à ton âge.

CHAPELAIN.

Le Roi, quand il en fait, le mesure à l'Ouvrage.

LA SERRE.

Et par là je devois emporter ces ducats.

CHAPELAIN.

Qui ne les obtient point ne les mérite pas.

LA SERRE.

Ne les merite pas, moi?

CHAPELAIN.

Toi.

LA SERRE.

Ton insolence,
80 Témeraire vieillard, aura sa recompense.

Il lui arrache sa perruque.

CHAPELAIN.

Acheve & pren ma tête après un tel affront,
Le premier dont ma Muse a vû rougir son front.

LA SERRE.

Et que penses-tu faire avec tant de foiblesse?

CHAPELAIN.

O Dieux! mon Apollon en ce besoin me laisse.

LA SERRE.

85 Ta perruque est à moi, mais tu serois trop vain,
Si ce sale trophée avoit souillé ma main.
Adieu; fais lire au peuple, en dépit de Liniere,
De tes fameux travaux l'histoire toute entiere:
D'un insolent discours ce juste châtiment
90 Ne lui servira pas d'un petit ornement.

CHAPELAIN.

Ren-moi donc ma perruque.

LA SERRE.

Elle est trop malhonnête.

Tom. I.   Kkk   De

442   CHAPELAIN DECOIFFE.
De tes lauriers facrez va te couvrir la tête.
                CHAPELAIN.
Ren la calotte au moins.
                    LA SERRE.
                        Va, va, tes cheveux d'ours
Ne pourroient fur ta tête encor durer trois jours.

SCENE II.
CHAPELAIN feul.

95   Ô Rage! ô defefpoir! ô Perruque m'amie!
      N'as-tu donc tant vêcu que pour cette infamie?
      N'as-tu trompé l'efpoir de tant de Perruquiers,
      Que pour voir en un jour flétrir tant de lauriers?
      Nouvelle penfion fatale à ma calotte!
100   Précipice élevé qui me jette en la crotte,
      Cruel reffouvenir de tes honneurs paffez,
      Services de vingt ans en un jour effacez!
      Faut-il de ton vieux poil voir triompher La Serre,
      Et te mettre crotée ou te laiffer à terre?
105   La Serre, fois d'un Roi maintenant regalé,
      Ce haut rang n'admet pas un Poëte pelé,
      Et ton jaloux orgueil par cet affront infigne,
      Malgré le choix du Roi, m'en a fû rendre indigne.
      Et toi de mes travaux glorieux inftrument,
110   Mais d'un efprit de glace inutile ornement,
      Plume jadis vantée, & qui dans cette offenfe
      M'as fervi de parade & non pas de défenfe,
      Va, quitte deformais le dernier des humains,
      Paffe pour me vanger en de meilleures mains.
115   Si Caffaigne a du cœur, & s'il eft mon ouvrage,

REMARQUES.

Vers 128. ——— *Sans mon âge caduque.*] caduc. Mais le Poëte faifant ici parler Chape-
On difoit autrefois *caduque* tant au mafculin lain, Auteur furanné, a fort bien pû, con-
qu'au féminin. Le mafculin eft *caduc*, Age formément à l'ancien ufage, lui faire dire
                                                                                            âge

PARODIE.

Voici l'occasion de montrer son courage ;
Son esprit est le mien, & le mortel affront
Qui tombe sur mon chef réjaillit sur son front.

SCENE III.
CHAPELAIN, CASSAIGNE.

CHAPELAIN.

Cassaigne, as-tu du cœur?

CASSAIGNE.

     Tout autre que mon Maître
120 L'éprouveroit sur l'heure.

CHAPELAIN.

     Ah! c'est comme il faut être.
Digne ressentiment à ma douleur bien doux !
Je reconnois ma verve à ce noble courroux.
Ma jeunesse revit en cette ardeur si prompte.
Mon disciple, mon fils, viens reparer ma honte.
125 Viens me vanger.

CASSAIGNE.

   De quoi ?

CHAPELAIN.

     D'un affront si cruel
Qu'à l'honneur de tous deux il porte un coup mortel,
D'une insulte.... Le traître eût payé la perruque
Un quart d'écu du moins sans mon âge caduque.
Ma plume que mes doigts ne peuvent soûtenir
130 Je la remets aux tiens pour écrire & punir.
Va contre un insolent faire un bon gros Ouvrage,
C'est dedans l'encre seul qu'on lave un tel outrage :
Rime, ou creve. Au surplus, pour ne te point flatter,

REMARQUES.

âge caduque. Richelet dans son Dictionaire a fait *caduque* des deux genres; en quoi il s'est trompé.

Vers 132. *C'est dedans l'encre seul.*] Encre *seul,* pour *seule,* faute exprès affectée en la personne de Chapelain.

Kkk 2   Vers

Je te donne à combattre un homme à redouter;
135 Je l'ai vû fort poudreux au milieu des Libraires
Se faire un beau rempart de deux mille exemplaires.

CASSAIGNE.

Son nom? C'est perdre tems en discours superflus.

CHAPELAIN.

Donc pour te dire encor quelque chose de plus:
Plus enflé que Boyer, plus bruïant qu'un tonnerre,
140 C'est....

CASSAIGNE.

De grace achevez.

CHAPELAIN.

Le terrible La Serre.

CASSAIGNE.

Le...

CHAPELAIN.

Ne replique point, je connois ton fatras.
Combats sur ma parole, & tu l'emporteras,
Donnant pour des cheveux ma Pucelle en échange,
J'en vais chercher, barbouille, écri, rime, & nous vange.

SCENE IV.

CASSAIGNE seul.

145 Percé jusques au fond du cœur
D'une insulte imprévûë aussi bien que mortelle,
Miserable vangeur d'une sotte querelle,
D'un avare Ecrivain chetif imitateur,
Je demeure sterile, & ma veine abbatuë

REMARQUES.

Vers 139. *Plus enflé que Boyer.*] Le caractère des Vers de Boyer est marqué pages 35. & 36. de la petite Comédie de Boursaut, intitulée *la Satire des Satires*, imprimée en 1669. Claude Boyer, d'Alby, avoit été reçu à l'Académie Françoise, en 1667.

Vers 141. ——— *Je connois ton fatras.*] *Le fatras dont tu és capable.* Pierre le Févre, Curé de Merai, dans son Art de pleine Rhétorique, fait mention d'une Poësie de son tems nommée *Fatras*, où un même Vers étoit souvent repeté.

Vers

PARODIE.

150　　　Inutilement fuë.
　　Si près de voir couronner mon ardeur,
　　　　O la peine cruelle!
　　En cet affront La Serre est le tondeur,
　　Et le tondu, pere de la Pucelle.

155　　　Que je sens de rudes combats!
　　Comme ma Pension, mon honneur me tourmente.
　　Il faut faire un Poëme, ou bien perdre une rente,
　　L'un échauffe mon cœur, l'autre retient mon bras,
　　Reduit au triste choix ou de trahir mon Maître,
160　　　Ou d'aller à Bicêtre;
　　Des deux côtez mon mal est infini.
　　　　O la peine cruelle!
　　Faut-il laisser un La Serre impuni?
　　Faut-il vanger l'Auteur de la Pucelle?

165　　　Auteur, Perruque, honneur, argent,
　　Impitoyable loi, cruelle tyrannie,
　　Je vois gloire perduë, ou pension finie.
　　D'un côté je suis lâche, & de l'autre indigent.
　　Cher & chétif espoir d'une veine flatteuse,
170　　　Et tout ensemble gueuse,
　　Noir instrument, unique gagne-pain,
　　　　Et ma seule ressource,
　　M'ès-tu donné pour vanger Chapelain?
　　M'ès-tu donné pour me couper la bourse?

175　　　Il vaut mieux courir chez Conrard,

REMARQUES.

Vers 160. *Ou d'aller à Bicêtre.*] Aller à Bicêtre, c'est aller à l'Hôpital, parce que le Château de Bicêtre, au dessus de Gentilli, sert d'Hôpital à renfermer les pauvres. Surquoi il est à observer que Mr. Ménage, qui, dans ses Origines Françoises au mot *Bicêtre*, dit qu'au raport d'André Du Chêne, ce Château étoit anciennement nommé *la grange aux Gueux*, a mal lû *la grange aux Gueux*, pour *la grange au Queux*, ce qui est bien different.

Vers 175. *Il vaut mieux courir chez Conrart.*] Valentin Conrart, Secretaire de l'Académie Françoise.

Il peut me conserver ma gloire & ma finance,
Mettant ces deux Rivaux en bonne intelligence.
On sait comme en Traitez excelle ce Vieillard,
S'il n'en vient pas à bout, que Sapho la Pucelle
180   Vuide notre querelle.
        Si pas un d'eux ne me veut secourir,
            Et si l'on me balotte,
        Cherchons La Serre, & sans tant discourir
        Traitons du moins, & païons la Calotte.

185   Traiter sans tirer ma raison!
Rechercher un marché si funeste à ma gloire!
Souffrir que Chapelain impute à ma memoire
D'avoir mal soûtenu l'honneur de sa toison!
Respecter un vieux poil, dont mon ame égarée
190   Voit la perte assûrée!
        N'écoutons plus ce dessein négligent,
            Qui passeroit pour crime.
        Allons, ma Main, du moins sauvons l'argent:
        Puis qu'aussi bien il faut perdre l'estime.

195   Oui, mon esprit s'étoit déçû.
Autant que mon honneur, mon interêt me presse,
Que je meure en rimant, ou meure de détresse,
J'aurai mon stile dur comme je l'ai reçû.
Je m'accuse déja de trop de négligence.
200   Courons à la vangeance.
        Et tout honteux d'avoir tant de froideur,
            Rimons à tire d'aîle,
        Puis qu'aujourd'hui La Serre est le tondeur,
        Et le tondu Pere de la Pucelle.

REMARQUES.

Vers 179. *Que Sapho la Pucelle.*] Mademoiselle de Scuderi, surnommée Sapho.

PARODIE.
SCENE V.
CASSAIGNE, LA SERRE.

CASSAIGNE.

205 A Moi, La Serre, un mot.

LA SERRE.

Parle.

CASSAIGNE.

Ote-moi d'un doute.
Connois-tu Chapelain?

LA SERRE.

Oui.

CASSAIGNE.

Parlons bas, écoute.
Sais-tu que ce Vieillard fut la même vertu,
Et l'effroi des Lecteurs de son tems? le sais-tu?

LA SERRE.

Peut-être.

CASSAIGNE.

La froideur qu'en mon stile je porte,
210 Sais-tu que je la tiens de lui seul?

LA SERRE.

Que m'importe?

CASSAIGNE.

A quatre vers d'ici je te le fais savoir.

LA SERRE.

Jeune présomptueux!

CASSAIGNE.

Parle sans t'émouvoir:
Je suis jeune, il est vrai: mais aux ames bien nées
La rime n'attend pas le nombre des années.

LA SERRE.

215 Mais t'attaquer à moi! qui t'a rendu si vain,
Toi qu'on ne vit jamais une plume à la main?

CASSAIGNE.

Mes pareils avec toi sont dignes de combattre,
Et pour des coups d'essai veulent des Henris Quatre.

LA SERRE.

Sais-tu bien qui je suis?

CASSAIGNE.

     Oui, tout autre que moi
220 En comptant tes Ecrits pourroit trembler d'effroi.
Mille & mille papiers, dont ta table est couverte,
Semblent porter écrit le destin de ma perte.
J'attaque en témeraire un gigantesque Auteur;
Mais j'aurai trop de force aïant assez de cœur.
225 Je veux vanger mon Maître, & ta plume indomtable
Pour ne se point lasser n'est point infatigable.

LA SERRE.

Ce Phébus qui paroît aux discours que tu tiens
Souvent par tes Ecrits se découvrit aux miens,
Et te voïant encor tout frais sorti de Classe
230 Je disois, Chapelain lui laissera sa place.
Je sai ta pension, & suis ravi de voir
Que ces bons mouvemens excitent ton devoir,
Qu'ils te font sans raison mettre rime sur rime,
Etaïer d'un Pédant l'agonisante estime,
235 Et que voulant pour Singe un Ecolier parfait,
Il ne se trompoit point au choix qu'il avoit fait.
Mais je sens que pour toi ma pitié s'interesse,
J'admire ton audace & je plains ta jeunesse:
Ne cherche point à faire un coup d'essai fatal,
240 Dispense un vieux routier d'un combat inégal.
Trop peu de gain pour moi suivroit cette victoire;

REMARQUES.

Vers 218. *Et pour des coups d'essai veulent des Henris Quatre.*] Allusion au Poëme que Cassaigne a fait, intitulé *Henri IV.* où ce Roi est introduit donnant des instructions à Loüis XIV. pour bien regner. Touchant ce Poëme & d'autres Ouvrages du même Auteur, voïez *pag.* 259. & 260. du 3. volume du Parallele des Anciens & des Modernes, où il est parlé de Cassaigne en des termes qui en donnent une autre idée que ne fait ici la Parodie.

PARODIE.

A moins d'un gros volume, on compose sans gloire;
Et j'aurois le regret de voir que tout Paris
Te croiroit accablé du poids de mes Ecrits.
CASSAIGNE.
245 D'une indigne pitié ton orgueil s'accompagne:
Qui pèle Chapelain craint de tondre Cassaigne.
LA SERRE.
Retire-toi d'ici.
CASSAIGNE.
Hâtons-nous de rimer.
LA SERRE.
Es-tu si prêt d'écrire?
CASSAIGNE.
Es-tu las d'imprimer!
LA SERRE.
Vien, tu fais ton devoir. L'Ecolier est un traître,
250 Qui souffre sans cheveux la tête de son Maître.

LA MÉTAMORPHOSE
DE LA PERRUQUE DE CHAPELAIN EN COMETE.

La plaisanterie que l'on va voir, est une suite de la Parodie précedente. Elle fut imaginée par les mêmes Auteurs, à l'occasion de la Comète qui parut à la fin de l'année 1664. Ils étoient à table chez Mr. Hessein, frere de l'illustre Madame de la Sabliere.

On feignoit que Chapelain aïant été décoiffé par La Serre, avoit laissé sa Perruque à calotte dans le Ruisseau où La Serre l'avoit jettée.

Dans un Ruisseau bourbeux la Calotte enfoncée,
Parmi de vieux chiffons alloit être entassée,
Quand Phébus l'aperçût, & du plus haut des airs,
Jettant sur les Railleurs un regard de travers,
Quoi, dit-il, je verrai cette antique Calotte,
D'un sale Chifonier remplir l'indigne hotte !

Ici devoit être la description de cette fameuse Perruque,

Qui de tous ses travaux la compagne fidelle,
A vû naître Gusman, & mourir la Pucelle;
Et qui de front en front passant à ses neveux,
Devoit avoir plus d'ans qu'elle n'eut de cheveux.

Enfin Apollon changeoit cette Perruque en Comète. *Je veux*, disoit ce Dieu, *que tous ceux qui naîtront sous ce nouvel Astre, soient Poëtes,*

Et qu'ils fassent des Vers, même en dépit de moi.

Fure-

LA METAMORPHOSE, &c.

Furetiere, l'un des Auteurs de la Piéce, remarqua pourtant, que cette Métamorphose manquoit de justesse en un point: *C'est*, dit-il, *que les Comètes ont des cheveux, & que la Perruque de Chapelain est si usée qu'elle n'en a plus.* Cette badinerie n'a jamais été achevée.

Chapelain souffrit, dit-on, avec beaucoup de patience, les Satires que l'on fit contre sa Perruque. On lui a attribué l'Epigramme suivante, qui n'est pas de lui.

> *Railleurs, en vain vous m'insultez,*
> *Et la piéce vous emportez;*
> *En vain vous découvrez ma nuque.*
> *J'aime mieux la condition*
> *D'être défroqué de Perruque,*
> *Que défroqué de Pension.*

SONNET

Contenant l'Eloge de Mr. Despréaux,

PAR Mr. DE NANTES *.

L'Illuſtre Deſpréaux a vû ſon jour fatal :
Il n'eſt plus au Tombeau qu'une cendre ſterile,
Cet homme qui mêlant l'agréable à l'utile,
Etoit des Anciens l'Eleve & le Rival.

Il atteignit Horace, il paſſa Juvénal :
Il fut en s'égayant, s'égaler à Virgile :
Des leçons du Sublime obſervateur habile,
Il eût pû de Longin être l'Original.

Ses Vers charmoient la Cour, la Ville, la Province;
Choiſi pour nous tracer le regne de ſon Prince,
Que n'attendoit-on pas d'un art comme le ſien ?

Quel Roi ? quel Ecrivain ? quel ſujet pour l'Hiſtoire ?
Ce Chef-d'Oeuvre ébauché manque encore à ſa gloire :
Mais non, elle eſt parfaite : il eſt mort en Chrétien.

REMARQUES.

* On eût pû facilement ſe diſpenſer de mettre ici cette Pièce, & les deux ſuivantes : mais le Commentateur de Mr. Deſpréaux ayant jugé à propos d'inſerer la ſeconde, dans ſon Edition des Oeuvres de notre Poëte, on a crû que l'équité demandoit qu'on l'accompagnât des deux autres dans celle-ci. Voici l'hiſtoire de ces trois petites Pièces. Mr. de Nantes, Avocat de Vienne en Dauphiné, fit ce premier Sonnet pour marquer l'eſtime particulière qu'il avoit pour Mr. Deſpréaux. Mais les Eloges qu'il lui donnoit, déplurent à certaines gens. Les Jéſuites ne pûrent ſouffrir qu'on louât la mort Chrétienne de l'Auteur de la Satire contre l'Equivoque. Pour les appaiſer, Mr. de Nantes compoſa le ſecond Sonnet ; & on croit que le Commentateur de Mr. Deſpréaux l'a publié comme une eſpèce de correctif à cette Satire. Ce Sonnet mécontenta tout autant de perſonnes que le premier. Là-deſſus Mr. de Nantes fit les Vers qui ſuivent, & qui contiennent une raillerie très-fine, & très-délicate.

SONNET

Contre la Satire sur l'Equivoque.

PAR LE MEME.

L'Auteur parle à Mr. Despréaux.

IL est vrai, tu l'as dit, le Démon qui t'inspire,
A ta bile caustique ajoûtant ses noirceurs,
T'a dicté cette indigne & derniere Satire,
L'opprobre de son Pere, & l'horreur de ses Sœurs.

Peut-on sans sommeiller achever de la lire,
Et t'y voir, aux dépens des trop benins Lecteurs,
Promener d'âge en âge, & d'Empire en Empire
L'Equivoque semant ses maux & ses erreurs?

On nous dit toutefois, que sur les rives sombres,
Arnaud se fait plaisir d'en régaler les Ombres,
Et que Chapelain même en vante la beauté.

Mais, éloges suspects! Arnaud la trouve belle
Par les traits qu'elle lance à la Societé;
Et Chapelain, par l'air qu'elle a de la Pucelle.

VERS

Sur les deux Sonnets précedens.

A Mr. L'ABBÉ ***.

PAR LE MÊME.

J'Abjure mon double Sonnet :
Tant celui qui crie, ô merveille !
Que l'autre où le Lecteur sommeille ;
Et je conviens que j'ai mal fait.
Le plus sûr seroit de se taire.
Le moyen de ne pas mal faire,
Et de contenter tant de gens
Par ma Critique, ou mon encens ?
Quand du Poëte Satirique
J'ai fait un Saint de Paradis,
Je m'y suis, sans doute, mal pris :
Je n'avois pas vû l'Oeuvre inique
Où des gens par nous respectez
Sont cruellement maltraitez.
Ces gens du Ciel gardent la porte :
Loin d'y placer en dépit d'eux
L'Auteur de cet Ouvrage afreux,
J'aurois dit, le Diable l'emporte.
Abbé, disons-le donc tous deux :
Et je croi que la Compagnie,
Sans faire de cérémonie,
Ni demander d'autre examen,
Répondra de bon cœur : Amen.

FIN DU TOME PREMIER.

www.ingramcontent.com/pod-product-compliance
Lightning Source LLC
Chambersburg PA
CBHW050602230426
43670CB00009B/1234